命理入門

신비한 동양철학 · 41

命理入門

鄭志昊 編譯

삼한

사람들은 한 평생을 살아가면서 여러 가지 학문과 상식과 처세술을 익힌다. 그러나 너무 많이 알아도 병이 되고, 너무 몰라도 안되는 것이 운명학이 아닌가 생각한다. 운명학에는 여러 가지가 있으나 그중에서도 대표적인 것이 관상(觀相), 수상(手相), 그리고 사주팔자라고 일컬어지는 명리학(命理學)이다.

인간이 자신의 운명에 관심을 갖는 것은 본능일 것이다. 나의 명예, 관직, 재물, 배우자, 자식복은 어떠할까. 필자도 대학시절부터 나의 운명을 알고 싶었다. 그래서 전공서적보다 관상(觀相)과 수상(手相)에 관한 책을 더 열심히 볼 때도 있었다. 그러다 손에 들기 시작한 것이 이 명리학(命理學)이다. 처음에는 너무 어렵고 이해가 가지 않아 중도에 몇 번이나 덮어두었으나, 음양오행(陰陽五行)의 매력에 매료되어, 다시 보고 또 보고 한 것이 벌써 십여 년 전의 일이다.

그동안 많은 책을 보았으나 흔히 얘기하는 격국(格局)과 용신(用神)에 너무 얽매어, 실제로 사주를 감정할 때는 통변(通辯)이 되지 않아 답답했던 적이 한두 번이 아니었다. 통변여신(通辯如神)이라는 말이 있듯이, 통변(通辯)이 신(神)과 같다. 그러나 이런 것을 충족시켜 줄 수 있는 책이 많지 않아 안타까웠다. 이 내용들은 옛부터 있었던 글들이다. 그러나 여기저기 흩어져 있어 찾아보려면 상당한 시간과 인내를 필요로 한다. 그래서 부족한 능력이나마 조금이라도 도움이 될까해서 한데 모아 좀더 보기 쉽고 알기 쉽게 엮기로 한 것이다.

 이 책이 인생의 길잡이로써 피흉취길(避凶取吉)하고자 하는 사람들에게 조금이라도 도움이 되었으면 한다. 끝으로 명리학을 배운 사람으로서 너무 명리학을 너무 몰라도 안되지만, 그렇다고 너무 깊이 빠질 것은 아니라는 당부를 드린다. 이 학문을 연구하는 분들에게 많은 지도편달을 바란다.

鄭 志 昊

　자고로 음양오행(陰陽五行)은 동양정신의 근원이고, 오행은 인생전반에 걸친 운명을 전개하는 것이다. 따라서 수많은 운명철학에 관한 책들 중에서도 명리학(命理學)에 관한 책이 가장 많다. 그중에서도 손꼽히는 것은 연해자평, 명리정종, 적천수, 상명통회, 궁통보감, 자평진전 등이다.

　역학자들은 이중에서도 역천수를 많이 읽고 있고, 이외에 반드시 보아야 할 책이 조화원약이다. 조화원약은 그 심오한 이치가 다른 책보다 깊고 무궁하다. 정지호 선생이 이미 편역한 조화원약과 이 책은 인생사의 길흉을 상세하게 저술한 책이므로 독자 제현들이 탐독한다면 많은 발전이 있을 것이다.

명리학자 김정호

 과학이 극도로 발달한 현 시대에도 사람들은 늘 자신의 운명을 궁금해 한다. 그러나 이런 궁금증을 속시원하게 해결할 묘책이 없다는 것이 음양오행(陰陽五行)을 연구하는 명리학도(命理學道)로서 큰 숙제였다. 그런데 이번에 조화원약의 편저자인 정지호 선생이 명리입문이라는 책을 펴낸 것을 보니 반갑기 그지 없다.

 이 책은 자연의 기후변화에 의한 운명법 외에도 명리학도들이 궁금해 했던 인생의 제반사들에 대해서도 상세하게 기술했다. 따라서 초보자부터 심도있게 공부한 사람들까지 세심히 읽고 숙독해야 하는 책임에 틀림없다. 특히 격국(格局)이나 용신(用神) 뿐 아니라 십신(十神)에 대한 자세한 설명, 조후용신(調候用神)에 대한 보충설명, 인간의 제반사에 대해서는 독보적인 해설이 들어 있다. 초보자들에게는 더할 수 없이 훌륭한 길잡이가 될 것이다.

명리학자 전동환

VI-부. 여명론

I 부. 사주의 구성요소

1장. 사주란 무엇인가

　명리학(命理學)에서는 생년월일시(生年月日時)의 간지(干支)로 그 사람의 운명을 판단한다. 생년(生年)의 간지(干支)를 년주(年柱), 생월(生月)의 간지(干支)를 월주(月柱), 생일(生日)의 간지(干支)를 일주(日柱), 생시(生時)의 간지(干支)를 시주(時柱)라 하고, 이 네 기둥 여덟 글자를 사주팔자(四柱八字)라고 한다.

　간(干)을 천간(天干)이라 하고, 지(支)를 지지(地支)라고 한다. 천간(天干)에는 10개가 있고, 지지(地支)에는 12개가 있는데 이를 십간십이지(十干十二支)라고 한다.

　천간(天干)은 갑(甲), 을(乙), 병(丙), 정(丁), 무(戊), 기(己), 경(庚), 신(辛), 임(壬), 계(癸)를 말하고, 십이지(十二支)는 자(子), 축(丑), 인(寅), 묘(卯), 진(辰), 사(巳), 오(午), 미(未), 신(申), 유(酉), 술(戌), 해(亥)를 말한다.

　천간(天干)을 오행(五行)으로 나누면 갑을(甲乙)은 목(木)이요, 병정(丙丁)은 화(火)요, 무기(戊己)는 토(土)요, 경신(庚辛)은 금(金)

이요, 임계(壬癸)는 수(水)이다. 이것을 다시 음양(陰陽)으로 구분하면 갑병무경임(甲丙戊庚壬)은 양(陽)이고, 을정기신계(乙丁己辛癸)는 음(陰)이다.

지지(地支)를 오행(五行)으로 나누면 인묘(寅卯)는 목(木)이요, 사오(巳午)는 화(火)요, 진술축미(辰戌丑未)는 토(土)요, 신유(申酉)는 금(金)이요, 해자(亥子)는 수(水)이다. 이것을 다시 음양(陰陽)으로 나누면 인진오신술자(寅辰午申戌子)는 양(陽)이고, 묘사미유해축(卯巳未酉亥丑)은 음(陰)이다. 이 십간십이지(十干十二支)를 조합하면 육십갑자(六十甲子)가 되고, 우리 인간의 운명은 이 육십갑자(六十甲子)의 조합에 의해 결정되는 것이다.

육십갑자 조견표

甲子	甲戌	甲申	甲午	甲辰	甲寅
乙丑	乙亥	乙酉	乙未	乙巳	乙卯
丙寅	丙子	丙戌	丙申	丙午	丙辰
丁卯	丁丑	丁亥	丁酉	丁未	丁巳
戊辰	戊寅	戊子	戊戌	戊申	戊午
己巳	己卯	己丑	己亥	己酉	己未
庚午	庚辰	庚寅	庚子	庚戌	庚申
辛未	辛巳	辛卯	辛丑	辛亥	辛酉
壬申	壬午	壬辰	壬寅	壬子	壬戌
癸酉	癸未	癸巳	癸卯	癸丑	癸亥

1. 년주(年柱) 정하는 방법

보통 사주의 간지(干支)를 정할 때는 만세력(萬歲曆)을 참고하니, 독자들은 우선 만세력(萬歲曆)을 준비하도록 한다. 년주(年柱)란 출생년(出生年)의 간지(干支)를 말한다. 예를 들어 올해는 경진년(庚辰年)이니, 경진(庚辰)이 년주(年柱)의 간지(干支)가 된다. 만일 올해 12세라고 한다면 경진(庚辰)부터 역으로 거슬러 올라간다. 경진(庚辰), 기묘(己卯), 무인(戊寅), 정축(丁丑), 병자(丙子), 을해(乙亥), 갑술(甲戌), 계유(癸酉), 임신(壬申), 신미(辛未), 경오(庚午), 기사(己巳)가 된다. 따라서 1989년은 기사년(己巳年)이니 년주(年柱)는 기사(己巳)가 된다.

여기서 주의할 점은, 구년과 신년의 구별은 1월 1일이 아니라 입춘(立春)을 기준으로 한다는 것이다. 그러므로 경진년(庚辰年) 1월 1일이 기점이 아니라 전년도인 기묘년(己卯年) 12월 29일 21시 37분이 넘으면 입춘(立春)이 되니 다음해인 경진년(庚辰年)으로 보는 것이다.

2. 월주(月柱) 정하는 방법

월주(月柱)란 출생월(出生月)의 간지(干支)를 말한다. 월주(月柱)는 각 월(月)의 월건(月建)에 의하여 정하고, 년주(年柱)와 마찬가지로 각 월의 절입일(節入日)을 표준으로 한다.

예를 들어 경진년(庚辰年) 인월(寅月) 30일에 출생했다면 절입일

(節入日)이 30일 15시 36분이니, 이후에 출생한 사람은 묘월(卯月)의 월건(月建) 기묘(己卯)를 쓰고, 이전에 출생한 사람은 인월(寅月)의 월건(月建)인 갑인(甲寅)을 쓴다. 각 월의 절입(節入) 시기는 다음과 같으며 만세력(萬歲曆)을 참조한다.

1월의 월지(月支)는 인(寅), 2월은 묘(卯), 3월은 진(辰), 4월은 사(巳), 5월은 오(午), 6월은 미(未), 7월은 신(申), 8월은 유(酉), 9월은 술(戌), 10월은 해(亥), 11월은 자(子), 12월은 축(丑)이다. 월지(月支)가 정해졌으니 월간(月干)을 정해본다. 만세력(萬歲曆)을 보면 되지만 다음에 나오는 년두법(年頭法)을 이용하면 더 편리하다.

월(月)과 절기표

1월(寅)	입춘일에서 경칩일 전까지
2월(卯)	경칩일에서 청명일 전까지
3월(辰)	청명일에서 입하일 전까지
4월(巳)	입하일에서 망종일 전까지
5월(午)	망종일에서 소서일 전까지
6월(未)	소서일에서 입추일 전까지
7월(申)	입추일에서 백로일 전까지
8월(酉)	백로일에서 한로일 전까지
9월(戌)	한로일에서 입동일 전까지
10월(亥)	입동일에서 대설일 전까지
11월(子)	대설일에서 소한일 전까지
12월(丑)	소한일에서 입춘일 전까지

월간지 조견표

陰曆 / 節名 (年干)		甲己年	乙庚年	丙辛年	丁壬年	戊癸年
正月	立春	丙寅	戊寅	庚寅	壬寅	甲寅
二月	驚蟄	丁卯	己卯	辛卯	癸卯	乙卯
三月	淸明	戊辰	庚辰	壬辰	甲辰	丙辰
四月	立夏	己巳	辛巳	癸巳	乙巳	丁巳
五月	芒種	庚午	壬午	甲午	丙午	戊午
六月	小暑	辛未	癸未	乙未	丁未	己未
七月	立秋	壬申	甲申	丙申	戊申	庚申
八月	白露	癸酉	乙酉	丁酉	己酉	辛酉
九月	寒露	甲戌	丙戌	戊戌	庚戌	壬戌
十月	立冬	乙亥	丁亥	己亥	辛亥	癸亥
十一月	大雪	丙子	戊子	庚子	壬子	甲子
十二月	小寒	丁丑	己丑	辛丑	癸丑	乙丑

■ 년두법(年頭法)

① 갑기년(甲己年) : 병인두(丙寅頭)

② 을경년(乙庚年) : 무인두(戊寅頭)

③ 병신년(丙辛年) : 경인두(庚寅頭)

④ 정임년(丁壬年) : 임인두(壬寅頭)

⑤ 무계년(戊癸年) : 갑인두(甲寅頭)

갑년(甲年)이나 기년(己年)은 인월(寅月)이 병인(丙寅)부터 시작하니, 묘월(卯月)은 정묘(丁卯), 진월(辰月)은 무진(戊辰) 순으로 본다. 을경년(乙庚年), 즉 천간(天干) 글자가 을(乙)이나 경(庚)이면 인월(寅月)은 무인(戊寅), 묘월(卯月)은 기묘(己卯) 순으로 본다.

3. 일주(日柱) 정하는 방법

일주(日柱)는 생일(生日)의 간지(干支)를 말한다. 명리학(命理學)은 일주(日柱)를 중심으로 운명을 보기 때문에 매우 중요하다. 일주(日柱)는 만세력(萬歲曆)에 있는 태어난 날의 일진(日辰)으로 정한다. 만일 경진년(庚辰年) 인월(寅月) 6일에 출생했다면 경진년(庚辰年) 무인월(戊寅月) 무술일(戊戌日)이 된다. 주의할 점은 각 년(年)의 구분은 입춘(立春)이고, 각 월(月)의 구분은 절입(節入) 일시(日時)를 기준으로 하듯이, 일(日)의 경계는 자시(子時)를 기준으로 한다.

4. 시주(時柱) 정하는 방법

시주(時柱)란 태어난 시간의 간지(干支)를 말한다. 하루는 12시간으로 나누는데, 12시간은 자축인묘진사오미신유술해(子丑寅卯辰巳午未申酉戌亥)를 말한다. 월주(月柱)의 간지(干支)와 같이 시지(時支)는 항상 일정하고, 시간(時干)은 일간(日干)에 의해 결정된다.

1. 시간의 표준

시간은 지구의 공전과 자전에 의하여 일정하게 움직이는 것이므로 변하지 않는다. 사주에서도 기상학상의 과학적인 시간을 사용해야 하므로 시간의 변경은 있을 수 없다. 정오는 그 지역에서 하루의 중간을 말하고, 자정은 밤의 중간을 말한다. 따라서 중국의 자시(子時)와 한국의 자시(子時)가 같을 수 없고, 동경의 정오와 서울의 정오가 같을 수 없다. 우리 나라 내에서도 전국의 시간이 반드시 일치한다고 볼 수 없다.

우리 나라의 정오는 대체로 중국의 정오보다 30분이 빠르고, 일본보다는 30분이 늦다. 그러므로 우리 나라의 정각 12시는 중국의 11시 35분이고, 일본의 12시 30분이 된다는 것이다. 현재 우리 나라에서 사용하는 시간은 1951년 음력 6월 29일 이후로 12시 30분이 정오가 되는 것을 명시해야 한다.

시간지 조견표

時干 \ 日干		甲己日	乙庚日	丙辛日	丁壬日	戊癸日
子時	오후11시 ~오전1시	甲子	丙子	戊子	庚子	壬子
丑時	오전1시 ~오전3시	乙丑	丁丑	己丑	辛丑	癸丑
寅時	오전3시 ~오전5시	丙寅	戊寅	庚寅	壬寅	甲寅
卯時	오전5시 ~오전7시	丁卯	己卯	辛卯	癸卯	乙卯
辰時	오전7시 ~오전9시	戊辰	庚辰	壬辰	甲辰	丙辰
巳時	오전9시 ~오전11시	己巳	辛巳	癸巳	乙巳	丁巳
午時	오전11시 ~오후1시	庚午	壬午	甲午	丙午	戊午
未時	오후1시 ~오후3시	辛未	癸未	乙未	丁未	己未
申時	오후3시 ~오후5시	壬申	甲申	丙申	戊申	庚申
酉時	오후5시 ~오후7시	癸酉	乙酉	丁酉	己酉	辛酉
戌時	오후7시 ~오후9시	甲戌	丙戌	戊戌	庚戌	壬戌
亥時	오후9시 ~오후11시	乙亥	丁亥	己亥	辛亥	癸亥

2. 야자시(夜子時) 설(說)

야자시(夜子時) 설(說)이란, 자시(子時)를 둘로 나누어 오후 11시부터 12시까지는 저녁 야자시(夜子時)라 하고, 1시까지는 밝은 날 조자시(朝子時)라고 주장하는 것이다. 예를 들어 갑자일(甲子日) 오후 11시에서 12시까지를 야자시(夜子時)라 하여 갑자일(甲子日) 병자시(丙子時)라고 한다. 이것은 오행(五行)의 순환법칙에 위배될 뿐 아니라 시법(時法)에도 적합하지 않다. 그러나 일부 역학자들이 이 이론을 주장하고 있으나 신경쓰지 않아도 된다. 년(年)은 자년(子年)이 시작이고, 월(月)은 인월(寅月)이 시작이고, 일(日)은 1일이 시작이고, 시(時)는 자시(子時)가 시작이다.

5. 운로법(運路法)

1. 대운(大運) 정하는 방법

사주는 그 사람의 그릇을 말하고, 대운(大運)은 5년이나 10년 단위로 나누어 사주와 운세와의 조화에서 오는 길흉화복을 말한다. 대운(大運)은 생월(生月)의 간지(干支)를 기준으로 정한다. 년간(年干)이 양(陽)인 남자와 음(陰)인 여자는 월주(月柱)를 기준으로 순행(順行)하고, 년간(年干)이 음(陰)인 남자와 양(陽)인 여자는 월주(月柱)를 기준으로 역행(逆行)한다. 즉 대운(大運)은 월주(月柱)를 중심으로 다음 달 월건(月建)을 향해 순행(順行)하느냐, 지난 달 월건(月建)을 향해 역행(逆行)하느냐 두 가지이다.

양남음녀(陽男陰女)는 년주(年柱)의 천간(天干)이 양간(陽干)인가 음간(陰干)인가로 결정된다. 갑병무경임년(甲丙戊庚壬年)은 양간년(陽干年)이고, 을정기신계(乙丁己辛癸)는 음간년(陰干年)이다.

예를 들어 갑자년(甲子年) 병인월생(丙寅月生)이면 남자의 대운(大運)은 정묘(丁卯), 무진(戊辰), 기사(己巳) 순으로 순행(順行)하고, 여자는 을축(乙丑), 갑자(甲子), 계해(癸亥) 순으로 역행(逆行)한다. 또 을축년(乙丑年) 무인월생(戊寅月生)이라면 남자는 정축(丁丑), 병자(丙子), 을해(乙亥) 순으로 역행(逆行)하고, 여자는 기묘(己卯), 경진(庚辰), 신사(辛巳) 순으로 순행(順行)한다.

대운(大運)은 순행(順行)하든 역행(逆行)하든 10년마다 변하는데, 몇 세인가는 행운세수(行運歲數)에 의한다. 이것을 계산하는 방법은 양년(陽年) 출생 남자와 음년(陰年) 출생 여자는 순행(順行)하기 때문에 출생일(出生日)로부터 다음 달 절입일(節入日)까지 계산하여 나온 날짜의 수를 3으로 나누고, 음년(陰年) 출생 남자와 양년(陽年) 출생 여자는 역행(逆行)하기 때문에 출생일(出生日)로부터 그 달의 절입일(節入日)까지 계산하여 나온 날짜의 수를 3으로 나눈다.

이 날짜의 수를 계산할 때는 생일(生日)이나 절입(節入) 시간까지 엄격하게 따져야 하지만 대개 시간은 계산하지 않는다. 생일(生日)을 더하면 절입일(節入日)을 빼고, 생일(生日)을 빼면 절입일(節入日)을 더한다. 그리고 날짜의 수를 3으로 나누어 0수를 얻을 수 없을 때는, 하루가 남으면 버리고 2일이 남으면 1을 더한다. 다시 말해 4일이면 행운세수(行運歲數)는 1이 되고, 5일이면 2가 된다는 말이다. 이렇게 계산해서 나온 행운세수(行運歲數)가 2이면 2세, 12세, 22

세, 32세, 42세 등이 대운수(大運數)가 된다.

■ 무인년(戊寅年) 인월(寅月) 16일 축시(丑時)

시 일 월 년
丁 庚 甲 戊
丑 寅 寅 寅

이 사주가 남자이면 순행(順行)하기 때문에 대운(大運)은 을묘(乙卯), 병진(丙辰), 정사(丁巳), 무오(戊午) 순으로 진행한다. 인월(寅月) 16일은 입춘(立春) 후이니 다음 절기는 경칩(驚蟄)이다. 무인년(戊寅年) 경칩(驚蟄)은 임자일(壬子日) 오전 3시 54분이므로, 생일(生日)로부터 절입일(節入日)까지는 22일이다. 따라서 이것을 3으로 나누면 이 사람의 대운수(大運數)는 7이 된다.

57 47 37 27 17　 7
庚 己 戊 丁 丙 乙
申 未 午 巳 辰 卯

만일 이 사주가 여자이면 역행(逆行)하기 때문에 대운(大運)은 계축(癸丑), 임자(壬子), 신해(辛亥), 경술(庚戌)로 진행한다. 무인년(戊寅年) 입춘(立春) 절입시(節入時)는 인월(寅月) 8일 오전 9시 56분이고, 일수는 8일이니 이 사람의 대운수(大運數)는 3이 된다.

52	42	32	22	12	2
戊	己	庚	辛	壬	癸
申	酉	戌	亥	子	丑

2. 소운(小運) 정하는 방법

운로법(運路法)에서는 대운(大運)이 중심이 되지만 대운(大運)이 들기 전까지 소운(小運)을 참고하는 경우가 있다. 대운(大運)은 월주(月柱)에서 시작하지만 소운(小運)은 일주(日柱)에서 시작한다. 대운(大運)과 마찬가지로 양남음녀(陽男陰女)는 순행(順行)하고, 음남양녀(陰男陽女)는 역행(逆行)한다.

2장. 음양오행(陰陽五行)

1. 음양(陰陽)

 노출된 것, 활동적인 것, 적극적인 것은 양(陽)이고, 감추어진 것, 고요한 것, 소극적인 것은 음(陰)이다. 하늘은 양(陽)이요 땅은 음(陰)이다. 태양은 양(陽)이요 달은 음(陰)이다. 남자는 양(陽)이요 여자는 음(陰)이다.

2. 오행(五行)

 오행(五行)은 목화토금수(木火土金水)를 말한다. 명리학(命理學)은 십간십이지(十干十二支)의 간지(干支)와, 음양오행(陰陽五行)의 상호관계 및 작용에 의하여 사람의 운명을 예지하는 학문이다.

3. 십간(十干)

五行	木	火	土	金	水
陽干	甲	丙	戊	庚	壬
陰干	乙	丁	己	辛	癸

4. 십이지(十二支)

陽干	子(水)	寅(木)	辰(土)	午(火)	申(金)	戌(土)
陰干	丑(土)	卯(木)	巳(火)	未(土)	酉(金)	亥(水)

5. 오행(五行)의 상생상극(相生相剋)

오행(五行)은 서로 생(生)하고 극(剋)하는 작용을 하는데, 이를 상생상극(相生相剋)이라 한다. 상생(相生)에는 목생화(木生火), 화생토(火生土), 토생금(土生金), 금생수(金生水), 수생목(水生木)이 있고, 상극(相剋)에는 목극토(木剋土), 토극수(土剋水), 수극화(水剋火), 화극금(火剋金), 금극목(金剋木)이 있다.

金生水	水生木	木生火	火生土	土生金

金剋木	木剋土	土剋水	水剋火	火剋金

6. 오행(五行)의 생극(生剋)과 반생(反生) · 반극(反剋)의 이치

1. 생(生)이 오히려 극(剋)이 됨

① 목(木)은 본래 화(火)를 생(生)하나, 목(木)이 많으면 오히려 화(火)가 막힌다. 이때는 금(金)으로 목(木)을 제극(制剋)하면 화(火)를 융통할 수 있다.

② 화(火)는 본래 토(土)를 생(生)하나, 화(火)가 많으면 오히려 토(土)가 메마른다. 이때는 수(水)로 화(火)를 제극(制剋)하면 토(土)가 윤택해진다.

③ 토(土)는 본래 금(金)을 생(生)하나, 토(土)가 많으면 오히려 금(金)이 묻힌다. 이때는 목(木)으로 토(土)를 제극(制剋)하면 금(金)이 나타난다.

④ 금(金)은 본래 수(水)를 생(生)하나, 금(金)이 많으면 오히려 수(水)가 탁해진다. 이때는 화(火)로 금(金)을 제극(制剋)하면 수(水)가 맑아진다.

⑤ 수(水)는 본래 목(木)을 생(生)하나, 수(水)가 많으면 오히려 목(木)이 물에 뜬다. 이때는 토(土)로 수(水)를 제극(制剋)하면 목(木)을 생(生)한다.

2. 내가 생(生)하는 것이 오히려 나를 극(剋)함

① 목(木)은 본래 화(火)를 생(生)하나, 화(火)가 많으면 오히려 목(木)을 불사른다. 이때는 수(水)로 화(火)를 제(制)하고 목(木)을

생(生)하나, 목(木)을 돕는 것을 취하지 않는다. 토(土)를 쓰면 목(木)을 존재하게 한다.

② 화(火)는 본래 토(土)를 생(生)하나, 토(土)가 많으면 오히려 화(火)가 어두워진다. 이때는 목(木)으로 토(土)를 제(制)하고 화(火)를 생(生)한다. 만일 금(金)으로 토(土)를 설(洩)하면 화(火)를 존재하게 하나, 화(火)를 돕는 것을 취하지 않는다.

③ 토(土)는 본래 금(金)을 생(生)하나, 금(金)이 많으면 오히려 토(土)가 허약해진다. 이때는 화(火)로 금(金)을 제(制)하고 토(土)를 생(生)한다. 수(水)를 쓰면 토(土)를 존재하게 한다.

④ 금(金)은 본래 수(水)를 생(生)하나, 수(水)가 많으면 오히려 금(金)이 잠긴다. 이때는 토(土)로 수(水)를 제(制)하고 금(金)을 생(生)한다. 목(木)을 쓰면 금(金)을 존재하게 한다. 금백수청격(金白水淸格)은 반드시 금(金)이 있어야 하고 토(土)는 필요로 하지 않는다.

⑤ 수(水)는 본래 목(木)을 생(生)하나, 목(木)이 많으면 오히려 수(水)가 위축된다. 이때는 금(金)으로 목(木)을 제(制)하고 수(水)를 생(生)한다. 화(火)를 쓰면 수(水)를 존재하게 한다.

3. 내가 생(生)하는 것이 오히려 나를 생(生)함

① 금(金)이 수(水)를 생(生)하나, 화(火)가 왕성하여 금(金)을 녹일 때는 수(水)로 화(火)를 제(制)하면 금(金)을 보호할 수 있다. 이것이 금(金)이 오히려 수(水)가 생(生)하는 것에 의지하는 것이다.

② 수(水)가 목(木)을 생(生)하나, 토(土)가 왕성하여 수(水)가 막힐 때는 목(木)으로 토(土)를 유통시켜주면 수(水)가 흐른다. 이것이 수(水)가 오히려 목(木)이 생(生)하는 것에 의지하는 것이다.

③ 목(木)이 화(火)를 생(生)하나, 천한지동(天寒地凍)할 때는 화(火)로 융화하면 목(木)을 생(生)한다. 이것이 목(木)이 오히려 화(火)가 생(生)하는 것에 의지하는 것이다.

④ 화(火)가 토(土)를 생(生)하나, 수(水)의 세력이 넘칠 때는 토(土)로 수(水)를 제(制)하면 화(火)를 보호할 수 있다. 이것이 화(火)가 오히려 토(土)가 생(生)하는 것에 의지하는 것이다.

⑤ 토(土)가 금(金)을 생(生)하나, 목(木)이 왕성하여 토(土)가 허약할 때는 금(金)으로 목(木)을 제(制)하면 토(土)를 보호할 수 있다. 이것이 토(土)가 오히려 금(金)이 생(生)하는 것에 의지하는 것이다.

4. 내가 극(剋)하는 것이 오히려 나를 극(剋)함

① 금(金)이 충분히 목(木)을 극(剋)하나, 목(木)이 견고하면 오히려 금(金)이 이지러진다.

② 목(木)이 충분히 토(土)를 극(剋)하나, 토(土)가 많으면 오히려 목(木)이 꺾인다.

③ 토(土)가 충분히 수(水)를 극(剋)하나, 수(水)가 왕성하면 오히려 토(土)가 쓸려내려간다.

④ 수(水)가 충분히 화(火)를 극(剋)하나, 화(火)가 많으면 오히려 수(水)가 메마른다.

⑤ 화(火)가 충분히 금(金)을 극(剋)하나, 금(金)이 많으면 오히려 화(火)가 꺼진다.

　이것을 구하는 방법은 반드시 비겁(比劫)이 있고 다시 생(生)해줌이 있어야 한다. 예를 들어 화(火)가 왕성하여 수(水)가 메마르면 다시 수(水)가 있어야 하고, 금(金)이 수(水)를 생(生)해야 한다. 수(水)가 없고 금(金)만 있으면 화(火)가 금(金)을 녹이고, 금(金)은 없고 수(水)만 있으면 쉽게 메마른다.

5. 정생극(正生剋)

① 금(金)이 약한데 화(火)를 만나면 반드시 금(金)이 녹는다. 이때 습한 토(土)가 있으면 화(火)를 설(洩)하여 금(金)을 생(生)해주니 금(金)이 녹지 않는다.
② 화(火)가 약한데 수(水)를 만나면 반드시 화(火)가 꺼진다. 이때 목(木)이 있으면 수(水)를 설(洩)하여 화(火)를 생(生)해주니 화(火)가 꺼지지 않는다.
③ 수(水)가 약한데 토(土)를 만나면 진흙이 되어 반드시 수(水)가 막힌다. 이때 금(金)이 있으면 토(土)를 설(洩)하여 수(水)를 생(生)해주니 수(水)가 마르지 않는다.
④ 토(土)가 약한데 목(木)이 있으면 반드시 토(土)가 기울어진다. 이때 화(火)가 있으면 목(木)을 설(洩)하여 토(土)를 생(生)해주니 토(土)가 실해진다.
⑤ 목(木)이 약한데 금(金)이 있으면 반드시 목(木)이 꺾인다. 이때

수(水)가 있으면 금(金)을 설(洩)하여 목(木)을 생(生)해주니 목
(木)이 영화로움을 얻는다.

6. 강할 때는 극(剋)해야 하나 설(洩)할 때보다 못할 때가 있다.

① 강한 금(金)이 수(水)를 얻으면 예봉이 꺾인다.
② 강한 수(水)가 목(木)을 얻으면 세력을 설(洩)한다.
③ 강한 목(木)이 화(火)를 얻으면 기(氣)를 설(洩)한다.
④ 강한 화(火)가 토(土)를 얻으면 뜨거움이 풀린다.
⑤ 강한 토(土)가 금(金)을 얻으면 완고함이 변한다.

7. 조후(調候)로 보는 반생(反生)

① 목(木)이 충분히 화(火)를 생(生)하나, 화(火)도 목(木)을 생(生)
한다. 수생목(水生木)은 메마른 땅을 윤택하게 하는 것이고, 화생
목(火生木)은 천한지동(天寒地凍)을 풀어주는 것이다.
② 화(火)가 충분히 토(土)를 생(生)하나, 토(土)도 화(火)를 생(生)
한다. 목생화(木生火)는 동목(冬木)이 시드는 것을 막는 것이고,
토생화(土生火)는 화(火)가 메마르게 하는 것을 윤택하게 하는 것
이다.
③ 토(土)가 충분히 금(金)을 생(生)하나, 금(金)도 토(土)를 생(生)
한다. 화생토(火生土)는 땅이 습해지는 것을 막는 것이고, 금생토
(金生土)는 토(土)가 기울어지는 것을 막는 것이다.
④ 금(金)이 충분히 수(水)를 생(生)하나, 수(水)도 금(金)을 생(生)

한다. 토생금(土生金)은 수(水)가 넘치는 것을 막는 것이고, 수생금(水生金)은 화(火)가 녹이는 것을 막는 것이다.

⑤ 수(水)가 충분히 목(木)을 생(生)하나, 목(木)도 수(水)를 생(生)한다. 금생수(金生水)는 누설되는 것을 막는 것이고, 목생수(木生水)는 진흙이 막는 것을 제거하는 것이다.

8. 조후(調候)로 보는 반극(反剋)

① 목(木)이 충분히 토(土)를 극(剋)하나, 토(土)도 목(木)을 극(剋)한다. 목극토(木剋土)하는 것은 춘토(春土)가 유약하기 때문이고, 토극목(土剋木)하는 것은 하토(夏土)가 조열(燥熱)하기 때문이다.

② 토(土)가 충분히 수(水)를 극(剋)하나, 수(水)도 토(土)를 극(剋)한다. 토극수(土剋水)하는 것은 하수(夏水)가 메마르기 때문이고, 수극토(水剋土)하는 것은 동토(冬土)가 얼어붙기 때문이다.

③ 수(水)가 충분히 화(火)를 극(剋)하나, 화(火)도 수(水)를 극(剋)한다. 수극화(水剋火)하는 것은 금수(金水)가 차가워 얼어붙기 때문이고, 화극수(火剋水)하는 것은 한 방울의 물로 큰 불을 끌 수 없기 때문이다.

④ 화(火)가 충분히 금(金)을 극(剋)하나, 금(金)도 화(火)를 극(剋)한다. 화극금(火剋金))하는 것은 춘화(春火)가 왕성하기 때문이고, 금극화(金剋火)하는 것은 동화(冬火)가 약하기 때문이다.

⑤ 금(金)이 충분히 목(木)을 극(剋)하나, 목(木)도 금(金)을 극(剋)한다. 금극목(金剋木)하는 것은 금(金)이 굳세어 목(木)이 얼어붙

기 때문이고, 목극금(木剋金)하는 것은 목(木)이 견고하여 금(金)이 이지러지기 때문이다.

9. 생(生)의 용신(用神)

① 목생화(木生火)하나 목화(木火)가 모두 왕성하면 수(水)로 목(木)을 배양해야 한다.

② 화생토(火生土)하나 화토(火土)가 모두 왕성하면 목(木)으로 화(火)를 생(生)해야 한다.

③ 토생금(土生金)하나 토금(土金)이 모두 왕성하면 화(火)로 토(土)를 도와야 한다.

④ 금생수(金生水)하나 금수(金水)가 모두 왕성하면 토(土)로 금(金)을 생(生)해야 한다.

⑤ 수생목(水生木)하나 수목(水木)이 모두 왕성하면 금(金)으로 수(水)를 생(生)해야 한다.

10. 극(剋)의 용신(用神)

① 목극토(木剋土)하나 목(木)이 지나치게 많으면 금(金)으로 토(土)를 보호해야 한다.

② 화극금(火剋金))하나 화(火)가 지나치게 많으면 수(水)로 화(火)를 제(制)해야 한다.

③ 토극수(土剋水)하나 토(土)가 지나치게 많으면 목(木)으로 토(土)를 제(制)해야 한다.

④ 금극목(金剋木)하나 금(金)이 지나치게 많으면 화(火)로 금(金)을 제(制)해야 한다.
⑤ 수극화(水剋火)하나 수(水)가 지나치게 많으면 토(土)로 수(水)를 제(制)해야 한다.

11. 신왕(身旺)·신약(身弱) 사주

신왕(身旺) 사주는 극(剋)이 마땅하나, 왕성함이 극에 이르면 반드시 설(洩)해야 한다. 다시 말해 실하면 자식을 낳아야 한다.

① 춘목(春木)이 삼림을 이루면 화(火)가 왕성하여 통휘해야 한다.
② 하화(夏火)가 치열하면 습토(濕土)가 왕성하여 위력을 거두어들여야 한다.
③ 추금(秋金)이 예리하면 수(水)가 왕성하여 흐름이 맑아야 한다.
④ 동수(冬水)가 왕성하면 목(木)이 왕성하여 세력을 거두어야 한다.
⑤ 계토(季土)가 중첩되면 금(金)이 왕성하여 수기(秀氣)를 설(洩)해야 한다.

신약(身弱) 사주는 생(生)함이 마땅하나, 약함이 극에 이르면 반드시 극(剋)해야 한다. 다시 말해 허(虛)하면 그 어머니가 기울어진다.

① 추목(秋木)이 시들어 떨어지면 금(金)이 마땅하고 수(水)는 마땅하지 않다.
② 동화(冬火)가 꺼지면 수(水)가 마땅하고 목(木)은 마땅하지 않다.

③ 춘금(春金)이 녹으면 화(火)가 마땅하고 토(土)는 마땅하지 않다.

④ 하수(夏水)가 고갈되면 토(土)가 마땅하고 금(金)은 마땅하지 않다.

⑤ 중춘(仲春)에 화(火)가 토(土)를 생(生)하지 않으면 오히려 목(木)이 마땅하다.

⑥ 중추(仲秋)에 화(火)가 토(土)를 생(生)하지 않으면 오히려 금(金)이 마땅하다.

3장. 천간(天干)과 지지(地支)

1. 천간(天干)의 상(象)

1. 갑(甲)

　질(質)은 굳세고, 성(性)은 곧고, 색(色)은 청(靑)이고, 맛은 시고, 소리는 탁하고, 체(體)는 모나며 길고, 용(用)은 싹이 터 움직이는 것이다. 때를 얻으면 동량(棟樑)이 되나, 때를 잃으면 무용지물이 된다. 극(剋)이 지나치면 썩어 쓰임새가 없고, 생왕(生旺)이 지나치면 물에 떠 흘러가니 의지할 곳이 없고, 성(性)이 지나치면 스스로 짐을 지게 되므로 분주하다.

2. 을(乙)

　질(質)은 윤택하고, 성(性)은 부드럽고, 색(色)은 푸르고, 맛은 시며 달고, 소리는 아름답고, 체(體)는 연약하며 부드럽고, 용(用)은 갑(甲)과 같이 싹이 터 움직이는 것이다. 때를 얻으면 번영하나, 때를 잃으면 마르거나 썩는다. 성(性)이 거짓되고 휘어지니 세상의 정에 의지할 수밖에 없다.

3. 병(丙)

질(質)은 청렴하고, 성(性)은 열정적이고, 색(色)은 자적(紫赤)이고, 맛은 쓰며 맵고, 소리는 웅장하고, 체(體)는 과단하면서도 은밀하고, 용(用)은 억누르거나 떨치게 하는 것이다. 때를 얻으면 휘황찬란하나, 때를 잃으면 재와 같이 메마른다. 성(性)이 강하며 고집이 대단하여 나서기를 좋아하나, 큰 나무가 있으면 발전하기 어렵다.

4. 정(丁)

질(質)은 예쁘고, 성(性)은 순하고, 색(色)은 담홍이고, 맛은 상쾌하고, 소리는 밝으며 맑고, 체(體)는 수려하고, 용(用)은 편리하며 민첩하다. 때를 얻으면 충분히 발전하나, 때를 잃으면 궁핍하며 근심으로 신음한다. 틈을 주면 친하게 다가오지만, 날카로우면 끌어당기기 어렵다. 부드럽게 아첨하는 성질이 있으니 잘 살펴야 한다.

5. 무(戊)

질(質)은 조열(燥烈)하고, 성(性)은 구차하지 않고, 맛은 달며 맵고, 소리는 강하며 웅장하고, 체(體)는 뚫으며 깊고, 용(用)은 둔하며 거친 것이다. 때를 얻으면 영웅호걸이 되나, 때를 잃으면 유약하며 어리석다. 성(性)이 집요하니 강제적으로 대하면 안 된다.

6. 기(己)

질(質)은 두터우며 넓고, 성(性)은 평탄하며 바르고, 맛은 달며 맵고, 소리는 은은하고, 체(體)는 잠기어 고요하고, 용(用)은 순하며 부드러운 것이다. 때를 얻으면 도용품(陶鎔品)이 되고, 때를 잃어도 견고하며 곧다. 성(性)이 너그럽고 넓으니 막히거나 엉기지 않는다.

7. 경(庚)

질(質)은 강경하고, 성(性)은 급하며 예리하고, 맛은 매우 맵고, 소리는 웅장하면서도 날카롭고, 체(體)는 굳세며 바르고, 용(用)은 사나워 어그러지는 것이다. 때를 얻으면 강인하나, 때를 잃으면 위엄이 없다. 성(性)이 강하면 남에게 굴복하지 않고, 약하면 부드럽게 변하는 성질이 있으니 강제적으로 대하면 안 된다.

8. 신(辛)

질(質)은 예리하고, 성(性)은 부드러우면서도 강하고, 맛은 매우 쓰고, 소리는 옥구슬과 같, 체(體)는 잠기어 고요하니 주머니 속에 송곳이 있는 것과 같고, 용(用)은 굳세니 옥돌에서 옥이 나오는 것과 같다. 때를 얻으면 큰 술잔이 되나, 때를 잃으면 질그릇에 불과하다. 반드시 추풍(秋風)을 기다려야 발전이 있다.

9. 임(壬)

질(質)은 윤택하고, 성(性)은 음란하고, 맛은 짜고, 소리는 넓으면서 크고, 체(體)는 원활하고, 용(用)은 유통하는 것이다. 때를 얻으면 만물을 이롭게 하나, 때를 잃으면 만물을 병들게 한다. 성(性)이 매우 부드러우나 위태롭기 때문에 근심은 함께 할 수 있어도 즐거움은 함께 하기 어렵다.

10. 계(癸)

질(質)은 무겁고, 성(性)은 어둡고, 맛은 탁하고, 소리는 밝고, 체(體)는 잠기어 후하니 깊은 정이 있고, 용(用)은 얕아 포용력이 없다. 때를 얻으면 용(龍)을 따라 변하고, 때를 잃으면 꼬리를 흔들어대니 가엾다. 성(性)은 곧으나 어리석으니 간사함을 잘 살펴야 한다.

2. 지지(地支)의 상(象)

1. 자(子)

물, 강, 연못, 우물, 개천, 부인, 도둑, 쥐, 제비, 달팽이 등에 해당한다. 길신(吉神)에 해당하면 총명하나, 흉신(凶神)이면 음탕하다.

2. 축(丑)

흙, 뽕나무 동산, 교량, 궁전, 분묘, 촌장, 귀인, 소, 노새 등에 해당한다. 길신(吉神)에 해당하면 경사나 승진이 따른다. 그러나 흉신(凶神)에 해당하면 저주, 원망, 미움, 송사, 수옥, 이별, 원행(遠行), 질병 등이 따른다.

3. 인(寅)

나무, 신상(神像), 산림, 교량, 공문(公門), 승상(丞相), 남편, 사위,

도인, 귀인, 인마(人馬), 공리(公吏), 가장(家長), 손님, 호랑이, 표범, 고양이 등에 해당한다. 길신(吉神)에 해당하면 문서와 재물이 따른다. 그러나 흉신(凶神)에 해당하면 구설, 재물손실, 질병, 관재, 시비 등이 따른다.

4. 묘(卯)

나무, 문패, 도로, 아내, 형제, 고모, 도둑, 선박, 수레 등에 해당한다. 길신(吉神)에 해당하면 문호(門戶)를 이루나, 흉신(凶神)에 해당하면 관재구설이나 분리 등이 따른다.

5. 진(辰)

흙, 산등성이, 보리밭, 토축, 분묘, 전원, 승려, 염탐꾼, 백정 등에 해당한다. 길신(吉神)에 해당하면 의약사로 나가나, 흉신(凶神)에 해당하면 백정으로 나가며 다툼이 많다.

6. 사(巳)

불, 용광로, 여자, 거지 등에 해당한다. 길신(吉神)에 해당하면 문서가 따르나, 흉신(凶神)에 해당하면 질병이 따른다.

7. 오(午)

불, 관청, 마루, 채식(菜食), 궁녀, 심부름꾼, 곧은 어른, 누에치는 사람 등에 해당한다. 길신(吉神)에 해당하면 문장에 능하나, 흉신(凶神)에 해당하면 놀람, 의심, 구설 등이 따른다.

8. 미(未)

흙, 큰 정원, 담장, 우물, 분묘, 찻집, 부모, 과부, 무당, 도인(道人), 양, 매 등에 해당한다. 길신(吉神)에 해당하면 술과 음식, 연회, 경사 등이 따른다. 그러나 흉신(凶神)에 해당하면 관재, 음독, 질병, 싸움 등이 따른다.

9. 신(申)

금, 선당(仙堂), 신당(神堂), 도로, 방아, 맷돌, 성(城)과 집, 사당, 종묘, 호수, 연못, 공인(公人), 귀객(貴客), 행인, 군인, 흉한 사람, 원숭이, 사자 등에 해당한다. 길신(吉神)에 해당하면 분주하고, 흉신(凶神)에 해당하면 구설, 도로, 재물손실, 질병 등이 따른다.

10. 유(酉)

금, 비석, 도로, 탑, 외가 친척, 첩, 부녀자, 음귀인(陰貴人), 술을 파는 사람, 닭, 할미새, 꿩 등에 해당한다. 길신(吉神)에 해당하면 청정하나, 흉신(凶神)에 해당하면 재물손실, 질병, 이별 등이 따른다.

11. 술(戌)

흙, 감옥, 분묘, 착한 사람, 고독한 사람, 형무관 등에 해당한다. 길신(吉神)에 해당하면 승도팔자가 되고, 흉신(凶神)에 해당하면 허사, 부실, 도주, 경쟁, 수옥 등의 재앙이 따른다.

12. 해(亥)

물, 감옥, 갱, 사원, 도둑, 어린아이, 거지, 죄인 등에 해당한다. 길신(吉神)에 해당하면 혼인이 성사되나, 흉신(凶神)에 해당하면 쟁투나 이별이 따른다.

3. 천간(天干)의 의미

1. 갑(甲)

① 천문기상 : 화성(火星), 천둥, 아침에 부는 부드러운 바람, 샛별, 온난함 등.

② 지리건축 : 삼림(森林), 대로(大路), 교량, 기둥, 시장, 큰 집, 풍수상(風水上)의 좌룡사(左龍砂) 등.

③ 인   물 : 원수(元首), 통수(統帥), 가장(家長), 주장(主將), 형장(兄長), 의사, 법관, 높은 사람, 군자 등.

④ 성   격 : 강건, 정직, 적극, 원활하지 못하고 큰 공을 세우기 좋아함.

⑤ 질   병 : 담, 머리, 다리, 머리카락, 목소리, 뇌신경, 경련, 마비, 조급함, 구토 등.

⑥ 직   업 : 창시자, 정치, 총무, 농림업, 목재업, 건축업, 감독 등.

⑦ 식   물 : 소나무, 잣나무, 삼나무, 야자나무, 대나무, 산수유, 갈대, 목초 등.

⑧ 동   물 : 학, 꾀꼬리, 공작, 사자, 호랑이, 표범, 사슴, 도마뱀, 구렁이, 기린 등.

⑨ 기   물 : 퉁소 · 피리, 북, 비파, 거문고, 안마봉, 곤봉, 농기구,

공기구, 직조기, 교통 등.

⑩ 기   타 : 청록색, 3수, 종자, 전기학, 호박(琥珀) 등.

2. 을(乙)

① 천문기상 : 부드러운 바람, 산의 기운, 명왕성(冥王星) 등.

② 지리건축 : 공원, 초원, 계곡, 관광지, 과수원, 화원, 기둥, 출입구, 창문, 풍수상(風水上)의 좌룡사(左龍砂) 등.

③ 인   물 : 고위관료, 현명한 사람, 문장이 뛰어난 사람, 승려, 주부, 자매, 아내, 부서의 장, 약사 등.

④ 성   격 : 질기나 부드러움, 은근함, 능히 펴고 능히 굽힘, 평화, 정에 의지함.

⑤ 질   병 : 간장, 눈물샘, 머리카락, 손가락, 넓적다리, 후각, 영혼, 목, 신경계통, 과민증, 가려움증 등.

⑥ 직   업 : 원예, 수공업, 중개업, 혼인, 교역, 감화교육, 인쇄, 출판 등.

⑦ 식   물 : 난초, 영지버섯, 차, 버들강아지, 등나무, 끈, 부평초, 기생식물, 향기가 있는 식물 등.

⑧ 동   물 : 원앙새, 비둘기, 황새, 고니, 닭, 나비, 나방, 누에, 송충이, 뱀, 사슴 등.

⑨ 기   물 : 수공예품, 부채, 구기자, 등나무 제품, 가발, 향수, 방향제, 문구, 향료, 주단, 비단 등.

⑩ 기   타 : 벽록색, 황록색, 8수 등.

3. 병(丙)

① 천문기상 : 목성(木星), 태양, 양광(陽光), 전광(電光), 열, 신월에
　　　　　　서 만월까지.
② 지리건축 : 성문(城門), 향화사당(香火祠堂), 궁실, 풍경, 유흥지,
　　　　　　극장, 메마른 땅, 풍수상(風水上)의 조안(朝案) 등.
③ 인　　물 : 시인, 전도사, 검찰관, 원고, 감정사, 미용사, 안과의사
　　　　　　등.
④ 성　　격 : 외강내유, 공정, 청렴, 결백, 맹렬, 허영, 관용.
⑤ 질　　병 : 소장, 눈동자, 어깨, 혈압, 염증, 발열, 출혈, 유산 등.
⑥ 직　　업 : 문서, 송사, 구설시비, 예품업, 미용업, 오락업, 항공업
　　　　　　등.
⑦ 식　　물 : 당귀, 천궁(川芎), 계관화, 단풍나무, 연꽃 등.
⑧ 동　　물 : 주작, 공작, 꿩, 까치, 앵무새, 거북이, 달팽이, 게, 소
　　　　　　라, 청개구리, 새우, 조개 등.
⑨ 기　　물 : 예복, 등불, 촛불, 광학의품, 화장품, 사진기, 발전 등.
⑩ 기　　타 : 홍색, 자색, 7수 등.

4. 정(丁)

① 천문기상 : 금성(金星), 별, 달빛 등.
② 지리건축 : 뒷문, 마굿간, 풍수상(風水上)의 조안(朝案) 등.
③ 인　　물 : 여자친구, 화가, 연예인, 연설가, 성숙한 부인, 첩, 과
　　　　　　부, 역사학자 등.

④ 성　　격 : 충성심, 유순함, 내열외한, 불복종, 반역, 고집.
⑤ 질　　병 : 심장, 유방, 안구, 맹장, 혈구, 의식, 맥박, 부스럼 등.
⑥ 직　　업 : 꽃길, 미용화장, 포장업 등.
⑦ 식　　물 : 마, 작약, 장미, 국화, 빨간콩, 연꽃 등.
⑧ 동　　물 : 반딧불, 매미, 지렁이, 벌, 파리, 모기, 이, 벼룩, 독사,
　　　　　　사마귀, 도마뱀 등.
⑨ 기　　물 : 전자로, 연료, 장난감, 못 등.
⑩ 기　　타 : 담홍색, 2수 등.

5. 무(戊)

① 천문기상 : 토성(土星), 노을, 안개 등.
② 지리건축 : 고개, 제방, 보리밭, 가을의 논밭, 사석장(砂石場), 백
　　　　　　화점, 창고, 주차장, 풍수상(風水上)의 결혈(結穴) 등.
③ 인　　물 : 장관, 귀인, 교도관, 목동, 추녀 등.
④ 성　　격 : 의심, 고집, 견고, 보수, 고립, 지조, 절개, 때를 얻으면
　　　　　　영웅호걸과 같이 과감하나, 때를 잃으면 나약하며 어리
　　　　　　석다.
⑤ 질　　병 : 위장, 소화기관, 치아, 코, 복부, 관절, 피부 등.
⑥ 직　　업 : 보험, 신탁, 국방, 부동산 등.
⑦ 식　　물 : 박, 표주박, 오이, 참외, 씨없는 과일, 쌀, 마늘, 파, 기
　　　　　　장 등.
⑧ 동　　물 : 노새, 나귀, 낙타, 개, 곰, 승냥이, 두더쥐 등.
⑨ 기　　물 : 포장지, 우산, 도자기, 가죽, 털옷, 비린내 나는 고기,

국수 등.

⑩ 기　　타 : 황색, 5수 등.

6. 기(己)

① 천문기상 : 달, 구름, 산에서 일어나는 안개와 같은 기운, 습기, 저
　　　　　　기압 등.
② 지리건축 : 전원, 묘지, 침실, 우물, 평원, 풍수상(風水上)의 결혈
　　　　　　(結穴) 등.
③ 인　　물 : 아내, 주부, 임산부, 농부, 타자원, 비서 등.
④ 성　　격 : 너그럽고 후함, 담백, 함축, 유순, 욕심, 인색.
⑤ 질　　병 : 비장, 피부, 식도, 복부, 결석, 눈꺼풀, 자폐증, 산액,
　　　　　　영양실조, 종기, 부스럼 등.
⑥ 직　　업 : 군수물자, 도시계획, 산부인과, 발효공업, 식량물자 등.
⑦ 식　　물 : 벼, 목화, 마, 산약초, 감초, 사탕수수, 콩, 가을의 농작
　　　　　　물 등.
⑧ 동　　물 : 소, 고양이, 삵괭이, 노새, 나귀, 꿀벌, 거미, 개미, 까
　　　　　　마귀, 오리 등.
⑨ 기　　물 : 문구류, 내의, 모포, 위생지, 조미료, 양말, 신발 등.
⑩ 기　　타 : 황색, 10수 등.

7. 경(庚)

① 천문기상 : 수성(水星), 달의 인력, 가을과 겨울의 서리, 봄과 여

름의 비 등.

② 지리건축 : 조수(潮水), 고속철로, 풍수상(風水上)의 우호사(右虎砂), 호수, 연못, 성곽의 지붕, 신당(神堂) 등.

③ 인　　물 : 군인, 할아버지, 검찰관, 외과의사, 조각가, 무술가, 형을 집행하는 사람, 피고 등.

④ 성　　격 : 강건, 용감, 거칠고 횡폭함.

⑤ 질　　병 : 대장, 배꼽, 골격, 월경, 갑상선, 땀구멍, 갱년기, 조직경화, 골절 등.

⑥ 직　　업 : 질병사상(疾病死喪), 교통사고, 군사업무, 철도업, 강철업, 광업, 벌목업 등.

⑦ 식　　물 : 국화, 생강, 마늘, 피마자, 부추, 파, 양배추, 배추, 미나리 등.

⑧ 동　　물 : 호랑이, 표범, 사자, 상어, 원숭이, 메뚜기, 흰개미 등.

⑨ 기　　물 : 칼과 검, 종, 도끼, 기차, 운동기구 등.

⑩ 기　　타 : 백색, 9수 등.

8. 신(辛)

① 천문기상 : 가을의 서리, 우박 등.

② 지리건축 : 철물점, 신단(神壇), 풍수상(風水上)의 우호사(右虎砂), 염전, 창문, 방앗간, 기생집 등.

③ 인　　물 : 의원, 법관, 법률가, 여자 경찰, 범죄, 유격대, 소녀, 창녀, 기생 등.

④ 성　　격 : 냉혹, 결단, 외유내강 등.

⑤ 질　　병 : 폐, 치아, 목구멍, 다리뼈, 가슴, 신진대사기관 등.

⑥ 직　　업 : 혁신, 개발, 중개업, 수술도구, 바느질도구 등.

⑦ 식　　물 : 보리, 마, 은행, 수유, 겨자, 해바라기, 마늘, 부추, 상추 등.

⑧ 동　　물 : 사냥개, 지네, 조개, 백호, 코뿔소, 좀, 소쩍새 등.

⑨ 기　　물 : 진주, 보석, 구슬, 방울, 열쇠, 침, 상아, 종유석, 가죽제품, 석고 등.

⑩ 기　　타 : 백색, 4수 등.

9. 임(壬)

① 천문기상 : 월식, 은하수, 가을의 이슬, 폭우, 천왕성(天王星) 등.

② 지리건축 : 하천, 호수, 도랑, 폭포, 샘물, 작은 길, 지하철, 땅 속의 길, 터널, 감옥, 풍수상(風水上)의 내룡(來龍) 등.

③ 인　　물 : 뱃사공, 기마병, 산모, 유모, 흰옷을 입은 사람, 도둑 등.

④ 성　　격 : 현실적, 원활, 총명, 음란, 유랑, 상쾌, 너그러움, 외유내강.

⑤ 질　　병 : 방광, 수정관, 비뇨기관, 자궁, 임파선 계통, 유방, 혈관, 종아리, 임신, 요통 등.

⑥ 직　　업 : 교통, 선박, 수리, 소방, 어로, 냉동업, 성행위 등.

⑦ 식　　물 : 대두, 흑두, 인삼, 뽕나무, 오디, 갈대, 상수리나무, 가시가 있는 식물 등.

⑧ 동　　물 : 제비, 쥐, 박쥐, 여우, 삵괭이, 바다코끼리, 하마, 수달,

자라 등.

⑨ 기　　물 : 얼음상자, 냉동기, 선박, 수도관, 윤활유, 석유, 석회,
　　　　　　우유제품, 음료, 패물 등.

⑩ 기　　타 : 흑색, 1수 등.

10. 계(癸)

① 천문기상 : 일식, 봄비, 봄이슬, 눈, 얼음, 해왕성(海旺星) 등.

② 지리건축 : 바다, 섬, 침수된 곳, 우물, 목욕탕, 지하실, 창고, 감
　　　　　　옥, 뒷문, 뒷길, 풍수상(風水上)의 내룡(來龍) 등.

③ 인　　물 : 박사, 은사, 심리학자, 측량기사, 잠수인, 간첩, 어민,
　　　　　　어린아이, 거지 등.

④ 성　　격 : 다정, 민감, 침묵, 매우 약하나 잠재력은 풍부함.

⑤ 질　　병 : 신장, 생식기관, 내분비계통, 귀, 대뇌, 골수, 다리, 타
　　　　　　액, 평형계통, 기억력 등.

⑥ 직　　업 : 참모, 설계, 계획, 측량, 음모, 도망, 혼인 등.

⑦ 식　　물 : 수선화, 차꽃, 연꽃, 물 속의 식물 등.

⑧ 동　　물 : 북극곰, 거위, 갈매기, 수달, 담비, 멧돼지, 굴, 조개,
　　　　　　올챙이 등.

⑨ 기　　물 : 그물, 여과기, 정수기, 장막, 우산, 필묵, 청량음료 등.

⑩ 기　　타 : 담색, 6수, 귀신, 암호 등.

4. 천간(天干)의 배상(配像)

1. 갑(甲)

갑목(甲木)은 양(陽)에 속한다. 사시(四時)를 주재하며 만물을 생육한다. 하늘에서는 우뢰이며 용이고, 땅에서는 동량(棟樑)이니 양목(陽木)으로 강한 나무이다. 사수(死水)에 묻히면 천년 동안 썩지 않고, 생수(生水)가 되어 나와 우로(雨露)를 만나면 빛난다. 도끼를 만나면 기물을 이루고, 불을 얻으면 문명을 이룬다. 그러나 금(金)이 많으면 썩고, 화(火)를 많이 만나면 재로 변한다.

춘목(春木)은 왕(旺)한 기후로 우뢰가 처음으로 소리를 내고, 추월(秋月)은 목(木)의 기(氣)가 시들어 우뢰도 소리를 거둔다. 하월(夏月)의 목(木)은 바람을 일으켜 시원하게 하니 영화롭고, 동월(冬月)의 목(木)은 비록 메마르나 태양빛이 없으면 흉하다.

2. 을(乙)

을목(乙木)은 음(陰)에 속한다. 음목(陰木) 또는 활목(活木)이라 하며 약한 나무이다. 하늘에서는 바람이고, 숲에서는 청목(靑木)이고, 전원(田園)에서는 도리(桃李)와 같다. 윤택한 토(土)로 뿌리를 배양(培養)해주며 활수(活水)로 도와야 이롭다. 그러나 수(水)가 지나치게 많거나 금(金)으로 자르면 생장하는 것을 막는 것이니 흉하다. 춘월(春月)에는 싹이 트고, 하월(夏月)에는 잎이 번성하고, 추월(秋月)에는 금왕(金旺)하니 종(從)하면 길하다. 동월(冬月)에는 잎이 떨어지나 뿌리가 견고하면 충분히 회복할 수 있다.

3. 병(丙)

병화(丙火)는 양(陽)에 속한다. 하늘에서는 태양이며 우뢰이고, 땅에서는 용광로이니 양화(陽火)라고 하며 강한 불이다. 태양은 아침에 나와 저녁에 들어가니, 양화(陽火)는 인(寅)에서 생(生)하여 유(酉)에서 죽는다. 건목(乾木)은 불꽃이 발생하면 길하고, 숲은 빛이 가리워지면 흉하다. 금(金)이 왕성하면 어두워지고, 토(土)가 많으면 뜨거운 빛이 멸한다. 춘월(春月)에는 만물을 화창하게 하여 길하고, 하월(夏月)에는 조열(燥烈)하여 물이 증발할 근심이 있고, 추월(秋月)에는 돌아오며 거두어들이는 쓰임이 있고, 동월(冬月)에는 음습한 구름이 기(氣)를 어둡게 하면 흉하다.

4. 정(丁)

정화(丁火)는 음(陰)에 속한다. 만물의 정수이니 문명의 기(氣)가 있는 상(象)이다. 하늘에 있으면 열성(列星)이고, 땅에 있으면 등촉의 불이니 음화(陰火)라 하며 약한 불이다. 밤에는 밝으나 태양이 나오면 멸하여 술해시(戌亥時)를 좋아한다. 술해(戌亥)는 천문(天門)으로 별이 북극성을 이루는 상(象)이다. 때를 얻으면 단단한 쇠도 충분히 단련하나, 때를 잃으면 적은 쇠도 녹이기 어렵다. 춘목(春木)은 등잔불에 기름을 붓는 것과 같고, 하화(夏火)는 용광로에 숯을 더 넣는 것과 같다. 추월(秋月)에는 기(氣)가 맑으니 별빛이 찬란하고, 동월(冬月)에는 추우니 화(火)가 땅 속에 들어가 잠긴다.

5. 무(戊)

무토(戊土)는 양(陽)에 속한다. 만물을 후하게 실으니 사방에 산재해 있다. 하늘에서는 안개와 노을이고, 땅에서는 산이나 육지이니 양토(陽土)라 하며 강한 흙이다. 태양이 비치면 노을이 나타나고, 사계절에 제방을 이루면 기뻐하고, 수(水)가 서로 비추어 주면 기뻐하고, 화(火)가 지나치게 뜨거우면 꺼리고, 금(金)이 많으면 모체가 설(洩)되어 약해지고, 목(木)이 왕성하면 본질이 붕괴된다. 천간(天干)에 계수(癸水)가 투출(透出)하면 비가 온 후에 노을이 빛나는 상(象)이 되어 가장 길하다. 그리고 계절이 시작되는 때를 기뻐하는 것은, 뿌리가 깊고 넉넉하면 강이나 하천에 물이 모이기 때문이다.

6. 기(己)

기토(己土)는 음(陰)에 속한다. 만물을 자생(滋生)하니 사시(四時)에 모두 기생하여 왕성하다. 하늘에서는 구름이고, 땅에서는 전답이니 음토(陰土)라 하며 부드러운 흙이다. 천지(天地)에 화사로움이 충만하여 우주를 모두 헤아린다. 갑목(甲木)과 상합(相合)하면 구름과 우뢰가 모여 비를 내리고, 유(酉)에 앉으면 연못에 임하는 것이니 산천의 증기가 구름을 만든다. 실령(失令)하면 천박하여 자애롭지 못하고, 득시(得時)하면 곡식을 배양(培養)하는 공을 이룬다.

7. 경(庚)

경금(庚金)은 양(陽)에 속한다. 천지숙살권(天地肅殺權)을 잡고 있고, 인간에서는 병혁(兵革)의 변(變)이다. 하늘에서는 달이고 땅에서는 쇠이니, 양금(陽金)이라 하며 강한 철이다. 용광로에서 단련되는 것을 기뻐하고, 수토(水土)에 가라앉거나 묻히는 것을 꺼린다. 만일 을사(乙巳)의 풍문(風門)을 만나면 월백풍청(月白風淸)이라 하고,

임자(壬子)의 왕수(旺水)를 만나면 파도가 출렁이며 달이 활시위와 같은 격이 된다. 춘월(春月)에는 목(木)이 무성하면 금(金)이 이지러지고, 하월(夏月)에는 화(火)가 뜨거운데 또 화(火)를 만나면 괴멸되고, 추월(秋月)에는 기(氣)가 맑으니 화토(火土)가 없으면 더욱더 광채가 나고, 동월(冬月)에는 수(水)가 범람하면 침몰되어 무용지물이 된다.

8. 신(辛)

신금(辛金)은 음(陰)에 속한다. 산에서 나오면 주옥을 이루고, 물에서는 검봉(劍鋒)을 이룬다. 하늘에서는 서리이고 땅에서는 금이니, 음금(陰金)이라 하며 부드러운 금이다. 중추(仲秋)에는 숙살(肅殺)하여 만물을 죽게 만들고, 백로(白露)에는 서리가 엉겨 나뭇잎을 상하게 만든다. 갑옷에서 나오면 예리한 칼을 이루니 위권(威權)을 널리 떨친다. 병화(丙火)를 만나면 화(化)하여 태양이 서리를 비추는 것과 같아, 반드시 녹여 수(水)가 된다. 따라서 동월생(冬月生)이 신해(辛亥)가 있는데 병화(丙火)가 투출(透出)하면 귀격(貴格)을 이룬다. 을목(乙木)을 만나면 예리해져 칼로 나무를 자르는 것과 같으니 더욱더 그 예리함이 나타난다. 따라서 동월생(冬月生)은 신묘(辛卯)와 신미(辛未)가 있는데 을목(乙木)이 투출(透出)하면 부격(富格)을 이룬다.

9. 임(壬)

임수(壬水)는 양(陽)에 속한다. 호탕하고 왕양(汪洋)하여 백 가지 하천이 모두 근본으로 돌아간다. 하늘에서는 우로(雨露)이고, 땅에서는 강호(江湖)이니 양수(陽水) 또는 사수(死水)라 하며 강한 물이다. 토(土)를 만나 제방을 쌓으면 강하(江河)를 이루나, 토(土)가 수(水)의 흐름을 막지 못하면 반드시 흩어진다. 봄의 이슬은 초목을 스스로 자라게 하나, 가을의 이슬은 만물을 꺾어 상하게 만든다. 정화(丁火)를 만나면 은하수가 나타나는 격이니, 남방운(南方運)으로 흐르면 화애로워져 유용하다.

10. 계(癸)

계수(癸水)는 음(陰)에 속한다. 사방에 흩어져 만물을 자생(滋生)한다. 하늘에서는 비이고, 땅에서는 샘이니 음수(陰水) 또는 활수(活水)라 하며 약한 물이다. 토(土)를 만나면 탁해지나, 토(土)에서 나오면 깨끗하다. 춘하월(春夏月)에 태어나면 단비가 되어 영화롭고, 추동월(秋冬月)에 태어나면 장마비를 이루어 진흙탕이 된다. 묘진(卯辰)의 우뢰와 용궁을 기뻐하는 것은 구름을 만들어 비를 내려주기 때문이고, 기사(己巳)의 화토(火土)가 왕(旺)한 것을 두려워 하는 것은 구름이 나타나기 때문이다.

5. 지지(地支)의 배상(配象)

1. 자(子)

자(子)는 감(坎)이며 수(水)이고, 방위는 정북(正北)이다. 월건(月建)은 자월(子月)로 반드시 대설(大雪) 후에는 왕성하고, 신진(申辰)과 회합(會合)하면 강해(江海)를 이루어 파도를 만든다. 한밤 중에 있으면 전반은 음(陰)이고 후반은 양(陽)이니, 음양(陰陽)이 교차하는 중심이다. 수(水)는 밤이니 흑색이며 묵지(墨池)의 상(象)이다.

2. 축(丑)

축(丑)은 이양(二陽)이며 음토(陰土)로 금수(金水)가 들어 있다. 방위는 북방(北方)에서 동방(東方)으로 이동한다. 월건(月建)은 축월(丑月)로 소한(小寒) 후에는 반드시 토(土)가 응결되고, 축(丑)이 융동(隆冬)에 있으나 토(土)가 따뜻해져 만물이 소생한다. 토(土)가 수(水)를 막으니 유안(柳岸)의 상(象)이다.

3. 인(寅)

인(寅)은 간(艮)이며 산이고, 방위는 동방(東方)에서 북방(北方)을 차지한다. 월건(月建)은 인월(寅月)로 입춘(立春) 후에는 반드시 삼양(三陽)이 모인다. 목토(木土)의 장생지(長生地)가 되니 광곡(廣谷)의 상(象)이다.

4. 묘(卯)

묘(卯)는 진(震)이며 목(木)이고, 방위로는 정동(正東)이다. 월건(月建)은 묘월(卯月)로 경칩(驚蟄) 후에는 반드시 왕성하며 강해진다. 해미(亥未)와 회합(會合)하면 숲을 이루어 옥과 같이 푸르니 경림(瓊林)의 상(象)이다.

5. 진(辰)

진(辰)은 용궁(龍宮)이며 습한 토(土)로 을계(乙癸)가 들어 있다.

방위는 동방(東方)에서 남방(南方)을 차지한다. 월건(月建)은 진월(辰月)로 청명(淸明) 후에는 반드시 만물이 성장한다. 수목(水木)을 모으니 초택(草澤)의 상(象)이다.

6. 사(巳)

사(巳)는 손(巽)이며 바람이고, 육양(六陽)의 극(極)이다. 방위는 남방(南方)에서 동방(東方)을 차지한다. 월건(月建)은 사월(巳月)로 입하(立夏) 후에는 반드시 화(火)가 빛을 더한다. 화토(火土)가 모두 모이니 사람의 훈기가 모이는 것과 같아 대역(大驛)의 상(象)이다.

7. 오(午)

오(午)는 리(離)이며 화(火)이고, 방위는 정남(正南)이다. 월건(月建)은 오월(午月)로 반드시 망종(芒種) 후에는 뜨거운 기(氣)가 있다. 인술(寅戌)과 회합(會合)하면 화염(火炎)이 격렬하여 빛을 더욱 증가시킨다. 시(時)가 오(午)에 앉아 있으면 전반은 육양(六陽)이 양(陽)이고, 후반은 육음(六陰)이 처음으로 음(陰)에 속한다. 그러므로 오(午)가 음양(陰陽)이 서로 교차하는 중심이 된다. 하루 중의 시후(時候)는 적황색으로 융마병화(戎馬兵火)에 처해 있으니 봉후의 상(象)이다.

8. 미(未)

미(未)는 하월(夏月)이며 난토(暖土)로 목화(木火)가 들어 있다. 방위는 남방(南方)에서 서방(西方)을 차지한다. 월건(月建)은 미월(未月)로 소서(小暑) 후에는 반드시 토(土)가 따뜻해진다. 난토(暖土)가 목(木)을 배양(培養)하니 숲을 이루어 화원(花園)의 상(象)이다.

9. 신(申)

신(申)은 곤(坤)이며 땅이고, 방위는 서방(西方)에서 남방(南方)을 차지한다. 월건(月建)은 신월(申月)로 입추(立秋) 후에는 반드시 숙살(肅殺)의 기(氣)가 있다. 금수토(金水土)가 모두 모이니 정부를 설립하는 것과 같아 명도(名都)의 상(象)이다.

10. 유(酉)

유(酉)는 태(兌)이며 연못이고, 방위는 정서(正西)에 해당한다. 월건(月建)은 유월(酉月)로 백로(白露) 후에는 반드시 금(金)이 백색으로 변한다. 사축(巳丑)이 회합(會合)하면 견고하며 날카로워진다. 유(酉)는 술해(戌亥)에 가깝다. 술해(戌亥)는 천문(天門)이고, 서방(西方)에 있으니 범사(梵寺)의 경계에 있다. 사찰의 종을 두드리면 천문(天門)에 소리가 울리니 사종(寺鐘)의 상(象)이다.

11. 술(戌)

술(戌)은 건토(乾土)로 화금(火金)이 들어 있다. 방위로는 서방(西方)에서 북방(北方)을 차지한다. 월건(月建)은 술월(戌月)로 한로(寒露) 후에는 반드시 토(土)가 메마르기 때문에 초목이 시든다. 농가에서 밭에 불을 지르는 것과 같으니, 소원(燒原)의 상으로 원야(原野)를 말한다.

12. 해(亥)

해(亥)는 건(乾)이며 하늘이고, 육음(六陰)의 극(極)이다. 방위는 북방(北方)에서 서방(西方)을 차지한다. 월건(月建)은 해월(亥月)로 입동(立冬) 후에는 반드시 기(氣)가 화애로워져 해월(亥月)을 소춘(小春)이라고도 한다. 해(亥)는 천문(天門)에서 수(水)에 속하니, 현하(懸河)의 상(象)이다.

4장. 합형충파해(合刑沖破害)

1. 합(合)

1. 천간합(天干合)

천간합(天干合)은 부부유정(夫婦有情)의 상(象)으로 음양화합의 이치를 방법화한 것이다. 십간(十干) 중 다섯 개의 양간(陽干)은 각각 여섯번째의 음간(陰干)과 합(合)된다.

甲己合	乙庚合	丙辛合	丁壬合	戊癸合
土	金	水	木	火

1. 갑기합토(甲己合土) → 중정지합(中正之合)
2. 을경합금(乙庚合金) → 인의지합(仁義之合)
3. 병신합수(丙辛合水) → 위엄지합(威嚴之合)
4. 정임합목(丁壬合木) → 인수지합(仁壽之合)
5. 무계합화(戊癸合火) → 무정지합(無情之合)

1. 갑기합(甲己合)

갑(甲)의 성격은 인(仁)이며 십간(十干)에서 첫머리를 차지한다. 기토(己土)는 차분하며 독실한 생물의 덕이 있기 때문에 갑기합(甲己合)은 중정합(中正合)이라고 한다. 많은 사람이 존중하며 후덕한 인품이다. 그러나 오행이 무기(無氣)하며 살(殺)이 있으면 분노하여 성품이 편굴해진다. 갑일생(甲日生)이 기(己)의 합(合)이 없으면 신의와 덕이 있으나 지능이 부족하고, 기일생(己日生)이 갑(甲)의 합(合)이 있으면 신의가 부족하며 목소리가 탁하고 콧대가 낮다.

① 갑기합(甲己合)이 을목(乙木)을 만나면 재물에 손상이 있다.
② 갑기합(甲己合)이 병화(丙火)를 만나면 천종(千種)의 인연이 있다.
③ 갑기합(甲己合)이 정화(丁火)를 만나면 도설(盜洩)하니 의식이 궁핍하다.
④ 갑기합(甲己合)이 무토(戊土)를 만나면 집안이 흥성한다. 남자는 여자로 인해 가업이 흥성해진다.
⑤ 갑기합(甲己合)이 기토(己土)를 만나면 암암리에 처재(妻財)를 손상한다.
⑥ 갑기합(甲己合)이 경금(庚金)을 만나면 가도(家道)가 불성하고, 월(月)에 경금(庚金)이 있으면 가족이 흩어진다.
⑦ 갑기합(甲己合)이 신금(辛金)을 만나면 귀(貴)가 있고 발달한다.
⑧ 갑기합(甲己合)이 임수(壬水)를 만나면 평생 유랑한다.
⑨ 갑기합(甲己合)이 계수(癸水)를 만나면 안락하며 발복한다.

① 기갑합(己甲合)이 을목(乙木)을 만나면 만사에 장애가 많다.

② 기갑합(己甲合)이 병화(丙火)를 만나면 귀(貴)가 나타나며 크게 발달한다.

③ 기갑합(己甲合)이 정화(丁火)를 만나면 경시와 능욕을 당한다.

④ 기갑합(己甲合)이 무토(戊土)를 만났는데 계수(癸水)가 암장(暗藏)되어 있으면 가난하지 않고, 계수(癸水)가 투출(透出)해 있으면 현달한다.

⑤ 기갑합(己甲合)이 경금(庚金)을 만나면 재주가 있어도 때를 만나기 어렵다.

⑥ 기갑합(己甲合)이 신금(辛金)을 만나면 반드시 귀명(貴名)을 얻는다.

⑦ 기갑합(己甲合)이 임수(壬水)를 만나면 동분서주한다.

⑧ 기갑합(己甲合)이 계수(癸水)를 만나면 풍족하게 생활하며 발달한다.

2. 을경합(乙庚合)

을(乙)의 음목(陰木)은 부드러우며 인자하고, 경금(庚金)은 강건하여 불굴의 성질이 있으니 강유(剛柔)가 상제(相濟)한다. 위인이 과감하며 강직하고 인의(仁義)의 진퇴가 분명하다. 을경합(乙庚合)은 인의는 있으나 예의가 부족하고, 경을합(庚乙合)은 자비심이 부족하며 예의를 꾸민다.

① 을경합(乙庚合)이 갑목(甲木)을 만나면 재물이 왕성하다.

② 을경합(乙庚合)이 병화(丙火)를 만나면 만사에 장애가 많다.

③ 을경합(乙庚合)이 정화(丁火)를 만나면 봄꽃에 이슬이 내리는 형상이다.

④ 을경합(乙庚合)이 무토(戊土)를 만나면 창고에 곡식이 가득한 형상이다.

⑤ 을경합(乙庚合)이 기토(己土)를 만나면 금과 옥이 가득한 격이다.

⑥ 을경합(乙庚合)이 신금(辛金)을 만나면 가을꽃이 서리를 만난 형상이다.

⑦ 을경합(乙庚合)이 임수(壬水)를 만나면 영화로우며 발복한다.

⑧ 을경합(乙庚合)이 계수(癸水)를 만나면 노력을 해도 소득이 없다.

① 경을합(庚乙合)이 갑목(甲木)을 만나면 재물을 얻으나 영구히 보존하지 못한다.

② 경을합(庚乙合)이 병화(丙火)를 만나면 병화(丙火)가 뜨겁게 달구니 고생하며 재물에 손상이 있다.

③ 경을합(庚乙合)이 정화(丁火)를 만나면 용이 여의주를 얻는 형상이다.

④ 경을합(庚乙合)이 신금(辛金)을 만나면 처재(妻財)가 손상된다.

⑤ 경을합(庚乙合)이 임수(壬水)를 만나면 녹과 재물이 나날이 발전한다.

⑥ 경을합(庚乙合)이 계수(癸水)를 만나면 노력해도 소득이 없다.

3. 병신합(丙辛合)

병화(丙火)는 양화(陽火)이니 뜨거움이 맹렬하다. 신금(辛金)을 극(剋)하며 살(殺)을 기뻐하니 병신합수(丙辛合水)는 위엄지합(威嚴之

合)이다. 모습은 엄숙하나 재물을 좋아하며 음란하다. 병신합(丙辛合)은 위엄은 있으나 편굴하고, 지모가 있으나 색을 좋아하며 간교하다. 신병합(辛丙合)은 신체가 왜소하며 성급하다. 여명(女命)에 병신합(丙辛合)이 있으면 미인이고, 목소리가 작으나 간교하다.

① 병신합(丙辛合)이 갑목(甲木)을 만나면 갑목운(甲木運)에 흉액이 있고, 갑오(甲午)를 만나면 더욱 심하다.

② 병신합(丙辛合)이 을목(乙木)을 만나면 명성을 얻으며 관직에 들어간다.

③ 병신합(丙辛合)이 병화(丙火)를 만나면 비견(比肩)이 나타나니 명성은 있어도 재물이 부족하다.

④ 병신합(丙辛合)이 정화(丁火)를 만나면 귀(貴)하게 되어도 오래 가지 못한다.

⑤ 병신합(丙辛合)이 무토(戊土)를 만나면 안락하며 복이 있다.

⑥ 병신합(丙辛合)이 기토(己土)를 만나면 부귀영화가 있어도 일장 춘몽이다.

⑦ 병신합(丙辛合)이 경금(庚金)을 만나면 현달한다.

⑧ 병신합(丙辛合)이 신금(辛金)을 만나면 여자로 인하여 암암리에 손해를 본다.

⑨ 병신합(丙辛合)이 임수(壬水)를 만났는데 임진(壬辰)을 보면 재앙이 생긴다.

⑩ 병신합(丙辛合)이 계수(癸水)를 만나면 발복한다. 계사월(癸巳月)이면 더욱 크게 발달한다.

① 신병합(辛丙合)이 갑목(甲木)을 만나면 영화가 있으나 오래가지 못한다.
② 신병합(辛丙合)이 을목(乙木)을 거듭 만나면 귀(貴)가 나타나며 영화롭다.
③ 신병합(辛丙合)이 정화(丁火)를 만나면 궁핍하며 상해가 있다.
④ 신병합(辛丙合)이 무토(戊土)를 만나면 안락하며 길하다.
⑤ 신병합(辛丙合)이 기토(己土)를 만나면 화액이 있다.
⑥ 신병합(辛丙合)이 경금(庚金)을 만나면 일생이 안락하다.
⑦ 신병합(辛丙合)이 임수(壬水)를 만나면 평생 명성을 얻기 어렵다.
⑧ 신병합(辛丙合)이 계수(癸水)를 만나면 곤액이 있으나 작은 소득은 있다.

4. 정임합(丁壬合)

임(壬)은 순음지수(純陰之水)라 삼광(三光)이 비치지 않고, 정(丁)은 순장지화(純藏之火)라 정임(丁壬)은 음합(陰合)이 되어 지혜로우며 교태가 있고, 다정하며 주색을 좋아하고 은밀하다. 소인에게 친근하며 군자에게 거만하고, 승부심이 강하며 여자라도 음란하고, 간교하며 유혹이 많다. 늙은 남자는 어린 여자와 결혼하고, 여자는 늙은 남자를 만난다. 전반이 좋지 않으면 후반이 좋고, 전반이 좋으면 후반이 불길하다. 정임합(丁壬合)은 질투심이 강하며 소심하고, 몸이 마르고 키가 큰 사람이 많다. 임정합(壬丁合)은 신의가 없고 화를 잘 내며 몸집이 크다.

① 정임합(丁壬合)이 천간(天干)에서 갑목(甲木)을 만나면 부귀가

따른다.

② 정임합(丁壬合)이 을목(乙木)을 만나면 재록(財祿)을 이루지 못한다.

③ 정임합(丁壬合)이 병화(丙火)를 만나면 평생 안락하다.

④ 정임합(丁壬合)이 무토(戊土)를 만나면 계획은 있으나 성사되기 어렵다.

⑤ 정임합(丁壬合)이 기토(己土)를 만나면 재록(財祿)이 모두 좋다.

⑥ 정임합(丁壬合)이 경금(庚金)을 만났는데 경신금(庚辛金)이 왕성하면 공명을 이루지 못한다.

⑦ 정임합(丁壬合)이 신금(辛金)을 만나면 전답이 무궁하다.

⑧ 정임합(丁壬合)이 임수(壬水)를 만나면 재능이 있어도 명성을 얻기 어렵다.

⑨ 정임합(丁壬合)이 계수(癸水)를 만나면 평생 궁핍하다.

① 임정합(壬丁合)이 갑목(甲木)을 만나면 재록(財祿)이 모두 좋다.

② 임정합(壬丁合)이 을목(乙木)을 만나면 어릴 때 불우하며 재앙이 발생한다.

③ 임정합(壬丁合)이 병화(丙火)를 만나면 영웅호걸의 기상이 있다.

④ 임정합(壬丁合)이 무토(戊土)를 만나면 유랑생활을 한다.

⑤ 임정합(壬丁合)이 기토(己土)를 만나면 고관으로 영달한다.

⑥ 임정합(壬丁合)이 경금(庚金)을 만나면 만사에 장애가 따른다.

⑦ 임정합(壬丁合)이 신금(辛金)을 만나면 평생 부귀가 따른다.

⑧ 임정합(壬丁合)이 계수(癸水)를 만나면 노력의 댓가가 없다.

5. 무계합(戊癸合)

무(戊)의 양토(陽土)는 노양지토(老陽之土)이고, 계수(癸水)는 소부(少婦)이니 비록 (少婦)를 합(合)한다 해도 무정하여 무정지합(無情之合)이라 한다. 무(戊)가 계(癸)를 만나면 교태스럽고 추하다. 남자는 어린 여자를 취하고, 여자는 연하의 남자와 결혼한다. 계(癸)가 무(戊)를 만나면 용모가 소박하다. 남자는 연상과 결혼하고, 여자는 나이 많은 남자를 만난다. 무계합(戊癸合)은 남녀간에 무정하며 사치스럽다. 계무합(癸戊合)은 우매하며 질투심이 많고, 시작은 있으나 끝이 없는 형상이다.

① 무계합(戊癸合)이 갑목(甲木)을 만났는데 인목(寅木)이 있으면 육친의 불화가 있다.
② 무계합(戊癸合)이 을목(乙木)을 만나면 현달한다.
③ 무계합(戊癸合)이 병화(丙火)를 만나면 너무 뜨거우니 화액이 발생한다.
④ 무계합(戊癸合)이 정화(丁火)를 만났는데 사화(巳火)가 있으면 귀(貴)가 많다.
⑤ 무계합(戊癸合)이 기토(己土)를 만나면 암암리에 처재(妻財)를 손상한다.
⑥ 무계합(戊癸合)이 경금(庚金)을 만나면 일생이 형통한다.
⑦ 무계합(戊癸合)이 신금(辛金)을 만나면 매사에 장애가 많다.
⑧ 무계합(戊癸合)이 임수(壬水)를 만나면 재물이 풍성하다.
⑨ 무계합(戊癸合)이 계수(癸水)를 만나면 귀록이 많다.

① 계무합(癸戊合)이 갑목(甲木)이 세 개 암장(暗藏)되어 있으면 고생이 많다.

② 계무합(癸戊合)이 을목(乙木)을 만나면 관록이 발전한다.

③ 계무합(癸戊合)이 병화(丙火)를 만나면 평생 성패가 많다.

④ 계무합(癸戊合)이 기토(己土)를 만나면 명예가 손상된다.

⑤ 계무합(癸戊合)이 경금(庚金)을 만나면 전답이 천리나 된다.

⑥ 계무합(癸戊合)이 신금(辛金)을 만나면 만사가 이루어지지 않으며 심신이 고달프다.

⑦ 계무합(癸戊合)이 임수(壬水)를 만나면 부귀가 가득하다.

2. 육합(六合)

육합(六合)은 지합(支合)이라고도 한다. 간합(干合)과 동일하여 이기상합(理氣相合)하는 지(支)와 지(支)가 화합한 것이다.

천(天)은 일(日)과 월(月)을 말하고, 성(星)은 일(日)과 월(月)의 나머지이다. 오미(午未)는 리(離)를 말하고, 자축(子丑)은 감(坎)을 말한다. 리(離)는 일(日)이고, 감(坎)은 월(月)이다. 오(午)는 일(日)로 하는데 자(子)를 월(月)로 하지 않는 것은, 월(月)은 수(水)의 정으로 위에 매달려 있기 때문이다. 일(日)의 빛을 받는 것으로 북방자(北方子)의 위치를 말하는 것이 아니다. 자축(子丑)의 기가 위를 뚫고 올라가 일(日)과 더불어 나란하니 그 방위가 반드시 미(未)에 있기 때문이다.

지(地)는 수(水)와 토(土)를 말하니 자수(子水)와 축토(丑土)를 말한다. 축(丑)은 수(水)를 포함한 토(土)이니 지(地)의 체(體)로 함에 의심할 바가 없다. 지(地)는 곧 토(土)이니 자축합(子丑合)을 토(土)로 한다. 천위(天位)는 상(上)이라 하고 지위는 하(下)라 하니 두 개 사이를 행함에 반드시 목화금수(木火金水)가 있다. 자축(子丑)은 수토(水土)로써 수토(水土)가 만나면 목(木)이 반드시 생(生)을 얻으니 해인(亥寅)이 목(木)이 된다.

목(木)이 왕성하면 화(火)가 나오니 묘술(卯戌)은 화(火)가 된다. 묘술(卯戌)을 화(火)로 하니 술(戌)을 금천의 기라 하여 무(戊)가 머무는 곳이다. 금천의 기는 진(辰)에서 시작하니 진(辰) 역시 무(戊)이다.

토(土)가 왕성하면 반드시 금(金)을 생(生)하니 진유(辰酉)가 금(金)이 된다. 유(酉)는 금(金)의 제위(帝位)이다. 유(酉)가 금(金)의 극에 머무르니 미(未)에서보다 지극하다.

수(水)가 이미 신(申)에서 생(生)이 되고, 대궁(對宮)은 사(巳)가 되고, 사(巳)는 금(金)의 어머니이니 수(水)는 신사(申巳)에 있다. 신사(申巳)는 오미(午未)의 지(地)에 가장 가까우니 수(水)가 없다. 그러나 어머니가 행하면 자식이 돌아오는 것이니, 수(水)가 토(土)에서 쉬고 자립함을 얻지 못하였으나 토(土)에 붙어 있는 것은 자축(子丑)의 위(位)이니 토(土)를 끌어당기고 있다. 수(水)로 명명하지 않고 토(土)로 하는 것은 그 토(土)를 떠나서 수(水)를 말했을 뿐이니, 반드시 모기(母氣)에 귀납되므로 신사(申巳)를 수(水)로 함이다.

수(水)는 생물의 근원이니 이것으로 일월이 빛난다. 그 다음은 금(金), 화(火), 목(木), 토(土)이다. 이것이 오위(五緯)의 순서이다. 수(水)는 일(日)의 가장 가까운 곳에 있다. 그 다음은 금(金), 화(火), 목(木), 토(土)이다. 이것은 자연의 순서이다.

수토(水土)가 생(生)하는 것은 목(木)이다. 상승하여 화토(火土)가 되고, 다시 상승하여 금(金)이 되고, 다시 상승하여 수(水)가 된다. 이것을 행하는 것을 지(地)라 하는데 자연의 순서이다. 따라서 오성(五星) 오행(五行)이 모두 이치가 있으나 사람이 모두 알 수는 없다.

① 남자가 합(合)이 많으면 외교와 사교능력이 있으나 정에 약하고, 여자가 합(合)이 많으면 음명이라 하여 남자로 인한 구설이 많다.
② 길신이 합(合)하면 더욱 길하고, 흉신이 합(合)하면 더욱 흉하다.
③ 합지(合支)가 공망(空亡)되면 합력(合力)도 공망력(空亡力)도 약화된다.
④ 근합(近合)은 합(合)의 힘이 크나, 원합(遠合)은 합(合)의 힘이 약하다. 합(合)을 충파(沖破)하면 불합(不合)·불충(不沖)이 된다.

子丑	寅亥	卯戌	辰酉	巳申	午未
土	木	火	金	水	不變

1. 자축합화토(子丑合化土)

자축합(子丑合)은 신발에 발을 맞추는 형상과 같아 천족(天足)과 지두(地頭)의 합(合)이라 한다. 자(子)가 축(丑)을 합(合)하면 복이 가볍고, 축(丑)이 자(子)를 합(合)하면 복이 많다. 자(子)가 축(丑)을 합(合)하면 실(實)이 되고, 축(丑)이 자(子)를 합(合)하면 공(空)이 된다.

2. 인해합화목(寅亥合化木)

인해합(寅亥合)은 음와(淫訛)의 합(合)으로 음심이 생동하는 형상이며, 무릎 위에 다리를 합(合)하는 뜻이 있다. 파(破)와 합(合)이 동시에 이루어지는 뜻으로 먼저 합(合)하고 나중에 파(破)한다. 해(亥)가 인(寅)을 합(合)하면 취하고, 인(寅)이 해(亥)를 합(合)하면 파(破)가 된다. 인(寅)이 해(亥)를 합(合)하면 복이 많고, 해(亥)가 인(寅)을 합(合)하면 복이 약하다.

3. 묘술합화화(卯戌合化火)

묘술합(卯戌合)은 도화음정(桃花淫情)의 합(合)이라 하여 항문(肛門)이 긴밀히 붙은 형상이다. 술(戌)이 묘(卯)를 합(合)하면 구(舊)라 하고, 묘(卯)가 술(戌)을 합(合)하면 신(新)이라 한다. 술(戌)이 묘(卯)와 합(合)하면 복이 가볍고, 묘(卯)가 술(戌)을 합하면 복이 두텁다.

4. 진유합화금(辰酉合化金)

진유합(辰酉合)은 도화유정(桃花有情)의 합(合)이라 하여, 가죽과 칼이 서로 합(合)하는 형상이다. 진(辰)이 유(酉)를 합(合)하면 합(合)이라 하고, 유(酉)가 진(辰)을 합(合)하면 리(離)라 한다. 진(辰)이 유(酉)와 합(合)하면 복이 약하고, 유(酉)가 진(辰)을 합하면 이익이 많다.

5. 사신합화수(巳申合化水)

사신합(巳申合)은 장생(長生)이 발생하는 합(合)으로, 어깨와 어깨가 합(合)하는 형상이다. 형(刑)과 합(合)이 배신하기 때문에 합(合)한 후에 구설수가 따른다. 사(巳)가 신(申)을 합(合)하면 순(順)이라 하고, 신(申)이 사(巳)를 합(合)하면 역(逆)이라 한다. 사(巳)가 신(申)을 합하면 복이 가볍고, 신(申)이 사(巳)를 합하면 복이 많다.

6. 오미합화(午未合化 : 다른 오행으로 변하지 않음)

오미합(午未合)은 태양(太陽)과 태음(太陰)이 교감하는 형상이다. 오(午)는 태양에 속하기 때문에 일(日)로 하고, 미(未)는 태양의 빛을 받아 야광이 되므로 태음(太陰)인 월(月)로 한다. 오(午)가 미(未)를 합(合)하면 허(虛)하고, 미(未)가 오(午)를 합(合)하면 회(晦)라 한다. 미(未)가 오(午)를 합(合)하면 생(生)을 받아 길하나, 오(午)가 미(未)를 합(合)하면 복이 가볍다.

3. 삼합(三合)

삼합(三合)은 십이운성(十二運星) 중에서도 생왕묘(生旺墓)의 삼지(三支)로 이루어진 것이다. 모(母) · 자(子) · 손(孫)과 관련되어 이루어진 것이 삼합회국(三合會局)이다. 다시 말해 수(水)는 신(申)에서 생(生)되고, 자(子)에서 왕(旺)되고, 진(辰)에서 묘(墓)가 된다. 자(子)는 신(申)의 자식이고, 진(辰)은 신(申)의 손자이고, 신(申)이 금(金)을 생(生)하고, 자(子)가 수(水)를 생(生)하고, 금(金)이 수(水)를 생(生)하고, 진(辰)을 수묘(水墓)로 하니 이로 인해 신자진(申子辰)이 모이면 수국(水局)이 된다.

오(午) · 유(酉) · 묘(卯) · 자(子)의 지(支)가 각각 가까이에서 다른 지(支)와 근접해 있으면 스스로 화(火) · 금(金) · 목(木) · 수(水)의 국(局)을 이룬다. 그러나 홀로 인(寅)이 술(戌)을 보거나, 사(巳)가 축(丑)을 보거나, 신(申)이 진(辰)을 보거나, 해(亥)가 미(未)를 보면 국(局)을 이루지 못한다. 그러나 사주 천간(天干)에 제왕지(帝旺地)의 정기(正氣)가 투출(透出)했을 때는 삼합(三合)이 이루어진다. 다시 말해 인술(寅戌)에 정화(丁火)가 있고, 해미(亥未)에 을목(乙木)이 있고, 사축(巳丑)에 신금(辛金)이 있고, 신진(申辰)에 계수(癸水)가 있으면 삼합(三合)이 이루어지는 것이다.

지지(地支)의 삼합(三合)은 같은 시각에 기가 일어나는 것으로 끊으려고 해도 끊어지지 않는다. 사람이 살아가는데 정(精) · 신(神) · 기(氣)가 필요하듯 오행에도 생(生) · 왕(旺) · 고(庫)가 필요하다. 신(申)은 자(子)의 어머니이고, 진(辰)은 자(子)의 자식이니, 진고(辰庫)에서 거두어들이는 것이다. 세 글자 중에서 하나가 결핍되면 화(化)해도 국(局)을 이루지 못한다. 금목화(金木火)가 모두 같은 이치이다.

대개 합(合)은 국(局)을 요하니 재관인국(財官印局)을 말한다. 본국(本局)이 되면 국(局)이 상하고, 삼회(三會)하여 녹국(祿局)이 되면 하나를 얻고 셋을 나누는 격으로, 달에서 계수나무를 꺾는 것과 같아 일주(日主)의 강약을 살펴야 한다.

육합(六合)과 삼합(三合)은 용색이 아름답고 자태가 빼어나며, 신기(神氣)가 안정되어 있고, 생지(生地)를 좋아하며 사지(死地)를 미워한다. 마음이 안정되어 평탄하고, 총명하며 지혜롭고, 많이 듣고 많이 보는 형상이다.

① 상생합(相生合)이 되면 언어와 용모가 부드러우며 좋고, 화복을 도와 지키며 시비를 따지지 않는다.

② 상극합(相剋合)이 되면 매사가 어려우며 틀어지고, 계획을 많이 세워도 움직이면 구설수를 초래한다. 여기다 흉살까지 있으면 화가 크다.

③ 사절합(死絶合)이 되면 꾸밈이 많고 인색하여 멸망을 초래한다.

④ 건록합(建祿合)이 되면 횡재와 명망이 있고, 복기가 스스로 온다.

⑤ 인귀인(印貴人)의 합(合)이 되면 은귀(恩貴)가 온다.

⑥ 식신합(食神合)이 되면 의록이 풍족하다.

원진(元辰)과 대모(大耗)가 임하면 말이 깨끗해도 행동이 탁하다. 여기다 함지(咸池)를 대동하면 간악하여 사통하고, 관부(官符)를 대동하면 감옥에 들어가는 수도 있고, 천공(天空)을 대동하면 움직여도 일을 성사시키기 어렵다.

여명(女命)이 크게 꺼리는 것은 합(合) 중에 살(殺)을 띠는 것으로, 함지(咸池)는 오점을 남기고 대모(大耗)는 음란하며 간교하다. 합(合)하여 길하면 길이라 하고, 합(合)하여 흉하면 흉이라 한다.

삼합(三合) 가운데 자(字)를 장성(將星)이라 하고, 삼합(三合)의 고(庫)를 화개(華蓋)라 한다. 장성(將星)은 중군(中軍)으로 길성(吉星)이 있으면서 귀성(貴星)까지 있으면 매우 길하여 나라의 동량이 되고, 망신(亡神)이 장성(將星)에 임해 있으면서 귀고(貴庫)를 끼고 있으면 출장입상(出將入相)의 격이 된다.

寅午戌	申子辰	巳酉丑	亥卯未
火局	水局	金局	木局

1. 인오술(寅午戌) 화국(火局) 염상(炎上)

인(寅)의 속성은 연료나 목재이다. 그러나 오화(午火)를 만나면 화(火)로 변하여 화기(火器), 화학공업, 기체성 물질 등을 이룬다. 여기다 술(戌)을 만나면 문화, 예술, 정신문화 등으로 변한다.

2. 신자진(申子辰) 수국(水局) 윤하(潤下)

신(申)의 속성은 철물이나 동전이고, 진토(辰土)는 토지나 부동산 등을 나타낸다. 그러나 삼합(三合)이 되면 수자원, 해양, 상하수도, 관개수, 수력발전소, 목욕탕, 세탁소 등으로 변한다.

3. 사유축(巳酉丑) 금국(金局) 종혁(從革)

사화(巳火)는 전기나 전자 등을 나타낸다. 그러나 유금(酉金)을 만나면 금속물질, 기계부품 등으로 변한다. 여기다 축(丑)을 만나 삼합(三合)되면 전기제품, 폭발물 저장소, 유리 종류, 화폐, 현금, 액세서리 등이 된다.

4. 해묘미(亥卯未) 목국(木局) 곡직(曲直)

해(亥)의 속성은 물이다. 그러나 묘(卯)와 합(合)되면 목(木)으로 변해 섬유질, 포목, 펄프 등으로 변한다. 여기다 미(未)까지 삼합(三合)되면 건축자재, 건축물, 영농, 종묘, 방직, 가구 등으로 변한다.

4. 암합(暗合)

암합(暗合)은 지지인원용사(地支人元用司)간에 이루어지는 합(合)

을 말한다. 진술축미(辰戌丑未)는 형충파해(刑沖破害)가 되지 않는 한, 고방(庫房) 안에 갇힌 상태이므로 암합(暗合)을 이룰 수 없다.

사주에 암합(暗合)이 있으면 매우 사교적이며 치밀하고 조직적인 사람이다. 기신(忌神)을 합(合)해서 길로 바꾸면 길하고, 길신을 합(合)해서 흉으로 바꾸면 흉고, 한신(閑神)을 암합(暗合)하면 길신으로도 변하고 흉신으로도 변한다.

① 인(寅)과 오(午)가 있으면 인(寅) 중의 갑목(甲木)과 오(午) 중의 기토(己土)가 갑기합토(甲己合土)가 된다.

② 자(子)와 사(巳)가 있으면 자(子) 중의 계수(癸水)와 사(巳) 중의 무토(戊土)가 무계합화(戊癸合火)가 된다.

③ 묘(卯)와 신(申)이 있으면 묘(卯) 중의 을목(乙木)과 신(申) 중의 경금(庚金)이 을경합금(乙庚合金)이 된다.

④ 해(亥)와 오(午)가 있으면 해(亥) 중의 임수(壬水)와 오(午) 중의 정화(丁火)가 정임합목(丁壬合木)이 된다.

⑤ 임인(壬寅)과 축(丑)이 있으면 축(丑)이 개고(開庫)되었을 때 갑기합토(甲己合土), 병신합수(丙辛合水), 무계합화(戊癸合火)가 된다.

5. 방합(方合)

방(方)이란 인묘진(寅卯辰)이 모여 동방(東方), 사오미(巳午未)가 모여 남방(南方), 신유술(申酉戌)이 모여 서방(西方), 해자축(亥子丑)이 모여 북방(北方)을 이루는 것의 방위를 말한다. 이 방위에 속하는 삼지지(三地支)가 명조에 있으면서 한 글자는 월지(月支)에 있어야 방합(方合)이 성립된다.

다시 말해 순수한 동족끼리 결합하거나 순수한 자기 혈족끼리 뭉쳐진 씨족집단을 의미한다. 방합(方合)은 녹왕쇠(祿旺衰)의 공동체 합(合)이니, 생왕묘(生旺墓)의 연합체 합(合)인 삼합(三合)보다 더욱 강하다고 볼 수 있다.

2. 충(沖)

충(沖)은 합(合)한 것을 충돌하게 하여 분리·변화시키는 작용이다. 간지(干支)가 모두 여섯번째 합(合)한 것을 일곱번째는 충동·분리시키기 때문에 칠충(七沖)이라 한다. 합(合)이 안정된 상태라면, 충(沖)은 움직이며 변화하는 상태이다. 충(沖)은 고요한 것은 움직이게 하고, 모여 있는 것은 흩어지게 하며, 완화되었던 상태를 긴장하게 하는 등, 조화를 깨트리며 공격하여 이산·파괴·살상에 까지 도달한다. 그러나 길한 것을 충(沖)하면 흉하나, 흉한 것을 충(沖)하면 길하기 때문에 한가지 예로 추측하기는 곤란하다.

1. 천간충(天干沖)

천간충(天干沖)은 천간(天干)의 십간(十干)끼리 서로 다투는 것으로, 자기 자신을 시발점으로 일곱번째에 해당하는 것과 충극(沖剋)이 된다. 예를 들면 갑(甲)의 일곱번째는 경(庚)이니 갑경(甲庚)은 천간충(天干沖)이 된다.

甲庚	乙辛	丙壬	丁癸

① 경금(庚金)이 갑목(甲木)을 충다(沖多)하면 두상(頭傷)·두통·
간장질환·면풍(面風)·안목(眼目)·풍상(風傷) 등이 따른다.

② 신금(辛金)이 을목(乙木)을 충다(沖多)하면 담에 상해가 오고, 팔
다리 순환계에 경화증이 오고, 목과 어깨가 아프고, 중풍기가 있
다. 신금(辛金)의 극(剋)이 심하면 수족을 절단할 수도 있다.

③ 임수(壬水)가 병화(丙火)를 충다(沖多)하면 심장마비가 따르고,
시력이 좋지 않고, 눈물이 나오고, 허열이 생기고, 신(神)이 놀라
고, 방광 등에 문제가 따른다.

④ 계수(癸水)가 정화(丁火)를 충다(沖多)하면 대장·소장이 냉해지
고, 하초에 혈액이 부족하여 양기가 부족하고, 심장이 좋지 않다.

⑤ 갑목(甲木)이 무토(戊土)를 충다(沖多)하면 비장·위장이 상하
고, 폐가 허약하고, 피부가 댕기고, 안면이 창백해지고, 좌골신경
통에 문제가 따른다.

⑥ 을목(乙木)이 기토(己土)를 충다(沖多)하면 비장·위장이 상하
고, 폐가 허약해지고, 신경이 예민해지고, 신장만 강해지고 양기
는 고갈되고, 얼굴과 입술에 푸른기가 돌며 기미가 많아진다.

⑦ 병화(丙火)가 경금(庚金)을 충다(沖多)하면 폐에 열이 심해지고,
호흡기관에 이상이 생기고, 귀에 이명증에 생기고, 대장에 출혈이
오고, 치질이 생기고, 혈압이 상승하고, 입에 백태가 끼고, 치아가
튼튼하지 못하고, 기침이 일어나고, 소변이 붉다.

⑧ 정화(丁火)가 신금(辛金)을 충다(沖多)하면 대장에 문제가 생기

고, 폐에 열이 생기고, 입이 마르고, 호흡기관에 이상이 생기고, 편도염이 있고, 소변이 자주 나오며 붉은색이 돈다.

⑨ 무토(戊土)가 임수(壬水)를 충다(沖多)하면 신장이 고갈되고, 신장결석증이 따르고, 피와 소변량이 적고, 탈모증이 따른다.

⑩ 기토(己土)가 계수(癸水)를 충다(沖多)하면 신장에 이상이 생기고, 빈혈이 생기고, 신경계통이 약해지고, 탈모증이 따르고, 청각이 둔해진다.

2. 지지충(地支沖)

지지충(地支沖)은 지지(地支)끼리 충동하는 것을 말한다.

寅申	巳亥	子午	卯酉	辰戌	丑未

1. 자오상충(子午相沖)

자오(子午)는 음양의 분기점으로 남녀가 서로 싸우고, 남과 북의 음양이 서로 갈라지는 현상이다. 따라서 자오상충(子午相沖)이 있으면 부부간에 생사이별수가 있고, 항상 일신이 불안하고, 성병에 걸리기 쉽고, 신경계통과 심장계통에 질환이 생길 수 있고, 허열이 생기고, 혀가 굳어지고, 눈이 충혈되고, 뇌일혈이나 저혈압이 따른다.

여러 개의 자(子)가 하나의 오(午)를 충(沖)하면 갑자기 액이 따른다. 사주 중에 자(子)가 있는데 대운(大運)이나 세운(歲運)에서 오(午)가 충(沖)하면 자(子) 중의 계수(癸水)가 당하고, 사주 중에 오(午)가 있는데 대운(大運)이나 세운(歲運)에서 자(子)가 오면 오(午) 중의 정화(丁火)가 당한다.

2. 묘유상충(卯酉相沖)

묘유(卯酉)는 일륜이 출입하는 문호로 가정을 의미한다. 따라서 묘유상충(卯酉相沖)이 있으면 골육이 손상되거나 부부간에 불화가 생기고, 주색으로 화를 초래한다. 겉은 부드러우나 속으로는 권리와 이해를 따지니 우정이나 애정이 결핍되고, 문호를 갱신하거나 말초신경 · 간장 · 담 · 대장 · 폐 등의 질환을 조심해야 한다.

사주 중에 묘(卯)가 있는데 대운(大運)이나 세운(歲運)에서 유(酉)가 충(沖)하면 묘(卯) 중의 을목(乙木)이 당하고, 사주 중에 유(酉)가 있는데 대운(大運)이나 세운(歲運)에서 묘(卯)가 충(沖)하면 유(酉) 중의 신금(辛金)이 당한다.

3. 인신상충(寅申相沖)

인신상충(寅申相沖)은 소년과 소녀가 다투는 형상으로, 인정은 있으나 바람이 나는 등 이성문제가 발생한다. 역마(驛馬)와 지살(地殺)이 상충(相沖)하니 교통사고를 조심해야 하고, 여자는 주먹질을 잘하는 남편과 인연이 되는 경우가 있다. 간장 · 폐 · 대장 · 신경통 등을 조심해야 하고, 두세 개의 신(申)이나 신유술(申酉戌) 등이 하나의 인목(寅木)을 집단으로 공격하면 간신경 계통에 질병이 따르고, 목(木)에 속한 부분의 피해가 심하다.

사주 중에 인(寅)이 있는데 대운(大運)이나 세운(歲運)에서 신(申)이 충(沖)하면 인(寅) 중의 병화(丙火)와 갑목(甲木)이 당하고, 사주 중에 신(申)이 있는데 대운(大運)이나 세운(歲運)에서 인(寅)이 충(沖)하면 신(申) 중의 임수(壬水)와 경금(庚金)이 당한다.

4. 사해상충(巳亥相沖)

사해상충(巳亥相沖)은 명암이 서로 다투는 형상으로, 처음에는 작은 일도 나중에는 크게 벌어지고, 같은 풍파를 거듭하고, 처음에는 얻으나 뒤에는 잃고, 부부궁이 불길하여 쓸데없이 남의 걱정을 많이 하고, 변덕스러우며 권태가 심하다. 건강상으로는 심장·소장·방광·혈압에 이상이 따른다.

사주 중에 사(巳)가 있는데 대운(大運)이나 세운(歲運)에서 해(亥)가 충(沖)하면 사(巳) 중의 경금(庚金)과 병화(丙火)가 당하고, 사주 중에 해(亥)가 있는데 대운(大運)이나 세운(歲運)에서 사(巳)가 충(沖)하면 해(亥) 중의 갑목(甲木)과 임수(壬水)가 당한다.

5. 축미상충(丑未相沖)

축미상충(丑未相沖)은 동성(同星)의 상충(相沖)으로, 형제간에 불화가 따른다. 각자 다른 마음을 품고, 재물로 다투고, 은혜를 원수로 갚고, 매사에 장애가 많다. 건강상으로는 위장, 비장, 요통, 탈모증 등을 조심해야 한다.

사주 중에 축(丑)이 있는데 대운(大運)이나 세운(歲運)에서 미(未)가 충(沖)하면 축(丑) 중의 계수(癸水)와 신금(辛金)이 당하고, 사주 중에 미(未)가 있는데 대운(大運)이나 세운(歲運)에서 축(丑)이 충(沖)하면 미(未) 중의 정화(丁火)와 을목(乙木)이 당한다.

6. 진술상충(辰戌相沖)

진(辰)은 수고(水庫)이고 술(戌)은 화고(火庫)이니 늙은 남녀가 다투는 형상이다. 지나치게 탐욕스럽거나 인색하여 형제나 친구에게 외면당하는 경우가 있다. 귀하고 천함이 분명하지 못하고, 기쁨과 슬픔이 뚜렷하지 않고, 부부금실이 좋지 않고, 가정이 쓸쓸하다. 신장·심장·위장·피부 등에 질환이 생길 수 있고, 전택·토지 등으로 시비가 따를 수 있다.

사주 중에 진(辰)이 있는데 대운(大運)이나 세운(歲運)에서 술(戌)이 충(沖)하면 진(辰) 중의 을목(乙木)과 계수(癸水)가 당하고, 사주 중에 술(戌)이 있는데 대운(大運)이나 세운(歲運)에서 진(辰)이 충(沖)하면 술(戌) 중의 신금(辛金)과 정화(丁火)가 당한다.

3. 형(刑)

육합(六合)이나 삼합(三合)에 의해 가정이나 단체나 국가를 형성한다면, 이것을 분리·변화·해산·파멸시키는 것은 충(沖)이고, 조직이나 사회나 국가의 질서유지를 위하여 형벌이나 제재를 가하는 것은 형(刑)이다. 형(刑)을 삼형(三刑)이라 하는 것은 삼합(三合)을 손상·제재하기 때문이다.

寅巳申	丑戌未	子卯	辰辰	午午	酉酉	亥亥

1. 인사신(寅巳申) 삼형(三刑) → 지세지형(持勢之刑)
2. 축술미(丑戌未) 삼형(三刑) → 무은지형(無恩之刑)
3. 자묘형(子卯刑) → 무례지형(無禮之刑)
4. 진진(辰辰), 오오(午午), 유유(酉酉), 해해(亥亥) → 자형(自刑)

1. 인사형(寅巳刑)

인사형(寅巳刑)은 인(寅)이 사(巳)를 형(刑)하는 것을 말한다. 인사형(寅巳刑)은 해(害)까지 가중되는 형(刑)으로 다른 형(刑)에 비해 작용이 강하다. 쟁투·갈등·경쟁으로 인한 시비, 은인에 대한 배신과 망은, 형액이나 송사 등이 따른다. 건강상으로는 소장·허벅지·편도선·자동차사고 등을 조심해야 한다.

2. 사신형(巳申刑)

사신형(巳申刑)은 사(巳)가 신(申)을 형(刑)하는 것이다. 형(刑) 중에 합(合)이 있어 두 사람이 결합유정하다가 적으로 변하는 형상이다. 실패·불화·반목·시비 등이 따른다. 건강상으로는 소장·대장 계통에 질병이 발생한다.

3. 축술형(丑戌刑)

축술형(丑戌刑)은 축(丑)이 술(戌)을 형(刑)하는 것을 말한다. 축술미(丑戌未)가 모두 토(土)인데 서로 형(刑)하니 무은지형(無恩之刑)이라 하는 것이다. 배신·불신·투쟁이 따른다. 형제나 친구와 암투가 생기고, 성격이 냉정하고, 친구가 없으며 은인을 모른다. 여자는 부부간에 불화하며 산액이 따르기 쉽다.

4. 술미형(戌未刑)

술미형(戌未刑)은 술(戌)이 미(未)를 형(刑)하는 것을 말한다. 술(戌)이 미(未)를 형(刑)하면 형(刑) 중에 파(破)가 있다. 하천한 것이 윗사람을 속이는 것으로, 결과가 없으며 말과 행동이 다르다. 건강상으로는 위장 · 비장 · 좌골신경통 · 폐막염 등이 따른다.

5. 자묘형(子卯刑)

자묘형(子卯刑)은 자(子)가 묘(卯)를 형(刑)하고, 묘(卯)도 자(子)를 형(刑)할 수 있으니 호형(互刑)이라 한다. 자(子)가 묘(卯)를 생(生)하나 묘(卯)에서 자(子)를 보면 도화살(桃花殺)에 해당하고, 목(木)의 패지(敗地)가 된다. 이것은 자식이 어머니를 연모하는 형상으로 패륜 · 불륜 · 무례함이 따라 정사 · 간통 · 변태성욕 등으로 관형의 화가 따를 수 있다. 음독자살 · 성병 · 자궁염 · 간장 계통 등에 이상이 생길 수 있다.

6. 진진자형(辰辰自刑)

진(辰)의 수(水)의 고장(庫藏), 다시 말해 창고에 물이 넘쳐 피해가 생기는 형상이다. 진진자형(辰辰自刑)이 좋은 쪽으로 가면 법관 · 검사 · 경찰 · 감사 · 보관업 · 저장업 · 냉동업 등과 관계가 있고, 나쁜 쪽으로 가면 수재 · 냉해 · 구속 · 구설 · 시비 등이 생긴다. 건강상으로는 위장 · 피부병 · 요통 등이 따른다.

7. 오오자형(午午自刑)

오오자형(午午自刑)은 불길이 솟아 형(刑)이 되는 것을 말한다. 매우 왕성하면 폭발 · 익사 · 자해 · 충돌 · 수술 등이 따르고, 음탕하기 때문에 성병이나 패가망신을 조심해야 한다.

8. 유유자형(酉酉自刑)

유유자형(酉酉自刑)은 금기(金氣)가 매우 강하여 숙살·살벌의 기운이 생기니 사물의 성장을 억압·억제한다. 유금(酉金)은 여자에게는 생리현상에 대한 질병이 생기고, 수술·상처·수족·기관지 등에 질병이 따른다.

9. 해해자형(亥亥自刑)

해수(亥水)는 인체에서는 혈액이나 소변에 해당하므로 당뇨나 고혈압을 조심해야 한다.

4. 파(破)

파(破)는 말 그대로 파괴·분리·이별·절단되는 작용을 말한다. 자(子)와 미(未)는 육해(六害)이다. 이때 자(子)와 유(酉)는 파(破)가 성립되니 자궁·생식기·요도에 염증이 생겨 출혈을 하거나 곪은 것이 터진다.

인신사해(寅申巳亥)의 사맹지(四孟地)는 합(合)과 파(破)가 모두 성립된다. 인해파(寅亥破), 사신파(巳申破)이다. 자오묘유(子午卯酉)의 사정지(四正地)는 상생(相生)으로 파(破)가 성립된다. 자유파(子酉破), 오묘파(午卯破)이다. 진술축미(辰戌丑未)의 사묘지(四墓地)는 비겁(比劫)으로 파(破)가 성립된다. 축진파(丑辰破), 술미파(戌未破)이다.

子酉	午卯	巳申	寅亥	辰丑	戌未

1. 자유파(子酉破)

 자(子)는 요도 · 생식기를 나타내고, 유(酉)는 세균을 나타낸다. 따라서 자유파(子酉破)가 있으면 요도염 · 요통 · 생리통 · 폐질환 · 주색으로 인한 화액, 신경통 등이 발생한다. 주점 · 목욕탕 · 이발소 · 세차장 · 당구장 · 해수욕장 · 산부인과 등과 인연이 많다.

2. 축진파(丑辰破)

 축진파(丑辰破)는 축대붕괴 · 경계선 다툼 · 조경 · 택지 등으로 인한 일이 발생한다. 건강상으로는 비장 · 위장 · 피부습진 · 맹장염 · 복막염 등이 따른다.

3. 인해파(寅亥破)

 인해(寅亥)는 합(合)인 동시에 파(破)에도 해당하는데, 합(合)의 작용이 크기 때문에 파(破)의 작용은 미미하다. 건강상으로는 위장이 한냉하거나 담석증 · 방광염 등이 발생한다.

4. 오묘파(午卯破)

 묘(卯)는 오(午)를 상생(相生)하나 묘(卯) 중 을목(乙木)이 오(午) 중 기토(己土)를 극(剋)하면 파(破)가 성립한다. 오(午)를 기준으로 하면 묘(卯)가 욕지(浴地)가 되므로 색정관계나 유흥문제로 명예를 실추한다. 건강상으로는 시력장애 · 간장질환 등이 발생한다.

5. 술미파(戌未破)

술미(戌未)는 파(破)인 동시에 형(刑)이 되므로 작용력이 크다. 따라서 술미파(戌未破)가 있으면 골육간에 구설·시비·배신·질투 등이 생기고, 서로 이용하려 한다. 건강상으로는 요통·신경쇠약·좌골신경통 등이 발생한다.

6. 사신파(巳申破)

사신(巳申)은 합(合)인 동시에 파(破)와 형(刑)이다. 따라서 처음에는 합(合)의 작용으로 좋으나, 중도에 배신·불화·손재·파산·구설·시비 등이 일어난다. 건강상으로는 심장·소장질환 등을 조심해야 한다.

5. 해(害)

해(害)는 육충(六沖)이 되는 지지(地支)를 합(合)으로 응원해주는 것이 원인이 된다. 예를 들면 자오충(子午沖)인데, 미(未)가 오(午)와 합(合)을 하니 자(子)는 미(未)와 해(害)가 되고, 축(丑)이 와서 자(子)와 합(合)하여 자(子)의 편을 드니 오(午)는 축(丑)이 해(害)가 된다. 나머지도 이와 같은 원리로 적용하면 된다.

해(害)는 적개심을 갖고 복수와 공격을 가하려는 증오심이 발동하는 것으로, 대개 육친에게 해롭다. 특히 해(害)는 암암리에 작용하기 때문에 잘 살펴야 한다.

子未	丑午	寅巳	卯辰	申亥	酉戌

1. 자미해(子未害)

자미해(子未害)는 자(子)가 오(午)를 충(沖)하는데 미(未)가 오(午)를 합(合)으로 보호하는데서 비롯된다. 때리는 시어머니보다 말리는 시누이가 더 얄밉다는 말과 같이, 오(午)보다 미(未)가 더 얄밉고 원수같다. 미(未)도 축(丑)을 충(沖)하려는데 자(子)가 합(合)하여 보호하고 있으니, 역시 미(未)가 자(子)를 보면 원수같이 생각한다.

오행으로는 자(子) 중 계수(癸水)는 미(未) 중 정화(丁火)를, 미(未) 중 기토(己土)는 자(子) 중 계수(癸水)를 극(剋)하여 이루어진다. 특히 해(害)는 사람 사이의 관계에서 더욱 두드러져, 십신(十神)이나 궁(宮)이 뜻하는 육친간에 불화나 원한이 된다. 건강상으로는 척추·요통·자궁질환·당뇨·심장결석 등의 질환이 따른다.

2. 축오해(丑午害)

축(丑)이 미(未)를 충(沖)할 때 오(午)가 미(未)를 엄호하고, 오(午)가 자(子)를 충(沖)할 때 축(丑)이 자(子)를 합(合)하여 보호하는데서 축(丑)과 오(午)는 서로 증오와 원망의 대상이 된다.

오행상으로는 축(丑) 중 계수(癸水)가 오(午) 중 정화(丁火)를, 오(午) 중 정화(丁火)는 축(丑) 중 신금(辛金)을 서로 극(剋)하는데서 일어난다. 특히 오(午) 중 정화(丁火)를 보호하는 기토(己土)가 축(丑) 중 신금(辛金)을 생(生)하고, 신금(辛金)은 다시 계수(癸水)를 생(生)하니 축오해(丑午害)는 오(午) 중 정화(丁火)의 파손이 뚜렷하다. 관귀상해(官鬼相害)라 하여 관재구설이 있을 수 있고, 부부간에 불화하고, 재물에 관한 암투가 따른다. 건강상으로는 중풍·뇌졸증·심장질환·신경장애 등을 조심해야 한다.

3. 인사해(寅巳害)

인사해(寅巳害)는 삼형(三刑)이 가중된 해(害)로 영향이 매우 크다. 인(寅) 중 갑목(甲木)이 사(巳) 중 경금(庚金)을, 인(寅) 중 갑목(甲木)이 사(巳) 중 무토(戊土)를 극(剋)하는 동시에, 사(巳) 중 경금(庚金)이 인(寅) 중 갑목(甲木)을 극(剋)하는 형(刑)인 동시에, 인신충(寅申沖)을 사신합(巳申合)으로 엄호하고, 사해충(巳亥沖)을 인해합(寅亥合)으로 보호하는데서 해(害)가 성립된다.

육친이 불화하고 구설수가 많으며, 화재·화상·소장염·편도선염·간장·담낭·수족상해 등이 따른다. 그러나 생왕(生旺)되어 길하게 작용하면 권위직으로 나간다.

4. 신해해(申亥害)

신(申)이 인(寅)을 충(沖)하려는데 해(亥)가 합(合)하고 있으니 해(亥)가 증오의 대상이 되고, 해(亥)가 사(巳)를 충(沖)하려는데 신(申)이 합(合)하여 엄호하고 있으니 신해해(申亥害)가 성립된다. 신(申) 중 경금(庚金)이 해(亥) 중 갑목(甲木)을 극(剋)하고, 해(亥) 중 갑목(甲木)이 신(申) 중 무토(戊土)를, 신(申) 중 무토(戊土)는 해(亥) 중 임수(壬水)를 극(剋)하는 것이 해(害)의 원리이다.

해(亥) 중 갑목(甲木)이 신(申) 중 경금(庚金)의 극(剋)을 받으나 해묘미(亥卯未) 목국(木局)이 신(申)에 이르러 겁살(劫殺)에 해당한다. 이것을 교해(交害)라 하는데 사호비호(似好非好)라 하여 매우 불길하다.

처음에는 웃으면서 시작한 일이 나중에는 불길해지고, 즐거움이 슬픔으로 변하니 수명(水命)은 수액(水厄)을 조심해야 한다. 서로 권리를 다투는 것으로, 꿀 속에 독약이 들어 있는 것과 같이 암암리에 해를 당한다. 자동차사고나 풍랑을 조심해야 하고, 낙태 · 산후질병 · 대소변 · 질액 · 폐 · 대장질환 · 백혈병 등이 발생한다.

5. 묘진해(卯辰害)

묘진해(卯辰害)는 묘(卯)의 충(沖)인 유(酉)를 진(辰)이 합(合)하고, 진(辰)의 충(沖)인 술(戌)을 묘(卯)가 합(合)하면 성립한다. 묘목(卯木)이 진토(辰土)를 만나면 어린아이가 어른덕에 자라면서도 (辰중 癸水가 相生) 그 은혜를 저버리고 멸시하거나 원망 · 배신한다. 그러나 묘목(卯木)의 낙엽이 뿌리로 돌아가는 동시에 진토(辰土)는 유금(酉金)과 합(合)하여 을목(乙木)을 극벌하니 묘진(卯辰)은 해(害)를 면하기 어렵다.

멸시 · 배신 · 중상모략 · 골육의 무정 등이 일어나고, 위장과 간장계통에 질병이 발생하고, 토목건축공사 · 토지 · 부동산 등으로 인한 피해가 발생한다.

6. 유술해(酉戌害)

묘진(卯辰)이 동축지해(東軸之害)라면 유축(酉丑)은 서축지해(西軸之害)이다. 술(戌)이 진(辰)을 충(沖)하려는데 유(酉)가 합(合)으로 방어하고, 유(酉)가 묘(卯)를 충(沖)하려는데 술(戌)이 묘(卯)를 합(合)으로 방어하니 증오가 발생한다. 술(戌) 중 정화(丁火)가 유(酉)

중 신금(辛金)을 극(剋)하나, 유금(酉金)은 술(戌) 중 무토(戊土)의 기운을 도설(盜洩)하여 해(害)가 성립한다. 술(戌) 중 정화(丁火)가 유(酉) 중 신금(辛金)을 공격하나 술(戌) 중 무토(戊土)가 신금(辛金)을 후원하고, 정화(丁火)의 기운이 무토(戊土)에 설(洩)되어 신금(辛金)이 정화(丁火)의 기운을 능멸한다.

건강상으로는 신장병 · 신경질환 · 치질 · 신장염 · 간장 · 비장 · 무릎 통증등이 발생한다. 닭은 시간을 알려주고 개는 도둑을 지켜주는 것과 같이 서로 특징으로, 사랑을 받기 위한 질투와 암투가 벌어져 배신 · 경쟁 · 질투 · 골육형상 등이 따른다.

5장. 합형충(合刑沖)의 변화

1. 생극(生剋)

1. 오행(五行)의 생극(生剋)

오행(五行)의 생극(生剋)과 반생(反生)·반극(反剋)의 이치는 앞에서 설명했다. 음양(陰陽)은 한서(寒暑)를 말하고, 오행(五行)은 춘하추동의 4시 기후를 말한다. 그러나 기후로만 보면 생극(生剋)의 이치를 알 수 없어 오행(五行)으로 대신하는 것이고, 오행(五行)의 생극(生剋)은 반드시 기후의 체(體)와 회(會)를 따라야 한다.

① 목(木)이 충분히 화(火)를 생(生)하나, 하목(夏木)이 다시 화(火)가 있으면 오히려 목(木)을 불사른다. 이때는 반드시 수(水)가 있어야 뿌리가 윤택함을 얻어 목화통명(木火通明)이 된다.
② 화(火)가 충분히 토(土)를 생(生)하나, 계월(季月)에 생(生)하여 토(土)가 중(重)하면 빛이 어두워진다. 미월(未月)은 더욱 심하

다. 이때는 반드시 목(木)이나 금(金)이 있어야 그 빛이 회복된다.

③ 토(土)가 충분히 금(金)을 생(生)하나, 하월(夏月)에는 화(火)는 뜨겁고 토(土)는 조열(燥熱)하기 때문에 오히려 금(金)을 녹인다. 이때는 반드시 수(水)가 윤택하게 해줘야 생(生)을 얻게 된다.

④ 금(金)이 충분히 수(水)를 생(生)하나, 추동(秋冬)에는 금(金)이 한조(寒燥)하기 때문에 수(水)를 생(生)하지 못한다. 이때는 반드시 화(火)가 있어야 따뜻한 기(氣)가 위로 오를 수 있다. 따라서 한(寒)이 습윤(濕潤)으로 변하니, 금수상관(金水傷官)이 관(官)을 보면 기뻐한다고 하는 것이다. 그러나 춘하(春夏)의 금(金)은 따뜻하기 때문에 이처럼 논하지 않는다.

⑤ 수(水)가 충분히 목(木)을 생(生)하나, 동목(冬木)은 기후가 매우 춥기 때문에 반드시 화(火)가 있어야 생의(生意)가 있다. 그러나 하목(夏木)은 이와 같이 논하지 않는다.

지금까지 설명한 것은 모두 생극(生剋)의 이치가 기후의 체회(體會)의 끝이 없기 때문에 기후의 변화를 따른 것이다.

2. 음양(陰陽)의 생극(生剋)

오행(五行)의 생극(生剋)은 음양(陰陽)이 다르다. 양간(陽干)은 왕성함을 향하는 기(氣)이고, 음간(陰干)은 쇠약함을 향하는 기(氣)이다. 양(陽)이 양(陽)을 보거나 음(陰)이 음(陰)을 보면 극(剋)이다.

예를 들어 갑(甲)이 무(戊)를, 병(丙)이 경(庚)을, 무(戊)가 임(壬)을, 경(庚)이 갑(甲)을, 임(壬)이 병(丙)을 보는 것은 양(陽)이 양

(陽)을 만나 극(剋)이 되는 것이다. 을(乙)이 기(己)를, 정(丁)이 신(辛)을, 기(己)가 계(癸)를, 신(辛)이 을(乙)을, 계(癸)가 정(丁)을 보는 것은 음(陰)이 음(陰)을 만나 극(剋)되는 것이다.

만일 양(陽)이 음(陰)을 만나면 합(合)이 된다. 갑(甲)이 기(己)를, 병(丙)이 신(辛)을, 무(戊)가 계(癸)를, 경(庚)이 을(乙)을, 임(壬)이 정(丁)을 보는 것은 비록 합(合)하나 극(剋)을 잃지 않고, 비록 극(剋)하나 극(剋)을 다하지 않으니 유정(有情)의 극(剋)이라 한다. 을(乙)이 무(戊)를, 정(丁)이 경(庚)을, 기(己)가 임(壬)을, 신(辛)이 갑(甲)을, 계(癸)가 병(丙)을 보는 것은 비록 극(剋)하려는 뜻이 있으나 힘이 약하기 때문에 무력(無力)의 극(剋)이라 한다.

갑(甲)이 기(己)를 만나 상합(相合)하면 견고한 목(木)을 습니(濕泥)에다 심는 것이니 극(剋)이 아니다. 그러나 갑목(甲木)이 무토(戊土)를 만나면 견고함이 견고함을 만나는 것이니 극(剋)이 된다. 분쇄하고 꺼지고 녹이게 하는 것이 다를 뿐이다.

극(剋)이란 재(財)로써 내가 제(制)하는 것이다. 육친으로 비유하면 처첩이다. 나를 모시고 받드는 사람이고 재물이기도 하니, 비록 내가 제(制)하나 유정(有情)하다. 만일 양(陽)이 양(陽)을 만나고 음(陰)이 음(陰)을 만나면 비록 내가 제(制)하나 내가 쓰지 않는 것이니 육친에 비유하면 편재(偏財)에 해당하여 무정(無情)하다.

2. 제화(制化)

일주(日主)가 무토(戊土)이고 갑목(甲木)이 극(剋)하는데 경금(庚

金)이 갑목(甲木)을 제(制)하면 제(制)라 하고, 병화(丙火)가 갑목(甲木)을 설(洩)하면 화(化)라고 한다.

나를 극(剋)하는 것을 살(殺)이라 하는데, 병화(丙火)는 충분히 갑목(甲木)을 설(洩)하여 무토(戊土)를 생(生)하니, 극(剋)이 조화되어 생(生)으로 변하는 것이다. 극(剋)되어도 극(剋)이라 하지 않고 합(合)되어도 합(合)이라고 하지 않는 것은, 반드시 천간(天干)에 제화(制化)의 신(神)이 같이 투출(透出)하기 때문이다.

예를 들어 임병(壬丙)이 같이 투출(透出)하면 임수(壬水)가 병화(丙火)를 극(剋)한다. 이때 무토(戊土)가 출간(出干)하면 임수(壬水)가 무토(戊土)의 제극(制剋)을 받아 병화(丙火)를 극(剋)하지 못한다. 만일 임병(壬丙)이 같이 투출(透出)했는데 천간(天干)에 갑목(甲木)이 투출(透出)하면 임수(壬水)가 목(木)에게 설기(洩氣)되어, 수(水)는 목(木)으로 변하여 오히려 화(火)를 생(生)한다. 이것은 극(剋)이나 극(剋)으로 하지 않는 것이다.

① 갑기합(甲己合)이 있고, 계월(季月)에 태어나고, 지지(地支)에 진술축미(辰戌丑未)가 모두 있고, 천간(天干)에 병정(丙丁)이 있으면 토(土)로 화(化)한다.

② 병신합(丙辛合)이 있고, 해자월(亥子月)에 태어나고, 지지(地支)에 신자진(申子辰) 수국(水局)이나 해자축(亥子丑) 북방(北方)이 있고, 천간(天干)에 금수(金水)가 있으면 목(木)으로 화(化)한다.

③ 무계합(戊癸合)이 있고, 사오월(巳午月)에 태어나고, 지지(地支)에 인오술(寅午戌) 화국(火局)이나 사오미(巳午未) 남방(南方)을 이루고, 천간(天干)에 병정(丙丁)이 있으면 화(火)로 화(化)한다.

④ 경을합(庚乙合)이 있고, 신유월(申酉月)에 태어나고, 지지(地支)에 사유축(巳酉丑) 금국(金局)이나 신유술(申酉戌) 서방(西方)이 있고, 천간(天干)에 경신(庚辛)이 있으면 금(金)으로 화(化)한다.

⑤ 임정합(壬丁合)이 있고, 인묘월(寅卯月)에 태어나고, 지지(地支)에 해묘미(亥卯未) 목국(木局)이나 인묘진(寅卯辰) 동방(東方)이 있고, 천간(天干)에 갑을(甲乙)이 있으면 목(木)으로 화(化)한다.

만일 갑기합(甲己合)이 인묘월(寅卯月)에 태어났는데, 지지(地支)에 목국(木局)이나 동방(東方)을 이루면 목(木)을 종(從)한다. 이때 목(木)이 일원(日元)이면 곡직인수격(曲直印綬格)이 되고, 기(己)가 일원(日元)이면 종격(從格)이 된다.

병신화수(丙辛化水)가 사오월(巳午月)에 태어났는데, 지지(地支)에 화국(火局)이나 남방(南方)을 이루면 화(火)를 종(從)한다. 이때 병(丙)이 일원(日元)이면 염상격(炎上格)이 되고, 신(辛)이 일원(日元)이면 종격(從格)이 된다. 무계(戊癸), 을경(乙庚), 정임(丁壬)도 이와 같은 이치로 본다.

음(陰)이 양(陽)을 만나면 무력(無力)의 극(剋)이라 한다. 그러나 이익이 되는 것도 있으니 무력한 극(剋)이 귀격(貴格)을 이루기도 한다. 예를 들어 경(庚)이 병(丙)을 만나면 아버지나 정(丁)을 만나면 단련되어 기물을 이룬다. 그 무력(無力)함을 이용하는 것이다. 임(壬)이 무(戊)를 만나면 제방을 쌓는 것이나, 기토(己土)가 있으면 모래와 진흙이니 같이 흐른다. 기토(己土)는 대개 임수(壬水)를 극(剋)하지 못하기 때문에 탁한 수(水)로 만든다.

그러나 10월 화(火)는 갑목(甲木)이 생(生)하는 것이 마땅하다. 이것은 해(亥) 중에 있는 임수(壬水)가 녹(祿)을 얻어 갑목(甲木)의 장생(長生)이라 하나, 습한 목(木)이 화(火)를 생(生)하기 어렵기 때문에 기토(己土)가 임수(壬水)를 혼합하는 것을 이용하여 갑목(甲木)을 배식하여 화(火)를 생(生)하기 때문이다. 이것을 절처봉색격(絶處逢生格)이라 하는데 그 무력(無力)함을 이용하는 것이다.

오행(五行) 중에 수화(水火)를 위주로 하는 것은 음양(陰陽)이기 때문이다. 따라서 병임(丙壬)은 모두 극(剋)할 수 없다. 임(壬)이 무(戊)를 만나면 언덕과 제방이 높으니 수(水)가 범람하는 것을 막을 수 있고, 병(丙)이 임(壬)을 만나면 강호(江湖)에 태양이 비치니 서로 광휘를 이루므로 상극(相剋)이 아니다. 특히 병화(丙火)가 임수(壬水)를 만나면 뜨거운 불꽃이 스스로 두려워 한다. 다시 말해 제(制)는 극(剋)이요, 화(化)는 설(洩)이다.

갑기(甲己)가 상합(相合)하는데 경금(庚金)이 중간에서 막고 있으면 경금(庚金)이 갑목(甲木)을 제극(制剋)하여 기토(己土)와 합(合)하지 못한다. 갑목(甲木)이 기토(己土)와 합(合)하는데 중간에 병정화(丙丁火)가 있으면 갑목(甲木)이 화(火)로 변하여 기토(己土)와 합(合)하지 못한다. 이것을 합(合)이나 합(合)이라 하지 않는다.

따라서 갑기(甲己)가 상합(相合)하는데 제화(制化)하는 신(神)이 중간에 있으면 합(合)이 아니다. 임병(壬丙)이 상극(相剋)할 때는 무토(戊土)가 중간에 있으면 안 된다. 만일 출간(出干)하면 임수(壬水)가 두려워 하여 병화(丙火)를 극(剋)하지 못한다. 이것이 다른 점이다.

3. 회합(會合)

회합형충(會合刑沖)은 모두 지지(地支)에서 일어나는 작용이지만 회국(會局)과 육합(六合)은 다르다. 회국(會局)은 무겁고 육합(六合)은 가볍다. 육합(六合)이 떨어져 있으면 합(合)이라고 하지 않는다.

예를 들어 인해(寅亥)가 상합(相合)하는데 인해(寅亥) 사이에 다른 지지(地支)가 있어 떨어져 있으면 합(合)되지 않는다. 단지 갑을목(甲乙木)의 뿌리가 될 뿐이다. 만일 회국(會局)을 이루면 떨어져 있어도 막히지 않는다. 비록 인(寅)이 년주(年柱)에 있고 오(午)가 시주(時柱)에 있어도 회국(會局)한다. 회국(會局)하고 월령(月令)의 기(氣)를 얻으면 다시 왕성해진다. 이때 오월(午月)에 태어나고 인시(寅時)나 술시(戌時)에 해당하면 그 힘이 배로 증가한다. 대개 회국(會局)은 기(氣)가 진퇴를 같이 하고, 떨어져 있어도 그 쓰임을 잃지 않는다.

회합(會合) 중에서는 회(會)를 더 중요하게 여기고, 형충(刑沖) 중에서는 충(沖)을 더 중요하게 여긴다. 합(合)은 충(沖)을 풀 수 없으나 충(沖)은 합(合)을 풀 수 있고, 충(沖)은 회국(會局)을 풀 수 없으나 회국(會局)은 충(沖)을 풀 수 있다.

예를 들면 인해합(寅亥合)을 신(申)이 충(沖)하면 합(合)이라 하지 않고 충(沖)으로 논한다. 다시 말해 인신사해충(寅申巳亥沖)은 양합론(兩合論)을 짓지 않는다. 또 사유회국(巳酉會局)을 해(亥)가 충(沖)하면 충(沖)이라 하지 않고 회(會)로 논한다.

육합(六合)은 그 뜻이 모두 다르다. 예를 들어 오미합(午未合)이 자(子)를 만나면 미토(未土)가 자수(子水)를 극(剋)하기 때문에 충(沖)

되지 않고, 자축합(子丑合)이 오(午)를 만나면 화(火)가 토(土)를 생(生)하기 때문에 충(沖)되지 않고, 인해합(寅亥合)이 신(申)을 만나거나 사신합(巳申合)이 해(亥)를 만나면 삼형(三刑)과 같아 충(沖)을 풀 수 없고, 진유합(辰酉合)이 술(戌)을 만나면 토(土)가 금(金)을 생(生)하고, 묘술합(卯戌合)이 유(酉)를 만나면 금(金)이 목(木)을 극(剋)한다.

이것은 모두 충(沖)으로만 본다. 두 개의 인(寅)이 신(申)을 충(沖)하지 못하고, 두 개의 자(子)가 오(午)를 충(沖)하지 못한다는 것은 잘못된 것이다. 경(庚)이 두 개의 갑(甲)을 만난다고 해서 극(剋)하지 않고, 정(丁)이 두 개의 계(癸)를 만난다고 해서 극(剋)되지 않겠는가.

4. 형충(刑沖)

형(刑)은 가득차서 손상되는 것이고, 충(沖)은 지지(地支)가 상극(相剋)하는 것이다. 형(刑)과 파(破)가 같은 것은 사충(四沖)되는 것이니, 형파(刑破)는 충(沖)과 쓰임이 같다.

1. 인신사해충(寅申巳亥沖)
인신사해충(寅申巳亥沖)은 생지(生地)의 충(沖)이라고도 한다. 예를 들어 인(寅)과 신(申)이 충(沖)하면 금(金)이 목(木)을 극(剋)하는 것이다. 그러나 인(寅) 중의 병화(丙火)가 경금(庚金)을 극(剋)하고, 신(申) 중의 임수(壬水)가 병화(丙火)를 극(剋)하고, 인(寅) 중의

무토(戊土)가 신(申) 중의 임수(壬水)를 극(剋)한다. 따라서 인신충
(寅申沖)은 기(氣)가 화(和)하여 협력하지 않고 적대시 하면서 서로
존재한다. 그러나 인신사해(寅申巳亥)는 오행(五行)의 생지(生地)이
며 녹지(祿地)이니, 서로 충극(沖剋)하면 반드시 기운이 동요되어 적
대시하면서 같이 존재하니 양쪽이 모두 손해를 입는다.

2. 자오묘유충(子午卯酉沖)

자오묘유충(子午卯酉沖)은 패지(敗地)의 충(沖)이라고도 한다. 자
오묘유(子午卯酉)는 오행(五行)의 목욕지(沐浴地)이며 패지(敗地)이
다. 자오(子午)가 상충(相沖)하면 수(水)가 화(火)를 극(剋)하고, 묘
유(卯酉)가 상충(相沖)하면 금(金)이 목(木)을 극(剋)한다. 이때 천
간(天干)에서 이끌어 움직이거나, 다른 지지(地支)에서 회합(會合)
하지 않으면 충(沖)되어 제거된다. 따라서 충(沖)의 희기(喜忌)를 피
하거나 보호하려고 하지 않는다.

3. 진술축미충(辰戌丑未沖)

진술축미충(辰戌丑未沖)은 고지(庫地)의 충(沖)이며, 붕충(朋沖)이
라고도 한다. 사고(四庫)는 모두 토(土)이다. 만일 용신(用神)이 묘
기(墓氣)나 여기(餘氣)의 신(神)에 있으면 극(剋)을 당할 수 있다.

예를 들어 술(戌) 중에 화(火)를 쓰면 묘신(墓神)이니 진(辰)의 충
(沖)을 꺼리고, 술(戌) 중에 금(金)을 쓰면 진(辰)이 충(沖)해도 극
(剋)하기 어렵다. 미(未) 중에 화(火)를 쓰면 여기(餘氣)이니 축(丑)
이 충(沖)하면 역시 꺼린다. 미(未) 중의 목(木)을 쓰면 묘신(墓神)
이라 축(丑)이 충(沖)하면 역시 꺼린다. 이것은 축(丑) 중에는 수

(水)와 금(金)이 있기 때문이다. 이때 토(土)를 쓰면 토(土)와 토(土)의 충(沖)이니 붕충(朋沖)이라 한다. 충(沖)으로 인하여 발하며 극(剋)되지 않아 제거되지 않는다. 묘고(墓庫)가 충을 기뻐한다고 하는 것이 바로 이 때문이다.

고서(古書)에서는 자(子)는 진신(辰申)과 더불어 권속(眷屬)이 되고, 유(酉)는 사축(巳丑)과 더불어 동도(同道)가 되고, 오(午)는 인술(寅戌)과 더불어 교가(交柯)가 되고, 묘(卯)는 해미(亥未)와 더불어 연지(連枝)가 된다고 했다.

기(氣)는 서로 연결되어야 한다. 만일 자오묘유(子午卯酉)가 나란히 있으면 친함이 각자 달라 기세가 산만하다. 따라서 격(格)을 이루면 사극(四極)이 되어 우주의 상을 포괄하기 때문에 귀한 힘을 증가시키나, 격(格)을 이루지 못하면 흩어진 모래와 같아 서로 연결되지 않는다. 이런 사람은 사업에 있어서도 쉽게 흥하고 쉽게 망한다.

인신사해(寅申巳亥)와 진술축미(辰戌丑未)도 이와 같은 이치로 본다. 충(沖)은 붙어 있으면 극(剋)이라 하고, 멀리 떨어져 있으면 동(動)이라고 한다.

6장. 팔격(八格)과 용신(用神)

선인들은 운명을 논할 때, 팔격(八格)을 날줄로 삼고 용신(用神)을 씨줄로 삼았다. 따라서 팔격(八格)을 홀로 쓰지 않고 반드시 용신(用神)으로 보좌하여 체용(體用)을 함께 살폈다. 또 팔격(八格)의 희기(喜忌)를 말할 때는 음간(陰干)을 포괄하지 않고 양간(陽干)을 위주로 했다.

1. 정관격(正官格)

정관격(正官格)은 재관격(財官格)과 관인격(官印格)으로 나누고, 재(財)와 인(印)을 용신(用神)으로 삼는다. 만일 재관인(財官印)이 모두 있으면 삼기격(三奇格)이라 한다. 용신(用神) 역시 재관(財官)과 관인(官印)으로 나눈다. 관성(官星)은 반드시 생왕(生旺)되어야 길하고, 극제(剋制)되면 흉하다.

예를 들어 갑목(甲木)이 신금(辛金)으로 정관(正官)을 삼는데, 신금(辛金)이 쇠금(衰金)으로 향하면 왕성함으로 향하는 갑목(甲木)을 극(剋)하기 어렵다. 따라서 재(財)가 관(官)을 생(生)해야 길하고, 정화(丁火) 상관(傷官)이 있으면 흉하다. 인(印)으로 관(官)을 화(化)하는 것은 재(財)가 생(生)하는 것만 못하다.

그러나 을목(乙木)이 경금(庚金)을 만났을 때는 이 이치로 논하지 않는다. 을경(乙庚)이 상합(相合)하는 정이 있으나, 경금(庚金)이 왕성할 때는 정화(丁火)로 제(制)하거나 인(印)으로 경금(庚金)을 화(化)하면 모두 길하다. 만일 재(財)가 있으면 반드시 금(金)이 목(木)을 상하게 만들기 때문에 같은 정관(正官)이라도 용법이 다르다.

재자약살격(財滋弱殺格)은 살(殺)이 가벼우면 편관(偏官)이라 하고, 살(殺)이 중(重)하면 칠살(七殺)이라 한다. 따라서 재자약살격(財滋弱殺格)은 재관(財官)이다. 재관격(財官格)과도 이치가 같다.

고서(古書)에서는 관(官)이 많으면 살(殺)이 된다고 했다. 관(官)이 중(重)하면 살(殺)로 논해야 한다는 뜻이다. 살(殺)이 얕으면 관(官)이 되고, 관살(官殺)이 혼잡해도 역시 살(殺)이 된다. 그러나 음간(陰干)과 양간(陽干)의 성질이 다르다.

정관격(正官格) 사주가 형충파해(刑沖破害)되면 매우 흉하다. 정관격(正官格) 사주가 운을 취할 때는 재(財)와 인(印)을 쓰는 것이 원칙이다. 아신(我身)이 약할 때는 아신(我身)을 돕는 운이 좋고, 정관(正官)이 약할 때는 정관(正官)을 돕는 운이 좋다. 만일 관(官)이 노출되어 합(合)되거나, 살(殺)이 혼잡되거나, 관(官)이 중첩되거나, 지지(地支)에 형충(刑沖)이 있으면 모두 흉하다.

정관격(正官格) 사주는 재성(財星)과 인성(印星)이 모두 천간(天干)

에 투출(透出)하여 서로 방해하지 않으면 대귀격(大貴格)을 이룬다. 이때는 관살운(官殺運)이 가장 좋다.

정관격(正官格) 사주는 재(財)를 쓸 때 반드시 신왕(身旺)한가 신약(身弱)한가를 먼저 살펴야 한다. 신약(身弱)하면 인수운(印綬運)과 신왕운(身旺運)은 좋으나 식상운(食傷運)은 흉하다. 만일 신왕(身旺)한데 재관(財官)이 약하면 재관운(財官運)이 좋다.

정관패인(正官佩印)일 때도 역시 신왕(身旺)한가 신약(身弱)한가를 살펴야 한다. 신왕(身旺)하면서 인성(印星)이 중(重)할 때는 재운(財運)이 와서 인성(印星)을 극제(剋制)하는 것이 좋다. 식상운(食傷運)은 아신(我身)을 설(洩)하고 재(財)를 생(生)하기 때문에 스스로 아름다운 명(命)을 이룬다.

만일 관(官)이 중(重)하고 아신(我身)이 약한데 인(印)이 있으면 인(印)으로 아신(我身)을 도와야 한다. 이때 재운(財運)이 와서 인(印)을 파(破)하면 흉하고, 식상운(食傷運)도 좋지 않다. 이때는 비겁지(比劫地)나 녹지(祿地), 인지(印地)로 흘러야 길하고, 관(官)이 왕성하여 인(印)을 생(生)해도 길하다. 만일 재운(財運)으로 흘러 인(印)을 파(破)하면 매우 흉하다.

그러나 인수(印綬)가 중첩되어 아신(我身)을 생(生)하고, 식상(食傷)으로 일원(日元)의 기(氣)를 설(洩)하면 오히려 재운(財運)이 길하다. 식상(食傷)은 재지(財地)로 흘러야 기쁜 것은 인(印)을 손상하기 때문이다.

만일 정관격(正官格) 사주가 칠살(七殺)이 혼잡하면 식상운(食傷運)도 흉하지 않다. 이것은 제살(制殺) 작용을 하기 때문이다. 칠살(七殺)을 합(合)할 때는 두 가지 방법이 있다. 양간(陽干)은 겁재(劫

財)로 합살(合殺)하고, 음간(陰干)은 상관(傷官)으로 합살(合殺)한다. 만일 겁재(劫財)로 합살(合殺)할 때 살운(殺運)으로 흐르면 매우 흉하다.

그러나 재운(財運)과 식상운(食傷運), 인수운(印綬運)은 모두 길하다. 신왕(身旺) 사주는 인(印)이 마땅하지 않지만, 겁재(劫財)로 합살(合殺)하는 사주는 살(殺)이 합(合)되어 제거되지 않으면 신왕(身旺)해도 결국은 관살(官殺)을 모두 보는 것이니 인(印)으로 화살(化殺)하여 인운(印運)도 길하다.

그러나 칠살(七殺)이 국(局)을 혼잡하게 만들면 사주의 배합여부와 관계없이 좋지 않다. 상관(傷官)으로 합살(合殺)하는 격국(格局)도 마찬가지이다. 식상(食傷)과 재(財)는 배합이 좋으면 모두 가능하나, 편인(偏印)은 상관(傷官)을 제거하여 합살(合殺)하는 국(局)을 파(破)하기 때문에 매우 흉하다.

2. 편관격(偏官格)

편관격(偏官格)은 칠살(七殺)이라고도 한다. 천간(天干)이 칠위(七位)이면 극(剋)이 되고, 지지(地支)가 칠위(七位)이면 충(沖)이 된다. 그리고 식신(食神)이 제살(制殺)하는 경우와 인(印)이 화살(化殺)하는 경우가 있는데, 이것은 월령(月令)의 편관(偏官)이 아니기 때문에 하나로 본다.

칠살격(七殺格) 사주는 제(制)해야 길하다. 이것은 양간(陽干)을 가리키는 말이다. 양(陽)이 양(陽)을 보면 모두 생왕(生旺)하는 기(氣)

이니, 신왕(身旺)하고 살(殺)이 강한데 제(制)하면 스스로 상격(上格)의 명(命)을 이룬다.

그러나 음간(陰干)은 이 이치로 논하지 않는다. 음간(陰干)은 살(殺)이 많으면 흉하다. 살(殺)이 왕성하면 인(印)으로 화(化)하는 경우가 많기 때문에 길흉이 다르다. 만일 신왕(身旺)한데 칠살(七殺)이 또 있으면 제(制)해야 길하고, 신약(身弱)하면 식상(食傷)으로 제(制)하는 것이 인(印)으로 화(化)하는 것만 못하니 같이 살펴보아야 한다.

음간(陰干)은 인(印)으로 살(殺)을 화(化)하는 경우가 많다. 그러나 본성이 쇠약하기 때문에 심하게 극제(剋制)해도 방해되지 않는다. 이때 식상(食傷)으로 제(制)해도 괜찮다. 다시 말해 신살(身殺)이 골고루 있으면 인(印)으로 화살(化殺)하고 아신(我身)을 도와야 한다. 대개 방생(方生)의 기(氣)는 꺾이고 상하면 좋지 않다.

관살(官殺)이 혼잡된 사주는 대개 인(印)을 쓰기 때문에 동류동지(同流同止)라 한다. 이외에 통관(通關)으로 관(官)을 쓰는 경우가 있고, 조후(調候)로 관(官)을 쓰는 경우가 있다.

칠살격(七殺格) 사주가 식신(食神)을 제살(制殺)하는 용신(用神)으로 삼을 때는, 재(財)와 인(印)이 투출(透出)하지 않아야 한다. 재(財)는 식상(食傷)을 설기(洩氣)하여 칠살(七殺)을 돕고, 인(印)은 식상(食傷)을 제거하고 살(殺)을 보호하기 때문이다.

식신제살격(食神制殺格) 사주는 칠살(七殺)이 강하고 식신(食神)이 약하든, 칠살(七殺)이 약하고 식신(食神)이 강하든 반드시 신강(身強)해야 한다. 살(殺)은 아신(我身)을 극(剋)하고 식신(食神)은 설기(洩氣)하니, 적으로 적을 제(制)하는 격이다. 따라서 신강(身強)하지 않으면 취하기 어렵다.

　만일 일주(日主)가 강하고 살(殺)이 왕성한데 식신(食神)이 강하면 대귀격(大貴格)을 이룬다. 만일 일주(日主)가 약하면 인(印)으로 식신(食神)을 제(制)하고 살(殺)을 화(化)하지 않으면 불가하다. 이때 사주에 인(印)이 없으면 결코 아름다운 명(命)을 이룰 수 없다.

　신강(身强)하고 살(殺)이 중(重)한데 식신(食神)이 가벼우면 식상(食傷)이 제살(制殺)하는 운이 길하다. 관운(官運)이 와서 혼잡되거나, 인(印)이 식신(食神)을 파(破)하거나, 재(財)가 살(殺)을 생(生)하면 모두 흉하다. 만일 살(殺)이 가볍고 식신(食神)이 중(重)하면 관운(官運), 인운(印運), 재운(財運)이 모두 길하다.

　만일 칠살격(七殺格) 사주가 칠살(七殺)이 중(重)하고 신약(身弱)하면 약한 일주(日主)가 식신(食神)의 설기(洩氣)를 감당하지 못하기 때문에 극설교가(剋洩交加)가 된다. 만일 식신(食神)을 버리고 인(印)을 취하면 비록 월령(月令)에 통근(通根)하지 않아도 역시 무정(無情)이 유정(有情)으로 되기 때문에 귀격(貴格)을 이루나 크지는 않다.

　칠살격(七殺格) 사주가 인(印)이 있으면 재운(財運)을 가장 꺼린다. 상관운(傷官運)은 이미 인수(印綬)를 쓰는데 또다시 설기(洩氣)하는 상관(傷官)을 쓸 필요가 없고, 인(印)이 다시 극(剋)하니 상관(傷官)을 꺼리지 않는다. 이때는 인수운(印綬運)이 가장 좋고 비겁운(比劫運)도 좋다.

　칠살격(七殺格) 사주가 재(財)를 쓰는 경우가 있는데, 이때 재(財)가 살(殺)의 무리를 생(生)하면 좋지 않다. 그러나 식신(食神)이 인(印)의 제(制)함을 받아 살(殺)을 제복(制伏)하기 어려우면 재(財)로 인(印)을 제거하고 식신(食神)을 살려내면 다시 귀격(貴格)이 된다.

신강(身强)하고 살(殺)이 약하면 재(財)로 살(殺)을 도와야 한다. 신강(身强)하고 살(殺)이 약한데 인(印)이 살(殺)을 설기(洩氣)하면 용신(用神)이 맑지 않다. 이때는 재(財)로 인(印)을 제(制)하고, 살(殺)을 도와주면 다시 귀격(貴格)을 이룬다.

신강(身强)하고 식신(食神)이 중(重)한데 살(殺)이 약하면 재(財)로 식상(食傷)의 기(氣)를 설기(洩氣)하여 살(殺)을 생(生)해야 한다. 이때는 재(財)가 용신(用神)이 된다. 이것이 재자약살격(財滋弱殺格)이다.

신강(身强) 사주가 식신(食神)으로 제살(制殺)하는데, 인수(印綬)가 투출(透出)하여 식신(食神)을 극(剋)하면 재(財)로 인(印)을 제거해야 한다. 이때는 비겁운(比劫運)은 불리하고, 식상운(食傷運)과 재운(財運)은 길하고, 인운(印運)은 두렵고, 살(殺)이 투출(透出)한 운은 순하다.

재자약살격(財滋弱殺格) 사주가 이미 재(財)가 충분할 때는 식상운(食傷運)이나 인운(印運)이나 일주(日主)를 돕는 운이 좋다. 이것은 인(印)으로 화살(化殺)하기 때문이다. 만일 재(財)가 부족하면 재운(財運)과 살운(殺運)이 좋다.

칠살격(七殺格) 사주가 정관(正官)이 혼잡되었을 때는 관(官)을 제거하든 살(殺)을 제거하든 관계없이 맑은 것을 취하면 귀격(貴格)을 이룬다. 예를 들어 계묘(癸卯)·정사(丁巳)·경인(庚寅)·경진(庚辰)에 해당하면 거관유살(去官留殺)이 된다. 관(官)은 대개 귀기(貴氣)를 띠는데, 관(官)을 제거하고 어찌 살(殺)을 제거하지 않았는가. 이것은 월령(月令)에 편관(偏官)이 있다는 것을 모르기 때문이다.

만일 관격(官格)을 이루었는데 살(殺)이 혼잡되고 거관유살(去官留殺)하면 사주가 맑지 않다. 대개 월령(月令)에 칠살(七殺)이 있으면 살(殺)이 진신(眞神)이 된다. 고서(古書)에서는 진신(眞神)이 쓰임을 얻으면 평생 귀(貴)가 따르고, 가신(假神)을 취하면 고생이 많다고 했다.

칠살격(七殺格) 사주가 식신(食神)으로 제(制)하지 못할 때는 인(印)을 취해야 한다. 지나치게 제살(制殺)하면 지나침이 병이 되니, 그 병을 제거할 때 자연히 발복한다. 그러나 재(財)나 인(印)을 취할 때는 분별할 줄 알아야 한다. 신왕(身旺)하면 재(財)가 마땅하고, 신약(身弱)하면 인(印)이 마땅하다. 만일 재(財)와 인(印)이 같이 서지 않았을 때는 인(印)을 기뻐하면 반드시 재(財)를 꺼리고, 재(財)를 기뻐하면 반드시 인(印)을 꺼린다.

칠살격(七殺格) 사주가 정관(正官)이 있으면 거관유살(去官留殺)이나 거살유관(去殺留官)을 따지지 않는다. 이때는 아신(我身)이 가벼우면 아신(我身)을 돕는 운이 길하고, 식신(食神)이 가벼우면 식신(食神)을 돕는 운이 길하다. 청물(淸物)을 제거하거나 취함을 막론하고 제살신(制殺神)이 상하지 않아야 한다. 이것은 운을 취하는 방법을 설명한 것이다.

칠살격(七殺格) 사주가 식상(食傷)으로 제(制)하지 않고 인(刃)으로 살(殺)을 대적할 때, 살(殺)이 가볍고 인(刃)이 중(重)하면 살(殺)을 돕는 것이 길하다. 식신(食神)이 제살(制殺)하지 않는다면 어찌 인운(印運)에 상하겠는가.

칠살(七殺)이 순수할 때는 관(官)이 혼잡하면 불리하다. 다시 말해 사주에 식신(食神)이 없으면 인운(印運)도 좋다는 말이다. 살(殺)이 가볍고 인(刃)이 중(重)하면 관운(官運)이 와도 상하지 않고, 살(殺)이 중(重)하고 인(刃)이 가벼우면 관운(官運)이 불리하다.

신약(身弱)하고 살왕(殺旺)한데, 인성(印星)이 없고 식상(食傷)이 제살(制殺)하면 인성(印星)을 꺼린다. 인성(印星)은 식상(食傷)을 극(剋)하므로 빈천하거나 요절이 따른다. 이런 사주는 착각하기 쉬우니 잘 살펴야 한다.

만일 일주(日主)가 약하고 칠살(七殺)이 왕성하면 식신(食神)으로 칠살(七殺)을 제복(制伏)해야 길하다. 그러나 식상(食傷)이 약한 일주(日主)를 설기(洩氣)하기 때문에, 인성운(印星運)을 만나면 약한 일주(日主)를 돕고 칠살(七殺)과 통관(通關)되어 좋은 것 같으나, 용신(用神)인 식상(食傷)을 극(剋)하니 좋지 않다. 이때는 비겁운(比劫運)이 가장 길하다. 월건(月建) 양인(陽刃)이 시상(時上) 칠살(七殺)을 합거(合去)하면 대귀격(大貴格)을 이룬다. 식신(食神)이 월건(月建)에 있거나, 시상(時上)에 칠살(七殺)이 하나라도 있으면 재물과 명예를 모두 얻는다.

정관격(正官格) 사주는 칠살운(七殺運)을 꺼리고, 칠살격(七殺格) 사주는 정관운(正官運)을 꺼린다. 가벼우면 재물손실이나 우환에 그치지만 중(重)하면 죽음이 따른다. 이때 관살(官殺)이 혼잡되면 거관유살(去官留殺)하거나 거살유관(去殺留官)하면 길하다. 만일 살(殺)이 약하면 관성운(官星運)도 길하고, 관(官)이 약하면 칠살운(七殺運)이 와도 흉하지 않다. 추동(秋冬)의 경금(庚金)이 한냉할 때는, 정화(丁火)로 금(金)을 단련하고 병화(丙火)로 따뜻하게 조후(調候)하면 상격(上格)의 명(命)이 된다. 이때는 관살(官殺)이 혼잡되어도 길하다.

3. 정재격(正財格)·편재격(偏財格)

고서(古書)에 정재(正財)는 자신의 재물이고, 편재(偏財)는 무리의 재물이라고 했다. 이것은 양간(陽干)을 가리키는 말이다. 양간(陽干)이 재(財)를 보면 대개 상합(相合)하기 때문에 남에게 빼앗기지 않는다. 예를 들어 갑(甲)이 기(己)를 보거나, 병(丙)이 신(辛)을 보거나, 무(戊)가 계(癸)를 보거나, 경(庚)이 을(乙)보거나, 임(壬)이 정(丁)을 보면 여기에 해당한다.

그러나 음간(陰干)은 이 이치로 보지 않는다. 예를 들어 을(乙)이 무(戊)를 보거나, 정(丁)이 경(庚)를 보거나, 기(己)가 임(壬)을 보거나, 신(辛)이 갑(甲)을 보거나, 계(癸)가 병(丙)을 보는 것 등을 말한다. 이것은 비록 정재(正財)이기는 하나 극(剋)하기 어렵기 때문에 편재(偏財)와 쓰임이 같다.

양(陽)이 양(陽)을 극(剋)하거나, 음(陰)이 음(陰)을 극(剋)하면 편재(偏財)가 된다. 이것은 상극(相剋)하여 무정(無情)하고, 기(氣)의 쓰임 역시 분산된다. 그래서 무리의 재물이라 하는 것이다.

재(財)가 있을 때는 반드시 신왕(身旺)해야 한다. 그렇지 않으면 정재(正財)나 편재(偏財)를 막론하고 모두 취하기 어렵다. 또한 신왕(身旺)한데 비겁(比劫)이 많으면 재성(財星)을 쟁탈할 우려가 있다. 이때는 관(官)으로 비겁(比劫)을 제(制)하고 재(財)를 보호해야 한다. 다시 말해 재격(財格) 사주가 관(官)을 취하는 것이 된다.

재성(財星)이 지나치게 왕성한데 관(官)으로 재기(財氣)를 설(洩)하면 재왕암생관격(財旺暗生官格)이 되고, 식상(食傷)이 지나치게 왕성한데 재(財)로 식상(食傷)을 설기(洩氣)하면 식상생재격(食傷生財

格)이 되고, 인수(印綬)가 지나치게 왕성한데 재(財)로 인(印)을 파(破)하면 기인취재격(棄印取財格)이 된다. 이때 관(官)과 상관(傷官)이 같이 있으면 재(財)로 상관(傷官)을 화(化)하여 관(官)을 생(生)하면 재(財)로 통관(通關)하는 것이다. 또한 재(財)와 인(印)을 같이 취하는 것이 있다.

예를 들어 정화일간(丁火日干)이 경금(庚金)으로 벽갑인정(劈甲引丁)하면 경금(庚金)이 재(財)요 갑목(甲木)이 인(印)이다. 이때 나란히 취하면 하나의 이론으로만 보기 어렵다.

재(財)가 천간(天干)에 나타나면 비겁(比劫)도 같이 투출(透出)해서 분탈하는 것을 막아야 한다. 이때 관(官)이 있으면 비겁(比劫)을 격퇴한다. 식상(食傷)을 용신(用神)으로 삼아 재(財)를 생(生)하면 비겁(比劫)을 두려워 하지 않는다. 이것은 식상(食傷)이 역시 비겁(比劫)을 화(化)하기 때문이다.

재왕생관(財旺生官)하는데 신강(身强)하면 상관(傷官)과 칠살(七殺)이 투출(透出)하지 않아야 귀격(貴格)을 이룬다. 재왕생관(財旺生官)은 정관(正官)이 용신(用神)이라는 뜻이니, 식상(食傷)과 칠살(七殺)이 모두 이롭지 않다. 만일 재(財)가 용신(用神)이면 식상(食傷)이 재(財)를 생(生)하기 때문에 길하다.

만일 재왕생관격(財旺生官格) 사주가 신약(身弱)하면 신왕운(身旺運)과 인운(印運)이 좋다. 만일 재관(財官)이 가벼운데 신강(身强)하면 재관운(財官運)이 좋고, 칠살운(七殺運)이나 식상운(食傷運)은 정관(正官)에게 장애가 되기 때문에 흉하다.

식신생재격(食神生財格) 사주는 식신(食神)이 용신(用神)이니, 관성(官星)이 투출(透出)하지 않으면 귀격(貴格)을 이룬다. 비겁(比劫)

은 식상(食傷)을 생(生)하므로 유정(有情)하다. 만일 재(財)가 용신 (用神)이면 비겁(比劫)을 취할 수 없다.

식신생재격(食神生財格) 사주도 신약(身弱)과 신강(身强)을 분별해야 한다. 신약(身弱)하면 신강(身强)해지는 운이 좋고, 신강(身强)하면 재운(財運)과 식상운(食傷運)이 좋다. 칠살운(七殺運)도 꺼리지는 않으나 관운(官運)이나 인운(印運)은 식신(食神)을 합거(合去)하거나 극제(剋制)하기 때문에 불리하다.

재격(財格)이 패인(佩印)할 때는 재(財)와 인(印)을 같이 취하는 것이 가장 어렵다. 이때는 용신(用神)이 관(官)에 있다. 인수(印綬)가 용신(用神)에 해당하면 대개 신약(身弱)하다. 만일 별도로 취할 것이 없으면 재(財)와 인(印)이 서로 싸우더라도 부득이 인(印)을 취해야 한다. 그러나 재(財)와 인(印)이 모두 맑고 멀리 떨어져 있어 장애가 되지 않으면 부귀격(富貴格)을 이루는 경우가 있다. 그러나 패인(佩印)이 곧 귀격(貴格)이 되는 징조는 아니다.

신약(身弱)한데 인수(印綬)가 있으면 용신(用神)이 되기 때문에 관살운(官殺運)이 가장 길하다. 이것은 재(財)를 설기(洩氣)하여 인수(印綬)를 도와주기 때문이다.

재격(財格) 사주가 상관(傷官)을 용신(用神)으로 삼는 경우가 있다. 재(財)가 약하고 비겁(比劫)이 강한데 상관(傷官)이 투출(透出)하여 비겁(比劫)을 설기(洩氣)하는 경우이다. 상관생재격(傷官生財格) 역시 인수(印綬)나 비겁(比劫)이 있을 때는, 신강(身强)하면 상관생재(傷官生財)를 쓰고 신약(身弱)하면 아신(我身)을 돕는 운이 길하다. 재격(財格) 사주가 칠살(七殺)이 있으면 합살(合殺)이나 제살(制殺) 여부와 상관 없이 식상운(食傷運)과 신왕운(身旺運)이 좋다.

재격(財格) 사주가 살인(殺印)을 쓰는 경우가 있다. 살(殺)이 무리지어 있으면 꺼리나 인(印)이 화(化)하면 부격(富格)을 이루고, 동월(冬月)의 토일주(土日主)는 귀격(貴格)을 이룬다.

4. 식상격(食傷格)

식신(食神)과 상관(傷官)은 같은 격(格)으로 보는데 관살(官殺)과 같다. 가벼우면 식신(食神)으로 논하고, 중(重)하면 상관(傷官)으로 논한다. 식신(食神)은 생왕(生旺)되어야 길하고, 상관(傷官)은 억제되어야 길하다. 식신(食神)은 하나 있는 것이 길하고, 만일 두세 개 있으면 상관(傷官)으로 논한다. 만일 상관(傷官)이 하나밖에 없으면 식신(食神)과 쓰임이 같다.

육격(六格) 중에서 식상(食傷)만이 홀로 취하는 경우가 있다. 사주에 비겁(比劫)이 많은데 식신(食神)이나 상관(傷官)이 하나밖에 없으면 하나만을 취하니 일신일용(一神一用)이라 한다.

식상용재(食傷用財)란 식상(食傷)이 많을 때는, 반드시 재성(財星)으로 식상(食傷)을 설기(洩氣)해야 하기 때문에 식상생재격(食傷生財格)이라고도 한다. 재성(財星)이 비겁(比劫)을 만나면 반드시 식상(食傷)으로 구해야 하므로, 겉으로 보기에는 식상생재(食傷生財)와 같으나 용신(用神)이 식상(食傷)이다. 식상생재(食傷生財)는 재(財)로 용신(用神)을 삼는 것이 있어 다르다.

식상패인(食傷佩印)에는 두 가지가 있는데, 그 하나가 병약패인(病藥佩印)이다. 만일 수(水)가 봄에 태어났으면 왕성한 목(木)이 설기

(洩氣)하니 반드시 금(金)이 있어야 하고, 토(土)가 가을에 태어났으면 왕성한 금(金)이 설기(洩氣)하니 반드시 화(火)가 있어야 한다. 이것은 인(印)을 용신(用神)으로 삼아 구하는 것이다.

두번째는 조후용인(調候用印)이다. 만일 목(木)이 여름에 태어났으면 목화진상관(木火眞傷官)이니 반드시 수(水)가 있어야 한다. 이것은 조후(調候)로 인(印)을 취하기 때문이다. 식상용관(食傷用官)은 금(金)이 겨울에 태어났으면 금수진상관(金水眞傷官)이니 반드시 화(火)를 취해야 한다. 이것은 조후(調候)로 관(官)을 취하는 것이다.

이외에 조후(調候)로 식상(食傷)을 취하는 경우가 있다. 목(木)이 겨울에 태어났으면 한목(寒木)이 양(陽)을 향하니 반드시 화(火)가 있어야 한다. 이것은 조후(調候)로 식상(食傷)을 취하는 것이다.

이와 같이 겨울이나 여름에 태어나면 조후(調候)가 시급하다. 관(官)이나 인(印)이나 식상(食傷)을 취하는 것이 일정한 법이 없으니 그 뜻이 조후(調候)에 있다. 취하는 것이 어떤 신(神)이든 논하지 않는다.

만일 식신(食神)이 살(殺)을 띠면 인수(印綬)가 없어야 하는데 다음과 같이 세 가지 경우로 나눈다.

첫째, 신약(身弱)하면 살(殺)이 아신(我身)을 극(剋)하고 식신(食神)이 설기(洩氣)하니, 가볍든 무겁든 모두 좋지 않다. 이런 사주는 인운(印運)이 가장 길하고, 비겁운(比劫運)도 길하다.

둘째, 신왕살강(身旺殺强)한데 식상(食傷)이 제살(制殺)하면 대귀격(大貴格)을 이룬다. 이런 사주는 식상운(食傷運)이 가장 길하고, 재운(財運)은 흉하다.

셋째, 식신제살(食神制殺)이 지나친 경우로 살(殺)이 가볍고 식신

(食神)은 무겁다. 운은 살(殺)을 도와야 하기 때문에 재운(財運)이 길하나 인운(印運)만은 못하다. 대개 인(印)은 지나치게 많이 있는 식상(食傷)을 제거하고, 살(殺)을 화(化)하여 아신(我身)을 돕기 때문에 한 번 얻어 세 번 쓰게 된다.

일주(日主)가 왕성할 때는 식신(食神)으로 설기(洩氣)해야 한다. 인수(印綬)가 식신(食神)을 제극(制剋)하면 인수(印綬)가 병이 되고, 재(財)로 인(印)을 파(破)하면 재성(財星)이 약이 된다.

식신격(食神格) 사주가 살인(殺印)을 취하는 것은, 월령(月令)의 식신(食神)을 버리고 살인(殺印)을 쓰는 것이다. 이때는 인수(印綬)를 용신(用神)으로 삼아 살(殺)을 화(化)하면 재운(財運)은 매우 흉하고, 관살운(官殺運)은 인수(印綬)로 화(化)하니 오히려 길하다. 만일 신왕(身旺)한데 인수(印綬)도 왕성하면 식상(食傷)으로 설기(洩氣)하는 것이 좋다.

상관격(傷官格) 사주가 살인(殺印)을 쓰는 경우가 있다. 상관(傷官)이 많은데 신약(身弱)하면 살(殺)이 생(生)한 인수(印綬)의 생(生)에 의지한다. 금수상관(金水傷官)은 관살(官殺)을 기뻐한다. 그러나 이것은 조후(調候) 때문에 필요한 것이지 반드시 관살(官殺)이 용신(用神)이 된다는 뜻은 아니다. 이런 사주는 강약을 다시 살펴야 한다.

5. 정인격(正印格)·편인격(偏印格)

정인격(正印格)이나 편인격(偏印格) 사주가 인(印)을 취하는 것은 신약(身弱)하기 때문이다. 따라서 관살(官殺)이나 식상(食傷)이나 재(財)가 지나치게 왕성하면 모두 인(印)을 취해야 하고, 재왕(財旺)하여 인(印)을 취할 때는 반드시 비겁(比劫)을 겸해서 취해야 한다. 인(印)을 단독으로 취하는 것은 불가하다. 그러나 이것은 인(印)을 용신(用神)으로 삼는 것이니 인격(印格)이 아니다. 진정한 정인격(正印格)은 인(印)을 취하지 않는다.

예를 들어 병화(丙火)가 모왕자상(母旺子相)한 정월에 태어났는데, 천간(天干)에 무토(戊土)가 투출(透出)하면 식신(食神)으로 용신(用神)을 삼아야 한다. 따라서 인격(印格)이 식신(食神)을 취하는 것이다. 만일 천간(天干)에 임수(壬水)가 투출(透出)하면 칠살(七殺)을 취한다. 이것은 인격(印格)이 살(殺)을 취하는 것이다. 만일 천간(天干)에 경금(庚金)이 투출(透出)하면 재(財)로 용신(用神)을 삼는다. 이것을 기인취재(棄印取財) 또는 취재파인(取財破印)이라 한다. 인격(印格)은 다른 신으로 용신(用神)을 삼는 것을 말한다.

고서(古書)에 인(印)이 상관(傷官)을 제(制)하거나, 편인(偏印)이 식신(食神)을 극(剋)하니 음양간(陰陽干)은 서로 제(制)하는 관계라고 했다. 예를 들어 병(丙)이 무토(戊土)로 식신(食神)을 삼는데 갑목(甲木) 편인(偏印)이 있으면 극거(剋去)하고, 을목(乙木) 인수(印綬)가 있으면 비록 상극(相剋)하나 무력(無力)하다. 병(丙)이 기토(己土)를 만나면 상관(傷官)인데, 갑목(甲木)이 있으면 상합(相合)되어 유정(有情)하게 극(剋)하니 이것은 그 힘이 다하지 못하기 때문이다. 을목(乙木)이 있을 때는 극거(剋去)하니 음간(陰干)은 마찬가지이다.

6. 녹인격(祿刃格)

녹(祿)과 인(刃)은 같은 격(格)으로 이치가 같다. 월령(月令)에 건록(建祿)이나 양인(陽刃)이 있으면 일간(日干)이 득시(得時)하여 왕성하다. 따라서 용신(用神)이 관살(官殺)이나 식상(食傷)에 있다. 만일 관살(官殺)에 있으면 재(財)가 생(生)하는 것이 길하고, 식상(食傷)에 있어도 재(財)를 생(生)하는 것이 길하다. 이처럼 이치가 같으니 살인(殺刃)이 상정(相亭)되면 세력이 균등하기 때문에 인(印)으로 화해해야 한다.

녹인(祿刃)으로 용신(用神)을 삼는 것은 재(財)가 왕성하기 때문이다. 녹인(祿刃)은 비겁(比劫)을 말한다. 재성(財星)이 매우 왕성한데 인(印)이 무력(無力)할 때는 반드시 비겁(比劫)으로 용신(用神)을 삼아야 한다. 이외에는 비겁(比劫)으로 용신(用神)을 삼는 법이 없다.

만일 식상(食傷)이 왕성하면 비겁(比劫)을 취하나 인(印)만은 못하고, 관살(官殺)이 왕성할 때는 인(印)이 아니면 불가하다. 이것은 비겁(比劫)이 무력(無力)하기 때문이다.

살인격(殺刃格)에는 두 가지가 있는데 다음과 같다. 첫째는 월령(月令)에 양인(陽刃)이 있고, 다른 주(柱)에 관살(官殺)이 있는 경우이다. 이때는 재(財)로 살(殺)을 생(生)해야 한다. 대개 일원(日元)이 왕성하면 관살(官殺)은 반드시 휴수(休囚)하는 때이다.

둘째는, 월령(月令)에 칠살(七殺)이 있고 일시(日時)에 양인(陽刃)이 있으면 인(印)으로 화해해야 한다. 칠살(七殺)이 왕성하면 일원(日元)은 반드시 휴수(休囚)하는 때이기 때문이다.

첫번째 경우는 양인격(陽刃格)이 살(殺)을 만나 재(財)를 취하는 것이고. 두번째 경우는 칠살격(七殺格)이 인(刃)을 만나 인(印)을 취하는 것이다.

양인격(陽刃格) 사주가 정관(正官)을 쓰는 것은 양인용관(陽刃用官)인 경우로, 양인(陽刃)이 천간(天干)에 투출(透出)해도 두렵지 않다. 양인격(陽刃格) 사주가 칠살(七殺)을 쓸 때 양인(陽刃)이 투출(透出)하면 격국(格局)이 이루어지지 않는다. 관(官)은 충분히 인(印)을 제(制)하기 때문에 투출(透出)해도 해롭지 않으나, 양인(陽刃)은 충분히 합살(合殺)하기 때문에 인(刃)이 투출(透出)하여 합(合)하면 공(功)이 없다.

관살제인격(官殺制刃格)도 높고 낮음이 있다. 관살(官殺)이 투출(透出)하여 뿌리가 깊으면 대귀격(大貴格)을 이루나, 관살(官殺)이 암장(暗藏)되어 투출(透出)하지 않았거나 투출(透出)했어도 뿌리가 약하면 귀(貴)가 작다. 관살(官殺)이 제인(制刃)하는데 식상(食傷)이 있어도 귀격(貴格)을 이룬다. 이것은 인(印)이 관살(官殺)을 보호하거나, 살(殺)이 매우 왕성한데 식상(食傷)이 극제(剋制)하거나, 관살(官殺)이 혼잡한데 식상(食傷)으로 거관유살(去官留殺)하거나 거살유관(去殺留官)하여 맑아지기 때문이다.

양인격(陽刃格) 사주가 재(財)가 용신(用神)이면 격국(格局)이 좋지 않다. 그러나 재(財)의 뿌리가 깊은데 식상(食傷)을 취하면 인(刃)이 식상(食傷)을 생(生)하고, 식상(食傷)이 다시 재(財)를 생(生)하니 건록격(建祿格)이나 월겁격(月劫格)만은 못해도 부귀격(富貴格)을 이룬다. 이때 재인(財印)이 서로 싸우는데 식상(食傷)이 없으면 국(局)을 이루지 못한다.

양인용관(陽刃用官) 사주는 관(官)을 돕는 운이 길하다. 그러나 관성(官星)의 뿌리가 깊으면 오히려 인수(印綬)와 비겁(比劫)이 길하고, 식상(食傷)은 관(官)을 합(合)하기 때문에 좋지 않다.

양인용살(陽刃用殺) 사주가 살(殺)이 왕성하지 않으면 살(殺)을 돕는 운이 길하다. 만일 살(殺)이 매우 왕성하면 신왕운(身旺運)과 인운(印運)이 좋고, 식상운(食傷運)도 꺼리지 않는다. 정관(正官)과 칠살(七殺)의 성격은 다르다. 정관(正官)은 왕성해야 길하고, 칠살(七殺)은 제복(制伏)해야 길하다. 따라서 식상운(食傷運)을 보는 법도 다르다.

양인격(陽刃格) 사주가 관살(官殺)이 같이 투출(透出)하면 거관거살(去官去殺)을 막론하고 제복(制伏)하는 운이 좋다. 신왕운(身旺運)도 이로우나 재관운(財官運)은 흉하다.

녹격용관(祿格用官) 사주는 천간(天干)에 관(官)이 투출(透出)하거나 재인(財印)이 보좌하면 길하나, 외로운 관(官)을 도와주지 않으면 불가하다. 녹격(祿格)에 재관인(財官印)의 삼기(三奇)가 있고, 재인(財印)이 서로 상하지 않고, 관(官)이 통관(通關)시키면 격국(格局)을 크게 이룬다.

녹겁용재(祿劫用財) 사주는 반드시 식상(食傷)이 있어야 한다. 화겁위재(化劫爲財)하거나 화겁위생(化劫爲生)하면 아름다운 명(命)을 이룬다.

녹인격(祿刃格) 사주가 재(財)가 용신(用神)인데 식상(食傷)이 투출(透出)하지 않으면 발전하기 어렵다. 만일 천간(天干)에 하나 투출(透出)하여 혼잡되지 않고, 지지(地支)에 뿌리가 많으면 부격(富格)을 이루나 귀(貴)는 없다.

녹인격(祿刃格) 사주가 관살(官殺)이 왕성할 때는 제복(制伏)함이 없어도 제복(制伏)하는 운으로 흐르면 재물이 발전하나, 관살(官殺)이 매우 왕성하면 식상운(食傷運)으로 흘러도 신약(身弱)하기 때문에 극설교가(剋洩交加)가 되어 목숨이 위태롭다.

7장. 육신(六神)과 십이운성(十二運星)

1. 육신(六神)

사주에서 일주(日柱)의 천간(天干)인 일간(日干)은 나(我)를 말하는데, 이 일간(日干)을 나머지 주(柱)의 천간(天干)과 지지(地支)를 대조하여 표시한 것을 육신(六神)이라 한다. 육신(六神)에는 비견(比肩), 겁재(劫財), 식신(食神), 상관(傷官), 편재(偏財), 정재(正財), 편관(偏官), 정관(正官), 편인(偏印), 인수(印綬)가 있다. 10가지이므로 십신(十神)이라고 해야 하나, 비견(比肩)과 겁재(劫財)는 격(格)을 이루지 못하기 때문에 제외한다. 그리고 편재(偏財)와 정재(正財), 편인(偏印)과 인수(印綬)는 편정(偏正)의 작용이 같기 때문에 재성(財星)과 인성(印星)으로 통일한다. 따라서 6가지가 되므로 육신(六神)이라고 하는 것이다.

2. 육신(六神) 표출법

일간(日干)과 다른 주(柱)의 천간(天干)을 대조할 때는 천성(天星)이라 하고, 일간(日干)과 지지(地支)를 대조할 때는 지성(地星)이라 한다.

1. 천성(天星)의 육신(六神) 보는 방법

① 비견(比肩) : 일간(日干)과 오행(五行)이 같고 음양(陰陽)도 같은 것.

② 겁재(劫財) : 일간(日干)과 오행(五行)이 같고 음양(陰陽)이 다른 것.

③ 식신(食神) : 일간(日干)이 생(生)하고 음양(陰陽)이 같은 것.

④ 상관(傷官) : 일간(日干)이 생(生)하고 음양(陰陽)이 다른 것.

⑤ 편재(偏財) : 일간(日干)이 극(剋)하고 음양(陰陽)이 같은 것.

⑥ 정재(正財) : 일간(日干)이 극(剋)하고 음양(陰陽)이 다른 것.

⑦ 편관(偏官) : 일간(日干)을 극(剋)하고 음양(陰陽)이 같은 것.

⑧ 정관(正官) : 일간(日干)을 극(剋)하고 음양(陰陽)이 다른 것.

⑨ 편인(偏印) : 일간(日干)을 생(生)하고 음양(陰陽)이 같은 것.

⑩ 인수(印綬) : 일간(日干)을 생(生)하고 음양(陰陽)이 다른 것.

2. 지성(地星)의 육신(六神) 보는 방법

지성(地星)도 천성(天星)과 마찬가지로 일간(日干)과 지지(地支)를 대조하여 보는데, 지지(地支)를 천간(天干)으로 고쳐서 본다는 것이 다르다. 원래 지지(地支) 속에는 천간(天干)이 들어 있다. 이것을 지장간(支藏干)이라고 한다. 장간(藏干)은 다시 여기(餘氣), 중기(中氣), 정기(正氣)로 나뉜다. 여기(餘氣)는 앞 지지(地支)의 오행(五行)과 동일한 천간(天干)을 취하여, 지지(地支)의 절기는 변했으나 아직 앞 절기의 기(氣)가 남아있음을 나타내는 것이다. 중기(中氣)는 여기(餘氣)부터 정기(正氣)에 이르는 중간의 기(氣)로, 그 지지(地支)가 삼합(三合)하여 오행화(五行化)하는 간(干)을 취하는 것이다. 정기(正氣)는 그 지지(地支)가 지닌 오행(五行)과 동일한 간(干)을 취하는 것이다.

장간분야표(藏干分野表)

地支 藏干	子	丑	寅	卯	辰	巳	午	未	申	酉	戌	亥
餘氣	壬 十日	癸 九日	戊 七日	甲 十日	乙 九日	戊 五日	丙 十日	丁 九日	戊 己 七日	庚 十日	辛 九日	戊 七日
中氣		辛 三日	丙 七日		癸 三日	庚 九日	己 九日	乙 三日	壬 七日		丁 三日	甲 七日
正氣	癸 二十日	己 十八日	甲 十六日	乙 二十日	戊 十八日	丙 十六日	丁 十一日	己 十八日	庚 十六日	辛 二十日	戊 十八日	壬 十六日

이 방법에 의한 지성(地星)의 표출방법은 다음과 같다.

① 자(子)의 정기(正氣)는 계(癸)이니 계(癸)로 본다.

② 축(丑)의 정기(正氣)는 기(己)이니 기(己)로 본다.

③ 인(寅)의 정기(正氣)는 갑(甲)이니 갑(甲)으로 본다.

④ 묘(卯)의 정기(正氣)는 을(乙)이니 을(乙)로 본다.

⑤ 진(辰)의 정기(正氣)는 무(戊)이니 무(戊)로 본다.

⑥ 사(巳)의 정기(正氣)는 병(丙)이니 병(丙)으로 본다.

⑦ 오(午)의 정기(正氣)는 정(丁)이니 정(丁)으로 본다.

⑧ 미(未)의 정기(正氣)는 기(己)이니 기(己)로 본다.

⑨ 신(申)의 정기(正氣)는 경(庚)이니 경(庚)으로 본다.

⑩ 유(酉)의 정기(正氣)는 신(辛)이니 신(辛)으로 본다.

⑪ 술(戌)의 정기(正氣)는 무(戊)이니 무(戊)로 본다.

⑫ 해(亥)의 정기(正氣)는 임(壬)이니 임(壬)으로 본다.

육신 조견표

■	甲	乙	丙	丁	戊	己	庚	辛	壬	癸
甲	比肩	劫財	食神	傷官	偏財	正財	偏官	正官	偏印	印綬
乙	劫財	比肩	傷官	食神	正財	偏財	正官	偏官	印綬	偏印
丙	偏印	印綬	比肩	劫財	食神	傷官	偏財	正財	偏官	正官
丁	印綬	偏印	劫財	比肩	傷官	食神	正財	偏財	正官	偏官
戊	偏官	正官	偏印	印綬	比肩	劫財	食神	傷官	偏財	正財
己	正官	偏官	印綬	偏印	劫財	比肩	傷官	食神	正財	偏財
庚	偏財	正財	偏官	正官	偏印	印綬	比肩	劫財	食神	傷官
辛	正財	偏財	正官	偏官	印綬	偏印	劫財	比肩	傷官	食神
壬	食神	傷官	偏財	正財	偏官	正官	偏印	印綬	比肩	劫財
癸	傷官	食神	正財	偏財	正官	偏官	印綬	偏印	劫財	比肩

육천 조견표

■	남　　자	여　　자
比肩	형제, 친구, 동창, 동서	남녀 형제, 친구, 동창, 남편의 첩, 시아버지, 동서, 시숙, 시고모.
劫財	여동생, 이복형제, 동서, 형제, 딸의 시어머니.	남녀 형제, 이복형제, 동서, 시아버지, 아들의 장인, 남편의 첩.
食神	장모, 조카, 손자, 사위.	아들, 딸, 손자, 친정 조카, 사위의 아버지, 시누이의 남편.
傷官	조모, 외조부, 장인, 외손자.	딸, 아들, 시누이의 남편.
正財	아내, 고모, 숙부, 형수, 제수, 처형, 처남, 처제.	오빠의 아내와 첩, 백부, 외손녀, 숙모, 고모.
偏財	아버지, 첩, 처남, 외사촌.	아버지, 시어머니, 백부.
正官	딸, 질녀, 매부.	남편, 시누이, 시동생, 사위의 어머니.
偏官	아들, 사촌 형제, 고조부, 딸의 시아버지.	남편, 남자 친구, 정부, 간부, 아들의 첩, 시누이.
印綬	어머니, 이모, 외손녀, 증손녀.	어머니, 손녀, 고모.
偏印	계모, 유모, 숙모, 외손자, 증손자, 조부.	계모, 유모, 어머니의 형제, 사위, 조부.

십이운성 조견표

日干 / 十二 運星	甲日	乙日	丙戊日	丁己日	庚日	辛日	壬日	癸日
絶	申	酉	亥	子	寅	卯	巳	午
胎	酉	申	子	亥	卯	寅	午	巳
養	戌	未	丑	戌	辰	丑	未	辰
長生	亥	午	寅	酉	巳	子	申	卯
沐浴	子	巳	卯	申	午	亥	酉	寅
冠帶	丑	辰	辰	未	未	戌	戌	丑
臨官	寅	卯	巳	午	申	酉	亥	子
帝旺	卯	寅	午	巳	酉	申	子	亥
衰	辰	丑	未	辰	戌	未	丑	戌
病	巳	子	申	卯	亥	午	寅	酉
死	午	亥	酉	寅	子	巳	卯	申
墓	未	戌	戌	丑	丑	辰	辰	未

3. 십이운성(十二運星)

십이운성(十二運星)은 생로병사(生老病死), 즉 태어나고, 성장하고, 병들고, 죽는 것을 12단계로 나누어 설명하는 것이다. 태어나면 자라고, 자라면 결실을 맺고, 결실을 맺으면 모체는 소멸되는 법과 같다. 이것을 포태법(胞胎法)이라고도 한다. 절(絶), 포(胞), 양(養), 생(生), 목욕(沐浴), 관대(冠帶), 임관(臨官), 제왕(帝旺), 쇠(衰), 병(病), 사(死), 묘(墓)의 과정으로 설명한다.

여기서 유의할 점은 음포태(陰胞胎)는 작용이 부족한 것이 원칙이다. 십이운성(十二運星)의 영향력은 육신(六神)에 비해 약한데, 대개 육친(六親)과 결합하여 운명에 작용한다. 이와 같이 십이운성(十二運星)의 12단계는 인간과 우주만물의 생로병사(生老病死)의 과정을 풀이한 것으로, 불교의 12인연법과도 관련이 있는 듯하다.

① 절(絶) : 부모가 결합하는 시기이다.
② 태(胎) : 생명이 모체에 입태된 상태이다.
③ 양(養) : 모태에서 점차 성장해가는 과정이다.
④ 생(生) : 이 세상에 태어나는 시기이다.
⑤ 목욕(沐浴) : 갓 태어난 아이를 목욕시키는 과정이다.
⑥ 관대(冠帶) : 관(冠)은 옷을 입고 띠를 맬 줄 아는 소년시절이고, 대(帶)는 관을 쓰고 결혼하며 벼슬하는 시기이다.
⑦ 왕(旺) : 장년기로 일생 최고의 시기이다.
⑧ 쇠(衰) : 늙은 상태를 말한다.
⑨ 병(病) : 늙어 병든 상태이다.

⑩ 사(死) : 생명이 끊어진 상태이다.

⑪ 묘(墓) : 죽어서 땅에 묻힌 상태이다.

8장. 신살(神殺)

1. 홍염살(紅艶殺)

日干	甲	乙	丙	丁	戊	己	庚	辛	壬	癸
紅艶	午	午	寅	未	辰	辰	戌	酉	子	申

　홍염살(紅艶殺)은 허영과 사치를 좋아하며 외정을 즐긴다는 살(殺)이다. 특히 여명(女命)에 홍염살(紅艶殺)이 있으면 음란하여 부정을 저지르고, 다정다욕하나 알아주는 사람이 적다.

2. 목욕살(沐浴殺)

日干	甲	乙	丙	丁	戊	己	庚	辛	壬	癸
沐浴	子	巳	卯	申	卯	申	午	亥	酉	寅

　목욕살(沐浴殺)은 주색을 즐긴다는 살(殺)로 함지살(咸池殺)이라고도 한다. 일주(日柱)를 위주로 본다.

3. 도화살(桃花殺)

年日支	申子辰	巳酉丑	寅午戌	亥卯未
桃花殺	酉	午	卯	子

도화살(桃花殺)은 일지(日支)와 년지(年支)를 중심으로 보는데, 이 살(殺)이 있으면 남녀 모두 풍류를 좋아한다. 인오술(寅午戌)이 묘(卯)를 만나면 음욕이 많고, 신자진(申子辰)이 유(酉)를 만나면 인륜을 어지럽히고, 사유축(巳酉丑)이 오(午)를 만나면 낭만이 있고, 해묘미(亥卯未)가 자(子)를 만나면 투기심이 있다.

도화살(桃花殺)이 년월지(年月支)에 있으면 장내도화(牆內桃花)라 하여 부부금실이 좋다. 그러나 충파(沖破)되면 흉하다. 도화살(桃花殺)이 일시지(日時支)에 있으면 장외도화(牆外桃花)라 하여 꺾으려는 사람이 많아 매우 불길하다. 남명(男命)은 여색을 즐기고 여명(女命)은 더욱더 흉하다. 여명(女命)이 이 살(殺)이 있는데 역마살(驛馬殺)이 있으면 수치를 모를 정도로 음란하다.

1. 도삽도화(倒揷桃花)

도삽도화(倒揷桃花)는 월일시지(月日時支)에서 인오술(寅午戌)이 묘년(卯年)을 만나거나, 사유축(巳酉丑)이 오년(午年)을 만나거나, 신자진(申子辰)이 유년(酉年)을 만나거나, 해묘미(亥卯未)가 자년(子年)을 만나면 해당한다. 이 살(殺)이 있으면 고상하며 풍류를 좋아하나 간사하며 시기가 많고, 총명하나 교묘하여 현숙해도 어질지 못하다.

2. 나체도화(裸體桃花)

나체도화(裸體桃花)는 도화살(桃花殺)이 일간(日干)에 있으면 해당한다. 갑자일(甲子日), 정묘일(丁卯日), 경오일(庚午日), 계유일(癸酉日) 등을 말한다.

3. 편야도화(遍野桃花)

편야도화(遍野桃花)는 자오묘유(子午卯酉)가 모두 있는 것을 말한다. 사주 중에 입격(入格)하면 사극(四極)이 되어 부귀격(富貴格)을 이루어도 주색을 좋아하며 방탕하다. 만일 사주와 대운(大運)에서 자오묘유(子午卯酉)를 모두 갖추면 흉하다.

4. 곤랑도화(滾浪桃花)

곤랑도화(滾浪桃花)는 천간(天干)이 상합(相合)하는데 지지(地支)가 상형(相刑)하면 이루어지는데, 주색을 좋아하며 방탕하다. 예를 들어 병신(丙辛)이 합(合)하는데 자묘(子卯)가 상형(相刑)하면 여기에 해당한다.

5. 도화겁(桃花劫)

도화겁(桃花劫)은 사유축년생(巳酉丑年生)이 인묘진월(寅卯辰月)에 인시(寅時)를 만나거나, 신자진년생(申子辰年生)이 사오미월(巳午未月)에 사시(巳時)를 만나거나, 해묘미년생(亥卯未年生)이 신유술월(申酉戌月)에 신시(申時)를 만나거나, 인오술년생(寅午戌年生)이 해자축월(亥子丑月)에 해시(亥時)를 만나면 성립된다. 임관(臨官)이 겁재(劫財)를 만나도 도화겁(桃花劫)이 된다. 예를 들면 갑목

(甲木)이 인(寅)에 임관(臨官)하는데 묘(卯)를 만나는 것이다. 이 살(殺)이 있으면 대개 젊어서는 기생이 되고 늙어서는 빈한(貧寒)하다.

4. 음양살(陰陽殺)

음양살(陰陽殺)은 남명(男命)이 병자(丙子)가 있으면 미녀와 인연이 많고, 여명(女命)이 무오(戊午)가 있으면 미남과 인연이 많다. 남명(男命)이 무오(戊午)가 있으면 많은 여자에게 사랑을 받고, 여명(女命)이 병자(丙子)가 있으면 남자가 많고 유혹에 잘 넘어간다. 그러나 남녀 모두 원진(元辰)과 함지살(咸池殺)이 동궁(同宮)에 있으면 음란하다.

5. 양인살(陽刃殺)

日主	甲	乙	丙	丁	戊	己	庚	辛	壬	癸
陽刃	卯	辰	午	未	午	未	酉	戌	子	丑

양인(陽刃)이란 칼날이 선 형상을 말한다. 여명(女命)은 성격이 강하여 남편과 자식을 극해(剋害)하며 궁핍하고, 남명(男命)은 두 번 결혼한다. 칠살(七殺)이 있는데 인(刃)이 없으면 발전하지 못하고, 인(刃)은 있는데 칠살(七殺)이 없으면 위엄이 없다.

양인살(陽刃殺)은 형충합(刑沖合)되면 흉하고, 제극(制剋)되면 길하다. 양인살(陽刃殺)이 있는데 신강(身强)하면 재앙이 따르고, 신왕(身旺)하면 재물이 흩어지며 화액이 따르고, 신약(身弱)하면 흉하지 않다. 양인(陽刃)과 칠살(七殺)이 모두 있으면 비상하나, 양인(陽刃)으로만 이루어진 사주는 성급하며 눈알이 튀어나왔고, 물건을 상하게 하며 사람을 악으로 대한다.

1. 인두재(刃頭財)와 녹두재(綠頭財)

인두재(刃頭財)는 천간(天干)에 재(財)가 있는데 지지(地支)에 양인(陽刃)이 있는 것을 말한다. 예를 들어 갑일생(甲日生)이 기묘(己卯)가 있거나, 병일생(丙日生)이 경오(庚午)가 있으면 여기에 해당한다. 녹두재(綠頭財)는 천간(天干)에 재(財)가 있는데 지지(地支)에 녹(祿)이 있는 것을 말한다. 예를 들어 갑일생(甲日生)이 무인(戊寅)이 있거나, 을일생(乙日生)이 기묘(己卯)가 있으면 여기에 해당한다.

유년에 이 살(殺)이 들면 재물손해를 보고, 장년이 되어서는 처첩으로 인한 송사가 있거나 도적에게 칼을 맞는다. 그러나 재(財)가 기신(忌神)에 해당하면 불길하나, 희신(喜神)에 해당하면 오히려 큰 재물을 얻는다. 인두재(刃頭財)는 녹두재(綠頭財)보다 영향력이 더 강하다. 그러나 한 가지 예로는 판단할 수 없으니 배합을 잘 살펴야 한다.

2. 인두귀(刃頭貴)

사주에 인두귀(刃頭貴)가 있으면 선종(善終)하지 못한다. 등창으로 죽는 경우가 많고, 귀격(貴格)이라도 예측할 수가 없다. 예를 들어 갑목(甲木)이 신묘(辛卯)가 있으면 여기에 해당한다. 특히 갑을일간(甲乙日干)은 매우 흉하다.

6. 일인(日刃)

戊午日	丙午日	壬子日

사주에 일인(日刃)이 있으면 남명(男命)은 아내를 방해하고, 여명(女命)은 남편을 방해한다. 형충파해(刑沖破害), 삼합(三合), 육합(六合) 등과 같이 있으면 흉하다. 그러나 칠살(七殺)로 제복(制伏)하고 관인운(官印運)으로 흐르면 호명(好命)이 된다.

7. 괴강살(魁岡殺)

庚辰日	庚戌日	壬辰日	壬戌日	戊戌日

 이 살(殺)은 주로 흉살(凶殺) 역할을 한다. 총명하며 과단성이 있으나 지배욕이 강하며 독선적이다. 사주에 진술(辰戌)이 있는데 일원(日元)이 왕(旺)하면 부귀격(富貴格)을 이루나, 일주(日柱)에 이 살(殺)이 있는데 형충(刑沖)되면 가난한 선비에 불과하다. 여명(女命)의 일주(日柱)에 이 살(殺)이 있으면 대개 외모가 아름다우나, 고집이 대단하여 남편과 화목하지 못하여 부부간에 생사이별이 따른다. 따라서 여명(女命)이 일시(日時)에 진술상충(辰戌相沖)이 있으면 기취편방독수공(旣取偏房獨守空)이라 한다. 특히 임술일생(壬戌日生)은 관살백호(官殺白虎)에도 해당하여 남편이 흉사하는 경우가 많다. 남명(男命)은 이론적인 토론을 좋아하며 지나치게 결벽하다. 그러나 이 살(殺)이 여러 개 있으면 오히려 발전하여 부귀격(富貴格)을 이루는 경우도 많다.

8. 화개살(華蓋殺)

年日支	申子辰	巳酉丑	寅午戌	亥卯未
華蓋殺	辰	丑	戌	未

화개살(華蓋殺)은 인오술년일생(寅午戌年日生)이 술(戌)이 있거나, 해묘미년일생(亥卯未年日生)이 미(未)가 있거나, 신자진년일생(申子辰年日生)이 진(辰)이 있거나, 사유축년일생(巳酉丑年日生)이 축(丑)이 있으면 이루어진다.

화개살(華蓋殺)이 있으면 외방(外方)의 사람이 되고, 비록 귀격(貴格)이라도 고독을 면하기 어렵다. 화개살(華蓋殺)이 공망(空亡)을 만나면 승도팔자가 되고, 인수(印綬)를 만나면 한원(翰苑)의 벼슬을 하고, 시지(時支)에 진술축미(辰戌丑未)가 있으면 자식을 적게 둔다. 대개 평생 실패하거나 손해보는 일이 많은데, 특히 임계(壬癸)가 있는 사람은 늙어서 자식을 잃을 수 있으니 조심해야 한다. 만일 귀성(貴星)과 같이 있으면 청귀(淸貴)하나 재물은 불리하다. 남명(男命)의 일주(日柱)에 있으면 아내를 극(剋)하고, 여명(女命)의 시주(時柱)에 있으면 자식이 없고, 과부가 되거나 홀로 지내는 경우가 많다.

9. 역마살(驛馬殺)

年日支	申子辰	巳酉丑	寅午戌	亥卯未
驛馬殺	寅	亥	申	巳

역마살(驛馬殺)은 신자진년일생(申子辰年日生)이 인(寅)이 있거나, 해묘미년일생(亥卯未年日生)이 사(巳)가 있거나, 인오술년일생(寅午戌年日生)이 신(申)이 있거나, 사유축년일생(巳酉丑年日生)이 해(亥)가 있으면 이루어진다.

귀격(貴格) 사주가 역마살(驛馬殺)이 있으면 출세가 따른다. 그러나 평범한 명(命)은 분주할 뿐이다. 재성(財星)이 이 살(殺)에 해당하면 크게 발전하고, 생왕(生旺)하면 힘이 강하여 평생 성망(聲望)을 많이 받는다. 그러나 사절(死絶)되면 용두사미격(龍頭蛇尾格)이 되어 이루어지는 것이 적고 주거가 일정하지 않다.

역마살(驛馬殺)이 도식(倒食)이나 녹귀(綠鬼)와 함께 있으면 게으르며 요행심이 많고, 장돌뱅이가 된다. 그러나 식신(食神)과 함께 있으면서 충(沖)되면 명예가 있다. 역마살(驛馬殺)이 길신(吉神)에 해당하면 매사가 순조로워 비상하게 발전하나, 흉신(凶神)에 해당하면 분주하며 이사를 자주하게 된다. 사주에 역마살(驛馬殺) 너무 많으면 분파(奔波)하고, 공망(空亡)을 만나면 주거가 불안하다.

10. 고진살(孤辰殺) · 과숙살(寡宿殺)

年支	子	丑	寅	卯	辰	巳	午	未	申	酉	戌	亥
孤辰	寅	寅	巳	巳	巳	申	申	申	亥	亥	亥	寅
寡宿	戌	戌	丑	丑	丑	辰	辰	辰	未	未	未	戌

인묘진생(寅卯辰生)이 사(巳)가 있으면 고진살(孤辰殺)이 되고, 축(丑)이 있으면 과숙살(寡宿殺)이 된다. 사오미생(巳午未生)이 신(申)이 있으면 고진살(孤辰殺)이 되고, 진(辰)이 있으면 과숙살(寡宿殺)이 된다. 신유술생(申酉戌生)이 해(亥)가 있으면 고진살(孤辰殺)이 되고, 미(未)가 있으면 과숙살(寡宿殺)이 된다. 해자축생(亥子丑生)이 인(寅)이 있으면 고진살(孤辰殺)이 되고, 술(戌)이 있으면 과숙살(寡宿殺)이 된다.

남명(男命)은 고진살(孤辰殺)이 있으면 흉하고, 여명(女命)은 과숙살(寡宿殺)이 있으면 흉하다. 화개살(華蓋殺)과 함께 있으면 승도팔자가 되고, 역마살(驛馬殺)과 함께 있으면 객지생활을 하게 되고, 시지(時支)에 있으면 자식이 불효한다. 남명(男命)이 고진살(孤辰殺)이 있으면 아내를 극(剋)하여 고독하고, 여명(女命)이 과숙살(寡宿殺)이 있으면 육친(六親)과의 인연이 약하다.

11. 격각살(隔角殺)

격각살(隔角殺)은 일지(日支)와 시지(時支)가 한 글자씩 격각(隔角)되는 것을 말하는데, 이 살(殺)이 있으면 부부사이가 좋지 않다. 예를 들어 자일생(子日生)이 시지(時支)에 인(寅)이 있으면 해당한다.

12. 고란살(孤鸞殺)

孤鸞	甲寅	乙巳	丁巳	戊申	辛亥

고란살(孤鸞殺)은 일주(日柱)로 보는데, 이 살(殺)이 있으면 청상과부의 상으로 남편이 없다. 을사일생(乙巳日生), 정사일생(丁巳日生), 신해일생(辛亥日生)은 좌하(坐下)에 재관(財官)이 있으니 사주의 구성이 좋으면 왕자왕부(旺子旺夫)한다. 무신일생(戊申日生)은 좌하(坐下)에 경금(庚金)이 있으니 부성(夫星)인 목(木)을 극상(剋傷)한다. 갑인일생(甲寅日生)은 부성(夫星)인 금(金)이 인목(寅木)의 절지(絶地)가 되기 때문에 남편이 손상된다.

13. 음양차착살(陰陽差錯殺)

陰陽差錯	丙子	丁丑	戊寅	辛卯	壬辰	癸巳	丙午	丁未	戊申	辛酉	壬戌	癸亥

여명(女命)이 음양차착살(陰陽差錯殺)이 있으면 시집에서 물러나거나, 홀시부모를 모시는 경우가 많다. 남명(男命)은 외가나 처가와 시비가 많은데, 월일시(月日時)에 여러 개 있으면 흉작용이 더욱 강하다. 특히 여명(女命)이 일주(日柱)나 시주(時柱)에 있으면 시집이 망하거나, 남편이 바람을 피워 눈물로 밤을 지새우는 일이 많다.

14. 사도화(四桃花)

사도화(四桃花)는 자오묘유(子午卯酉)가 모두 있는 것을 말하는데, 이 살(殺)이 있으면 주색을 밝힌다. 남명(男命)은 사주에 있으면 주색을 좋아하나 대격(大格)을 이루는 경우가 많고, 여명(女命)은 이유를 불문하고 흉하다.

15. 사장생(四長生)

사장생(四長生)은 인신사해(寅申巳亥)가 모두 있는 것을 말한다. 남명(男命)은 대격(大格)을 이루는데, 일주(日柱)에 합치되면 부귀격(富貴格)을 이룬다. 그러나 여명(女命)은 천격이 되어 이방생활로 명성을 얻는 경우도 있지만 행실이 부정하다.

16. 사고장(四庫藏)

사고장(四庫藏)은 진술축미(辰戌丑未)가 모두 있는 것을 말한다. 일주(日柱)에 합치되면 남명(男命)은 대부대귀격(大富大貴格)를 이루나, 여명(女命)은 천지(天地)의 사옥(四獄)에 앉아 있는 격이 되어 자식을 두지 못하며 고독하다. 만일 두 글자만 있으면 면할 수 있으나, 부성(夫星)과 자성(子星)이 묘고(墓庫)에 해당하면 남편복과 자식복이 모두 없다.

17. 원진(元辰)

子未	丑午	寅酉	卯申	辰亥	巳戌

원진(元辰) 띠 끼리 결혼하면 원망과 불평이 많아 평생 고생이 많으나, 재혼한 사람은 부귀(富貴)가 있다. 일월(日月)이 원진(元辰)이면 부모 형제간에 불화하거나, 객지생활을 하거나, 파가한다. 특히 남명(男命)이 일시(日時)에서 이루어지면 아내와 생이별하기 쉽고, 자손과 함께 살기 어렵다.

18. 삼기(三奇)

天上三奇	地下三奇	人中三奇
甲戊庚	乙丙丁	壬癸辛

삼기(三奇)가 있으면 총명하며 지혜가 많고, 학문이 높으며 재능이 많다. 천을귀인(天乙貴人)을 대동하면 큰 뜻을 이루고, 천덕귀인(天德貴人)이나 월덕귀인(月德貴人)을 대동하면 모든 흉화가 사라지고, 삼합(三合)을 대동하여 국(局)을 이루면 나라의 기둥이 되고, 공망(空亡)이나 생왕(生旺)을 대동하면 산림에 숨은 선비가 되어 부귀(富貴)해도 음란하지 않고 어떤 권력에도 굴복하지 않는다. 귀격(貴格) 사주에 삼기(三奇)가 있으면 격국(格局)과 용신(用神)에 따라 길흉이 결정된다. 묘사오(卯巳午)도 삼기(三奇)에 해당한다.

19. 백호대살(白虎大殺)

甲辰	乙未	丙戌	丁丑	戊辰	壬戌	癸丑

　백호대살(白虎大殺)은 혈광사(血光死)를 뜻하기도 한다. 일간(日干)으로 보는데 해당하는 육친(六親)에게도 급사(急死), 병사(病死), 횡사(橫死) 등이 따른다.

20. 수옥살(囚獄殺)

年日支	申子辰	寅午戌	亥卯未	巳酉丑
囚獄	午	子	酉	卯

　수옥살(囚獄殺)은 감옥에 갇힌다는 살(殺)이다. 이 살(殺)이 있는 사람은 경찰, 군인, 형무관 등으로 나가면 오히려 길하다.

21. 귀문관살(鬼門關殺)

日支	寅	卯	辰	巳	午	未	申	酉	戌	亥	子	丑
鬼門	未	申	亥	戌	丑	寅	卯	子	巳	辰	酉	午

　귀문관살(鬼門關殺)은 신경쇠약이나 정신이상 등이 따르는데, 일주(日柱)나 시주(時柱)에 있으면 작용이 더욱더 강하다. 만일 배우자가 이 살(殺)에 해당하면 배우자에게 변태적인 발작이 따른다.

22. 탕화살(湯火殺)

　탕화살(湯火殺)은 불이나 끓는 물에 상해를 입는다는 살(殺)로, 몸

湯火殺	甲午	甲寅	乙丑	丙寅	丙午	丁丑	戊寅日
	戊午	庚午	庚寅	辛丑	壬午	壬寅	癸丑日

에 흉터가 생긴다. 인일생(寅日生)이 사신(巳申)이 있거나, 오일생
(午日生)이 진오축(辰午丑)이 있거나, 축일생(丑日生)이 오미술(午
未戌)이 있거나, 무인일생(戊寅日生)이 인(寅)이 많거나, 무자일생
(戊子日生)이 인사신(寅巳申)이 있으면 이루어진다.

23. 급각살(急脚殺)

月 支	寅卯辰月	巳午未月	申酉戌月	亥子丑月
急脚殺	亥子	卯未	寅戌	丑辰

급각살(急脚殺)이 있으면 적게는 신경통이나 관절염이 따르고, 크게
는 다리 불구가 된다. 해당하는 육친(六親)도 화를 당한다.

24. 단교관살(斷橋關殺)

月支	寅	卯	辰	巳	午	未	申	酉	戌	亥	子	丑
斷橋	寅	卯	申	丑	戌	酉	辰	巳	午	未	亥	子

단교관살(斷橋關殺)은 넘어지거나 떨어져서 팔다리가 상하는 살
(殺)이다. 이 살(殺)이 있는데 형살(刑殺)이 가중되면 신경통이나 소
아마비가 따른다.

25. 정록성(正祿星)

日干	甲	乙	丙	丁	戊	己	庚	辛	壬	癸
正祿星	寅	卯	巳	午	巳	午	申	酉	亥	子

정록성(正祿星)은 길성(吉星)으로 일주(日柱)의 생왕지(生旺地)로 작록(爵祿)을 뜻한다. 특히 격국(格局)이 좋고 희신(喜神)과 서로 도우면 복록이 왕성하여 일생이 평안하다. 대개 일주(日柱)로 보는데 길신(吉神)이 녹(祿)에 해당하면 길하고, 기신(忌神)이 녹(祿)에 해당하면 흉하고, 충(沖)되면 더욱더 흉하다.

26. 천을귀인(天乙貴人)

日干	甲	乙	丙	丁	戊	己	庚	辛	壬	癸
天乙貴人	丑未	子申	亥酉	亥酉	丑未	子申	丑未	寅午	巳卯	巳卯

천을귀인(天乙貴人)은 길성(吉星)으로, 총명하며 지혜가 있어 발전이 따른다. 생왕(生旺)되면 높은 인격을 갖춘 사람이다. 갑일생(甲日生), 무일생(戊日生), 경일생(庚日生)이 지지(地支)에 축미(丑未)가 있으면 여기에 해당한다. 귀인(貴人)은 합(合)되면 더욱더 길하다.

27. 천덕(天德) · 월덕귀인(月德貴人)

月支	寅	卯	辰	巳	午	未	申	酉	戌	亥	子	丑
天德	丁	申	壬	辛	亥	甲	癸	寅	丙	乙	巳	庚
月德	丙	甲	壬	庚	丙	甲	壬	庚	丙	甲	壬	庚

천덕귀인(天德貴人)과 월덕귀인(月德貴人)은 길성(吉星)으로 작용이 같은데, 지위가 높고 질병이 적다. 천덕귀인(天德貴人)과 월덕귀인(月德貴人)이 함께 있으면 모든 흉살(凶殺)을 제거하며 자비심이 있다. 만일 천덕귀인(天德貴人)이 용신(用神)에 해당하면 더욱 길하다. 예를 들어 인월생(寅月生)이 정(丁)이 있거나, 묘월생(卯月生)이 신(申)이 있으면 천덕귀인(天德貴人)에 해당한다.

28. 학당귀인(學堂貴人)

日干	甲	乙	丙	丁	戊	己	庚	辛	壬	癸
學堂貴人	亥	午	寅	酉	寅	酉	巳	子	申	卯

학당귀인(學堂貴人)은 길성(吉星)으로 문장이 높다. 갑을일생(甲乙日生)이 해월(亥月)이나 해시(亥時)에 태어나면 여기에 해당한다.

29. 문창귀인(文昌貴人)

日干	甲	乙	丙	丁	戊	己	庚	辛	壬	癸
文昌貴人	巳	午	申	酉	申	酉	亥	子	寅	卯

문창귀인(文昌貴人)은 길성(吉星)으로 총명하다.

30. 공망(空亡)

甲子旬中戌亥空亡	甲戌旬中申酉空亡	甲申旬中午未空亡	甲午旬中辰巳空亡	甲辰旬中寅卯空亡	甲寅旬中子丑空亡

공망(空亡)은 일주(日柱)를 위주로 생년(生年), 생월(生月), 생시(生時)를 본다. 일주(日柱) 공망(空亡)은 생년(生年)을 기준으로 본다. 시주(時柱)가 공망(空亡)되면 아내와 자식이 해롭고, 일주(日柱)가 공망(空亡)되면 아내가 해롭고, 월주(月柱)가 공망(空亡)되면 부모 형제가 해롭고, 년주(年柱)가 공망(空亡)되면 조상이 해롭다. 그러나 사주 전체가 공망(空亡)되면 오히려 귀격(貴格)을 이룬다.

공망(空亡)이 삼기(三奇), 장생(長生), 귀인(貴人), 화개(華蓋) 등과 함께 있으면 매우 총명하다. 공망(空亡)이 생왕(生旺)을 대동하면 도량이 넓어 의외로 명리(名利)를 얻지만, 사절지(死絶地)에 있으면 성패가 많으며 정처없이 떠돌아 다닌다.

흉살(凶殺)이 공망(空亡)되면 길하나, 길성(吉星)이 공망(空亡)되면 흉하다. 신왕(身旺) 사주가 공망(空亡)되면 도량은 넓으나 허명(虛名)에 불과하다.

금(金)이 공망(空亡)되면 울리고, 수(水)가 공망(空亡)되면 흐르고, 화(火)가 공망(空亡)이면 광채가 있고, 토(土)가 공망(空亡)되면 붕괴되고, 목(木)이 공망(空亡)되면 꺾어진다.

건록(建祿)이 공망(空亡)되면 실속이 없고, 재성(財星)이 공망(空亡)되면 재물에 대한 욕심이 없고, 관성(官星)이 공망(空亡)되면 명예가 없고, 인수(印綬)가 공망(空亡)되면 자립심이 강하고, 식신(食神)이 공망(空亡)되면 소극적인 사람이 된다.

공망(空亡)이 육합(六合)되거나, 삼합(三合)되거나, 충(沖)되거나, 사주에 공망(空亡)이 있는데 대운(大運)에서 또 공망(空亡)을 만나면 공망(空亡) 작용을 하지 않는다.

Ⅱ부. 오행론

1장. 오행총론(五行總論)

명리학(命理學)를 연구하려면 우선 오행(五行)이 무엇인가를 알아야 한다. 오행(五行)이란 춘하추동(春夏秋冬)의 기후를 말한다. 하늘과 땅 사이에서 순환이 끊이지 않으므로 행(行)이라 하는 것이다. 선인(先人)이 재관식인(財官食印) 등의 팔신(八神)을 제강(提綱)으로 영(令)을 잡아 학문으로 제시하여 운명을 논한 것이 오행(五行)이다. 또 오행(五行)은 각각 맡은 일과 성질이 다르기 때문에 한마디로 설명한다는 것은 오행(五行)의 한 면만을 말하는 것과 같다. 따라서 이 책에서는 팔신(八神)은 논하지 않고 오행(五行)만을 다룬다. 선인(先人)들은 사시(四時)의 기후를 괘(卦)로 대신했다. 한대(漢代)에 이르러서야 비로소 오행(五行), 생극(生剋), 인비관귀(印比官鬼) 등의 명칭으로 괘기(卦氣)를 기후와 방위로 설명했다. 따라서 오행(五行)으로 논하는 것은 당연한 일일 것이다.

① 북방(北方)은 음(陰)이 극(極)에 다다라 한(寒)을 생(生)하고, 한 (寒)은 수(水)를 생(生)한다.

② 남방(南方)은 양(陽)이 극(極)에 다다라 열(熱)을 생(生)하고, 열 (熱)은 화(火)를 생(生)한다.

③ 동방(東方)은 양(陽)이 흩어지며 설기(洩氣)되어 바람을 생(生)하 고, 바람은 목(木)을 생(生)한다.

④ 서방(西方)은 음(陰)이 그쳐 거두니 조(燥)를 생(生)하고, 조(燥) 는 금(金)을 생(生)한다.

⑤ 중앙은 음양(陰陽)이 교차하여 온(溫)을 생(生)하고, 온(溫)은 토 (土)를 생(生)한다.

상생(相生)은 상유(相維)하는 것이고, 상극(相剋)은 상제(相制)하는 것인데 이것을 륜(倫)이라 한다. 오행(五行)으로 춘하추동(春夏秋 冬)의 명칭을 대신하고 방위를 배합하는 것은 하늘의 이치이며 다음 과 같다.

해자축북방(亥子丑北方)은 동월(冬月)이고, 사오미남방(巳午未南 方)은 하월(夏月)이고, 인묘진동방(寅卯辰東方)은 춘월(春月)이고, 신유술서방(申酉戌西方)은 추월(秋月)이다.

동월(冬月)은 음한(陰寒)하니 수(水)라 하고, 하월(夏月)은 양열(陽 熱)하니 화(火)라 하고, 춘월(春月)은 양화(陽和)가 산설(散洩)하니 목(木)이라 하고, 추월(秋月)은 한숙(寒肅)하여 수렴(收斂)하니 금 (金)이라 하고, 토(土)는 방위가 없으나 중앙에 있으면서 사우(四隅) 에 기생한다.

사우(四隅)는 간(艮 : 丑寅), 손(巽 : 辰巳), 곤(坤 : 未申), 건(乾 : 戌亥)을 말하며 계절이 교차하는 시기이다. 춘하(春夏)가 교차할 때는 목기(木氣)가 아직 남아 있으나, 화기(火氣)가 이미 이르렀으니 잡기(雜氣)라 하여 토(土)에 속한다. 하월(夏月), 추월(秋月), 동월(冬月)도 이와 같이 논하면 된다.

일년 중 토(土)가 가장 왕성할 때는 오미월(午未月)이니 역시 중앙이라는 뜻이다. 순서대로 상생(相生)하면 상유(相維)라 하여 순환이 끊이지 않고, 멀리 떨어져서 상극(相剋)되면 상제(相制)라 한다. 따라서 극성(極盛)하면 쇠(衰)하고, 극(極)에 이르지 않으면 태평하다. 가는 것이 없으면 오는 것 또한 없는 것이 하늘의 이치이다.

륜(倫)이란 상(常)을 말하는데 일정한 순서가 있다. 오행(五行)의 성격은 각각 다르며 다음과 같다. 수(水)는 지(智)요, 화(火)는 예(禮)요, 목(木)은 인(仁)이요, 금(金)은 의(義)요, 토(土)는 신(信)을 나타내기 때문에 중후하며 관대하다.

수(水)는 토(土)에 의지하여 흐르고, 목(木)은 토(土)에 의탁하여 자라고, 금(金)은 토(土)가 없으면 나타나지 못하고, 화(火)는 토(土)가 없으면 돌아갈 곳이 없다. 그러므로 실(實)함을 덜어야 통하고, 비어야 밝아지니 오행(五行)이 모두 토(土)에 의지한다.

오행(五行)의 성격으로 용도를 추측하면 다음과 같다. 수(水)는 움직이니 지(智)요, 화(火)는 빛이니 예(禮)요, 목(木)은 양화(陽和)이니 인(仁)이요, 금(金)은 엄숙하니 의(義)요, 토(土)는 웅장하며 후하니 신(信)이다.

인간은 오행(五行)의 기(氣)로 태어나, 그 오행(五行)에 따라 성격이 형성된다. 예를 들어 금수상관(金水傷官)은 총명하고, 화성(火星)은 염상(炎上)이니 동남(東南)에 있으면 과단성이 있으나, 서북(西北)에 있으면 단지 두려움 때문에 예의를 지키고, 목(木)이 곡직격(曲直格)을 이루면 인자하며 수명이 있다.

다시 말해 토(土)는 방위가 없으나 사시(四時)에 모두 용도가 있다. 금수목화(金水木火)가 모두 토(土)에 의지하므로 토(土)가 지나치게 후중(厚重)하면 영활하지 못하다. 그러므로 반드시 실함을 덜어 허함에 이르러야 유용해진다. 다시 말해 토(土)는 금수목화(金水木火)에 의지해야 이루어진다는 뜻이다. 이처럼 오행(五行)의 특성을 파악하면 사람의 성격도 알 수 있다.

오행(五行)의 색을 보면 다음과 같다. 수(水)는 흑색이고, 화(火)는 적색이고, 목(木)은 청색이고, 금(金)은 백색이고, 토(土)는 황색이다. 생왕(生旺)되면 정기(正氣)가 완전하여 정색(正色)을 따르나, 사절(死絶)되면 모색(母色)을 따른다.

예를 들어 목(木)의 어머니는 수(水)이니 흑색이 된다. 오행(五行)이 사절(死絶)되면 기(氣)가 뿌리로 돌아가 모색(母色)을 보는 것은, 사람이 어려움을 겪을 때 어머니를 찾는 것과 같은 이치이다.

만일 오행(五行)이 관대(冠帶)를 형성하면 처색(妻色)을 따른다. 이것은 장년기나 노년기에는 아내를 따르기 때문이다. 병패(病敗)되면 귀색(鬼色)을 따른다. 이것은 병지(病地)나 패지(敗地)는 귀(鬼)가 왕(旺)한 곳이고, 극(剋)되면 기(氣)가 귀(鬼)로 돌아가기 때문이다. 왕묘(旺墓)하면 자색(子色)을 따른다. 이것은 왕(旺)은 전(傳)이요, 묘(墓)는 수렴(收斂)이니 자(子)에 색이 있기 때문이다.

오행(五行)의 색은 생왕사절(生旺死絶) 십이궁(十二宮)을 따라 변한다. 생왕(生旺)은 장생(長生)과 임관(臨官)을 말하고, 형(形)은 목욕(沐浴)과 관대(冠帶)를 말하고, 왕묘(旺墓)는 제왕(帝旺)과 묘고(墓庫)를 말하고, 병패(病敗)는 병위(病位)와 쇠위(衰位)를 말하고, 사절(死絶)은 사위(死位)와 절위(絶位)로 태(胎)와 양(養)을 겸한다.

오행(五行)의 수리를 살펴보면 수(水)는 1, 화(火)는 2, 목(木)은 3, 금(金)은 4, 토(土)는 5인데 생왕(生旺)하면 배가되고 사절(死絶)되면 반감한다. 오행(五行)의 수리는 곧 하도(河圖)의 수리를 말하는 것이니, 생왕사절(生旺死絶)로 증감을 추측하면 된다.

만물이 음(陰)을 짊어지고 양(陽)을 포함하여 충기(沖氣)하면 화(和)하여 지나침과 모자람은 모두 어그러진다. 그러므로 높은 사람은 억제하여 평(平)을 삼고, 낮은 사람은 도움으로 숭배하며 모자람을 도와주고 지나침을 덜어주어 남거나 부족함이 없어야 중용이 된다. 이것은 곧 재관인식(財官印食), 귀인(貴人), 역마(驛馬)의 작은 뜻이다. 행운 역시 이와 같아 명리(命理)를 논할 때 과반을 차지한다.

음양(陰陽)이란 정부(正負)이다. 만물이 모두 음양(陰陽)이 있고, 생장과 성(盛)함과 쇠로병사(衰老病死)가 있다. 기(氣)가 순환되어 생(生)에서 장(長)이 되니 양(陽)이며 정기(正氣)이고, 성(盛)에서 쇠로병사(衰老病死)가 되니 음(陰)이며 퇴기(退氣)이다. 이처럼 명리(命理)는 손익이 아닌 것이 없다. 단지 중도에 돌아가 지나침과 부족함이 없게 할 뿐이다.

재관식인(財官食印)은 생극제화(生剋制化)의 대명사이고, 귀인(貴人)이나 역마(驛馬) 등의 신살(神殺) 역시 오행(五行)의 동정변화(動

靜變化)의 명칭이다. 원명(原命)이 중도에 합(合)되면 운(運)을 기다리지 않아도 발전하고, 원명(原命)에 결함이 있으면 반드시 운(運)에서 도와주어야 발전할 수 있다. 인간의 길흉이 모두 여기서 나오는 것이다. 자평(子平)의 이치 역시 여기서 벗어나지 않는다.

1. 목(木)

목(木)은 거침없이 위로 오르려는 성질이 있다. 목기(木氣)가 중(重)하면 금(金)을 원하고, 금(金)을 얻으면 거두어 들이는 덕을 갖춘다. 뿌리를 깊고 단단하게 내리기 위해서는 토(土)가 후중(厚重)해야 한다. 토(土)가 적으면 가지와 잎이 무성해도 뿌리가 위태롭기 때문이다. 목(木)은 수(水)가 생(生)해주는 것을 좋아하는데, 수(水)가 적으면 윤택하나 지나치게 많으면 물에 뜬다.

목(木)은 활목(活木)과 사목(死木)으로 나누고, 십이궁(十二宮)의 방위로 논한다. 장생(長生)에서 쇠(衰)까지는 생기가 화창하고, 병사(病死)에서 태양(胎養)까지는 메마름이 많다.

갑술(甲戌)과 을해(乙亥)는 목(木)의 근원이고, 갑인(甲寅)과 을묘(乙卯)는 목(木)의 고향이고, 갑진(甲辰)과 을사(乙巳)는 목(木)의 생지(生地)가 되어 활목(活木)이라 한다.

갑신(甲申)과 을유(乙酉)는 목(木)을 극(剋)하고, 갑오(甲午)와 을미(乙未)는 목(木)을 스스로 죽게 하고, 갑자(甲子)와 을축(乙丑)은 금(金)이 목(木)을 극(剋)하기 때문에 사목(死木)이라 한다.

정리하면 갑인(甲寅), 갑진(甲辰), 갑자(甲子), 을해(乙亥), 을묘(乙

卯), 을축(乙丑)은 활목(活木)이라 하고, 갑오(甲午), 갑신(甲申), 갑술(甲戌), 을사(乙巳), 을미(乙未), 을유(乙酉)는 사목(死木)이라 한다. 납음(納音)에서 말하는 갑자(甲子)나 을축(乙丑)을 사목(死木)이라 하고, 갑술(甲戌)이나 을사(乙巳)를 활목(活木)이라 하는 것은 이치에 맞지 않는다.

활목(活木)이 화(火)를 만나면 스스로 불사르나 통명(通明)을 이루고, 금(金)을 만나면 손상되나 동량(棟樑)의 기물을 이루고, 수(水)를 만나면 물에 뜬다. 그러나 그중에서도 분별이 있어 추목(秋木)은 금(金)을 따르고, 하목(夏木)은 수(水)를 따른다.

생목(生木)이 화(火)를 만나면 빼어난데 병정화(丙丁火)가 모두 같다. 그러나 금(金)을 만나면 스스로 상한다. 사목(死木)이 금(金)을 얻어 기물을 이루려면 경신금(庚辛金)이 있어야 한다. 그러나 화(火)를 만나면 스스로 불사르고, 바람이 없으면 스스로 그치고, 수(水)를 만나면 근원이 변한다. 이것은 세력이 다했기 때문이다. 금목(金木)이 상등(相等)하면 나무를 쪼개어 수레바퀴를 만드는 것과 같으나, 추월생(秋月生)은 도끼에 손상되는 격이 되기 때문에 금(金)이 중(重)하면 흉하다.

목(木)은 양(陽)이 흩어지며 설기(洩氣)되어 서서히 영화로움을 향한다. 이것을 등상(騰上)이라 하는데, 기(氣)가 흩어지며 설기(洩氣)되기 때문에 묶어서 거두기 어렵다는 뜻이다.

금(金)은 숙살기(肅殺氣)라 거두어 들이는 것이니, 흩어지고 설기(洩氣)되면 병(病)이 된다. 목(木)이 중(重)하면 금(金)과 토(土)가 반드시 있어야 한다. 토(土)는 금(金)을 생(生)할 뿐 아니라 목(木)을 자라게 한다. 목(木)이 극토(剋土)하여 재(財)로 삼으나 화(火)가 극금(剋金)하고, 금(金)이 극목(剋木)하는 것과는 다르다. 이것은 토(土)는 반생(反生)의 공(功)을 이루기 때문이다. 수(水)는 목(木)의 인성(印星)인데, 수(水)가 적으면 목(木)을 자라게 하나 많으면 질식시킨다.

금목(金木)이 상제(相制)하여 격(格)을 이루면 착류이라 하여 최상격이 된다. 상등(相等)이란 사주에 사목사금(四木四金)이 있는 것을 말하는데 양신성상(兩神成象)이라 한다. 그러나 추월생(秋月生)은 이미 목기(木氣)가 다하고 금신(金神)이 사령(司令)했으니, 비록 천지(天地)가 상등(相等)해도 금(金)이 목(木)을 상하게 한다. 따라서 추목(秋木)이 금(金)을 만나면 반드시 화(火)로 제(制)해야 한다. 양신성상(兩神成象)은 월령(月令)의 기(氣)를 살펴 강약을 나누어야 한다. 이 이치는 추목(秋木)에만 해당하는 것은 아니다.

1. 춘목(春木)

춘목(春木)은 아직 한기(寒氣)가 남아 있어 화(火)를 기뻐하고, 수(水)가 도와주면 메마를 근심이 없다. 그러나 초춘(初春)에는 음농(陰濃)하며 습기가 많아 수성(水盛)하면 흉하다. 그러나 양기(陽氣)가 있기 때문에 뿌리가 건조하여 잎이 메마르니 수(水)가 없어도 흉하다. 다시 말해 춘목(春木)은 수화(水火)가 기제(旣濟)되어야 아름답다.

목(木)은 춘월(春月)의 대명사이며 양화(陽火)의 기(氣)이다. 춘월(春月)을 3단계로 나누면 입춘(立春) 후부터 우수(雨水) 전까지는 초춘(初春), 우수(雨水) 후부터 곡우(穀雨) 전까지는 중춘(仲春), 곡우(穀雨) 후부터는 모춘(暮春)이라 한다. 중춘(仲春)은 다시 춘분(春分) 전과 춘분(春分) 후로 나눈다.

춘목(春木)은 병화(丙火)로 따뜻하게 해주면 발전이 있고, 수(水)를 많이 만나면 위축되어 절(絶)되고, 병화(丙火)가 출간(出干)했는데 지지(地支)에서 한두 개의 수(水)와 배합되면 기제(旣濟)된다. 그러나 수(水)가 많으면 뿌리가 손상되어 가지가 메마르니 정신이상이 따른다. 이것은 초춘(初春)에는 오직 병화(丙火)만 유용하다는 뜻이다.

중춘(仲春)에는 양기(陽氣)가 점점 자라기 때문에 수화(水火)를 함께 취해야 한다. 초춘(初春)에는 수(水)가 없어도 화(火)를 쓸 수 있으나, 중춘(仲春)에는 수(水)가 없으면 화(火)는 무용지물이 된다. 초춘(初春)에는 조후(調候)할 때 병화(丙火)가 있어야 하나, 중춘(仲春)에는 통명(通明)이 필요하니 병정화(丙丁火)의 역할이 같다. 그러므로 생목(生木)이 화(火)를 얻으면 빼어난 것이다.

모춘(暮春)에는 양(陽)이 자라 목(木)이 마르는데 수(水)가 없으면 흉하다. 수(水)가 없으면 뿌리와 가지가 메말라, 지지(地支)에 목국(木局)이 있어 곡직인수격(曲直仁壽格)을 이루어도 계수(癸水)가 자부(資扶)해주지 않으면 귀격(貴格)을 이루지 못한다.

토(土)는 목(木)의 재(財)이므로 토(土)가 많으면 기운이 손상되고, 토(土)가 적으면 재물이 풍부하다. 춘월(春月)은 목왕토허(木旺土虛)하나, 초춘(初春)에는 목(木)이 어리기 때문에 극토(剋土)하기 어렵고, 모춘(暮春)에는 토왕(土旺)하면 목(木)이 부러질 염려가 있다. 토(土)는 춘목(春木)의 배합을 돕는 것으로 많이 있으면 흉하다. 이것은 손님이 주인의 자리를 빼앗는 것과 같기 때문이다.

춘목(春木)은 금(金)이 중(重)하면 극(剋)되어 평안하지 못하나, 왕목(旺木)이 금(金)을 얻으면 평생 복이 많다. 초춘(初春)은 양화(陽和)라 따뜻하기 때문에 한숙(寒肅)한 기(氣)를 만나 추월(秋月)로 행하면 목기(木氣)가 꺾이고 상한다. 이때 배합이 좋으면 요절(夭折)은 면하나 평생 평안을 기대하기는 어렵다.

중춘(仲春)에는 목왕(木旺)하면 금(金)을 꺼리지 않는다고 하나, 춘금(春金)은 기(氣)가 약하여 목(木)이 단단하면 금(金)이 이지러진다. 이때는 경금(庚金)이 있으면 토(土)로 생(生)하여 귀격(貴格)을 이루고, 금(金)이 많으면 정화(丁火)로 제(制)해야 귀격(貴格)을 이룬다. 그리고 춘월(春月)에는 반드시 경금(庚金)이 있어야 하고, 수(水)로 배합해야 한다.

2. 하목(夏木)

하월(夏月)은 화왕절(火旺節)이라 4월·5월·6월은 모두 목(木)이 메마른다. 수성(水盛)하면 자윤(滋潤)할 수 있으나, 수(水)가 적으면 흉하다. 다시 말해 하월생(夏月生)은 수(水)의 배합이 있어야 최상격을 이루고, 수(水)가 없으면 흉하다.

사오미월(巳午未月)은 목(木)의 병사묘지(病死墓地)에 해당한다. 고서(古書)에 이르길, 화(火)를 만나면 스스로 불사르고, 을목(乙木)이 화(火)를 여러 번 만나면 기산지문(氣散之文)이라 하여 매우 흉하다고 했다.

목(木)은 토(土)를 많이 만나면 재앙과 허물이 있다. 하월(夏月)에는 설기(洩氣)되어 약하기 때문에 토(土)가 많으면 제극(制剋)하지 못하여 재다신약(財多身弱) 사주가 된다. 목왕화다(木旺火多)한데 수(水)로 화(火)를 제(制)할 수 없으면, 토(土)가 한두 개라도 있어 화(火)를 설기(洩氣)해야 식신생재격(食神生財格)이 되어 유리하다. 그러나 화토(火土)가 왕(旺)하기 때문에 수운(水運)은 길하나 동남운(東南運)은 불리하고, 금(金)이 약하면 수원(水源)이 메마르니 불리하다.

하목(夏木)이 목(木)이 중(重)하면 숲을 이루어 영화가 거듭되나 결과가 없다. 이것은 하목(夏木)은 사목(死木)이기 때문이다. 왕화(旺火)가 설(洩)하여 편왕격(偏旺格)도 이루기 어렵고, 목화상관(木火傷官)이나 재다용겁(財多用劫)이 되므로 수(水)로 배합하지 않으면 목(木)이 많아도 이롭지 않다.

3. 추목(秋木)

추목(秋木)은 양화(陽和)의 목(木)이 점점 쇠(衰)하여 약해진다. 기후가 점점 바뀌는 때이니 3단계로 나누어 살핀다.

초추(初秋)는 입추(立秋) 후부터 처서(處暑) 전까지를 말하는데, 화기(火氣)가 아직 남아 있으니 수토(水土)로 도와야 한다. 목(木)이 신궁(申宮)에 이르면 절(絶)되나, 신궁(申宮)에 금수(金水)가 함께 있어 살인(殺印)이 서로 도와 절처봉생(絶處逢生)한다. 그러나 추수(秋水)가 차가우니 목(木)을 도와주어도 빼어나지 못하다. 이때는 반드시 토(土)로 재배해야 목(木)의 뿌리가 단단하다. 이처럼 수토(水土)는 반드시 서로 도와야 한다. 비록 수(水)가 있어도 토(土)가 없으면 무용지물이 된다.

중추(仲秋)는 처서(處暑) 후부터 상강(霜降) 전까지를 말하는데, 과

실이 무르익은 때이니 강금(剛金)으로 다듬어주어야 한다. 추월(秋月)에는 목(木)이 겉으로는 시들고 안으로는 생기가 막히니 가지치기를 해주어야 한다.

고서(古書)에 이르길, 사목(死木)이 금(金)을 얻어 기물을 이루려면 반드시 경신금(庚辛金)이 필요하다고 했다. 이것은 중추목(仲秋木)을 가리키는 것이다. 수(水)로 도와주어도 생(生)하지 않고, 화염(火炎)하면 스스로 타버린다. 따라서 반드시 금(金)을 얻어야 크게 쓰인다. 이것을 부근착삭이라 하며 동량(棟樑)의 재목이 된다.

상강(霜降) 후에는 수성(水盛)하면 목(木)이 표류하여 불리하고, 한로(寒露)에는 화염(火炎)하면 목(木)이 실(實)해진다. 한로(寒露)와 상강(霜降)은 모추(暮秋)를 말하는데, 깊은 가을이라 목(木)이 꺾이고 상하여 추기(秋氣)를 이기기 어렵다. 따라서 금(金)이 있으면 화(火)로 제(制)해야 한다.

그러나 수(水)이든 토(土)이든 화(火)로 배합해야 한다. 화(火)로 따뜻하게 해주면 목(木)의 뿌리가 단단해지고, 화염(火炎)하면 목(木)이 실(實)해진다. 상강(霜降) 후에는 수왕(水旺)하면 뿌리가 없는 나무가 되어 표류하니, 반드시 토(土)로 배양(培養)하며 화(火)의 따뜻함을 얻어야 유용한 목(木)이 된다. 목(木)이 많으면 다재다능하나, 토(土)가 많으면 자립심이 없다.

추월(秋月)에는 금신(金神)이 사령(司令)하니, 사주에 비겁(比劫)이 많은데 식상(食傷)이 있으면 신왕살고유제(身旺殺高有制)라 하여 상격(上格)의 명(命)이 된다. 추목(秋木)이 쇠퇴하여 비겁(比劫)이 도와주면 기뻐하나 유용하지는 않다. 재(財)인 토(土)로 목(木)의 뿌리를 배양(培養)하면 가능하나, 토(土)가 많으면 목(木)이 쇠퇴하여 소토(疏土)할 힘이 없다. 이것을 고서(古書)에서는 재왕(財旺)하면 부하(負荷)를 이기지 못하기 때문에 재다신약(財多身弱), 또는 부옥빈인(富屋貧人)의 명(命)이 되어 스스로 감당할 능력이 없다고 했다.

4. 동목(冬木)

동월(冬月)의 목(木)은 반굴지(盤屈地)에 있으나 해(亥)에서 생(生)하면 싹이 튼다. 소양춘(小陽春)은 화사하며 따뜻하여 목(木)이 안에서 자란다. 이것을 목생지상(木生之象)이라 한다. 그러나 눈 깜짝할 사이에 추위가 엄습하니 화(火)가 인(寅)에서 생(生)하고 수(水)가 신(申)에서 생(生)하는 것과는 비교되지 않는다.

동목(冬木)은 반굴지(盤屈地)에 있어 상등(相騰)함이 어려운데도, 토(土)가 많아 배양(培養)을 욕심내며 수성(水盛)함을 싫어하니 형체를 잃는다. 이때는 금(金)이 많아도 극벌(剋伐)하기 어려우나, 화(火)가 중(重)하면 따뜻해져 유리하다. 동목(冬木)은 화(火)로 따뜻하게 해주지 않으면 발전할 수 없다. 따라서 화(火)가 아무리 많아도 싫어하지 않는다.

동목(冬木)은 화토(火土)로 따뜻하게 해주어야 한다. 수성(水盛)한데 토(土)가 없으면 가지가 위축되고 뿌리가 손상된다. 이때는 진축(辰丑)의 습토(濕土)는 적합하지 않고, 술미(戌未)의 조토(燥土)여야 가능하다. 물론 수(水)도 목(木)을 생(生)할 수 있으나, 동수(冬水)는 목(木)을 얼게 하므로 생(生)이 아니라 극(剋)이 된다. 수성(水盛)하면 형체를 잃게 되고, 금(金)을 설기(洩氣)하니 목(木)을 극(剋)하기가 어렵고, 목기(木氣)가 땅에 이르니 역시 극(剋)을 받지 않으므로 금(金)이 아무리 많아도 소용이 없다.

동월(冬月)은 귀근복명(歸根復命)하는 때이니, 목(木)의 병(病)을 치료하려면 반드시 생왕(生旺)하는 방위를 따라야 한다. 동월(冬月)에는 목기(木氣)가 뿌리로 돌아가니 금(金)이 극(剋)하기 어렵고, 수(水)는 생(生)하기는 커녕 오히려 동목(冬木)으로 만든다. 반드시 년일지(年日支)에서 동남(東南) 목화(木火)의 생왕지(生旺地)에 임해야 길하다. 만일 서북(西北) 사절지(死絶地)에 임하면 흉하다. 대운(大運)도 이와 같은 이치로 본다.

2. 화(火)

화(火)는 염염(炎炎)한 진화(眞火)이며 방위로는 남방(南方)에 있으니 밝지 않은 이치가 없고, 휘광도 머지않아 복장(伏藏)되니 불멸하는 상(象)이다. 목(木)을 체(體)로 삼으니 목(木)이 없으면 불꽃이 길지 못하고, 수(水)로 용(用)을 삼으니 수(水)가 없으면 열이 심하여 실(實)하지 못하고, 화(火)가 뜨거우면 만물이 상한다. 목(木)이 화(火)를 숨기고 있으니 인묘방(寅卯方)에 이르면 화(火)를 생(生)하나, 서방(西方)은 불리하여 신유(申酉)를 만나면 반드시 죽는다. 생(生)하는 것이 이궁(離宮)에 있으면 과단성이 있고, 감궁(坎宮)에 있으면 두려움을 알아 예의를 지킨다.

다시 말해 화(火)는 남방(南方)이니 사오미(巳午未)에 있다. 본질은 열(熱)과 광(光)이며, 목(木)으로 주체를 삼으니 의지하면 광휘의 덕이 있고, 수(水)로 마주하는 상대를 삼아 증발하니 기제(旣濟)가 나타난다. 병화(丙火)는 생왕(生旺)하여 임수(壬水)를 떠나지 않고, 정화(丁火)는 쇠갈(衰竭)하여 갑목(甲木)을 떠나지 않는 것은 성격이 다르기 때문이다.

화(火)는 염상(炎上)이니 동남(東南)으로 흐르면 성격이 순해져 영화가 있고, 서북(西北)으로 흐르면 성격을 거스르는 것이니 점차 소멸된다. 따라서 생(生)하는 것이 남방(南方)에 있으면 과단성이 있고, 북방(北方)에 있으면 두려움을 아는 것이다. 대운(大運)도 동남(東南)은 기뻐하나 서북(西北)은 꺼린다. 염상격(炎上格)이 서북운(西北運)으로 흐르면 귀격(貴格)을 이루지 못한다.

금(金)을 만나면 기물을 이루고, 수(水)를 만나면 기제(旣濟)를 이루고, 토(土)를 만나면 막힘이 많고, 목왕지(木旺地)를 만나면 영화롭다. 목(木)이 죽으면 화(火)가 허(虛)하여 영구함을 얻기 어려우니, 비록 공명(功名)이 있어도 오래가지 못한다.

춘월(春月)에는 목(木)을 만나면 불사르게 되고, 하월(夏月)에는 토(土)를 만나면 어두워지고, 추월(秋月)에는 금(金)을 만나면 제극(制剋)하기 어렵고, 동월(冬月)에는 수(水)를 만나면 멸(滅)하니 꺼린다. 춘화(春火)는 밝은 것은 좋아하나 뜨거운 것을 싫어하고, 추화(秋火)는 밝으면 메마르게 되니 장(藏)됨을 좋아하고, 동화(冬火)는 살(殺)을 만나면 꺼지게 되니 생(生)을 좋아한다.

화(火)가 금수토목(金水土木)를 만나면 중화(中和)된다. 금(金)을 만나면 화련진금(火煉眞金)되고, 수(水)를 만나면 기제(旣濟)되고, 토(土)를 만나면 회광(晦光)하고, 목(木)을 만나면 통명(通明)을 이룬다.

목화(木火)는 상련(相連)하니 하화(夏火)나 춘화(春火)가 목(木)을 많이 만나면 열이 지나쳐 스스로 불사를 우려가 있고, 목(木)이 쇠(衰)하면 화(火)가 꺼지니 목(木)이 부족하면 흉하다. 그러므로 춘월(春月)에는 목(木)이 많은 것을 꺼리고, 하월(夏月)에는 토(土)가 왕(旺)한 것을 꺼리고, 추월(秋月)과 동월(冬月)에는 화(火)가 허(虛)하니 금(金)이 많으면 제극(制剋)하기 어렵고, 수왕(水旺)하면 파(破)하니 토목(土木)으로 구해야 한다.

1. 춘화(春火)

화(火)는 여름의 대명사로 매우 뜨겁다. 인궁(寅宮)은 갑목(甲木)이 당왕(當旺)하고, 병화(丙火)의 장생지(長生地)이니 모왕자상(母旺子相)이라 한다. 상(相)은 점점 장성되어 서로 도와주는 것과 같다. 병화(丙火)가 비록 생기의 방위이나, 목(木)이 당왕(當旺)하여 세력이 병행하니, 양(陽)이 대지로 돌아와 설상(雪霜)을 업신여기며 기만하다. 이것이 춘화(春火)의 성격이다.

천지(天地)가 모두 수화(水火) 뿐이니 화(火)가 인(寅)에서 생(生)하고, 수(水)가 신(申)에서 생(生)하고, 목(木)이 해(亥)에서 생(生)하고, 금(金)이 사(巳)에서 생(生)한다. 목(木)은 화(火) 앞에서 끌고, 금(金)은 수(水) 앞에서 끌고 있으니 인월(寅月)은 목왕화생(木旺火生)하여 자연히 힘이 있다.

춘화(春火)는 목(木)으로 생부(生扶)하면 기뻐하나 태왕(太旺)하면 흉하다. 왕(旺)하다는 것은 화염(火炎)을 말하는 것으로, 수(水)로 기제(旣濟)해야 하나 지나치게 성(盛)하면 은혜를 모르는 것과 같아 좋지 않다. 초춘(初春)에는 한기(寒氣)가 남아 있으나 목(木)은 화

(火)로 생(生)해야 하고, 화(火)는 목(木)으로 생(生)해야 하는데, 인월(寅月)은 양화(陽和火)이기 때문에 목화(木火)가 모여 합(合)되는 것과 같다.

다시 말해 춘화(春火)는 목(木)으로 생부(生扶)하면 기뻐한다. 그러나 묘월(卯月)과 진월(辰月)은 양기(陽氣)가 더하여 성(盛)하니 목(木)이 적으면 화(火)가 밝고, 목(木)이 많으면 화(火)가 막히니 태왕(太旺)하면 좋지 않다. 왕(旺)할 때는 반드시 수(水)로 제(制)해야 한다.

춘월(春月)은 목왕(木旺)한 때이니, 스스로 수(水)를 설기(洩氣)하며 화(火)를 생(生)한다. 이것을 천화지윤(天和地潤)이라 하는데, 기제(旣濟)의 공(功)을 이룬다. 그러나 수(水)가 매우 성(盛)하면 습목(濕木)은 불꽃이 없으니, 토(土)로 제(制)하지 않으면 조화되지 않아 흉하다. 이때 춘화(春火)가 식상(食傷)으로 제살(制殺)하면 양화(陽和)의 은혜를 어기는 것이 되어 상격(上格)의 명(命)이 되지 못한다.

토성(土盛)하면 막혀 빛이 어두워지고, 화성상다(火盛傷多)하면 염열(炎熱)해진다. 이것은 식상(食傷)을 말하는 것이다. 수(水)로 토(土)를 윤택하게 하면 만물이 생(生)하고, 화(火)가 토(土)를 조열(燥熱)하게 하면 크게 가물어 땅이 갈라지니, 화토상관(火土傷官)은 수기(秀氣)가 없다.

다시 말해 토성수소(土盛水小)하면 화(火)를 어둡게 하고, 화성토다(火盛土多)하면 화염토조(火炎土燥)하여 생기가 멸한다. 토(土)는 상관(傷官)으로 상관(傷官)이 많다는 것은 토(土)가 많다는 뜻이다. 그러므로 병화(丙火)는 임수(壬水)는 두려워 하지 않으나 무토(戊土)는 두려워 한다. 화염토조(火炎土燥)할 때는 비겁(比劫)이든 겁재

(劫財)든 반드시 수(水)로 보좌해야 길하다.

목(木)으로 소토(疏土)해도 수(水)가 없으면 목(木)이 불사르고, 금(金)으로 토(土)를 설(洩)해도 수(水)가 없으면 금(金)이 녹는다. 화왕(火旺)하여 방국(方局)을 이루면 습토(濕土)가 한두 개라도 있어야 하나, 지나치게 많으면 유익하지 않다.

금(金)을 만나면 베푸는 공(功)이 있으니, 여러 개 있어도 재(財)가 있으면 길하다. 삼춘(三春)의 금(金)은 절태양지(絶胎養地)에 있어 기세가 매우 약하다. 그러나 화왕지(火旺地)를 향하여 극금(剋金)할 힘이 남아 있으니, 금(金)이 아무리 많아도 화(火)를 곤(困)하게 하지 못한다. 그러므로 재(財)를 거듭 만나도 이룰 수 있고, 재(財)는 나의 쓰임이니 반드시 부격(富格)을 이룬다.

2. 하화(夏火)

하월(夏月)에는 왕화(旺火)가 권리를 잡는다. 따라서 수(水)로 제(制)하면 스스로 불사르는 허물을 면하나, 목(木)으로 도우면 요절(夭折)할 염려가 있다. 이것은 하화(夏火)는 살(殺)을 기뻐하고 인수(印綬)를 꺼리기 때문이다. 뜨거움이 지나쳐 염열(炎熱)하면 금(金)을 녹이니, 수(水)로 조제(調濟)하지 않으면 반드시 화액이 따른다. 하서(夏暑)에는 비를 기뻐하나 뜨거우면 가까이 하기 어렵다. 이때 다시 목(木)이 있으면 태과(太過)하여 계승하기 어려우니 요절(夭折)이 따르는 것이다.

하화(夏火)는 금(金)을 만나면 반드시 양공(良功)을 짓고, 토(土)를 만나면 가색(稼穡)을 이룬다. 비록 금토(金土)가 아름답게 만들어도 수(水)가 없으면 금토(金土)가 말라붙는다. 이때 목(木)으로 도와주면 태과(太過)하여 위태롭다. 이것은 금(金)은 재(財)인데, 재(財)와 식상(食傷)을 쓰는 것을 말한다. 하월(夏月)의 금(金)은 매우 미약하여, 당왕(當旺)한 화(火)를 만나면 불타는 화로에 들어가는 것과 같아, 쇠를 녹여 기물을 만든다. 이것을 화장하천금첩첩(火長夏天金疊疊)이라 하는데 거부격(鉅富格)을 이룬다.

토(土)는 식상(食傷)인데, 토(土)로 화기(火氣)를 설(洩)하면 가색격(稼穡格)을 이룬다. 가색격(稼穡格)이란, 토(土)가 진술축미월(辰戌丑未月)에 있는 것을 말한다. 하화(夏火)가 토(土)를 만나면 화토상관(火土傷官)이나, 가색(稼穡)과 같이 화(火)를 취한다. 그러나 재(財)를 취하든 식상(食傷)을 취하든 반드시 수(水)로 배합해야 한다. 토(土)가 윤택하면 더위를 적시고, 큰 비를 만나면 농사가 잘 된다. 그러나 수(水)가 없으면 화왕토초(火旺土焦)하여 만물이 마르며 위축되어 가색(稼穡)의 뜻을 잃는다. 그러므로 화(火)가 금(金)을 만나면 습토(濕土)가 있어야 화(火)를 설(洩)하며 금(金)을 윤택하게 만들어 좋은 기물을 이룬다.

그리고 사오미월(巳午未月)은 모두 월단(月壇)에 토(土)가 있으니, 수(水)를 만나면 스스로 윤토(潤土)하여 금(金)을 생(生)한다. 그렇지 않으면 왕화(旺火)가 금(金)을 녹이기 때문에 재와 찌꺼기가 생긴다. 이때 다시 목(木)을 만나면 반드시 기울어 위태롭다. 한마디로 하화(夏火)는 재(財)를 취하든 식상(食傷)을 취하든 수(水)가 없으면 흉하다.

3. 추화(秋火)

추월(秋月)의 화(火)는 황혼에 가까워 기세가 쇠(衰)하고, 염열(炎熱)한 위력이 다시 돌아오지 않는다. 따라서 목(木)으로 생(生)하면 다시 밝아질 수 있으나, 수(水)로 극(剋)하면 화액을 면하기 어렵다. 이때 추화(秋火)는 인수(印綬)를 기뻐하나 관살(官殺)은 꺼린다.

계선편(繼善篇)에 이르길, 추월(秋月)의 화(火)를 가리켜 병화(丙火)가 신(申)에서 양수(陽水)를 만나면 장수하기 어렵다고 했다. 그러나 목(木)으로 구제하면 극(剋)이 생(生)으로 바뀌니, 추화(秋火)가 관살(官殺)이 있을 때는 반드시 인수(印綬)가 있어야 한다. 토중(土重)하면 빛을 가려 어둡게 하고, 금(金)이 많으면 세력을 손상시키고, 화(火)를 만나면 광휘가 나타나니 많이 만나도 길하다. 이것은 추화(秋火)가 식상(食傷)을 취하든 재(財)를 취하든 반드시 비겁(比劫)이 있어야 한다는 말이다.

4. 동화(冬火)

해궁(亥宮)은 화(火)의 절지(絶地)이고, 자축궁(子丑宮)은 사지(死地)이니 동화(冬火)는 기세가 계속 끊어져 형체가 없어진다. 그러나 목(木)을 만나면 절처봉생(絶處逢生)이 되어 구제되나, 수(水)가 당왕(當旺)하여 쇠(衰)한 화(火)를 극(剋)한다. 이때 다시 목(木)으로 구제하지 않으면 반드시 화액이 따른다. 따라서 동화(冬火)는 목(木)을 떠날 수 없다.

동화(冬火)는 토(土)로 제(制)하면 영화롭고, 화(火)의 비겁(比劫)

을 사랑하여 이롭지만 경신금(庚辛金)을 만나면 재(財)를 감당하기 어려우니 해롭다. 동지(冬至) 후에는 일양(一陽)이 다시 돌아오니, 식상(食傷)과 비겁(比劫)으로 배합하면 길하다.

동월(冬月)은 수왕(水旺)하기 때문에 반드시 화(火)를 극(剋)한다. 이때는 목(木)으로 화(火)를 생(生)하고, 다시 토(土)로 수(水)를 제(制)해야 한다. 그러나 한토(寒土)라 힘이 부족하니 다시 병정화(丙丁火) 비겁(比劫)으로 돕고, 화토(火土)가 서로 도우면 목(木)이 화(火)를 보호해준다. 이것은 동화(冬火)가 비록 쇠(衰)하기는 하나, 완전히 쇠절(衰絶)한 것은 아니라서 금재(金財)를 극(剋)할 수 있기 때문이다.

동화(冬火)는 신약(身弱)한데 관살(官殺)까지 왕(旺)한 때라, 금(金)이 생조(生助)하여 쇠(衰)한 화(火)를 핍박하니 해롭다. 그러나 대기는 순환하는 법. 동월(冬月)은 화(火)가 절멸하는 때이나, 일양(一陽)이 다시 돌아와 생기가 움직이고, 이양(二陽)으로 나아가 땅의 기운이 상승하여 설상(雪霜)을 가볍게 여기니, 12월 병화(丙火)는 비겁(比劫)의 도움을 받으면 왕(旺)해진다.

3. 토(土)

토(土)는 사유(四維)에 산재해 있어 목화금수(木火金水)가 의지한다. 다시 말해 목화금수(木火金水)가 춘하추동(春夏秋冬)의 대명사라면 토(土)는 사시(四時)가 교차하는 시기를 말한다.

춘월(春月)에는 화기(火氣)가 이르렀으나 목기(木氣)가 남아 있고,

하월(夏月)에는 금기(金氣)가 이르렀으나 화기(火氣)가 남아 있고, 추월(秋月)에는 수기(水氣)가 이르렀으나 금기(金氣)가 남아 있고, 동월(冬月)에는 목기(木氣)가 이르렀으나 수기(水氣)가 남아 있다.

사유(四維)는 간궁(艮宮)의 축인(丑寅), 손궁(巽宮)의 진사(辰巳), 곤궁(坤宮)의 미신(未申), 건궁(乾宮)의 술해(戌亥)를 말한다. 토(土)는 진술축미(辰戌丑未)를 왕지(旺地)로 삼고, 인신(寅申)에 기생(寄生)하고, 사해(巳亥)에서 기왕(寄旺)하니, 사유(四維)에 산재해 있다고 하는 것이다. 이처럼 토(土)는 만물의 시작과 끝이고, 목화금수(木火金水)가 의지하여 상(象)을 이룬다. 따라서 춘하추동(春夏秋冬)의 기후에 따라 길흉이 다르다.

화(火)는 유(酉)에서 사(死)하고, 수(水)는 자(子)에서 왕(旺)하다. 토(土)는 대개 화운(火運)에 의지하기 때문에 화(火)가 사(死)하면 휴수(休囚)가 된다. 수재(水財)를 기뻐하나 수왕(水旺)하면 토(土)가 허(虛)하고, 금화(金火)를 얻으면 큰 기물을 이루나 토(土)가 많으면 재나 먼지가 되고, 토(土)가 모이면 막히고, 토(土)가 흩어지면 가벼워진다.

토(土)는 화(火)와 같이 인(寅)에서 생(生)하고, 유(酉)에서 사(死)한다. 수(水)에 붙어 신(申)에서 생(生)하니 자(子)에서 왕(旺)하다. 그러나 토(土)는 화(火)를 만나야 귀격(貴格)을 이루기 때문에 화운(火運)에 의지한다고 하는 것이다. 화(火)가 유(酉)에서 사(死)하니, 토(土)가 유(酉)에 이르면 휴수(休囚)되어 기(氣)가 없다.

따라서 화(火)가 왕성하면 왕(旺)하고, 화(火)가 약하면 약하다. 토(土)는 수(水)를 얻으면 윤택하므로 수재(水財)를 기뻐한다. 수(水)는 자(子)에서 왕(旺)하니, 자(子)에 이르면 진흙으로 항상 얼어붙어 무너지며 흩어져 액체를 이룬다. 따라서 토(土)가 수(水)와 같이 신(申)에서 생(生)하고, 해(亥)에서 녹(祿)이 된다는 말은 참고할 필요가 없다.

토(土)가 금화(金火)를 만나면 큰 기물을 이룬다는 것은, 토(土)가 추월(秋月)에 태어나면 당왕(當旺)한 금(金)이 설기(洩氣)하니, 화(火)로 토(土)의 원신(元神)을 보충하면 반드시 천하에서 으뜸가는 명(命)이 되기 때문이다.

예를 들어, 정해년(丁亥年) 경술월(庚戌月) 기사일(己巳日) 신미시(辛未時)가 있다. 이것은 장위원장(蔣委員長)의 명(命)이다. 토(土)가 하월(夏月)에 태어나면 가색격(稼穡格)을 이룬다. 왕화(旺火)가 토(土)를 생(生)하며 다시 금국(金局)을 이루면, 수기(秀氣)를 설기(洩氣)하여 오복(五福)을 완전하게 누릴 수 있다. 여기서는 관살(官殺)이 가장 중요하다. 토(土)가 후하면 실(實)해지니 반드시 갑목(甲木)으로 소벽(疏闢)해야 한다. 이것은 전답과 같아 반드시 쟁기나 호미로 개간해야 하기 때문이다.

토(土)가 진술축미월(辰戌丑未月)에 태어나면, 토왕(土旺)한 때라 무기토(戊己土)가 출간(出干)하지 않아도 무형(無形) 중에 토(土)가 암왕(暗旺)하여, 먼지와 흙탕물이 되어 하늘을 막히게 하므로 갑목(甲木)으로 제(制)해야 한다. 그렇지 않으면 화(火)를 어둡게 하고, 임수(壬水)를 막히게 하여 근심이 따른다. 따라서 사주에 토(土)가 많으면 갑목(甲木)으로 소토(疏土)해야 한다. 만일 토(土)가 적은데 갑목(甲木)이 극(剋)하면, 반드시 괴멸되고 흩어져 먼지나 티끌이 된다. 이때 인궁(寅宮)에 장생(長生)된 무토(戊土)가 출간(出干)하지 않으면 토(土)가 허(虛)해진다.

진술축미(辰戌丑未)는 토(土)의 정(正)이며 음양(陰陽)으로 나뉜다. 진(辰)은 수(水)를 감추고 있고, 미(未)는 목(木)을 감추고 있어 만물을 자양(滋養)하니 춘하(春夏)의 공(功)이다. 술(戌)은 화(火)를 감추고 있고, 축(丑)은 금(金)을 감추고 있으니 추화(秋火)와 동금(冬金)은 만물을 숙살(肅殺)시킨다. 따라서 토(土)는 진미(辰未)를 좋아하고 축술(丑戌)을 꺼리니, 토(土)가 진미(辰未)에 모이면 귀(貴)가 있고, 축술(丑戌)에 모이면 귀(貴)가 없다.

만일 오행(五行)이 유기(有氣)한데 사주에서 만나면 만년에 비교할 수 없을 정도로 부귀(富貴)해진다. 그러나 여명(女命)은 토(土)가 매우 실(實)한데 수(水)가 없으면 메말라 생장하지 않고, 목(木)이 없으면 소통되지 않고, 토(土)가 화(火)를 만나면 메말라 갈라지니 흉하다.

술토(戌土)는 곤약(困弱)하니 술(戌)이 많으면 싸움을 좋아하며 잠이 많고, 진미(辰未)는 음식을 좋아하고, 축(丑)은 청성(淸省)하다. 축(丑)은 간토(艮土)이니 계수(癸水)로 윤택하게 하면 충분히 높은 지위에 오른다.

다시 말해 진술축미(辰戌丑未)는 토(土)의 정(正)인데 음양(陰陽)으로 나뉘어진다. 진술(辰戌)은 양토(陽土)이고 축미(丑未)는 음토(陰土)이다. 진토(辰土)는 목(木)의 여기(餘氣)이며 수(水)의 묘고(墓庫)이고, 미토(未土)는 화(火)의 여기(餘氣)이며 목(木)의 묘고(墓庫)이고, 술토(戌土)는 금(金)의 여기(餘氣)이며 화(火)의 묘고(墓庫)이고, 축토(丑土)는 수(水)의 여기(餘氣)이며 금(金)의 묘고(墓庫)이다.

진미(辰未)는 춘하(春夏)의 토(土)이고, 축미(丑未)는 추동(秋冬)의 토(土)이다. 춘하(春夏)에는 양(陽)의 맑은 기(氣)가 있으니 진미토 (辰未土)는 만물을 자생(滋生)하고, 추동(秋冬)에는 숙살(肅殺)하며 한기(寒氣)가 있으니 축술토(丑戌土)는 만물을 수장(收藏)시킨다. 이렇게 토(土)는 금수목화(金水木火)에 의지하여 상(象)을 이룬다.

토(土)가 진미(辰未)에 모이면 자생(滋生)하는 힘이 없으나, 오행 (五行)이 유기(有氣)하면 반드시 부귀격(富貴格)을 이룬다. 토(土)가 축술(丑戌)에 모이면 수(水)로 윤택하게 하고, 화(火)로 따뜻하게 해야 한다. 만일 매우 실(實)한데 수(水)가 없으면 불령(不靈)하고, 수 (水)가 많으면 괴멸되어 무용지물이 된다. 화(火)가 없으면 귀(貴)가 없고, 태다(太多)하면 가물어 말라터진다.

여명(女命)이 화다토초(火多土焦)하면 생장하기 어렵다는 것은, 여자에게 목(木)은 남편인데 목(木)이 화(火)를 많이 만나면 소토(疏土)하지 못하고 오히려 화(火)를 왕(旺)하게 하기 때문이다. 따라서 무토(戊土)가 오월(午月)에 태어났는데 갑목(甲木)을 만나면 양인도과(陽刃倒戈)라 한다.

진술축미토(辰戌丑未土) 중에서 가장 생기가 없는 것은 술토(戌土)이다. 진토(辰土)는 생장력이 가장 강하고, 미토(未土)는 생장력이 쇠(衰)하지 않고, 축토(丑土)는 생장력이 계속 발전한다. 축토(丑土)는 간토(艮土)이며 이양(二陽)이 진기(進氣)하다. 축궁(丑宮)에서는 계수(癸水)가 윤택하게 만드니 병화(丙火)로 따뜻하게 비추어야 만물이 생장할 수 있다. 술토(戌土)는 추월(秋月)과 동월(冬月) 사이에 있으니 기후가 숙살(肅殺)할 때이고, 술궁(戌宮)에는 화(火)가 암장(暗藏)되어 토(土)가 심하게 메마르니 생(生)할 수 없다. 따라서 술(戌)이 많으면 싸움을 좋아하며 어리석다.

1. 춘토(春土)

춘월(春月)은 목왕(木旺)한 때이니 토(土)가 더욱더 약하다. 화(火)에 의지하여 인(寅)에서 생(生)하나, 강약의 성질이 다르니 역시 기세가 허약하다. 화(火)로 생부(生扶)하면 기뻐하나, 목화(木火)가 태다(太多)하면 꺼린다. 비겁(比劫)으로 돕고 금(金)으로 목(木)을 제(制)하면 길하나, 금(金)이 태다(太多)하면 토기(土氣)를 도설(盜洩)하여 흉하다.

춘토(春土)는 춘목(春木)이 영(令)을 잡아 화(火)로 극(剋)을 생(生)으로 변화시키면 살인상생격(殺印相生格)이 된다. 만일 화(火)로 생부(生扶)하지 않으면 쇠토(衰土)가 왕목(旺木)을 만나 반드시 기울고 허물어진다.

춘토(春土)의 재(財)는 수(水)인데, 허약한 토(土)가 수왕(水旺)함을 만나면 반드시 괴멸하여 흩어져 무용지물이 된다. 이때 비겁(比劫)이 부조(扶助)해야 수(水)를 극(剋)할 수 있다. 토왕(土旺)할 때는 금(金)으로 설기(洩氣)하면 기뻐하나, 춘토(春土)는 허약하여 설기(洩氣)를 취할 수 없다.

2. 하토(夏土)

하월(夏月)의 토(土)는 조열(燥烈)하다. 토(土)는 화(火)의 세력과 병행하기 때문에 화왕(火旺)하면 토(土)도 왕(旺)하여 왕지(旺地)가 된다. 이때 수성(水盛)하면 윤택하다. 그러나 왕화(旺火)가 단련하여 땅이 메말라 갈라지면 꺼린다. 수(水)는 목(木)이 화염(火炎)을 도우면 극(剋)하니 꺼리지 않고, 금(金)이 생수(生水)하면 아내와 재물이 유익하고, 비견(比肩)을 만나면 막히기 때문에 꺼린다. 이때 비견(比肩)이 너무 많으면 목(木)으로 극(剋)해야 한다.

화왕(火旺)한데 수(水)가 없으면 논밭이 갈라터져 초목이 말라붙으니 수(水)를 기뻐하는 것이고, 화(火)는 토(土)의 생기를 재촉하여 급하게 만들기 때문에 꺼리고, 목(木)은 화(火)를 생(生)하여 불꽃을 증가시키나 수(水)가 있으면 해롭지 않다. 수화(水火)가 서로 도와 토(土)를 도우면 생기가 일어나는 것은, 목(木)이 화(火)를 생(生)하는 것이 아니라 극토(剋土)하기 때문이다. 하토(夏土)는 금(金)을 생(生)하기 어렵고, 설(洩)함을 받아들이지 않으니 금(金)이 절지(絶地)에 있는 수(水)를 생(生)하면 절(絶)되지 않는다.

하월(夏月)은 토(土)가 가장 왕(旺)한 때이니 비겁(比劫)의 도움이 없어도 무방하고, 거듭 토왕(土旺)함을 보면 막히니 목(木)으로 소토(疏土)해야만 길하다. 그러나 목(木)이 극(剋)할 때는 반드시 수(水)로 배합해야 한다. 그렇지 않으면 극토(剋土)하기 어려울 뿐 아니라 오히려 화염(火炎)을 도와 흉하다.

3. 추토(秋土)

추월(秋月)의 토(土)는 자식은 왕(旺)한데 어머니는 쇠(衰)한 격이다. 토(土)는 금(金)의 어머니인데, 금(金)이 영(令)을 잡아 자식이 왕(旺)하면 어머니가 쇠(衰)하는 것이다. 따라서 금(金)이 많으면 기(氣)가 소모되고, 목(木)이 성(盛)하면 제복(制伏)되어 순하며 어질고, 화(火)는 아무리 많아도 꺼리지 않고, 수(水)가 범람하면 해롭다.

이때 비견(比肩)이 있으면 다시 힘이 생기나, 상강(霜降)이 되면 이것도 의미가 없다.

추월(秋月)은 금왕(金旺)한 때인데 또 금(金)을 만나면 토기(土氣)가 떨어져 더욱 쇠(衰)해지고, 목(木)이 휴수(休囚)하는 때이니 왕금(旺金)을 만나면 제(制)되어 무력해지니 토(土)를 해치지 못하고, 토(土)가 허약하고 차가운 때이니 화(火)를 만나면 유익하다. 따라서 추토(秋土)는 반드시 화(火)가 있어야 한다.

당왕(當旺)한 금(金)은 화(火)를 만나면 제(制)할 수 있고, 쇠절(衰絶)한 목(木)은 화(火)를 만나면 변하기 때문에 화(火)가 아무리 많아도 꺼리지 않는다. 그러나 토(土)가 허약하며 차갑기 때문에 수(水)가 범람하면 반드시 괴멸되어 흩어지니 흉하다.

추토(秋土)가 비견(比肩)을 만나면 힘이 증가하는데, 이것은 입추(立秋) 후부터 상강(霜降) 전까지만 해당한다. 한로(寒露) 후에는 토왕(土旺)하여 술궁(戌宮)에 묘고(墓庫)되어 있는 화(火)가 생(生)해 주므로, 비견(比肩)의 도움이 없어도 생왕(生旺)할 수 있다. 이때 비견(比肩)을 만나면 오히려 지나칠 염려가 있다.

4. 동토(冬土)

동월(冬月)의 토(土)는 화(火)로 따뜻하게 하는 것을 가장 기뻐한다. 동월(冬月)은 만물을 거두어 들이며 천지(天地)가 얼어붙는 때라, 화(火)가 있으면 생기를 얻을 수 있어 기뻐하는 것이다. 수왕(水旺)하면 재물이 풍족하고, 금다(金多)하면 자식이 뛰어나고, 화성(火星)하면 영화로움이 있고, 수다(水多)하면 허물이 없다. 여기에 비견

(比肩)까지 있으면 더없이 아름다운 명(命)이 된다. 그러나 화(火)는 없는데 수왕(水旺)하면 괴멸되고, 금다(金多)하면 허약하고, 목다(木多)하면 흉하다. 이때는 비견(比肩)의 도움이 있어도 동토(冬土)가 중(重)하여 흉하다.

■ 진술축미월토(辰戌丑未月土)의 성질

진술축미월(辰戌丑未月)은 토(土)가 전왕(專旺)한 때이다. 진술축미토(辰戌丑未土) 중에서 가장 극왕(極旺)한 것은 미토(未土)이다. 진토(辰土)는 목기(木氣)를 띠어 극(剋)함이 있고, 축술토(丑戌土)는 금기(金氣)를 띠어 설(洩)함이 있으니 왕(旺)하다고 할 수 없다. 그리고 토(土)가 진술축(辰戌丑)에 이르면 가색격(稼穡格)이라 중화(中和)되기 때문에 왕(旺)으로 보지 않는다. 따라서 미토(未土)를 가장 극왕(極旺)하다고 하는 것이다.

만일 토왕(土旺)한 미월(未月)에 중(重)한 토(土)를 또 만나면, 화염토조(火炎土燥)하여 가색격(稼穡格)으로 보지 않는다. 미월(未月)의 토(土)가 금국(金局)을 이루면 귀격(貴格)을 이루거나 부격(富格)을 이룬다. 고서(古書)에서는 토(土)가 금다(金多)를 만나면 귀격(貴格)을 이룬다고 했다. 이것은 미월(未月)을 가리키는 말이다.

토(土)는 사시(四時)에 따라 변하는데 다음과 같다. 진(辰)은 동방(東方) 목기(木氣)가 왕(旺)하고, 술(戌)은 서방(西方) 금기(金氣)가 왕(旺)하고, 축(丑)은 북방(北方) 수기(水氣)가 왕(旺)하다. 미토(未土)는 남방(南方) 화왕지지(火旺地支)에 있어 화기(火氣)를 얻어 생(生)하니, 미월토(未月土)가 극왕(極旺)한 것이다. 따라서 양간(陽

干)에는 인(刃)이 있는데 음간(陰干)에는 인(刃)이 없다. 그러나 기토(己土)가 미월(未月)에 태어나면 인(刃)이 있다.

　진술축(辰戌丑) 중에서는 술(戌)이 화묘(火墓)이기 때문에 진축토(辰丑土)보다 왕(旺)하다. 그러나 토(土)가 진술축미월(辰戌丑未月)에 태어나면 진월(辰月)은 재자살(財滋殺)이 되고, 술월(戌月)은 토금상관패인(土金傷官佩印)이 되고, 미월(未月)은 살인상생(殺印相生)이 되고, 축월(丑月)은 식상생재(食傷生財)가 되어 모두 귀격(貴格)을 이룬다. 그러나 축월(丑月)은 반드시 화(火)로 배합해야 한다.

　가색격(稼穡格)이 금(金)을 만나면 대부대귀(大富大貴)하나, 미월(未月)은 화왕(火旺土燥)하여 금(金)을 생(生)할 수 없다. 그러나 대서(大暑) 후에는 금수(金水)가 진기(進氣)하며 기토(己土)가 비습(卑濕)하다. 따라서 화왕(火旺)한 계절이라도 금(金)을 생(生)할 수 있다.

4. 금(金)

　금(金)은 다른 오행(五行)들과는 달리, 음(陰)이지만 양(陽)의 정(精)을 내포하고 있어 견강(堅剛)하다. 만일 음(陰)으로만 되어 있고 견강(堅剛)하지 않으면 얼음이나 눈과 같아 화(火)를 만나면 소멸된다. 여기서 견강(堅剛)하다는 것은 경금(庚金)을 가리키는 말이고, 음(陰)으로만 되어 있다는 것은 신금(辛金)을 가리키는 말이다.

　적천수(滴天髓)에 이르길, 경금(庚金)은 가장 강건하며 살(殺)을 띠고 있다고 했고, 신금(辛金)은 화(火)를 만나면 소멸되고, 병신(丙

辛)이 상합(相合)하면 수(水)가 된다고 했다. 따라서 금(金)은 화(火)로 단련하지 않으면 기물을 이루지 못하고, 금(金)이 중(重)한데 화(火)가 가벼우면 큰 일을 도모하기 어렵고, 금(金)이 가벼운데 화(火)가 중(重)하면 단련함이 지나쳐 잃게 되고, 금(金)이 많은데 화성(火盛)하면 최상격을 이룬다.

화금(火金)이 모두 있으면 주인(鑄印)이라 하는데, 이때 축(丑)을 범하면 모범(模範)이 손상된다. 화금(火金)이 많으면 승헌(乘軒)이라 하는데, 이때 사쇠지(死衰地)를 만나면 흉하다. 목화(木火)가 연금(煉金)하면 진퇴가 빠르고, 순금(純金)이 수(水)를 만나면 대부격(大富格)을 이룬다.

금(金)이 수(水)를 생(生)하나 수왕(水旺)하면 침몰하고, 토(土)가 금(金)을 생(生)하나 금다(金多)하면 천(賤)하고, 수(水)가 없으면 건고(乾枯)하고, 수(水)가 중(重)하면 침몰되고, 토(土)가 없으면 사절(死絕)되고, 토(土)가 중(重)하면 매몰되니 흉하다.

화금(火金)이 각각 두 개씩 있으면 최상격을 이루나, 목금(木金)이 두 개씩 있으면 재(財)가 부족하다. 금(金) 하나가 수(水) 세 개를 생(生)하면 힘이 약해져 이기기 어렵고, 금(金) 하나가 목(木) 세 개를 만나면 완둔하여 손상된다. 금성(金盛)하면 화멸(火滅)하여 기물을 이루지 못하고, 화(火)를 좋아하나 이미 기물을 이루었으면 꺼린다. 신유사축(申酉巳丑)에 임하면 이루어짐이 있다. 이때 서북운(西北運)은 길하나 남방운(南方運)은 흉하다.

경금(庚金)은 정화(丁火)를 기뻐하고, 신금(辛金)은 임수(壬水)를 기뻐한다. 경금(庚金)은 강건하기 때문에 화(火)로 단련하지 않으면 기물을 이루지 못한다. 따라서 화(火)를 가장 중요하게 생각한다. 금

(金)이 중(重)한데 화(火)가 가벼우면 연금(煉金)할 힘이 없고, 화(火)가 중(重)한데 금(金)이 가벼우면 녹아버린다.

금화(金火)를 균등하게 갖추면 주인(鑄印)이라 하여 귀격(貴格)을 이룬다. 그러나 축(丑)을 만나면 금(金)이 입묘(入墓)되어 힘이 균등하지 못한다. 이것을 손모(損模)라 한다. 그리고 금(金)이 사쇠지(死衰地)에 이르면 화(火)가 매우 왕(旺)하고, 화(火)가 사쇠지(死衰地)에 이르면 금(金)이 매우 왕(旺)하니 모두 균등하지 못하여 흉하다. 이때는 목화(木火)의 재관(財官)으로 연금(煉金)해야 하는데, 목(木)이 화(火)를 생(生)하고 금왕(金旺)하면 관(官)이 연금(煉金)하여 예리함이 나타난다. 그러나 운이 지나가면 막히니 물러남이 빠르다.

화금(火金)이 양정(兩停)하면 아름다우니, 화금(火金)이 각각 두 개씩 있으면 최상격을 이룬다. 금성(金盛)하면 화멸(火滅)하는 것은 금(金)이 신유지(申酉地)에 이르기 때문이다. 화(火)가 신유(申酉)에 이르면 병사지(病死地)에 임한 것이니, 평범한 명(命)이 되어 화(火)를 기뻐한다. 그러나 국(局)이 변하여 전왕격(專旺格)을 이루면 종혁(從革)이라 하여 화(火)를 꺼린다. 이때는 서북운(西北運)은 길하나 동남운(東南運)은 흉하다.

만일 금(金)이 기물을 이루지 않았으면 평범한 격국(格局)이고, 기물을 이루었으면 지지(地支)에 방국(方局)을 이루어 국(局)이 변했다는 뜻이다. 그리고 주인(鑄印)과 승헌(乘軒)은 권세와 귀(貴)를 나타낸다. 경금(庚金)은 정화(丁火)를 기뻐하므로 관성(官星)을 만나면 귀격(貴格)을 이루고, 금(金)이 수(水)를 만나면 식신상관(食神傷官)을 이룬다.

순금(純金)은 신금(辛金)을 말하는데, 식상생재(食傷生財)하면 재물이 풍족하다. 그러나 강금(剛金)이 수(水)를 만나면 수기(秀氣)를 설(洩)하나, 금(金)이 적게 있는데 수(水)를 만나면 금기(金氣)가 심하게 설(洩)되기 때문에 침몰되어 무용지물이 된다. 따라서 금(金)이 수왕(水旺)한 동월(冬月)에 태어났는데, 수다(水多)하면 금수상관(金水傷官)이 되어도 귀격(貴格)을 이루지 못한다.

금(金)이 토(土)를 만나면 인수(印綬)가 되나, 토(土)가 적게 있으면 윤택하여 금(金)을 생(生)하고, 토(土)가 많으면 메마르니 반대로 매금(埋金)된다. 금(金)이 목(木)을 만나면 재(財)로 삼는데, 신왕(身旺)하면 반드시 부귀격(富貴格)을 이룬다. 그러나 신약재다(身弱財多)하면 재물이 없다. 목금(木金)이 각각 두 개씩 있으면 재물이 풍부하고, 금(金)은 하나밖에 없는데 목(木)이 세 개 있으면 금(金)이 완둔하여 스스로 손상된다.

1. 춘금(春金)

춘월(春月)의 금(金)은 한기(寒氣)가 남아 있으니, 화(火)로 따뜻하게 하여 윤택하게 해주면 유용한 금(金)을 이룬다. 그러나 이때는 반드시 많은 토(土)로 보좌해야 한다. 만일 화(火)가 없으면 토(土)가 차갑기 때문에 좋은 금(金)이 되지 못하고, 토(土)가 없으면 화(火)가 뜨겁기 때문에 극금(剋金)한다.

다시 말해 금(金)은 추월(秋月)이 숙살(肅殺)하는 때라, 인월(寅月)은 절지(絶地)이고 묘월(卯月)과 진월(辰月)은 태양지(胎養地)에 들어가니 식멸(熄滅)된다. 그리고 묘월(卯月)과 진월(辰月)은 양기(陽氣)가 점점 성(盛)해지는 때이니, 반드시 습토(濕土)로 금(金)을 생

(生)하며 화(火)로 따뜻하게 해야 한다. 만일 화왕(火旺)한데 수(水)가 없으면 조열(燥烈)하여 금(金)이 매우 약해지므로 단련을 견디지 못한다. 춘금(春金)은 토(土)가 없으면 흉하나 태다(太多)하면 매몰될 염려가 있고, 화(火)가 없으면 흉하나 지나치게 왕(旺)하면 녹아버릴 염려가 있다.

후한 토(土)로 보좌해야 한다는 것은, 춘월(春月)은 목왕(木旺)한 때라 토기(土氣)가 허약하다. 따라서 후하지 않으면 금(金)을 돕기 어렵다. 만일 수성(水盛)하면 한기(寒氣)를 도와 칼날처럼 예리해져 자선심이 없고, 목왕(木旺)하면 힘이 손상되어 이지러질 염려가 있고, 화(火)가 없으면 비겁(比劫)이 장점을 잃어 어질지 못하다. 이때는 비견(比肩)으로 도와야 한다. 수(水)는 금(金)의 식상(食傷)인데, 춘금(春金)은 미약하므로 도움이 필요하다. 초춘(初春)에는 한기(寒氣)가 남아 있으니 수성(水盛)하면 한기(寒氣)를 증가시키고, 목(木)은 금(金)의 재(財)인데 목왕(木旺)하니 쇠금(衰金)이 어떻게 이길 수 있겠는가.

다시 말해 춘금(春金)이 수성목왕(水盛木旺)하면 반드시 비겁(比劫)으로 도와야 위태로움을 면할 수 있다. 이때 비겁(比劫)은 있으나 화(火)가 없으면 완둔하여 불령(不靈)함을 싫어한다. 따라서 화(火)가 있어야 상제(相制)할 수 있다. 금(金)은 견강(堅剛)하여 날카롭고 예리하나, 춘월(春月)은 금(金)의 때가 아니므로 전적으로 남의 힘에 의지해야 한다. 그러나 배합과 중화(中和)를 얻는 것이 쉬운 일이 아니다.

2. 하금(夏金)

하월(夏月)의 금(金)은 더욱더 유약하기 때문에 형태조차 갖추어지지 않았으니 사절(死絶)되면 매우 흉하다. 금(金)은 사궁(巳宮)에서 생(生)하므로 하월(夏月)은 장생지(長生地), 목욕지(沐浴地), 관대지(冠帶地)에 해당한다. 화금(火金) 사이에는 대개 토(土)가 가로막고 있으면서 화(火)에 기왕(寄旺)하니, 조열(燥烈)한 토(土)는 금(金)을 생(生)하기 어렵다. 따라서 하금(夏金)은 금(金)이 사(巳)에서 생(生)해도, 형질이 갖추어지지 않아 춘금(春金)보다 더 유약한 것이다. 만일 년일시지(年日時支)에서 다시 사절지(死絶地)에 이르면 구제할 방법이 없다.

하금(夏金)은 화다(火多)해도 두려워 하지 않고, 수성(水盛)하면 길하고, 목(木)을 만나면 손상되고, 금(金)을 만나면 정기(精氣)가 증가하고, 토(土)가 적게 있으면 매우 유용하나 많으면 매몰되어 쓸모 없다.

유약한 하금(夏金)이 화다(火多)함을 두려워하지 않는 것은, 사오미월(巳午未月)에는 토(土)가 모두 암장(暗藏)되어 있기 때문이다. 암장(暗藏)된 토(土)는 금(金)을 생(生)하기 어려우나, 토(土)가 가로막고 있으니 화(火) 역시 금(金)을 녹이기 어렵다. 이때는 수(水)를 만나야 한다. 수(水)는 화(火)를 제(制)하며 토(土)를 윤택하게 하여 금(金)을 생(生)하기 때문이다. 만일 목(木)을 만나면 토(土)를 파(破)하며 화(火)를 도와 극금(剋金)한다. 화(火)는 금(金)의 관(官)인데 일간(日干)을 극(剋)하면 귀(鬼)가 되어 살(殺)이 된다.

유약한 금(金)은 토(土)로 생조(生助)하면 기뻐하나, 사금(死金)은 정수리에 진흙을 덮는 것을 꺼리기 때문에 토(土)가 많으면 매몰된다. 따라서 하금(夏金)이 토(土)를 기뻐한다 해도 한두 개 정도 있어야 유용하고, 다시 수(水)로 윤택하게 해야 한다.

하금(夏金)은 토(土)가 윤택하여 금(金)을 생(生)하는 것이 가장 좋다. 또 비겁(比劫)으로 도우면 좋으나 하월(夏月)에는 대개 수(水)가 절지(絶地)에 들어간다. 근원이 없는 수(水)는 화토(火土)가 건조하면 쉽게 마른다. 따라서 반드시 금(金)으로 생(生)해야 충분히 화(火)를 제(制)하며 토(土)를 윤택하게 할 수 있다.

3. 추금(秋金)

추월(秋月)의 금(金)은 숙살(肅殺)하여 당권(當權)하고 득령(得令)하는 때이니 외음내양(外陰內陽)하다. 초목이 견강(堅剛)한 추금(秋金)을 만나면 꺾여 훼손된다.

추금(秋金)은 화(火)로 단련하면 종정(鍾鼎)의 기물을 이루고, 토(土)로 배양(培養)하면 완고하며 탁하고, 수(水)를 만나면 총명하고, 목(木)을 만나면 위력을 떨치고, 금(金)을 만나면 더욱더 강해지니 극왕(極旺)하면 꺾인다.

추금(秋金)이 관살(官殺)이 있으면 재(財)로 상생(相生)하는 것을 기뻐하고, 금(金)이 당권(當權)하고 득령(得令)했으니 인성(印星)의 도움은 좋지 않다. 인성(印星)은 오히려 경금(庚金)을 상하게 한다.

강한 신금(辛金)은 수(水)를 만나면 꺾이니, 기왕(氣旺)한데 설(洩)되면 금청수수(金淸水秀)라 하여 더욱더 총명하다. 이것을 금수상관격(金水傷官格)이라 한다.

목(木)이 추월(秋月)에 이르면 시들어지니, 왕금(旺金)이 사목(死木)을 극(剋)하면 부실한 가지가 쉽게 꺾여 마음대로 위력을 떨친다. 목(木)은 금(金)의 재(財)인데, 수(水)로 목(木)을 배양(培養)하나 금(金)이 감당할 수 있다. 따라서 식신생재격(食神生財格)이 되어 상격(上格)을 이룬다.

추금(秋金)이 극왕(極旺)한데, 금(金)을 또 만나면 기(氣)가 중(重)하여 더욱더 왕(旺)해진다. 이때는 화(火)로 극(剋)하거나 수(水)로 설(洩)하지 않으면 손상된다.

4. 동금(冬金)

동월(冬月)에는 금(金)이 왕기(旺氣)를 지나 한냉(寒冷)하며 약하다. 따라서 목다(木多)하면 다듬기 어렵고, 수성(水盛)하면 가라앉을 염려가 있고, 토(土)는 수(水)를 제(制)할 수 있으니 화(火)가 도와주면 공(功)을 세울 수 있다. 비견(比肩)을 만나면 서로 돕고, 관인(官印)을 만나면 온양(溫養)하는 이로움이 있다.

다시 말해 동월(冬月)에는 왕수(旺水)가 금기(金氣)를 암설(暗洩)하기 때문에 쇠금(衰金)이 목(木)을 극(剋)하기 어렵다. 따라서 목다(木多)하면 공(功)을 베풀기 어렵다. 이것은 재(財)로 삼기 어렵다는 뜻이다.

동금(冬金)이 수(水)를 만나면 수(水)가 영(令)을 잡고 왕기(旺氣)를 띠니 진상관(眞傷官)이 된다. 그러나 금(金)은 생수(生水)하니 수왕(水旺)하면 금(金)이 침몰한다. 따라서 쇠금(衰金)이 왕수(旺水)를 만나면 가라앉을 염려가 있어 상관(傷官)이 무용지물이 된다.

토(土)가 수(水)를 제(制)하는데 금(金)이 토(土)를 감추고 있으면 냉하지만은 않다. 그러나 금(金)의 도움이 없으면 반드시 화(火)로 구제해야 한다. 이때 화토(火土)가 상생(相生)하면 금(金)이 온양(溫養)해진다.

다시 말해 동금(冬金)에게 화(火)는 관(官)이고, 토(土)는 인(印)이므로 동금(冬金)은 반드시 관인(官印)이 있어야 한다. 만일 인성(印星)만 있으면 유용하지 않다. 이때는 반드시 관살(官殺)로 도와야 한다. 관(官)이 없으면 금수상관격(金水傷官格)을 이룰 수 없고, 토금인수(土金印綬)도 이룰 수 없다. 한마디로 동금(冬金)은 관(官)이 없으면 격(格)을 이루지 못한다.

5. 수(水)

하늘은 서북(西北)으로 기울어 해(亥)가 출수(出水)하는 방위이고, 땅은 동남(東南)으로 기울어 진(辰)이 납수(納水)하는 곳이다. 물은 역류하여 갑(甲)에 이르면 소리를 만드니 서(西)로 흐르지 않는다. 수성(水性)은 윤하(潤下)이기 때문에 순하면 이해심과 도량이 넓다. 이때 길신(吉神)이 도와주면 귀격(貴格)을 이룬다. 따라서 입격(入格)하면 청귀(淸貴)하여 성예(聲譽)가 있고, 형충(刑沖)되면 횡류(橫流)하나 스스로 사절(死絶)되면 길하다.

다시 말해 사시(四時)의 기(氣)는 수화(水火)로 생(生)을 삼는다. 화(火)는 염상(炎上)이요 수(水)는 윤하(潤下)이니, 수(水)가 신(申)에서 생(生)하며 해자(亥子)에서 녹왕(祿旺)을 얻는다. 진(辰)에 이르면 그쳐 귀납(歸納)이 되고, 진(辰)은 묘(墓)에 해당한다. 스스로 순행(順行)하면 너그러우나 역행(逆行)하면 사나워져 소리가 나는 것이다.

십이신(十二神)을 순행(順行)한다는 것은 신유술해자축인묘진사오미(申酉戌亥子丑寅卯辰巳午未)로 흐르는 것을 말하고, 역행(逆行)한다는 것은 신미오사진묘인축자해술유(申未午巳辰卯寅丑子亥戌酉)로 흐르는 것을 말한다. 순행(順行)이든 역행(逆行)이든 모두 입격(入格)하면 귀(貴)가 따르나, 형충(刑沖)되면 사나워져 제방을 무너뜨린다. 스스로 사(死)에 이르는 것은 임인(壬寅)과 계묘(癸卯)이고, 스스로 절(絶)되는 것은 계사(癸巳)와 임오(壬午)인데, 좌하(坐下)에 재관(財官)이 있으니 모두 부귀격(富貴格)을 이룬다.

수(水)는 금(金)으로 생(生)해야 수원(水源)이 끊어지지 않는다. 수(水)가 멀리 흐르거나 범람하면 극토(剋土)하기 때문에 제방을 쌓아야 한다. 수화(水火)가 균등하면 기제(旣濟)되고, 수토(水土)가 혼잡하면 수원(水源)이 탁하여 흉하고, 화다(火多)하면 수(水)가 고갈되어 흉하고, 토중(土重)하면 수(水)가 흐르지 않아 흉하고, 금(金)이 사(死)하면 수(水)가 부족하여 흉하고, 목왕(木旺)하면 수(水)가 사(死)하니 흉하다.

심지(沈芝)에서는 여명(女命)이 수명(水命)인데 수(水)가 동요하면 탁하고 범람함이 많아 흉하다고 했고, 구결(口訣)에서는 양수(陽水)가 신약(身弱)하면 가난하고 음수(陰水)가 신약(身弱)하면 귀격(貴格)을 이룬다고 했다.

수(水)가 춘하(春夏)에 태어나면 휴수지(休囚地)에 해당한다. 이것을 무원(無源)이라 하여, 금(金)으로 생(生)하면 수원(水源)이 깊고 흐름이 길다. 수(水)가 추동(秋冬)에 태어나면 매우 왕(旺)하여 범람한다. 이때는 토(土)로 제방해야 한다.

수화(水火)가 균등하다는 것은 병화(丙火)를 말한다. 이때 수보양광(水輔陽光)하고 식상(食傷)이 있어 기(氣)가 통하면 기제(旣濟)의 미(美)를 이룬다. 수토(水土)가 혼잡하다는 것은 기토(己土)를 말한다. 이때 갑목(甲木)으로 제(制)하지 않으면 수원(水源)이 탁하여 흉하다. 따라서 임수(壬水)는 관성(官星)을 취하지 않는다.

화왕(火旺)하면 수(水)가 메마른다. 이때는 금(金)으로 생(生)해야 하는데, 수(水)로 도와야 하니 겁재(劫財)와 인수(印綬)를 함께 취해야 하고, 토중(土重)하면 수(水)의 흐름이 험하고 막히니 갑목(甲木)으로 소통시켜야 한다.

금(金)은 수원(水源)이니 금수(金水)가 상생(相生)하면 수(水)의 흐름이 끊어지지 않는다. 금(金)이 자(子)에 이르면 사지(死地)에 들어가니, 자식이 어머니를 잃어 고독한 형상이 된다. 따라서 계수(癸水)가 자축월(子丑月)에 태어나면 병화(丙火)로 따뜻하게 해주고, 다시 신금(辛金)으로 생(生)해야 한다.

목(木)은 수기(水氣)를 설(洩)한다. 따라서 수(水)가 목왕(木旺)한 인묘월(寅卯月)에 태어나면 수(水)의 청기(淸氣)가 모두 설(洩)된다. 다시 말해 인묘(寅卯)는 수(水)의 사지(死地)이니 금(金)으로 생(生)해야 한다. 임수(壬水)는 양수(陽水)이니 신약(身弱)을 꺼리나, 계수(癸水)는 음수(陰水)이니 신약(身弱)을 꺼리지 않는다.

1. 춘수(春水)

춘월(春月)의 수(水)는 물이 넘쳐 음(淫)하다. 수(水)는 동월(冬月)에는 냉혹하나 춘월(春月)에는 양화(陽和)하여 따뜻하다. 따라서 습윤(濕潤)해져 기세가 흩어지기 때문에 돌아갈 곳이 없다. 그러므로 수(水)가 춘월(春月)에 이르면 병사묘지(病死墓地)가 되어 왕기(旺氣)가 물러간다.

수(水)의 본성은 많으면 범람하고, 적으면 고갈되고 산만하여 근원이 없다. 그러므로 춘수(春水)가 또 수(水)를 만나면 제방을 무너뜨리나, 토성(土盛)하면 물이 범람할 근심이 없다. 금(金)으로 생(生)하면 길하나 금성(金盛)하면 좋지 않다. 화(火)와 기제(旣濟)되면 길하나 화다(火多)하면 좋지 않다. 목(木)을 만나면 자선심이 있으나 토(土)가 없으면 산만해져 근심이 따른다.

다시 말해 수(水)가 범람하는데 또 수(水)를 만나면 왕양(汪洋)하여 도리를 모른다. 따라서 춘월(春月) 임수(壬水)는 지지(地支)에 겁인(劫刃)이 있는데, 천간(天干)에 비겁(比劫)이 투출(透出)하면 반드시 무토(戊土)로 제방해야 한다. 그러나 겁인(劫刃)이 없으면 춘수(春水)가 겉으로는 사나운 것 같아도 속으로는 유약하기 때문에 무토(戊土)는 무용지물이 된다. 이때 무토(戊土)가 많으면 다시 갑목(甲木)으로 제(制)해야 수(水)의 흐름이 막히지 않는다.

수(水)는 금(金)의 생(生)을 근원으로 삼는데, 춘월(春月)에는 목왕화상(木旺火相)하여 수기(水氣)가 설(洩)되어 고갈되니, 금(金)이 생부(生扶)하면 근원이 멀어 길게 흐르며 목(木)을 제(制)할 수 있다. 그러나 금(金)이 생(生)하지 않으면 어렵고, 금다(金多)하면 수(水)

가 탁해지니 좋지 않다. 수화(水火)가 기제(旣濟)되면 아름다워지나, 화(火)가 없으면 수(水)가 차갑다. 따라서 임수(壬水)는 반드시 병화(丙火)가 있어야 한다. 만일 임수(壬水)가 병화(丙火)의 조명을 얻으면 춘강수난(春江水暖)이라 하여 기세가 융화한다. 그러나 왕성하면 수(水)가 고갈되기 때문에 좋지 않다. 이때는 비겁(比劫)으로 구해야 한다.

춘월(春月)은 목(木)이 당왕(當旺)한 때라, 춘수(春水)가 목(木)을 만나면 수목진상관(水木眞傷官)을 이룬다. 그러나 수(水)가 적으면 설(洩)되니 겁인(劫刃)으로 구해야 하고, 수성(水盛)하면 목(木)이 뜨게 되니 토(土)로 뿌리를 배양(培養)해야 한다. 이때 화(火)로 따뜻하게 해주면 수목(水木)이 청화(淸華)한 상(象)을 이룬다. 이것은 수목상관(水木傷官)이 재관(財官)을 기뻐하기 때문이다.

2. 하수(夏水)

하월(夏月)의 수(水)는 기세가 쇠절(衰絶)하여 근원으로 돌아가니 물이 맑다. 따라서 비견(比肩)이 있으면 길하고, 금(金)이 생(生)하면 길하다. 그러나 화왕(火旺)하면 메마르기 때문에 흉하고, 목성(木盛)하면 도설(盜洩)하기 때문에 흉하고, 토왕(土旺)하면 흐름이 멈추기 때문에 흉하다.

다시 말해 쇠절(衰絶)한 수(水)를 화토(火土)로 조열(燥烈)하면 자연히 말라붙을 수밖에 없다. 이때 금(金)으로 생(生)하면 오히려 부족함을 원망하니 비겁(比劫)으로 도와야 한다. 금(金)이 비록 생수(生水)하나 하월(夏月)은 금기(金氣)가 미약한 때이니, 수(水)가 돕지 않으면 금(金)이 녹아버린다. 이때는 수(水)로 금(金)을 호위한 뒤, 금(金)으로 생수(生水)하면 서로 구제된다. 화(火)는 당왕(當旺)한 기(氣)이고, 토(土) 역시 왕(旺)하기 때문에 화다(火多)하면 근원이 없는 수(水)는 반드시 말라붙는다. 목성(木盛)하면 수기(水氣)를 설(洩)하고, 화왕(火旺)함을 돕기 때문에 화토(火土)가 중(重)하면 빨리 말라붙는다. 다시 말해 쇠절(衰絶)한 기(氣)는 생조(生助)해야 하고, 극(尅)이나 설(洩)할 수 없으니 쇠약하면 손해가 많다.

3. 추수(秋水)

추월(秋月)의 수(水)는 모왕자상(母旺子相)하고 물이 맑다. 다시 말해 금(金)은 어머니이고 수(水)는 자식인데, 추월(秋月)에는 금(金)이 영(令)을 잡으니 임수(壬水)가 장생(長生)되어 모왕자상(母旺子相)한 것이고, 세력이 병행하여 금수(金水)가 청(淸)하여 물이 맑은 것이다.

추수(秋水)는 금(金)으로 도우면 청(淸)하고, 토(土)를 많이 만나면 청평(淸平)한 뜻을 이룬다. 그러나 토왕(土旺)하면 혼탁하고, 화다(火多)하면 재성(財盛)하고, 목성(木盛)하면 자식에게 영화가 따르고, 수(水)가 중(重)하면 범람할 염려가 있다.

추수(秋水)는 물이 맑아야 귀격(貴格)을 이룬다. 금(金)으로 생(生)하면 금백수청(金白水淸)이라 하여 수기(秀氣)를 많이 발(發)한다. 토중(土重)하면 혼탁해진다는 것은 기토(己土)를 가리키는 말이고, 토(土)를 만나면 청평(淸平)해진다는 것은 무토(戊土)를 가리키는 말이다. 임수(壬水)가 충분(沖奔)하니 무토(戊土)가 없으면 제지하지 못한다.

만일 계일주(癸日柱)가 임수(壬水) 비겁(比劫)이 있으면 임수(壬水)와 같아, 수(水)를 여러 번 만나면 범람할 우려가 있다. 이때는 무토(戊土)로 제방해야 수(水)가 제자리로 돌아가 청평(清平)을 얻는다. 수(水)에게 화(火)는 재(財)이고 목(木)은 식상(食傷)인데, 추수(秋水)가 왕상(旺相)하여 비록 화(火)가 많아도 감당할 수 있으니, 화다(火多)하면 재성(財盛)하고 수왕(水旺)하면 수기(秀氣)를 설(洩)해야 한다. 따라서 목성(木盛)하면 자식에게 영화가 따르는 것이다.

4. 동수(冬水)

동월(冬月)의 수(水)는 사령(司令)하여 권리를 잡으니 왕(旺)하여 한기(寒氣)가 혹독하다. 그러므로 동수(冬水)는 화(火)를 만나면 한기(寒氣)를 제거하고, 토(土)를 만나면 형장(形藏)되어 귀화(歸化)하고, 금다(金多)하면 의리가 없고, 목성(木盛)하면 유정(有情)하고, 토(土)가 너무 많으면 깨끗한 수(水)를 마르게 한다. 이때 음수(淫水)가 범람하면 토(土)로 제방해야 한다.

토(土)를 만나면 형장(形藏)되어 귀화(歸化)한다는 것은 형체가 보이지 않는다는 뜻이다. 이것은 수(水)가 높은 언덕에서 급하게 흘러 땅 속으로 들어가는 것과 같으니 무용지물이 된다. 따라서 동수(冬水)는 아무리 왕(旺)해도 관살(官殺)은 취할 수 없다.

동수(冬水)는 극왕(極旺)하기 때문에 금(金)의 생(生)이 필요하지 않다. 금수(金水)가 한냉(寒冷)하면 의리가 없기 때문이다. 왕수(旺水)가 목(木)을 만나면 설기(洩氣)하여 유정(有情)하나, 수(水)가 차가워 목(木)이 얼게 되므로 역시 생의(生意)가 없다. 이때는 오직 화(火)를 만나야만 한기(寒氣)를 제거할 수 있다. 수(水)가 양화(陽和)한 기(氣)를 얻어 활동하면 목(木)이 수기(秀氣)를 설(洩)한다. 이때 토(土)를 자윤(滋潤)하고 금(金)을 온윤(溫潤)하게 만들면 매우 유용하다.

엄동설한에는 수(水)는 적은데 토(土)가 많으면 연못이 얼어붙어 무용지물이 된다. 수(水)가 범람해야만 토(土)로 제방을 쌓을 수 있으나, 화(火)가 없으면 불가하다. 한마디로 동수(冬水)는 반드시 재(財)가 관(官)을 생(生)해야 상격(上格)을 이룬다. 따라서 조후(調候)가 가장 중요하다.

2장. 오행(五行)의 희기(喜忌)

1. 목(木)

 인월(寅月) 목(木)은 맑음을 기뻐하고 한기(寒氣)를 꺼린다. 따라서 식신생재(食神生財)가 있으면 부귀(富貴)와 명리(名利)를 이룰 수 있고, 만일 재성(財星)만 있는데 식상(食傷)의 도움이 없으면 단지 영리(榮利)를 이룰 뿐이다. 화토(火土)가 지나치게 조열(燥熱)한데 인수(印綬)가 없어 윤택하게 만들지 못하면 평생 암병(暗病)이 많으며 고독하다. 만일 식신제살격(食神制殺格)을 이루면 부귀(富貴)를 도모할 수 있으나, 제(制)하지 못하면 손상되어 고극(孤剋)함을 면하지 못하고, 용맹하나 예의를 모른다. 만일 지나치게 한습(寒濕)하면 반드시 빈한(貧寒)하며 음란한 사람이 된다. 관인상생(官印相生)에 화토(火土)가 없어도 이치가 같다.

 묘월(卯月) 목(木)은 식상생재(食傷生財)를 이루면 길하나, 화(火)가 성(盛)하여 설(洩)되면 질병이 따른다. 인수(印綬)가 지나치게 성

(盛)해도 흉하니, 수(水)가 지나치게 생(生)해도 방탕하여 빈천(貧賤)하거나 요절(夭折) 등이 따른다. 춘목(春木)이 금(金)을 만나면 좋지 않고, 식신(食神)이 제살(制殺)하나 지나치게 제복(制伏)해도 흉하다.

진월(辰月) 목(木)은 양화(陽和)한 기(氣)를 좋아한다. 수화토(水火土)의 배합이 적당하면 복수(福壽)가 끊어지지 않고, 식신생재(食神生財)가 인수(印綬)를 만나면 문장이 뛰어난다.

사월(巳月) 목(木)은 인수(印綬)를 거듭 만나면 분주하고 음란한 무리가 된다. 그러나 식신생재(食神生財)하여 재성(財星)을 파(破)하면 부귀격(富貴格)을 이룬다. 사월(巳月) 화(火)는 왕성하지 않으나 미약한 화기(火氣)를 기뻐한다. 이것은 화(火)가 왕성하면 목기(木氣)를 설(洩)하여 건고(乾枯)해지기 때문이다. 그렇지 않으면 장생(長生)된 금(金) 역시 길하지 않다.

오월(午月)과 미월(未月) 목(木)은 반드시 인수(印綬)로 용신(用神)을 삼아야 하고, 관(官)이 인수(印綬)를 도와주면 길하다. 따라서 관인상생(官印相生)이나 상관패인(傷官佩印)이 되면, 인수(印綬)가 통근(通根)되어 힘이 있으니 아름다운 명(命)이 된다. 만일 식상(食傷)이 잡되어 어지러우면 가난하거나 요절이 따르고, 신약(身弱)해도 재관(財官)을 감당하기 어렵다.

신월(申月) 목(木)은 아직 염조(炎燥)함이 남아 있으니 식상(食傷)을 꺼리고, 재(財)가 인수(印綬)의 관인상생(官印相生)을 상하게 하지 않아야 길하다. 인성(印星)이 왕성한데 재(財)가 없으면 떠돌이 신세가 되어 의지할 곳이 없으나, 재향(財鄉)으로 들어가면 명리(名利)를 이룰 수 있다.

유월(酉月)과 술월(戌月) 목(木)은 식상(食傷)이 난잡하면 빈천(貧賤)하거나 요절(夭折)이 따른다. 이것은 추양(秋陽)이 조열(燥熱)하면 가물어, 만물이 메마르기 때문이다. 추목(秋木)은 대개 지지(地支)에서 토(土)가 목(木)의 뿌리를 배양하고, 금(金)으로 목(木)을 제(制)하여 기물을 이루고, 수(水)나 화(火)로 강금(剛金)의 예리함을 극설(剋洩)하면 길하다. 동남목화운(東南木火運)으로 흐르면 길하다.

해월(亥月) 목(木)은 화(火)로 따뜻하게 만들고 토(土)가 배양해 주면 부귀격(富貴格)을 이룬다. 만일 금(金)이 있으면 목(木)의 뿌리를 상하게 하지는 않는다 해도 육친덕이 없고 골육이 흩어진다. 관인상생(官印相生)이 있는데 식상(食傷)이 없으면, 목(木)이 수(水)를 받아들이지 않아 병(病)이 되기 때문에 빈한(貧寒)하며 고극(孤剋)한 명(命)이 된다.

자월(子月)과 축월(丑月) 목(木)은 부귀(富貴)가 식상생재(食傷生財)나 식신제살(食神制殺)에 있다. 관살(官殺)이 있는데 식상(食傷)이 없으면 청고(淸高)하나 작게 이룬다. 동목(冬木)은 남방운(南方運)으로 흐르면 길하나, 원국(原局)이 수왕(水旺)하면 흉하다. 동목(冬木)은 숙살(肅殺)이 지난 후를 만나는 것이니, 명(命)이 다시 뿌리로 돌아가는 것이다. 청명한 때 태어나 미약하게나마 춘의(春意)가 있으면 일생이 평탄하고, 수(水)가 얼어붙고 눈이 쌓이는 때를 만나면 빈한(貧寒)하며 고극(孤剋)한 명(命)이 된다.

2. 화(火)

화(火)는 목(木)에게 의지하면 밝아지고, 수(水)가 있으면 기제(旣濟)를 이룬다. 따라서 수목(水木)의 배합이 좋아야 길하다. 화(火)는 목(木)에 의지해서 생(生)할 수 있으나 화(火)가 많으면 목(木)이 불타게 되고, 화(火)는 충분히 토(土)를 생(生)할 수 있으나 토(土)가 많으면 어두워지고, 화(火)는 충분히 금(金)을 극(剋)할 수 있으나 금(金)이 많으면 꺼진다. 화(火)가 왕성한데 수(水)가 있으면 상제(相濟)되나, 화(火)가 약하면 수(水)로 인하여 꺼진다.

춘월(春月) 화(火)는 건목(乾木)을 만나면 광휘가 나타나나, 습목(濕木)을 만나면 어두워진다. 따라서 춘화(春火)가 관살(官殺)이 왕성하면 노력을 많이 해도 공(功)이 없다. 만일 신약(身弱)한데 재관(財官)이 왕성하면 빈천(貧賤)하거나 요절(夭折)이 따르고, 재인(財印)이 상제(相制)하나 상극(相剋)하지 않으면 부귀격(富貴格)을 이루며 예의범절이 바른 사람이 된다.

토(土)가 거듭 있어 화(火)를 어둡게 하는 것은 식상(食傷)이 난잡하다는 뜻이다. 이때는 목(木)으로 화(火)를 왕성하게 만들어야 한다. 그렇지 않으면 음란하며 이룸이 작다. 춘화(春火)는 오행(五行)이 서로 생(生)하고 제(制)해야 아름다운 명(命)이 된다. 따라서 재격(財格)이 있으면 부귀격(富貴格)을 이룬다.

하월(夏月)의 화(火)는 권리를 잡았으니 인수(印綬)와 비겁(比劫)이 지나치게 생부(生扶)하면 요절(夭折)하거나 가난하거나 고독한 명(命)이 된다.

사월(巳月) 화(火)가 관인상생(官印相生)이 있으면 음비(蔭庇)의 귀

(貴)가 있고, 식상생재(食傷生財)가 있는데 서북운(西北運)으로 흐르면 역시 권모(權謨)가 있어 명리(名利)를 얻는다.

오월(午月)과 미월(未月) 화(火)는 미약한 수(水)를 만나면 수(水)의 근본을 상하게 만든다. 이때는 관살(官殺)이 성(盛)하고, 인수(印綬)와 식상(食傷)이 중화되어야 부귀격(富貴格)을 이룬다. 화왕(火旺)한데 식상(食傷)이 있으면 일을 많이 벌리고, 마음이 착하여 베풀기를 좋아하나 은혜를 베풀어도 원망을 받는다.

하화(夏火)는 재(財)가 겁탈을 당하면 사업을 이룬다고 해도 끝내는 실패하고, 재색(財色)으로 인하여 화액을 당한다. 식신제살격(食神制殺格)을 이루었는데 신운(申運)으로 흐르면 기술업으로 명리(名利)를 얻고, 서북운(西北運)으로 흘러 칠살(七殺)을 도우면 명리(名利)를 이룬다.

초추(初秋)의 화(火)는 염열(炎烈)한 위력이 남아 있으니, 식신제살격(食神制殺格)을 이루면 귀격(貴格)이 된다. 그러나 인격(印格)이 비겁(比劫)을 만나면 부귀(富貴)가 오래가지 못한다. 추화(秋火)가 종재(從財)하거나 식상생재(食傷生財)하면 부귀격(富貴格)을 이루더라도 호탕함이 지나쳐 좋지 않다.

금(金)은 의(義)를 나타내는데, 금(金)이 많으면 의(義)와 인(仁)을 갖추지 않은 사람이 된다. 이때 원국(原局)에서 인수(印綬)가 재(財)를 돕지 못하면, 처첩이 다투고 재색(財色)으로 인하여 화를 부른다. 추화(秋火)가 상관(傷官)을 만나면 인성(印星)이 있어야 아름다운 명(命)이 된다. 그렇지 않으면 고형(孤刑)하여 이룸이 작고 실(實)함이 없다.

동월(冬月) 화(火)가 인수(印綬)나 비겁(比劫)이나 식상(食傷)을 취할 때는 원국(原局)에서 수(水)가 범람하지 않도록 금(金)으로 도와야 아름다운 명(命)이 되고, 원국(原局)에서 비겁(比劫)을 거듭 만나야 아름다운 명(命)이 된다.

3. 토(土)

토(土)는 화(火)의 생(生)에 의지해서 만물이 존재하게 한다. 따라서 화기(火氣)가 있어야 영화롭고, 미술토(未戌土)가 화기(火氣)를 포함하고 있어도 길하다.

초춘(初春)에는 한기(寒氣)가 아직 남아 있으니 화(火)로 생부(生扶)해야 한다. 관인상생(官印相生)하는데 재(財)가 인수(印綬)를 파(破)하고 관살(官殺)을 도와주면 흉하다. 식신제살격(食神制殺格)이 되어도 반드시 인수(印綬)가 있어야 길하다. 그렇지 않으면 극설교가(剋洩交加)가 된다. 비겁(比劫)으로 돕는다고 해도 화(火)가 없으면 이루지 못한다.

묘월(卯月) 토(土)는 반드시 인수(印綬)가 있어야 하고, 나머지는 참작해서 금수(金水)를 취한다. 춘금(春金)은 공허하기 때문에 수(水)를 생(生)하고 토(土)를 설(洩)하는 것을 취해야 한다. 그렇지 않으면 목(木)을 제(制)하지 못한다.

진월(辰月) 토(土)는 생(生)하려는 뜻이 있으나 화(火)로 따뜻하게 만들어야 한다. 만일 목(木)이 있는데 수(水)가 있으면 상한다. 토(土)가 금(金)을 생(生)하면 식신제살격(食神制殺格)이 된다. 남방운(南方運)이 가장 길하고, 그 다음은 서방운(西方運)이다.

하월(夏月) 토(土)가 관인상생(官印相生)이나 살인상생(殺印相生)
되는데 재(財)와 식상(食傷)이 없으면 화왕토조(火旺土燥)가 된다.
따라서 가벼우면 질병이 있고, 무거우면 요절(夭折)이 따른다. 하월
(夏月) 토(土)는 토(土)가 많거나 금수(金水)를 취하는데 목화(木火)
가 있으면 흉하고, 수목(水木)이 있는데 금(金)이 목(木)을 상하게
하면 흉하다. 갑목(甲木)이 경금(庚金)을 꺼리나 신금운(辛金運)으
로 흐르면 길하고, 을목(乙木)이 신금(辛金)을 꺼리나 경금운(庚金
運)운으로 흐르면 길하다. 토(土)가 많고 메말랐을 때는 가색격(稼穡
格)은 무방하나 나머지는 좋지 않다.

신월(申月) 토(土)는 메말라 있으니 식상생재(食傷生財)되면 아름
다운 명(命)이 된다. 그러나 인수(印綬)나 비겁(比劫)으로 도와야 한
다. 추목(秋木)은 비록 나뭇잎이 다 떨어졌으나, 화(火)를 도와 토
(土)를 생(生)하면 길하다. 그러나 토(土)를 제(制)할 힘은 없다. 따
라서 비겁(比劫)을 제(制)하려면 힘이 있고 통근(通根)한 목(木)이
있어야 한다. 허부(虛浮)하거나 극(剋)된 목(木)은 취할 수 없다. 그
러나 희기(喜忌)를 살펴야 한다. 이것은 관성(官星)은 남명(男命)에
게는 자성(子星)이고, 여명(女命)에게는 부성(夫星)이기 때문이다.

만일 추토(秋土)가 상관패인(傷官佩印)되면 문무(文武)를 겸하고
부귀(富貴)와 명성이 따른다. 그러나 식상(食傷)이 난잡하고, 인수
(印綬)가 돕지 않고, 재다신약(財多身弱)하면 모두 하격(下格)의 명
(命)이 된다. 이런 사람은 예의범절을 모르고, 열 가지 기술이 있어도
가난을 면하기 어렵다.

동월(冬月) 토(土)는 춥고 숙살(肅殺)하는 때에 있다. 따라서 수
(水)가 차가우니 화(火)로 생(生)해야 하고, 수(水)로 조토(燥土)를

도와야 한다. 동월(冬月) 토(土)는 관인상생(官印相生)되어도 충극(沖剋)되면 불가하다. 따라서 금(金)이 있으면 가난하며 만사가 막히고, 수왕(水旺)하면 질병이 있거나 가난하거나 요절(夭折)이 따른다.

4. 금(金)

초춘(初春)의 금(金)은 한기(寒氣)가 아직 남아 있는 때에 있으니, 화(火)로 따뜻하게 하고 토(土)로 배양해야 부귀격(富貴格)을 이룬다. 춘금(春金)이 관살(官殺)이 혼잡되었는데 인수(印綬)로 생(生)하지 못하면 형처극자(刑妻剋子)하고, 인수(印綬)가 있어도 관살(官殺)이 없으면 고생이 많고, 재성(財星)이 왕성하면 의식(衣食)이 있을 뿐이고, 식상(食傷)을 거듭 만나면 고한(孤寒)하고 나약하니 이루는 것이 없다.

묘월(卯月)과 진월(辰月) 금(金)은 목(木)이 왕성하면 재다신약(財多身弱)이 되어 관재와 화액이 많이 따르고, 재관(財官)을 중하게 범하면 가난하거나 요절(夭折)이 따른다. 춘수(春水)가 범람하는데 사주에 식상(食傷)이 많으면 총명해도 무정(無情)하며 가난을 면하지 못한다. 따라서 화(火)가 목(木)을 설(洩)하고 토(土)를 생(生)하면 금(金)을 배양한다. 이때 약한 수(水)를 만나고 토금운(土金運)을 만나면 길하다.

하월(夏月) 금(金)은 매우 유약하기 때문에 일주(日柱)가 금수지(金水地)에 있어야 한다. 수(水)가 성(盛)하고 비겁(比劫)이 도와주면 길하고, 박하고 습한 토(土)가 생(生)해주면 길하다. 그러나 목화(木

火)가 왕성하면 빈천(貧賤)하거나 요절(夭折)이 따르고, 화왕토조 (火旺土燥)하면 관인상생(官印相生)이라도 좋지 않고, 더구나 약한 수(水)가 있으면 열을 증가시키기 때문에 가난하며 요절하는 명(命) 이 된다. 화(火)가 뜨거울 때는 토수(土水)가 있어도 길하지 않다.

추월(秋月) 금(金)은 영(令)을 잡았으니 화(火)로 단련하면 종정(鐘 鼎)의 재목을 이루고, 수(水)로 강하고 예리한 기(氣)를 얻으면 금백 수청(金白水淸)이 된다. 그러나 토(土)가 중(重)하면 광채가 매몰되 어 고한(孤寒)한 명(命)이 되고, 비겁(比劫)이 돕는데 화(火)가 없으 면 지나치게 강하여 꺾어지기 때문에 흉함이 많다. 추월(秋月) 금 (金)은 조령(凋零)하니, 관(官)을 생(生)하고 인(印)을 제(制)하는 용도로만 취해야 한다.

동월(冬月) 금(金)은 매우 추운 때에 있으니 강한 성질을 발휘할 수 없다. 만일 목(木)이 많으면 재다신약(財多身弱)이 되어 부옥빈인(富 屋貧人)의 명(命)이 되고, 수(水)가 있으면 금한수냉(金寒水冷)의 고 통이 있고, 수(水)가 성(盛)하면 가라앉아 벗어날 길이 없다. 따라서 한냉(寒冷)하며 다른 격(格)을 취할 수 없으면, 가난하거나 요절(夭 折)하지 않으면 고한(孤寒)하거나 의식(衣食)이 있을 뿐이다. 그러나 화(火)로 따뜻하게 만들고 따뜻한 토(土)가 배양해주면 길하고, 관인 상생격(官印相生格)을 이루면 복수(福壽)가 있는 명(命)이 된다.

5. 수(水)

수(水)는 금(金)이 없으면 근원이 없고, 토(土)가 없으면 제방이 없

는 것이니 쉽게 범람하고, 목(木)이 없으면 수(水)를 축적하고 설
(洩)할 수 없다. 따라서 산과 수목과 수원(水源)이 있어야 반드시 흐
름이 길고 흩어지지 않는다.

춘월(春月)은 눈이 녹는 때이니 많은 물이 흐르는 것과 같다. 따라서
양(陽)으로 설상(雪霜)과 우로(雨露)를 화(化)하게 하면 영화로움을
향한다. 그러나 화(火)가 없으면 재물을 모으기 어렵다. 만일 화목
(火木)이 모두 있으면 식상생재(食傷生財)가 되고, 이때 미약한 금
(金)을 만나면 수원(水源)을 발(發)하며 식상(食傷)이 지나치게 성
(盛)하는 것을 제(制)하여 아름다운 명(命)을 이루고, 금(金)이 있고
관살(官殺)이 있더라도 미약한 양(陽)이 있으면 생생불식(生生不息)
한 형상이 되어 부귀격(富貴格)을 이룬다. 그러나 화(火)가 없으면
토(土)가 허(虛)하고 금(金)이 설(洩)하니, 토(土)가 흐리고 수(水)
가 탁해져 흉하다. 춘수(春水)는 수화(水火)가 서로 형극(刑剋)하면
화액을 면하기 어렵다.

하월(夏月) 수(水)는 영(令)을 잃었으니, 화성토조(火盛土燥)하면
반드시 메마르기 때문에 흉하다. 그러나 초하(初夏)에는 금(金)이 있
으면 수(水)가 왕성하고, 토(土)가 있으면 복록(福祿)이 깊고 후하
나, 탐재파인(貪財破印)하면 가정이 화목하지 못하다. 이런 사람은
많이 이루나 많이 패하고, 재물로 인하여 화액이 따른다.

오월(午月)과 미월(未月) 수(水)는 식신제살(食神制殺)되면 길하고,
인수(印綬)와 비겁(比劫)이 있는데 서북운(西北運)으로 흐르면 길하
다. 그러나 화(火)가 있는데 화향(火鄕)으로 들어가면 매우 흉하고,
재관(財官)이 있으면 질병이 무거우며, 가난하거나 요절(夭折) 등이
따른다.

신월(申月) 수(水)는 맑고 깨끗하나, 왕성하지 않기 때문에 근원인 금(金)에게 의지해야 한다. 따라서 재(財)가 많으면 가난하거나 요절(夭折)이 따른다. 인수격(印綬格)이나 식신제살격(食神制殺格)을 이루면 길하다.

유월(酉月)과 술월(戌月) 수(水)는 인수(印綬)가 아신(我身)을 생(生)하면 길하다. 기후가 한기(寒氣)로 바뀌니 화(火)로 금(金)을 따뜻하게 만들고, 수(水)를 생(生)하면 길하다. 그러나 화기(火氣)가 지나치게 성(盛)하면 흉하고, 토(土)가 많으면 막히기 때문에 흉하다. 그러나 이때 목(木)이 있으면 수(水)를 설(洩)하고, 화(火)를 돕고 토(土)를 제(制)하니 길하다.

동월(冬月) 수(水)는 영(令)을 잡았으나 매우 추운 때에 있으니 얼어붙는다. 이때는 목(木)이 있어도 화(火)가 없으면 생(生)하려는 뜻이 없으니 식상(食傷)이 무용지물이 되고, 금(金)이 있어도 화(火)가 없으면 금한수냉(金寒水冷)하여 동수(凍水)가 흐르지 않고, 토(土)가 있어도 화(火)가 없으면 토(土)는 얼고 엉기게 되어 모두 빈한(貧寒)한 명(命)이 된다. 따라서 동월(冬月) 수(水)는 반드시 양화(陽和)한 화기(火氣)로 조후(調候)해야 한다.

Ⅲ부. 조후용신법

1장. 갑목(甲木)

1. 인월(寅月) 갑목(甲木) : 丙 · 癸

　초춘(初春)인 인월(寅月)에는 아직 한기(寒氣)가 남아 있지만 수목(樹木)이 싹트는 때이다. 따라서 사주가 양화(陽和)의 기(氣)를 띠고 있으면 비상하게 발전한다. 양화(陽和)는 병화(丙火)를 말하고, 병화(丙火)는 조후용신(調候用神)이 된다. 이때 계수(癸水)가 한두 개 있어 배합하면 부귀쌍전(富貴雙全)하나, 병화(丙火)가 없으면 평범한 명(命)에 지나지 않는다. 만일 병화(丙火) 대신 정화(丁火)가 있어도 역시 길하나 병화(丙火)만은 못하다.

　인월(寅月) 갑일생(甲日生)이 병화(丙火)가 천간(天干)에 있거나, 천간(天干)에는 없으나 지지(地支)에 있으면 투간(透干)한 것으로 간주한다. 계수(癸水)가 지지(地支)에 있거나 암장(暗藏)되어 있으면 대부대귀(大富大貴)하고, 수기(水氣)가 없으면 대부대귀(大富大貴)는 아니라도 역시 뛰어나고, 병계(丙癸)가 모두 없으면 평범한 명

(命)이 된다.

인월(寅月) 갑일생(甲日生)이 경신(庚辛) 관살(官殺)이 있으면 아내와 자식을 극(剋)하며 평생 고생이 많다. 만일 지지(地支)에 사유축(巳酉丑) 금국(金局)을 이루었는데, 관살(官殺)이 왕성하면 가난하거나 단명한다. 관살(官殺)이 있으면 병화(丙火)로 제(制)해야 하나, 병화(丙火)는 없는데 임계수(壬癸水)가 있으면 관살(官殺)이 생(生)한다. 이때는 무기토(戊己土)로 제(制)해야 하는데, 무기토(戊己土)는 없고 수기(水氣)가 왕성하면 목(木)이 표류하여 흉하다.

인월(寅月) 갑일생(甲日生)이 무기(戊己) 재(財)가 많은데 지지(地支)에 사유축(巳酉丑) 금국(金局)을 이루면 살(殺)이 되어 재성(財星)이 생살(生殺)한다. 살왕(殺旺)하면 일간(日干)인 아신(我身)을 공격하여 허약함을 증가시켜 재다신약(財多身弱) 사주가 되어 평생 고생하며 아내와 자식을 늦게 둔다.

인월(寅月) 갑일생(甲日生)이 경금(庚金) 칠살(七殺)은 없는데 정화(丁火) 상관(傷官)이 있으면 목화통명(木火通明)이다. 이때 재성(財星)이 있으면 상관생재격(傷官生財格)이 되어 총명하며 뛰어난다. 사주에 계수(癸水)가 있으면 정화(丁火)를 제(制)하니 성실한 사람이나 유림(儒林)에서 멀어지기 쉽다. 계수(癸水)가 많으면 아신(我身)인 일간(日干)을 도와주나, 정화(丁火) 상관(傷官)을 제(制)하니 심장이 약하다. 이런 사주는 간교하며 말이 많고, 남을 기만하며 웃음 속에 칼을 감추고 있는 사람이다.

인월(寅月) 갑일생(甲日生)이 지지(地支)에 인오술(寅午戌) 화국(火局)을 이루면 지나치게 설기(洩氣)하니 몸이 쇠약하여 고통이 많고, 비관적이며 남에게 이간질을 당하는 사람이 된다.

인월(寅月) 갑일생(甲日生)이 지지(地支)에 해묘미(亥卯未) 목국(木局)을 이루면 일간(日干)이 통근(通根)하여 매우 견고하니, 경금(庚金)이 있으면 길하나 경금(庚金)이 없으면 흉하다. 남명(男命)은 홀아비팔자요, 여명(女命)은 과부팔자이다. 그러나 곡직인수격(曲直仁壽格)이면 좋은 사주가 된다.

인월(寅月) 갑일생(甲日生)이 지지(地支)에 신자진(申子辰) 수국(水局)을 이루면 무토(戊土)로 제(制)해야 한다. 이때 무토(戊土)가 있으면 귀한 명(命)이 되고, 무토(戊土)가 없으면 천한 명(命)으로 선종(善終)하기 어렵다.

갑일생(甲日生)이 춘월(春月)에 태어나면 사령(司令)하여 종화격(從化格)이 되지 못한다. 비록 살(殺)과 재(財)가 있어도 종살격(從殺格)과 종재격(從財格)이 될 수 없으니 아신(我身)이 강해도 큰 일을 이루기 어렵다. 다시 말해 갑목(甲木)이 인월(寅月)이나 묘월(卯月)에 태어나면 경금(庚金)이나 무토(戊土)가 있으면 길하고, 정화(丁火)가 투간(透干)하면 대부대귀격(大富大貴格)을 이룬다.

2. 묘월(卯月) 갑목(甲木) : 庚 · 丙丁

갑일생(甲日生)이 묘월(卯月)에 태어나면 양인격(陽刃格)이 된다. 목왕(木旺)하나 묘월(卯月) 목일(木日)은 명리를 추리함에 곤란함이 있다. 이것은 갑일(甲日) 묘월(卯月)은 하늘은 한냉(寒冷)하나 불냉(不冷)하여 열기가 있기 때문이다. 그러나 역시 열(熱)이라고 하기는 어렵지만 점차 목왕(木旺)해지니 뿌리 역시 견고해진다.

중춘(仲春)에 양화(陽和)의 때를 만나면 인월(寅月)과 같지 않으니 초춘(初春)에는 한기(寒氣)가 남아 있는 상이다. 병정화(丙丁火)를 얻어 생일(生日)이 왕성하고 수기(秀氣)가 투출(透出)하면 목화통명(木火通明)을 이룬다. 이런 사주는 문장이 좋으니 문학방면으로 나가면 길하다.

중춘(仲春)에는 목왕(木旺)하기 때문에 경금(庚金)으로 배합해야 하나, 경금(庚金)이 많으면 정화(丁火)로 제(制)해야 하니 상관가살격(傷官駕殺格)이 된다. 사주에 화기(火氣)가 왕성하면 금수운(金水運)을 만나면 발전하고, 양기(陽氣)가 장(壯)할 때이니 수(水)로 자윤(滋潤)해야 한다. 만일 같은 달에 경금(庚金)으로 조후(調候)하면 화살(化殺)함이 필요하지 않고, 목왕(木旺)하니 인성(印星)이 필요하지 않다. 만일 화토(火土)는 없고 인성(印星) 수(水)가 있으면 살인화격(殺印化格)이 되나 하격(下格)의 명(命)이 된다. 이런 사주는 보호받지 못할 뿐 아니라 화근이 생긴다.

갑일(甲日) 묘월생(卯月生)이 경금(庚金)이 있는데 득소(得所)하면 양인살격(陽刃殺格)이라 하여 크게 발전한다. 득소(得所)는 경금(庚金)이 왕지(旺地)에 앉는다는 뜻이다.

만일 재(財)가 경금살(庚金殺)을 도와주면 뛰어난 인재로 명성을 떨치나, 양인살(陽刃殺)이 많으면 횡폭하다. 재(財)가 없으면 재운(財運)을 만나야 길하고, 양인(陽刃) 묘(卯)가 있으니 경금(庚金)을 기뻐한다. 경금(庚金)이 편관(偏官) 칠살(七殺)을 이루나, 묘(卯) 중에 있는 을목(乙木)이 경금(庚金)을 천간합(天干合)하니 살인상조격(殺刃相調格)이라 하여 부귀(富貴)를 누리며 장수한다.

갑일(甲日) 묘월생(卯月生)이 경금(庚金)이 있으면 계수(癸水)를 기신(忌神)으로 삼는 것은, 목왕(木旺)한데 인수(印綬) 계(癸)가 있으면 분수를 모르기 때문이다. 경금(庚金)이 조후용신(調候用神)인데 인수(印綬)가 화살(化殺)하면, 재관(財官)을 해롭게 하는 것이니 좋은 명(命)이 되지 못한다. 이런 사람은 생활에 고통이 많다.

갑일(甲日) 묘월생(卯月生)이 지지(地支)에 삼합회국(三合會局)을 이루면 인월생(寅月生)과 마찬가지로 활용한다. 경금(庚金) 편관(偏官)은 칠살(七殺)이라고도 하는데, 살성(殺星)이 많고 태왕(太旺)하면 살이 중(重)하니 흉폭하다. 갑을목일(甲乙木日)에 태어났는데 해묘미(亥卯未) 삼합(三合)이 있으면 곡직인수격(曲直仁壽格)으로 금(金)을 두려워하고 수(水)를 기뻐하니 잘 살펴야 한다.

3. 진월(辰月) 갑목(甲木) : 庚 · 丁 · 壬

진월(辰月)은 모춘(暮春)이니 목기(木氣)가 쇠하나, 단 가지와 잎이 무성하고 토왕(土旺)하니 충분히 목(木)을 배양(培養)할 수 있다. 춘양(春陽) 목(木)은 가지와 잎이 지나치게 무성하니 경금(庚金)으로 용신(用神)을 삼는 것이 마땅하다. 또 임수(壬水)가 목(木)을 자윤(滋潤)해야 하니 경임(庚壬)이 정화(丁火)를 만나면 길하고, 정임(丁壬)이 상합(相合)하여 목기(木氣)를 도와주니 대귀격(大貴格)을 이룬다.

병화(丙火)는 식신(食神)이고 무토(戊土)의 재(財)를 생(生)하니 병화(丙火)가 무토(戊土)를 만나면 식신생재격(食神生財格)이 되어 길하고, 병화(丙火)가 득지(得地)하니 대부대귀격(大富大貴格)이 된다.

진월(辰月) 갑일생(甲日生)이 사주에 병화(丙火)가 많아 경금(庚金)을 지나치게 제(制)하면 무딘 도끼로 나무를 자르는 격이니 하격(下格)의 명(命)을 이루고, 목(木)의 뿌리가 많은데 경금(庚金)이 적게 있으면 정화(丁火)를 만나 목화통명(木火通明)이 되어도 평범한 명(命)에 지나지 않고, 비견(比肩)·겁재(劫財)·인수(印綬)가 하나도 없으면서 지지(地支)가 모두 토(土)로 구성되어 있으면 기명종재격(棄命從財格)이 된다.

진월(辰月) 갑일생(甲日生)이 기토(己土)가 월주(月柱)나 일주(日柱)에 있으면 종화진격(從化眞格)으로 종재격(從財格)이나 갑기화토격(甲己化土格)이 되니 귀인(貴人)의 도움이 있고 부귀(富貴)한다. 재성격(財星格)이 비견(比肩)과 겁재(劫財)가 두세 개 정도 있으면 재(財)를 빼앗으니 흉명(凶命)이 된다. 이때 남자가 재다신약(財多身弱)이면 평생 고생이 많으며 아내나 자식이 가권을 잡고, 여명(女命)은 내조를 잘 하나 남자의 권리를 빼앗는다.

진술축미월생(辰戌丑未月生)은 상하로 나누어 감정하는데 양기(兩氣)가 교탈하는 시기이니, 절기의 심천(深淺)과 억양법(抑揚法)을 알아야 한다. 만일 갑목(甲木)이 3월 말에 태어났으면 입하(立夏)에 가까워 화기(火氣)가 이미 들어왔으니 임수(壬水)를 용신(用神)으로 삼는다. 이때 임수(壬水)가 투출(透出)했으면 재능이 많고 부유하며, 남방(南方) 태생은 귀격(貴格)을 이룬다.

4. 사월(巳月) 갑목(甲木) : 癸·丁·庚

갑일주(甲日柱)가 사월(巳月)에 태어나면 십이운성(十二運星)으로는 병지(病地)에 해당하고, 양기(陽氣)가 권력을 잡은 때이니 뿌리는 마르고 가지는 쇠한다. 이때 계수(癸水)가 있으면 뿌리가 윤택하여 가지와 잎이 무성하고, 여기에 정화(丁火) 상관(傷官)의 수기(秀氣)가 투출(透出)하면 상격(上格)의 명(命)에 속한다.

자연의 이치로 보면 하월(夏月) 목(木)은 오히려 견고하다. 그러므로 갑(甲)·사(巳)가 함께 있으면 병지(病地)가 되어 약해도 괴멸되지는 않는다. 그러나 기후가 뜨거우니 가지와 잎과 뿌리가 모두 메마른다. 이때 빨리 계수(癸水)로 자윤(滋潤)해주면 건고(乾枯)해질 염려가 없다. 생왕(生旺)한 때이니 충분히 배양(培養)할 능력이 있다.

하월(夏月) 목(木)은 잎과 가지가 번성하여 화려하나 몸은 쇠약하니 허영에 불과하다. 따라서 정화(丁火) 상관(傷官)으로 설기(洩氣)해야 하니, 정화(丁火)가 보좌하는 조후(調候) 용신(用神)이 된다. 다행히 계수(癸水)가 있으면 생(生)해주어야 하기 때문에 경금(庚金)이나 신금(辛金)이 있어야 한다. 금(金)은 수원(水源)이므로 금(金)이 없으면 수원(水源)이 없는 것과 같고, 수(水)가 약하면 수원(水源)이 없는 것과 같다.

사월생(巳月生)은 경금(庚金)이 있어야 하는데, 사궁(巳宮)에 있으면 십이운성(十二運星)으로는 장생(長生)이니 신약(身弱) 사주가 살이 강하다. 그러나 계수(癸水)가 경금(庚金)을 만나면 금생수(金生水)·수생목(水生木)하고, 일간(日干)이 강할 때는 화기(火氣)로 금(金)을 제(制)할 수 있으니 아름다워진다.

사월(巳月) 갑일생(甲日生)은 반드시 정계(丁癸)가 있어야 한다. 경금(庚金)이 많고 임수(壬水)가 투출(透出)하면 칠살(七殺)이 태과(太過)하나, 생화(生化)하니 흉을 피할 수 있다. 이런 사주는 부귀(富貴)한 명(命)으로 인격을 갖추고 착하며, 청고(淸高)하고 조상덕이 있고, 언변이 좋고 문장에도 능하나 문제를 많이 일으킨다.

사월(巳月) 갑일생(甲日生)은 경금(庚金)의 기(氣)가 살아나도 병화(丙火) 식신(食神)이 두 개가 있으면 부귀(富貴)가 적고, 화금(火金)이 지나치게 많으면 극설교가(剋洩交加)이니 하격(下格)으로 변한다. 계정경(癸丁庚)이 모두 천간(天干)에 투출(透出)하면 반드시 발전하여 성공하고, 계수(癸水)가 심장(深藏)되고 경정(庚丁)이 있으면 부귀격(富貴格)을 이룬다. 이런 사주는 공직으로 나가면 변방에 있어야 명예를 얻을 수 있다.

계수(癸水)는 비나 이슬에 해당하니 자연의 은혜를 입어 귀격(貴格)을 이루고, 임수(壬水)는 강이나 호수의 물이니 경금(庚金)이 투출(透出)하더라도 부(富)는 있으나 인격은 아름답지 못하다.

하월(夏月) 목(木)은 계수(癸水)의 조화가 있어야 하는데, 사주에 임계수(壬癸水)가 없으면 사월(巳月) 장간(藏干)에서 병무(丙戊)가 건록(建祿)을 이루어 때를 잡는다고 해도 아름다운 명(命)으로 보지 않는다.

사월(巳月) 갑일생(甲日生)은 계정(癸丁)과 경(庚)을 만나면 공명현달한다. 경금(庚金)이 계수(癸水)를 생(生)하고 수(水)가 일간(日干) 갑목(甲木)을 생하니, 인살아신(印殺我身)이 모두 균등하나 나중에 정화(丁火) 상관(傷官)이 수기(秀氣)를 투출(透出)하면 청순한 명(命)이 되어 부귀격(富貴格)을 이룬다.

그러나 사월(巳月) 갑일생(甲日生)은 계수(癸水)가 없으면 정화(丁火) 상관(傷官)을 만나도 쓸모가 없고, 경금살(庚金殺)이 있고 인성(印星)이 없으면 권력이 없다. 정임(丁壬)이 있는데 천간합(天干合)하여 목(木)을 이루면 갑목(甲木)을 돕고, 사월(巳月) 초순에 무토(戊土) 편재(偏財)가 투출(透出)하면 편재(偏財)가 건록(建祿)에 앉으니 목기(木氣)의 생(生)을 돕고 재신(財神)을 도우면 거부가 된다.

5. 오월(午月) 갑목(甲木) : 癸 · 丁庚

하목(夏木)은 뿌리와 잎이 메마르나, 목(木)은 직목(直木)으로 능히 굽히며 펴니 곡직(曲直)의 명(命)이라고 한다. 곡직(曲直)의 명(命)은 수(水)가 많아야 하나, 오(午)는 염화(炎火)로 수(水)가 자윤(滋潤)하면 생산할 수 있는 역량이 생긴다. 그러나 수(水)가 지나치게 많으면 화세(火勢)가 완전히 멸하여 흉명(凶命)으로 변한다. 이때 목(木)은 토(土)를 기뻐하나, 토(土)가 지나치게 많으면 역시 재해를 당한다. 따라서 계수(癸水)가 조후(調候)해야 하고, 그 다음은 수(水)의 원두(源頭)인 경신금(庚辛金)이 있어야 한다.

오월(午月)은 염세(炎勢)가 전왕(專旺)한 때이니, 꽃과 나무가 번성하나 다른 화기(火氣)가 있음을 꺼린다. 화기(火氣)가 지나치게 많으면 가지와 잎이 말라 번성하지 못하기 때문이다. 이때는 계수(癸水)나 임수(壬水)가 있어야 하고, 지지(地支)에서라도 임계수(壬癸水)가 있어야 한다.

갑(甲)이 오(午)를 만나면 십이운성(十二運星)으로는 사운(死運)에 해당한다. 계수(癸水) 인수(印綬)가 와서 도와주어야 한다. 만일 인수(印綬)가 있으면 비록 속은 죽어 있으나 생(生)으로 가니 운이 전환되고, 경금(庚金)이 있으면 살인(殺印)이 상생(相生)하니 공명이 발복한다.

오월(午月)에 가장 중요한 것은 반드시 계수(癸水)가 있어야 하고, 다음은 정화(丁火)와 경금(庚金)이 있어야 한다. 만일 계수(癸水)가 없고 정화(丁火)가 있는데 정화(丁火)가 오(午)를 만나면 상관(傷官) 건록(建祿)을 이루니 귀격(貴格)을 이룬다. 이때는 북방운(北方運)이나 동방운(東方運)으로 흘러야 길하다. 만일 화지(火地)에 이르면 목분멸성회(木焚滅成灰)와 같아 반드시 죽음에 이르고, 서방운(西方運)으로 흐르면 상관격(傷官格)이 살(殺)을 만난 격이 되어 화액이 따른다.

오월(午月) 갑일생(甲日生)이 비록 경금(庚金)을 기뻐하나 지나치게 많으면 좋지 않으니, 반드시 병정(丙丁)이나 임계수(壬癸水)로 제화(制化)해야 한다. 금(金)이 생수(生水)하여 목(木)을 생(生)하니 화토운(火土運)을 제외하고는 모두 길하다. 다시 말해 처음에는 흉하나 나중에는 길명(吉命)이 된다.

오월(午月) 갑일생(甲日生)이 금(金)이 지나치게 많은데 화(火)로 제(制)하지 못하고 수(水)로 화(化)함도 없으면, 하목(夏木)이라도 극(剋)을 많이 만나 살중신경(殺重身輕)이 되어 서방운(西方運)으로 흐르면 살(殺)이 더욱 무거우니 흉명(凶命)이 된다. 비록 처음에는 부(富)가 있어도 나중에는 가난해진다.

오월(午月) 갑일생(甲日生)이 계경(癸庚)이 있으면 최상의 명(命)이 되어 비상하게 발전한다. 오(午)에 정기(正氣)가 있는데 정화(丁火)

가 있으면 목화통명(木火通明)이 되어 목화상관격(木火傷官格)을 이른다. 이런 사람은 총명하며 재능과 지혜가 있어 대부대귀(大富大貴)를 누린다. 그러나 정화(丁火) 상관(傷官)이 많은데 계수(癸水)도 많으면 평범한 명(命)이 된다.

오월(午月) 갑일생(甲日生)이 용신(用神)이 많은데 극제(剋制)가 지나치게 많으면 좋지 않다. 이때는 반드시 소통시켜야 한다. 오월(午月)은 정화(丁火)가 왕성하여 권세를 잡으니, 다른 지지(地支)에 화기(火氣)가 있으면 화왕(火旺)하여 수목(樹木)이 고갈된다. 이때는 계수(癸水)로 조후(調候)하여 자윤(滋潤)해야 한다.

오월(午月) 갑일생(甲日生)이 병정화(丙丁火)가 많으면 파진상관(破盡傷官)이니, 가장 청귀(淸貴)한 명(命)이 되어 재능과 학문이 뛰어나고 명리가 모두 있다. 그러나 수(水)가 많은데 다시 수운(水運)을 만나면 가난하지 않으면 단명한다. 다시 말해 용신(用神)이 많을 때는 극을 만나면 흉하다. 이때는 반드시 토(土)로 설기(洩氣)해야 하니, 재성(財星)을 만나면 더욱더 묘해진다.

하월(夏月) 목(木)은 계수(癸水)로 조후(調候)해야 한다. 만일 계수(癸水)가 없어 중화하지 못하면 편고(偏枯)함을 면하기 어렵다. 사주가 한쪽으로 치우치면 의심과 시기심이 많으며 사람을 해치는 것을 좋아하고, 기(氣)가 탁하면 편고(偏枯)하여 성정이 올바르지 못하다.

오월(午月) 갑일생(甲日生)이 월상(月上)·시상(時上)에 기토(己土)가 있으면 음(陰) 두 개와 양(陽) 하나가 서로 쟁합(爭合)하기 때문에 음란해진다. 그러나 사주에 갑(甲)과 기(己)가 각각 두 개씩 있으면 천간(天干)이 화(和)하니 명리가 모두 있어 대부대귀격(大富大貴格)을 이룬다.

갑목일간(甲木日干)이 임수(壬水)가 많은데 다시 수운(水運)을 만나면 가난하거나 죽음에 이른다. 갑목(甲木)이 오(午)를 만나면 십이운성(十二運星)으로는 사운(死運)에 해당하니 뿌리없는 수목(樹木)이 된다. 뿌리없는 수목(樹木)이 수(水)를 만났으니 어찌 표류하지 않겠는가.

6. 미월(未月) 갑목(甲木) : 癸 · 丁庚

갑일생(甲日生)이 미월(未月)에 태어나면 십이운성(十二運星)으로는 묘운(墓運)에 해당한다. 목기(木氣)를 거두는 때이기는 하나 오히려 가지와 잎이 무성하여 숲을 이룬다. 그러나 결실은 맺지 못한다. 따라서 오월(午月)은 계정정(癸丁庚)이 조후(調候) 용신(用神)이다. 갑목(甲木)이 토(土)를 얻으면 배양(培養)할 수 있으나, 수(水)가 조후(調候)하지 않으면 화염토조(火炎土燥)하여 만물이 생장하지 못하니 발전하지 못한다. 그러나 경정(庚丁)이 있으면 최상의 명(命)을 이룬다.

미월(未月) 갑일생(甲日生)이 갑기(甲己) 천간합(天干合)이 있는데 무진시(戊辰時)에 출생하면 화기진격(化氣眞格)이니 대부대귀격(大富大貴格)을 이룬다. 진(辰)은 각숙(角宿)인데, 각숙(角宿)이란 이십팔숙(二十八宿) 중에 동방(東方) 목성(木星)이다. 갑기(甲己)가 화토(化土)하나 진시(辰時)를 지나야 된다.

갑기일(甲己日)이 천간(天干)을 돌아 진(辰)을 만나면 무토(戊土)로 변하니 진(辰) 자를 보면 진화(眞化)가 된다. 만일 무토(戊土)가 없으면 가화기격(假化氣格)이니 항상 전전긍긍하며 평생 아내와 자식에게 권리를 빼앗긴다. 이때 인수(印綬) 계(癸)가 있으면 평생 고난이 많다.

미월(未月)은 이음(二陰)이 생(生)하니 화세(火勢)가 점점 쇠하고, 갑목(甲木)이 미월(未月)을 만나면 묘지(墓地)에 든다. 먼저 정화(丁火)가 있고 나중에 경금(庚金)이 있어야 정화(丁火)가 경금(庚金)을 제(制)하여 목화(木火)가 허가한다.

정(丁)은 성(星)이고 경(庚)은 월(月)이니 성월천(星月天)이라 한다. 갑일생(甲日生)이 미(未)가 있으면 천을귀인(天乙貴人)이 된다. 이덕(二德)이 임하니 대길한 명(命)이 된다.

갑일생(甲日生)이 미월(未月)에 태어나면 오월(午月)에 태어난 사람의 명(命)과 같다. 미(未)의 정기(正氣)가 기토(己土)의 기(氣)를 받으니, 사주에 무(戊)·기(己)의 재성(財星)이 있으면 종재격(從財格)이 되어 부격(富格)을 이룬다.

7. 신월(申月) 갑목(甲木) : 庚 · 丁壬

추월(秋月)은 목(木)의 기세가 점점 약해진다. 그러나 신월(申月)은 초추(初秋)이니 열기가 물러나지 않은 때이므로 가지와 잎이 마르거나 시들지는 않는다. 갑일(甲日) 신월생(申月生)은 십이운성(十二運星)으로는 절운(絶運)을 만나 정기가 뿌리로 돌아가는 때이니, 반드시 토(土)로 뿌리를 보호하고 수(水)로 자윤(滋潤)해야 한다.

양화(陽和)의 목성(木性)이 추월(秋月)에 이르면 시들어 떨어지는데, 이것은 수목(樹木)의 특성이다. 추월(秋月)은 초추(初秋), 중추(仲秋), 만추(晚秋)로 나누는데 시기마다 모두 다르다.

목(木)이 마르면 왕성한 금(金)이 필요하나 정화(丁火)가 있어야 하고, 다음으로는 경금(庚金)이 필요하다. 그러므로 정경(丁庚)이 모두 있으면 명리(名利)가 통달한다.

모추(暮秋)에는 수목(樹木)이 늙어 가지와 잎이 마르고 초췌해진다. 이때 금(金)으로 가지치기를 해주면 유용한 재목이 된다. 목기(木氣)가 추월(秋月)에 이르면 결실을 맺는데 금(金)이 있으면 껍질이 견고해지니, 추목(秋木)이 금(金)을 만나면 진신(眞神)을 얻어 진신득용(眞神得用)이라 한다.

신월(申月) 갑일생(甲日生)이 경(庚)이 있으면 편관(偏官) 칠살(七殺)을 이루니, 정화(丁火)를 용신(用神)으로 삼아 적당히 제(制)하면 호명(好命)이 된다. 만일 정화(丁火)가 없고 병화(丙火) 식신(食神)이 있어도 가능하나 정화(丁火)만은 못하다. 편관(偏官) 칠살(七殺)은 식신(食神)을 만나면 기뻐하나, 모추(暮秋)에 정화(丁火) 상관(傷官)을 만나면 더욱 길하다. 따라서 모추(暮秋)에는 경금(庚金)을 조후용신(調候用神)으로 삼으면 길하다. 병화(丙火)가 경금(庚金)을 극(剋)하나, 정화(丁火)를 다시 취해 용신(用神)으로 쓴다. 다른 달도 같은 이치이다. 사주에 경(庚)·정(丁)을 필요로 하니, 만일 경금(庚金)이 투출(透出)하고 정화(丁火)가 없으면 비록 부유한 명(命)을 타고 났어도 작은 부자에 지나지 않고, 평생 근심과 고통이 따른다.

신월(申月) 갑일생(甲日生)이 경(庚)이 많은데 정화(丁火)가 없으면 신체가 허약하고, 숙질이나 고질병 등으로 평생 고생이 많다. 이런 사람은 화상·도사·종교사업·사회복지사업 등으로 나가면 화액을 면할 수 있다. 만일 정화(丁火)가 투출(透出)하나 경금(庚金)이 암장(暗藏)되어 있으면 작은 부(富)는 이루나, 항상 환경의 속박을 받으며 큰 발전은 기대하기 어렵다.

　추월(秋月)의 목(木)은 금(金)의 극제(剋制)를 기뻐하니 금왕(金旺)함을 두려워하지 않는다. 만일 경금(庚金)이 투출(透出)했는데 화(火)가 극제(剋制)하면 대단한 재력가가 된다. 그러나 화(火)가 지나치게 제(制)하면 용렬하고 게으른 사람이 된다.

　신월(申月) 갑일생(甲日生)에게 가장 필요한 것은 정화(丁火)이고, 그 다음은 경금(庚金)이다. 그러나 경금(庚金)이 지나치게 많으면 꺼린다. 정화(丁火)가 계수(癸水)는 꺼리나 임수(壬水)는 꺼리지 않으나, 무토(戊土)가 있어야 하니 수(水)를 제거하고 화(火)를 머무르게 하기 때문이다. 만일 정계(丁癸)가 접근해 있으면 현달하지 못하고, 토(土)의 제(制)함이 있으면 작은 부(富)는 이루나 인격이 부족한 사람이 된다.

　신월(申月) 갑일생(甲日生)이 경(庚)·정(丁)이 없으면 반대로 수토(水土)를 기뻐한다. 신월(申月)은 아직 더운 기운이 물러나지 않은 때이니, 화(火)가 있으면 목기(木氣)가 일찍 고갈한다. 수(水)로 금기(金氣)를 화(化)하고, 토(土)로 뿌리를 보호해야 수토(水土)가 서로 조화되어 상격(上格)을 이룬다. 만일 이 중에서 하나라도 결핍되면 행운(行運)에서 보충해주어야 발복할 수 있다. 이것은 하늘의 이치이다.

8. 유월(酉月) 갑목(甲木) : 庚·丁丙

중추(仲秋)에는 과실이 열매를 맺으며 대기순환이 절멸하지 않는다. 목(木)이 추천(秋天)에 이르면 겉으로는 가지와 잎이 시들어 떨어지나, 속으로는 정기가 아래로 내려가 생기가 뿌리에 이른다. 따라서 금(金)으로 가지치기하는 것을 기뻐하니 사목(死木)이 금(金)을 만나면 유용한 재목이 된다. 이것이 도끼를 들고 산에 들어가는 것이다. 결실된 수목(樹木)은 겉으로는 견고하나 속으로는 부드럽고, 겉으로는 강건하나 안으로는 생기가 들어가는 상태이다.

유월(酉月) 갑일생(甲日生)은 목기(木氣)가 더욱 쇠약하다. 금왕(金旺)하여 권세를 탔으니 당연히 정화(丁火)가 조후용신(調候用神)이다. 월령(月令)에 금기(金氣)가 왕성하니 정화(丁火)가 필요하다. 이때 정화(丁火)가 없으면 병화(丙火)로 대신한다. 만일 경금(庚金)이 있으면 관살(官殺)혼잡이 되고, 병정화(丙丁火)가 있으면 일방(一方)의 관살(官殺)을 제거하니 청수(清秀)하여 호명(好命)을 이룬다.

유월(酉月) 갑일생(甲日生)이 정경(丁庚)이 각각 하나씩 있으면 화금(火金)이 상제(相制)하여 기물을 이루니 명리가 모두 있으나, 계수(癸水)가 있으면 정화(丁火)가 소멸되어 발전하기 어렵다.

만일 병계(丙癸)가 모두 투출(透出)하면 재물은 크나 귀(貴)가 작고, 병정(丙丁)이 모두 없으면 승려팔자가 된다. 병화(丙火)가 경금(庚金)을 제(制)하니 연금(鍊金)하는 힘이 크고, 조화하는 용신(用神)이니 평생 재물을 얻는 기회가 많아 큰 부자가 된다.

유월(酉月) 갑일생(甲日生)이 병화(丙火)가 투출(透出)했을 때는 계수(癸水)가 없어야 부귀쌍전(富貴雙全)한다. 이것은 식신(食神)의 도움 때문이다. 그러나 계수(癸水)가 제(制)하면 평범한 명(命)에 불과하다.

 유월(酉月) 갑일생(甲日生)이 병화(丙火) 식신(食神)이 있으면 목화통명(木火通明)이 되어 부귀쌍전(富貴雙全)하나, 만일 지지(地支)에 인오술(寅午戌) 삼합(三合) 화국(火局)이 있으면 귀함이 작다. 이때 무기(戊己) 재신(財神)이 나타나면 식신생재(食神生財)가 되어 반드시 부격(富格)을 이룬다. 만일 목국(木局)을 이루었는데 천간(天干)에 비겁(比劫)이 투출(透出)했으면 반대로 경금(庚金)을 먼저 취한 다음에 정화(丁火)를 취한다. 다시 말해 8월에는 가을이 깊어 목(木)이 늙으니 생기가 안으로 들어가는 때라 도끼자루를 사용할 시기라는 뜻이다.

 유월(酉月) 갑일생(甲日生)이 지지(地支)에 목국(木局)이 있는데 천간(天干)에 비겁(比劫)이 투출(透出)했으면 마른가지가 다하여 쓸모가 없으니 반대로 경금(庚金)을 먼저 취한다. 이것은 추기(秋氣)에는 살(殺)이 생(生)하기 때문이다. 중추(仲秋)에는 격국(格局)이 살인(殺刃)을 이루면 금왕(金旺)하여 권리를 잡으니 정화(丁火)로 제살(制殺)해야 하고, 경금(庚金)이 정화(丁火)를 얻으면 도끼가 필요하니 추목(秋木)이 성하고 살왕(殺旺)하니 제(制)하면 반드시 귀격(貴格)을 이룬다.

 유월(酉月) 갑일생(甲日生)이 지지(地支)에 사유축(巳酉丑) 금국(金局)을 이루었는데, 천간(天干)에 경금(庚金)이 있으면 목(木)이 손상되니 매우 흉하다. 이런 사주는 항상 숙질로 고생한다. 이때 병정화(丙丁火)로 제(制)하지 못하면 늙어서 질병이 따른다.

 유월(酉月) 갑일생(甲日生)이 지지(地支)에 해묘미(亥卯未) 삼합

(三合) 목국(木局)이 있는데 천간(天干)에 비겁(比劫)이 있으면 먼저 경금(庚金)을 취한 다음에 정화(丁火)를 취한다. 아신(我身)이 왕성하고 살(殺) 역시 왕성하니 식신(食神)을 얻으면 상격(上格)이 된다.

9. 술월(戌月) 갑목(甲木)：庚 · 癸丁

술월(戌月)은 심추(深秋)이니 목기(木氣)가 말라 가지와 잎이 시들어 떨어진다. 음기(陰氣)가 더하여 모든 초목은 정기가 뿌리로 내려간다. 따라서 뿌리를 정화(丁火)로 따뜻하게 해줘야 하고, 경금(庚金)이 있어야 하고, 무기토(戊己土)로 뿌리를 보호하고, 임계수(壬癸水)로 윤택하게 해야 한다.

추월(秋月)은 금(金)에 해당하니 금생수(金生水) · 수생목(水生木) · 목생화(木生火) · 토생금(土生金)한다. 이때 경금(庚金)이 조후용신(調候用神)이 되면 화룡점정(畵龍點睛)의 명(命)을 이룬다.

술월(戌月) 갑일생(甲日生)은 장간(藏干)에 신금(辛金)과 무토(戊土) 재관(財官)이 있으니 잡기재관격(雜氣財官格)이 된다. 이때 비겁(比劫)이 많으면 재관(財官)을 빼앗으니 경금(庚金)으로 제(制)해야 한다. 만일 경금(庚金)으로 제(制)하지 못하고, 재관(財官)을 배반하는 운으로 흐르면 재관(財官)이 심하게 극(剋)되어 매우 빈곤한 사람이 된다. 만일 비견(比肩)이 지나치게 많으면 특수한 사주이니 같은 방법으로 감정하면 안된다. 예를 들면 다음과 같다.

甲甲甲甲
戌辰戌辰

이 사주는 갑일생(甲日生)인데 천간일기격(天干一氣格)이다. 진(辰)은 습토(濕土)요 수(水)의 묘신(墓神)이니 목(木)의 여기(餘氣)가 있고, 뿌리와 가지를 자윤(滋潤)하니 활력이 넘친다. 큰 나무는 뿌리가 깊어야 하므로 토(土)가 있으면 재물과 권세가 있고, 일재일용격(一財一用格)을 이룬다. 이런 사주는 청순하며 부귀하고 장수한다. 또 월령(月令)에서 재왕(財旺)하고 있으니 가문을 일으키고 백수를 누리게 된다.

갑일생(甲日生)이 진술축미월(辰戌丑未月)에 태어났으면 반드시 경금(庚金)이 있어야 한다. 만일 비겁(比劫)이 많은데 경금(庚金)으로 제(制)하지 못하고, 다시 병정화(丙丁火)를 만나면 목기(木氣)가 왕성하나 설(洩)함이 있다. 이때는 경금(庚金)으로 구제한다 해도 효과가 없다. 추월(秋月)에는 가지와 잎이 마르나 생기가 안으로 들어가므로, 금(金)으로 가지와 잎을 다듬으면 기사회생할 수 있다.
술월(戌月) 갑일생(甲日生)이 병정화(丙丁火)가 있어 금(金)이 상하는데 임계수(壬癸水)가 병정화(丙丁火)를 극제(剋制)하면 예능에 재능이 있는 사람이다. 만일 임계수(壬癸水)가 없는데 지지(地支)에 인오술(寅午戌) 화국(火局)이 있으면 목성(木性)이 썩고 마르니 하격(下格)이 되어 빈천하다. 추월(秋月) 목(木)은 계수(癸水)로 뿌리를 윤택하게 해주면 재능이 생기를 얻고, 경정(庚丁)으로 상한 가지와 시든 잎을 제거하면 비상하게 발전할 수 있다.

10. 해월(亥月) 갑목(甲木) : 庚 · 丁丙

초겨울 나무는 가지와 잎이 완전히 떨어지고, 정기가 모두 뿌리에 도달하니 발전할 힘이 부족하다. 봄이 와야 생장이 발동하니 뿌리를 보호하고 손상되는 것을 막는 것이 가장 중요하다.

해월(亥月)은 수왕(水旺)한 때이니 임수(壬水)가 있으면 목(木)이 물에 뜬다. 이때는 무토(戊土)로 수(水)를 제(制)해야 한다. 해월(亥月) 갑목(甲木)은 경정(庚丁)이 조후용신(調候用神)이 되어야 하고, 그 다음은 병화(丙火)가 있어야 한다.

해월(亥月) 갑일생(甲日生)이 경정(庚丁)이 골고루 있고 천간(天干)에 무토(戊土)가 있으면 탁함이 물러나고 청함이 머무르니 대부대귀격(大富大貴格)을 이룬다. 그러나 정화(丁火)가 없으면 소부소귀(小富小貴)의 명(命)이 된다.

해월(亥月) 갑일생(甲日生)이 경무(庚戊)가 있는데 비겁(比劫)을 만나면, 경금(庚金)이 비겁(比劫)을 제(制)하고 재(財)를 보호하니 부유하며 장수한다. 그러나 경금(庚金)의 제신(制神)이 없으면 평범한 명(命)에 지나지 않는다.

해월(亥月) 갑일생(甲日生)이 비겁(比劫)이 많은데 경금(庚金)이 하나밖에 없을 때는 정화(丁火)를 버리고 경금(庚金)을 따르면 부귀격(富貴格)을 이룬다.

해월(亥月) 갑일생(甲日生)이 신해(申亥)와 무기토(戊己土)가 있는데 임수(壬水)를 파극(破剋)하고 정화(丁火)를 보호하면 명리(名利)가 모두 있고 신체가 강건하다. 그러나 이때 살(殺)이 지나치게 약하면 재(財)로 부조(扶助)해야 한다. 신해(申亥)가 살인(殺印)의 뿌리이니 명리(名利)를 크게 떨치는 것이다.

해월(亥月) 갑일생(甲日生)이 경정(庚丁)이 있는데 무토(戊土)를 또 만나면 귀격(貴格)을 이룬다. 갑(甲)에 해(亥)가 있으면 장생(長生)이고, 경무갑(庚戊甲)은 천상삼기격(天上三奇格)이니 인격이 높은 사람이며 성공한다.

해월(亥月) 갑일생(甲日生)은 십이운성(十二運星)으로는 장생(長生)에 해당하나, 임수(壬水)의 치우침이 많아 갑목(甲木)을 보호하기 어렵고, 목(木)의 음기(陰氣)를 증가시키니 목성(木性)의 정화(精華)를 빼앗는다. 그러나 무토(戊土)로 제(制)하고, 병화(丙火)로 따뜻하게 해주면 공명(功名)이 발전한다.

11. 자월(子月) 갑목(甲木) : 丁 · 庚丙

갑목(甲木)이 자월(子月)에 태어나면, 목성(木性)이 추우니 먼저 경금(庚金)을 취한 다음에 병화(丙火)를 취한다. 자월(子月)은 계수(癸水)가 사령(司令)하는 때이니 화금(火金)이 꺼린다. 재인식살(財印食殺)이 고르고 위(位)를 얻으면 동산에 계수나무가 가득한 형상이 된다. 만일 계수(癸水)가 투출(透出)하여 정화(丁火)를 극(剋)하는데 무기토(戊己土)로 구제하지 못하면 평생 숙질로 고생한다.

자월(子月) 갑일생(甲日生)이 임수(壬水)가 중(重)하고 정화(丁火)가 부족하면 게으르며 우물 안의 개구리와 같고, 정화(丁火)가 없고 병화(丙火)가 있으면 한목향양(寒木向陽)이 되어 호명(好命)을 이룬다. 그러나 지지(地支)에 수왕(水旺)하여 국(局)을 이루면 죽어서도

관이 없고, 수(水)에 잠기면 표류하여 죽음에 이르게 된다.

12. 축월(丑月) 갑목(甲木) : 丁·庚丙

갑목(甲木)이 축월(丑月)에 태어나면 추위가 엄하니 귀근복명(歸根復命)이라 한다. 가지와 잎이 완전히 시들어 떨어지는 때이다. 이때는 경금(庚金)의 칼이나 가위로 가지치기를 하고, 정화(丁火)로 목성(木性)을 따뜻하게 해주면 옛 것을 버리고 새로운 것을 생(生)하여 양목(良木)이 숲을 이루니 호명(好命)이 된다.

갑목(甲木)이 축월(丑月)에 태어나면 한냉(寒冷)하니 목성(木性)이 발전하지 못한다. 먼저 경금(庚金)을 용신(用神)으로 삼아 정화(丁火)를 인출(引出)한 후에 목화통명(木火通明)을 이룬다. 이때 경정(庚丁)이 모두 투출(透出)하면 행복한 명(命)이 된다. 만일 경금(庚金)이 투출(透出)하고 정화(丁火)가 암장(暗藏)되면 귀(貴)가 작고, 정화(丁火)가 투출(透出)하고 경금(庚金)이 암장(暗藏)되면 부귀(富貴)가 작고, 경금(庚金)이 없으면 하격(下格)이 되어 빈천하다.

축월(丑月) 갑일생(甲日生)은 정화(丁火)가 중(重)하면 중류생활은 하고, 비견(比肩)이 있으면 재력과 명예가 모두 발전하고, 비견(比肩)이 없으면 평범한 명(命)이 되어 의식(衣食)이 있을 뿐이다.

축월(丑月) 갑일생(甲日生)은 경금(庚金)이 있어도 정화(丁火)가 없으면 소용이 없다. 동월(冬月) 목(木)은 메마르고 정기(精氣)가 암장(暗藏)되어 있으니 통근(通根)하지 못하면 단명한다. 경금(庚金)이 없으면 정화(丁火)가 있어야 하나, 정화(丁火)가 상하면 꺼린다.

2장. 을목(乙木)

1. 인월(寅月) 을목(乙木) : 丙·癸

인월(寅月)은 한기(寒氣)가 매우 심한 때이니, 먼저 병화(丙火)를 취한 다음에 계수(癸水)를 취한다. 따라서 병계(丙癸)가 모두 투출(透出)하면 천부적인 부귀(富貴)를 타고난 명(命)으로 반드시 공명(功名)이 발전한다. 그러나 병화(丙火)는 있는데 계수(癸水)가 없으면 목기(木氣)가 빼어나더라도 중화되지 못하니 크게 발전하지 못한다. 비록 명성이 있다 해도 저속한 부자가 된다.

계수(癸水)가 뿌리를 윤택하게 하나, 매우 추운 때이니 양화(陽和)로 따뜻하게 해주지 못하면 목기(木氣)가 손상된다. 이때 계수(癸水)가 지나치게 많으면 흉하다. 만일 계수(癸水)가 많은데 병화(丙火)가 적게 있으면 항상 질병이 많고, 많이 배워도 가난을 면하기 어렵다.

인월(寅月) 을일생(乙日生)이 병화(丙火)가 많은데 계수(癸水)가 적으면 한사만차(汗邪滿車)라 한다. 이런 사주는 상관생재(傷官生財)

하여 저속한 부자가 된다. 만일 병화(丙火)는 있는데 계수(癸水)가 없으면 상관격(傷官格)을 이루어 명랑한 사주가 된다.

을일생(乙日生)은 수(水)의 도움이 없으면 역량이 부족하고, 수토(水土)가 모두 있어도 화(火)가 부족하면 목(木)을 돕지 못하기 때문에 큰 복을 기대하기는 어렵다.

2. 묘월(卯月) 을목(乙木) : 丙·癸

을목(乙木)이 묘월(卯月)에 태어나면 건록(建祿)에 해당한다. 양기(陽氣)가 점점 오르는 때이니 목기(木氣)가 차갑지 않다. 이때는 병화(丙火)의 태양과 계수(癸水)의 우로(雨露)가 있어야 조후용신(調候用神)이 되니, 병화(丙火)를 먼저 취한 다음에 계수(癸水)를 취한다. 따라서 병계(丙癸)가 골고루 있어서 투간(透干)하고 경금(庚金)이 합화(合化)하면 대부대귀격(大富大貴格)을 이룬다. 이것은 음양상합(陰陽相合)의 이치이다.

천간(天干)에 경금(庚金)이 있어 서로 간합(干合)하는데 진(辰)이 없으면 화금(化金)하기 어렵다. 이때 계수(癸水)가 목(木)을 윤택하게 해주면 귀격(貴格)을 이룬다. 그러나 수고(水庫)인 진(辰)을 만나면 가화(假化)이니 평범한 명(命)이 된다.

을(乙)은 수목(樹木)이고 묘월(卯月)에 이르면 생장한다. 이때 경금(庚金)이 극상(剋傷)하면 흉하다. 만일 경(庚)의 정관(正官)이 있고 계수(癸水) 인성(印星)이 있으면 인(印)이 화관(化官)하니, 경금(庚金)이 생수(生水)하여 목(木)을 키워 귀격(貴格)을 이룬다.

묘월(卯月) 을일생(乙日生)이 병계(丙癸)가 부족하면 불가하다. 지지(地支)에 목국(木局)을 이루면 곡직인수격(曲直仁壽格)이 되는데, 계수(癸水)가 투출(透出)하면 귀격(貴格)이 되고, 다시 병화(丙火)를 더하여 왕기(旺氣)를 설(洩)하면 최상의 명(命)을 이룬다.

갑을일(甲乙日)이 해묘미(亥卯未)나 인묘진(寅卯辰) 동방(東方)의 일기(一氣)가 완전하면 곡직인수격(曲直仁壽格)이 되어 귀격(貴格)이니 공명(功名)이 발전한다. 을목(乙木)은 활목(活木)이라 금(金)을 꺼리니 경신금(庚辛金)을 만나면 뿌리가 상하기 쉽다. 목기(木氣)가 마르고 썩으면 발전해도 끝내는 가난을 면하기 어렵다.

해묘미(亥卯未) 삼합(三合) 목국(木局)을 이루었는데 병계(丙癸)가 있으면 용문현달(龍門顯達)이라 하여 크게 발복한다. 그러나 병무(丙戊)가 지나치게 많으면 조열(燥烈)하고, 수(水)가 지나치게 많은데 화(火)가 없으면 창 밖에 눈이 내리니 춥고 외로운 팔자가 된다. 이런 사람은 독서를 좋아하나 가난하여 등불을 살 돈이 없으니 눈빛으로 책을 읽는다. 곡직격(曲直格)이 깨지면 가난을 면하기 어렵다.

3. 진월(辰月) 을목(乙木) : 癸 · 丙戊

진월(辰月)에는 화기(火氣)가 뜨거워 양기(陽氣)가 더욱더 오른다. 갑목(甲木)은 춘월(春月)이 깊으면 양목(陽木)이 되니 경금(庚金)으로 가지치기를 해줘야 하고, 을목(乙木)은 음목(陰木)이니 경금(庚金)을 취하지 않는다. 양(陽)이 성하면 먼저 계수(癸水)로 목(木)을 자윤(滋潤)하고, 동시에 병화(丙火)로 왕목(旺木)을 설(洩)해야 한다. 따라서 병계(丙癸)가 서로 도우면 부귀격(富貴格)을 이룬다.

을목(乙木)은 경금(庚金)을 꺼리나, 기경(己庚)이 모두 있으면 재관(財官)이 좋다. 이때는 사오(巳午)를 만나도 관성(官星)이 손상되지 않고, 남방운(南方運)으로 흐르면 반드시 귀격(貴格)을 이룬다. 그러나 을목(乙木)은 재관(財官)을 탐하고 용신(用神)을 돌보지 않아, 재물과 명예에 대한 욕심이 강하다. 부(富)는 있어도 귀(貴)는 없다.

진월(辰月) 을일생(乙日生)이 경금(庚金)이 간합(干合)하는데 기토(己土)를 만나면 소부격(小富格)을 이루고, 수(水)가 많은데 기토(己土)를 만나면 재능과 지혜가 있어도 공명(功名)을 이루기 어렵다. 그러나 무토(戊土)를 만나면 외국에서 발전할 수 있다.

진월(辰月) 을일생(乙日生)이 수국(水局)이나 해자축(亥子丑) 북방(北方)을 이루었는데, 병무(丙戊)가 모두 투출(透出)하면 명리(名利)를 모두 이루고, 병무(丙戊)가 모두 없으면 고향을 떠난다.

진월(辰月) 을일생(乙日生)이 계수(癸水)가 있으면서 신금(辛金)이 서로 도우면 수왕(水旺)하다. 이때 무기토(戊己土)가 계수(癸水)를 제(制)하면 귀(貴)는 있다. 임계수(壬癸水)가 많으면 가난하거나 단명한다. 이때 무기토(戊己土)가 임계수(壬癸水)를 제(制)하면 장수하고 기술로 이름을 세운다.

진월(辰月) 을일생(乙日生)이 경진(庚辰)이 월주(月柱)나 시주(時柱)에 있으면 쟁합(爭合)하니 빈천한 명(命)이 되고, 년주(年柱)에서 화(火)가 경금(庚金)을 제(制)하면 명성을 떨친다. 을목(乙木)은 유목(柔木)이니 경금(庚金)이 강성한데 진고(辰庫)를 만나면 종금(從金)하여 화기(化氣)가 된다. 금(金)은 숙살권이 있으니 화(化)를 만나면 명성과 부귀가 따른다.

4. 사월(巳月) 을목(乙木) : 丙 · 癸

하목(夏木)은 매우 견고하기 때문에 휴수(休囚)로 논하지 않는다. 그러나 기후가 매우 뜨거운 때이니 뿌리와 가지가 쉽게 메마른다. 따라서 계수(癸水)로 가지와 잎이 마르는 것을 막아야 하고, 화세(火勢)가 생왕(生旺)하니 시급히 계수(癸水)로 조후(調候)해야 한다. 수(水)가 있은 후에야 재배하는 효력이 있다. 하목(夏木)은 겉으로는 성(盛)하나 안으로는 허(虛)하니, 병정(丙丁)의 식신상관(食神傷官)을 만나도 수기(秀氣)가 발설함을 두려워하지 않는다.

사월(巳月) 을일생(乙日生)이 병화(丙火)가 투간(透干)했는데 지지(地支)에서 다시 병화(丙火)를 만나면 목수화명(木秀火明)이 된다. 이때 계수(癸水)가 하나 있으면 명리(名利)가 발전하고, 계수(癸水)가 없으면 화(火)가 지나치게 왕성하여 목(木)이 스스로 불사르는 근심이 있다. 만일 계수(癸水)가 하나 있는데 정화(丁火)가 있고 병화(丙火)가 없으면 평범한 사람이 된다.

사월(巳月) 을일생(乙日生)이 계자진(癸子辰)이 모두 있으면 외국으로 나가나 발전이 적다. 그러나 지지(地支)에 병화(丙火)가 있는데 천간(天干)에 계수(癸水)가 있고, 기토(己土) 재신(財神)이 월주(月柱)에 있으면 외국으로 나가기 전에 공명(功名)을 얻는다.

사월(巳月) 을일생(乙日生)이 월주(月柱)에서 하령(夏令)을 만나면 염열토조(炎熱土燥)하여 목성(木性)이 메마르고 그을린다. 이때 계수(癸水)의 우로(雨露)가 천간(天干)이나 지지(地支)에 많이 있으면 양수(陽水)와는 다르나, 목(木)이 물에 뜰 염려가 없다. 이때 좋은 운을 만나면 명리(名利)가 발전한다.

사월(巳月) 을일생(乙日生)은 화토(火土)가 권리를 잡았으니 계수(癸水)로 자윤(滋潤)해야 한다. 그렇지 않으면 목성(木性)이 메마르기 때문에 먼저 계수(癸水)를 취한 다음에 경신금(庚辛金)이 있어야 한다. 사(巳)에서 병화(丙火)가 신금(辛金)과 간합(干合)하면 합살유관(合殺留官)하니 의식주 걱정은 하지 않아도 된다.

사월(巳月) 을일생(乙日生)이 병무(丙戊)가 중(重)한데 지지(地支)에 화국(火局)이 있으면 계수(癸水)가 메말라 안과질환이 많이 따른다. 이것은 화토(火土)가 중(重)하면 계수(癸水)가 메마르기 때문이다. 계수(癸水)는 신장에 해당하는데 신장은 눈의 근본이니, 계수(癸水)가 없으면 잔병이 많거나 단명한다. 다시 말해 사월(巳月) 을일생(乙日生)은 반드시 신계(辛癸)가 있어야 상격(上格)이 되고, 경임(庚壬)은 그 다음이다.

5. 오월(午月) 을목(乙木): 癸 · 丙

오월(午月)은 화왕토조(火旺土燥)한 때이니 가색(稼穡)이 모두 메마른다. 하지(夏至) 이전에 태어난 사람은 먼저 계수(癸水)를 취한 다음에 경신(庚辛)을 취하고, 하지(夏至) 이후에 태어난 사람은 금수(金水)가 많으면 병화(丙火)로 조후(調候)해야 한다. 계수(癸水)와 더불어 금(金)이 상생(相生)하면 수원(水源)이 끊어지지 않으니 부귀격(富貴格)을 이룬다. 목명(木命)이 하월(夏月)에 태어나면 수(水)로 조후(調候)하는 것이 시급하다.

오월(午月) 을일생(乙日生)이 화(火)가 중(重)한 때를 만나면 기세가 흩어진다. 이때 지지(地支)에 인오술(寅午戌) 화국(火局)을 이루면 정화(精華)가 심하게 흩어지므로 반드시 계수(癸水)로 뿌리를 자양(滋養)해야 한다. 계수(癸水)가 십이운성(十二運星)에서 득지(得地)하고, 경신(庚辛)이 생수(生水)하면 부귀쌍전(富貴雙全)한다. 그러나 계수(癸水)가 없으면 평범한 명(命)이 된다.

명리학에 목(木)이 남쪽으로 달리면 꺼린다는 말이 있다. 이것은 을목(乙木)이 하월(夏月)에 태어나면 뿌리가 메마르니 계수(癸水)로 조후용신(調候用神)을 삼아야 된다는 뜻이다. 따라서 계수(癸水)가 있어도 반드시 통근(通根)해야 부귀격(富貴格)을 이루는 것이다. 만일 수(水)가 있어도 금(金)이 부조(扶助)하지 않으면 근원이 없는 수(水)가 된다. 다시 말해 오월(午月) 을일생(乙日生)은 경신(庚辛)이 모두 있으면 귀격(貴格)을 이룬다.

오월(午月) 을일생(乙日生)이 병화(丙火)가 투출(透出)하고 지지(地支)에 화국(火局)이 있으면 목성(木性)이 메마르고 그을리니 반드시 고질병이 있고, 계수(癸水)와 임수(壬水)가 모두 없으면 반드시 단명한다. 만일 계수(癸水)가 있으면 귀격(貴格)을 이루며, 임수(壬水)가 있으면 숙질과 단명을 막을 수 있다.

오월(午月) 을일생(乙日生)이 화토(火土)가 많은데 임계수(壬癸水)로 조후(調候)하지 못하면 화상도사(和尙道士)의 명(命)이라 하여 빈천하다. 이런 사람을 무정목명(無情木命)이라 한다.

6. 미월(未月) 을목(乙木) : 癸 · 丙

을목(乙木)이 오월(午月)이나 미월(未月)에 태어나면 기세가 쇠퇴하는 때이니 쉽게 메말라 그을린다. 이때는 계수(癸水)로 도와야 한다. 만일 무기토(戊己土)가 있으면 토(土)가 수(水)를 극(剋)하니 하격(下格)이 된다. 만일 무기토(戊己土)가 섞이면 갑목(甲木)으로 토성(土性)을 제복(制伏)하여, 거탁유청(去濁留淸)하면 준수한 명(命)이 되어 발전하지만 갑목(甲木)이 도와주지 않으면 어리석은 명(命)이 된다.

미월(未月) 을일생(乙日生)이 병계(丙癸)가 없고 정화(丁火)가 있으면 평범한 명(命)이 되고, 임수(壬水)가 정화(丁火)와 서로 간합(干合)하면 의식(衣食)은 걱정하지 않아도 된다. 이것은 병화(丙火)는 태양의 불로 자연의 기(氣)이고, 정화(丁火)는 등불로 인간의 기(氣)이니 정화(丁火)가 있고 병화(丙火)가 없으면 평범한 명(命)이 되는 것이다. 계수(癸水)는 자연의 우로(雨露)이고 임수(壬水)는 관개의 물이니, 자윤(滋潤)하는 것은 같으나 인간의 힘이 자연의 힘만은 못하기 때문이다. 따라서 하나는 부귀(富貴)한 명(命)이 되고, 하나는 의식(衣食)을 걱정하지 않는 정도에 머무르는 것이다.

하월(夏月) 목(木)은 반드시 계수(癸水)로 용신(用神)을 삼아야 하고, 금수(金水)가 많으면 병화(丙火)를 취한다. 지지(地支)에 해묘미(亥卯未) 목국(木局)이 있으면 병계(丙癸)가 있어야 대부대귀격(大富大貴格)을 이룬다. 만일 병계(丙癸)가 없으면 평범한 명(命)이 되나, 북방운(北方運)으로 흐르면 반드시 발전한다.

미월(未月) 을일생(乙日生)이 병계(丙癸)와 신무(辛戊)가 모두 간합

(干合)하면 가업을 버리고 타국에서 고생하고, 병계(丙癸)가 모두 없으면 난신무주(亂臣無主)라 하여 평생 고생이 많고, 신금(辛金) 편관(偏官)이 있으면 승도팔자가 되고, 병계(丙癸)는 없는데 갑목(甲木)이 있으면 평생 발복하기 어렵고, 경금(庚金)이 갑목(甲木)을 제(制)하면 사업은 성공해도 품행이 단정하지 못하다.

미월(未月) 을일생(乙日生)이 토(土)가 많은데 비견(比肩) 겁재(劫財) 인성(印星)이 없으면 기명종재격(棄命從財格)이 된다. 이런 사람은 인품과 덕이 높고, 현명한 아내의 내조를 받아 발전한다. 그러나 부(富)가 크고 귀(貴)는 작으니 귀인(貴人)의 도움이 있어야 공명(功名)을 이루고, 무토(戊土)가 있는데 비겁(比劫)이 없으면 재다신약(財多身弱) 사주이니 부옥빈인(富屋貧人)의 명(命)이 된다.

7. 신월(申月) 을목(乙木) : 丙 · 癸 · 己

추월(秋月)은 목성(木性)이 시들어 떨어지는 때이다. 신월(申月)은 수기(水氣)가 생(生)하지 않고 남은 더위가 기승을 부린다. 화(火)가 제살(制殺)하나 목성(木性)이 메마르니 계수(癸水)로 화살(化殺)해야 하고, 토(土)로 뿌리를 배양(培養)해야 한다. 수토(水土)는 목(木)이 생존할 수 있는 근본이니, 수토(水土)가 없으면 수목(樹木)이 다시 생장하기 어렵다. 서늘할 때는 화(火)가 필요한 것이 자연의 법칙이나 지나치게 많은 것도 좋지 않다.

신월(申月) 을일생(乙日生)은 십이운성(十二運星) 중에 있어서 정기(精氣)가 단절되는 때이니, 기토(己土)로 강하고 예리한 기(氣)를 완화시키고 수(水)로 수목(樹木)의 뿌리를 배양(培養)해야 한다. 병화(丙火)가 천간(天干)에 나타나면 대부대귀격(大富大貴格)을 이루고, 기토(己土)를 꺼리지 않으니 계수(癸水)가 투출(透出)하면 다시 좋아진다.

신월(申月) 을일생(乙日生)이 계수(癸水)가 있는데 병화(丙火)가 없으면 관인상생격(官印相生格)이 되니, 문서와 관계있는 공무원과 인연이 있다. 계수(癸水)가 있는데 기토(己土)가 없으면 비록 상격(上格)은 아니나, 준수한 명(命)으로 발전할 수 있다.

신월(申月) 을일생(乙日生)이 사주에 병기(丙己)가 없는데 경계(庚癸)가 많이 있으면 큰 발전은 기대하기 어렵고 건강도 좋지 않다.

신월(申月) 을일생(乙日生)이 경진시(庚辰時)에 태어났으면 을목(乙木)이 경금(庚金)과 간합(干合)하여 생금(生金)한다. 신월생(申月生)이 을경(乙庚)이 있으면 종화진격(從化眞格)을 이룬다. 명리학(命理學)에 진화(眞化)가 있으면 부귀(富貴)가 높다고 하여 장년상봉(壯年桑蓬)이라고 했다.

이것은 상(桑)은 활이요 봉(逢)은 화살로 천지사방에 화살을 쏘는 형상이다. 여기에 해당하면 반드시 공명(功名)을 이룬다. 이때 화기격(化氣格)이면 토(土)로 돕고, 병정사오(丙丁巳午)를 만나 극금(剋金)하면 파격(破格)되어 형충(刑沖)이 따른다.

을목(乙木)이 추월(秋月)에 태어나면 금기(金氣)가 사령(司令)하는 때이니, 지지(地支)에 금(金)이 많으면 뿌리에 철을 묻은 격이 되어 뿌리가 고갈된다. 이런 사주는 신체가 허약하며 노년에 가난으로 고생한다. 그러나 계수(癸水)가 투출(透出)하면 아신(我身)인 일간(日干)을 상생(相生)하고, 금(金)이 투출(透出)하면 호명(好命)이 된다.

8. 유월(酉月) 을목(乙木) : 癸·丙·丁

을목(乙木)이 중추(仲秋)에 태어나면 추기(秋氣)가 숙살(肅殺)하는 때이니 뿌리와 잎이 시들어 떨어진다. 신금(辛金)의 편관(偏官) 칠살(七殺)이 왕성하니 을목(乙木)이 쇠절(衰絶)한다. 을목(乙木)은 음목(陰木)이라 극상(剋傷)을 두려워 하지 않고, 일간(日干)이 통근(通根)되면 길하다. 즉 인해묘미(寅亥卯未)가 나타나 통근(通根)되면 묘해진다.

유월생(酉月生)은 병화(丙火)와 계수(癸水)가 부족하면 흉하다. 추분(秋分) 전에 태어났으면 계수(癸水)가 우선이고, 추분(秋分) 후에 태어났으면 병화(丙火)가 우선이다. 만일 병계(丙癸)가 모두 있으면 공명(功名)이 발전한다.

유월(酉月) 을일생(乙日生)이 지지(地支)에 사유축(巳酉丑) 금국(金局)이 있으면 활목(活木)의 뿌리에 철을 묻은 형상이 된다. 이때 지지(地支)에 정화(丁火)가 있어 식신(食神)으로 제살(制殺)해야 한다. 만일 제(制)하지 못하고 수화(水火)가 부족하면 평생 발복하기 어렵고, 계수(癸水)를 만나면 유자득모(有子得母)라 하여 평생 의식(衣食)은 걱정하지 않아도 된다. 병계(丙癸)가 모두 투출(透出)하고 무토(戊土) 재성(財星)이 있으면 반드시 타향에서 성공한다.

유월(酉月) 을일생(乙日生)이 추분(秋分) 후에 태어났는데 병화(丙火)는 있으나 계수(癸水)가 없으면 부(富)가 작고, 계수(癸水)는 있으나 병화(丙火)가 없으면 명리(名利)가 있어도 모두 허상이고, 병계(丙癸)가 모두 없으면 빈천하거나 단명한다.

유월(酉月) 을일생(乙日生)이 년월(年月)에 계수(癸水)가 있고 시

(時)에 병화(丙火)가 있으면 목화문성(木火文星)이라 하여 최상의 명(命)을 이룬다. 추분(秋分) 후에 태어나면 한목향양(寒木向陽)이 되어 사업이 발전하며 아름다운 명(命)이 된다.

유월(酉月) 을일생(乙日生)이 상반월에 태어났는데 계수(癸水)가 없으면 임수(壬水)로 대체해야 한다. 우로(雨露)의 윤택함이 없어도 인위적으로 관개해야 하기 때문이다. 그렇지 않으면 목(木)이 메말라 빈천한 명으로 변한다.

유월(酉月) 을일생(乙日生)은 휴수(休囚)을 만난다. 이때 인수(印綬)와 비겁(比劫)의 도움을 받지 못하고, 신유(申酉)의 금왕운(金旺運)을 만나면 가난하거나 단명한다. 이때 계수(癸水)는 있으나 병화(丙火)가 없으면 큰 발전은 기대하기 어려우나, 남방(南方) 화운(火運)으로 흐르면 공명(功名)을 떨치게 된다.

9. 술월(戌月) 을목(乙木): 癸·辛

술월(戌月)은 만추이니 기후가 차가운 때이다. 목기(木氣)가 고갈되어 가지와 잎이 시들어 떨어지고 음기(陰氣)가 더욱더 가중된다. 초목의 기맥이 모두 뿌리로 내려가니 수(水)로 배양(培養)해야 한다. 따라서 계수(癸水)로 용신(用神)을 삼고, 병정화(丙丁火)가 보좌한다. 이때 지지(地支)에서 생왕(生旺)되면 상격(上格)을 이룬다. 조토(燥土)가 목기(木氣)를 메마르게 하기 때문에 가장 필요한 것은 계수(癸水)이다.

술월(戌月) 을일생(乙日生)이 신금(辛金)의 수원(水源)을 만나면 공명(功名)이 발전하나, 한냉(寒冷)한 때이니 금수(金水)가 지나치게 많으면 흉하고, 계수(癸水)는 있는데 신금(辛金)이 없으면 평범한 명(命)이 되고, 신금(辛金)은 있는데 계수(癸水)가 없으면 하격(下格)을 이룬다.

술월(戌月) 을일생(乙日生)은 계신(癸辛)을 용신(用神)으로 삼아야 하나, 계신(癸辛)이 없으면 경임(庚壬)을 취한다. 그러나 경임(庚壬)이 용신(用神)이면 작은 운은 기대할만 하다.

술월(戌月) 을일생(乙日生)이 무기(戊己) 재(財)가 있으면 종재격(從財格)이나, 비견(比肩)·겁재(劫財)·인수(印綬)가 하나라도 있으면 파격(破格)된다. 이런 사주는 재다신약(財多身弱)이니 부옥빈인(富屋貧人)의 명(命)이 된다.

술월(戌月) 을일생(乙日生)은 조토(燥土)가 사령(司令)하니 반드시 계수(癸水)가 있어야 한다. 비록 정화(丁火)를 기뻐하지만 계수(癸水)가 먼저 있어야 한다.

술월(戌月) 을일생(乙日生)이 갑신시(甲申時)에 태어났으면 등라계갑(藤蘿繫甲)이 되어 큰 나무에 의지하는 형상이니 호명(好命)을 이룬다. 을목(乙木)을 돕고 신(申)에 금수(金水)가 있으니 관인상생(官印相生)을 이룬다.

10. 해월(亥月) 을목(乙木) : 丙·戊

을목(乙木)이 동월(冬月)에 태어나면, 가지와 잎이 다하여 떨어지고 기맥이 뿌리로 들어가는 때이니 발전할 힘이 없다. 따라서 정화(精

華)를 보존해야 봄이 오면 발동할 수 있다. 을목(乙木)은 임수(壬水)가 사령(司令)하니, 겉으로는 시들어 떨어지고 상하나 안으로는 활동하고 있다.

갑목(甲木)이 해(亥)를 만나면 십이운성(十二運星)으로는 장생(長生)에 해당한다. 그러나 을목(乙木)은 꽃잎이 있는 화목이니 품질은 좋으나 형상이 완전하지 않으니, 양화(陽和)를 기뻐하여 한목향양(寒木向陽)이라 한다. 따라서 병화(丙火)로 조후용신(調候用神)을 삼아야 한다. 만일 임수(壬水)가 지나치게 왕성하면 목(木)이 물에 뜨니, 먼저 무토(戊土)로 제(制)해야 하고, 병화(丙火)를 만나면 발전한다. 따라서 병화(丙火)는 있는데 무토(戊土)가 없으면 큰 발전은 기대하기 어려우나 작은 귀(貴)는 있고, 지지(地支)에 병화(丙火)가 있고 화운(火運)으로 흐르면 공명(功名)이 발전한다.

을목(乙木)은 화초나무이니 동월(冬月)이 되면 메마르며 위축되고, 수(水)가 매우 많으면 물에 떠내려갈 근심이 있고, 병화(丙火)는 없는데 사(巳)가 구해주면 고향을 떠나 타향에서 생활한다.

해월(亥月) 을일생(乙日生)이 임수(壬水)가 지나치게 많으면 떠돌이 팔자가 된다. 이런 경우에는 무토(戊土)로 막아야 하는데, 무토(戊土)가 지나치게 제(制)하면 갑목(甲木)으로 무토(戊土)를 제(制)해야 한다. 이런 사주는 집안이 창성하며 사람이 선량하나 화액과 송사가 많이 따른다.

해월(亥月) 을일생(乙日生)이 지지(地支)에서 해묘미(亥卯未) 목국(木局)을 이루면 곡직인수격(曲直仁壽格)이 된다. 때를 잃었으나 춘목(春木)과 이치가 같으니 다시 계수(癸水)를 만나면 운이 바뀐다. 이때 병무(丙戊)가 있으면 부귀격(富貴格)을 이루고, 정기(丁己)를

만나면 귀격(貴格)을 이룬다. 그러나 병무(丙戊)가 없으면 대성하기
어렵다. 대개 해월(亥月) 을일생(乙日生)은 일정하게 병화(丙火)의
도움을 받아야 길하다.

11. 자월(子月) 을목(乙木) : 丙

을목(乙木)이 중동(仲冬)에 태어나면 매우 추운 때이니, 가지와 잎
이 쇠하여 양화(陽和)의 기(氣)가 없으면 생의(生意)가 없다. 이렇게
추위가 엄할 때는 임계수(壬癸水)를 매우 꺼린다. 자월생(子月生)은
병화(丙火)가 조후용신(調候用神)이니, 병화(丙火)가 투간(透干)하
든 지지(地支)에 암장(暗藏)되든 모두 발전한다. 병화(丙火)가 득지
(得地)했는데 다시 천간(天干)에 나타나면 부귀격(富貴格)을 이룬
다. 그러나 임계수(壬癸水)가 있으면 병화(丙火)를 파(破)한다. 이때
는 무기토(戊己土)로 구제해야 하는데 이것을 한목향양(寒木向陽)이
라 하여 아름다운 명(命)이 된다.

자월(子月) 을일생(乙日生)이 무토(戊土)는 있는데 병화(丙火)가 없
으면 가난하나, 남방화운(南方火運)으로 흐르면 의식(衣食)이 풍성
하다. 그러나 병화(丙火)는 없는데 정화(丁火)가 있으면 한동(寒凍)
을 풀어주기 어려우니 발전하기 어렵고, 정화(丁火)가 있는데 갑목
(甲木)을 만나면 아내는 현명하나 자식이 불효하고, 갑목(甲木)도 없
고 정화(丁火)도 없으면 투기심이 많으며 홀아비 신세가 된다.

자월(子月) 을일생(乙日生)이 동지(冬至) 후에 태어나면 일양복래
격(一陽復來格)이 된다. 이때 지지(地支)에 해묘미(亥卯未) 삼합(三

合) 목국(木局)이 있고, 정화(丁火)가 투간(透干)하면 의식(衣食)이 풍성하다. 동월(冬月)은 수왕(水旺)한 때이니, 기토(己土)와 병화(丙火)가 있으면 대부격(大富格)을 이룬다. 그러나 수국(水局)이 있는데 토(土)로 제(制)하지 못하면 단명한다.

자월(子月) 을일생(乙日生)이 병무(丙戊)가 모두 투출(透出)했는데 형파(刑破)가 없으면 만사형통한다. 그러나 병화(丙火)가 목성(木性)을 도와주니 수(水)로 뿌리를 튼튼하게 만들어야 한다. 상해가 없으면 소양춘(小陽春)에 꽃을 피우는 형상이 되어 명리(名利)가 통달하고, 상관생재격(傷官生財格)을 이루고 목화문명(木火文明)의 형상이니 화운(火運)으로 흐르면 발전할 수 있다.

자월(子月) 을일생(乙日生)이 병정화(丙丁火)가 있는데 오미(午未)에 통근(通根)되고 갑목(甲木)까지 있으면 부(富)가 작으나, 정화(丁火)가 있으면 을목(乙木)을 도와주니 역량이 풍부하여 길하다. 이런 사주는 음목(陰木)이 음화(陰火)를 생(生)하니 성격이 음(陰)으로 편중되어 비록 목화(木火)가 총명하나 간사한 사람이 된다. 그러나 갑(甲)은 양목(陽木)이니 이러한 근심이 없고 발전한다.

자월(子月) 을일생(乙日生)이 동지(冬至) 후에 태어났는데, 지지(地支)에 목국(木局)이 있고 병화(丙火)가 투간(透干)하면 부귀격(富貴格)을 이룬다. 만일 병화(丙火)가 없으면 정화(丁火)로 대체해야 하니 의식(衣食)은 걱정하지 않아도 된다. 그러나 이때 계수(癸水)가 정화(丁火)를 파(破)하면 흉하다.

자월(子月) 을일생(乙日生)은 반드시 병화(丙火)가 있어야 한다. 이것은 추위가 엄하니 병화(丙火)의 태양으로 대지를 따뜻하게 만들어야 하기 때문이다. 만일 조후용신(調候用神)인 병화(丙火)가 없으면 한목(寒木)이 얼어붙으니 청빈한 명(命)이 된다.

12. 축월(丑月) 을목(乙木) : 丙

을목(乙木)이 엄한 축월(丑月)에 태어나면 목성(木性)이 생기가 다하여 뿌리로 내려간다. 이때는 병화(丙火)로 따뜻하게 해주고, 토(土)로 배양(培養)해야 한다. 만일 병(丙) 하나가 투출(透出)하고 계수(癸水)가 파극(破剋)하지 않으면 일지조양(一枝朝陽)이라 하여 귀격(貴格)을 이루나, 병화(丙火)가 없으면 청빈한 사람이 된다.

축월(丑月) 을일생(乙日生)은 재격(財格)이 되고, 무기(戊己) 재성(財星)은 모두 있는데 비겁(比劫)이 없으면 종재격(從財格)이 된다. 축월(丑月)에는 기토(己土)가 왕성하고 목기(木氣)가 한냉(寒冷)하니, 일주(日主)가 허약하여 기명종재격(棄命從財格)이 되어 밭둑길이 천 걸음이나 되는 부자가 된다. 그러나 비겁(比劫)이 있으면 재물을 빼앗으니 송곳 하나 꽂을 땅이 없다.

축월(丑月) 을일생(乙日生)은 반드시 병화(丙火)가 있어야 한다. 만일 병화(丙火)가 없으면 토(土)가 차가우니 목(木)이 생의(生意)가 없어 부귀격(富貴格)를 이루기 어렵다.

축월(丑月) 을일생(乙日生)은 무토(戊土) 재(財)가 많으면 갑목(甲木)으로 재(財)를 제(制)해야 하고, 을목(乙木)이 갑목(甲木)을 만나면 등라계갑(藤蘿繫甲)이 된다. 이때 병화(丙火)가 있으면 대단한 재력가가 되고, 병화(丙火)가 없어도 상당한 재력을 쌓는다.

3장. 병화(丙火)

1. 인월(寅月) 병화(丙火) : 壬·庚

병화(丙火)가 춘월(春月)에 태어나면 태양이 대지로 돌아오는 때이니 눈을 업신여기고 서리를 기만한다. 따라서 임수(壬水)가 용신(用神)이면 양광(陽光)을 도와주니 기제(旣濟)의 공이 있다. 인월(寅月) 병화(丙火)는 삼양개태(三陽開泰)라 한다.

병(丙)에 인(寅)은 십이운성(十二運星)으로는 장생(長生)에 해당하니 일주(日柱)가 왕성하다. 만일 임수(壬水)가 있으면 귀격(貴格)을 이루어 덕과 명성이 있다. 임수(壬水)가 인(寅)에 이르면 병지(病地)가 되니 경금(庚金)으로 수(水)를 도와야 한다. 만일 경임(庚壬)이 모두 투출(透出)하면 반드시 발전하고, 임수(壬水)는 투출(透出)했는데 경금(庚金)이 암장(暗藏)되어 있으면 타향에서 발전한다.

인월(寅月) 병일생(丙日生)이 천간(天干)에 경(庚)이 하나 있으면 비상하게 발전하고, 지지(地支)에 병화(丙火)가 있으면 재물과 명성이 모두 발전한다. 이런 사람은 총명하며 재능이 뛰어나니 호명(好命)을 이룬다. 그러나 임수(壬水)가 있는데 경신(庚辛)의 편정재(偏正財)가 있으면 혼잡되어 평범한 명(命)이 된다.

인월(寅月) 병일생(丙日生)이 신년(辛年) 신시(辛時)에 태어났으면 탐욕과 주색으로 인한 재앙이 따른다. 병화(丙火)가 신금(辛金)을 만나면 본성인 양강(陽剛)한 성질을 잃게 되니 성격이 맑지 않다.

인월(寅月) 병일생(丙日生)이 병화(丙火)는 적고 임수(壬水)는 많은데 무토(戊土)로 제(制)하지 못하면 살중신경(殺重身輕)하여 웃음 속에 칼을 감추고 있는 사람이 된다. 그러나 무토(戊土)로 제(制)하면 부귀격(富貴格)을 이루고, 비견(比肩)을 한두 개 만나면 아름다운 명(命)을 이루고, 기토(己土) 상관(傷官)이 있으면 을(乙)의 인수(印綬)가 필요하니 상관패인(傷官佩印)격이 되어 큰 기물을 이루는 재목이 된다.

인월(寅月) 병일생(丙日生)이 무토(戊土)가 있으면 화토(火土)가 메말라 수기(秀氣)가 부족하나, 지지(地支)에 인오술(寅午戌) 삼합(三合) 화국(火局)을 이루고 임수(壬水)를 만나면 귀격(貴格)이 된다. 즉 춘강수난(春江水暖)한 명(命)으로 기세가 상합(相合)하여 수화기제(水火旣濟)의 효력이 있다. 만일 임수(壬水)가 없으면 대신 계수(癸水)를 취해도 아름다운 명(命)을 이룬다. 그러나 임계(壬癸)가 모두 없으면 격국(格局)이 없는 것이니 흉하다.

인월(寅月) 병일생(丙日生)이 지지(地支)에 인오술(寅午戌) 삼합(三合) 화국(火局)을 이루고, 다른 목화(木火)가 있으면 염상격(炎上格)이 된다. 이때 동방운(東方運)이나 남방운(南方運)을 만나면 대부대귀격(大富大貴格)을 이룬다. 이것은 염상격(炎上格)은 화세(火勢)

가 전왕(專旺)하기 때문이다. 만일 임수(壬水)는 없고 계수(癸水)가 있으면 중간 정도의 부자는 된다.

인월(寅月) 병일생(丙日生)은 임계(壬癸)가 비록 관살(官殺)이나 조후용신(調候用神)이므로 왕상(旺相)하거나 통근(通根)되어야 한다. 임계수(壬癸水)가 모두 없으면 빈천한 명(命)이 되고, 화(火)가 지나치게 많은데 수(水)가 없으면 수운(水運)을 만날 때 반드시 죽음에 이르거나 화액이 따른다.

인월(寅月) 병일생(丙日生)은 갑목(甲木)이 용신(用神)이면 반드시 경금(庚金) 편재(偏財)로 제(制)해야 한다. 제신(制神)이 숨어 있어 나타나지 않으면 수재(秀才)의 명(命)이나, 경금(庚金)으로 제(制)하지 못하면 상격(上格)이 되지 못한다.

2. 묘월(卯月) 병화(丙火) : 壬·己

병화(丙火)가 묘월(卯月)에 태어나면 양기(陽氣)가 점점 펼쳐져 기후가 뜨거워지는 때이니 임수(壬水)로 생조(生助)해야 한다. 묘(卯)는 목성(木性)이기 때문에 임수(壬水)가 있으면 수화(水火)의 기(氣)가 서로 통하여 귀격(貴格)을 이룬다. 그러나 사주에 정화(丁火)가 없고 간합(干合)이 없어야 한다. 이때 경신기(庚辛己)가 투출(透出)하면 명리(名利)를 크게 떨친다.

묘월(卯月) 병일생(丙日生)이 임수(壬水)가 없어 기토(己土) 상관(傷官)이 용신(用神)이 되면 수기(秀氣)가 투출(透出)하여 총명하며 학문에 능하다. 이런 사람은 공명(功名)은 발전하지 못해도 의식(衣

食) 걱정은 하지 않는다. 만일 임수(壬水)가 많은데 무토(戊土)로 제(制)하면 발전하는 힘은 부족하나 항상 귀인(貴人)의 도움이 따른다.

만일 진술축미(辰戌丑未)에서 무토(戊土)와 계수(癸水)가 간합(干合)하여 임수(壬水)의 역량을 제(制)하지 않으면 평범한 명(命)이 되고, 무토(戊土)가 없어 칠살(七殺)을 제(制)하지 못하면 고향을 떠나고, 금(金)이 많아 생수(生水)하면 하격(下格)이 된다. 이것은 재(財)가 많아 살(殺)을 생(生)하기 때문이다.

묘월(卯月) 병일생(丙日生)이 인(寅)에 있는 무토(戊土)가 용신(用神)이 되면 화염토조(火炎土燥)하니 임수(壬水)가 서로 도와야 한다. 이때 임수(壬水)를 만나 목운(木運)으로 흐르면 충분히 발전하나, 토운(土運)을 만나면 발전하기 어렵다.

묘월(卯月) 병자일생(丙子日生)이 신묘시(辛卯時)에 해당하면 탐재괴인(貪財壞印)이 되어 조업(祖業)을 지키기 어렵다. 만일 정화(丁火)가 신금(辛金)을 극(剋)하면 임수(壬水)를 생(生)하니 부귀격(富貴格)을 이룰 수 있다. 이런 사주는 공명(功名)을 얻기는 어려우나 타향으로 나가면 발전할 수 있고, 처첩과 자식이 많다.

병자일생(丙子日生)이 월시(月時)에서 신묘(辛卯)를 만나면 지지(地支)에 형(刑)이 중(重)하고 서로 쟁합(爭合)하니 흉하다. 이때 년상(年上) 정화(丁火)로 신금(辛金)을 극(剋)하면 길하나, 정화(丁火)가 없으면 주색을 즐긴다. 만일 지지(地支)에 해묘미(亥卯未) 목국(木局)이 있으면 색정으로 재물을 얻고 술로 명성을 얻는다. 일주(日柱)가 간합(干合)하면 재물은 있으나 명예를 얻기는 어렵다. 이때는 용신(用神)을 돌아보는 법이 없으니 무상한 것이다. 이런 사람은 명리(名利)가 있어도 간사하고 비열하다.

묘월(卯月) 병일생(丙日生)이 무토(戊土)가 많으면 갑목(甲木)으로 제(制)해야 하는데, 갑목(甲木)이 없으면 화(火)를 어둡게 한다. 이런 사람은 진부하며 선비와는 거리가 멀고 비웃음거리가 되기 쉽다.

3. 진월(辰月) 병화(丙火) : 壬·甲

병화(丙火)가 진월(辰月)에 태어나면 양기(陽氣)가 점점 성(盛)하여 화세(火勢)가 왕성하다. 이때는 반드시 임수(壬水)로 조후용신(調候用神)을 삼아야 한다. 갑목(甲木) 인성(印星)이 살(殺)을 인수(印綬)로 화(化)하면 상격(上格)을 이루니 임갑(壬甲)이 모두 있으면 공명(功名)이 발전한다. 그러나 경금(庚金)이 투출(透出)하여 갑목(甲木)을 제(制)하면 학문에 능하나 발전하기 어려우니 한가한 유림(儒林)에 지나지 않는다.

진월(辰月)은 토성(土性)이 사령(司令)하는 때이니, 암장(暗藏)된 무토(戊土)의 기(氣)를 받지 않아도 화(火)를 어둡게 하고, 조후용신(調候用神)인 임수(壬水)를 파(破)하여 병임(丙壬)이 혼탁해지니 귀격(貴格)을 이루지 못한다. 따라서 지지(地支)에 진술축미(辰戌丑未)가 있으면 아신(我身)의 왕쇠를 불문하고 갑목(甲木)으로 제(制)해야 한다. 다시 말해 식신(食神)의 태과(太過)함을 제(制)하여 아신(我身)을 도와야 한다는 뜻이다. 진월(辰月)은 화왕(火旺)한 때이니 수목(水木)에 의지하여 따뜻하게 해주면 어떤 업종에 종사해도 성공한다.

진월(辰月) 병일생(丙日生)은 임갑(壬甲)이 모두 투출(透出)하면 반드시 부귀격(富貴格)을 이루어 발전하고, 임수(壬水)는 투출(透出)하고 갑목(甲木)이 암장(暗藏)되어 있으면 토(土)를 파(破)하기가 어려우니 부(富)는 있으나 귀(貴)는 없고, 임갑(壬甲)이 모두 없으면 빈천한 명(命)을 이룬다.

진월(辰月) 병일생(丙日生)이 임수(壬水)는 있는데 갑목(甲木)이 없거나, 갑목(甲木)은 있는데 경금(庚金)이 극상(剋傷)하면 재능이 있어도 명리(名利)가 박하고, 갑목(甲木)은 있으나 임수(壬水)가 없으면 노력에 따라 성공여부가 달라진다. 임갑(壬甲)이 모두 있으나 정화(丁火)가 임수(壬水)를 합(合)하고, 기토(己土)가 갑목(甲木)을 간합(干合)하면 평범한 명(命)이 된다.

4. 사월(巳月) 병화(丙火) : 壬 · 庚 · 癸

병화(丙火)가 사월(巳月)에 태어나면 아신(我身)이 건록(建祿)을 만나니 생(生)이 때를 얻는다. 권리를 잡고 세력이 왕성하니 임수(壬水)로 조후용신(調候用神)을 삼아 뜨거운 세력을 풀어주면 기제(旣濟)의 공을 이룬다.

사월(巳月) 병일생(丙日生)이 임수(壬水)로 용신(用神)을 삼고, 경금(庚金)으로 수(水)를 도와 수원(水源)을 이루게 하면 근원이 있는 물이니, 마르지 않고 왕화(旺火)를 제(制)할 수 있다. 따라서 임경(壬庚)이 양간(兩干)에서 모두 투출(透出)하면 부귀격(富貴格)을 이룬다. 이때 경임(庚壬)이 없는데 지지(地支)에 신해(申亥)가 있으면 경임(庚壬)이 암장(暗藏)되어 있으니 부귀를 지킬 수 있다. 그러나 경임(庚壬)의 기(氣)가 없으면 부귀가 있다 해도 풍후하지는 않다.

사월(巳月) 병일생(丙日生)이 임수(壬水)가 없으면 대신 계수(癸水)를 취한다. 경계(庚癸)가 모두 있으면 부(富)는 있으나 귀(貴)는 없고, 임계(壬癸)가 모두 없으면 화염토조(火炎土燥)하니 빈천하거나 요절한다.

사월(巳月) 병일생(丙日生)이 경신(庚辛) 재성(財星)이 있으나 비견(比肩) 겁재(劫財)가 없으면 장하천금(長夏天金)의 명(命)이니 대부격(大富格)을 이루나 귀격(貴格)은 아니고, 비견(比肩) 겁재(劫財)가 있으면 재(財)를 빼앗으니 빈곤한 명(命)이 된다. 병화(丙火)는 태양이요 임수(壬水)는 호수이니, 태양이 호수를 비추면 광휘가 뚜렷하게 나타나 문명의 상을 이룬다. 이런 사주는 명리(名利)를 크게 떨치나, 임수(壬水)가 없으면 외로운 태양이 보좌를 잃은 격이니 청광(淸光)을 얻기 어렵다.

사월(巳月) 병일생(丙日生)이 임수(壬水)는 없는데 계수(癸水)와 경금(庚金)이 있으면 부(富)는 있으나 귀(貴)는 없다. 이런 사람은 마음이 바르지 못하며 교묘하고 투기를 좋아하며 말재주가 좋다. 그러나 이때 경임(庚壬)이 모두 있으면 사사로운 욕심이나 간사한 마음이 없는 사람이 되고, 임계(壬癸)가 모두 없으면 어리석어 완고하며 사리에 어둡고, 임계수(壬癸水)가 없으면 화염(火炎)을 제(制)하지 못하니 승려가 되거나 요절한다.

사월(巳月) 병오일생(丙午日生)이 임수(壬水)가 많은데 무토(戊土)로 제(制)하지 못하면 음형중살격(陰刑重殺格)이 된다. 이때 화국(火局)이 중(重)하거나, 임수(壬水)가 중(重)한데 제복(制伏)하지 못하면 도적의 명(命)이 되고, 기토(己土)를 만나도 하천한 명(命)이다.

5. 오월(午月) 병화(丙火) : 壬 · 庚

병화(丙火)가 오월(午月)에 태어나면 양인(陽刃)이 사령(司令)하는 때이니, 화세(火勢)가 더욱 왕성하다. 만일 사주에 임경(壬庚)이 있으면 상격(上格)을 이룬다. 임수(壬水)로 조후용신(調候用神)을 삼으면 무기토(戊己土)가 극(剋)하는 것을 꺼린다. 임수(壬水)는 있는데 경금(庚金)이 없거나, 경금(庚金)은 있는데 서북운(西北運)으로 흐르면 부귀격(富貴格)을 이룬다.

오월(午月) 병일생(丙日生)이 임수(壬水)가 조후용신(調候用神)이나, 무기토(戊己土)가 극제(剋制)하거나 정화(丁火)가 임수(壬水)를 간합(干合)하면 모두 평범한 명(命)이 된다. 그러나 간합(干合)된 살(殺)을 만났을 때 노력하면 성과를 얻을 수 있다. 만일 임수(壬水)는 있으나 경금(庚金)이 없으면 뿌리가 없는 수(水)이기는 하나 임수(壬水)가 청(淸)하면 작게나마 발전한다.

오월(午月) 병일생(丙日生)이 임경(壬庚)이 없으면 반드시 지지(地支)에 신(申)이 있어야 한다. 임경(壬庚)이 신(申)에 암장(暗藏)되어 있으면 임수(壬水)가 신궁(申宮) 장생(長生)에 앉아 있고, 경금(庚金)이 신궁(申宮)에서 건록(建祿)이 되니 외국으로 나가 성공한다.

오월(午月) 병일생(丙日生)이 임수(壬水)가 없으면 대신 계수(癸水)를 취해야 한다. 이때 경금(庚金)이 있으면 금(金)은 수(水)의 어머니이니 근원이 멀고 흐름이 길어 부격(富格)을 이룬다.

오월(午月) 병일생(丙日生)이 병정화(丙丁火)가 많은데 수(水)로 조후(調候)하지 못하면 승려가 된다. 만일 인오술(寅午戌) 화국(火局)을 이루었는데 천간(天干)에 목화(木火)가 있으면 염상격(炎上格)이 되니 수(水)가 파(破)하면 흉하다. 이런 사주는 목운(木運)으로 흐르면 반드시 부귀격(富貴格)을 이룬다.

화명(火命)이 화토(火土)가 조잡하면 계수(癸水)를 만나도 조열(燥烈)하니 만물을 생출하기 어렵다. 이런 사주는 남명(男命)은 고독하고, 여명(女命)은 자식이 없거나 과부가 되고 안과질환이 많이 따른다. 만일 계수(癸水)가 없는데 북방운(北方運)으로 흐르면 화액이 따르기 쉽다. 이것은 조열(燥烈)한데 수(水)가 격동시키기 때문이다.

오월(午月) 병일생(丙日生)이 조후용신(調候用神)이 없고, 염상격(炎上格)을 이루었는데 경신금(庚辛金)은 없고, 갑을목(甲乙木)이 있으면 대부대귀격(大富大貴格)을 이룬다. 염상격(炎上格)은 수운(水運)으로 흐르는 것을 꺼리니, 수(水)가 있으면 파격(破格)되어 화액이 따르기 쉽다.

오월(午月) 병일생(丙日生)이 임수(壬水)는 없으나 계경(癸庚)이 있으면 의록(衣祿)이 풍부하다. 화토(火土)가 조열(燥烈)하지 않고, 지지(地支)에서 수(水)를 만나면 타향에서 작게나마 성공한다. 이때 지지(地支)에 토국(土局)이 있으면 설기(洩氣)가 태과(太過)하니, 임수(壬水)가 있으면 윤토(潤土)하고 갑목(甲木)이 있으면 화(火)를 도와 부귀격(富貴格)을 이룬다.

6. 미월(未月) 병화(丙火): 壬 · 庚

병화(丙火)가 미월(未月)의 중기 전에 태어나면 오월(午月)과 같아, 임경(壬庚)이 모두 있으면 대부대귀격(大富大貴格)을 이루나, 편중되거나 편경되면 귀격(貴格)이 아니다.

미월(未月) 병일생(丙日生)이 병화(丙火)가 왕지(旺地)에 이르렀는데 임수(壬水)가 하나 있으면, 독살위권(獨殺爲權)이 되어 살성(殺星)이 지지(地支)에 통근(通根)되면 반드시 귀격(貴格)을 이룬다. 이때는 무기토(戊己土)의 제(制)가 필요하지 않으니 무기토(戊己土)가 있으면 평범한 명(命)에 지나지 않는다.

미월(未月) 병일생(丙日生)이 중기 후에 태어나면 토성(土性)이 더욱 왕성하니 토기(土氣)가 설(洩)한다. 이것은 삼복의 차가운 날에 태어나 금수(金水)가 진기(進氣)하기 때문이다. 이때 사주에 경임(庚壬)이 모두 투출(透出)하면 발전한다.

미월(未月) 병일생(丙日生)이 경금(庚金)은 없는데 임수(壬水)가 있고, 스스로 무토(戊土)가 있으나 임수(壬水)를 제(制)하지 않으면 부귀(富貴)가 작다. 만일 무토(戊土)가 적으면 향토의 현인이니 제살(制殺)하는 것이 용신(用神)이 된다. 이때 무기토(戊己土)가 모두 있으면 일개용부(一介庸夫)에 지나지 않는다.

미월(未月) 병일생(丙日生)이 임수(壬水)가 있으나 힘이 약하고, 다시 기토(己土)가 투간(透干)하면 평범한 명(命)이 된다. 만일 사주에 임수(壬水)가 없으면 천하고 어리석다.

병화(丙火)는 미월(未月)이든 다른 달이든 임수(壬水)를 용신(用神)으로 삼는 경우는 많으나 결과가 같지는 않다. 다른 달은 서북운(西北運)이 길하나, 미월생(未月生)은 동남운(東南運)으로 흘러야 발전할 수 있다.

7. 신월(申月) 병화(丙火) : 壬 · 戊

신월(申月)은 맹추(孟秋)로 들어가는 때이니, 화염(火炎)이 점점 추월(秋月)로 이동하여 기세가 쇠감하고 체성이 휴식하여 거두어 묶는다. 초추(初秋)에 신(申)을 만나면 병지(病地)이나, 화세(火勢)가 아직 물러나지 않았으니 임수(壬水)가 조후용신(調候用神)이 된다. 임수(壬水)가 신(申)을 만나면 장생(長生)이 되므로, 임수(壬水)가 지나치게 많으면 수왕(水旺)하다. 이때는 반드시 무토(戊土)로 제(制)해야 공명(功名)을 이룰 수 있다.

병화(丙火)가 신월(申月)에 이르면 태양이 서산에 가까운 형상이니 양기(陽氣)가 쇠한다. 이때 토(土)를 만나면 어둡고 혼미해지니 임수(壬水)로 용신(用神)을 삼아야, 태양이 호해(湖海)를 비추는 것과 같아 상격(上格)을 이룬다.

신월(申月) 병일생(丙日生)은 재(財)를 용신(用神)으로 삼는다. 경금(庚金)은 재(財)이니 인수(印綬)나 비견(比肩)을 만나지 않으면 기명종재격(棄命從財格)이 되어, 비록 큰 발전은 없으나 친척이나 상사의 도움으로 입신하게 된다. 이런 사주는 타향으로 나가면 성공할 수 있다.

신월(申月) 병일생(丙日生)이 임무(壬戊)가 있으나 지지(地支)에 무토(戊土)가 많으면 칠살(七殺)을 지나치게 제(制)한다. 이때 갑목(甲木)으로 파(破)하지 않으면 부(富)는 있으나 귀(貴)는 없다.

8. 유월(酉月) 병화(丙火) : 壬 · 癸

유월(酉月)은 중추(仲秋)이니 하늘은 높고 기후는 서늘하여 수(水)
가 진기(進氣)를 이룬다. 병화(丙火)는 태양으로 유월(酉月)이면 십
이운성(十二運星)으로는 사운(死運)에 해당한다. 즉 태양이 황혼에
가까우니 겨우 수면에 여광이 남아있을 뿐이다. 임수(壬水)가 용신
(用神)이면 태양빛이 비추는 것을 돕는다. 만일 임수(壬水)가 없으면
대신 계수(癸水)를 취한다.

유월(酉月) 병일생(丙日生)이 병화(丙火)의 비견(比肩)이 있거나,
지지(地支)에 인사오(寅巳午)가 있으면 신강(身强) 사주가 된다. 이
때 임수(壬水) 하나가 고투(高透)하면 공명(功名)과 부귀(富貴)가 발
전하고, 임수(壬水)가 지지(地支)에 암장(暗藏)되어 있으면 수재(秀
才)의 명(命)이 되고, 임수(壬水)가 있으나 무토(戊土)가 많아 칠살
(七殺)을 지나치게 제(制)하면 무용지물이 된다.

유월(酉月) 병일생(丙日生)이 임수(壬水)가 용신(用神)이면 태양이
호해(湖海)를 비추는 것과 같아 공명(功名)이 발전한다. 이때 임수
(壬水)가 없으면 대신 계수(癸水)를 취하나 공명(功名)을 얻기는 어
렵다. 이것은 계수(癸水)는 우로(雨露)의 물이니 병화(丙火)와 배합
되지 않기 때문이다.

유월(酉月) 병일생(丙日生)이 지지(地支)에 사유축(巳酉丑) 금국
(金局)을 이루고, 천간(天干)에 재성(財星)이 있고, 인수(印綬)나 비
겁(比劫)이 없으면 종재격(從財格)이 된다. 이런 사람은 친척이나 친
구의 도움으로 부귀(富貴)를 얻고, 현명한 아내를 만나 좋은 내조를
받는다. 그러나 비견(比肩) 겁재(劫財)를 만나면 종재격(從財格)이

아니라, 재다신약(財多身弱) 사주가 되어 간교한 사람이 된다. 특히 여명(女命)은 말이 많고 음탕하며 천박하다.

9. 술월(戌月) 병화(丙火) : 甲 · 壬

술월(戌月)은 심추(深秋)이니 음기(陰氣)가 점점 중(重)해진다. 병화(丙火)가 술월(戌月)에 이르면 십이운성(十二運星)으로는 묘운(墓運)에 해당한다. 술월(戌月)은 태양이 지평선 아래로 들어갔으니 광열이 가장 미약한 때이고, 여광이 거슬려 쓰러진다. 따라서 토(土)가 지나치게 중(重)하면 흉하다.

이때는 갑목(甲木)이 있어도 화(火)의 도움이 필요하니 자연히 빛을 발한다. 갑목(甲木)이 있으면 계수(癸水)로 목기(木氣)의 성장을 도와주어야 하니 조후용신(調候用神)이 있으면 길하다. 이때 사주에 형충파해(刑沖破害)가 없으면 살인화격(殺印化格)이 되어 부귀(富貴) 복수(福壽)를 누린다.

병화(丙火)는 태양이니 임수(壬水)의 도움이 필요하다. 임수(壬水)가 양광(陽光)을 도와 비추게 하여 수목(樹木)을 자윤(滋潤)해야 한다. 따라서 술월(戌月) 병일생(丙日生)이 사주에 임갑(壬甲)이 모두 투출(透出)하면 부귀격(富貴格)을 이룬다.

그러나 임수(壬水)가 없고 계수(癸水)가 있으면 비교적 가벼우나 역시 부귀쌍전(富貴雙全)하고, 임수(壬水)는 없으나 계수(癸水)가 천간(天干)에 투출(透出)하면 외국에서 발전하고, 임수(壬水)가 있으나 갑목(甲木)이 심장(深藏)되어 있으면 학식은 높으나 부(富)가 부족하고, 갑임(甲壬)이 있는데 경무(庚戊)가 있으면 임갑(壬甲)을 극(剋)하여 조후용신(調候用神)을 상하게 만드니 평범한 명(命)이 되고, 임계갑(壬癸甲)이 모두 없으면 복이 없고 운도 열리지 않는 명(命)이 된다.

술월(戌月) 병일생(丙日生)이 조후용신(調候用神)인 임계(壬癸)가 있으나, 경신금(庚辛金)이나 신유금(申酉金)이 많으면 좋지 않다. 병일생(丙日生)에게 임계수(壬癸水)는 관살(官殺)에 해당하니 신약(身弱)하고, 다시 금(金)의 재(財)를 더하면 관살(官殺)을 생(生)하여 아신(我身)을 공격하니 좋지 않다. 이때 비겁(比劫)의 도움이 없으면 반드시 단명한다.

술월(戌月) 병일생(丙日生)이 지지(地支)에 인오술(寅午戌) 화국(火局)을 이루면 염상격(炎上格)이 된다. 이때 남방운(南方運)이 오면 대부대귀격(大富大貴格)을 이룬다. 만일 염상격(炎上格)을 이루지 않고 토왕(土旺)하면 화토(火土)가 염조(炎燥)한 국(局)을 이루니 남방운(南方運)으로 흘러도 가난을 면하기 어렵다. 사주에는 이처럼 미묘한 이치가 있으니 잘 파악해야 한다.

10. 해월(亥月) 병화(丙火) : 甲·戊·庚·壬

해월(亥月)은 초동월(初冬月)이고, 십이운성(十二運星)으로는 절지(絶地)에 해당하고, 화세(火勢)가 휴수(休囚)하는 때이니 갑목(甲木)으로 화(火)를 돕는 것이 가장 중요하다. 해월(亥月)은 임수(壬水)가 사령(司令)하여 왕지(旺地)를 얻어 태양이 령(令)을 잃는다.

따라서 해월(亥月) 병일생(丙日生)은 갑을목(甲乙木)으로 도와주는 것이 필요하다. 목왕(木旺)하면 경금(庚金)이 용신(用神)이고, 수왕(水旺)하면 무토(戊土)가 용신(用神)이고, 화왕(火旺)하면 임수(壬水)가 용신(用神)이 된다. 이처럼 사주의 정황에 맞게 용신(用神)을 정해야 한다.

해월(亥月) 병일생(丙日生)이 갑목(甲木)이 해(亥)를 만나면 장생(長生)되나, 습목(濕木)은 불태우기 어려우므로 생화(生火)하지 못한다. 따라서 무토(戊土)로 왕성한 수(水)를 제(制)해야 한다. 목(木)은 수토(水土)의 배양(培養)이 있어야 생화(生火)한다. 무토(戊土)로 임수(壬水)를 제(制)해야 하나 지나치면 흉하다. 따라서 갑무경(甲戊庚)이 모두 투출(透出)하면 재(財)는 생살(生殺)하고, 살(殺)은 인수(印綬)를 생(生)하며 살인(殺印)이 상생(相生)하면 반드시 부귀격(富貴格)을 이룬다.

해월(亥月) 병일생(丙日生)은 임수(壬水)로 용신(用神)을 삼는 것이 법칙이니, 임수(壬水)가 기토(己土)를 만나면 혼탁해져 흉하다. 그러나 해월생(亥月生)이 기토(己土)를 만나면 임수(壬水)와 서로 혼합하므로 대귀격(大貴格)을 이룬다.

해월(亥月) 병일생(丙日生)이 해(亥)를 만나면 쇠절지(衰絶地)를 이룬다. 이때 목(木)은 도움이 없으면 존재하기 어렵다. 해(亥)가 스스로 갑목(甲木)을 만나면 장생(長生)이 된다. 이는 새싹이 트기 시작하는 초기이므로 수(水)가 지나치게 왕성하면 구속을 받아 생화(生火)하지 못한다. 이때 기토(己土)로 임수(壬水)를 혼합하면 목성(木性)을 자윤(滋潤)한다. 갑목(甲木)이 생왕(生旺)하면 생화(生火)하는데, 이것을 절처봉생격(絶處逢生格)이라 한다. 이런 사람은 부귀공명(富貴功名)이 모두 따른다.

해월(亥月) 병일생(丙日生)이 갑무경(甲戊庚)이 있으면 길하다. 해월(亥月)은 소춘(小春)에 해당하여 기후가 비교적 온화하고, 양기(陽氣)가 회복되는 형상이니 갑무경임(甲戊庚壬)이 모두 작용한다. 갑무경(甲戊庚) 중에 하나라도 있으면 재능이 뛰어나고 심성이 온후하며 인격이 고상하다.

해월(亥月) 병일생(丙日生)이 임수(壬水) 편관(偏官)이 많은데 비겁(比劫)이나 인수(印綬)가 없으면 종살격(從殺格)이 된다. 종살격(從殺格)은 인수(印綬)를 꺼리므로 인성(印星)이 있으면 생기가 절(絶)되어 흉하다. 사주에 임수(壬水)가 많은데 갑을(甲乙) 인성(印星)이 없으면 기명종살격(棄命從殺格)이 되어 귀격(貴格)을 이룬다.

해월(亥月) 병일생(丙日生)이 월상(月上)이나 시상(時上)에 신금(辛金)이 하나 있는데 진(辰)이 있으면 병신화수격(丙辛化水格)이 된다. 해월(亥月)은 임수(壬水)가 사령(司令)하는 때이니, 시주(時柱)에 임진(壬辰)이 있으면 화기진격(化氣眞格)이 되어 대부대귀격(大富大貴格)을 이룬다.

11. 자월(子月) 병화(丙火) : 壬 · 戊 · 己

자월(子月) 병화(丙火)가 동지(冬至) 후에 태어나면 일양잠재(一陽潛在)라 한다. 약한 가운데 강하다는 뜻이다. 이런 사주는 임수(壬水)를 용신(用神)으로 삼고, 무토(戊土)로 보좌해야 한다. 이때 무토(戊土)가 없으면 기토(己土)라도 있어야 한다.

자월(子月) 병일생(丙日生)은 임수(壬水)가 편관(偏官)이고, 무토(戊土)가 식신(食神)이다. 임수(壬水)가 자(子)를 만나면 왕성해지니, 살왕(殺旺)하면 식신(食神)이 조후용신(調候用神)과 제살신(制殺神)이 된다.

자월(子月) 병일생(丙日生)이 임무(壬戊)가 모두 있으면 반드시 운이 열린다. 무토(戊土)는 없으나 기토(己土)가 있으면 외국에서 발전한다. 그러나 임수(壬水) 대신 계수(癸水)가 있으면 금(金)으로 수(水)를 도와야 한다. 계수(癸水)는 정관(正官)이고 금(金)은 재성(財星)이니, 재관상생(財官相生)하면 부귀(富貴)와 공명(功名)이 모두 있다.

자월(子月) 병일생(丙日生)이 임수(壬水)와 무토(戊土)가 있으면 갑목(甲木)도 있어야 한다. 임수(壬水)는 편관(偏官)이니 갑목(甲木)으로 화살(化殺)하고, 무토(戊土)의 건조함을 제거하면 묘약을 조제하는 것과 같다. 임무(壬戊)가 모두 있으면 수토(水土)가 혼미하기 때문에 문장이 출중하더라도 명리(名利)는 없다.

자월(子月) 병일생(丙日生)이 임수(壬水)는 많은데 인성(印星)이 없으면, 기명종살격(棄命從殺格)이 되어 뜻을 쉽게 이룬다. 그러나 이때 갑목(甲木)이 있으면 종살격(從殺格)이 되지 않는다.

12. 축월(丑月) 병화(丙火) : 壬 · 甲

축월(丑月)은 이양(二陽)이 진기(進氣)하나, 한기(寒氣)가 매서운 때이니 화세(火勢)가 쇠약하다. 병화(丙火)가 설상(雪霜)을 업신여기며 기만하니 임수(壬水)가 용신(用神)이 되고, 기토(己土)가 사령(司令)하니 갑목(甲木)으로 보좌해야 한다.

따라서 축월(丑月) 병일생(丙日生)이 사주에 임갑(壬甲)이 모두 투출(透出)하면 공명(功名)이 발전하고, 임수(壬水)는 있는데 갑목(甲木)이 없으면 수재(秀才)에 불과하고, 임수(壬水)는 없는데 갑목(甲木)이 심장(深藏)되어 있으면 선부후귀(先富後貴)한 명(命)이 된다.

축월(丑月) 병일생(丙日生)은 축궁(丑宮)에 계신기(癸辛己)가 모두 있다. 만일 기토(己土)를 생(生)하면 갑을목(甲乙木)이 돕지 못하니 가상관격(假傷官格)이 된다. 다시 말해 화토상관격(火土傷官格)이 된다. 이런 사주는 총명하나 거만한 사람이 된다.

축월(丑月)은 이양(二陽)이 진기(進氣)하는 때이나 춘월(春月) · 하월(夏月)과는 비교되지 않는다. 한냉(寒冷)한 계절에는 화(火)도 차가우니 상격(上格)을 이루기 어려워, 명리(名利)가 있어도 허상에 불과하다.

축월(丑月) 병일생(丙日生)은 임수(壬水) 대신 계수(癸水)가 있으면 정관(正官)이 된다. 그러나 기토(己土)가 정관(正官)을 극상(剋傷)하니, 기토(己土)가 왕성하면 지나치게 극상(剋傷)한다. 이때 금(金)으로 정관(正官)을 도와 상관(傷官)의 흉을 제거하면 비록 명성은 없으나 문장은 청아하다.

축월(丑月) 병일생(丙日生)이 천간(天干)에 무기토(戊己土)가 있는데 지지(地支)에 진술축미(辰戌丑未)가 있으면 다른 용신(用神)이 필요하지 않으니 가색격(稼穡格)을 이루고, 차가운 토(土)는 화(火)를 기뻐하니 남방운(南方運)으로 흐르면 복록이 두텁다.

4장. 정화(丁火)

1. 인월(寅月) 정화(丁火) : 甲 · 庚

인월(寅月) 정일(丁日)은 초춘(初春)이므로 화세(火勢)가 왕성하지는 않으나 목성(木性)이 왕성하고, 화(火)가 차갑고 목왕(木旺)하니 경금(庚金)으로 보호해야 한다. 따라서 인월(寅月) 정일생(丁日生)이 갑을목(甲乙木)이 많으면 경금(庚金) 재(財)로 인수(印綬)를 제(制)하면 상격(上格)이 되고, 서방운(西方運)으로 흐르면 대귀격(大貴格)을 이루나 대기만성하는 명(命)이 된다. 이런 사주는 대운(大運)이 순행(順行)하든 역행(逆行)하든 상관없이 서방(西方) 경금(庚金)이 득지(得地)하면 반드시 크게 발전한다.

인월(寅月) 정일생(丁日生)이 갑목(甲木)이 있으나 경금(庚金)이 지나치게 많으면 가난하거나 단명하고, 갑목(甲木)은 하나밖에 없는데 을목(乙木)이 많으면 고향을 떠나야 발전한다. 만일 경자시(庚子時)에 태어나면 아내 · 자식과 인연이 두텁다.

인월(寅月) 정일생(丁日生)이 임수(壬水)가 있으면 정임화목격(丁壬化木格)이 되고, 화기진격(化氣眞格)이 경금(庚金)이 있으면 파격(破格)된다. 정화(丁火)가 임인시(壬寅時)에 태어났는데 년월(年月)에 정임(丁壬)이 있으면 남명(男命)은 대귀격(大貴格)을 이루나, 여명(女命)은 음탕하고 천박하며 형부극자(刑夫剋子)하는 명(命)이 된다. 다시 말해 일주(日柱)가 왕상(旺相)하면 남명(男命)은 귀격(貴格)을 이루나 여명(女命)은 좋지 않다. 이런 여명(女命)은 남편의 권리를 빼앗는다.

인월(寅月) 정일생(丁日生)이 지지(地支)에 인오술(寅午戌) 화국(火局)이 있으면 염상격(炎上格)이 된다. 이때 생(生)이 때를 만나지 못하면 수(水)로 염열(炎熱)함을 제(制)해야 한다. 만일 수(水)가 제(制)하지 못하면 승도팔자가 된다. 즉 일주(日柱)가 왕성하면 쉽게 편고(偏枯)해지기 때문에 흉하다.

인월(寅月) 정화(丁火)가 인시(寅時)에 태어나지 않았는데 임계수(壬癸水)는 있으나 경금(庚金)이 없으면 가난한 명(命)이 된다. 월주(月柱)에서 비록 시령(時令)의 왕기(旺氣)를 얻으나 왕성하지 않다. 이런 화기격(化氣格)은 월시상(月時上)에서 기세를 얻어야 한다. 만일 정임(丁壬)이 간합(干合)하는데 계수(癸水)가 있으면 정임(丁壬)이 목(木)으로 변한 것의 인수(印綬)가 되어 길하다. 인월(寅月)은 목성(木性)이 왕성한 때이니. 정화(丁火)는 목(木)의 생화(生火)에 의지하여 왕성해진다. 따라서 사주에 경임(庚壬)이 모두 있으면 재관쌍미격(財官雙美格)이 되어 뛰어난 선비가 된다.

인월(寅月) 정일생(丁日生)이 병화(丙火) 겁재(劫財)를 만나면 생왕(生旺)해지니 임수(壬水)가 있으면 길하다. 그러나 병화(丙火)가 없으면 임수(壬水)가 있어도 좋은 명(命)을 이루지 못한다.

인월(寅月) 정일생(丁日生)이 경금(庚金)과 계수(癸水)가 있는데, 기토(己土)가 또 있으면 계수(癸水) 편관(偏官)을 식신(食神)으로 제(制)하니 제살격(制殺格)이 되어 타향에서 발전한다. 만일 관살(官殺)이 있으면 살(殺)이 강하나, 월주(月柱)에 인수(印綬)가 사령(司令)했으니 극설교집(剋洩交集)이라도 지장이 없다.

남명(男命)이 정관(正官)이 많으면 귀(貴)는 없으나, 재관(財官)이 상생(相生)하면 비교적 부(富)한 명(命)을 이룬다. 여명(女命)에게 관(官)은 부성(夫星)이므로 관살(官殺)이 모두 있으면 남편을 극(剋)한다. 그러나 임수(壬水)가 많거나 계수(癸水)가 있어도 하나를 제거할 수 있으면 근심하지 않아도 된다. 만일 정임(丁壬)이 간합(干合)하면 음닉의 합(合)이 되는데, 여기다 함지살(咸池殺), 대모살(大耗殺), 공망(空亡) 등이 있으면 남녀 모두 색정으로 인한 재앙이 있다.

인월(寅月) 정일생(丁日生)이 지지(地支)에 인오술(寅午戌) 화국(火局)이 있는데, 수(水)의 조후용신(調候用神)이 없으면 가난하고 고독하며 저속한 사람이 된다. 이때 천간(天干)에 목화(木火)가 있으면 가염상격(假炎上格)이 되어, 동방운(東方運)이나 남방운(南方運)으로 흐르면 운이 열리나 북방운(北方運)으로 흐르면 흉하다.

2. 묘월(卯月) 정화(丁火) : 庚·甲

묘월(卯月) 정일(丁日)은 양기(陽氣)가 점점 성(盛)한 때이나, 목성(木性)이 지나치게 왕성하면 흉하다. 목(木)이 지나치게 왕성하면 화

(火)가 험하여 막히니 경금(庚金)으로 도와야 한다. 이것은 묘(卯) 속의 을목(乙木)과 간합(干合)한다는 뜻이다. 이때 재(財)로 인수(印綬)를 파(破)하면 대귀격(大貴格)을 이룬다.

묘월(卯月) 정일생(丁日生)은 먼저 재(財)로 용신(用神)을 삼은 다음에 인수(印綬)를 취한다. 다시 말해 경금(庚金)으로 용신(用神)을 삼은 다음에 갑목(甲木)을 취한다는 말이다. 따라서 사주에 경갑(庚甲)이 모두 있으면 의록(衣祿)이 풍부하다.

묘월(卯月) 정일생(丁日生)이 경(庚)의 양금(陽金)이 있으면 재(財)가 관성(官星)을 몰래 돕고, 갑목(甲木)으로 아신(我身)을 도와주면 아신(我身)과 재신(財神)이 기(氣)를 얻어 복록이 모두 있다. 사주에 경갑(庚甲)이 모두 있으면 풍월유정(風月有情)이라 한다. 이것은 갑목(甲木)은 풍(風)에 비유하고, 경(庚)은 월(月)에 비유하는 것이다.

묘월(卯月) 정일생(丁日生)이 경금(庚金)이 투출(透出)했으나 갑목(甲木)이 암장(暗藏)되어 있으면 부귀(富貴)가 작다. 이런 사주는 명성이 있다해도 달팽이의 촉각과 같이 작고, 이익이 있어도 파리의 머리와 같이 작다. 만일 갑목(甲木)이 있으나 경금(庚金)이 심장(深藏)되어 있으면 타향에서 공명(功名)을 얻고, 타인의 도움으로 명리(名利)를 얻는다.

묘월(卯月) 정일생(丁日生)은 묘(卯)에 갑을목(甲乙木)이 암장(暗藏)되어 있으나, 을(乙)이 기(氣)를 잡아 상생(相生)하니 경금(庚金)으로 도와야 한다. 만일 을경(乙庚)이 있으면 투탐쌍합(妬貪雙合)이 되어 금수운(金水運)을 만나면 가난한 명(命)이 된다. 그러나 지지(地支)에 을목(乙木)이 두 개 있으면 탐합(貪合)이라 하지 않는다. 이때는 아신(我身)을 도와주므로 목화운(木火運)을 만나면 부귀격

(富貴格)을 이룬다.

묘월(卯月) 정일생(丁日生)이 을목(乙木)이 많은데 갑목(甲木)은 하나밖에 없으면 부귀(富貴)가 있으나 오래 가지 못한다. 이런 사람은 욕심이 많고 교묘하여 재화를 초래한다. 심하면 조업(祖業)을 지키기 어려워진다. 여기다 재(財)와 관살(官殺)까지 없으면 인성(印星)이 용신(用神)이 되니 만사가 이루어지지 않는다.

묘월(卯月) 정일생(丁日生)이 인왕살고(印旺殺高)하면 살왕(殺旺)하여 인수(印綬)가 용신(用神)이니 대부대귀격(大富大貴格)을 이룬다. 이것을 월령인수격(月令印綬格)이라 한다. 이때 편관(偏官) 칠살(七殺)을 만나면 화살(化殺)하여 권신(權神)이 된다.

묘월(卯月) 정일생(丁日生)이 지지(地支)에 해묘미(亥卯未) 목국(木局)이 있는데, 경금(庚金)이 있으면 청귀(淸貴)한 명(命)을 이루나, 경금(庚金)이 없으면 평범한 명(命)이 된다. 다시 말해 묘월(卯月)은 을목(乙木)이 권리를 잡은 때이니 경금(庚金)이 필요하다. 따라서 경금(庚金)이 없으면 빈고(貧孤)한 명(命)이 된다.

묘월(卯月) 정일생(丁日生)은 재관인식(財官印食)이 모두 길신(吉神)이나, 묘월(卯月)은 목욕패지(沐浴敗地)이고 계수(癸水)가 장생(長生)을 얻었다. 이때 계수(癸水)가 많으면 살성(殺星)이 왕성하니, 금수운(金水運)을 만나면 살성(殺星)이 더욱 왕성하여 정화(丁火)가 사절지(死絶地)를 만나는 것이다. 이런 사주는 설상가상이 되어 화액의 끝이 없다. 이때 형충(刑沖)이 없고, 경금(庚金)이 투출(透出)하고, 지지(地支)에 무기토(戊己土)가 있어 계수(癸水) 살(殺)을 제(制)한 다음에 목화운(木火運)으로 흐르면, 아신(我身)을 도와주니 발전할 수 있다.

3. 진월(辰月) 정화(丁火) : 甲 · 庚

진월(辰月)은 청명(淸明)이니 양기(陽氣)가 점점 성(盛)하는 때이다. 만춘에는 무토(戊土)가 사령(司令)하여 정화(丁火)를 설(洩)하니 비교적 약하다. 따라서 진월(辰月) 정일생(丁日生)은 갑목(甲木)을 용신(用神)으로 삼아 무토(戊土)를 제(制)하여 아신(我身)인 일간(日干)을 돕고, 경금(庚金) 역시 무토(戊土)의 기세를 설(洩)해야 한다. 따라서 갑경(甲庚)으로 조후용신(調候用神)을 삼으면 부귀격(富貴格)을 이루나, 갑경(甲庚) 중에 하나는 있는데 하나는 암장(暗藏)되어 있으면 상격(上格)을 이루지 못한다.

진월(辰月) 정일생(丁日生)이 지지(地支)에 신자진(申子辰) 삼합(三合) 수국(水局)이 있는데, 임수(壬水)가 있으면 살중신경(殺重身輕)해진다. 이런 사주는 단명하거나 재화가 따르기 쉬워 죽음에 이른다. 그러나 무기토(戊己土)가 왕성한 수(水)를 제(制)하면 큰 기물을 이룰 수 있다. 갑목(甲木)이 무기토(戊己土)를 제(制)하는 것을 꺼리니, 갑목(甲木)이 있으면 평범한 명(命)에 불과하다.

진월(辰月) 정일생(丁日生)이 지지(地支)에 목국(木局)이 있으면 묘월(卯月)과 같은 이치이다. 먼저 경금(庚金)으로 용신(用神)을 삼은 다음에 계정(癸丁)을 취한다. 정화(丁火)는 경금(庚金)을 제(制)하고, 계수(癸水)는 금(金)을 설(洩)하는데, 계수(癸水)가 없으면 타향에서 작게 이룬다.

진월(辰月) 정일생(丁日生)이 무기토(戊己土)가 투출(透出)하면 파진상관(破盡傷官)이 된다. 이때 상충(相沖)이 없으면 토왕(土旺)하고 화성(火盛)하니 상관(傷官) 식신(食神)이 되나, 신왕운(身旺運)으로 흐르면 부귀격(富貴格)을 이룬다.

4. 사월(巳月) 정화(丁火) : 甲 · 庚

하월(夏月)에 태어나면 화(火)가 시령(時令)을 얻고 권리를 잡으나 반드시 갑목(甲木)이 있어야 한다. 만일 목화(木火)가 많으면 반대 현상이 나타나, 광휘가 발해도 불이 쉽게 꺼지니 금(金)으로 구해야 한다. 이때 갑경(甲庚)이 모두 있으면 양공교장(良工巧匠)이라 하여 노력하면 반드시 발전할 수 있다.

사월(巳月) 정일생(丁日生)은 병화(丙火)가 당권(當權)했으니, 정화(丁火)가 병화(丙火)에게 의지하여 염열(炎熱)해진다. 천간(天干)에서 병화(丙火)가 정화(丁火)의 빛을 빼앗고, 임계수(壬癸水)로 열화(烈火)를 제(制)하면 발전하여 최고에 오르나, 임계수(壬癸水)가 제(制)하지 못하면 빈고(貧孤)한 명(命)이 된다.

사월(巳月) 정일생(丁日生)이 사(巳)에 무경병(戊庚丙)이 있으면 무토(戊土)를 상생(相生)하니 상관격(傷官格)이 되고, 경금(庚金)을 만나 정재(正財)를 생(生)하면 상관생재격(傷官生財格)이 되어 부(富)는 있으나 귀(貴)는 없다. 만일 무토(戊土)가 많은데 임계수(壬癸水)가 없으면 파진상관(破盡傷官)이 되어 청귀(淸貴)하나 부(富)는 없고, 갑을목(甲乙木)이 상관(傷官)을 제(制)하면 평범한 명(命)이 된다. 정화(丁火)는 음유(陰柔)한 불이므로 목(木)에 의지해야 영화로우니 갑목(甲木)이 있어야 한다. 다시 말해 등촉에 기름을 넣는 형상이 된다.

사월(巳月) 정일생(丁日生)이 갑목(甲木) 정인(正印)이 있으면 유약한 화(火)가 힘을 얻어 목화통명(木火通明)이 된다. 이때 갑목(甲木)이 지나치게 많으면 경금(庚金)이 있어야 하고, 갑경(甲庚)이 모두 있는데 수(水)가 있으면 아신(我身)을 쉽게 상하게 만들고, 경금(庚金)을 도설(盜洩)하며 갑목(甲木)이 습목(濕木)이 되니 발전을 방해한다.

사월(巳月) 정일생(丁日生)이 병화(丙火)가 많으면 쉽게 정화(丁火)의 빛을 빼앗는다. 이때 임계수(壬癸水)가 없으면 가난을 면하기 어렵다. 천간(天干)에 정화(丁火) 두 개와 병화(丙火) 한 개가 있고, 지지(地支)에는 사(巳) 두 개나 오(午) 하나가 있으면 가정에 아름다움이 충만하며 의식(衣食) 걱정은 없으니, 병화(丙火) 하나가 정화(丁火) 두 개의 빛을 빼앗기가 부족하니 비록 발전은 없어도 이름은 날린다. 정화(丁火)는 등촉의 불이요 병화(丙火)는 태양의 빛이니 그 빛을 빼앗는 것이다. 이때 갑목(甲木)이 있으면 건강하고 복이 넉넉한 사람이 된다.

사월(巳月) 정일생(丁日生)이 지지(地支)에 사유축(巳酉丑) 금국(金局)을 이루고, 경신금(庚辛金)이 있는데 무토(戊土)가 투출(透出)하지 않으면 화(火)를 어둡게 할 염려가 없다. 이것을 장하천금첩첩격(長夏天金疊疊格)이라 하여 반드시 부격(富格)을 이루는데, 사월생(巳月生)은 귀(貴)를 겸한다.

정화(丁火)는 성질이 염열(炎熱)하지 않으니 지지(地支)에 화국(火局)이 있어도 염상격(炎上格)이 되지 않는다. 그러나 갑목(甲木)과 병화(丙火)가 있는데 금수(金水)가 화(火)를 제(制)함이 없고 갑목(甲木)에 의지하면 염상격(炎上格)과 같은 이치가 된다. 이때 동남운

(東南運)으로 흐르면 오복을 누린다. 오복이란 부(富)·귀(貴)·수(壽)·평안·건강을 말한다.

5. 오월(午月) 정화(丁火) : 壬·庚癸

오월(午月) 정일(丁日)은 건록(建祿)이며 망종(芒種)에 가까운 때이니 화세(火勢)가 맹렬하다. 이때는 시급하게 금수(金水)로 조후(調候)해야 한다. 금수(金水)가 휴수(休囚)되나 금(金)이 생수(生水)하며 수(水)가 제화(制火)하고, 화(火)가 금(金)을 제(制)하니 서로 구제한다. 지지(地支)에 화국(火局)이 있으면 신강(身强)하니, 경임(庚壬)이 있으면 대부대귀격(大富大貴格)을 이룬다. 임수(壬水)가 지지(地支)에 암장(暗藏)되어 있어도 가난한 사주는 아니다. 이때 서북운(西北運)으로 흐르면 반드시 부귀격(富貴格)을 이룬다. 그러나 토(土)가 임계수(壬癸水)를 제(制)하면 평범한 명(命)이 된다.

오월(午月) 정일생(丁日生)은 임계수(壬癸水)가 조후용신(調候用神)인데 지지(地支)에 목(木)이 있으면 흉하고, 해묘미(亥卯未)가 있으면 수(水)가 생목(生木)하여 수기(水氣)를 설(洩)하니 노력해도 공이 없다. 그러나 금수운(金水運)으로 흐르면 의식(衣食)은 풍부하고, 중년 이후에는 부(富)는 있으나 자식이 상하기 쉽다.

오월(午月) 정일생(丁日生)이 경임(庚壬)이 있는데 지지(地支)에 인오술(寅午戌) 삼합(三合) 화국(火局)이 있으면 일주(日柱)가 강건하여 재관(財官)을 감당할 수 있으니 발전한다. 이것을 성월도은하(星月渡銀何)라 하여 운이 열린다. 정화(丁火)는 성(星), 경금(庚金)은 월(月), 임수(壬水)는 은하수를 말한다.

오월(午月) 정일생(丁日生)이 형충(刑沖)이 없고 천간(天干)에 계수(癸水)가 투출(透出)하면 호두격(虎頭格)이라 한다. 정화(丁火)가 오(午)를 만나면 건록(建祿)을 이루니 형충파극(刑沖破剋)이 없고, 계수(癸水) 칠살(七殺)을 만나면 독살당권(獨殺當權)이 되어 대귀격(大貴格)을 이룬다.

오월(午月) 정일생(丁日生)이 병오시(丙午時)에 태어나고 수(水)로 구제하지 못하면, 왕신(旺神)이 분수를 넘게 되어 범우선교(梵宇宣敎)라 한다. 범우란 묘(廟)를 뜻하고, 선교는 승도의 직에 종사하는 것이니 승도팔자라는 뜻이다. 그러나 왕신(旺神)이 제(制)하면 비록 공명(功名)이 발전하지는 못해도 의록(衣祿)은 완전하다.

오월(午月) 정일생(丁日生)이 사주에 화세(火勢)는 없는데 수기(水氣)가 투간(透干)하면 갑목(甲木)이 필요하다. 이때 갑목(甲木)이 있으면 목화통명(木火通明)이 되고, 경금(庚金) 재(財)가 있으면 대부대귀격(大富大貴格)을 이룬다.

오월(午月) 정일생(丁日生)은 생월(生月)에서 오(午) 건록(建祿)을 만나는데, 사주가 생왕(生旺)되거나 화국(火局)을 이루면 화세(火勢)가 맹렬하니 시급하게 수(水)로 조후(調候)해야 한다. 만일 그렇지 않으면 신왕무의(身旺無依)가 되어 고빈(孤貧)한 명(命)이 되고, 여명(女命)은 승려나 첩이 된다. 여기다 운까지 북방운(北方運)으로 흐르면 흉액이 따른다.

6. 미월(未月) 정화(丁火) : 甲 · 壬 · 庚

미월(未月)은 이음(二陰)이 생(生)하고 화기(火氣)가 물러나는 때이니, 정화(丁火)의 음유(陰柔)한 본성이 나타난다. 삼복의 차가운 날에 태어나면 정화(丁火)가 더욱 약해진다. 따라서 미월(未月) 정일생(丁日生)은 반드시 갑목(甲木)이 있어야 하고, 화토(火土)가 염조(炎燥)하니 수(水)로 윤택하게 해야 한다. 수(水)로 해염(解炎)하면 갑목(甲木)의 생의(生意)를 돕는 것이다. 정화(丁火)가 왕성한데 금수(金水)가 투출(透出)하면 귀격(貴格)을 이룬다. 그러나 경금(庚金)이 없으면 청운의 뜻은 있으나 이루기 어렵다.

미월(未月) 정일생(丁日生)이 갑목(甲木)이 있는데 지지(地支)에 해묘미(亥卯未) 목국(木局)이 있으면 갑목(甲木)이 해궁(亥宮)에서 장생(長生)되어 통근(通根)하니 명리(名利)가 현달한다. 또 지지(地支)에 목국(木局)을 이루지 않았더라도 해(亥)와 임수(壬水)가 있으면 대귀격(大貴格)을 이루지 못하더라도 청운의 뜻을 이룬다. 갑목(甲木)이 투출(透出)하면 재능이 있고, 경금(庚金)이 투출(透出)하면 형상(刑傷)은 없으나, 갑목(甲木)이 없으면 명리(名利)가 있어도 허상에 불과하다.

미월(未月)은 화토(火土)가 모두 월령(月令)을 얻었으니, 미월(未月) 정일생(丁日生)이 토(土)가 매우 중(重)하면 화(火)를 어둡게 한다. 그러나 경신금(庚辛金)이 있으면 왕토(旺土)를 설기(洩氣)하니 금(金)이 있으면 귀격(貴格)을 이룬다. 그러나 금기(金氣)가 심장(深藏)되어 있으면 역시 부(富)가 작다. 미월(未月) 정일생(丁日生)이 사주에 수성(水星)이 많으면 아신(我身)이 매우 약하다는 뜻이니, 목

(木)이 돕지 않으면 더욱더 무능해져 용록(庸碌)한 명(命)이 된다.

7. 신월(申月) 정화(丁火) : 甲·庚·丙·戊

신월(申月)은 하화(夏火)가 지나고 입추(立秋)로 들어간 때이니, 화세(火勢)가 점점 쇠하여 휴식하니 거두어 묶는다. 초추(初秋)에는 아직 화기(火氣)가 모두 물러가지 않았으나, 날이 갈수록 쇠약해지니 갑목(甲木)의 도움이 필요하다.

추월(秋月)은 비록 금(金)이 권리를 잡았으나, 정화(丁火)를 제(制)하지 못하니 갑경(甲庚)으로 용신(用神)을 삼아야 한다. 삼추(三秋)에는 정화(丁火)가 쇠퇴하고 목성(木性)이 휴수(休囚)되니, 병화(丙火)의 도움이 필요하다. 병화(丙火) 겁재(劫財)가 재(財)를 제(制)하고 인수(印綬)를 보호하니, 병화(丙火)가 정화(丁火)의 빛을 빼앗는 것이 불가능하다. 따라서 갑경병(甲庚丙)이 모두 투출(透出)하면 최상의 명(命)이 된다.

정일생(丁日生)은 병화(丙火) 겁재(劫財)가 양쪽에서 정화(丁火)를 끼고 있으면 정화(丁火)의 빛을 빼앗을 수 있으나 신월생(申月生)은 이런 꺼리낌이 없다. 이런 사람은 소년기에는 반드시 고생이 따르나 중년 후에는 부귀격(富貴格)을 이룬다. 그러나 지지(地支)에서 수(水)가 있어 병화(丙火)를 제(制)해야 호명(好命)을 이룬다. 만일 사주에 갑목(甲木)이 없고 을목(乙木)으로 대신하면 부귀(富貴)가 모두 작다.

신월(申月) 정일생(丁日生)이 사주에 임계수(壬癸水)가 많으면 반드시 무토(戊土)로 제(制)해야 부귀격(富貴格)을 이룬다. 갑병(甲丙)이 모두 투출(透出)하면 목화통명(木火通明)이 된다. 이때 지지(地支)에 경금(庚金)이 있으니 남명(男命)은 영달하고, 여명(女命)은 재정의 혜택을 입는다. 여명(女命)은 목(木)의 인성(印星)이 부모궁이고 수(水) 관성(官星)이 남편궁이다. 금(金) 재성(財星)이 추월(秋月)에 이르면 왕성하니 신강(身强)하여 힘이 있는 것이다. 다시 말해 재(財)로 남편을 벼슬하게 만드니 호명(好命)을 이루는 것이다.

신월(申月) 정일생(丁日生)이 경신(庚辛)의 재(財)가 많으면 일간(日干)이 유약하기 때문에, 비록 재(財)가 많으나 신약(身弱)하여 부옥빈인(富屋貧人)의 명(命)이 되고, 아내에게 가권을 빼앗기는 것이다. 즉 재(財)가 있어도 활용하기 어렵다.

신월(申月) 정일생(丁日生)이 임수(壬水)가 많으면 경금(庚金)을 설(洩)하고, 정임(丁壬)이 간합(干合)하면 부귀격(富貴格)을 이룬다. 만일 경금(庚金)이 많은데 임수(壬水)가 없으면 하천한 명(命)이다.

8. 유월(酉月) 정화(丁火) : 甲 · 庚 · 丙 · 戊

신유술월(申酉戌月) 정화(丁火)가 갑경무(甲庚戊)가 모두 있으면 다음과 같이 본다. 신월생(申月生)은 갑병무(甲丙戊)로 용신(用神)을 삼은 다음에 신궁(申宮) 경금(庚金)으로 보좌하고, 유월생(酉月生)은 갑경병(甲庚丙)을 모두 용신(用神)으로 삼고, 술월생(戌月生)은 갑경(甲庚)을 용신(用神)으로 삼는다.

그리고 신유월생(申酉月生)은 갑목(甲木)이 없으면 대신 을목(乙

木)을 취한다. 그러나 이때 병화(丙火)가 부족하면 좋지 않다. 다시 말해 갑경(甲庚)과 을병(乙丙)은 서로 나누어지지 않는다. 조후용신 (調候用神)을 이와 같이 삼으면 공명(功名)이 현달하고 부귀(富貴) 가 모두 있으나, 갑목(甲木) 대신 을목(乙木)을 취하면 부(富)가 있 어도 작고 귀격(貴格)을 이루기 어렵다. 이것은 명리학(命理學)의 비 결이다.

유월(酉月) 정일생(丁日生)이 유궁(酉宮)에 경신(庚辛)이 암장(暗 藏)되어 있는데 인수(印綬)나 비겁(比劫)이 없으면 기명종재격(棄命 從財格)이 되어 부귀쌍전(富貴雙全)한다. 이런 사주는 설사 명성이 작더라도 타인의 도움으로 뜻을 이룬다. 경금(庚金) 재(財)와 상잡 (相雜)하면 불능하다고 하는 것은 신금(辛金) 재성(財星)을 가리키 는 말이다.

유월(酉月) 정일생(丁日生)이 경금(庚金) 재(財)와 더불어 정편재 (正偏財)가 서로 혼잡하지 않으면 재(財)가 순수하다. 이때 순관(純 官)·순살(純殺)·순마(純馬)·순재(純財)를 만났는데 신왕(身旺) 하면 극품에 이른다. 그러나 정편재(正偏財)가 서로 혼잡하면 탁하게 되어 격국(格局)이 깨진다.

유월(酉月) 정일생(丁日生)이 사주에 갑경병(甲庚丙)이 모두 있는 데 형극파해(刑剋破害)가 없으면, 반드시 명리통달(名利通達)하여 이름이 천고에 흐르고, 위세를 삼태(三台)에 떨친다. 삼태(三台)란 삼공(三公)을 말한다.

유월(酉月) 정일생(丁日生)이 계수(癸水)가 투간(透干)했는데 기토 (己土)가 수(水)를 제(制)하면, 아신(我身)인 일간(日干)이 생왕(生 旺)되어야 한다. 이때 식신(食神)으로 왕성한 살(殺)을 제(制)하면 부귀공명(富貴功名)이 현달한다.

9. 술월(戌月) 정화(丁火) : 甲 · 庚 · 戊

술월(戌月)은 심추(深秋)로 들어가는 때이니, 화(火)의 음기(陰氣)가 가중되어 화성(火星)이 모이나 빛이 미약하니, 갑목(甲木)이 일간(日干)을 부조(扶助)해야 자연의 광휘를 더할 수 있다. 술월(戌月)은 무토(戊土)가 사령(司令)하는 때이니 반드시 무토(戊土) 상관(傷官)을 제(制)하고, 경금(庚金)으로 벽갑(劈甲)하고, 무토(戊土)를 설(洩)해야 한다.

술월(戌月) 정일생(丁日生)이 무토(戊土)가 투출(透出)하면 화토상관격(火土傷官格)이 된다. 이때 갑목(甲木) 인수(印綬)를 만나면 상관패인(傷官佩印)이 되어 청귀(淸貴)하니 동방운(東方運)으로 흐르면 현달한다.

술월(戌月) 정일생(丁日生)이 사주에 목화(木火)가 많으면 정화(丁火)를 도와 신왕(身旺)해진다. 이때 경임(庚壬)을 만나면 반드시 부귀격(富貴格)을 이룬다.

술월(戌月) 정일생(丁日生)이 임계(壬癸)의 관살(官殺)이 있으면 무토(戊土)로 제(制)해야 한다. 그러나 토(土)의 구신(救神)이 없으면 신약(身弱)하여 고향을 떠나며 복록이 없다. 그러나 이때 무토(戊土)로 제(制)하면 대중의 존경을 받고 자신의 힘으로 복을 이룬다.

술월(戌月) 정일생(丁日生)이 천간(天干)에 무기토(戊己土)가 투출(透出)했는데 지지(地支)에 진술축미(辰戌丑未)의 사고(四庫)가 있으면 상관파진격(傷官破盡格)으로 가색격(稼穡格)이 된다. 이런 사람은 부귀(富貴)가 비범하다.

10. 해월(亥月) 정화(丁火) : 甲 · 庚

해월(亥月)은 초동월(初冬月)이라 크게 춥지는 않다. 그러나 유약한 화(火)는 점점 쇠하는데 수(水)는 흥왕한 때이니, 수성(水性)이 중(重)하면 빛이 점점 줄어든다. 이때 목(木)의 인성(印星)이 일주(日柱)를 방조해주어야 한다. 한등(寒燈)은 융해하는 화(火)이니 갑목(甲木)이 있으면 기름이 되어 재능이 뛰어난 사람이 된다.

해월(亥月) 정일생(丁日生)이 친어머니인 갑목(甲木)이 있으면 추월(秋月) · 동월(冬月)을 불문하고 상격(上格)을 이룬다. 그러나 조후용신(調候用神)인 갑목(甲木)이 기토(己土)와 간합(干合)하면 평범한 명(命)이 되니, 인수(印綬)가 식신(食神)으로 화(化)하여 조후용신(調候用神)을 기반(羈絆)하면 발전하기 어렵다.

해월(亥月) 정일생(丁日生)이 갑목(甲木)이 있으면 목화통명(木火通明)이 되고, 동월생(冬月生)이 갑목(甲木)이 있으면 금수(金水)가 많아도 방해받지 않아 상격(上格)을 이루고, 갑경(甲庚)이 모두 있으면 반드시 복록이 두텁다. 만일 갑목(甲木)이 없는데 해묘미(亥卯未) 삼합(三合) 목국(木局)을 이루면, 정화(丁火)를 부조(扶助)하고 관살(官殺)을 인수(印綬)로 화(化)하니 부귀격(富貴格)을 이룬다. 삼동(三冬)에 태어났는데 정화(丁火)가 있으면 반드시 목(木)도 있어야 한다.

해월(亥月) 정일생(丁日生)이 병화(丙火)의 겁재(劫財)가 있으면 쉽게 정화(丁火)의 빛을 빼앗으니, 반드시 지지(地支)에 있는 수(水)로 구제해야 한다. 지지(地支)에 금성(金星)이 있으면 수원(水源)이 통하여 명리(名利)를 떨치나, 수(水)로 병화(丙火)를 제(制)하지 못하면 무용지물이 된다. 만일 금(金)은 있는데 수(水)가 없으면 가난하고, 수(水)는 있는데 금(金)이 없으면 청귀(淸貴)하나 재물이 없다.

해월(亥月) 정일생(丁日生)이 월시(月時)에 임수(壬水)가 있으면 쟁합(爭合)한다. 이때는 무토(戊土)로 파(破)해야 한다. 만일 무토(戊土)가 있으면 부귀격(富貴格)을 이루나, 그렇지 않으면 평범한 명(命)이 된다.

해월(亥月) 정일생(丁日生)이 병화(丙火)가 두 개 있으면 정화(丁火)의 빛을 쉽게 빼앗는다. 그러나 지지(地支)에서 계수(癸水)가 합(合)하고 금수(金水)가 모두 있으면 반드시 발전한다. 정일생(丁日生)이 병화(丙火)가 두 개 있으면 스스로 왕성한데, 지지(地支)에서 금수(金水)를 만나면 재성(財星)이 약한 살(殺)을 도와 구제해주니 이도(異途)로 발전하는 것이다. 이도(異途)란 타인이나 귀인(貴人)의 도움을 받는 것을 말한다.

11. 자월(子月) 정화(丁火) : 甲·庚

동월(冬月)은 화(火)의 형(形)이 약하고 체(體)가 절(絶)하는 때이다. 정일생(丁日生)이 갑목(甲木) 인수(印綬)가 있으면 아신(我身)을 도와 화(火)가 생(生)된다. 따라서 동화(冬火)는 반드시 인수(印綬)

가 있어야 하고, 경금(庚金)으로 배합하면 길하다.

동월(冬月)은 수왕(水旺)하여 아신(我身)의 관성(官星)을 돕고, 경금(庚金)은 정재(正財)이니 재관(財官)이 상생(相生)하며, 일간(日干)을 인수(印綬)가 도와주면 재관인(財官印)의 삼광(三光)이 좋다. 삼광(三光)이란 일광(日光)·월광(月光)·성광(星光)을 말한다. 관성(官星)이 왕성하나 아신(我身)이 강해지면 절처봉생(絶處逢生)이라 하여 가장 아름다운 명(命)이 된다.

삼동(三冬)은 해자축월(亥子丑月)의 3개월을 말하니, 정일생(丁日生)은 삼동(三冬)의 조후용신(調候用神)이 모두 같다. 만일 갑경(甲庚)이 모두 있으면 앞에서 설명한 것처럼 아름다운 명(命)이 된다.

자월(子月) 정일생(丁日生)이 갑목(甲木)이 용신(用神)인데 지지(地支)에 임경(壬庚)이 있으면 길하다. 갑목(甲木)이 정화(丁火)를 도와주니 동화(冬火)가 온화하다. 경금(庚金)은 정재(正財)이고 임수(壬水)는 정관(正官)이니 조후용신(調候用神)을 돕는다. 만일 경임(庚壬)은 없고 갑목(甲木)만 있으면 호명(好命)을 이루지 못한다.

자월(子月) 정일생(丁日生)은 관성(官星)이 사령(司令)한다. 이때 년월(年月) 천간(天干)에 계수(癸水)가 있고, 시(時)에 신금(辛金) 편재(偏財)가 있으면 기명종재격(棄命從財格)이 된다. 살(殺)을 도와 권신(權神)이 권리를 얻어 금지옥엽의 명(命)이니 고관·귀족이 된다.

자월(子月) 정일생(丁日生)이 년월(年月)에 계수(癸水) 편관(偏官)이 있는데 지지(地支)에 목국(木局)이 있으면 살(殺)을 인수(印綬)로 화(化)한다. 이런 사주는 비상하게 발전하여 이름이 높고, 평범한 사람도 명리(名利)를 떨친다.

중동(仲冬)은 자월(子月)을 말하고 수(水)가 왕성한 때이다. 따라서 자월(子月) 정일생(丁日生)이 사주에 편관(偏官)이 많은데 인수(印綬)나 비겁(比劫)의 도움이 없으면 기명종살격(棄命從殺格)이 된다. 이런 사람은 이도(異途)로 공명(功名)을 얻는다.

자월(子月) 정일생(丁日生)이 종살격(從殺格)이 파격(破格)되면 육친(六親)과 분리되기 쉽고, 형제·아내·자식이 흩어지기 쉽다. 무기토(戊己土)가 살(殺)을 제(制)하면 파격(破格)된다.

12. 축월(丑月) 정화(丁火) : 甲·庚

축월(丑月)은 매우 추운 때이나, 땅 속에서 양기(陽氣)가 발생하니 일양(一陽)이 돌아와 이양(二陽)을 향해 나간다. 정화(丁火)는 기(氣)가 물러가는 불이니, 한기(寒氣)를 만나면 형체가 없어진다. 만일 친어머니인 갑목(甲木) 인수(印綬)를 만나면 추동월생(秋冬月生)이라도 가난하거나 외롭지 않다.

축월(丑月) 정일생(丁日生)은 조후용신(調候用神)을 정하는 방법이 해자월(亥子月)과 같다. 삼동(三冬) 정일생(丁日生)은 모두 공통된 법칙이 있다. 정일생(丁日生)이 수(水)의 관성(官星)이 있으나, 수성(水性)을 생(生)하지 못하면 관성무근(官星無根)이라 한다. 이런 사람은 관직에 오르나 말단에 불과하다. 그러나 재(財)의 뿌리와 인수(印綬)가 있으면 고위직에 오른다. 동월(冬月) 정일생(丁日生)은 관살(官殺)이 왕성하므로 공직으로 나가면 이름을 얻기 쉽다.

5장. 무토(戊土)

1. 인월(寅月) 무토(戊土) : 丙 · 甲 · 癸

무토(戊土)는 병화(丙火)의 태양으로 따뜻하게 해주지 않으면 생의(生意)가 없고, 갑목(甲木)이 극(剋)하지 않으면 정수(精秀)함을 얻기 어렵고, 계수(癸水)가 자윤(滋潤)해주어야 만물이 성장한다.

따라서 인월(寅月) 무일생(戊日生)은 병갑계(丙甲癸)로 조후용신(調候用神)을 삼아야 한다. 인월(寅月)은 아직 한기(寒氣)가 사라지지 않았으니, 계갑(癸甲)은 있는데 병화(丙火)가 없으면 만물이 생장하지 못한다. 다시 말해 병화(丙火)가 없으면 부귀격(富貴格)을 이루기 어렵다.

인월(寅月) 무일생(戊日生)이 병화(丙火)가 있으나 갑목(甲木)과 계수(癸水)가 없으면 춘한(春旱)이라 하여, 만물이 불모지에 있는 것과 같아 생장하더라도 재앙과 난관이 많다. 갑계(甲癸)가 없으면 노력해도 공이 없으며 평생 고생이 많다. 병갑(丙甲)은 있으나 계수(癸水)

가 없으면 처음에는 편안하다 나중에 쇠해지거나, 처음에는 가난하다 나중에 통달한다. 다시 말해 반은 이루고 반은 패하는 명(命)이다.

인월(寅月) 무일생(戊日生)이 사주에 화국(火局)이 있으면 인성(印星)이 왕성하여 수(水)로 윤택하게 하지 않으면 불행한 명(命)으로 일생이 고독하다. 만일 화(火)가 있으면 토(土)를 따뜻하게 해주나 목(木)의 도움이 필요하다. 다시 말해 목(木)의 살(殺)이 있는데 화(火)의 인성(印星)이 있으면 살인화격(殺印化格)을 이룬다. 이때는 계수(癸水)로 자윤(滋潤)해야 한다. 따라서 병갑계(丙甲癸)가 모두 있으면 부귀격(富貴格)을 이루고, 한 가지라도 없으면 평생 발복할 기회를 얻기 힘들다.

인월(寅月) 무일생(戊日生)이 사주에 갑목(甲木) 칠살(七殺)이 있는데 지지(地支)에 목국(木局)이 있으면 칠살(七殺)이 왕성하다. 이때 경금(庚金)으로 제살(制殺)하면 반드시 영웅호걸의 명(命)이 된다. 그러나 경금(庚金)의 식신(食神)과 비견(比肩) 겁재(劫財)가 모두 없으면 악하고 거스르는 명(命)이 되어 화액이 따르기 쉽다. 살(殺)이 극왕(極旺)한데 경금(庚金)으로 제화(制化)하지 못하면 악귀가 몸에 붙었다고 하여 끝이 좋지 않다.

2. 묘월(卯月) 무토(戊土) : 丙·甲·癸

묘월(卯月) 무토(戊土)는 인월(寅月)과 같다. 병화(丙火)로 따뜻하게 해주면 생기가 있고, 갑목(甲木)으로 소통시켜야 쓸모가 있다. 사주에 병갑(丙甲)은 있으나 계수(癸水)로 자윤(滋潤)하지 않으면 만물이 성장하지 못한다.

따라서 묘월(卯月) 무일생(戊日生)은 먼저 병화(丙火)로 용신(用神)을 삼은 다음에 갑계(甲癸)로 보좌해야 한다. 병갑계(丙甲癸)가 모두 투출(透出)하면 최상의 명(命)을 이루고, 두 개는 투출(透出)했으나 한 개가 암장(暗藏)되어 있으면 부귀(富貴)가 작고, 한 개는 투출(透出)했으나 두 개가 암장(暗藏)되어 있으면 타인의 도움을 받아야 부귀격(富貴格)을 이룰 수 있다.

묘월(卯月) 무일생(戊日生)이 지지(地支)에 화국(火局)이 있으면 임계수(壬癸水)로 방조해야 한다. 이때 수(水)가 없으면 승도팔자가 되거나 고빈(孤貧)한 명(命)이 된다. 만일 계수(癸水)가 투출(透出)하면 귀격(貴格)을 이루고, 임수(壬水)가 투출(透出)하면 부격(富格)을 이룬다.

묘월(卯月) 무일생(戊日生)이 지지(地支)에 수국(水局)이 있는데 갑경(甲庚)이 같이 투출(透出)하면 부귀격(富貴格)을 이룬다. 사주에 갑목(甲木) 살성(殺星)과 수(水)의 재(財)가 있는데, 경금(庚金)의 식신(食神)과 비견(比肩)ㆍ인수(印綬)가 없으면서 종살격(從殺格)을 이루기도 어려우면 흉액이 따르거나 도둑이 된다. 무오일생(戊午日生)은 흉액을 만나기 쉬우니 선종(善終)하기 어렵다.

묘월(卯月) 무일생(戊日生)이 갑을목(甲乙木)이 있으면 관살회당격(官殺會黨格)이 된다. 이때 경금(庚金)과 을목(乙木)이 간합(干合)하여 제살(制殺)하지 못하면 성사되는 일이 없다. 이런 사주는 언행이 다른 사람으로 겉으로는 정직하게 보이나 속으로는 간사하다.

묘월(卯月) 무일생(戊日生)이 관살(官殺)이 혼잡할 때는 완전하게 제화(制化)하면 아름다운 명(命)을 이루나, 반드시 성격에 작은 결함이 있다. 칠살(七殺)이 왕성한데 제(制)하지 못하면 게으르며 이지력이 부족하고, 스스로 반성함도 없으니 성사되는 일이 없다.

묘월(卯月) 무일생(戊日生)이 천간(天干)에 을목(乙木)이 있는데 임계수(壬癸水)가 있으면 재관격(財官格)이 되어 부귀격(富貴格)을 이룬다. 그러나 갑목(甲木)의 기(氣)를 받고 태어난 사람은 귀(貴)가 가볍다.

묘월(卯月) 무일생(戊日生)이 사주에 임계수(壬癸水)가 지나치게 많으면 토(土)가 한냉(寒冷)하다. 이때는 반드시 병화(丙火) 인성(印星)으로 토성(土性)을 따뜻하게 해주어야 운이 열린다.

3. 진월(辰月) 무토(戊土) : 甲 · 丙 · 癸

진월(辰月)은 무토(戊土)가 사령(司令)하는 때이니, 먼저 갑목(甲木)으로 용신(用神)을 삼아 소토(疏土)한 다음에 병화(丙火)와 계수(癸水)로 보좌해야 한다. 따라서 갑병계(甲丙癸)가 모두 있으면 토후토난(土厚土暖)하고 살기(殺氣)가 강하니 부귀격(富貴格)을 이룬다. 이런 사주는 평범한 사람이라도 복택이 두텁다.

진월(辰月) 무일생(戊日生)이 갑병계(甲丙癸)가 모두 있으면 상격(上格)의 명(命)을 이루고, 갑계(甲癸)가 있으면 계수(癸水)가 충분히 갑목(甲木)을 생부(生扶)하니 발전하고, 병화(丙火)가 투출(透出)했는데 갑목(甲木)이 보좌하면 청귀(淸貴)한 명(命)이 되고, 병화(丙火)가 투출(透出)했으나 갑목(甲木)이 암장(暗藏)되어 있고 계수(癸水)가 돕지 않으면 부(富)가 작고, 계수(癸水)가 있으면 귀인(貴人)

의 도움으로 발전한다. 그러나 갑병계(甲丙癸) 중에 하나라도 없으면 발전하지 못한다.

진월(辰月) 무일생(戊日生)은 일간(日干)이 통근(通根)되어 아신(我身)이 왕성하니 조화를 이룬다. 갑목(甲木) 살성(殺星)과 계수(癸水) 재(財)가 투출(透出)하면 재(財)가 살(殺)을 도와 권위가 있다. 이것은 아신(我身)과 살(殺)이 조화를 이루었기 때문이다. 갑계(甲癸)가 투출(透出)하면 사회적인 발전이 따르고, 지지(地支)에 암장(暗藏)되어 있으면 가업이 번창하여 역시 부유하다.

진월(辰月) 무일생(戊日生)이 병화(丙火)가 많은데 계수(癸水)로 자윤(滋潤)하지 않으면 춘월(春月)의 새싹이 물이 없는 것과 같다. 병화(丙火)는 태양의 빛이고 계수(癸水)는 우로(雨露)의 물이니, 화(火)는 많은데 수(水)가 적으면 논밭이 말라붙는 격이 된다. 이런 사주는 처음에는 부유하나 나중에는 가난하다. 만일 임계수(壬癸水)가 있으면 말라붙은 초목이 단비를 만나는 것과 같으니 예상 외로 번창한다. 이런 사주는 처음에는 천하나 나중에는 귀격(貴格)을 이룬다.

진월(辰月) 무일생(戊日生)이 사주에 화(火)가 많거나 지지(地支)에 인오술(寅午戌) 화국(火局)이 있으면, 임수(壬水)나 계수(癸水)가 부조(扶助)해야 한다. 이때 계수(癸水)가 있으면 자연적으로 부귀(富貴)가 있고, 임수(壬水)를 만나면 노력으로 부(富)에 이른다.

진월(辰月) 무일생(戊日生)이 사주에 목(木)이 많아 방합(方合)이나 삼합(三合)을 이루면 살성(殺星)이 중(重)해진다. 이때 비견(比肩)이나 인수(印綬)가 없으면 종살격(從殺格)이 되어 대부대귀격(大富大貴格)을 이룬다. 그러나 비견(比肩)이나 인수(印綬)가 있으면 관살거류(官殺去留)의 법칙에 의하여 추측해야 한다.

다시 말해 진월(辰月) 무일생(戊日生)이 경금(庚金)으로 목(木)의 관살(官殺)을 제거하면 작게나마 부귀(富貴)가 있고, 경금(庚金)이 없으면 천격(賤格)이 된다. 만일 화(火)로 관살(官殺)을 설(洩)하면 비록 재물이 있으나 재액이 많이 따르고, 수화금(水火金)이 모두 없으면 토목자전격(土木自戰格)이 되어 복부에 질병이 많이 따르고 근심걱정이 많다.

4. 사월(巳月) 무토(戊土) : 甲 · 丙 · 癸

사월(巳月) 무일(戊日)은 십이운성(十二運星)으로는 건록(建祿)에 해당하니 양기(陽氣)를 발하는 때이다. 그러나 아직 안으로는 한기(寒氣)가 암장(暗藏)되어 있으니, 겉으로는 강하나 속으로는 허(虛)하다. 무토(戊土)가 하월(夏月)을 만나면 토(土)가 후하니, 갑목(甲木)이 출간(出干)하여 소벽(疏闢)하면 조후용신(調候用神)이 된다. 병화(丙火)는 태양의 불이고 계수(癸水)는 우로(雨露)의 물이니, 병계(丙癸)가 모두 있으면 수화(水火)가 상제(相濟)를 이루어 만물이 자연적으로 성장한다.

따라서 사월(巳月) 무일생(戊日生)은 갑목(甲木)으로 용신(用神)을 삼은 다음에 병화(丙火)와 계수(癸水)로 보좌한다. 병갑(丙甲)이 투출(透出)하면 큰 재목이 되고, 병계(丙癸)가 투출(透出)하면 명리(名利)가 모두 아름답다.

사월(巳月) 무일생(戊日生)이 사주에 병화(丙火)가 많으면 화염토조격(火炎土燥格)을 이룬다. 이때는 임계수(壬癸水) 중에 한 가지로 조후(調候)하면, 수(水)가 토(土)를 적시며 생금(生金)하니 부귀격(富貴格)을 이룬다. 대개 무토(戊土)가 태왕(太旺)하면 골육상쟁이 따르나, 계수(癸水)로 윤토(潤土)하면 면할 수 있다.

사월(巳月) 무일생(戊日生)이 계수(癸水)와 간합(干合)하고, 사월(巳月)을 만나면 화(火)로 변한다. 이때 파격(破格)되지 않으면 대부대귀격(大富大貴格)을 이루고, 목화운(木火運)을 만나면 크게 발전한다. 만일 진화격(眞化格)이 되면 최상의 명(命)을 이룬다.

사월(巳月) 무일생(戊日生)이 지지(地支)에 사유금국(巳酉金局)을 이루었는데 계수(癸水)가 있으면 토윤생금격(土潤生金格)이 된다. 이때는 귀인(貴人)의 도움을 받아 대부대귀격(大富大貴格)을 이룬다. 이런 사람은 지력이 무리를 뛰어넘는다.

사월(巳月) 무일생(戊日生)이 지지(地支)에 인오술(寅午戌) 화국(火局)을 이루었는데, 사오미(巳午未)의 화세(火勢)가 왕성하면 화토건살격(火土乾殺格)이 된다. 이때 계수(癸水)가 하나밖에 없으면 수세(水勢)가 미약하다. 이런 사람은 게으르지 않고 학문을 좋아하나 이름을 얻기는 어렵고, 사주에 임수(壬水)는 있는데 갑목(甲木)이 없으면 명성과 부귀(富貴)가 모두 있다.

5. 오월(午月) 무토(戊土) : 壬·甲·丙

무토(戊土)는 고항(高亢)한 토(土)이다. 사월생(巳月生)은 화염(火炎)을 두려워 하지 않으나 오월생(午月生)은 화염(火炎)이 태왕(太旺)하면 흉하다. 따라서 우선 염열(炎熱)함을 풀어주어야 하니, 임수

(壬水)로 조후용신(調候用神)을 삼은 다음에 갑목(甲木)을 쓰고, 병화(丙火)는 참고해서 취한다.

따라서 오월(午月) 무일생(戊日生)이 갑목(甲木)은 있으나 임수(壬水)가 없으면 목화(木火)가 상생(相生)하여 회신(灰燼)을 이루니 만사불통이 된다. 그러나 임갑(壬甲)이 같이 있으면 군신경회(君臣慶會)와 같아 자연적으로 발복하고, 신금(辛金)이 임수(壬水)를 도와주면 명리(名利)가 더욱 발전하여 반드시 높은 자리에 오른다.

오월(午月) 무일생(戊日生)이 인오술(寅午戌) 화국(火局)을 이루었는데 계수(癸水)가 하나밖에 없으면 맹렬한 화(火)를 제(制)하기 어렵다. 만일 월상(月上)에 계수(癸水)가 있으면 무계(戊癸)가 간합(干合)하여 화기진격(化氣眞格)을 이룬다. 이때는 수(水)가 없고 목화운(木火運)을 만나면 크게 발복한다. 만일 화기(化氣)가 파격(破格)되면 가난할 뿐 아니라 안과질환이 따르기 쉽다. 다시 말해 화토(火土)가 조열(燥烈)한데 수(水)가 있으면 건살(乾殺)하니 심장이나 뼈에 질병이 생긴다. 눈은 심장과 신장의 뿌리이니 안과질환이 생기기 쉬운 것이다.

오월(午月) 무일생(戊日生)이 사주에 갑목(甲木)이 있는데 임수(壬水)가 없으면 토성(土性)이나 화성(火性)을 더욱 가중시킨다. 이때 수(水)로 염열(炎熱)함을 풀어주지 않으면 편고(偏枯)해져 빈고(貧孤)한 명(命)을 면하기 어렵다.

오월(午月)은 더욱더 염열(炎熱)해지니, 먼저 임수(壬水)로 용신(用神)을 삼은 다음 갑목(甲木)을 취한다. 따라서 임갑(壬甲)이 모두 있으면 자연히 부귀격(富貴格)을 이루고, 계수(癸水)가 있으면 간합(干合)하여 화(火)로 변하니 화기격(化氣格)이 된다. 이때 파(破)되지 않고 동남목화운(東南木火運)으로 흐르면 큰 복이 있다. 사오월(巳午月)에 무계(戊癸)가 간합(干合)하면 진화기격(眞化氣格)이 된다.

6. 미월(未月) 무토(戊土) : 癸·甲·丙

오월(午月)은 화염(火炎)하고 미월(未月)은 토조(土燥)하니 모두 건고(乾枯)한 때이다. 따라서 먼저 계수(癸水)로 용신(用神)을 삼은 다음에 병화(丙火)와 갑목(甲木)을 취해야 한다. 계수(癸水)는 우로(雨露)의 물이니 건조한 토(土)를 윤택하게 한 다음에 양화(陽火)를 만나면 길하고, 병화(丙火)는 양화(陽和)의 기(氣)이니 갑목(甲木)으로 소토(疏土)해야 한다.

따라서 미월(未月) 무일생(戊日生)이 계병(癸丙)이 모두 투출(透出)하면 명리(名利)가 통달하고, 계수(癸水)와 갑목(甲木)은 있는데 병화(丙火)가 없으면 수재(秀才)의 명(命)이 되고, 갑목(甲木)이 없으면 소부(小富)의 명(命)이 되고, 갑목(甲木)은 있는데 계수(癸水)가 없으면 명리(名利)가 있어도 허상이고, 병화(丙火)는 있는데 계수(癸水)가 없으면 의식(衣食)이 족할 뿐이고, 계수(癸水)가 있고 신금(辛金)의 수원(水源)이 있으면 귀인(貴人)의 도움으로 발전한다. 만일 계병(癸丙)이 모두 없으면 평범한 명(命)이 되고, 갑목(甲木)이 없으면 하천한 명(命)을 이룬다.

미월(未月) 무일생(戊日生)이 토(土)가 많고 갑목(甲木)이 하나 있는데 경금(庚金)이 극상(剋傷)하지 않으면, 성실하며 정직하고 비록 현달하지 못하더라도 문장이 뛰어난다. 만일 토(土)의 비견(比肩) 겁재(劫財)가 많으면 갑목(甲木)으로 제(制)해야 한다. 이런 사주는 경금(庚金)이 갑목(甲木)을 극상(剋傷)하면 흉하다.

미월(未月) 무일생(戊日生)이 천간(天干)에 갑무(甲戊)가 있으면 천을귀인(天乙貴人)이 되고 목고(木庫)에 해당한다. 이때 천월이덕(天月二德)이 있으면 반드시 대부대귀격(大富大貴格)을 이룬다.

7. 신월(申月) 무토(戊土) : 丙·甲·癸

추월(秋月)은 금(金)이 사령(司令)하는 때이니 토성(土性)이 쇠한다. 신월(申月)은 초추(初秋)라 더운 기운이 남아 있기는 하나 점점 쇠퇴하므로 병화(丙火)의 도움이 필요하다. 토(土)는 중앙에 있으므로 진술축미월(辰戌丑未月)이 아니면 기세가 전왕(專旺)하지 않다. 토(土)는 화(火)의 도움이 있어야 유용하고, 병화(丙火)는 태양의 불이라 양기(陽氣)가 왕성하다. 양기(陽氣)의 힘을 얻은 후에 다시 계수(癸水)의 도움이 필요하고, 토성(土性)이 많으면 갑목(甲木)으로 소토(疏土)해야 한다.

따라서 신월(申月) 무일생(戊日生)이 갑병계(甲丙癸)가 모두 고투(高透)하면 부귀(富貴)가 극품에 이르고, 병화(丙火)가 투출(透出)했으나 계수(癸水)가 암장(暗藏)되어 있으면 수재(秀才)에 불과하고, 병갑(丙甲)이 모두 투출(透出)했는데 지지(地支)에 계수(癸水)가 있으면 부귀격(富貴格)을 이룬다.

신월(申月) 무일생(戊日生)이 병화(丙火)는 없는데 계갑(癸甲)이 있으면 청아하며 부유하나, 계갑(癸甲)이 없으면 평범한 명(命)이 되고, 병화(丙火)가 있으면 아내는 어지나 자식이 불효하고, 병갑계(丙甲癸)가 모두 없으면 하천한 명(命)이 된다.

신월(申月) 무일생(戊日生)은 자진(子辰)이 있으면 삼합(三合)하여 수국(水局)을 이루니, 수(水)의 재(財)가 많으면 용신(用神)이 지나치게 많아 갑목(甲木)으로 설(洩)해야 한다. 종재격(從財格) 사주는 부격(富格)을 이루고 아내의 도움으로 복을 얻는다.

8. 유월(酉月) 무토(戊土) : 丙 · 癸

유월(酉月) 무토(戊土)는 토(土)가 생금(生金)하니 토성(土性)이 설(洩)된다. 유월(酉月)은 무토(戊土)가 사운(死運)을 만나는 때이니 허(虛)하다. 우선 병화(丙火)로 따뜻하게 만들고, 동시에 계수(癸水)로 윤택하게 해주어야 한다. 반드시 갑목(甲木)으로 소토(疏土)하지 않아도 무방하다. 따라서 병계(丙癸)로 조후용신(調候用神)을 삼아야 한다.

유월(酉月) 무일생(戊日生)은 금왕(金旺)하니 토(土)가 생금(生金)하여 토성(土性)이 설(洩)되기 때문에 약하다. 이런 사람은 자왕모허(子旺母虛)하므로 병화(丙火)로 따뜻하게 해주어야 한다. 월령(月令)에 상관(傷官)이 왕성하므로 병화(丙火)를 만나면 아신(我身)이 실(實)해진다. 만일 계수(癸水)가 있으면 상관생재격(傷官生財格)을 이루고, 수기(秀氣)가 유동하면 반드시 고귀하며 현달한다.

유월(酉月) 무일생(戊日生)이 병화(丙火)가 투출(透出)했으나 계수(癸水)가 지지(地支)에 암장(暗藏)되어 있으면 부귀(富貴)가 있으나 가볍고, 계수(癸水)가 투출(透出)했으나 병화(丙火)가 암장(暗藏)되어 있으면 재정출납직을 맡고, 병화(丙火)가 암장(暗藏)되어 있는데 계수(癸水)가 없으면 평범한 명(命)이 되고, 병계(丙癸)가 모두 없으면 운이 열리지 않는다.

유월(酉月) 무일생(戊日生)이 신금(辛金)의 상관(傷官)을 많이 만나는데 병정화(丙丁火)의 인성(印星)이 없으면 파진상관(破盡傷官)이 되어 총명하며 준수하고, 용신(用神)인 계수(癸水)가 하나밖에 없으면 부귀격(富貴格)을 이룬다.

유월(酉月) 무일생(戊日生)이 지지(地支)에 신자진(申子辰) 삼합(三合) 수국(水局)이 있는데 천간(天干)에 임계수(壬癸水)가 있으면 재성(財星)이 많은 것이니, 상관(傷官)이 지나치게 설(洩)되어 재다신약(財多身弱) 사주가 되어 부옥빈인(富屋貧人)의 명(命)을 이룬다. 이때 비견(比肩) 겁재(劫財)로 재성(財星)을 분산하면 의록(衣祿)이 풍족해진다. 다시 말해 재(財)가 많으면 비견(比肩) 겁재(劫財)와 화(火)가 있어서 무토(戊土)를 생부(生扶)해야 호명(好命)을 이룬다.

9. 술월(戌月) 무토(戊土) : 甲·丙·癸

무토(戊土)가 만추인 술월(戌月)에 태어나면 월령(月令)에서 기(氣)를 얻는 때이다. 이때는 무토(戊土)가 전왕(專旺)하니 갑목(甲木)으로 소토(疏土)해야 하고, 술토(戌土)는 건토(乾土)이니 계수(癸水)로 자윤(滋潤)해야 한다. 이것은 갑목(甲木)이 추월(秋月)이 되면 목성

(木性)이 약해 계수(癸水)의 재(財)로 약살(弱殺)을 돕기 때문이다.

술월(戌月) 무일생(戊日生)이 금(金)이 있으면 먼저 계수(癸水)로 금기(金氣)를 유동시키고, 병화(丙火)로 따뜻하게 해주면 반드시 부귀격(富貴格)을 이루고, 계수(癸水)가 천간(天干)에 투출(透出)했는데 갑목(甲木)은 없고 금(金)이 있으면 금수(金水)가 상생(相生)하여 반드시 부귀격(富貴格)을 이룬다.

술월(戌月) 무일생(戊日生)이 갑목(甲木)은 있으나 계병(癸丙)이 전혀 없으면 단지 의식(衣食)이 있을 뿐이고, 병화(丙火)는 있으나 계갑(癸甲)이 전혀 없으면 평범하거나 승도의 명(命)이 된다. 다시 말해 화토(火土)가 염조(炎燥)하면 기(氣)는 왕성하나 생의(生意)가 없으니 편고(偏枯)한 국(局)이 되어 대가 끊긴다.

술월(戌月) 무일생(戊日生)이 지지(地支)에 수국(水局)을 이루었는데, 천간(天干)에 임계수(壬癸水)가 있으면 비견(比肩) 겁재(劫財)가 있어야 재능으로 부(富)에 이른다. 다시 말해 재성(財星)이 태왕(太旺)하면 비겁(比劫)으로 제(制)하기 때문이다.

술월(戌月) 무일생(戊日生)이 지지(地支)에 화국(火局)을 이루었는데 금수(金水)가 없으면 화염토조(火炎土燥)하여 발전하지 못하고, 화토(火土)가 모두 있으면 토(土)가 화(火)의 빛을 빼앗으니 불가하다. 이런 사주는 왕기(旺氣)가 아신(我身)을 상해(傷害)하면 자식이 없다. 이때 수운(水運)을 만나면 생명이 끊어지니 반드시 계수(癸水)로 막아야 한다.

술월(戌月) 무일생(戊日生)이 토(土)가 많은데 지지(地支)에 사고(四庫)가 모두 있으면 가색격(稼穡格)을 이룬다. 추월(秋月)은 토기(土氣)가 한냉(寒冷)하니 병화(丙火)로 따뜻하게 해주어야 한다.

10. 해월(亥月) 무토(戊土) : 甲·丙

해월(亥月) 무일생(戊日生)은 육음(六陰)이라 무토(戊土)의 토성(土性)이 후하다. 따라서 갑목(甲木)으로 소토(疏土)해야 한다. 동월(冬月)은 수장되는 때이니 병화(丙火)가 없으면 따뜻하지 않다. 이때 갑목(甲木)이 해(亥)를 만나면 장생(長生)된다.

해월(亥月)은 소춘(小春)이며 일화(日和)하는 때이니 목기(木氣)가 처음으로 움직인다. 그러나 생기가 모두 뿌리로 내려가므로 갑병(甲丙)이 모두 투간(透干)해야 발전할 수 있다. 갑병(甲丙)이 모두 투출(透出)하면 부귀쌍전(富貴雙全)한다.

해월(亥月) 무일생(戊日生)은 갑목(甲木)이 해(亥)를 만나면 십이운성(十二運星)으로는 장생(長生)에 해당한다. 지지(地支)에 수성(水性)이 있는데 병화(丙火)가 고투(高透)하면 명리(名利)가 모두 아름답다. 갑목(甲木)은 경금(庚金)이 극상(剋傷)하면 의식(衣食)이 있을 뿐이고, 경금(庚金)이 있는데 정화(丁火)가 있으면 다른 사람의 도움을 받아야 발전할 수 있다.

해월(亥月) 무일생(戊日生)이 사주에 갑병(甲丙)이 암장(暗藏)되어 있는데 경정(庚丁)이 없으면 부귀격(富貴格)을 이루나, 갑병(甲丙)이 모두 없으면 외롭거나 승도팔자가 된다.

해월(亥月) 무일생(戊日生)이 갑목(甲木) 편관(偏官)이 암장(暗藏)되어 있는데 병화(丙火) 인성(印星)이 있으면 부귀공명(富貴功名)을 이루고, 살인(殺印)이 모두 있으면 사좌도휘(獅座蹈輝)라 하여 재능과 지혜가 출중하다. 이런 사주가 승려가 되면 반드시 득도한다.

11. 자월(子月) 무토(戊土) : 甲 · 丙

 자월(子月)은 한기(寒氣)가 더욱 증가하여 얼어붙는 때이니, 병화(丙火)로 용신(用神)을 삼은 다음에 갑목(甲木)으로 보좌해야 한다. 따라서 병갑(丙甲)이 통근(通根)하면 부귀격(富貴格)을 이루고, 병갑(丙甲)이 모두 없으면 하천한 명(命)이 된다.

 자월(子月) 무일생(戊日生)이 병화(丙火)는 투출(透出)했으나 갑목(甲木)이 암장(暗藏)되거나, 병화(丙火)는 암장(暗藏)되었으나 갑목(甲木)이 투출(透出)하면 부귀(富貴)가 작고, 병화(丙火)는 있으나 갑목(甲木)이 없으면 부(富)만 있고, 갑목(甲木)은 있으나 병화(丙火)가 없으면 청빈한 명(命)이 된다.

 동월(冬月) 무토(戊土)는 반드시 병화(丙火)가 있어야 한다. 만일 지지(地支)에 화토(火土)가 회국(會局)하는데 천간(天干)에 인성(印星)이나 비겁(比劫)이 있으면 약이 강으로 변한다. 이때 수목운(水木運)을 만나면 용신(用神)이 득지(得地)하고, 임수(壬水) 하나가 고투(高透)하면 청고(淸高)하며 발전한다. 그러나 인성(印星)이나 겁재(劫財)가 태왕(太旺)하면 편왕(偏旺)하여 가난하다.

 자월(子月) 무일생(戊日生)은 재성(財星)이 왕성하여, 수(水)의 재(財)가 많은데 비견(比肩) 겁재(劫財)가 없으면 종재격(從財格)이 되어 다른 사람의 도움으로 부(富)를 이룬다. 만약 비겁(比劫)이 있는데 갑목(甲木)으로 비견(比肩) 겁재(劫財) 를 제(制)하면 부귀격(富貴格)을 이룬다.

 자월(子月) 무일생(戊日生)이 월시(月時)에서 계수(癸水) 두 개가 서로 쟁합(爭合)하면 반드시 발전하나 고생이 따른다. 하나 있는 계수(癸水)를 기토(己土)가 제거하면 사기종인격(捨己從人格)을 이룬다. 이런 사람은 충의가 있고 성실하다. 임계수(壬癸水)의 재(財)가 있는데 신금(辛金)이 있으면 토금상관(土金傷官)이 재(財)를 보는 형상이 된다. 이런 사람은 다른 사람의 도움으로 부귀공명(富貴功名)을 이룬다.

12. 축월(丑月) 무토(戊土) : 丙 · 甲

동월(冬月)은 천한지동(天寒地凍)하니 먼저 병화(丙火)로 따뜻하게 만든 다음에 갑목(甲木)을 취해야 한다. 만일 병갑(丙甲)이 모두 있으면 토(土)를 따뜻하게 만들어 살인화격(殺印化格)을 이루니 고귀한 명(命)이 된다. 그러나 병화(丙火)가 투출(透出)해도 갑목(甲木)이 암장(暗藏)되어 살신(殺神)이 나타나지 않으면 토(土)가 따뜻해도 소토(疏土)하지 않으니 귀격(貴格)을 이루지 못한다.

갑목(甲木)이 있으나 병화(丙火)가 없으면 가난하나 청고(淸高)하고, 병화(丙火)가 투출(透出)했으나 갑목(甲木)이 없으면 부(富)가 있으며 어질고, 병화(丙火)로 해동(解凍)시키면 갑목(甲木)으로 소토(疏土)하지 않아도 동수(冬水)가 만물이 발아하는 것을 도우니, 착하며 베푸는 것을 좋아한다.

병화(丙火)가 많은데 임수(壬水)가 있으면 수화(水火)가 상제(相濟)하니, 만물이 회춘하여 백풍토가기(白風吐佳氣)라 하여 공명(功名)이 발전한다. 그러나 병화(丙火)가 많은데 임수(壬水)가 없으면 유란우추풍(幽蘭遇秋風)과 같아 단명에 이른다.

6장. 기토(己土)

1. 인월(寅月) 기토(己土) : 丙·癸·甲

초춘(初春)은 한기(寒氣)가 남아 있으니 기토(己土)의 전원은 아직 얼어붙어 있는 상태이다. 이때 병화(丙火)로 따뜻하게 해주면 만물이 자연적으로 발아하고, 다시 목(木)으로 소토(疏土)한 다음 계수(癸水)로 윤택하게 해주어야 한다.

따라서 인월(寅月) 기일생(己日生)이 사주에 병계갑(丙癸甲)이 모두 있으면 반드시 부귀격(富貴格)을 이룬다. 만일 병정화(丙丁火)가 있으면 수신(水神)이 없어도 큰 지장은 없다. 인월(寅月)은 아직 한기(寒氣)가 남아 있는 때이니 화(火)가 많으면 복록이 후하고, 계수(癸水)를 하나 만나면 부귀쌍전(富貴雙全)하나, 계수(癸水)가 무토(戊土)와 간합(干合)하면 평범한 명(命)이 된다.

기토(己土)는 임수(壬水)가 있으면 흉하다. 기토(己土)는 습지이고 임수(壬水)는 강호(江湖)와 같아 범람하는 물이니, 전원에 들어가면 수해를 입기 때문이다. 이때는 무토(戊土)로 제방을 쌓아야 한다. 임수(壬水)가 많으나 무토(戊土)로 제(制)하면 청아하며 부격(富格)을 이루나, 무토(戊土)가 없으면 평범한 명(命)이 된다.

인월(寅月) 기일생(己日生)이 인(寅)의 장간(藏干) 중에 갑목(甲木)의 기(氣)로 태어났는데, 다른 주(柱)에도 갑목(甲木)이 지나치게 많으면 반드시 경금(庚金)으로 제(制)하고, 병계(丙癸)가 있어 중화되면 명리(名利)가 모두 발전한다. 그러나 갑목(甲木)이 많은데 경금(庚金)으로 제(制)하지 못하면 게으르며 잔병이 많은 사람이다.

인월(寅月) 기일생(己日生)이 사주에 무토(戊土)가 많으면 반드시 갑목(甲木)의 제신(制神)이 있어야 하고, 제화(制化)가 모두 있으면 운이 열린다. 그러나 갑목(甲木)은 없고 을목(乙木)만 있으면 소토(疏土)할 힘이 부족하니 간사하며 소인(小人)의 명(命)이 된다.

2. 묘월(卯月) 기토(己土) : 甲·丙·癸

묘월(卯月) 기일(己日)은 양기(陽氣)가 점점 오르나 가색격(稼穡格)을 이루지 않고, 만물이 스스로 생(生)하나 전원이 전개되지 않은 때이다. 따라서 갑목(甲木)으로 소토(疏土)한 다음 계수(癸水)로 윤택하게 해야 한다. 갑계(甲癸)가 투출(透出)하면 반드시 유용한 인물이 된다. 여기에 병화(丙火)가 하나 더 투출(透出)하면 세력이 백료(百僚)를 제압하나, 임수(壬水)가 있으면 관직에 올라도 지위가 낮다.

묘월(卯月) 기일생(己日生)이 갑경(甲庚)이 있으면 금목교쟁격(金木交爭格)이라 한다. 이때 경금(庚金)이 임수(壬水)를 생(生)하니 상관(傷官)이 수재(水財)를 생(生)한다.

기토(己土)는 습토(濕土)이니 비견(比肩) 겁재(劫財)가 지나치게 중(重)하면 설(洩)해야 한다. 이때 병화(丙火)로 따뜻하게 해주면 평생 식록(食祿)이 부족하지 않고, 병화(丙火)가 투간(透干)하면 힘이 크고, 병화(丙火)가 암장(暗藏)되어 있으면 역량이 부족한 사람이다.

묘월(卯月) 기일생(己日生)이 지지(地支)에 해묘미(亥卯未) 목국(木局)을 이루었는데 경금(庚金)이 있으면 부귀격(富貴格)을 이루고, 을목(乙木)이 많으면 경금(庚金)을 쟁합(爭合)하니 교활하고, 지지(地支)에 사오미(巳午未) 방합(方合)이 있는데 천간(天干)에 갑계(甲癸)가 있으면 재관쌍미격(財官雙美格)이 되어 관직이 높다. 이런 사주는 평범한 사람이 만나도 명리(名利)를 떨치고, 목기(木氣)가 많은데 인수(印綬)나 비견(比肩)이 없으면 기명종살격(棄命從殺格)이 되어 부귀격(富貴格)을 이룬다.

3. 진월(辰月) 기토(己土) : 丙 · 甲 · 癸

기토(己土)가 진월(辰月)에 태어나면 가색(稼穡)을 재배하는 때이니, 먼저 태양의 광열이 필요하다. 따라서 토성(土性)을 병화(丙火)로 따뜻하게 한 다음 우로(雨露)인 계수(癸水)로 자윤(滋潤)하고, 다시 갑목(甲木)으로 소토(疏土)하면 아름다운 명(命)을 이룬다.

병갑계(丙甲癸)가 모두 투간(透干)하면 반드시 대업을 이룬다. 병화(丙火)는 인수(印綬)이고, 갑목(甲木)은 정관(正官)이고, 계수(癸水)는 편재(偏財)이니 재관인(財官印)이 모두 있으면 이름이 높고 부귀격(富貴格)을 이룬다.

진월(辰月) 기일생(己日生)이 병갑(丙甲)은 있으나 계수(癸水)가 없으면 부(富)는 있으나 귀(貴)는 없고, 계수(癸水)는 있으나 갑병(甲丙)이 없으면 의식은 잃지 않고, 병계(丙癸)는 있으나 갑목(甲木)이 없으면 재능은 높으나 평범하다. 진월생(辰月生)이 병계갑(丙癸甲)이 모두 있으면 호명(好命)을 이루나, 하나라도 없으면 저속하지는 않아도 귀격(貴格)은 아니다.

진월(辰月) 기일생(己日生)이 을목(乙木) 편관(偏官)이 용신(用神)이면 경금(庚金)의 제신(制神)이 있어야 한다. 만일 제(制)하지 못하면 가난하거나 단명한다.

진월(辰月) 기일생(己日生)이 갑목(甲木)이 있으면 간합(干合)되고, 토성(土性)으로 화(化)한다. 이때는 병화(丙火)의 도움이 필요하다. 따라서 다른 사람의 도움을 받아야 발전할 수 있다. 화기격(化氣格)은 설(洩)되면 흉하니, 금(金)이 설(洩)하면 파격(破格)되어 명리(名利)를 얻기 어렵다.

4. 사월(巳月) 기토(己土) : 癸·丙

기토(己土)는 전답의 흙이니 무토(戊土)와는 성질이 다르다. 하월(夏月)은 토성(土性)이 건조하여 전답이 말라붙으니 우로(雨露)의 물로 자윤(滋潤)해야 한다. 따라서 계수(癸水)로 조후용신(調候用神)을 삼아 자윤(滋潤)한 다음에 병화(丙火)의 태양빛이 있어야 생물이 생장한다. 양광(陽光)이 염열(炎熱)한데 우로(雨露)로 윤택하게 해주면 반드시 큰 기물을 이루는 재목이 된다. 그러나 계수(癸水)가 없으면 한전(旱田)을 이루고, 병화(丙火)가 없으면 고음(孤陰)이 된다.

하월(夏月)에는 계수(癸水)의 역량이 약해진다. 이때는 신금(辛金)으로 수원(水源)을 발해 주어야 한다. 금(金)이 생수(生水)하면 고갈될 염려가 없기 때문이다. 만일 신계(辛癸) 대신 경임(庚壬)이 있어도 부격(富格)을 이룬다. 그러나 귀(貴)는 없고 큰 발전은 기대하기 어렵다.

사월(巳月) 기일생(己日生)이 병계(丙癸)가 모두 있으면 수화기제(水火既濟)가 되어 명리(名利)가 모두 아름답다. 그러나 무토(戊土)와 계수(癸水)가 간합(干合)하면 합(合)을 탐하여 용신(用神)을 기반(羈絆)하니 무용지물이 된다. 병계(丙癸)가 있는데 신금(辛金)이 수원(水源)을 발(發)하면 길하고, 정화(丁火)가 투출(透出)하면 극금(剋金)하는데 병화(丙火)까지 있으면 극빈한 명(命)이 된다.

5. 오월(午月) 기토(己土) : 癸 · 丙

오월(午月)은 사월(巳月)과 같으나 열기가 더욱 치열하니, 시급히 계수(癸水)로 조후(調候)한 다음에 병화(丙火)로 보좌해야 한다. 따라서 계병(癸丙)이 모두 있으면 명성과 부귀(富貴)가 높다.

하월(夏月)은 염열(炎熱)한 때이니 병정화(丙丁火)가 많으면 전원이 메말라 갈라지고, 토성(土性)이 더욱 건조해지니 생의(生意)가 없다. 따라서 계수(癸水)로 조후(調候)하고 신금(辛金)으로 도와야 한다. 정화(丁火)가 계수(癸水)의 근원인 신금(辛金)을 극(剋)하고 계수(癸水)를 제거하면 화염토조(火炎土燥)하여 생기가 끊어지니 빈고(貧孤)한 명(命)이 된다.

오월(午月) 기일생(己日生)이 병화(丙火)가 맹렬하나 임수(壬水)가 있는데 경신금(庚辛金)이 수원(水源)을 발(發)하면 고독한 명은 되지 않는다. 화토(火土)가 지나치게 염열(炎熱)하면 심장·신장·안과질환 등이 따른다. 그러나 금수(金水)가 득지(得地)하면 화(化)하여 부격(富格)이 된다. 득지(得地)란 지지(地支)에서 십이운성(十二運星)의 생왕(生旺)을 만나는 것을 말한다.

오월(午月) 기일생(己日生)이 화세(火勢)가 태왕(太旺)하나 임계수(壬癸水)가 모두 있으면 화(火)를 파(破)하고 토(土)를 윤택하게 한다. 이런 사람은 총명하며 비상하게 발전하여 부귀격(富貴格)을 이룬다. 이런 사주를 전화위복격(轉禍爲福格)이라 한다.

오월(午月) 기일생(己日生)이 병계(丙癸)가 모두 있는데 신금(辛金)이 있어 수원(水源)을 발(發)하면, 수원(水源)이 깊고 흐름이 길어져 최상의 명(命)을 이룬다. 또 병화(丙火)는 투출(透出)하고 계수(癸水)는 암장(暗藏)되어 있으나, 신금(辛金)이 있으면 수화기제(水火旣濟)가 되어 역시 부귀격(富貴格)을 이룬다. 하월(夏月)은 화왕(火旺)하기는 하나 기토(己土)는 병화(丙火)가 없으면 건조하지 않다. 이때 계수(癸水)가 있는데 경신금(庚辛金)이 수원(水源)을 이루면 부귀격(富貴格)을 이룬다.

오월(午月) 기일생(己日生)이 병정화(丙丁火)가 모두 있는데 지지(地支)에 화국(火局)이 있으면 땅이 메말라 싹이 마른다. 이때 갑목(甲木)이 있는데 염열(炎熱)함을 풀지 않으면 편고(偏枯)한 명(命)이 되어 늙도록 고빈(孤貧)하다. 임계수(壬癸水)가 있으나 경신금(庚辛金)의 수원(水源)이 없으면 수(水)가 건살(乾殺)되어 홀아비나 과부 팔자가 되며 눈·심장·신장질환 등이 따르기 쉽다. 금(金)이 없는데 해자수(亥子水)가 있으면 비록 수(水)가 건고(乾枯)하지는 않으나 명리(名利)가 허상이다. 임계수(壬癸水)가 모두 있으면 전화위복이 되어, 화염(火炎)을 제(制)하고 토(土)를 윤택하게 한다. 이런 사람은 총명하며 뛰어나게 발전하여 부귀격(富貴格)을 이룬다.

6. 미월(未月) 기토(己土) : 癸 · 丙

미월(未月)은 염열(炎熱)하여 토성(土性)이 조열(燥烈)하니, 시급히 계수(癸水)로 자윤(滋潤)한 다음 병화(丙火)로 도와야 한다. 따라서 계병(癸丙)이 모두 있는데 금(金)이 계수(癸水)를 도와주면 반드시 부귀쌍전(富貴雙全)한다.

미월(未月) 기일생(己日生)이 임계수(壬癸水)의 재성(財星)이 있는데 경신금(庚辛金)이 있으면 생재(生財)하여 뿌리가 튼튼하고, 경신금(庚辛金)이 있는데 임계수(壬癸水)의 재(財)가 통근(通根)하고, 병화(丙火) 정인(正印)이 아신(我身)을 도와주면 신왕(身旺)하여 재(財)를 감당할 수 있으니 부귀격(富貴格)을 이룬다.

토일생(土日生)이 토월(土月)에 태어났는데 금(金)이 있으면 가색진격(稼穡眞格)이 된다. 이런 사람은 반드시 만년에 부귀격(富貴格)을 이룬다.

미월(未月) 기일생(己日生)이 병화(丙火)가 없으면 고음(孤陰)이 되어 평생 발전하지 못하고, 계수(癸水)가 없으면 한천(旱天)을 이루어 만물이 생육하지 못하니 평생 이루는 것이 없다. 또 계신(癸辛)은 있으나 병화(丙火)가 없으면 음기(陰氣)가 과중하고, 병신(丙辛)은 있으나 계수(癸水)가 없으면 조열(燥烈)하여 발전하기 어렵다.

7. 신월(申月) 기토(己土) : 丙 · 癸

신월(申月)은 초추(初秋)이나 아직 하월(夏月)의 열기가 제거되지 않은 때이니, 수(水)로 조후(調候)하고 자윤(滋潤)한 다음, 병화(丙火)로 금(金)을 제(制)하고 목(木)을 따뜻하게 만들어주면, 목기(木氣)가 설(洩)되어 기토(己土)가 생장할 힘이 있으니 반드시 큰 기물을 이룬다.

신월(申月) 기일생(己日生)은 경금(庚金)이 있으면 건록(建祿)에 해당하고, 임수(壬水)가 있으면 장생(長生)에 해당하니 경임(庚壬)이 모두 왕성하다. 그러나 기토(己土)는 계수(癸水)가 있으면 길하나, 임수(壬水)가 있으면 좋지 않다. 만일 계병(癸丙)이 모두 투출(透出)하면 명성과 권세가 높고, 계수(癸水)는 없는데 임병(壬丙)이 모두 투출(透出)하면 다른 사람의 도움으로 귀격(貴格)을 이룬다.

추월(秋月) 기토(己土)는 병화(丙火)는 인수(印綬)이고 계수(癸水)는 편재(偏財)이니, 재인(財印)이 모두 없으면 이루기 어렵다. 이때는 먼저 병화(丙火)를 취한 다음에 계수(癸水)를 취한다. 병계(丙癸)가 모두 있으면 명리(名利)가 발전한다.

신월(申月) 기일생(己日生)이 계수(癸水)가 있으나 병화(丙火) 두 개가 투출(透出)하면 귀인(貴人)의 도움을 받아야 명성을 얻고, 병화(丙火)는 있으나 임계수(壬癸水)가 없으면 명리(名利)가 있어도 허상이고, 임계수(壬癸水)는 있으나 병화(丙火)가 없으면 재능은 뛰어나도 의식(衣食)이 있을 뿐이다.

기토(己土)는 음유(陰柔)한 흙이니 도움이 필요하다. 만일 병화(丙火) 정인(正印)이 있으면 기세와 정신력이 왕성하여 이도(異途)로 발전한다. 그러나 다른 사람의 도움을 받아야 한다. 신월(申月)은 수(水)가 장생(長生)되고 기세가 점점 쇠하는 때이니, 병화(丙火)가 있으면 양기(陽氣)를 얻어 음양(陰陽)이 중화되어 부귀격(富貴格)을 이룬다.

신월(申月) 기일생(己日生)이 천간(天干)에 임계수(壬癸水)가 있으나 사주에 병화(丙火) 인수(印綬)가 없고, 지지(地支)에 신자진(申子辰) 삼합(三合) 수국(水局)이 있으면 종재격(從財格)이 되어 의식(衣食)이 풍족하다. 종재격(從財格) 사주가 일간(日干)에 비견(比肩)이 없는데 사주에 재성(財星)밖에 없으면 다른 사람의 재력으로 부(富)에 이른다.

8. 유월(酉月) 기토(己土) : 丙 · 癸

유월(酉月) 기토(己土)는 금(金)이 령(令)을 잡고 만물을 수장(收藏)하는 때이니, 병화(丙火)로 금(金)을 제(制)하고 토(土)를 따뜻하게 하며, 계수(癸水)로 금(金)을 설(洩)하여 토(土)를 윤택하게 해야 한다.

따라서 유월(酉月) 기일생(己日生)이 병계(丙癸)가 없으면 흉하고, 조후용신(調候用神)으로 삼으면 크게 발전한다. 신월(申月)과 유월생(酉月生)은 추명법이 같다. 병화(丙火)는 있으나 임계수(壬癸水)가 없으면 허상에 불과하고, 임수(壬水)·계수(癸水)는 있으나 병화(丙火)가 없으면 부(富)는 있으나 인격이 없다.

유월(酉月) 기일생(己日生)이 천간(天干)에 재성(財星)이 있는데 지지(地支)에 사유축(巳酉丑) 삼합(三合) 회국(會局)을 이루면 금왕(金旺)하여 재(財)를 생(生)하니, 상관(傷官) 식신(食神)이 재(財)를 생(生)하여 대부(大富)하며 귀격(貴格)이 된다.

유월(酉月)은 중추(仲秋)이니 열기가 사라지고 숙살기(肅殺氣)가 더욱 심해져 토성(土性)이 점점 약해진다. 따라서 병정화(丙丁火)가 있으면 원신(原神)을 생부(生扶)하고 금(金)을 제(制)하니, 반드시 뛰어난 사람으로 복택이 후하다.

유월(酉月) 기일생(己日生)이 병화(丙火)는 있으나 임계수(壬癸水)가 없으면 기토(己土)의 기세가 부족하다. 다시 말해 식신(食神)이나 상관(傷官)이 수(水)가 없어 유동하기 어려우니 정신력이 부족한 사람이 되는 것이다. 이런 사주는 병이 없는 데도 약을 먹는 격이니 용록(庸碌)한 명(命)이 된다. 만일 임계수(壬癸水)는 있으나 병화(丙火)가 없으면 겨우 부격(富格)은 이룬다.

9. 술월(戌月) 기토(己土) : 甲 · 丙 · 癸

술월(戌月) 기토(己土)는 심추(深秋)로 들어가니 동월(冬月)이 바로 앞에 있다. 이때는 천지(天地)가 차가우니 토성(土性)이 매우 약하다. 따라서 화(火)로 부조(扶助)하여 아신(我身)을 도와야 한다.

술월(戌月) 기일생(己日生)이 병화(丙火)가 투출(透出)하고 계수(癸水)가 암장(暗藏)되어 있는데 금(金)이 있으면 발전한다. 이때 임수(壬水)가 있으면 부귀(富貴)와 재능을 겸하게 되고, 무토(戊土)가 있으면 형액이 따른다. 무토(戊土)는 겁재(劫財)이기 때문에 쟁재(爭財)하여 용신(用神)을 상하게 하니, 기신(忌神)이 아신(我身)을 공격하여 흉액이 따르는 것이다.

추월(秋月) 기토(己土)는 먼저 계수(癸水)를 취한 다음에 병화(丙火)를 취하고, 경금(庚金)으로 계수(癸水)를 보좌해야 한다. 술월(戌月)은 토성(土盛)하니 갑목(甲木)으로 소토(疏土)해야 한다. 만일 계수(癸水)가 없으면 부(富)에 이르기 어렵고, 병화(丙火)가 없으면 귀격(貴格)이라도 복력이 약하다.

술월(戌月) 기일생(己日生)은 신금(辛金)이 암장(暗藏)되어 있으니 토금(土金)으로 용신(用神)을 삼는다. 금(金)이 중(重)하면 병화(丙火) 인수(印綬)가 있어야 상관패인격(傷官佩印格)이 되어 길하다.

술월(戌月) 기일생(己日生)이 지지(地支)에 진술축미(辰戌丑未)의 사고(四庫)를 이루면 토중(土重)하니, 갑목(甲木)으로 소토(疏土)해야 부격(富格)을 이룬다. 그렇지 않으면 빈천한 명(命)이 된다. 계수(癸水)가 있으면 갑목(甲木)을 도와주기 때문에 경금(庚金)이 있어도 갑목(甲木)이 상하지 않는다. 이때 병화(丙火)가 있으면 반드시 귀격(貴格)을 이룬다. 만일 토성(土性)이 중(重)하지 않으면 갑목(甲木)은 쓰지 않고 계병(癸丙)을 취한다.

술월(戌月) 기일생(己日生)이 지지(地支)에 인오술(寅午戌) 화국

(火局)이 있으면 화염토조(火炎土燥)하니 수(水)로 구제해야 한다. 그렇지 않으면 간사하며 흉악한 사람이 된다. 사주에 계수(癸水)가 있으면 금(金)으로 생수(生水)한다 해도 힘이 약하다. 이때 임수(壬水)로 보충하면 부귀쌍전(富貴雙全)하나, 무토(戊土)가 임수(壬水)를 극제(剋制)하면 빈천한 명(命)이 된다.

술월(戌月) 기일생(己日生)이 신자진(申子辰) 수국(水局)을 이루면 토(土)가 수(水)를 극(剋)해도 수왕(水旺)하면 오히려 토(土)가 붕괴되어 허약해지니 수(水)를 제지할 수 없다. 이런 사람은 고향을 떠나 고생한다. 다시 말해 재다신약(財多身弱) 사주가 되어 뜻을 이루기 어렵다.

술월(戌月) 기일생(己日生)이 지지(地支)에 사고(四庫)가 있고, 갑목(甲木)과 임계수(壬癸水)의 재(財)가 있는데 충파(沖破)되지 않으면 반드시 귀격(貴格)을 이룬다. 기축일(己丑日) 갑자시(甲子時)에 태어났으면 천간(天干)과 지지(地支)가 모두 합(合)되어 천지합덕(天地合德)의 형상이 되고, 일시(日時)에 천을귀인(天乙貴人)이 있다. 이때 인묘(寅卯) 동방운(東方運)으로 흐르면 관성(官星)이 득지(得地)하여 귀격(貴格)을 이룬다.

10. 해월(亥月) 기토(己土) : 丙·甲·戊

동월(冬月) 기토(己土)는 천지(天地)에 한기(寒氣)가 있으니, 화(火)로 토(土)를 따뜻하게 해주어야 한다. 이때 금수(金水)가 있으면 흉하다. 병화(丙火) 인수(印綬)로 생(生)하면 만물이 생산되어 황무

지에는 이르지 않는다. 화(火)가 없으면 한기를 제거하기 어려우니, 비견(比肩) 겁재(劫財)가 있어도 유용하지 않다.

해월(亥月) 기일생(己日生)은 화(火)로 따뜻하게 해주어야 하니 병화(丙火)가 중요하다. 그러나 화(火)는 목(木)이 생(生)하니 갑목(甲木)으로 보조 용신(用神)을 삼는다. 삼동(三冬)에는 우로(雨露)가 상설(霜雪)로 변하니, 계수(癸水)가 있으면 기토(己土)가 더욱더 얼어붙을 근심이 있다.

해월(亥月) 기일생(己日生)은 임수(壬水)가 매우 왕성하기 때문에 무토(戊土)로 제(制)해야 하는데, 병화(丙火)를 만나면 부격(富格)이 된다. 만일 병화(丙火) 대신 정화(丁火)가 있으면 소부(小富)의 명(命)이 되고, 정화(丁火)가 있는데 갑목(甲木)이 도와주면 호명(好命)이 된다.

동월(冬月)은 점점 추워지는 때이니 병화(丙火)로 조후용신(調候用神)을 삼는다. 이때 병화(丙火)가 있으면 기토(己土)가 생의(生意)가 있어 상격(上格)의 명(命)을 이루고, 관살(官殺)이 있고 식상(食傷)이 용신(用神)이라도 병화(丙火)가 없거나 적게 있으면 불가하다. 토성(土性)이 왕성하면 갑목(甲木)으로 제(制)해야 하는데, 이것은 질병이 있는데 약을 얻은 것과 같으니 호명(好命)으로 귀격(貴格)을 이룬다.

해월(亥月) 기일생(己日生)이 임수(壬水)가 많을 때는 무토(戊土)로 제(制)하면 부귀격(富貴格)을 이루나, 무토(戊土)가 없으면 부옥빈인(富屋貧人)의 명(命)이 된다. 기토(己土)는 습토(濕土)이기 때문에 임수(壬水)의 분파(奔波)하는 성질을 제거하기 어렵고, 무토(戊土)가 있어야 충분(沖奔)하는 수(水)를 제거할 수 있다. 이때 무토(戊

土) 겁재(劫財)가 있으면 아신(我身)을 도와주니 명리가 모두 있다.

11. 자월(子月) 기토(己土) : 丙·甲·戊

자월(子月) 기토(己土)는 해월(亥月)과 같이 천기가 한냉(寒冷)한 때이니 병화(丙火)로 따뜻하게 해야 한다. 따라서 병화(丙火)가 조후용신(調候用神)이 된다.

기토(己土)는 전원의 흙이라 비습(卑濕)하니, 천간(天干)에 임수(壬水)가 있으면 전원이 수해를 입는 것과 같다. 따라서 재다신약(財多身弱)하면 반드시 고독한 명(命)이 된다. 그러나 화(火)가 있으면 고독한 명(命)이 되지 않고, 토(土)가 있으면 가난한 명(命)이 되지 않는다.

자월(子月) 기일생(己日生)은 반드시 병갑무(丙甲戊)로 조후용신(調候用神)을 삼아야 한다. 수(水)가 지나치게 많은데 무토(戊土)로 제(制)하지 못하면 분류하는 명(命)이 되고, 한기(寒氣)가 뼈에 사무쳐 고빈(孤貧)한 명(命)이 된다.

자월(子月) 기일생(己日生)은 임계수(壬癸水)가 많으면 유약하고, 기세가 일방(一方)으로 편중되니 나를 버리고 재물을 쫓는 형상이 된다. 비견(比肩) 겁재(劫財) 인성(印星)이 없으면 오히려 부귀격(富貴格)을 이루어 특별히 노력하지 않아도 결과가 나타난다. 그러나 비겁(比劫)이 있으면 평범한 명(命)이 되고, 종재격(從財格)을 이루면 아내의 도움을 얻으나 아내가 가권을 잡는다.

자월(子月) 기일생(己日生)이 재왕(財旺)한데 무기토(戊己土)가 중

(重)하면 갑목(甲木)으로 토성(土性)을 제(制)해야 한다. 이때 갑목(甲木)이 있으면 부귀쌍전(富貴雙全)하나, 그렇지 않으면 부귀격(富貴格)을 이루기 어렵다.

자월(子月) 기일생(己日生)이 천간(天干)에 무기토(戊己土)가 있는데 지지(地支)에 사오(巳午)가 있으면 토(土)가 약변강(弱變强)되어 재격(財格)에 해당하니 관(官)을 쓴다. 갑목(甲木)이 무기토(戊己土)를 제(制)하고 재(財)가 관살(官殺)을 도와주니 부귀격(富貴格)을 이룬다. 재(財)가 있으니 부(富)를 이루고, 관살(官殺)이 있으니 귀(貴)가 있는 것이다.

자월(子月) 기일생(己日生)이 병갑(丙甲)이 모두 있으면 난초와 계수나무에 향기를 내는 명(命)이 된다. 이런 사람은 대중의 우러름을 받으며 공명(功名)이 발전한다.

12. 축월(丑月) 기토(己土) : 丙 · 甲 · 戊

축월(丑月) 기토(己土)는 계신(癸辛)이 축토(丑土) 속에 있다. 다시 말해 재성(財星)과 식신(食神)을 말하는 것이다. 만일 병화(丙火)가 있는데 경금(庚金)이 투출(透出)하면 정화(丁火)로 병화(丙火)를 도와야 하고, 정화(丁火)가 있는데 병화(丙火)가 암장(暗藏)되어 있으면 부귀쌍전(富貴雙全)하니 큰 부자가 된다. 다시 말해 축월(丑月) 기일생(己日生)이 경신(庚辛)이 있는데 병화(丙火)가 있으면 상관패인격(傷官佩印格)이 되어 대부대귀격(大富大貴格)을 이룬다.

7장. 경금(庚金)

1. 인월(寅月) 경금(庚金) : 戊·甲·壬·丙·丁

인월(寅月)은 한기(寒氣)가 남아 있는 때이니, 병화(丙火)로 용신(用神)을 삼아 경금(庚金)을 따뜻하게 해야 한다. 무토(戊土)를 필요로 하나 지나치게 많으면 금(金)이 묻히게 되어 오히려 흉하다. 이때는 갑목(甲木)으로 소토(疏土)해야 한다.

인월(寅月) 경금(庚金)은 십이운성(十二運星)으로는 절지(絶地)에 해당하니, 토(土)가 있어야 생의(生意)가 있다. 따라서 인월(寅月) 경일생(庚日生)이 병갑(丙甲)이 모두 있으면 발전하나, 하나만 있으면 작게 이루고, 병화(丙火)가 암장(暗藏)되었는데 갑목(甲木)이 투출(透出)하면 다른 사람의 도움이 있어야 공명(功名)을 이룬다.

인월(寅月) 경일생(庚日生)은 인궁(寅宮) 갑목(甲木)이 용신(用神)이니 토(土)가 많으면 귀격(貴格)이 되고, 갑목(甲木)이 암장(暗藏)되어 출간(出干)하지 않아도 역시 부격(富格)이 된다. 그러나 경금

(庚金) 비견(比肩)이 있으면 공허한 명(命)이 된다. 이것은 재성(財星)이 있으면 비겁(比劫)이 기신(忌神)이 되기 때문이다.

인월(寅月) 경일생(庚日生)은 화(火)로 단련해야 기물을 이루니 정화(丁火)가 없으면 흉하다. 인월(寅月)은 기후가 한냉(寒冷)하여 금한수냉(金寒水冷)하기 때문이다. 따라서 반드시 갑병(甲丙)으로 조후용신(調候用神)을 삼은 다음에 정화(丁火)로 보좌해야 한다.

인월(寅月) 경일생(庚日生)이 병갑(丙甲)이 모두 있으면 큰 재목이 되고, 화(火)가 많으면 가난하거나 단명한다. 다시 말해 양금(陽金)이 화(火)를 기뻐하나, 화(火)가 지나치게 단련하면 분류(奔流)하는 명(命)이 되기 때문이다.

인월(寅月) 경일생(庚日生)이 정화(丁火)와 무기토(戊己土)가 있는데 수(水)가 없으면 부귀격(富貴格)을 이룬다. 다시 말해 정화(丁火) 정관(正官)이 있으면 수(水)의 상관(傷官)을 꺼린다는 말이다. 관성(官星)은 재인(財印)을 떠날 수 없으니, 관살(官殺)이 지나치게 많으면 먼저 인성(印星)으로 관살(官殺)을 화(化)해야 부귀격(富貴格)을 이룬다.

인월(寅月) 경일생(庚日生)이 지지(地支)에 인오술(寅午戌) 삼합(三合) 화국(火局)이 있으면 살성(殺星)이 왕성하다. 이때 임수(壬水)가 통근(通根)되면 대부대귀격(大富大貴格)을 이루나, 임수(壬水)의 뿌리가 없으면 부귀(富貴)가 작고, 수(水)의 제신(制神)이 없으면 잔병이 많다.

만일 인월(寅月) 경일생(庚日生)이 편재(偏財)가 용신(用神)인데 비견(比肩) 겁재(劫財)가 있으면 기신(忌神)이 된다. 이때는 먼저 병정(丙丁)의 관살(官殺)이 있어야 비견(比肩) 겁재(劫財)를 제거하고 재물을 지킬 수 있다.

인월(寅月) 경일생(庚日生)이 병갑(丙甲)이 모두 있으면 문장이 뛰어나고, 병화(丙火)는 편관(偏官)이고 갑목(甲木)은 편재(偏財)이니 편관(偏官)의 살(殺)을 도와 충분히 발전한다. 재성(財星)이 있는데 살성(殺星)이 암장(暗藏)되어 있으면 권위가 있으나 덕이 있어야 한다. 어릴 때 덕을 쌓고 공을 세워 큰 일을 이룬다.

인월(寅月) 경일생(庚日生)이 토(土)가 많은데 갑목(甲木)이 암장(暗藏)되어 있으면 대부격(大富格)이 된다. 경금(庚金)이 무기토(戊己土)가 많으면 묻히나, 갑목(甲木)이 제거하면 매몰되지 않아 대부격(大富格)을 이루는 것이다.

2. 묘월(卯月) 경금(庚金) : 丁·甲·庚·丙

묘월(卯月) 경일생(庚日生)은 묘(卯)에 을목(乙木)이 있어 경금(庚金)과 간합(干合)하니, 을목(乙木)의 정이 머문다. 따라서 정화(丁火)로 용신(用神)을 삼는데, 갑목(甲木)이 정화(丁火)를 도와주면 부귀격(富貴格)을 이룬다. 그러나 정화(丁火) 대신 병화(丙火)가 있으면 노력으로 부귀(富貴)에 이른다. 정갑(丁甲)이 모두 출간(出干)했는데 경금(庚金) 비견(比肩)이 갑목(甲木)을 제거하면 반드시 대귀격(大貴格)을 이루고, 경금(庚金)의 비견(比肩)이 없는데 정갑(丁甲)이 모두 투출(透出)하면 큰 발전은 기대하기 어렵다.

춘월(春月) 정화(丁火)는 기세가 지나치게 왕성하거나 쇠하지 않다. 따라서 갑목(甲木)으로 정화(丁火)를 돕고, 경금(庚金)으로 제(制)해야 한다. 정갑(丁甲)은 있는데 경금(庚金)이 없으면 평범한 명(命)이 되고, 정경(丁庚)이 있으나 갑목(甲木)이 없어도 마찬가지이다.

묘월(卯月) 경일생(庚日生)은 목기(木氣)가 왕성한데 다른 주(柱)에 갑목(甲木)과 을목(乙木)이 있으면 재신(財神)이 태왕(太旺)하다. 이때 경신금(庚辛金)이 재(財)를 파(破)하지 않으면 재(財)를 따라 종재격(從財格)이 되어 부격(富格)을 이루나, 경신금(庚辛金)이 아신(我身)을 방조하여 파격(破格)되면 고빈(孤貧)함을 면하기 어렵다. 병신정(丙辛丁)이 모두 있는데 목수(木水)가 있으면 귀(貴)는 있으나 자식이 없다.

묘월(卯月) 경일생(庚日生)은 을목(乙木)이 권리를 잡은 때이니, 먼저 정화(丁火)로 용신(用神)을 삼은 다음에 갑목(甲木)을 취해야 한다. 만일 병신(丙辛)이 있으면 살(殺)과 합(合)하니, 정화(丁火)가 투출(透出)하면 관(官)이 있다. 재(財)가 관성(官星)을 생(生)하고, 수(水)가 병화(丙火)의 살(殺)을 제(制)하고, 형충(刑沖)이 없으면 대귀격(大貴格)이 된다. 이것은 거살유관(去殺留官)하기 때문이다.

묘월(卯月)은 인월(寅月)과 같다. 경금(庚金)이 십이운성(十二運星)으로는 쇠절지(衰絶地)에 해당하니, 비견(比肩)이나 인성(印星)으로 생조(生助)해야 한다. 지지(地支)에 신진(申辰)이 있으면 약변강(弱變强)되니, 재관(財官)이 있으면 길하다. 월주(月柱) 묘목(卯木)이 정화(丁火) 정관(正官)을 돕고, 갑목(甲木)이 정화(丁火)를 이끌어주면 목생화(木生火)한다. 갑정(甲丁)이 모두 투출(透出)했는데 비견(比肩)이나 인성(印星)이 있으면 반드시 부귀격(富貴格)을 이루고, 갑정(甲丁)이 있으나 비견(比肩)이나 인성(印星)이 없으면 부귀(富貴)가 작고, 비견(比肩)과 인성(印星)이 모두 없으면 경금(庚金)이 생왕지(生旺地)를 만나야 발전한다.

3. 진월(辰月) 경금(庚金) : 甲 · 丁 · 壬 · 癸

진월(辰月)은 토(土)가 사령(司令)하는 때이니 토성(土性)이 왕성하다. 경금(庚金)이 무토(戊土) 편인(偏印)을 어머니를 삼아 모왕자생(母旺子生)하니, 비견(比肩)이나 겁재(劫財)가 없어도 무방하다. 토(土)가 많으면 금(金)이 쉽게 묻히게 된다. 이때 정화(丁火)가 단련하면 먼저 갑목(甲木)으로 소토(疏土)해야 한다.

진월(辰月) 경일생(庚日生)이 정갑(丁甲)이 모두 투출(透出)하고, 비견(比肩)이 있는데 갑목(甲木)을 상하게 하지 않으면 반드시 부귀격(富貴格)을 이루고, 갑목(甲木)이 암장(暗藏)되어 있는데 정화(丁火)가 투출(透出)하면 반드시 부귀(富貴)가 발전하고, 정화(丁火)가 암장(暗藏)되어 있는데 갑목(甲木)이 투출(透出)하면 학문이 높고, 정갑(丁甲)이 모두 암장(暗藏)되어 있는데 비견(比肩) 겁재(劫財)가 없으면 부(富)는 있으나 귀(貴)는 없고, 갑목(甲木)은 있는데 정화(丁火)가 없으면 평범한 명(命)이 되고, 정화(丁火)는 있는데 갑목(甲木)이 없으면 무용한 선비로 마음이 깨끗하지 못하다.

진월(辰月) 경일생(庚日生)이 천간(天干)에 토(土)가 많으면 금(金)이 묻힐 염려가 있다. 이때는 갑목(甲木)으로 토(土)를 제거해야 한다. 완금(頑金)은 정화(丁火)를 기뻐하나 토왕(土旺)한데 갑목(甲木)이 없으면 흉하고, 정화(丁火)가 없으면 이름을 얻기 어렵고, 갑정(甲丁) 중에 하나라도 없으면 부귀격(富貴格)를 이루기 어렵고, 화

(火)가 없으면 단명하거나 가난에 이른다.

사주에서 오양간(五陽干)이 상제(相制)할 때는, 갑목(甲木)은 경금(庚金)을 기뻐하고, 병화(丙火)는 임수(壬水)를 기뻐하고, 무토(戊土)는 갑목(甲木)을 기뻐하고, 임수(壬水)는 무토(戊土)를 기뻐한다. 이것은 모두 양(陽)을 양(陽)으로 제(制)하는 것이다. 그러나 경금(庚金)만은 음화(陰火)인 정화(丁火)로 단련하는 것을 기뻐한다. 인월(寅月) 경금(庚金)은 갑정(甲丁)이 있으면 명리(名利)가 모두 통달하고, 갑병(甲丙)이 있으면 공직에서 이름을 얻는다. 병정(丙丁) 중에 하나만 있을 때는 임계수(壬癸水)가 있으면 흉하나, 화기(火氣)가 태왕(太旺)할 때는 수(水)가 있으면 공명(功名)이 따른다.

진월(辰月) 경일생(庚日生)이 계수(癸水)가 용신(用神)인데 지지(地支)에 인오술(寅午戌) 화국(火局)이 있으면 금수상관격(金水傷官格)이 되어 화(火)의 관(官)을 기뻐한다.

진월(辰月) 경일생(庚日生)이 정화(丁火)가 투출(透出)했는데 갑목(甲木)이 암장(暗藏)되어 있으면 반고(班固)의 문화가 있다. 경금(庚金)에게 정화(丁火)는 정관(正官)에 해당하고, 갑목(甲木)은 편재(偏財)에 해당하니, 재(財)는 정화(丁火) 정관(正官)을 상생(相生)하여 돕는다. 정화(丁火)는 등불이고 갑목(甲木)은 기름이니, 등불에 기름을 넣으면 광명을 더한다. 다시 말해 의외의 발전이 있다는 뜻이다. 반고는 학자를 말하는데 관(官)으로 공명(功名)을 떨친다.

진월(辰月) 경일생(庚日生)이 지지(地支)에 토국(土局)을 이루었는데 갑목(甲木)으로 제거하지 못하면 가난하거나 승도가 되고, 여기에 을목(乙木)이 있으면 간사한 사람이 된다. 지지(地支)에 토성(土性)이 왕성하면 금(金)이 묻힐 염려가 있다. 이때는 갑목(甲木)으로 토

(土)를 파(破)해야 금(金)이 나타난다. 이런 사주는 평생 의식(衣食)은 풍족하나, 을목(乙木)이 있어 토(土)를 파(破)하지 못하면 소인(小人)의 명(命)이 된다.

진월(辰月) 경일생(庚日生)이 년월일(年月日)에 경(庚)이 세 개 있는데 지지(地支)에 신자진(申子辰)이 모두 있으면 정란차격(井欄叉格)이라 한다.

4. 사월(巳月) 경금(庚金) : 壬 · 戊 · 丙 · 丁

사월(巳月) 경금(庚金)은 장생지(長生地)에 해당한다. 사(巳)에 병무(丙戊)가 있고 전록(專祿)에 앉아 있다. 병화(丙火)가 용신(用神)인데 임수(壬水) 식신(食神)이 있으면 부귀격(富貴格)을 이룬다. 사(巳)는 화성(火性)이라 다른 주(柱)에서 화세(火勢)가 강하면 임수(壬水)로 제(制)해야 한다. 다시 하운(夏運)을 만나면 화세(火勢)가 태과(太過)하니 재액이 따른다.

사월(巳月) 경일생(庚日生)은 수화(水火)가 있어야 한다. 화(火)가 있으면 백태(柏台)의 명(命)이라 한다. 임수(壬水)로 조후용신(調候用神)을 삼으면 독식현공격(獨食顯功格)이 된다. 백태(柏台)는 어사(御史)나 대부(大夫)같이 신분이 높은 사람을 말한다. 다른 주(柱)에 병화(丙火)가 또 있으면 가살성권격(假殺成權格)이 된다. 이때 임수(壬水)가 없으면 공명(功名)이 있어도 허상에 불과하고, 인의(仁義)가 없고, 아내와 자식을 극상(剋傷)한다. 그러나 임수(壬水)가 있으면 부귀격(富貴格)을 이루고, 임수(壬水)가 암장(暗藏)되어 나타나지 않으면 부귀(富貴)가 있으나 유명무실하다.

사월(巳月) 경일생(庚日生)이 다른 주(柱)에 사유축(巳酉丑) 삼합(三合) 금국(金局)이 있으면 약이 강으로 변한다. 이때 정화(丁火)가 있으면 반드시 큰 재목이 되니, 정화(丁火)가 투출(透出)하면 길명(吉命)을 이룬다. 그러나 정화(丁火)가 없으면 무용지물이 되고, 정화(丁火)가 지나치게 많으면 단련함이 지나쳐 떠도는 명(命)이 된다.

5. 오월(午月) 경금(庚金) : 壬 · 癸

오월(午月) 경일생(庚日生)은 목욕지(沐浴地)에 해당한다. 오궁(午宮)에는 병기정(丙己丁)이 있으니 관인상생(官印相生)이 되어 살인(殺印)을 화(化)한다. 이때는 화세(火勢)가 맹렬하니, 먼저 임수(壬水)를 쓴 다음에 계수(癸水)를 취한다. 수(水)로 열화(烈火)를 제(制)하고 토성(土性)을 윤택하게 하여 금(金)을 보전하면 최상의 명(命)을 이룰 수 있다.

오월(午月) 경일생(庚日生)이 임수(壬水)가 투출(透出)하고 계수(癸水)가 암장(暗藏)되어 있는데 지지(地支)에 경금(庚金)이 있으면 약변강(弱變强)된다. 이때 금(金)이 수성(水性)을 도와 금수(金水)가 청(淸)하게 되면 반드시 귀격(貴格)을 이룬다. 그러나 무기토(戊己土)가 있으면 임계수(壬癸水)를 극상(剋傷)하니 탁해진다. 따라서 처음에는 길하나 나중에는 흉하다. 무기토(戊己土)가 암장(暗藏)되어 임수(壬水)를 상하게 하지 않으면 학문에 재능이 있고, 지지(地支)에 임수(壬水)가 있는데 다른 주(柱)에 금(金)이 있으면 반드시 귀격(貴

格)이 되고, 계수(癸水)가 출간(出干)했는데 신금(辛金)이 상생(相生)하면 다른 사람의 도움을 받아야 발전할 수 있다.

오월(午月) 경금(庚金)이 지지(地支)에 인오술(寅午戌) 화국(火局)이 있으면, 화세(火勢)가 태왕(太旺)하여 금(金)을 녹이니, 시급히 수(水)로 조후용신(調候用神)을 삼아야 한다. 이때 수(水)가 없으면 무기토(戊己土)를 꺼리니, 수토(水土)가 모두 있으면 빈천한 명(命)이 된다. 만일 수(水)가 없는데 무기토(戊己土)가 있으면 화기(火氣)를 설(洩)하나, 살인상생(殺印相生)이 되어 다른 사람의 도움에 의지해야 하고, 화토(火土)가 지나치게 조열(燥烈)하면 복이 박하다.

다시 말해 오월(午月) 경일생(庚日生)은 수(水)가 없으면 상격(上格)을 이루지 못하고 편고(偏枯)한 명(命)이 된다. 사주에 인수(印綬)나 비겁(比劫)이 없으며 편관(偏官)이 왕성하면 가종살격(假從殺格)이 된다.

오월(午月) 경일생(庚日生)은 화성(火星)이 권리를 잡았으니, 먼저 임수(壬水)를 쓴 다음에 계수(癸水)를 취한다. 천간(天干)에 임수(壬水)가 있고 지지(地支)에는 계수(癸水)가 있는데, 다른 주(柱)에 경신금(庚辛金)이 있고 충파(沖破)가 없으면 수화(水火)가 조제(調濟)되어 길명(吉命)이 된다.

6. 미월(未月) 경금(庚金) : 丁 · 甲

미월(未月) 경일생(庚日生)은 토월(土月)에 토(土)가 사령(司令)하고, 경금(庚金)이 추월(秋月)에 가까이 있고, 토(土)가 생부(生扶)되니 완금(頑金)으로 변한다.

따라서 미월(未月) 경일생(庚日生)은 정화(丁火)로 단련하고, 갑목(甲木)이 정화(丁火)를 도와주면 귀격(貴格)을 이룬다. 정화(丁火)는 정관(正官)이고, 갑목(甲木)은 편재(偏財)이니 재관(財官)이 모두 아름답고 부귀(富貴)가 있다. 경금(庚金)이 미(未)가 있으면 천을귀인(天乙貴人)이 되고, 갑목(甲木)이 미(未)가 있어도 천을귀인(天乙貴人)이 되니, 재관(財官)과 천을귀인(天乙貴人)의 삼성(三星)이 모두 모여 귀격(貴格)을 이룬다.

미월(未月) 경일생(庚日生)이 정갑(丁甲)이 모두 있으면 상격(上格)을 이루고, 정갑(丁甲)이 있으면 정화(丁火)를 파(破)하는 계수(癸水)를 꺼린다. 계수(癸水)가 있으면 용신(用神)을 극상(剋傷)하니 하격(下格)의 명(命)이 된다.

미월(未月) 경일생(庚日生)이 갑목(甲木) 편재(偏財)가 있는데 정화(丁火) 정관(正官)이 없으면 이익만을 꾀하는 평범한 사람이 되고, 정화(丁火)는 있고 갑목(甲木)이 없어 관성(官星)을 도와주지 못하면 의식(衣食)이 있을 뿐 귀(貴)는 없다. 만일 정화(丁火)가 있는데 상관(傷官)이 없으면 무역업으로 나가면 길하다.

미월(未月) 경일생(庚日生)이 병화(丙火)가 없는데 갑목(甲木)도 없으면 애원협곡(哀猿峽谷)의 명(命)이 되고, 정갑(丁甲)이 모두 없으면 하천하다. 이런 사주를 고학추로(孤鶴秋露)의 명(命)이라 한다.

미월(未月) 경일생(庚日生)이 지지(地支)에 토국(土局)이 있는데 갑목(甲木)이 있고 정화(丁火)가 암장(暗藏)되어 있으면, 토(土)가 후하여 금성(金性)이 쉽게 매몰되니 갑목(甲木)으로 토(土)를 제거하고 금(金)을 구하면 문장으로 발전한다. 이때 정화(丁火)가 투출(透

出)했는데 갑목(甲木)이 암장(暗藏)되어 있으면 법률가나 교육자로 나가면 길하다.

미월(未月) 경일생(庚日生)이 지지(地支)에 토국(土局)을 이루었으나, 천간(天干)에 경신금(庚辛金)이 많으면 매몰될 염려가 없다. 만일 정(丁)이 두 개 있으면 다른 사람의 도움을 받아 공명(功名)을 이룰 수 있다.

미월(未月) 경일생(庚日生)이 지지(地支)에 해묘미(亥卯未) 목국(木局)을 이루면, 재(財)가 왕성하여 관(官)을 생(生)하니 부(富)는 있으나 귀(貴)는 가볍다.

7. 신월(申月) 경금(庚金) : 丁·甲

신월(申月) 경일(庚日)은 건록(建祿)에 해당한다. 다시 말해 금일(金日)이 금월(金月)을 만났으니 금성(金性)이 더욱더 강하고 예리하다. 따라서 신월(申月) 경일생(庚日生)은 정화(丁火)로 금성(金性)을 단련해야 한다. 정화(丁火)가 추월(秋月)을 만나면 쇠갈(衰竭)한 화(火)이니, 갑목(甲木)으로 화성(火性)을 왕성하게 해주어야 한다. 이처럼 정갑(丁甲)은 절대로 떨어질 수 없다. 정갑(丁甲)이 모두 있으면 청운의 뜻을 이루고, 정갑(丁甲)이 있는데 계수(癸水)가 없으면 학문에 재능이 많고, 홍로(洪爐)의 화(火)는 수(水)로 제(制)하면 흉하다. 사주에 형충(刑沖)이 없으면서 득지(得地)하는 운을 만나면 크게 발전한다.

신월(申月) 경일생(庚日生)은 전왕(專旺)한 때이니 정화(丁火)로 단련해야 한다. 이때 갑목(甲木)이 있으면 정화(丁火)를 도와주니 큰 기물을 이루는 재목이 된다. 정갑(丁甲)이 모두 투출(透出)하면 길하고, 정화(丁火)는 있으나 갑목(甲木)이 없으면 준수한 명(命)이 되고, 갑목(甲木)은 있으나 정화(丁火)가 없으면 평범한 명(命)이 되고, 정갑(丁甲)이 모두 없으면 무용지물이 된다.

신월(申月) 경일생(庚日生)이 지지(地支)에 신자진(申子辰) 삼합(三合) 수국(水局)을 이루었는데, 정화(丁火)가 없고 병화(丙火)가 있으면 갑목(甲木)으로 화성(火性)을 도와야 한다. 이때 갑목(甲木)이 없으면 어리석고 나약한 사람이 된다.

신월(申月) 경일생(庚日生)은 정화(丁火)로 단련하고 병화(丙火)로 조후(調候)해야 한다. 갑목(甲木)이 있으면 왕수(旺水)를 설(洩)하고 화성(火星)을 생부(生扶)하니, 병화(丙火)의 약살(弱殺)을 도와 의식(衣食)이 풍족하다. 만일 목화(木火)가 없으면 진흙 속에 빠진 것과 같아 하천한 명(命)이 된다.

신월(申月) 경일생(庚日生)은 건록(建祿)에 해당하니, 지지(地支)에 화국(火局)이 있으면 금(金)이 화(火)를 단련하여 기물을 이루니 부귀격(富貴格)을 이룬다.

신월(申月) 경일생(庚日生)이 재성(財星)이 있으면 행상좌고(行商坐賈)의 명(命)이 된다. 다시 말해 신왕(身旺)하면 재(財)가 가볍다는 뜻이다. 이때 정화(丁火)가 없으면 부(富)는 있으나 귀(貴)는 없다. 이것은 재(財)로 부(富)를 논하고, 관(官)으로 귀(貴)를 취하기 때문이다.

신월(申月) 경일생(庚日生)이 지지(地支)에 신유술(申酉戌)이 모두 있으면, 종혁격(從革格)이 되어 반드시 부귀격(富貴格)을 이룬다. 지지(地支)에 화국(火局)을 이루었는데 양인살(陽刃殺)이 있으면 금신입화향(金神入火鄕)이라 하여 부귀영화를 누린다. 금신(金神)이란 을축(乙丑)·기사(己巳)·계유(癸酉)의 간지(干支)를 제외한 것을 말하고, 금왕(金旺)하고 삼합(三合) 화국(火局)을 이룬 때를 말한다.

8. 유월(酉月) 경금(庚金) : 丁·甲·丙

유월(酉月) 경일생(庚日生)은 양인(陽刃)이 있으니 금성(金性)이 매우 강하다. 유월(酉月)은 화기(火氣)가 제거되어 기후가 점점 차가워지니 병정화(丙丁火)를 함께 취해야 한다. 다시 말해 정화(丁火)로 금(金)을 단련하고 병화(丙火)로 따뜻하게 만들어 한기(寒氣)를 제거해야 한다.

양인살(陽刃殺)은 형충(刑沖)을 두려워 한다. 따라서 양인살(陽刃殺)이 형충(刑沖)이 없으면 청(淸)하고, 살(殺)이 나타나면 최상의 명(命)이 되어 부귀(富貴)가 대단하다. 병정화(丙丁火)가 투출(透出)하면 공명(功名)이 발전한다. 병화(丙火)가 출간(出干)했는데 정화(丁火)가 암장(暗藏)되어 있으면 다른 사람의 도움을 받아야 부귀(富貴)를 이루고, 부귀(富貴)가 있어도 크지는 않다.

유월(酉月) 경일생(庚日生)이 정갑병(丁甲丙)이 모두 있으면 공명(功名)이 크게 발전한다. 지지(地支)에 병화(丙火) 편관(偏官)이 있으면 양인가살격(陽刃架殺格)이 되니, 장상(將相)의 명으로 대권을 잡는다.

유월(酉月) 경일생(庚日生)이 천간(天干)에 정화(丁火)가 있는데 지지(地支)에 병화(丙火)가 있으면, 병화(丙火)가 정화(丁火)를 도와주고 관(官)이 왕성한 살(殺)을 탄다. 이런 사주를 명관암살격(明官暗殺格)이라 하는데, 상격(上格)으로 명리(名利)가 모두 있다.

유월(酉月) 경일생(庚日生)이 지지(地支)에 갑목(甲木)이 있는데 화(火)가 투출(透出)하고 수(水)가 없으면, 청고(淸高)한 명(命)으로 의식(衣食)이 풍족하고 공명(功名)이 따른다. 만일 갑을목(甲乙木) 재성(財星)이 있으면 금왕목쇠(金旺木衰)한 때이다. 이때 병정화(丙丁火)로 왕금(旺金)을 제거하지 않으면 예술가가 된다.

경금(庚金)이 신월(申月)이나 유월(酉月)에 태어났으면 반드시 정화(丁火)와 갑목(甲木)이 있어야 한다. 만일 갑목(甲木)이 없으면 을목(乙木)으로 대신할 수 있는데, 이것을 고초인등격(枯草引燈格)이라 한다. 을목(乙木)이 있을 때는 병화(丙火)가 있으면 길하다. 을목(乙木)이 용신(用神)이면 부(富)는 있어도 귀(貴)는 없다. 부귀(富貴)가 있다해도 작고, 의식(衣食)이 있을 뿐이다.

유월(酉月) 경일생(庚日生)이 정화(丁火)와 계수(癸水)가 함께 있으면 계수(癸水)가 정화(丁火)를 제거한다. 이때 기토(己土)가 계수(癸水)를 제복(制伏)하면 부귀격(富貴格)을 이룬다. 이것은 상관(傷官)이 정관(正官)을 파(破)할 때 인수(印綬)로 상관(傷官)을 제거하기 때문이다.

9. 술월(戌月) 경금(庚金) : 甲·壬

술월(戌月) 경일(庚日)은 토성(土性)이 왕성하니, 토(土)가 많으면 금(金)이 묻힐 염려가 있다. 따라서 갑목(甲木)으로 용신(用神)을 삼는다. 만일 임수(壬水)가 있으면 식신(食神)이니 식신생재격(食神生財格)이 되어 호명(好命)을 이룬다.

술월(戌月) 경일생(庚日生)은 먼저 갑목(甲木)으로 소토(疏土)하고, 임수(壬水)로 금기(金氣)를 설(洩)하면 금백수청격(金白水淸格)이 된다. 갑임(甲壬)이 모두 있으면서 극합(剋合)되지 않으면 부귀공명(富貴功名)을 이룬다. 갑임(甲壬)이 모두 있으면 명암(明暗)을 불문하고 모두 상격(上格)이 된다. 이런 사주를 녹명장태격(鹿鳴章台格)이라 하여 술자리나 연회에서 반드시 상석에 앉는다.

술월(戌月) 경일생(庚日生)이 갑목(甲木)이 있는데 임수(壬水)가 없으면 학문이 있고, 임수(壬水)가 있는데 갑목(甲木)이 없으면 의식(衣食)이 있을 뿐이고, 갑임(甲壬)이 모두 없으면 하격(下格)의 명(命)이 된다.

술월(戌月) 경일생(庚日生)이 지지(地支)에 신자진(申子辰) 삼합(三合) 수국(水局)을 이루었는데 병화(丙火)가 있으면, 병화(丙火)가 한금(寒金)을 따뜻하게 만드니 재능이 뛰어나며 명망이 있다. 또 수국(水局)이 있으면 금수상관격(金水傷官格)이 되니 총명하고 재능이 뛰어난다. 이때는 병화(丙火)로 조후용신(調候用神)을 삼아 금한수냉(金寒水冷)을 구제하는 것이다.

술월(戌月) 경일생(庚日生)이 경무(庚戊)가 많은데 갑임(甲壬)이 없으면 비록 의록(衣祿)은 있어도 오래 가기 어렵고, 완고하고 어리석어 유산을 잃고 패가(敗家)한다. 이것은 토(土)가 지나치게 많으면 금성(金性)이 매몰되기 때문이다.

술월(戌月) 경일생(庚日生)이 천간(天干)에 병화(丙火)가 있는데 지지(地支)에 수(水)가 있으면, 수(水)가 병화(丙火) 칠살(七殺)을 제(制)하여 조화되니 살(殺)이 관(官)으로 변한다. 화(火)는 문명의 상이니, 문단수선(文壇首選)의 명이 되어 문학방면에 뛰어난다.

술월(戌月) 경일생(庚日生)이 목화(木火)가 있고 술궁(戌宮)에 정화(丁火) 용신(用神)이 있으니 정관격(正官格)이 된다. 경임(庚壬)이 모두 투출(透出)하면 재(財)가 생관(生官)하니 반드시 부귀격(富貴格)을 이룬다. 이것은 신왕(身旺)하면 식신(食神)으로 설(洩)할 수 있고, 식신(食神)은 생재(生財)하고, 재(財)는 정관(正官)을 생부(生扶)하기 때문이다.

술월(戌月) 경일생(庚日生)이 지지(地支)에 인오술(寅午戌) 화국(火局)을 이루었는데 천간(天干)에 비견(比肩)이나 겁재(劫財)가 있으면, 아신(我身)과 살(殺)이 모두 왕성하여 같아지니 상격(上格)의 명(命)을 이룬다.

10. 해월(亥月) 경금(庚金) : 丁·丙

해월(亥月) 경금(庚金)은 강금(剛金)이니 정화(丁火)로 단련하지 않으면 기물을 이룰 수 없다. 해월(亥月)은 점점 서늘해지는 때이니 금성(金性)이 차갑다. 이때 병화(丙火)가 없으면 한냉(寒冷)을 제거하기 어려우나, 병정화(丙丁火)의 관살(官殺)이 있으면 호명(好命)을 이루어 아름답다.

해월(亥月) 경일생(庚日生)이 정화(丁火)가 용신(用神)이면 반드시 갑목(甲木)이 있어야 한다. 정갑(丁甲)이 모두 투출(透出)했는데 지지(地支)의 수(水)가 제거하지 않으면 작게나마 공명(功名)이 있고, 병화(丙火)가 모두 있으면 귀격(貴格)을 이룬다. 지지(地支)에서 해자수(亥子水)가 수국(水局)을 이루었는데 무기토(戊己土)가 수(水)를 제(制)하면 역시 호명(好命)을 이룬다.

해월(亥月) 경일생(庚日生)이 정화(丁火)가 암장(暗藏)되어 있는데 갑목(甲木)이 투출(透出)하면 혜란미질(蕙蘭美質)의 명(命)이 되고, 정화(丁火)는 없으나 병화(丙火)가 투출(透出)하면 평범한 명(命)이 된다. 정화(丁火) 정관(正官)이 있는데 갑목(甲木)의 재(財)가 당왕(當旺)하면 재(財)가 생관(生官)하여 봉록(俸祿)을 얻는다. 병화(丙火)는 있고 정화(丁火)는 없는데 경금(庚金)이 해(亥)를 만나면, 십이운성(十二運星)으로는 병지(病地)에 해당한다. 이때 병화(丙火)가 극(剋)되면 역량이 부족하여 평범한 사람에 불과하다. 혜란(蕙蘭)의 향초는 초추(初秋)에 홍화가 개화되면 향기가 난과 같아 병액을 면할 수 있다.

해월(亥月) 경일생(庚日生)이 수(水)가 용신(用神)이면 금한수냉(金寒水冷)한 명(命)이 되고, 여기다 기세까지 중(重)하면 경금(庚金)의 견고하고 강한 성질을 설(洩)하여 일원(日元)이 쇠약해진다. 그러나 병정화(丙丁火)가 있는데 신왕운(身旺運)을 만나면 큰 발전이 있다. 명리학(命理學)의 법칙으로 식신(食神) 상관(傷官)은 비견지(比肩地)나 겁재지(劫財地)가 길하다.

해월(亥月) 경일생(庚日生)이 갑병(甲丙)이 있는데 정화(丁火)가 없으면 부(富)는 있으나 귀(貴)는 없고, 금수(金水)의 식신상관격(食神傷官格)이 병정화(丙丁火)가 없으면 하격(下格)의 명(命)이 된다.

11. 자월(子月) 경금(庚金) : 丁 · 甲 · 丙

자월(子月) 경금(庚金)은 한냉(寒冷)하며 약하다. 수(水)가 있으면 음기(陰氣)가 중첩되어 한기(寒氣)가 더욱 증가한다. 따라서 정갑(丁甲)으로 조후용신(調候用神)을 삼은 다음에 병화(丙火)로 보좌해야 한다.

자월(子月) 경일생(庚日生)은 금수상관격(金水傷官格)이니, 병정화(丙丁火)가 부족하면 한동(寒凍)을 제거하기 힘들어 흉하다. 금수상관격(金水傷官格)이 정관(正官)이 있으면 길하다. 따라서 정갑(丁甲)이 모두 있는데 지지(地支)에 병화(丙火)가 있으면 반드시 공명(功名)을 크게 이룬다. 그러나 병화(丙火)가 없으면 단지 의식(衣食)이 있을 뿐이다. 정화(丁火)는 있는데 갑목(甲木)이 없으면 부귀(富貴)가 작고, 갑목(甲木)은 있는데 정화(丁火)가 없으면 평범한 명(命)이 되고, 병화(丙火)는 투출(透出)했으나 정화(丁火)가 암장(暗藏)되어 있으면 다른 사람의 도움을 받아야 명리(名利)를 이루고, 정화(丁火)는 암장(暗藏)되어 있으나 갑목(甲木)이 있으면 남방(南方)화운(火運)으로 흘러야 길하다.

자월(子月) 경일생(庚日生)이 병화(丙火)가 많으면 귀(貴)는 없으나 부(富)는 있다. 금수상관격(金水傷官格)이 병화(丙火)가 많으면 한기(寒氣)를 풀어준다. 이때 수운(水運)을 만나면 금기(金氣)를 설(洩)하여 귀(貴)를 얻고, 남방운(南方運)을 만나면 부(富)를 얻는다.

자월(子月) 경일생(庚日生)이 병화(丙火)가 있는데 인(寅)이 있으면 부(富)는 있으나 귀(貴)는 없다. 만일 다른 주(柱)에 계수(癸水)가 있으면 학자에 그친다.

자월(子月) 경일생(庚日生)이 지지(地支)에 신자진(申子辰) 삼합(三合) 수국(水局)을 이루면, 상관(傷官)이 병정화(丙丁火) 관살(官殺)을 파진(破盡)시킨다. 이런 사람은 청아하며 의록(衣祿)은 후하나 대부격(大富格)은 이루지 못한다.

 자월(子月) 경일생(庚日生)은 병정화(丙丁火)가 있으면 길하나, 지나치게 많으면 관살(官殺)이 혼잡되어 좋지 않다. 이런 사람은 평생 성패와 기복이 많다. 금수상관격(金水傷官格)이 관살(官殺)이 지나치게 중(重)하면 구설수가 있다. 금수상관(金水傷官)이 있으면 병정화(丙丁火)의 양난(陽暖)함을 좋아하니 조후(調候)해야 한다.

 그러나 병정화(丙丁火)가 지나치게 많으면 극설교집(剋洩交集)되어 상관(傷官)이 작용을 하지 못한다. 이때 남방운(南方運)을 만나면 아신(我身)을 극상(剋傷)하고, 북방운(北方運)을 만나면 지나치게 설기(洩氣)하니 뜻을 이루기 어렵다. 금수상관격(金水傷官格)이 병정화(丙丁火)의 양난(陽暖)함이 없으면 평생 뜻을 이루기 어렵고 고빈하다. 그러나 화토운(火土運)을 만나면 발복할 수 있다.

 다시 말해 자월(子月) 경일생(庚日生)은 반드시 정갑병(丁甲丙)이 모두 있고, 형충극파(刑冲剋破)가 없으면 대부대귀격(大富大貴格)을 이룬다. 설사 병화(丙火)가 없어도 박학다재한 사람이 된다.

12. 축월(丑月) 경금(庚金) : 丙·丁·甲

 축월(丑月)은 한기(寒氣)가 더욱더 심해지는 때이고, 축토(丑土)는 습한 진흙이니 금(金)이 더욱더 차갑다. 따라서 먼저 병화(丙火)로 용신(用神)을 삼아 한기(寒氣)를 풀어주고, 정갑(丁甲)으로 강금(剛金)을 단련해야 한다. 병정화(丙丁火)는 투출(透出)했으나 갑목(甲木)이 없으면, 자연적인 발전이 어려우니 다른 사람의 도움을 받아야 공명(功名)을 이룰 수 있다.

축월(丑月) 경일생(庚日生)이 병화(丙火)는 있으나 정갑(丁甲)이 없으면 부귀(富貴)가 작다. 그러나 한금(寒金)이 양화(陽火)를 만나면 일월대영격(日月對映格)이라 한다. 경금(庚金)은 월(月)의 정(精)이고, 병화(丙火)는 태양이니 부귀쌍전(富貴雙全)한다.

축월(丑月) 경일생(庚日生)이 정갑(丁甲)이 모두 있으면 병화(丙火)가 없어도 발전할 수 있다. 다시 말해 정화(丁火)로 경금(庚金)을 단련하고, 갑목(甲木)으로 정화(丁火)를 도와주니 귀격(貴格)을 이루는 것이다.

축월(丑月) 경일생(庚日生)이 병정화(丙丁火)는 있는데 갑목(甲木)이 없으면 자수성가하고, 화(火)로 따뜻하게 만드니 호명(好命)이 된다. 그러나 부(富)는 있으나 귀(貴)는 어렵다.

8장. 신금(辛金)

1. 인월(寅月) 신금(辛金) : 己·壬·庚

인월(寅月) 신금(辛金)은 십이운성(十二運星)으로는 쇠절지(衰絶地)에 해당하니 아신(我身)이 약하다. 실령(失令)한 금(金)이니 기토(己土) 인수(印綬)로 아신(我身)을 돕고, 임수(壬水)로 금수(金水)를 청(淸)하게 만들어야 한다. 인궁(寅宮)에 갑목(甲木) 정재(正財)가 있으나, 신약(身弱)하여 왕성한 재(財)를 감당하지 못한다. 이때 경금(庚金) 겁재(劫財)로 갑목(甲木)을 제(制)하여 기토(己土)를 구하면 임수(壬水)의 근원이 발(發)한다.

따라서 인월(寅月) 신일생(辛日生)은 인수(印綬)나 겁재(劫財)의 도움을 받은 다음에 임수(壬水)를 취해야 한다. 다시 말해 기토(己土)를 먼저 취한 다음에 임수(壬水)를 취해야 한다. 기토(己土)가 위주이고 경금(庚金)으로 보좌한다. 그러나 인월(寅月) 중기(中氣)에는 병화(丙火)로 용신(用神)을 삼아야 한다. 이처럼 인월(寅月) 신일생

(辛日生)은 국세(局勢)를 보아 용도를 결정해야 한다.

인월(寅月) 신일생(辛日生)이 천간(天干)에 기임(己壬)이 모두 투출(透出)하고 지지(地支)에 경금(庚金)이 있으면 진정헌책(秦庭獻策)이라 한다. 이것은 등과하여 재상에 오르는 것을 말한다.

인월(寅月) 신일생(辛日生)이 기경(己庚)이 모두 없는데 천간(天干)에 임수(壬水)가 투출(透出)하면 오시취숙(吳市吹蕭)의 명(命)이라 한다. 이때 임수(壬水)가 투출(透出)하면 금수상관격(金水傷官格)을 이루나, 한기(寒氣)가 증가하고 기경(己庚)이 돕지 않으면 가난으로 고생한다.

인월(寅月) 신일생(辛日生)이 천간(天干)에 임경(壬庚)이 모두 있는데, 지지(地支)에 인오술(寅午戌) 삼합(三合) 화국(火局)을 이루면 수화기제(水火旣濟)의 명(命)이 된다. 이런 사주를 옥산영채(玉山映彩)라 하여 크게 발전한다.

인월(寅月) 신일생(辛日生)이 지지(地支)에 수국(水局)을 이루었는데, 병화(丙火)가 없으면 금한침약(金寒沈弱)이라 하여 평범한 명(命)이 된다. 이런 사람은 금수(金水)가 지나치게 차갑고 처량하니 평생 고통이 많다. 그러나 이때 병화(丙火)가 있으면 한냉(寒冷)함을 풀어주니 부귀격(富貴格)을 이룬다.

인월(寅月) 신일생(辛日生)이 자시(子時)에 태어났으면 천신조양격(天辛朝陽格)이 되어 부귀격(富貴格)을 이룬다. 이때 화(火)가 있으면 파격(破格)되어 궁색한 명(命)이 된다.

2. 묘월(卯月) 신금(辛金) : 壬·甲

묘월(卯月) 신금(辛金)은 양(陽)을 향하니 임수(壬水)로 조후용신(調候用神)을 삼아야 한다. 임수(壬水)가 있으면 금(金)을 세척하나, 무기토(戊己土)를 꺼린다. 이때 토(土)가 투출(透出)하면 임수(壬水)를 극상(剋傷)하니 갑목(甲木)으로 토성(土性)을 제거해야 한다. 묘월(卯月) 신일생(辛日生)이 임갑(壬甲)이 모두 있으면 옥당(玉堂)에 들어가는 것과 같으니 귀격(貴格)을 이룬다. 그러나 임갑(壬甲)이 모두 없으면 한 고을에 명망을 전할 뿐이다.

묘월(卯月) 신일생(辛日生)이 임수(壬水)가 해(亥)를 만나면 건록(建祿)에 해당하여 부귀격(富貴格)을 이루나, 임수(壬水)가 암장(暗藏)되어 있으면 부귀(富貴)가 가볍다.

묘월(卯月) 신일생(辛日生)이 신궁(申宮)에 임수(壬水)가 암장(暗藏)되어 있는데, 사주에 경금(庚金)이 있으면 다른 사람의 도움을 받아야 발전한다. 그러나 임수(壬水)가 없으면 평범한 명(命)이 된다.

묘월(卯月) 신일생(辛日生)이 지지(地支)에 임수(壬水)가 있는데 토(土)가 없으면 도주공(陶朱公)의 부(富)를 이룬다. 이때 해묘미(亥卯未) 삼합(三合) 목국(木局)이 있으면 부격(富格)을 이룬다.

묘월(卯月) 신일생(辛日生)이 임수(壬水)가 있고 무토(戊土)가 있는데 갑목(甲木)으로 무토(戊土)를 제(制)하지 못하면 평범한 명(命)이 된다. 이때 갑목(甲木)이 없고 을목(乙木)이 있으면 힘이 부족하니 의식(衣食)이 있을 뿐이다.

묘월(卯月) 신일생(辛日生)이 임수(壬水)가 매우 많아 지나치게 세척하면, 중화(中和)를 잃어 의식(衣食)이 풍족하나 큰 일을 이루지 못한다. 그러나 무토(戊土)가 있으면 호명(好命)을 이룬다.

묘월(卯月) 신일생(辛日生)은 임수(壬水)가 있어도 춘한(春寒)을 만나면 힘이 약해진다. 이때는 화(火)로 따뜻하게 만들어야 한다. 따라서 병화(丙火)가 있으면 발전하나 가정과의 인연은 박하다. 그러나 임병(壬丙)이 고투(高透)하면 대부대귀격(大富大貴格)을 이룬다.

3. 진월(辰月) 신금(辛金) : 壬 · 甲

진월(辰月) 신금(辛金)은 무토(戊土)가 사령(司令)한다. 인수(印綬)는 어머니에 해당하는데 왕성하면 자식을 생부(生扶)한다. 따라서 진월(辰月) 신일생(辛日生)은 먼저 임수(壬水)가 있어야 하고, 다음에 갑목(甲木)이 있어야 한다. 임갑(壬甲)이 모두 투출(透出)하면 반드시 부귀격(富貴格)을 이루고, 임갑(壬甲)이 모두 없으면 평범한 명(命)이 된다. 진월(辰月) 신일생(辛日生)이 임수(壬水)는 투출(透出)했는데 갑목(甲木)이 암장(暗藏)되어 있거나, 갑목(甲木)은 투출(透出)했는데 임수(壬水)가 암장(暗藏)되어 있으면 부귀(富貴)가 있으나 가볍다.

진월(辰月) 신금(辛金)이 병화(丙火)와 간합(干合)하는데 지지(地支)에 해자(亥子)와 신(申)이 있으면 수(水)로 변한다. 이때 왕성하면 식록(食祿)이 높으나, 천간(天干)에 무토(戊土)가 투출(透出)하여 수(水)를 제(制)하면 흉하다. 따라서 무토(戊土)가 있으면 반드시 갑을목(甲乙木)으로 제거해야 한다. 그렇지 않으면 청한(淸閑)한 명(命)이 된다.

진월(辰月) 신일생(辛日生)이 병화(丙火)가 두 개 있으면 일음(一陰)에 이양(二陽)이 간합(干合)한다. 이런 사람은 강개하며 풍류가 있고, 외국으로 나가면 발전할 수 있다. 그러나 계수(癸水)가 병화(丙火)를 제거하면 작은 부(富)는 얻을 수 있다.

진월(辰月) 신일생(辛日生)이 지지(地支)에 토성(土性)이 중(重)하면 토후매금(土厚埋金)이라 한다. 이때 갑목(甲木)으로 토성(土性)을 제거하지 못하면 어리석으며 완고하다.

진월(辰月) 신일생(辛日生)이 화토(火土)가 많은데 수(水)가 없어 제거하지 못하면 신금(辛金)이 온전하기 어려우니 고궁(孤窮)한 명(命)이 되고, 비겁(比劫)이 중(重)한데 임계수(壬癸水)가 적게 있으면 천약(淺弱)한 명(命)이 된다.

4. 사월(巳月) 신금(辛金) : 壬·甲·癸

사월(巳月)은 초하월(初夏月)이니 병화(丙火)가 신금(辛金)을 조열(燥烈)하게 하면 흉하고, 임수(壬水)로 세척하면 금성(金性)이 더욱 환하게 빛나니 길하다. 신금(辛金)이 사화(巳火)가 있으면 십이운성(十二運星)으로는 사지(死地)에 해당하여 휴수(休囚)된다. 사월(巳月) 신일생(辛日生)이 사유축(巳酉丑) 삼합(三合) 금국(金局)을 이루면, 일주(日柱)를 부조(扶助)하니 수(水)가 투간(透干)하고 갑목(甲木)이 무토(戊土)를 제(制)하면 공명(功名)이 발전한다.

사월(巳月) 신일생(辛日生)이 계수(癸水)는 투출(透出)했으나 임수(壬水)가 암장(暗藏)되어 있으면, 역량이 매우 부족하여 비록 부(富)

는 있어도 귀(貴)는 없다. 임계수(壬癸水)가 암장(暗藏)되어 있는데 무기토(戊己土)까지 암장(暗藏)되어 있으면 부(富)가 작다. 임계수 (壬癸水)가 없는데 화(火)가 있으면 단명하거나 홀아비·과부팔자가 된다.

사월(巳月) 신일생(辛日生)이 지지(地支)에 인오술(寅午戌) 화국 (火局)을 이루었는데 수(水)로 제거하지 못하면 흉명(凶命)이 된다. 화왕(火旺)하면 금(金)을 녹이니 수(水)가 없으면 토(土)로 설(洩)해 야 한다. 천간(天干)에 병정화(丙丁火)가 많은데 다른 주(柱)에 수 (水)가 없으면 열화(烈火)가 금(金)을 녹이니, 빈고(貧孤)하며 백도 (伯道)의 탄식이 있다. 백도란 자식이 멸하는 것을 말한다.

사월(巳月) 신일생(辛日生)이 임수(壬水)가 해궁(亥宮)에 암장(暗 藏)되어 있으면, 천간(天干)에 무토(戊土)가 투출(透出)하지 않아야 공명(功名)을 이룬다. 이때 무토(戊土)가 투출(透出)하면 조후용신 (調候用神)인 임수(壬水)를 극제(剋制)하니 평범한 명(命)이 된다. 이런 사주는 갑목(甲木)으로 무토(戊土)를 제복(制伏)시켜야 의록 (衣祿)이 풍족하다. 이때 갑목(甲木)은 있으나 임계수(壬癸水)가 없 으면 비록 부귀(富貴)가 있어도 뜬구름과 같아 소멸된다. 사월(巳月) 신일생(辛日生)이 임계갑(壬癸甲)이 모두 없으면 조후용신(調候用 神)이 없으니 하격(下格)의 명(命)이 된다.

5. 오월(午月) 신금(辛金) : 壬 · 己 · 癸

오월(午月)은 정화(丁火)가 권리를 잡은 때이니, 신금(辛金)이 실령

(失令)하여 매우 유약하니 단련하는 것을 좋아하지 않는다. 유약한 금(金)은 반드시 기토(己土) 인수(印綬)로 지탱하고 보호해야 한다. 중하(仲夏)는 화왕토조(火旺土燥)하니 생금(生金)하지 못한다. 따라서 임수(壬水)로 토(土)를 자윤(滋潤)해야 하는데, 이때 임기(壬己)를 함께 취해야 한다. 만일 임수(壬水)는 없고 계수(癸水)가 있으면 윤토(潤土)할 수는 있으나 역량이 부족하다.

오월(午月) 신일생(辛日生)이 천간(天干)에 임기(壬己)가 투출(透出)하고 지지(地支)에 계수(癸水)가 암장(暗藏)되어 있는데, 형충(刑沖)이 없으면 우로(雨露)의 은혜를 입는 것과 같고, 오월(午月) 신금(辛金)은 천을귀인(天乙貴人)이 있으니 공명(功名)을 이룬다.

오월(午月) 신일생(辛日生)이 지지(地支)에 인오술(寅午戌) 화국(火局)을 이루었는데, 계수(癸水)로 제거하는 것은 힘이 약하다. 만일 임수(壬水)가 없으면 화(火)를 파(破)하지 못하고, 임수(壬水)가 있으면 명리(名利)를 모두 이룬다. 신금(辛金)이 오월(午月) 중기(中氣)에 태어났는데 기토(己土)가 투간(透干)하면, 조토(燥土)가 석회를 이루어 오히려 금(金)을 녹인다.

오월(午月) 신일생(辛日生)은 임계기(壬癸己) 중에서 조후용신(調候用神)을 삼아야 한다. 만일 임기(壬己)가 투출(透出)하고 계수(癸水)가 있는데 충(沖)되지 않으면 발전한다. 지지(地支)에 축(丑)이 있으면 축궁(丑宮)에는 계기(癸己)가 있는 것이니, 고위직에 오르며 부귀격(富貴格)을 이룬다. 만일 임수(壬水)는 없으나 기토(己土)가 있으면 다른 사람의 도움을 받아야 발전한다.

오월(午月) 신일생(辛日生)이 계수(癸水)와 경금(庚金)이 있으면 의식(衣食)이 풍족하며 자연적으로 발전한다. 이것은 금수(金水)가 상생(相生)하여 수(水)의 흐름이 끊어지지 않기 때문이다.

　하월(夏月) 금일생(金日生)은 임계수(壬癸水)가 득지(得地)해야 한다. 여기서 득지(得地)한다는 것은 해자(亥子)가 있어야 한다는 뜻이다. 하월(夏月)은 화왕(火旺)하고 금(金)이 쇠하여 임계수(壬癸水)가 있으면 통근(通根)하기 때문이다. 목화(木火)가 많은데 금수(金水)의 뿌리가 없으면 종재격(從財格)이나 종살격(從殺格)과 비슷하다. 종재격(從財格)과 비슷하면 금(金)으로 제거해야 하고, 종살격(從殺格)과 비슷하면 수(水)로 제거해야 한다. 그렇지 않으면 반드시 실패하여 가난으로 고생한다.

6. 미월(未月) 신금(辛金) : 壬 · 庚 · 甲

　미월(未月) 신금(辛金)은 기토(己土)는 왕성하고 정화(丁火)는 점점 쇠하나, 아직 남은 힘이 있으니 화토(火土)가 건조하다. 따라서 먼저 임수(壬水)로 조후용신(調候用神)을 삼아야 한다. 토왕(土旺)하면 경금(庚金)으로 설(洩)하고 임수(壬水)를 생부(生扶)해야 한다.

　따라서 미월(未月) 신일생(辛日生)은 임경(壬庚)이 모두 투출(透出)하면 공명(功名)을 크게 떨친다. 이때 임경(壬庚)이 천간(天干)에 있지 않고 지지(地支)에 암장(暗藏)되어 있어도 영화가 있다. 그러나 무토(戊土)가 임수(壬水)를 극제(剋制)하면 흉명(凶命)으로 변한다. 무토(戊土)가 투출(透出)하면 갑목(甲木) 제신(制神)이 있어야 재능이 있고 부귀격(富貴格)을 이룬다. 갑목(甲木)이 있으나 기토(己土)와 간합(干合)하면 토(土)로 변한다. 토중(土重)하면 금(金)의 광채를 매몰시키니 하천한 명(命)이 된다. 또한 경금(庚金)이 출간(出干)하여 갑목(甲木)을 제(制)하면 꺼리니 구하고 보호해야 한다. 이렇게 금하는 것이 많은 사주는 평범한 명(命)이 된다.

 미월(未月) 신일생(辛日生)은 미궁(未宮)에 정을기(丁乙己)가 암장(暗藏)되어 있기 때문에 임경(壬庚)이 상생(相生)해야 한다. 만일 임수(壬水)가 없으면 편고(偏枯)한 명(命)이 되어 부귀격(富貴格)을 이루기 어렵다.

 미월(未月) 신일생(辛日生)이 임경(壬庚)이 있는데 형충(刑沖)이 없으면 명성을 얻고, 임기(壬己)가 투간(透干)하고 경금(庚金)이 있는데 갑목(甲木)이 없으면 습토(濕土)가 금(金)을 보전하니 명성을 떨친다.

 미월(未月) 신일생(辛日生)이 무토(戊土)가 투출(透出)했는데 갑목(甲木) 제신(制神)이 없으면 하천한 명(命)이 된다. 이것은 무토(戊土)가 신금(辛金)을 매몰시키기 때문이다. 이때는 갑목(甲木)으로 토(土)를 제(制)해야 금(金)을 구할 수 있다.

 미월(未月) 신일생(辛日生)이 경금(庚金)이 투출(透出)했는데 갑목(甲木)이 있으면 평범한 명(命)이 된다. 신일생(辛日生)은 갑목(甲木)이 정재(正財)에 해당하고, 경금(庚金)은 겁재(劫財)에 해당하니 재신(財神)이 겁탈당하여 하격(下格)이 되는 것이다.

7. 신월(申月) 신금(辛金) : 壬 · 甲 · 戊

 신월(申月) 신금(辛金)은 십이운성(十二運星)으로는 제왕지(帝旺

地)에 해당하니 금(金)이 왕성하다. 임수(壬水)가 출간(出干)했는데 신궁(申宮)에 이르면 장생지(長生地)에 앉은 것이고, 지장간(支藏干)에 무토(戊土)가 있으면 금기(金氣)를 설(洩)함이 제거된다. 신월(申月) 초에 태어나면 무토(戊土)가 있어야 한다. 이때 임수(壬水)를 만나면 무토(戊土)가 변하여 극상(剋傷)하지 못할 뿐 아니라 제방을 이룬다. 이런 사람은 지위는 높으나 부(富)는 없다.

신월(申月) 신일생(辛日生)이 임수(壬水)를 먼저 취한 다음 갑목(甲木)과 무토(戊土)를 취했는데 형충(刑沖)이 없으면 병이 있으나 양약을 제조하니 의록(衣祿)이 풍족하다. 그러나 토(土)가 있는데 갑목(甲木)이 없으면 질병이 있는데 약이 없는 것과 같으니 평범한 명(命)이 된다.

신월(申月) 신일생(辛日生)이 금기(金氣)가 많은데 수(水)가 설(洩)하면 금수상관격(金水傷官格)을 이룬다. 이때 무토(戊土)가 있으면 병이 되니, 갑목(甲木)으로 구제하면 자연적으로 부귀격(富貴格)을 이룬다.

신월(申月) 신일생(辛日生)이 수(水)가 많으면 무토(戊土)로 제(制)해야 복수쌍전(福壽雙全)한다. 다른 주(柱)에 임계수(壬癸水)가 있으면 설기(洩氣)가 태과(太過)하니, 이때 무토(戊土)로 구제하지 않으면 평범한 명(命)이 된다. 신월(申月) 신일생(辛日生)이 임수(壬水)가 지나치게 많으면 흉하다. 수천금다(水淺金多)해야 체전지상(體全之象)이 되어 부귀격(富貴格)을 이룬다.

8. 유월(酉月) 신금(辛金) : 壬·甲

유월(酉月) 신금(辛金)은 건록(建祿)에 해당하고, 금(金)이 령(令)을 잡았으니 임수(壬水)로 세척해야 한다. 임수(壬水)로 왕금(旺金)을 설(洩)하면 소통되어 생(生)이 된다. 무기토(戊己土)가 있으면 지나치게 생부(生扶)되어 병(病)이 된다. 이때는 갑목(甲木)으로 제(制)해야 한다.

유월(酉月) 신일생(辛日生)이 임수(壬水)가 하나밖에 없는데 갑목(甲木)이 있으면 임수(壬水)를 설(洩)한다. 이런 사주는 조후용신(調候用神)이 효력을 잃어 간사한 사람이 되나, 경금(庚金)으로 갑목(甲木)을 제(制)하면 반대로 인의(仁義)가 있는 사람이 된다.

유월(酉月) 신일생(辛日生)이 신금(辛金)이 세 개 있고 임수(壬水)가 하나 있는데 갑목(甲木)이나 경금(庚金)이 나란히 투출(透出)하면 대부대귀격(大富大貴格)을 이룬다. 이런 사주는 정화(丁火)가 없어도 아름다운 명(命)이 된다. 만일 정화(丁火)가 있으면 풍아하며 의록(衣祿)이 풍족하다.

유월(酉月) 신일생(辛日生)은 건록(建祿)에 해당하고 임수(壬水)가 용신(用神)이니 병정화(丙丁火)가 있으면 흉하다. 만일 화(火)가 하나도 없고 천간(天干)에 임수(壬水)가 투출(透出)했는데 경갑(庚甲)이 모두 있으면 금백수청(金白水淸)이 되어 대귀격(大貴格)이 된다.

유월(酉月) 신일생(辛日生)이 임수(壬水)가 투출(透出)했는데 무토(戊土)가 매우 많으면, 바람에 빗질하며 비로 목욕하는 형상이니 고통이 많다. 따라서 토(土)가 많으면 금(金)을 매몰하며 임수(壬水)용신(用神)을 극상(剋傷)하니 고생이 많이 따른다. 이때 갑목(甲木)

으로 토(土)를 소통하면 병(病)이 있는데 좋은 약을 얻는 것과 같아 발복한다. 바람에 빗질하며 비로 목욕한다는 것은 농가에서 고생한다는 뜻이다.

유월(酉月) 신일생(辛日生)이 임수(壬水)가 투출(透出)하고 신금(辛金)이 중첩되어 있는데 형충(刑沖)이 없으면 금수(金水)가 서로 도우니 재능이 많다. 금왕(金旺)한데 임수(壬水)로 설(洩)하면 금수상관격(金水傷官格)이 되어 수재(秀才)의 명(命)을 이룬다.

유월(酉月) 신일생(辛日生)이 지지(地支)에 사유축(巳酉丑) 삼합(三合) 금국(金局)을 이루었는데 형충극파(刑沖剋破)가 없으면 대귀격(大貴格)을 이룬다. 이런 사주를 종혁격(從革格)이라고도 한다.

유월(酉月) 신일생(辛日生)이 비견(比肩)이 한두 개 있고 임갑(壬甲)이 있는데 경금(庚金)이 없으면 발전한다. 유월(酉月) 신일생(辛日生)은 건록(建祿)에 해당하고, 임수(壬水)는 상관(傷官)이고, 갑목(甲木)은 정재(正財)이다. 상관(傷官)이 생재(生財)하여 격국(格局)이 청순하니 자연히 귀(貴)가 나타난다. 그러나 경금(庚金) 겁재(劫財)가 정재(正財)를 빼앗으면 흉하다.

유월(酉月) 신일생(辛日生)은 금(金)이 생수(生水)하나 수다(水多)하면 금(金)을 침몰시킬 우려가 있다. 따라서 임수(壬水)가 많으면 무토(戊土)로 제(制)해야 한다. 무토(戊土)로 제(制)하면 수(水)가 정궤(正軌)로 돌아가니 재략이 있으며 예술방면에서 명성을 얻는다. 그렇지 않으면 사수동류(沙水同流)라 하여 빈고(貧孤)하며 분파(奔波)한다.

유월(酉月) 신일생(辛日生)이 지지(地支)에 사유축(巳酉丑) 삼합(三合) 금국(金局)을 이루었는데, 천간(天干)에 비견(比肩)이 있으면 임수(壬水)로 세척해야 한다. 만일 임수(壬水)가 없으면 정화(丁火)를 만나야 길하고, 정화(丁火)가 없으면 의지할 곳이 없는 명(命)이 된다. 만일 천간(天干)에 임수(壬水)가 투출(透出)하여 무리지어 있는 금(金)을 설(洩)하면 일청징철(一淸澄澈)의 명(命)이라 하여 재능이 높으며 나라를 다스리는 큰 인재가 된다.

유월(酉月) 신일생(辛日生)이 지지(地支)에 사유축(巳酉丑) 금국(金局)이 있는데, 무기토(戊己土)가 투출(透出)하고 화(火)가 없으면 백호격(白虎格)이 된다. 서북금수운(西北金水運)으로 흐르면 부귀공명(富貴功名)이 발전하나, 자식을 두기 어렵다. 그러나 병화(丙火)가 있는데 임수(壬水)가 투출(透出)하면 평범한 명(命)이 된다.

유월(酉月) 신일생(辛日生)이 비견(比肩)이 많은데, 기토(己土) 편인(偏印)이 있으면 승도팔자가 된다. 이때 지지(地支)에 경갑(庚甲)이 있으면 편안하며 한가하다.

9. 술월(戌月) 신금(辛金) : 壬 · 甲

신금(辛金)은 유약한 금(金)이니, 임수(壬水)가 수기(秀氣)를 설(洩)하면 금수청귀(金水淸貴)한 명(命)이 된다. 술월(戌月)은 토(土)가 사령(司令)하는 때이니, 토왕(土旺)하면 금(金)을 매몰시켜 흉하다. 무토(戊土)가 투간(透干)하면 갑목(甲木)이 제거해야 한다.

따라서 술월(戌月) 신일생(辛日生)은 먼저 임수(壬水)로 용신(用神)을 삼은 다음에 갑목(甲木)을 취한다. 임갑(壬甲)이 모두 있으면 상격(上格)의 명(命)이 되고, 임수(壬水)는 투출(透出)하고 갑목(甲木)

이 암장(暗藏)되어 있는데 무토(戊土)가 있으면 평범한 명(命)이 되고, 갑목(甲木)은 투출(透出)하고 임수(壬水)는 암장(暗藏)되어 있는데 지지(地支)에 무토(戊土)가 있으면 다른 사람의 도움을 받아야 귀(貴)를 얻는다.

술월(戊月) 신일생(辛日生)이 임무(壬戊)는 암장(暗藏)되어 있는데 갑목(甲木)이 투출(透出)하면 추풍소낙엽(秋風掃落葉)의 명(命)이라 하여 예상 외의 공명(功名)을 이룬다.

술월(戊月) 신일생(辛日生)은 토(土)가 매우 많은데 갑목(甲木)으로 제(制)하지 못하면 공명(功名)을 이루기 어렵다. 그러나 임수(壬水)가 하나 투출(透出)하여 토(土)를 세척하고, 갑목(甲木)으로 토(土)를 제(制)하면 작은 부(富)는 있다.

술월(戊月) 신일생(辛日生)은 토(土)가 많고 임갑(壬甲)이 없는데 월시(月時) 중에 병신(丙辛)이 있으면 작은 귀(貴)는 있다. 만일 지지(地支)에 진(辰)이 있으면 토(土)를 윤택하게 하여 용신(用神)을 도우니 부귀격(富貴格)을 이룬다.

술월(戊月) 신일생(辛日生)이 목토(木土)가 많은데 수(水)가 없으면 평범한 명(命)이 된다. 만일 천간(天干)에 계수(癸水)가 있으면 세척하여 금(金)을 청(淸)하게 만드니, 식신생재격(食神生財格)이 되어 부격(富格)을 이룬다. 그러나 평생 다른 사람으로 인하여 정신적인 고통을 받는다.

술월(戊月) 신일생(辛日生)이 기토(己土)가 투출(透出)하고 임수(壬水)는 없는데 계수(癸水)가 있으면, 자윤(滋潤)하여 생금(生金)하니 의식(衣食)은 충분하다. 기토(己土)가 지나치게 많으면 탁한 부자이니 인격이 낮으며 귀(貴)가 없다.

술월(戌月) 신일생(辛日生)이 천간(天干)에 병화(丙火)가 있으면 금(金)을 따뜻하게 해준다. 월지(月支)에서 정관(正官)을 만나서 관인상생(官印相生)하니 정인격(正印格)을 이루어 작은 부귀(富貴)는 있다. 만일 지지(地支)에 신유술서방(申酉戌西方)이 있는데 진(辰)이 있으면 병신수화격(丙辛水化格)이 된다. 이때 진화(眞化)를 얻으면 대부대귀격(大富大貴格)을 이룬다.

10. 해월(亥月) 신금(辛金) : 壬 · 丙

해월(亥月) 신금(辛金)이 임수(壬水)가 있으면 금수(金水)가 청(淸)한 명(命)이라 한다. 소양춘(小陽春)이라 한냉(寒冷)하지 않으니, 먼저 임수(壬水)로 용신(用神)을 삼은 다음에 병화(丙火)를 취하면 금수(金水)가 모두 따뜻해진다. 따라서 금수상관(金水傷官)이 정관(正官)을 만나면 길하다.

해월(亥月) 신금(辛金)은 십이운성(十二運星)으로는 병지(病地)에 해당하니, 비견(比肩)과 겁재(劫財)의 도움을 받아야 길하다. 이런 사람은 타향에서 귀인(貴人)의 도움을 받으면 운이 열린다.

해월(亥月) 신일생(辛日生)은 임수(壬水)가 사령(司令)하니 임병(壬丙)이 모두 있으면 명리(名利)를 떨친다. 금백수청(金白水淸)을 이루면 발전하고, 소춘(小春)이니 기세가 활동하여 발전한다.

해월(亥月) 신일생(辛日生)이 병화(丙火)는 투출(透出)했으나 임수(壬水)가 암장(暗藏)되어 있으면 귀(貴)가 작고, 임수(壬水)는 투출(透出)했으나 병화(丙火)가 암장(暗藏)되어 있으면 부(富)가 작고,

지지(地支)에 임병(壬丙)이 암장(暗藏)되어 있으면 총명하나 발전하지 못하고, 형충(刑沖)되면 파격(破格)이 된다.

해월(亥月) 신일생(辛日生)이 임무(壬戊)가 모두 투출(透出)하면 의식(衣食)은 있고, 임수(壬水)는 있는데 무토(戊土)가 없으면 가문이 쇠약하다. 해월(亥月)은 임수(壬水)가 건록(建祿)에 해당하는데 수왕(水旺)하면 금(金)이 수패지(囚敗地)에 이른다. 이때 무토(戊土) 인수(印綬)가 있으면 상관패인격(傷官佩印格)이 되어 의식(衣食)은 풍족하다. 그러나 무토(戊土)가 없으면 신약(身弱)하니, 금기(金氣)가 지나치게 설(洩)하면 가난을 면하기 어렵다.

해월(亥月) 신일생(辛日生)이 임무(壬戊)가 있는데 무토(戊土) 인성(印星)이 많고, 임수(壬水) 상관(傷官)이 적은데 상관운(傷官運)을 만나면 명리(名利)를 이룬다.

해월(亥月) 신일생(辛日生)이 갑목(甲木)이 많은데 무토(戊土)가 적게 있으면 예술로 재물을 모은다. 다시 말해 월령(月令) 상관격(傷官格)이 생재(生財)하여 예술이나 기술로 부(富)를 이루는 것이다. 만일 기토(己土)가 많은데 무토(戊土)가 있으면 임수(壬水)를 지나치게 극제(剋制)하니 성실하고 정직하다. 금수상관격(金水傷官格)은 무기토(戊己土)가 혼탁하게 만들면 흉하고, 임계수(壬癸水)가 많은데 병무(丙戊)가 없으면 평생 고생이 많다.

11. 자월(子月) 신금(辛金) : 丙 · 戊 · 壬 · 甲

자월(子月) 신금(辛金日)은 금한수냉(金寒水冷)하니, 병화(丙火)로 조후용신(調候用神)을 삼아 금(金)을 따뜻하게 해주어야 한다. 자궁(子宮) 계수(癸水)가 권리를 잡고 있는데, 천간(天干)에 계수(癸水)가 또 있으면 신금(辛金)이 더욱더 한냉(寒冷)해진다. 이때 무계(戊癸)가 없고 임병(壬丙)이 투출(透出)하면 부귀공명(富貴功名)을 이루나, 병화(丙火)가 투출(透出)하고 임수(壬水)가 암장(暗藏)되어 있으면 공명(功名)으로 그친다.

자월(子月) 신일생(辛日生)이 임수(壬水)가 많은데 무토(戊土)가 있고 병갑(丙甲)이 투출(透出)하면 청운의 뜻을 이룬다. 임수(壬水)가 많은데 병무(丙戊)가 없으면 설기(洩氣)가 지나치니 가난한 선비가 된다. 임수(壬水)가 많은데 갑을목(甲乙木)이 중(重)하고 병화(丙火)가 없으면 가난한 명(命)이 된다. 다시 말해 상관생재(傷官生財)하나 신약(身弱)하고, 병화(丙火)로 금수(金水)의 한냉(寒冷)함을 풀어주지 못하여 가난한 명(命)이 되는 것이다.

자월(子月) 신일생(辛日生)이 지지(地支)에 신자진(申子辰) 수국(水局)을 이루고 계수(癸水)가 출간(出干)했으나, 두 개의 무토(戊土)가 수왕(水旺)함을 제거하면 부귀격(富貴格)을 이룬다. 그러나 무토(戊土)로 제거하지 못하면 평범한 명(命)이 된다.

자월(子月) 신일생(辛日生)이 해자축(亥子丑) 북방(北方)을 이루었는데, 천간(天干)에 비견(比肩)과 겁재(劫財)가 있으면 금수(金水)가 균형을 이루니 기세가 전왕(專旺)하다. 이때 병화(丙火)가 없으면 수(水)를 따라가니, 금수상생격(金水相生格)이 되어 서북(西北) 금수운(金水運)을 만나면 부귀쌍전(富貴雙全)한다. 그러나 경신금(庚辛金)이 없고 갑을목(甲乙木)이 있는데 병무(丙戊)가 없으면 승도팔자가 된다.

자월(子月) 신일생(辛日生)이 지지(地支)에 해묘미(亥卯未) 목국(木局)을 이루었는데 정무(丁戊)가 있으면, 살인화격(殺印化格)이 되어 공명(功名)이 특별하게 발전한다.

자월(子月) 신일생(辛日生)이 병화(丙火)가 간합(干合)하는데, 임수(壬水)는 있고 무계(戊癸)가 없으면 병신화수격(丙辛化水格)이라 하여 부귀공명(富貴功名)이 따른다. 이때 무계(戊癸)가 있으면 춘파지몽(春婆之夢)이라 하여 일장춘몽과 같아진다.

자월(子月) 신일생(辛日生)이 무갑병임(戊甲丙壬)이 모두 있으면, 오행(五行)이 중화되어 귀격(貴格)을 이룬다. 동지(冬至)에는 일양(一陽)이 생(生)하니, 수(水)가 있으면 수화(水火)가 기제(旣濟)의 공(功)을 이룬다. 그러나 병무(丙戊)가 없으면 편고(偏枯)하여 가난한 명(命)이 된다. 옛시에 춘녀감사양(春女感斜陽), 추토견음비(秋土見陰悲)라 하는 구절이 있는데 이런 사주를 두고 하는 말이다.

12. 축월(丑月) 신금(辛金) : 丙 · 壬 · 戊 · 己

축월(丑月) 신금(辛金)은 한기(寒氣)가 매우 심한 때에 있으니, 우선 병화(丙火)로 조후용신(調候用神)을 삼아 따뜻하게 만들고, 다음에 임수(壬水)로 세척해야 한다. 따라서 병임(丙壬)이 모두 있으면 명리(名利)가 모두 있다.

축월(丑月) 신일생(辛日生)이 병화(丙火)는 있는데 임수(壬水)가 없으면, 한금(寒金)이 따뜻함을 얻었으니 의식(衣食)이 풍족하다. 그러나 부(富)가 작으며 귀(貴)는 없다.

축월(丑月) 신일생(辛日生)이 임수(壬水)는 있으나 병화(丙火)가 없으면 빈천한 명(命)이 된다. 병화(丙火)는 많은데 임수(壬水)가 없고 계수(癸水)가 있으면 상고(商賈)의 명(命)이 된다.

축월(丑月) 신일생(辛日生)이 수(水)가 많고 무기토(戊己土)로 제(制)하는데 병정화(丙丁火)를 만나면, 의식(衣食)이 풍족하고 평생이 편안하다. 병화(丙火)가 많은데 임수(壬水)로 제(制)하지 못하면 비록 정관(正官)이 많아도 관(官)을 이루지 못한다. 이때 계수(癸水)가 투출(透出)하면 음양(陰陽)이 조제(調濟)된다. 이런 사주는 비록 귀(貴)는 없으나 가문이 발전하며 부(富)에 이른다. 축월(丑月) 신일생(辛日生)이 병화(丙火)는 없으나 갑을목(甲乙木)과 임수(壬水)가 있으면 청귀(淸貴)하다.

9장. 임수(壬水)

1. 인월(寅月) 임수(壬水) : 庚·丙·戊

인월(寅月) 임수(壬水)는 왕양(汪洋)하여 범람할 우려가 있으나, 기세가 휴수(休囚)되니 경금(庚金)으로 도와야 한다. 경금(庚金)이 있으면 수원(水源)이 끊어지지 않고, 무토(戊土)가 있으면 수(水)의 흐름이 흐트러지지 않고, 병화(丙火)가 있으면 춘강수난(春江水暖)함을 이룬다. 따라서 경병무(庚丙戊)가 나란히 투출(透出)하면 공명(功名)을 이룬다.

인월(寅月) 임일생(壬日生)이 비견(比肩)이나 양인(陽刃)이 있어도 수기(水氣)가 왕양(汪洋)할 염려가 없다. 만일 경금(庚金)으로 조후용신(調候用神)을 삼고 병화(丙火)로 보좌하면 수화기제(水火旣濟)가 된다. 이런 사람은 총명하며 준수하고 의식(衣食)이 풍족하다.

인월(寅月) 임일생(壬日生)이 비견(比肩)이나 양인(陽刃)이 있는데 경신금(庚辛金)이 있으면, 수세(水勢)가 태왕(太旺)하니 무토(戊土)

로 수(水)를 제(制)해야 한다. 이때 무토(戊土)가 투출(透出)하면 발전이 있고, 무토(戊土)가 암장(暗藏)되어 있으면 수재(秀才)의 명(命)을 이룬다.

인월(寅月) 임일생(壬日生)이 경무(庚戊)가 있으면, 경금(庚金)은 편인(偏印)에 해당하고 무토(戊土)는 편관(偏官) 칠살(七殺)에 해당하니 살인화격(殺印化格)이 된다. 이런 사람은 식견이 탁월하며 귀격(貴格)을 이룬다. 그러나 경금(庚金)이 없고 무토(戊土)가 있으면 평범한 명(命)이 된다. 이때 무토(戊土)가 하나 있으면 인궁(寅宮) 갑목(甲木)이 제(制)하니 재물이 많고, 형충(刑沖)이 없으면 대부대귀격(大富大貴格)을 이룬다.

인월(寅月) 임일생(壬日生)이 무토(戊土)가 많아 살왕(殺旺)하면 수(水)가 메마르니 흉하다. 이때는 갑목(甲木)으로 소토(疏土)하면 부귀격(富貴格)을 이룬다. 이것을 일장당관(一將當關)에 군사자복(群邪自伏)하는 명(命)이라고 하여, 인품이 너그럽고 신선하며 명랑한 사람이 된다.

인월(寅月) 임일생(壬日生)이 지지(地支)에 인오술(寅午戌) 삼합(三合) 화국(火局)을 이루면 종재격(從財格)과 비슷하다. 그러나 때를 만나지 못하면 명리(名利)가 있어도 허상에 불과하여 문학에 재능이 뛰어나나 실속이 없다. 그러나 비견(比肩)이나 인수(印綬)가 도와주면 부귀공명(富貴功名)을 이룬다.

2. 묘월(卯月) 임수(壬水) : 戊·庚·辛

　묘월(卯月) 임수(壬水)는 기후가 양(陽)으로 바뀌는 때에 있으니 수성(水性)이 점점 따뜻해진다. 따라서 먼저 신금(辛金)으로 용신(用神)을 삼은 다음에 무토(戊土)로 보좌하면, 무토(戊土)는 편관(偏官) 칠살(七殺)이니 제방을 이룬다. 병화(丙火)는 필요하지 않다. 신금(辛金)은 인수(印綬)이고 수원(水源)이니 살인화격(殺印化格)을 이룬다. 따라서 무신(戊辛)이 모두 투출(透出)하면 반드시 뛰어난 사람으로 명리(名利)를 크게 떨친다.

　묘월(卯月) 임일생(壬日生)이 무신(戊辛)이 모두 투출(透出)하면 부귀공명(富貴功名)을 이루고, 무토(戊土)는 투출(透出)했으나 신금(辛金)이 암장(暗藏)되어 있으면 명리(名利) 중에 하나는 얻고, 무신(戊辛)이 모두 암장(暗藏)되어 있는데 경금(庚金)이 투간(透干)하면 부격(富格)을 이룬다. 만일 살인(殺印)이 나타나지 않으면 귀격(貴格)을 이루지 못하나, 금수(金水)가 서로 도우면 부격(富格)이 된다.

　묘월(卯月) 임일생(壬日生)이 지지(地支)에 해묘미(亥卯未) 목국(木局)을 이루었는데 경금(庚金)이 있으면 학문으로 명성을 얻는다. 이때 경금(庚金)은 편인(偏印)이고 목국(木局)은 상관(傷官)이니, 상관패인격(傷官佩印格)을 이룬다.

　묘월(卯月) 임일생(壬日生)이 목화(木火)가 많으면 목성화염(木盛火炎)하니, 비견(比肩)이나 양인(陽刃)의 수(水)로 제(制)해야 한다. 수(水)로 제(制)하면 월계수의 기쁨이 있으나, 그렇지 못하면 경화난절(鏡花難折)하는 명(命)이 된다. 만일 목화(木火)가 있으면 식신생재격(食神生財格)이 된다. 이때 비견(比肩)이나 양인살(羊刃殺)이 있으면 아신(我身)이 강해져 부격(富格)을 이룬다. 그러나 수(水)로 제(制)하지 못하면 재다신약(財多身弱) 사주가 되어 부귀격(富貴格)을 이루기 어렵다.

묘월(卯月) 임일생(壬日生)이 비견(比肩)이 중(重)하면 무토(戊土)로 제(制)해야 한다. 토(土)가 수(水)의 흐름을 막으면 복수(福壽)가 모두 있으나, 무토(戊土)가 없으면 고생이 많이 따른다. 이때 수운(水運)으로 흐르면 매우 흉하다.

묘월(卯月) 임일생(壬日生)이 갑을목(甲乙木)이 중첩되었는데 비견(比肩)이 없으면, 다른 사람에게 의지하여 살아간다. 그러나 경신금(庚辛金)이 있으면 기한(飢寒)은 면할 수 있다.

묘월(卯月)은 십이운성(十二運星)으로는 사지(死地)에 해당하고, 목왕(木旺)하여 수기(水氣)를 설(洩)하니 일간(日干)이 매우 약하다. 이때 경신금(庚辛金)이 목(木)을 제(制)하면 금(金)이 수(水)를 돕는다. 따라서 경금(庚金)이 투간(透干)하면 대부대귀격(大富大貴格)을 이루고, 경금(庚金)이 암장(暗藏)되어 있으면 부(富)가 작다.

3. 진월(辰月) 임수(壬水) : 甲 · 庚

진월(辰月)은 묘고(墓庫)이고 납수(納水)하는 부고지(府庫地)이나, 토(土)가 권리를 잡고 있으니 수성(水性)이 정체되어 있다. 따라서 갑목(甲木)으로 소토(疏土)한 다음 경금(庚金)으로 임수(壬水)를 부조(扶助)해야 한다.

따라서 갑경(甲庚)이 모두 투출(透出)하면 반드시 공명(功名)을 이룬다. 갑목(甲木)이 투출(透出)했는데 경금(庚金)이 암장(暗藏)되어 있으면 단정한 사람이다. 이것은 식신제살(食神制殺)하고 살(殺)을 인(印)으로 화(化)하기 때문이다. 만일 갑목(甲木)이 암장(暗藏)되어 있으나 목왕(木旺)하면 준수한 명(命)이 되고, 이때 계수(癸水)가 갑목(甲木)을 도우면 다른 사람의 도움이 있어야 발전할 수 있다.

진월(辰月) 임일생(壬日生)이 지지(地支)에 갑목(甲木)이 하나 있으면 부격(富格)을 이루고, 경금(庚金)이 하나 있으면 평범한 명(命)이 된다. 그러나 갑목(甲木)이 없으면 난폭하고, 경금(庚金)이 없으면 완고하며 어리석다. 이것은 식신(食神)이 제살(制殺)하지 못하여 이지력과 자제력이 없기 때문이다.

진월(辰月) 임일생(壬日生)이 월시(月時)에 정화(丁火)가 있으면, 일간(日干) 임수(壬水)와 간합(干合)한다. 진월(辰月)은 만춘의 목기(木氣)가 있으니 목기진화격(木氣眞化格)을 이룬다. 이때는 화기격(化氣格)으로 논한다.

진월(辰月) 임일생(壬日生)이 지지(地支)에 사고(四庫)가 있는데 살성(殺星)이 같이 있으면, 갑목(甲木) 제신(制神)이 있어야 한다. 만일 갑목(甲木)이 없으면 살중신경(殺重身輕)하여 평생 고생이 많다.

4. 사월(巳月) 임수(壬水) : 壬 · 辛 · 庚 · 癸

사월(巳月)은 십이운성(十二運星)으로는 절지(絶地)에 해당하고, 화(火)가 권리를 잡은 때이니 수세(水勢)가 매우 약하다. 임수(壬水) 비견(比肩)으로 일간(日干)을 도와야 하는데, 비견(比肩)이 없으면 겁재(劫財)로 아신(我身)을 부조(扶助)해야 한다. 다음에는 신금(辛金)으로 수원(水源)을 발해주어야 한다. 이때 신금(辛金)이 병화(丙火)와 간합(干合)하면 화(化)하여 수(水)를 도와주지 못한다.

사월(巳月) 임일생(壬日生)이 임신(壬辛)이 모두 투출(透出)했는데 갑목(甲木)이 있으면 부귀쌍전(富貴雙全)한다. 그러나 갑목(甲木)이 없으면 부잣집의 한가한 사람이다. 이것은 비록 부귀(富貴)가 있어도 자기 것이 아니니 부귀(富貴)가 공허하다는 뜻이다.

사월(巳月) 임일생(壬日生)이 비견(比肩)이 없는데 목화(木火)가 많으면, 기명종재격(棄命從財格)이 되어 아내로 인하여 귀(貴)를 얻는다. 이때 계수(癸水)가 있으면 파격(破格)되어 적수건살(滴水乾殺)이라 한다. 이런 사람은 잔병이 많으며 평생 가난을 면하기 어렵다.

사월(巳月) 임일생(壬日生)이 지지(地支)에 사유금국(巳酉金局)을 이루었는데, 사신(巳申)이 간합(干合)하면 약변강(弱變强)된다. 이때 무토(戊土)가 있으면 명리(名利)가 모두 아름다우며 귀인(貴人)의 도움으로 부귀격(富貴格)을 이룬다. 그러나 지지(地支)에 인사형(寅巳刑)이 있으면 편관(偏官)이 손상되기 때문에 명리(名利)가 있어도 허상에 불과하다.

사월(巳月) 임일생(壬日生)이 지지(地支)에 신자진수국(申子辰水局)을 이루었는데, 월령(月令)에 무토(戊土) 칠살(七殺)이 있고 병화(丙火) 재성(財星)이 득령(得令)한다. 이것을 진신득용(眞神得用)이라 하여 반드시 대귀격(大貴格)을 이룬다.

사월(巳月) 임일생(壬日生)이 화신(火神)이 왕성한데 수(水)의 비겁(比劫)이 없으면, 재성(財星)이 일간(日干)을 이기니 종재격(從財格)을 이룬다. 이것을 왕씨영가서(王氏迎佳壻)라 한다. 부잣집 여자를 아내로 맞거나 데릴사위가 되어 부(富)를 얻는다는 뜻이다.

사월(巳月) 임일생(壬日生)이 천간(天干)에 임을(壬乙)이 나란히 있는데 지지(地支)에 인오사(寅午巳)가 모두 있으면 형합격(刑合格)이 되어 극귀격(極貴格)을 이룬다.

5. 오월(午月) 임수(壬水) : 庚 · 癸 · 辛

오월(午月) 임수(壬水)는 일간(日干)이 태지(胎地)에 해당하며 휴수(休囚)하는 때이다. 오궁(午宮)에 기토(己土) 정관(正官)이 있고, 정화(丁火) 정재(正財)가 왕성하여 신약(身弱)하니 재관운(財官運)을 이어나가지 못한다. 이때는 계수(癸水) 겁재(劫財)나 경신(庚辛) 인성(印星)으로 아신(我身)을 부조(扶助)해야 한다. 따라서 경계(庚癸)가 모두 투출(透出)하면 공명(功名)을 이루고, 경임(庚壬)이 모두 투출(透出)하면 높은 관직에 오른다. 그러나 경임계(庚壬癸)가 모두 없으면 평범한 명(命)이 된다.

오월(午月) 임일생(壬日生)이 임수(壬水)가 두 개 있는데 경금(庚金) 하나를 끼고 있으면, 풍붕박시(風鵬搏翅)라 하여 대귀격(大貴格)을 이룬다. 오월(午月)에는 수기(秀氣)가 상승하여 만물이 분발하니 명운이 향상된다.

오월(午月) 임일생(壬日生)이 지지(地支)에 화성(火星)이 있거나, 인오술(寅午戌) 화국(火局)을 이루면 재다신약(財多身弱)하니 부옥빈인(富屋貧人)의 명(命)이 된다. 이때 갑을목(甲乙木)이 지나치게 설기(洩氣)하면 승려가 되거나 평생 가난하고, 고독하며 단명한다.

6. 미월(未月) 임수(壬水) : 辛·甲·癸

미월(未月)은 기토(己土)가 권리를 잡은 때이니 정화(丁火)가 점점 쇠(衰)한다. 먼저 신금(辛金)으로 용신(用神)을 삼은 다음에 갑목(甲木)을 취하고, 그 다음에 계수(癸水)를 취한다.

미월(未月) 임일생(壬日生)이 신갑(辛甲)이 모두 투출(透出)하면 부귀쌍전(富貴雙全)한다. 갑목(甲木)은 암장(暗藏)되었으나 신금(辛金)이 투출(透出)하면 뛰어난 유림(儒林)의 선비로 청귀하다. 신금(辛金)은 암장(暗藏)되었으나 갑목(甲木)이 투출(透出)하면 다른 사람의 도움을 받아야 부귀공명(富貴功名)을 이룬다.

미월(未月) 임일생(壬日生)이 갑임(甲壬)이 모두 투출(透出)했는데 상극(相剋)되지 않으면 정치계로 나간다. 갑목(甲木)이 암장(暗藏)되어 있으나 임수(壬水)가 투출(透出)하여 손상되지 않으면 재능이 뛰어나며 높은 지위에 오른다.

미월(未月) 임일생(壬日生)이 기토(己土)가 많으면, 가종살격(假從殺格)이 되어 간사하며 고빈(孤貧)한 명(命)이 된다. 이때 갑을목(甲乙木)이 제살(制殺)하면 이런 근심은 사라진다. 양일생(陽日生)이 양간(陽干)의 살(殺)을 만나면 진종(眞從)이 되고, 음간(陰干)의 살(殺)을 만나면 가종(假從)이 된다. 가종(假從)은 정관(正官)이니 일간(日干)을 부조(扶助)하고, 금수운(金水運)을 만나면 호명(好命)을 이룬다.

미월(未月) 임일생(壬日生)이 지지(地支)에 해묘미(亥卯未) 목국(木局)이 있으면 설기(洩氣)가 심하나, 금수(金水)가 있으면 귀격(貴格)을 이룬다. 그러나 신갑(辛甲)이 없으면 아름다운 명(命)이 되지 못하니 공명(功名)을 이루기 어렵고, 천간(天干)에 신임(辛壬)이 있는데 지지(地支)에 형충(刑沖)이 없으면 구하우로격(九夏雨露格)이 되어 자연적으로 부격(富格)을 이룬다.

7. 신월(申月) 임수(壬水) : 戊·丁

신월(申月)은 십이운성(十二運星)으로는 장생지(長生地)에 해당하고, 금수(金水)가 원류(源流)하여 약변강(弱變强)되고, 수세(水勢)가 충분(沖奔)하는 때이다. 먼저 무토(戊土)로 용신(用神)을 삼은 다음에 정화(丁火)로 보좌해야 한다. 따라서 무정(戊丁)이 모두 투출(透出)하면 의식(衣食)이 풍족하며 공명(功名)이 발전한다.

신월(申月) 임일생(壬日生)이 무토(戊土)는 투출(透出)했는데 정화(丁火)가 암장(暗藏)되어 있으면, 귀인(貴人)의 도움이 있어야 재능으로 발복한다. 이때 무계(戊癸)가 간합(干合)하면 무토(戊土)가 제방을 쌓을 수 없으니 반드시 가난하다. 만일 무정(戊丁)이 모두 암장(暗藏)되어 있으면 성품이 편안하며 인심이 많으나 높은 지위는 얻기 어렵다.

신월(申月) 임일생(壬日生)이 무토(戊土)가 많으면 갑목(甲木)으로 제(制)해야 한다. 편관(偏官) 칠살(七殺)이 많은데 갑목(甲木) 식신(食神)이 있으면 귀(貴)가 작다. 이것을 채근(採芹)의 명(命)이라 하는데, 채근(採芹)은 초시(初試)를 말하니 중격(中格)이라는 뜻이다. 이때 갑목(甲木)이 없으면 삼장무연(三場無緣)의 명(命)이 된다. 이런 사주는 시험에 거듭 떨어지니 귀격(貴格)을 이루기 어렵다.

신월(申月) 임일생(壬日生)이 무토(戊土)의 살(殺)이 많은데 목화(木火)가 많으면, 신궁(申宮) 경금(庚金)을 극상(剋傷)하니 식신(食神)이 설(洩)되어 제살(制殺)할 수 없다. 이런 사람은 반드시 고향을 떠나 남에게 의지하여 살아간다. 이때 수화(水火)가 서로 통하면 상업으로 발전할 수 있다.

8. 유월(酉月) 임수(壬水) : 甲·庚

유월(酉月)은 금(金)이 권리를 잡은 때이며 금수(金水)가 상생(相生)하니 금백수청(金白水淸)이라 한다. 그러나 무토(戊土)가 있으면 수토(水土)가 혼탁해져 병(病)이 된다. 따라서 갑목(甲木)으로 용신(用神)을 삼아 무토(戊土)를 제(制)해야 한다.

유월(酉月) 임일생(壬日生)이 천간(天干)에 갑목(甲木)이 있으면 반드시 공명(功名)이 발전한다. 그러나 이때 경금(庚金) 편인(偏印)이 있으면 식상(食傷)이 극제(剋制)되어 평범한 명(命)이 된다.

유월(酉月) 임일생(壬日生)이 비겁(比劫)이 있는데 지지(地支)에 신해(申亥)가 있으면 수세(水勢)가 분류(奔流)한다. 따라서 무토(戊土)로 용신(用神)을 삼아야 길하다. 무토(戊土)가 있으면 복택(福澤)과 재물이 넉넉하다. 만일 무토(戊土)가 없으면 금수(金水)가 지나치게 많은 것이니, 청수(淸秀)하나 재물이 매우 박하다.

유월(酉月) 임일생(壬日生)이 갑목(甲木)과 무토(戊土)가 모두 없는데 경신금(庚辛金)이 있으면, 체전지상(體全之象)이 되어 나중에 부귀공명(富貴功名)을 이룬다.

9. 술월(戌月) 임수(壬水) : 甲 · 丙

술월(戌月)은 십이운성(十二運星)으로는 관대지(冠帶地)에 해당하는데, 임수(壬水)가 만추에 이르면 수성(水性)이 진기(進氣)한다. 술월(戌月)은 토성(土性)이 권리를 잡은 때이니, 수왕(水旺)해도 범람할 근심이 없다. 임수(壬水)가 있는데 갑목(甲木)도 있으면 식신제살(食神制殺)하며 일간(日干)이 매우 강하고, 이때 병화(丙火)를 만나면 청귀(淸貴)한 명(命)을 이룬다.

술월(戌月) 임일생(壬日生)이 갑목(甲木)이 용신(用神)인데 병화(丙火)가 있으면 일간(日干)이 매우 왕성하고, 왕성한 살(殺)을 제거하면 상서(尙書)에 이른다.

술월(戌月) 임일생(壬日生)이 비견(比肩)과 인수(印綬)가 모두 없는데 병정화(丙丁火) 재성(財星)이 많으면, 재왕신약(財旺身弱)하여 재물을 관리하기 어려우며 오히려 그 재물로 인하여 화를 입는다.

술월(戌月) 임일생(壬日生)이 무토(戊土)가 있고 기경(己庚)이 없는데 갑목(甲木)이 하나 있으면 지위가 높다. 이때 월상(月上)에 갑목(甲木)이 있으면 발전하고, 기토(己土) 정관(正官)이 있으면 관살(官殺)이 혼잡되고, 경금(庚金)이 있으면 식신(食神)을 파(破)하니, 병화(丙火)가 있으면 가난한 명(命)이 된다.

술월(戌月) 임일생(壬日生)이 병화(丙火)는 없고 정화(丁火)가 있는데 갑목(甲木)이 있으면 귀격(貴格)을 이룬다. 식신(食神)이 정화(丁火) 정재(正財)를 생(生)하여 부귀격(富貴格)을 이루는 것이다.

술월(戌月) 임일생(壬日生)이 무토(戊土)가 용신(用神)인데 자수(子水) 양인(陽刃)이 있으면 살인격(殺刃格)을 이루어 권세가 있다.

신금(辛金)이 생수(生水)하는데 지지(地支)에 병화(丙火)가 있으면 중화되어 귀격(貴格)을 이룬다.

10. 해월(亥月) 임수(壬水) : 戊 · 丙 · 庚

임수(壬水)가 해월(亥月)에 태어나면 건록(建祿)에 해당하니 수세(水勢)가 왕성하다. 따라서 무토(戊土)로 용신(用神)을 삼아 제방을 쌓은 다음에 병화(丙火)로 보좌해야 한다.

해월(亥月) 임수(壬水)가 병무(丙戊)가 모두 투출(透出)했는데 남방화운(南方火運)으로 흐르면 명리(名利)가 모두 있고, 병화(丙火)는 있으나 무토(戊土)가 없으면 평생 뜻이 있고, 무토(戊土)는 있으나 병화(丙火)가 없으면 재물이 있고, 병무(丙戊)는 없으나 정기(丁己)가 있으면 부(富)는 있으나 귀(貴)는 없다.

해월(亥月) 임수(壬水)가 무경(戊庚)이 모두 있으면 살인화격(殺印化格)이 되니 개운하여 높은 자리에 오르고, 여기에 갑목(甲木)이 있으면 영화가 있다.

해월(亥月) 임수(壬水)가 지지(地支)에 해묘미(亥卯未) 목국(木局)이 있는데, 천간(天干)에 갑을목(甲乙木)이 있고 경금(庚金)이 있으면 부귀격(富貴格)을 이룬다. 그러나 경금(庚金)이 없으면 평범한 명(命)이 된다. 이것은 상관패인격(傷官佩印格)을 이루기 때문이다.

해월(亥月) 임수(壬水)가 지지(地支)에 신자진수국(申子辰水局)을 이루었는데 무기토(戊己土)가 없으면 윤하격(潤下格)이 된다. 이때 서북운(西北運)으로 흐르면 부귀격(富貴格)을 이루나, 남방운(南方

運)으로 흐르면 흉하다.

해월(亥月) 임수(壬水)가 병무(丙戊)가 모두 투출(透出)했는데 화토운(火土運)으로 흐르면 명리(名利)가 모두 있고, 병화(丙火)는 있으나 무토(戊土)가 없으면 의식(衣食) 근심은 없으나 귀격(貴格)은 아니고, 무병(戊丙)이 모두 없으면 하천한 명(命)이 된다.

11. 자월(子月) 임수(壬水) : 戊 · 丙

자월(子月) 임수(壬水)는 양인지(陽刃地)에 있으니 아신(我身)을 돕는다. 그러나 지나치게 신왕(身旺)하면 무토(戊土)로 왕신(旺神)을 제(制)해야 한다. 이때는 수토(水土)가 모두 얼어붙어 있으니 병화(丙火)로 풀어주어야 한다.

자월(子月) 임일생(壬日生)이 병무(丙戊)가 모두 투출(透出)하면 권위가 높으며 재능과 덕이 모두 좋고, 무토(戊土)는 있으나 병화(丙火)가 없으면 귀(貴)는 없으나 작은 부(富)는 있고, 병화(丙火)는 있으나 무토(戊土)가 없으면 계획은 좋으나 결과는 없다.

자월(子月) 임일생(壬日生)이 지지(地支)에 신자진(申子辰) 삼합(三合) 수국(水局)을 이루었는데, 무토(戊土)는 있으나 병화(丙火)가 없으면 평범한 명(命)이 된다. 만일 병화(丙火)가 득소(得所)하면 무토(戊土)가 지지(地支)에 암장(暗藏)되어 있다해도 발전이 따른다. 자월(子月) 임수(壬水)가 지지(地支)에 화국(火局)을 이루면 양인(陽刃)이 재(財)를 만나는 것이니, 신재(身財)가 모두 왕성하여 부격(富格)을 이룬다.

자월(子月) 임일생(壬日生)이 월시(月時)에 비견(比肩)이 있는데 년상(年上)에 정화(丁火)가 있으면 정임(丁壬)이 간합(干合)하여 효력을 잃으니 평범한 명(命)이 되고, 사주에 사고(四庫)가 있으면 부귀(富貴)가 작다. 사고(四庫)란 진술축미(辰戌丑未)를 말한다. 자월(子月) 임일생(壬日生)이 천간(天干)에 임수(壬水) 비견(比肩)이 있는데 시(時)에 정화(丁火)가 있으면 양(陽) 두 개가 음(陰) 하나를 쟁합(爭合)하는 것이니 명리(名利)를 얻기 어렵다.

12. 축월(丑月) 임수(壬水) : 丙 · 丁 · 甲

축월(丑月) 임수(壬水)는 수성(水性)이 점점 쇠(衰)해진다. 상반월은 계신(癸辛)의 기(氣)로 출생했으나 수세(水勢)가 차가우니 시급히 병화(丙火)로 풀어주어야 하고, 신금(辛金)으로 임수(壬水)를 생부(生扶)해야 한다.

축월(丑月) 임일생(壬日生)은 병신(丙辛)이 모두 투출(透出)했는데 서로 떨어져 있으면 부귀격(富貴格)을 이룬다. 그러나 병화(丙火)가 없으면 고독하며 처량한 명(命)이 된다. 이때 정화(丁火)가 있으면 호명(好命)을 이룬다.

축월(丑月) 임일생(壬日生)은 임수(壬水)가 많아도 무토(戊土) 제신(制神)이 있으면 의식(衣食)은 부족하지 않다. 축월(丑月) 임수(壬水)는 시(時)에 정화(丁火)가 있으면 임수(壬水)와 상합(相合)하여 목(木)이 되니, 다시 월간(月干)에 정화(丁火)가 있으면 쟁합(爭合)한다. 이때는 계수(癸水)로 정화(丁火)를 제거해야 한다.

축월(丑月) 임일생(壬日生)이 지지(地支)에 사유축(巳酉丑) 금국(金局)을 이루었는데 병정화(丙丁火)가 없으면 금한수냉(金寒水冷)하여 빈고(貧孤)한 명(命)이 된다. 만일 화(火)가 있으면 빈고(貧孤)하지는 않으나 흉함이 많다.

축월(丑月) 임일생(壬日生)은 계수(癸水) 겁재(劫財)가 투출(透出)하면 지혜가 많다. 그러나 무토(戊土)가 용신(用神)인데 기토(己土)가 있으면 수토(水土)가 혼잡하니 어리석으며 완고하다. 축월(丑月)은 추위가 엄한 때이니 임수(壬水)는 목화(木火)가 필요하다. 이때 병갑(丙甲)으로 한기(寒氣)를 풀어주면 생의(生意)가 있으며 이양(二陽)의 때에 있으니 얼음을 녹이고 , 형충(刑沖)이 없으면 큰 뜻을 이루어 부귀(富貴)를 겸한다.

10장. 계수(癸水)

1. 인월(寅月) 계수(癸水) : 辛 · 丙

인월(寅月)은 삼양(三陽)의 때이니 계수(癸水)가 양화(陽和)를 만나면 우로(雨露)의 정이 있고, 계수(癸水)는 매우 부드러우니 신금(辛金)으로 수원(水源)을 삼아야 생수(生水)할 수 있다. 이때 병화(丙火)가 있으면 수(水)를 따뜻하게 만드니 음양(陰陽)이 화합하여 만물을 생(生)한다.

따라서 인월(寅月) 계일생(癸日生)이 신병(辛丙)이 모두 투출(透出)하면 명리(名利)가 발전하고, 신병(辛丙)이 모두 없으면 하격(下格)의 명(命)이 된다. 만일 신병(辛丙)이 모두 투출(透出)했는데 지지(地支)에 인오술(寅午戌) 화국(火局)이 있으면 신금(辛金)을 극상(剋傷)한다. 이때 임수(壬水) 겁재(劫財)가 있으면 화세(火勢)를 제(거하니 부귀격(富貴格)을 이루고, 임수(壬水)가 없으면 가난한 명(命)이 된다.

인월(寅月) 계일생(癸日生)이 천간(天干)에 병화(丙火)가 있는데 신금(辛金)이 유축(酉丑)에서 투간(透干)되어 있으면 의식(衣食)이 풍족하다. 그러나 신병(辛丙)이 모두 없으면 가난한 명(命)이 된다. 그러나 신금(辛金)이 투출(透出)하고 병화(丙火)가 암장(暗藏)되어 있으면 다른 사람의 도움을 받아야 발전할 수 있다.

인월(寅月) 계일생(癸日生)이 월상(月上)에 무토(戊土)가 투출(透出)하고, 병진시(丙辰時)에 태어났고, 사주에 비견(比肩)이나 겁재(劫財)가 없고, 병정화(丙丁火)가 있으면 화합격(化合格)을 이룬다. 이때 형충(刑沖)이 없으면 부귀쌍전(富貴雙全)한다. 만일 지지(地支)에 수국(水局)을 이루면 신왕(身旺)하고, 병화(丙火)가 중(重)하면 재왕(財旺)하여 부격(富格)을 이룬다.

인월(寅月) 계일생(癸日生)은 먼저 신금(辛金)을 취한 다음에 병화(丙火)를 취하고, 경금(庚金)은 그 다음이다. 만일 병화(丙火)가 있는데 경신금(庚辛金)이 없으면 무용지물이 되고, 화토(火土)가 지나치게 많으면 숙질을 면하기 어렵다.

2. 묘월(卯月) 계수(癸水) : 庚 · 辛

묘월(卯月) 계수(癸水)는 수성(水性)이 지나치게 약하지도 않고 지나치게 강하지도 않다. 묘월(卯月)에는 을목(乙木)이 사령(司令)하니, 계수(癸水)가 설(洩)되면 아신(我身)이 약으로 변한다. 따라서 먼저 경금(庚金)으로 용신(用神)을 삼은 다음에 신금(辛金)을 취해야 한다. 경신금(庚辛金)이 투출(透出)했는데 정화(丁火)가 없으면 공명(功名)을 떨친다.

묘월(卯月) 계일생(癸日生)이 경신금(庚辛金)이 없는데 일간(日干)까지 약하면 화병충기(畵餠沖飢)의 명(命)이라 한다. 다시 말해 경신금(庚辛金)으로 계수(癸水)의 수원(水源)을 이루지 못하면 반드시 하격(下格)의 명(命)이 된다는 뜻이다.

묘월(卯月) 계일생(癸日生)이 경신금(庚辛金) 중에서 하나가 있으면 투출(透出)이나 암장(暗藏)을 불문하고 모두 명리(名利)가 있다. 그러나 옥은 연마하기에 따라 광채가 달라지는 것이니 노력에 따라 차이가 있다. 만일 경신금(庚辛金)이 모두 암장(暗藏)되어 있으면 선부후귀(先富後貴)하는 명(命)이 되며 필묵으로 명성을 떨친다.

묘월(卯月) 계일생(癸日生)이 지지(地支)에 해묘미(亥卯未) 삼합(三合) 목국(木局)을 이루었는데, 월시(月時)에 다시 목기(木氣)가 있으면 지나치게 설기(洩氣)되어 가난하며 재액이 많다.

3. 진월(辰月) 계수(癸水) : 丙 · 辛 · 甲

진술축미(辰戌丑未)를 사계(四季)라 하는데, 이때 태어나면 진퇴(進退)와 왕쇠(旺衰)의 기(氣)를 같이 살펴야 한다. 진월(辰月)의 상반월은 화기(火氣)가 아직 성(盛)하지 않아 진궁(辰宮) 계수(癸水)가 사령(司令)하니, 병화(丙火)로 음양(陰陽)을 조화시켜야 한다. 하반월은 토성(土性)이 사령(司令)하니, 병화(丙火)로 용신(用神)을 삼더라도 신금(辛金)과 갑목(甲木)으로 보조 용신(用神)을 삼아야 한다. 따라서 상관생재격(傷官生財格)이라도 신금(辛金) 인수(印綬)가 있어야 부귀공명(富貴功名)을 이룬다.

진월(辰月) 계일생(癸日生)이 곡우(穀雨)가 가까운 때 태어났는데 계신병(癸辛丙)이 모두 투출(透出)하면, 범을 수놓고 용을 조각하는 명(命)이라 한다. 곡우(穀雨)는 온기가 증가하는 때이니, 계신(癸辛)으로 일간(日干)을 부조(扶助)하면 문장이 뛰어나며 학문이 높다.

진월(辰月) 계일생(癸日生)이 지지(地支)에 진술축미(辰戌丑未)가 모두 있는데 갑목(甲木)으로 제(制)하면 대업을 이루고, 갑목(甲木)으로 제(制)하지 못하면 요절하거나 만년에 가난으로 고생한다.

진월(辰月) 계일생(癸日生)이 무토(戊土)가 있으면 종화격(從化格)을 이루고, 병화(丙火)가 진기(進氣)하여 쉽게 화합한다. 이런 사주는 화기격(化氣格)을 이루지 않아도 아름다운 명(命)이 되고, 진화(眞化)를 이루면 영화를 누린다.

진월(辰月) 계일생(癸日生)이 지지(地支)에 수국(水局)을 이루었는데, 기토(己土)는 있으나 목(木)이 없으면 가살격(假殺格)이 된다. 이때 갑목(甲木)이 있으면 평범한 명(命)이 된다.

진월(辰月) 계일생(癸日生)이 지지(地支)에 목국(木局)을 이루었는데, 병화(丙火)는 있으나 금(金)이 없으면 상관생재격(傷官生財格)이 된다. 이런 사람은 총명하며 박학하고 의식(衣食)이 풍족하다.

4. 사월(巳月) 계수(癸水) : 辛 · 庚

사월(巳月) 계수(癸水)는 일간(日干)이 절지(絶地)에 임하여 아신(我身)이 약하니, 먼저 신금(辛金)으로 아신(我身)을 생부(生扶)해야 한다. 이때 신금(辛金)이 없으면 경금(庚金)으로 대신한다. 신금(辛金)이 고투(高透)하는데 정화(丁火) 제신(制神)이 없거나 임수(壬水) 겁재(劫財)가 있으면 명리(名利)를 떨친다. 만일 정화(丁火)가 신금(辛金)을 극(剋)하면 하격(下格)의 명(命)이 되고, 임수(壬水)가 있으면 의식(衣食)이 풍족하다.

사월(巳月) 계일생(癸日生)이 지지(地支)에 신금(辛金)은 있는데 정화(丁火)가 없으면 신(神)이 백옥(白玉)을 품었다 하여 문학방면에 재능이 뛰어나고, 천간(天干)에 임수(壬水)와 경금(庚金)이 있는데 형(刑)되어 상하지 않으면 금수흥조(金水興照)라 하여 노력으로 성공에 이르고, 화토(火土)가 많아 혼잡되어 있는데 신금(辛金)이나 양인(陽刃) 등의 구신(救神)이 없으면 화토건살(火土乾殺)이라 하여 요절하거나 병(病)이 많다.

5. 오월(午月) 계수(癸水) : 庚·辛·壬·癸

오월(午月) 계수(癸水)는 십이운성(十二運星)으로는 절지(絶地)에 해당하니, 일간(日干)이 약하고 무근(無根)하기 때문에 경신금(庚辛金)으로 부조(扶助)해야 한다. 오궁(午宮) 정화(丁火)가 권리를 잡아 금(金)이 화(火)를 대적하기 어려우나, 임계수(壬癸水)의 비견(比肩)과 겁재(劫財)가 있으면 명리(名利)를 얻을 수 있다.

오월(午月) 계일생(癸日生)이 금(金)이 투출(透出)했는데 지지(地支)에 신자진수국(申子辰水局)이 있으면 금수(金水)가 모두 왕성하다. 월령(月令)에서 재관(財官)이 득령(得令)하니 진신(眞神)이 용신

(用神)이다. 이때 화토운(火土運)으로 가면 부귀격(富貴格)이 된다.

　오월(午月) 계일생(癸日生)이 천간(天干)에는 수성(水星)이 없으나, 지지(地支)에 수(水)가 하나 있고 경신금(庚辛金)이 있으면 부격(富格)을 이룬다. 명리학(命理學)에서는 수원(水源)이 하천(夏天)에 모이면 부(富)가 중(重)하고 귀(貴)는 가볍다고 했다.

　오월(午月) 계일생(癸日生)이 지지(地支)에 인오술(寅午戌) 화국(火局)을 이루었는데 천간(天干)에 임수(壬水)가 없으면 승도팔자가 된다. 그러나 임수(壬水) 두 개와 경금(庚金) 하나가 투출(透出)하면 귀격(貴格)을 이룬다. 만일 기토(己土)가 용신(用神)이며 토(土)가 매우 많은데 갑목(甲木)으로 제거함이 없으면 종살격(從殺格)이 되어 대귀격(大貴格)을 이룬다.

　오월(午月) 계일생(癸日生)은 수성(水性)이 약하며 무근(無根)하니, 화왕(火旺)하면 종화(從火)하여 종재격(從財格)이 된다. 종격(從格) 사주는 자연적으로 부귀격(富貴格)을 이룬다. 이때 비겁(比劫)이 있으면 좋지 않다. 만일 금수(金水)가 나란히 투출(透出)했는데, 생월(生月)인 오궁(午宮)에 암장(暗藏)되어 있는 기토(己土)가 용신(用神)이면, 살인화격(殺印化格)을 이루어 반드시 부귀쌍전(富貴雙全)을 이룬다.

6. 미월(未月) 계수(癸水) : 庚 · 辛 · 壬 · 癸

　미월(未月) 계수(癸水)는 상반월과 하반월로 나누어서 살펴야 한다. 상반월은 경신금(庚辛金)이 휴수(休囚)되어 화기(火氣)가 염열(炎

熱)하니 금신(金神)이 쇠약하다. 따라서 경신금(庚辛金)으로 용신(用神)을 삼아야 한다. 이때 임계수(壬癸水)의 비겁(比劫)이 아신(我身)을 부조(扶助)하면 염화토수(艷花吐秀)라 하여 부격(富格)을 이룬다. 하반월은 경신금(庚辛金)이 유기(有氣)하니 임계수(壬癸水)의 비겁(比劫)이 필요하지 않다. 그러나 정화(丁火)가 금(金)을 상하게 하면 좋지 않다. 정화(丁火)가 있으면 서식충기(鼠食充飢)라 하여 가난한 명(命)이 된다. 서식(鼠食)이란 초목의 뿌리를 말한다.

7. 신월(申月) 계수(癸水) : 丁・甲

신월(申月) 계수(癸水)는 십이운성(十二運星)으로는 사지(死地)에 해당하나, 신궁(申宮) 경금(庚金)이 생수(生水)하니 절처봉생(絶處逢生)이 되어 약변강(弱變强)된다. 금(金)은 수(水)의 어머니인데 신금(申金)이 사령(司令)하니 모왕생자(母旺生子)한다. 경금(庚金)은 강하며 날카로운 금(金)이니 반드시 정화(丁火)가 있어야 한다.

따라서 신월(申月) 계일생(癸日生)이 정화(丁火)가 출간(出干)하고 갑목(甲木)이 있으면, 상관생재격(傷官生財格)이 되며 아신(我身)이 왕성하니 부귀쌍전(富貴雙全)한다. 만일 정화(丁火)는 있으나 갑목(甲木)과 임계수(壬癸水)가 없고 경금(庚金)이 한두 개 있으면 부귀(富貴)가 작다.

신월(申月) 계일생(癸日生)은 오궁(午宮)에 정화(丁火)가 있으니 독재격(獨財格)이 되어 가문에 금은보화가 가득한 형상이다. 그러나 정미술(丁未戌)이 모두 있으면 평범한 명(命)이 된다.

신월(申月) 계일생(癸日生)이 경신금(庚辛金)이 매우 많이 있는데 정화(丁火) 제신(制神)이 없으면 가난하며 고독한 명(命)이 된다. 만일 정화(丁火)는 있으나 지지(地支)에 근원이 없거나 갑목(甲木)이 생조(生助)하지 않으면 달팽이의 뿔로 명(名)을 다투는 형상이 된다. 이런 사주는 정화(丁火)의 힘이 부족하니 명성을 얻기 어렵다.

8. 유월(酉月) 계수(癸水) : 辛 · 丙

유월(酉月)은 중추(仲秋)이니 금성(金性)이 권리를 잡는다. 따라서 유월(酉月) 계수(癸水)는 금백수청(金白水淸)을 이룬다. 이때 병화(丙火)가 있으면 온금난수(溫金暖水)하니, 신병(辛丙)이 모두 있으며 서로 막히게 하지 않고 융합하여 수성(水星)이 되어 부귀격(富貴格)을 이룬다.

유월(酉月) 계일생(癸日生)은 병화(丙火)가 투출(透出)하면 금수(金水)의 한기(寒氣)를 풀어주니, 수세(水勢)가 증발하여 올라가 명리(名利)가 발전한다. 만일 토다(土多)하면 수성(水星)을 극상(剋傷)하니, 금(金)이 매몰되며 수(水)가 막힌다. 따라서 평범한 명(命)으로 상업으로 나가면 길하다.

유월(酉月) 계일생(癸日生)이 신병(辛丙) 중에 하나는 투출(透出)했는데 하나는 암장(暗藏)되어 있으면 중간 정도의 귀(貴)는 있다. 유월(酉月) 계일생(癸日生)은 기세가 청(淸)하며 가벼우니, 임수(壬水)의 충분(沖奔)하는 세력과는 다르다. 따라서 무토(戊土) 제방이 필요하지 않다. 만일 기토(己土)가 있으면 수토(水土)가 혼탁해지니 하격

(下格)이 된다.

9. 술월(戌月) 계수(癸水) : 辛 · 甲 · 壬 · 癸

술월(戌月) 계수(癸水)는 무토(戊土)가 권리를 잡은 때에 있으니 계수(癸水)가 고갈된다. 따라서 신금(辛金)으로 용신(用神)을 삼아 생수(生水)해야 하고, 토왕(土旺)하여 수(水)의 흐름이 막히니 갑목(甲木)으로 제(制)해야 하고, 동시에 비견(比肩) 겁재(劫財)의 도움이 있어야 한다.

따라서 술월(戌月) 계일생(癸日生)이 신갑(辛甲)이 모두 투출(透出)했는데 지지(地支)에 자궁(子宮) 계수(癸水)가 있으면 청운의 뜻을 이루고, 계갑(癸甲)이 모두 있으면 부귀쌍전(富貴雙全)한다. 만일 신갑(辛甲)이 있으나 계수(癸水) 비견(比肩)이 없으면 귀인(貴人)의 도움이 있어야 운이 열린다.

술월(戌月) 계일생(癸日生)은 갑계(甲癸)가 있으나 신금(辛金)이 없으면 부(富)는 크나 귀(貴)는 작고, 갑목(甲木)은 있으나 계신(癸辛)이 없으면 평범한 명(命)이 되고, 신갑계(辛甲癸)가 모두 없으면 빈천한 명(命)이 되고, 갑임(甲壬)이 있으면 의식(衣食)이 풍족하다.

10. 해월(亥月) 계수(癸水) : 庚 · 辛 · 戊 · 丁

해월(亥月) 계수(癸水)는 십이운성(十二運星)으로는 제왕지(帝旺

地)에 해당하니 아신(我身)이 왕성하나, 갑목(甲木)이 암장(暗藏)되어 상생(相生)하니 원신(元神)이 설(洩)되어 약하다. 따라서 반드시 경신금(庚辛金)이 있어야 한다.

따라서 해월(亥月) 계일생(癸日生)이 경신금(庚辛金)이 모두 투출(透出)했는데 정화(丁火)가 극상(剋傷)하지 않으면 공명(功名)을 얻고, 인수격(印綬格)이 관운(官運)으로 흐르면 귀격(貴格)을 이룬다.

해월(亥月) 계일생(癸日生)이 지지(地支)에 해묘미(亥卯未) 목국(木局)을 이루었는데 천간(天干)에 정화(丁火)가 있으면 목왕화상(木旺火相)하다. 해월(亥月)은 목화(木火)의 기(氣)가 처음으로 활동하는 때이니, 소양춘(小陽春)의 상을 이룬다. 만일 경신금(庚辛金)이 삼합(三合) 목국(木局)을 극상(剋傷)하면 오히려 청한(淸寒)한 명(命)이 된다. 만일 지지(地支)에 목국(木局)을 이루었는데 병정화(丙丁火)가 모두 투출(透出)하면 상관생재격(傷官生財格)이 되어 다른 사람의 도움을 받아야 운이 열린다.

해월(亥月) 계일생(癸日生)이 해(亥)를 만나면 제왕지(帝旺地)를 이루나, 음간(陰干)이 왕성한 것 같아도 약하다. 이때 임수(壬水)를 만나면 수세(水勢)가 왕양(汪洋)해지고, 무토(戊土) 제신(制神)이 있으면 수(水)가 정궤(正軌)로 돌아가니 호명(好命)을 이룬다.

해월(亥月) 계일생(癸日生)이 수세(水勢)가 중(重)하면 동수(冬水)가 왕양(汪洋)하다. 이때 무토(戊土)로 제(制)하지 못하면 늙도록 분파(奔波)하는 명(命)이 된다. 만일 경신금(庚辛金)이 있는데 정화(丁火)로 제(制)하면 명리(名利)쌍전하나, 정화(丁火)가 없으면 가난한 명(命)이 된다.

11. 자월(子月) 계수(癸水) : 丙 · 辛

자월(子月) 계수(癸水)는 한냉(寒冷)하기 때문에 우로(雨露)가 설상(雪霜)으로 변한다. 따라서 병화(丙火)로 조후용신(調候用神)을 삼아 한동(寒凍)을 풀고, 신금(辛金)으로 생조(生助)하면 금온수난(金溫水暖)하여 상생(相生)하니 반드시 운이 열려 발전한다.

자월(子月) 계일생(癸日生)이 신금(辛金)이 있으나 병화(丙火)가 없으면 금한수동(金寒水凍)하고, 병화(丙火)가 있으나 임수(壬水)로 제(制)하면 분파(奔波)하는 명(命)이 되고, 임계수(壬癸水)가 많은데 병화(丙火)가 없으면 하천한 명(命)이 된다.

자월(子月) 계일생(癸日生)이 지지(地支)에 신진수국(申辰水局)이 있으면 아신(我身)이 왕성하다. 이때 병화(丙火)가 매우 중(重)하면 재성(財星)이 있는 것이고, 아신(我身)이 왕성하니 동남운(東南運)으로 흐르면 반드시 대부대귀격(大富大貴格)을 이룬다.

자월(子月) 계일생(癸日生)이 천간(天干)에 병화(丙火)가 투출(透出)하고 사주에 신임(辛壬)이 없으면 귀격(貴格)을 이룬다. 만일 병신(丙辛)이 모두 없으면 물 속에서 달을 건져내는 것과 같고, 화향(花香)을 즐기다 옷에 베는 명(命)이 된다. 이런 사람은 허영은 있으나 크게 발전하지 못한다. 만일 신임(辛壬)이 전혀 없는데 사주에 무기토(戊己土)가 많이 있으면 살중신경(殺重身輕)하니 단명하거나 가난하다.

자월(子月) 계일생(癸日生)이 지지(地支)에 금국(金局)을 이루었는데 병화(丙火)가 없으면 수(水)가 냉하여 매우 청한(淸寒)하다. 이런 사주는 승도팔자가 된다.

12. 축월(丑月) 계수(癸水) : 丙 · 丁

축월(丑月) 계수(癸水)는 매우 차가우니 만물이 생장하기 어렵다. 따라서 시급히 병화(丙火)로 조후용신(調候用神)을 삼아야 한다. 만일 년시(年時)에 병화(丙火)가 투출(透出)했는데 임수(壬水)가 있고 지지(地支)에 무토(戊土)가 많으면 양광(陽光)을 보조하여 공명(功名)을 떨친다.

축월(丑月) 계일생(癸日生)이 병화(丙火)는 있으나 임수(壬水)가 없으면, 토온수난(土溫水暖)하니 준수한 명(命)이 되어 작은 귀(貴)는 있다. 임수(壬水)는 있는데 병무(丙戊)가 없으면 토한수냉(土寒水冷)하다. 이때 조후(調候)가 있으면 다른 사람의 힘을 빌려야 재능이 발복하여 운이 열린다.

축월(丑月) 계일생(癸日生)이 병화(丙火)가 있는데 지지(地支)에 수국(水局)을 이루면, 태양이 호수를 비추는 것과 같아 수기(水氣)가 상승하니 부(富)를 과시할 수 있다. 그러나 병화(丙火)가 없으면 평생 고생이 많다.

축월(丑月) 계일생(癸日生)이 지지(地支)에 화국(火局)을 이루었는데 경신금(庚辛金)이 투간(透干)하면 의식(衣食)이 풍족하다. 그러나 금성(金性)이 없으면 고빈(孤貧)한 명(命)이 된다. 만일 지지(地支)에 목국(木局)을 이루면 수(水)를 지나치게 설(洩)하니 잔병이 많다. 그러나 금(金)이 있으면 예능방면으로 나가면 성공할 수 있다.

Ⅳ. 십신론

1장. 비견(比肩)과 겁재(劫財)

1. 비견(比肩)과 겁재(劫財)의 성격

비견(比肩)과 겁재(劫財)는 형제 자매 · 친구 · 동업자 등을 나타낸다. 독립적이며 자아가 강하기 때문에 쉽게 타협하지 못하여 흩어짐이 많으니 동업에는 부적합하다. 그러나 비견(比肩) · 겁재(劫財)가 희신(喜神)이나 용신(用神)에 해당하면 친구의 도움을 받아 맨손으로 창업하고, 기술직으로 나가면 발전할 수 있다.

비견(比肩) · 겁재(劫財)의 명(命)은 고향을 일찍 떠난다. 비견(比肩)은 비교적 솔직하며 호방하고, 겁재(劫財)는 자신의 우월한 점을 감추는 것이 많다. 비견(比肩)과 겁재(劫財)는 겉으로는 유순한 것 같으나 속으로는 강하고, 성격과 주관이 강하여 배반당하기 쉽고, 친구를 유기하기 쉽기 때문에 신뢰할 수 있는 친구를 만나야 한다.

비견(比肩) · 겁재(劫財)가 지지(地支)에서 장생지(長生地)나 왕지(旺地)에 임하여 통근(通根)되면 자신감이 강하며 고집이 세고, 경솔

하며 마음이 좁고, 나중 일을 생각하지 않고, 도박과 투기성이 있고, 일하는 것을 싫어하니 평생 고생이 많다.

그러나 일주(日主)가 장생지(長生地)나 왕지(旺地)에 앉아 통근(通根)되면 마음이 강하며 크기 때문에 복과 내조의 공을 받고, 고난과 타격을 받아도 인내심이 강하다. 그러나 양인(陽刃)이 있으면 고집이 강하고, 일주(日主)가 무력(無力)한 지지(地支)에 앉아 있으면 인내심이 적으니 좌절이 많다.

사주가 신왕(身旺)하든 신약(身弱)하든 천간(天干)에 비겁(比劫)이 나타났는데 관살(官殺)로 제(制)하지 않으면 평생 재물을 모으기 어렵다. 비겁(比劫)이 많으면 관살(官殺)로 용신(用神)을 삼는데, 세운(歲運)이 관살(官殺)을 극(剋)하여 손상되면 소심하며 금전손해가 따르고, 비겁(比劫)이 중첩되었는데 천간(天干)에 약한 관살(官殺)이 있으면 오히려 화액이 따른다. 그러나 운이 관살(官殺)을 제거하면 편안해진다. 일주(日主)가 양인(陽刃)이나 겁재(劫財)에 앉아 있으면 아내의 건강이 좋지 않고, 부부간에 화합하지 못하고, 형제간에 우애가 없고, 항상 가난으로 고생하고, 대인관계가 원만하지 못하다.

신약(身弱) 사주가 겁재(劫財)가 출간(出干)하여 아신(我身)을 돕고, 제(制)함을 받지 않고, 세운(歲運)에서 비겁(比劫)을 만나면 반드시 친구나 형제의 도움을 받아 성공한다. 이런 사람은 동업을 하면 좋은 결과를 낳는다.

그러나 신왕(身旺) 사주가 비겁(比劫)이 출간(出干)하여 제(制)함을 받지 않고, 사주에 있는 재(財)가 겁탈당하는데 관살(官殺)이 무력(無力)하여 충극(沖剋)되면 동업은 적합하지 않다. 이런 사람은 반드시 평생 패함이 많아 재물을 모으지 못하고, 친구의 도움이 적으며 도박에 빠지기 쉽다.

사주에 비겁(比劫)과 양인(陽刃)이 많으면 평생 재물운이 불리하다. 항상 소인에게 속임을 당하며 금전손해가 많이 따르니 고난이 많다. 이런 사람은 상업에 종사하는 경우가 많으나, 경제상황에 소심하며 금전때문에 근심한다.

신왕(身旺) 사주가 겁재(劫財)가 중첩되었는데 재성(財星)이 없으면 여자가 자주 바뀌고, 평생 재물을 모으지 못하고, 부부인연이 좋지 않다. 이때 겁재(劫財)가 시상(時上)에 있으면 먼저 실패한 후 나중에 이룬다. 이런 사람은 삼교구류(三敎九流)의 친구가 많고, 도박성이나 투기성이 있는 직업에 종사한다. 이런 사주가 가장 꺼리는 것은 세운(歲運)에서 재성(財星)을 만나는 것인데, 만일 그렇게 되면 주색과 도박을 좋아하며 사업은 실패한다. 이때 겁재(劫財)가 유력(有力)하면 작용이 더욱더 강하다.

만일 겁재(劫財)와 양인(陽刃)이 모두 출간(出干)하면 겉으로는 호화로워 보이나 속으로는 궁핍하다. 이런 사람이 관살(官殺)이 약하거나 충파(沖破)되면 반드시 소심하며 어리석어 가난으로 고생한다. 시주(時柱)에 양인(陽刃)과 겁재(劫財)가 있는 경우도 마찬가지이다. 그러나 일주(日主)가 인성(印星)이나 재성(財星)에 앉아 있는데 년주(年柱)에 살(殺)이 있으면, 살인격(殺刃格)이 되어 군인이나 경찰계통에서 공명(功名)을 구하는 경우가 많으나, 일주(日主)가 무력(無力)한 지지(地支)에 앉아 있으면 오래 가지 못한다.

신왕(身旺) 사주가 겁인(劫刃)과 칠살(七殺)이 모두 있으면 일시적으로 영화를 누리나 늙어서는 돌아갈 데가 없다. 이때 관살(官殺)이 없거나, 관살(官殺)이 약한데 극(剋)되면 패륜아가 된다.

신왕(身旺) 사주는 세운(歲運)에서 양인살(陽刃殺)을 만나면 매우 흉하고, 세운(歲運)에서 같이 임하면 반드시 금전적인 손해가 있거나 돈과 색으로 인하여 화액을 당한다. 만일 신왕(身旺) 양인(陽刃)에 투간(透干)이 모두 갖춰지면 작용이 더욱더 강하다.

사주에 양인(陽刃)이 있으면 평생 분주하다. 세운(歲運)에서 형충(刑沖)되면 칼에 맞아 죽거나 수술 등이 따른다. 겁재(劫財)가 중첩되며 양인(陽刃)에 임했는데 세운(歲運)에서 또 겁재운(劫財運)을 만나면 반드시 재색(財色)으로 인한 화액이 따른다. 그러나 양인(陽刃)은 있고 살(殺)은 없는데 세운(歲運)에서 살왕운(殺旺運)을 만나면 명리(名利)를 얻을 수 있고, 재(財)는 있고 살(殺)은 없는데 세운(歲運)에서 양인(陽刃)이나 겁재운(劫財運)을 만나면 감옥에 가거나 상처극자(傷妻剋子)하고, 물이나 불로 인한 재난이 따르니 패가망신한다.

비견(比肩)·겁재(劫財)가 기신(忌神)인데 세운(歲運)에서 또 만나면 형제나 친구 때문에 시비가 생긴다. 관재구설이 따르며 주색이나 도박으로 재물을 잃는다. 만일 이런 사람이 재물을 모으려고 하면 아내를 극(剋)하며 자신이 상한다.

사주에 겁재(劫財)와 인수(印綬)가 같이 있는데 신왕운(身旺運)으로 흐르면 흉하다. 월주(月柱)에서 겁재(劫財)가 천간(天干)에 투출(透出)하거나, 사주에서 겁재(劫財)가 통근(通根)하여 왕지(旺地)에 앉아 있는데 재성(財星)이 천간(天干)에 투출(透出)하면 매우 흉하다. 이런 사주는 세운(歲運)에서 관(官)이 왕성한 운을 만나야 길하고, 녹왕지(祿旺地)를 만나면 흉하다. 만일 재운(財運)을 만나면 아내와 자식이 상하는 등 재난이 따른다.

재성(財星)이 양인살(陽刃殺)에 앉아 있으면 인두재(刀頭財)라 하는데, 이때 재(財)가 희신(喜神)에 해당하지 않으면 복을 논할 수 없다. 인두재(刀頭財)가 있으면 대개 잔병이 많아 선종(善終)하기 어렵다. 이런 사람은 평생 재물로 인한 화액이 따르고, 처첩으로 인한 손해가 많거나 도적을 만나 몸을 상하기도 한다. 월주(月柱)에 임하면 더욱더 작용이 강하고, 세운(歲運)에서 재(財)를 만나면 아내와 자식이 다치며 자신이 상한다.

사주가 겁재(劫財)의 기세를 종(從)하여 종왕격(從旺格)이 되면 아신(我身)을 도와 신왕(身旺)해야 길하다. 그러나 재운(財運)은 흉하고 재(財)가 약하면 더욱더 흉하다. 만일 겁재(劫財)가 무리지어 재성(財星)을 쟁탈하면 목숨을 잃거나 패업파가한다. 재(財)가 약하고 비겁(比劫)이 중첩되어도 마찬가지이다. 이런 사주가 월건(月建)에 관성(官星)이 있으면 친구는 적으나 이익은 많다. 그렇지 않으면 반드시 잡란하여 이익이 없다.

사주에 관(官)이 많고 재(財)가 중(重)한데 세운(歲運)에서 신왕운(身旺運)을 만나면 명리(名利)를 얻는다. 그러나 세운(歲運)이 비겁(比劫)의 뿌리를 형충파해(刑沖破害)하면 반드시 화액이 따른다.

양인(陽刃)은 칠살(七殺)이 합(合)하면 길하나, 관살(官殺)이 육충(六沖)하면 흉하다. 양인(陽刃)이 형충파해(刑沖破害)되면 형제가 패하기 쉽다. 자신은 질병에 걸리거나 뜻밖의 화액을 당한다.

양인(陽刃)이 재(財)를 형충(刑沖)하면 자수성가하나 경제관념이 부족하다. 시주(時柱)에 일록(日祿)이 있고 재(財)가 있으면 부귀가 높고, 재(財)가 없으면 곤궁하다. 월령(月令)에 녹(祿)이 있으면 조업(祖業)은 없으나, 사주에 재관(財官)이 있으면 자연히 발복한다.

사주에서 겁재(劫財)가 양인(陽刃)을 겸하고 재(財)가 겁탈 당하거나 상관(傷官)이 관성(官星)을 만나면 금전적인 손해가 많이 따르고, 소인의 피해를 입거나 도적을 만나기 쉽다.

겁재(劫財)가 도화(桃花)에 임하거나, 도화(桃花)가 녹(祿)을 이루거나, 시주(時柱)에 도화(桃花)가 있고 일주(日主)가 통근(通根)되지 않으면 주색과 도박에 빠지기 쉽다.

비겁(比劫)이 희신(喜神)이나 용신(用神)이고, 원국(原局)에서 관살(官殺)이 손상되지 않으면 형제와 친구의 도움을 많이 받는다. 그러나 기신(忌神)에 해당하면 소인을 많이 만난다.

사주에서 아신(我身)이 지나치게 왕성하여 의지할 곳이 없는데, 종격(從格)도 이루지 못하면 평생 가난하며 외롭고 육친덕도 없다.

신왕(身旺) 사주가 비겁(比劫)이 중첩되었는데 관살(官殺)이 없거나 쇠약하고, 건록격(建祿格)을 이루었으나 겁재(劫財)가 왕지(旺地)에 앉아 있으면서 월령(月令)의 기(氣)를 잡으면 중류 이하의 가정에서 태어나 자수성가하는 사람이다.

월건(月建)에 양인(陽刃)이 있으면 아버지가 방탕으로 실패하고, 겁재(劫財)가 월간(月干)에 임하고 겁인(劫刃)이 왕성하면 아버지가 평생 뜻을 이루지 못한다. 비겁(比劫)이 중첩되거나, 겁재(劫財)가 양인(陽刃)에 임하거나, 신왕(身旺)하고 일인(日刃)을 제(制)하지 못하거나, 비겁(比劫)이나 양인(陽刃)이 일시(日時)에 있으면, 부모를 형극(刑剋)하며 처자를 상극(傷剋)하고, 재산을 지키지 못한다. 그러나 신약(身弱) 사주는 이와 반대이다.

신왕(身旺) 사주가 양인(陽刃)이 겁재(劫財)에 임하고 양인(陽刃)이 재(財)를 극제(剋制)하거나 극합(剋合)하면 아내를 구타하는 일이 많고, 아내에게 재앙과 곤란함이 많이 따른다. 이런 사람은 신체가 안정되지 못하며 처첩이 많다. 또 관살(官殺)이 비겁(比劫)을 제(制)하지 못하면 아내와 자식에게 질병이 많이 따른다.

겁재(劫財)가 중첩되고, 양인(陽刃)을 만나고, 재관(財官)이 쇠약하고, 아신(我身)이 비견(比肩)이 합국(合局)하는 곳에 앉아 있고, 식상(食傷)이 수기(秀氣)를 설(洩)하지 못하고, 사주가 순양(純陽)으로 구성되어 있거나 편인(偏印)이 중(重)하면 아내와 자식을 상극(傷剋)하는 명(命)으로 재혼하는 경우가 많다. 그러나 늦게 혼인하면 면할 수 있다. 만일 세운(歲運)에서 겁재국(劫財局)을 형충(刑沖)하면 형처, 패업, 손재 등이 따른다. 그러나 겁재(劫財)가 중첩되어도 재성(財星)이 겁탈당하지 않거나, 일주(日主)가 겁재(劫財)에 앉아 있으면 현명한 아내를 만나 발전한다.

2. 비견(比肩)의 의의

비견(比肩)은 사람을 좋아하나 독립심이 강하며 자기중심적이라 쉽게 타협하지 못한다. 남자는 강하며 굳세고 복종하지 않는 성격으로 한 번은 사업을 창출한다. 한 편으로는 독립적이고 한 편으로는 다른 사람의 도움을 이용하니, 현실주의나 개인주의로 보이기도 한다.

비견(比肩)이 년주(年柱)나 월주(月柱)에 있으면 양자로 가기 쉽고, 시주(時柱)에 있으면 양자로 대를 잇기 쉽다. 사주에 비견(比肩)이 많은데 인성(印星)이 같은 주(柱)에 있으면 비견(比肩)의 특성이 더욱 강하게 작용하여 주위 사람들과 대립이 많다. 이때는 정관(正官)

이나 칠살(七殺), 식신(食神)이나 상관(傷官) 등으로 구해주면 격렬한 성격을 풀어 줄 수 있다.

만일 일지(日支)에 비겁(比劫)이나 인수(印綬)가 없거나, 일주(日主)가 쇠약한데 다른 주(柱)에 비견(比肩)이 있으면 아신(我身)을 돕는다. 비견(比肩)이 월지(月支)에 있으면 사무직이나 상업 등에는 맞지 않으나, 비견(比肩)의 독자적인 특성을 발휘할 수 있는 예술방면으로 나가면 발전할 수 있다. 비견(比肩)이 있는 사람의 가장 좋은 대인관계의 방침은 친하되 억압하지 않는 것이다.

3. 겁재(劫財)의 의의

겁재(劫財)는 비견(比肩)과 비슷하다. 비견(比肩)은 비교적 속과 겉이 같으나, 겁재(劫財)는 자신을 숨기려는 면이 있다. 겁재(劫財)는 신약(身弱)한 일주(日主)를 돕고, 지나치게 왕성한 재성(財星)을 억제하고, 천간(天干)의 정재(正財)가 지지(地支)의 인수(印綬)를 파괴하면 겁재(劫財)가 정재(正財)를 제(制)할 수 있으며 식신(食神)을 보충하여 돕는다.

사주에 겁재(劫財)가 있으면 재물에 민감하나 자신의 이익에만 관심이 있는 편이다. 겁재(劫財)가 많으면 성격이 복잡하다. 냉혹하며 자기 중심적이고, 겉으로는 공손하나 속으로는 고집이 강하다. 그러나 이때 정관(正官)이 있으면 편협적인 결점을 보충하여 대중을 이끌기도 한다.

겁재(劫財)는 대인관계가 원만하지 못하여 동업에는 부적합하나, 기술직으로 나가면 발전할 수 있다. 겁재(劫財)는 불로소득과 도박을 좋아하며 금전거래에 분규가 많이 따른다.

4. 양인격(陽刃格)

양인격(陽刃格)은 월건(月建)으로 본다. 갑(甲)이 묘월(卯月)을 만나거나, 병무(丙戊)가 오월(午月)을 만나거나, 경(庚)이 유월(酉月)을 만나거나, 임(壬)이 자월(子月)을 만나면 성립되고, 음일간(陰日干)은 해당하지 않는다.

사주에 양인살(陽刃殺)이 있으면 남녀 모두 부부궁이 불길하며 신상에 흠이 있기도 하다. 양인살(陽刃殺)이 칠살(七殺)과 합(合)되면 법관이나 군인, 경찰, 의사 등의 권리직으로 성공한다.

예를 들어 갑일주(甲日主)가 경(庚)이 칠살(七殺)에 해당하면 묘(卯)가 양인(陽刃)이 되어 묘궁(卯宮) 을목(乙木)이 경금(庚金)과 합(合)된다. 명리서(命理書)에서는 갑(甲)이 을매(乙妹)인데 경금(庚金)의 아내로 삼으면 길하다고 했다.

양인격(陽刃格)은 재물을 파손시키기 때문에 칠살(七殺)이 있으면 양인합살격(陽刃合殺格)이 되어 최고로 길하고, 양인(陽刃)이 왕성한데 칠살(七殺)이 약하면 재성(財星)이 살(殺)을 도와야 길하다. 만일 칠살(七殺)이 없고 정관(正官)만 있으면 흉은 면하나 살벌(殺伐)한 직업에 종사하는 경우가 많다.

양인격(陽刃格)은 관살(官殺)이 제복(制伏)하지 않거나 식상(食傷)이 설기(洩氣)하지 않으면 왕운(旺運)이나 생운(生運)이나 묘운(墓

運)에 뜻밖의 화를 당한다. 양인격(陽刃格)이 관살(官殺)이 없는데 식상(食傷)이 있으면 식상운(食傷運)에서 재물이 발전한다.

예를 들어 갑신일(甲申日) 정묘시(丁卯時)에 태어났으면 신궁(申宮) 경금(庚金)이 묘궁(卯宮) 을목(乙木)을 합(合)하므로 길하고, 일주(日主)가 약하면 시지(時支)에 있는 양인(陽刃)도 도움이 된다.

약한 일주(日主)를 양인(陽刃)이 돕는데 원명(原命)에서 양인(陽刃)을 충(沖)하고, 운로((運路)에서 또 한번 충(沖)하면 큰 화액이 따른다. 양인(陽刃)은 대개 충(沖)되면 흉하고 합(合)되어도 흉하다.

양인격(陽刃格)은 성질이 강하나 제화(制化)되면 지나치지는 않다. 이런 사주는 아버지와 인연이 약하며 출세욕이 남다르나 생각보다 어렵다. 사업이 잘될 때는 잘 되나 안될 때는 비참하고, 형제와 친구 등 인덕이 없어 주는 것은 많아도 받는 것이 적고, 유산이 있으면 싸움이 일어나는 등 외롭고 쓸쓸하다. 자아와 고집이 강하여 마음 먹은 일은 상황을 고려하지 않고 끝까지 하려는 성격이 있어 신뢰를 받지 못한다.

만일 관성(官星)이 제극(制剋)하지 않으면 배우자와 자식을 극(剋)하며 재물을 파한다. 수술, 질병, 정신질환, 손발 이상 등이 따른다. 남자는 처궁(妻宮)이 좋지 않아 아내를 극(剋)하거나 반목, 이별 등이 따른다. 여자를 무시하며 첩을 두거나 재혼하고, 자손에게도 해로운 영향을 끼친다. 여자는 혼자되기 쉬우며 남편을 빼앗기는 수가 있고, 남편을 극(剋)하는 경우도 있다. 집안에 있는 것은 싫어하고, 경제활동으로 가족을 부양하고, 골격이 장대하며 성격이 남자같고, 시시한 것은 거들떠 보지도 않고, 투기와 요행을 즐기고, 가권을 잡는 경우가 많다.

양인격(陽刃格) 사주는 군인·수사기관·의사·신문기자·특파원·운동선수·기술직·정육점·칼장사·이발사·재단사·철공소·미싱사·전기계통 기술자·증권업·유흥업·요식업 등으로 나가면 길하나 동업은 절대금물이다.

5. 건록격(建祿格)

건록격(建祿格)은 월지(月支)에 건록(建祿)이 있는 것을 말한다. 갑(甲)이 인월(寅月)을 만나거나 을(乙)이 묘월(卯月)을 만나면 성립된다. 건록격(建祿格)은 유산이 있어도 지키지 못하며 자수성가한다.

식상(食傷)과 재성(財星)이 있는데 식상운(食傷運)이나 재성운(財星運)을 만나면 재물이 크게 발전하고, 관성(官星)이 있으면 반드시 재성(財星)이 있어야 약신(藥神)이 되어 재관운(財官運)에서 발전할 수 있다. 만일 재관(財官)이나 식상(食傷)이 득위(得位)하지 못하면 신왕무의(身旺無依)가 되어 평생 가난을 면하기 어렵다.

건록격(建祿格) 사주가 재성(財星)만 있고 식상(食傷)이 없으면 왕성한 비겁(比劫)을 설기(洩氣)하지 못하니 불길하고, 관성(官星)이 없어도 왕성한 비겁(比劫)을 극제(剋制)하지 못하여 불길하다. 이때 대운(大運)에서 인겁운(印劫運)을 또 만나면 평생 성공하지 못하고, 객지에서 죽거나 굶어죽거나 승도가 되거나 천한 기술자가 된다.

건록격(建祿格) 사주가 재성(財星)만 있고 관성(官星)과 식상(食傷)이 없으면 비겁쟁재(比劫爭財)가 된다. 이때 재성운(財星運)을 만나면 처첩이나 재물손해를 보는 등 큰 화액이 따른다.

건록격(建祿格) 사주는 강건하며 욕심이 없고, 정직하며 공명정대하고, 스스로 일을 개척한다. 사람에 따라서는 고집이 강한 경우도 있다. 건강하나 부모덕이나 형제덕 등 인덕이 없고, 자수성가하여 장남 노릇을 해야 한다. 큰 재물복은 없으나 의식 걱정은 없고, 배우자운은 불길하여 이혼이나 재혼하는 경우가 많고, 자손은 똑똑하나 적게 두니 늙어서 고독해진다.

여자는 남편이 첩을 두는 경우가 많고, 형제간에 금전다툼이 있고, 자손은 적게 둔다. 건록(建祿)은 비견성(比肩星)에 해당하기 때문에 남편을 생조(生助)하는 재성(財星)을 파극(破剋)한다. 따라서 남편에 해당하는 관성(官星)이 어머니가 없는 고아의 형상으로 의지할데가 없는 격이니, 남편과 일찍 사별하는 경우도 있다.

건록격(建祿格) 사주는 행정직 · 체인점 · 대리점 · 납품업 등이 길하다. 건록(建祿)은 십이운성(十二運星)으로는 임관(臨官)에 해당하므로 관직이나 공직으로 나가는 경우가 많다.

6. 비겁(比劫)과 형제 자매 · 친구

재성(財星)이 약한데 비겁(比劫)이 쟁탈하면 형제가 실패하며 유산 때문에 시비가 일어난다. 신왕(身旺)한데 비겁(比劫)을 만나도 형제가 실패한다. 그러나 신약(身弱)하면서 비겁(比劫)이 희신(喜神)이나 용신(用神)에 해당하면 형제가 발전한다. 겁재(劫財)가 양인(陽刃)에 해당하면 형제가 정업(正業)에 종사하지 않는 경우가 많다.

만일 겁재(劫財)가 령(令)을 잡으면 형제 다섯이 선종(善終)하나,

몇 명은 성공하고 몇 명은 실패한다. 비견(比肩) · 겁재(劫財)가 쇠약하며 무력(無力)한데 제(制)를 받으면 형이 형극(刑剋)되기 쉽고, 세운(歲運)에서 형충(刑沖)되면 형제가 화액을 많이 당한다.

비겁(比劫)이 천간(天干)에 투출(透出)했는데 제(制)되지 않거나, 재(財)가 양인(陽刃)에 앉아 있는데 양인(陽刃)이 재(財)를 극합(剋合)하면 형제나 친구가 해를 끼친다. 서로 동정하나 재물 때문에 감정이 상한다.

7. 여명(女命)의 비겁(比劫)

관살(官殺)은 재(財)가 생부(生扶)하나 비겁(比劫)은 재(財)를 극하고, 신왕(身旺)하면 비겁(比劫)을 꺼리고, 편인(偏印)이나 정인(正印)이 많으면 재성(財星)을 기뻐하며 비겁(比劫)을 꺼린다. 이것은 여명(女命) 뿐 아니라 남명(男命)도 마찬가지이다.

그러나 여명(女命)이 인수(印綬)가 많아 식상(食傷)이 극제(剋制)되는데 재(財)나 비겁(比劫)을 쓰되 장애가 되지 않으면 자식과 재물이 발전한다. 비견(比肩)은 여명(女命)보다 남명(男命)이 더욱 꺼린다. 이것은 비겁(比劫)의 특성 때문인데, 쉽게 타협하지 않는 성격으로 대인관계에 대립이 많아 마찰이 생기며 과격한 쪽으로 치우친다. 남명(男命)은 이런 특성 때문에 한 번은 사업을 창출한다.

여명(女命)이 비견(比肩) · 겁재(劫財)가 여러 개 있으면 친구관계가 복잡하고, 남성과의 사귐이 많으며 가정적이지 못하다. 선천적으로 도박과 투기를 좋아하여 사기에 휘말리기 쉬우며 몸과 금전을 손상당한다. 비견(比肩)·겁재(劫財)가 많으면 반드시 관살(官殺)이 스스로 손상되기 때문에 혼인을 해도 자신을 지키지 못하여 주색으로 망한다. 마음이 안정되지 못하여 가정생활 역시 안정을 찾지 못하고, 남편이 건강하지 못하고, 의외의 재난이 많이 따른다.

비견(比肩)·겁재(劫財)는 친구를 나타내기 때문에 소심하니, 제삼자가 개입하면 감정상의 분규와 번뇌를 일으킨다. 비겁(比劫)이 많으면 한 남자를 두고 여러 여자가 싸우는 형상이니, 편처진방(偏妻嗔房)이 되어 한 남자와 해로하기 어렵다. 만일 비겁(比劫)이 중첩되고 관살(官殺)이 약하면, 음란하여 남편을 형극(刑剋)하며 쉽게 이혼하거나 재혼하는 경우가 많다.

여명(女命)이 신왕(身旺)한데 재(財)가 겁탈당하면 흉하다. 이런 사주는 아내가 남편의 권리를 빼앗는다. 비록 밖에서는 인연이 있으나 가정이 화목하기 어려우며 평생 안정하지 못한다. 예를 들어 목(木)이 왕성하면 토(土)가 허(虛)하니, 어느 곳에 뿌리를 내리겠는가? 평생 분주하며 방황하고, 남편을 기만하며 남자관계가 복잡하여 쟁우쟁부(爭友爭夫)하는 명(命)이다.

일주(日主)가 장생지(長生地)나 녹왕지(祿旺地)에 앉아 있으면, 자신을 억제할 줄 알아 타락하지는 않으나 다른 사람의 시선을 두려워하지 않고, 일주(日主)가 사지(死地)나 묘지(墓支)나 절지(絶地) 등에 앉아 있으면 겉으로는 드러내지 않으나 암암리에 쟁탈하며 자제력이 약하여 쉽게 극단으로 달린다.

여명(女命)이 신왕(身旺)하고 재(財)가 겁탈당하는데 세운(歲運)에서 재(財)를 만나면 색(色)으로 명리(名利)를 얻는다. 이때 관성(官星)이 충파(沖破)되면 혼인이 오래 가지 못하며 남편의 사업이 불순하고, 신체가 건강하지 못하며 환심을 얻지 못한다. 그러나 연예계에 종사하는 여성은 일주(日主)가 도화귀인(桃花貴人)에 앉아 있거나, 재성(財星)이 겁탈당하면 명성을 얻을 수 있다.

여명(女命)이 비겁(比劫)과 인수(印綬)가 있는데 편인(偏印)이 여러 개 있으면 경제관념은 없으나 예능방면에 뛰어나며 재주가 많다. 이런 사주는 오락이나 연예계 등에 종사하면 길하다.

여명(女命)은 재(財)로 신체를 논하는데, 재(財)가 관(官)을 생(生)하면 부부간에 금실이 좋다. 이때 비겁(比劫)이 나타나면 감정의 평형을 파괴하고, 심하면 몸을 팔아 영화를 얻으려고 하나 오히려 욕을 받는다. 만일 정재(正財)와 겁재(劫財)가 년월간(年月干)에 있으면서 재(財)가 겁탈당하여 꺼리는 형태를 보이면 연예계나 오락계에서 호화로움을 얻으려고 한다. 겁재(劫財)가 지나치게 왕성한데 약한 재(財)가 겁탈당하면 유흥업계로 빠지기 쉽다.

여명(女命)이 재(財)가 겁탈당하면 치장하며 꾸미는 것을 좋아하고, 콧대가 높으며 다투기를 좋아하고, 음란하며 돈을 벌어도 끝내는 공허하다.

여명(女命)이 신왕(身旺)한데 겁인(劫刃)을 만나면 흉하다. 이런 사주는 말이 칼날과 같이 냉랭하고, 혼인이 불행하며 헤어짐이 많고, 항상 경제적인 근심이 많다. 여기다 월주(月柱)에 인(刃)이 거듭 있으면 비천한 사람이 된다.

여명(女命)이 병오(丙午)·무오(戊午)·임자(壬子) 등의 일인(日刃)이 있으면 남편을 이해하지 못하여 말다툼으로 하루를 보낸다.

여명(女命)이 신왕(身旺)한데 양인(陽刃)이 여러 개 있으면 남편을 극(剋)한다. 여기다 부성(夫星)이 형극(刑剋)되었는데 구제하지 못하면 남편이 자동차 사고를 당하거나 갑자기 죽는다. 사주가 편고(偏枯)하거나 지나치게 강하면 반드시 꺾여, 재난과 질병을 얻거나 남편과 부모를 불행하게 만든다.

여명(女命)이 신왕(身旺)한데 인(刃)이 상관(傷官)을 돕고 관살(官殺)이 충극(沖剋)되면 세운(歲運)에서 도와주어야 혼인을 논할 수 있다. 그렇지 않으면 혼인한 후에 남편의 사업이 실패하고, 뜻밖의 화액으로 가정이 깨지며 사람을 잃는다.

여명(女命)이 상관(傷官)이 많은데 세운(歲運)에서 겁재운(劫財運)이나 양인운(陽刃運)을 만나면 남편의 사업이 참패하며 주색과 도박에 빠지고, 가정이 깨지는 등 불행한 일이 연속된다.

여명(女命)이 겁재(劫財)가 도화(桃花)에 앉아 있으면 남자친구가 많으며 풍류를 좋아한다. 여명(女命)이 시주(時柱)에서 겁재(劫財)와 상관(傷官)이 서로 기세를 돕는데, 희신(喜神)이나 용신(用神)에 해당하지 않으면 부부간에 화목하지 못하고, 자식이 우둔하며 사랑하는 자식을 잃을 수 있고, 아이 때문에 이웃간에 화평하지 못하다. 여명(女命)이 겁재(劫財)가 많으면 나이 많은 남자에게 시집간다. 만일 이런 사람이 일찍 혼인하면 파란이 많다.

2장. 정인(正印)과 편인(偏印)

1. 정인(正印)의 성격

정인(正印)은 학문과 명예를 담당하는 성(星)으로, 한 개인의 신분과 지위를 나타낸다. 정인(正印)은 반드시 정관(正官)과 같이 있어야 진정한 능력을 발휘하여 지위와 명예를 얻을 수 있다.

정인격(正印格) 사주는 지혜가 많으며 성적이 우수하고, 인격이 방정하며 친절하고, 의식이 넉넉하며 종교에 열중한다. 그러나 스스로 짐을 지는 경향이 있고, 눈 앞의 것만 보는 결점이 있고, 자기중심적으로 흘러 다른 사람을 불평하고, 스스로 청고하다고 생각하여 금전을 경시하나, 금전을 운용함에 너그럽지 못하여 인색한 인상을 주기도 한다. 정인(正印)이 지나치게 많으면 재성(財星)으로 억제해야 흉이 길로 변한다.

정인(正印)이 묘지(墓支)나 고지(庫地)에 앉아 있으면 종교단체 등에서 활약한다. 이때 인수(印綬)가 천덕귀인(天德貴人), 월덕귀인(月

德貴人), 천을귀인(天乙貴人)과 한 주(柱)에 있으면 일생이 행복하며 재난이 있을 때는 귀인의 도움을 받는다. 만일 화개살(華蓋殺)이나 문창귀인(文昌貴人)과 한 주(柱)에 있으면 학술, 문학, 종교 등에서 명성을 얻는다. 사주에 인수(印綬)가 있는 사람은 교육계로 나가면 길하다.

인(印)은 어머니에 해당하기 때문에, 정인(正印)이 많으면 어머니의 사랑이 지나쳐 독립심이 부족하게 된다. 이런 사람은 타향에서 독립하여 사업을 하는 것이 좋다. 만일 정인(正印)이 지나치게 많으면 친어머니가 자신을 돌보지 않는 형상이니 양모에게 양육되는 경우가 많고, 자식과 인연이 적어 노년에 고독해지는 경우가 많다.

정인(正印)이 정관(正官)과 같이 있으면 폭넓은 신뢰를 얻어 대중의 존경을 받는다. 이때 상관(傷官)이 모여 정관(正官)을 파(破)하면 정인(正印)이 물과 불이 용납하지 않는 것과 같다. 따라서 정인(正印)과 상관(傷官)이 같은 주(柱)에 있으면 하루 아침에 몰락하여 머무를 곳이 없으니 부귀공명(富貴功名)을 이루기 어렵다. 그렇지 않으면 격돌하며 급진하여 만사가 이루어지지 않는다.

정인(正印)이 년주(年柱)에 있으면 부귀한 가정에서 태어난 사람이고, 정인(正印) 두 개가 년주(年柱)와 다른 주(柱)에 있으면 유모에게 양육되었거나 다른 가정에서 자란다. 만일 정인(正印)이 월주(月柱)나 시주(時柱)에서 왕지(旺地)에 임하면 유년기를 행복하게 보내나 자식은 많지 않다.

2. 편인(偏印)의 성격

편인(偏印)은 투지 · 창조 · 지혜를 담당하는 성(星)이다. 그러나 편인(偏印)이 지나치게 많으면 총명함이 지나쳐 위작적인 경향이 있다. 편인격(偏印格) 사주는 일반적인 사고방식을 싫어하기 때문에 제조업이나 매매업 등은 부적합하다. 학자나 예술가, 종교가 등이 적합하나 공상으로 흐르지 않도록 조심해야 한다. 그렇지 않으면 매사가 용두사미로 끝나기 쉽다.

편인(偏印)은 식신(食神)을 극제(剋制)하기 때문에 다른 말로 도식(倒食)이라고도 한다. 만일 편인(偏印)과 식신(食神)이 같이 있는데 편인(偏印)이 강하면 성격이 격렬해지고, 식신(食神)은 없는데 편인(偏印)만 있으면 편인(偏印)의 특성이 나타나지 않으니 다른 성(星)과 화합하여 평형을 얻는다.

만일 편인(偏印)이 하나밖에 없는데 식신(食神)이 많으면 음식을 절제하지 못하여 질병을 부르기도 한다. 따라서 사주에 식신(食神)이 있는 사람은 비만형인 경우가 많으나 건강이 좋지 않고, 마른 사람은 반드시 편인(偏印)이 하나 있어 극(剋)하기 때문이다. 이런 사람은 위장질환이나 고혈압 등을 조심해야 한다.

만일 사주에 편인(偏印)과 식신(食神)이 같이 있으면 흉폭하다. 그러나 편재(偏財)가 있거나, 천간합화(天干合化)하거나, 공망(空亡)이나 형충(刑沖)되어 편인(偏印)을 억제하면 흉폭함을 줄일 수 있다. 편인(偏印)은 제(制)되어야 정인(正印)의 작용을 한다. 이런 사람은 재주가 높으며 심지가 좋을 뿐 아니라 전형적인 신사숙녀가 된다.

3. 정인(正印)의 의의

 인(印)은 한 개인의 원기(元氣)나 근본으로 논하기 때문에, 신왕(身旺)·신약(身弱)을 불문하고 일정하게 있어야 인내심이 있으며 깨끗한 사주가 된다. 그러나 신약(身弱)한데 인성(印星)이 많으면 모자멸자(母慈滅子) 또는 수왕목표(水旺木漂)라 하여 흉하고, 희신(喜神)이나 기신(忌神)을 불문하고 탐재파인(貪財破印)하거나 인(印)이 형충파해(刑沖破害)되면 흉하다.

 인(印)은 부모, 신용, 조상의 음덕 등을 나타내기 때문에 상극(傷剋)되면 평생 파란이 많으며 불순하다. 그러나 정인(正印)이 밝게 나타나 손상되지 않고, 용신(用神)에 해당하면 온유하며 깨끗하고 순수하여 어떤 어려움도 충분히 이겨낸다. 이런 사주는 책임감이 있으며 부모와의 인연이 좋고, 사업이 안정되어 변동이 적으며 탐욕이 없고, 기본이 안정되어 있으니 차분히 발전하여 창업하고, 시종관철하고 심사숙고하여 움직인다. 그러나 동업은 적합하지 않다.

 신약(身弱)한데 인(印)이 밝아 희신(喜神)이나 용신(用神)에 해당하면 스스로 움직여 스스로 발하고, 분발심이 강하며 언행이 신중하고, 신용이 좋으며 사업이 안정되어 주위의 영향을 받지 않고, 조업(祖業) 역시 태평하게 지킨다.

 신약(身弱)한데 정인(正印)과 편인(偏印)이 천간(天干)에 투출(透出)하거나 인(印)이 두 개 있으면 보수적이며 마음이 깊고 가정적이나 사람들과 어울리는 것을 좋아하지 않는다.

 만일 관성(官星)이 무력(無力)한데 인(印)이 밝아 유용하면 민영기업 쪽으로 나가면 발전할 수 있다. 그러나 세운(歲運)에서 인왕운(印

旺運)을 만나고, 비견(比肩)·겁재(劫財)로 구하지 못하거나 돕지 못하면 파작당할 우려가 있다.

정인(正印)이 년주(年柱)나 월주(月柱)에 있으면서 아신(我身)을 유력(有力)하게 생(生)하면 가정에서 결정권을 갖는다. 신왕(身旺)하며 인수(印綬)가 밝으면 평생 신용을 중히 여기며 근검절약하고, 교제가 많지 않다. 시상(時上) 정인(正印)이 통근(通根)해 용신(用神)이 되면 성실하며 좋은 친구의 도움을 받고, 관운(官運)이 길하다.

인(印)이 괴강(魁剛)에 임하여 손상되지 않고 용신(用神)이 되면 평생 정직하며 공정하고, 판단력이 뛰어나며 탐욕이 없다. 인(印)이 깨끗하고 유력(有力)하면 법관이나 검사관 등으로 나가는 경우가 많다. 만일 인(印)이 출간(出干)하여 용신(用神)이 되면 의사나 교사 등이 적합하다.

신왕(身旺) 사주가 인(印)이 지나치게 많은데 재(財)가 없으면 평생 근심과 재난이 많아 쉽게 비관하며 고생한다. 간질환이 많이 따르며 신장이 약하다. 이런 사주는 녹왕운(祿旺運)을 만나면 기뻐한다. 만일 인수(印綬)가 지나치게 많으면 심지가 맑지 않고, 신경이 쇠약하고 예민하여 불면증에 시달리는 등 평생 고달프다. 이런 사람은 가난하면 장수하고, 복이 있으면 일찍 죽는다.

신왕(身旺) 사주가 인(印)이 지나치게 많은데 비겁(比劫)이 출간(出干)하면 타향으로 떠난다. 심지가 맑지 않으며 정신질환이 있고, 의지할 데가 없어 외롭고 고통스럽다.

인수(印綬)가 신왕운(身旺運)을 만나면 이루는 것이 없어 근심하고, 인수(印綬)가 여러 개 있으면 재성(財星)을 기뻐한다. 만일 인수(印綬)가 형충파극(刑沖破剋)되면 고향을 떠나 타향에서 분주하다. 조업(祖業)을 지키기 어려우며 가업을 이루어도 형통하기 어렵다.

사주에 인(印)이 없거나 형충파해(刑冲破害)되면 순수하거나 깨끗하지 못하고, 판단력과 결단력과 책임감과 실천력이 부족하고, 성격이 분명하지 못하여 공상 등에 빠지기 쉽다. 만일 인수(印綬)가 중첩되었는데 재운(財運)을 만나면 가정이 윤택하고, 인수(印綬)가 적은데 희신(喜神)이나 용신(用神)에 해당하면 살운(殺運)을 좋아하며 재운(財運)을 꺼린다. 이때 재운(財運)으로 흐르면 뜻밖의 흉한 일이 생기는 등 가정이 편안하지 못하다.

인(印)이 일주(日主)를 생(生)하나 시령(時令)을 얻지 못하고, 관살(官殺)이 나타나 인(印)을 돕고, 식신(食神)이나 상관(傷官)이나 재성(財星)이 막힌 기(氣)를 유통시키지 못하고, 세운(歲運)에서 다시 인수운(印綬運)을 만나면 재앙이 따른다. 이런 사람은 사업을 이루지 못하고, 우울하여 번뇌하고, 부모 역시 불행하거나 조심해야 하고, 몸이 더욱 약해지거나 크게 패한다. 신왕(身旺)하면 인(印)을 꺼린다. 재(財)가 아신(我身)을 돕지 않는데 다시 인수운(印綬運)을 만나면 반드시 사업을 패한다. 법을 어겨 관재가 있는 등 재앙이 따른다.

4. 편인(偏印)의 의의

편인(偏印)은 지(智)·사(詐)의 성(星)이고, 음침한 성격과 고통을 나타낸다. 신왕(身旺) 사주가 월건(月建)에서 양인(陽刃)을 만나고, 편인(偏印)이 천간(天干)에 나타나 있고, 세운(歲運)에서 정인(正印)을 만나면 조업(祖業)을 파한다. 여기다 편인(偏印)을 만나면 반드시 패업파산(敗業破産)한다.

월건(月建)에 편인(偏印), 상관(傷官), 칠살(七殺)이 있으면 대개 가정환경이 좋지 않으며 발전하기 어렵다. 이때 기신(忌神)에 해당하면 작용이 더욱더 강하다.

월주(月柱)에서 편인(偏印)이 아신(我身)을 생(生)하면 자수성가하며 조상덕이 형통하기 어렵다. 편인(偏印)이 시주(時柱)에 있으면 조업(祖業)이 끝내 공허하고, 편인(偏印)이 중첩되면 유산을 지키기 어렵다.

신왕(身旺) 사주가 편인(偏印)이 투출(透出)하면 조업(祖業)이 없고, 편인(偏印)이 중첩되거나 식신(食神)이 편인(偏印)을 만나면 사업이 성공하여 재물을 모아도 고생하고, 질병이 많이 따르며 만년에 고생하는 등 복록을 누리기 어렵다.

신왕(身旺) 사주가 편인(偏印)이 여러 개 있으면 거지팔자로 객지에서 굶어죽는다. 만일 재(財)와 인(印)이 혼잡되면 평생 고생하고, 편인(偏印)이나 정인(正印)이 여러 개 있는데 재성(財星)으로 제(制)하지 못하면 몸을 상하고, 편인(偏印)이 중첩되면 소화기관과 치아가 좋지 않으며 알레르기 등에 민감하다. 편인(偏印)과 상관(傷官)이 천간(天干)에 같이 있으면 아내가 현명하지 못하고, 자식은 유약하며 무능하다.

신약(身弱) 사주가 편인(偏印)이 투출(透出)하면 첩의 자식이거나 서너 번째 자식이다. 편인(偏印)이 거듭 있으면서 왕성하면 편방(偏房)이나 서자 출신이다. 이런 사주는 부모와 인연이 약하며 자식을 형극(刑剋)하나, 능수능란한 며느리를 얻는다.

편인(偏印)이 용신(用神)에 해당하여 아신(我身)을 돕는데, 세운(歲

運)에서 편인(偏印)을 또 만나면 부모와 자신이 조심해야 한다. 편인(偏印)이 기신(忌神)이면 부모의 인연이 약하고, 세운(歲運)에서 편인(偏印)을 또 만나면 부모가 불행하며 사업을 패한다.

5. 인수격(印綬格)

인수격(印綬格)은 인수(印綬)가 월지(月支)에 있고 천간(天干)에 지장간(支藏干)이 투출(透出)하면 성립된다. 인수격(印綬格) 사주는 품위가 있으며 조용하고, 온화하며 재물에 대한 욕심이 없다. 그러나 화합하는 마음이 부족하고 자존심이 강하며 의타심이 많다. 인수격(印綬格)은 혼인살(婚姻殺)이라 하여 혼인이 늦어지는 경우가 많다. 특히 여자는 이론과 토론을 지나치게 좋아하여 남편에게 미움을 받는 경우가 많다. 직업은 학문 · 교육 · 언론 · 문화기획 · 교육계 · 의학 · 국문학 · 종교계 · 저술가 등으로 나가면 길하다.

6. 편인격(偏印格)

편인격(偏印格)은 편인(偏印)이 월지(月支)에 있거나, 천간(天干)에 지장간(支藏干)이 투출(透出)하면 성립된다. 식신(食神)을 극(剋)하여 복록과 수명이 부족하다. 눈치가 빠르며 임기응변에 능하나 행동이 따라주지 못하니 용두사미격이 되는 경우가 많다. 자존심이 강하며 요령을 잘 부리고, 자신을 높여주면 좋아하고, 몸을 치장하는 것을 좋아하고, 자살이나 음독하는 경우가 많다. 여자는 자식 자랑을 잘 하나 자식복이 없고, 모든 행동이 조급하며 하기 싫은 일은 절대로 하지 않는다. 직업은 의사 · 약사 · 배우 · 요리업 · 여관업 · 유흥업 · 교육자 · 학자 · 철학자 등으로 나가면 길하다.

7. 인수(印綬)와 육친

월건(月建)에 인수(印綬) 장생지(長生地)가 있으면 부모가 심신이 편안하며 장수하고, 부모에게 극진한 보살핌을 받는다. 인성(印星)이 득령(得令) · 득력(得力)하면 부모가 공명정대하며 사업을 이룬다.

신약(身弱) 사주가 인수(印綬)가 유력(有力)하여 아신(我身)을 도우면 반드시 부모가 근검절약하여 가정을 지키고, 신왕(身旺) 사주가 재(財)와 인(印)이 서로 방해하지 않으면 부모의 사업이 순조롭게 발전하며 복록과 수명을 누린다.

신왕(身旺) · 인왕(印旺)하나 재성(財星)이 무력(無力)하면 부모가 근검하나 고생한다. 신약(身弱)하면 인수(印綬)가 아신(我身)을 도와야 하는데, 재(財)를 만나면 부모가 사업에 기복이 많으며 발전이 적으니 고생한다. 인수(印綬)가 약하면 부모가 건강하지 못하여 안정되지 못한다. 이때 세운(歲運)에서 다시 인수(印綬)를 만나면 부모에게 형극(刑剋)이 따른다.

월건(月建)에 인수(印綬)가 있는데 사주에 재(財)가 많으면 어머니에게 형극(刑剋)이 따르고, 인(印)이 지나치게 많으면 아버지에게 형극(刑剋)이 따른다.

인수(印綬)가 무력(無力)한데 충극(沖剋)되면 부모와 인연이 약하여 부모를 일찍 잃고, 인내심이 없으니 많이 잃고 적게 얻는다. 인수(印綬)가 무력(無力)한데 재성(財星)에 앉아 있으면 부모의 근기(根基)가 작아 쉽게 망하니 고생한다.

인수(印綬)가 년주(年柱)나 월주(月柱)에서 충파(沖破)되면 자신이 태어난 뒤 부모가 고향을 떠나거나 사업이 실패한다. 인수(印綬)가 월건(月建)에서 충(沖)되면 부모와 인연이 담백하고, 다시 식신(食神)을 충파(沖破)하면 부모에게 원망을 듣는다. 인(印)이 가볍고 겁재(劫財)가 왕성하면 형제와 인연이 약하니 도움이 적고, 인(印)이 왕성하면 형제가 적다.

인수(印綬)가 시주(時柱)에 있으면 자식이 발전하며 자식을 사랑하나, 사주에 인(印)이 없으면 자식과의 인연이 약하다. 만일 인수(印綬)가 극(剋)되면 자식이 있어도 키우기 어렵고, 상관(傷官)이 많은데 인(印)이 절(絶)되면 무자팔자가 되기 쉽다.

8. 인성(印星)이 많아 병(病)이 된 사주

인성(印星)이 많아 병이 된 사주는 성격이 우울하여 비관에 빠지기 쉽다. 번뇌로 불면증이 있으며 심하면 신경쇠약이 따르기도 한다. 인(印)이 많아 병이 된 사주는 심성이 인자하고 착하나, 우둔하며 동작이 느리고 편안한 것을 좋아한다. 명리서(命理書)에 인(印)이 많으면 외롭다고 했다. 이런 사람은 객기를 부리고 신용이 없고, 떠받들어주는 것을 좋아하며 결단력이 없고, 학습발달이 늦으며 종교와 인연이 많다. 편인(偏印)이 많으면 질병이 많이 따른다.

사업은 인수(印綬)가 일주(日主)를 억압하니, 평생 뜻을 이루기 어려우며 재능을 발휘하기 어렵다. 종교나 학문, 자선사업 등이 길하다. 독자적인 사업은 적합하지 않다.

부모의 사랑이 지나쳐 교육의 정도(正道)를 찾지 못하니, 성장해서도 부모에게 의지하는 경우가 많다. 명리서(命理書)에 인수(印綬)가 중첩되면 무자팔자가 된다고 했다. 따라서 자식을 두기 어렵고, 있어도 키우기 어렵다. 여자는 고부간의 갈등이 따른다.

남자는 재성(財星)이 유력(有力)하면 아내가 어질며 현명하고, 무력(無力)하면 어질지 못하다. 인(印)이 많아 병이 되면 관살(官殺)을 꺼리니, 여자는 남편에게 해를 끼쳐 남편이 고생한다.

만일 일주(日主)가 약하면 인(印)을 기뻐하나, 인수(印綬)가 많으면 흉하다. 인수(印綬)가 지나치게 많아 모자멸자(母慈滅子)하면 반대로 일주(日主)를 억제한다.

명리서(命理書)에 금(金)이 토(土)의 생(生)에 의지하나 토(土)가 많으면 금(金)이 묻히고, 토(土)가 화(火)의 생(生)에 의지하나 화(火)가 많으면 토(土)가 메마르고, 화(火)가 목(木)의 생(生)에 의지하나 목(木)이 많으면 화(火)가 꺼지고, 목(木)이 수(水)의 생(生)에 의지하나 수(水)가 많으면 목(木)이 물에 뜨고, 수(水)가 금(金)의 생(生)에 의지하나 금(金)이 많으면 수(水)가 탁해진다고 했다. 이것은 지나치게 많거나 부족하면 해롭다는 뜻이다.

만일 인(印)이 많아 병이 되었을 때는 재(財)가 유기(有氣)하면 재(財)로 인(印)을 극(剋)해야 한다. 이때 재성(財星)이 무기(無氣)하면 비겁(比劫)을 기뻐하니, 어머니의 자애로움으로 자식이 편안하다.

丁 乙 壬 壬
亥 亥 子 申

이 사주는 지지(地支)에 해자(亥子)가 많으니, 수(水)가 많아 목
(木)이 물에 뜬다. 인(印)이 많아 질병이 된 사주이다.

戊 辛 丙 戊
戌 丑 辰 戌

이 사주는 토(土)가 많아 금(金)이 묻혀 있으니, 모자멸자(母慈滅
子)가 되었다.

甲 丁 甲 癸
辰 卯 寅 卯

이 사주는 인묘진(寅卯辰)이 목국(木局)을 이루었는데 인성(印星)
이 중첩되었다. 인(印)이 많아 병이 되었다.

癸 丁 辛 乙
卯 巳 巳 卯

이 사주는 비록 인(印)이 많으나 비겁(比劫) 역시 강하니, 인(印)이
많아 질병이 된 것은 아니다. 일주(日主)가 매우 강하여 인비(印比)
를 꺼린다.

9. 여명(女命)의 인수(印綬)

여명(女命)에서는 관살(官殺)이 중요하기 때문에 인수(印綬)가 가볍든 무겁든 관살(官殺)에게 영향을 끼친다. 만일 관살(官殺)이 허(虛)한데 인수(印綬)가 설기(洩氣)하면 관인상생(官印相生)되어도 좋지 않다. 이런 사람은 귀기(貴氣)를 손상하며 반드시 남편의 사업이 고전한다. 이때 상관운(傷官運)이나 재운(財運)을 만나면 쉽게 분규가 일어나며 조상과의 인연이 약하다.

만일 여명(女命)이 관살(官殺)이 왕성한데 인수(印綬)로 중화하면 남편의 사업이 안정되어 성취할 수 있다. 그러나 인수(印綬)가 천간(天干)에 있으면 부귀가 편안하지 못하다.

여명(女命)도 남명(男命)과 마찬가지로 관인상생(官印相生)이 재관상생(財官相生)만 못하다. 더구나 여명(女命)은 식상(食傷)으로 자식을 삼기 때문에 인수(印綬)가 왕성하면 자식을 극(剋)한다. 그러나 식상(食傷)이 왕성한데 인수(印綬)가 없어도 자식을 극(剋)한다. 사주는 생부(生扶)와 극제(剋制)가 중화되어야 좋은 명(命)이 된다.

여명(女命)이 천간(天干)에 인수(印綬)가 많으면 흉하나, 재성(財星)이 있으면 오히려 얻는 것이 있다. 그러나 이때 비견(比肩)이 있으면 흉하다.

여명(女命)이 인(印)이 중첩되었는데 관살(官殺)이 가벼우면 남편을 극하는 명(命)이 되어 남편이 고생하며 성공이 적고, 남편과 부모와의 인연이 박하다. 이런 사주는 늦게 혼인하는 것이 좋고, 재성(財星)의 득력(得力) 여부와 경중으로 흉과 길이 결정된다.

여명(女命)에 인수(印綬)가 여러 개 있으면 편인(偏印) 작용을 한다. 정인(正印)이나 편인(偏印)이 혼잡되거나 일지(日支)에 편인(偏印)이 있으면 자식을 형극(刑剋)하고, 재성(財星)이 인(印)을 제(制)하는데 식상(食傷)을 생(生)하지 못하면 자식이 불효하거나 크게 발전하지 못하여 평생 자식 때문에 근심한다. 이때 식신(食神)이 극(剋)되거나 충파(沖破)되면 자식과 인연이 약하다. 이런 사람은 자식을 남에게 맡기거나 엄하게 키운다.

丁 丁 甲 壬
未 亥 辰 辰

이 사주는 3월 정화(丁火)가 이미 진기(進氣)에 이르렀고, 인비(印比)가 일주(日主)를 생부(生扶)하고 있으니 약하지 않다. 그러나 여명(女命)에게는 관성(官星)이 중요한데, 이 사주는 정관(正官)이 스스로 묘지(墓支)에 앉아 있으며 월령(月令)이 묘지(墓支)에 해당한다. 따라서 비록 인수(印綬)가 상관(傷官)을 제복(制伏)하나, 시간(時干)에 비견(比肩)이 거듭 나타나 있으니 상관(傷官)을 제복(制伏)하기 어렵다.

다시 말해 정관(正官)이 묘지(墓支)에 앉아 있으며 상관(傷官)을 제복(制伏)하기 어렵고, 신왕(身旺)하여 남편의 권리를 빼앗고, 수(水)가 허약하니 정욕이 많다. 여자의 사주가 이렇게 만들어져 있으면 비록 관인상생(官印相生)하나 재물욕이 강하고, 부부간에 화목하지 못하다. 더구나 년주(年柱)와 월주(月柱)에서 상관(傷官)을 만나고, 비견(比肩)이 인(印)을 변화시켜 상관(傷官)을 도와 정관(正官)을 쟁합(爭合)하니 남편을 기만한다. 이런 사주는 남자를 사귀는 운도 좋지 않다.

 사주에 있는 갑인(甲印)이 대운(大運)에서 축경(丑庚)을 만나면 흉하다. 이때 인수(印綬)가 상하면 신용, 명예, 가정 등에 피해가 있다. 관성(官星)이 관인상생(官印相生)하나 파(破)되면 변화가 따르는데, 금(金) 역시 토(土)를 설(洩)하며 수(水)를 돕고 있으니 감정의 변화가 생긴다. 이 사주는 흉과 길이 반반이다.

3장. 정재(正財)와 편재(偏財)

1. 정재(正財)의 성격

정재(正財)는 은중 · 정직 · 정당한 재물을 나타낸다. 정재(正財)가
월지(月支)에 있으면 전형적인 엄격한 인물로, 신용을 중히 여기며
정당하지 않은 것을 싫어한다. 그러나 애정문제로 실패할 수 있으니
애정관념을 정확하게 하는 것이 좋다. 정재(正財)는 재물은 증가하나
정신이 공허하여 마음이 고통스럽다.

만일 정재(正財)가 년주(年柱)나 월주(月柱)에서 정관(正官)이나 칠
살(七殺)을 배합하면 큰 부잣집에서 태어난 사람이고, 일주(日主)에
정재(正財)나 정관(正官)이나 칠살(七殺)이 있으면 자수성가하고,
월주(月柱)에 있으면 노력으로 앞길을 개척하고, 시주(時柱)에 있으
면 어지나 성격이 급한 아내를 맞이한다.

만일 정재(正財)와 인수(印綬)가 배합하여 재(財)가 인(印)을 파
(破)하면 계속해서 불행한 사건이 일어난다. 그러나 정재(正財)가 월

지(月支)에 있으면서 유력(有力)하면 흉이 길로 변한다.

정재격(正財格) 사주는 월지(月支)에 진술축미(辰戌丑未)가 하나라도 있으면 기(氣)가 작고 인색하며, 몰래 첩을 두어 배우자의 고통이 크다.

만일 정재(正財)가 왕지(旺地)에 앉아 있거나 많으면 아내의 내조로 성공하고, 일지(日支)에 있으면 어진 아내를 만나 행복하게 산다. 그러나 이때 다른 주(柱)에 편재(偏財)가 있으면 혼인이 쉽게 깨지거나 별거한다.

만일 정재(正財)가 있는 주(柱)와 일주(日主)의 지지(地支)가 서로 합하면 부부금실이 좋고, 일주(日主)와 형충파해(刑沖破害)되면 부부가 화목하지 못하고, 정재(正財)가 묘지(墓地)나 고지(庫地)에 있으면 아내의 내조를 받고, 정재(正財)가 함지(咸池)나 도화(桃花)와 같은 주(柱)에 있으면 남자는 정욕이 많으며 호화스러운 것을 좋아하고, 정재(正財)가 역마(驛馬)와 같은 주(柱)에 있으면 반드시 현모양처를 맞이한다.

2. 편재(偏財)의 성격

편재(偏財)는 유동성 · 유동적인 재산 · 큰 재물 등을 나타내고, 노력하지 않고 얻는 재물을 말한다. 그러나 극단적인 성격이 있어 수전노의 기질이 있을 수도 있다. 자수성가한 사람들은 대개 편재(偏財)보다 정재(正財)가 많다. 사주에 편재(偏財)가 있으면 이지적이며 절제할 줄 아나 나중에는 방탕하다. 그러나 간지(干支)에서 편재(偏財)가 정재(正財)를 배합하거나 편재(偏財)와 편재(偏財)를 배합하여 합(合)되면 복록이 형통한다.

남명(男命)이 편재(偏財)가 많으면 여자관계가 복잡하며 주색을 좋아한다. 편재(偏財)가 지지(地支)에 있으면 의협심이 강하며 대화를 좋아하나, 금전을 가볍게 여기며 주색을 좋아한다. 월지(月支)에 편재(偏財)가 있는데 다른 주(柱)에 또 있으면 독창적인 사업으로 성공할 확률이 많고, 성공한 후에 첩을 얻는다.

3. 정재(正財)의 의의

재(財)는 양명(養命)의 근원이며 생활의 기본이다. 따라서 사주에 재성(財星)이 없거나 형충파해(刑沖破害)되면 흉하다. 재(財)가 부족하면 반드시 가난하며 아내와 자식 때문에 근심한다. 그러나 신약(身弱) 사주가 재(財)가 중(重)하면 감당하지 못한다.

재성(財星)이 천간(天干)에 투출(透出)하면 유력(有力)한 관살(官殺)로 보호해야 한다. 사주에 정재(正財)가 있으면 순조롭게 발전하여 평탄한 삶을 산다. 재왕(財旺)한 사주는 마음이 크며 이상이 높으나, 관살(官殺)로 보호하지 못하면 담력과 행동이 작다.

만일 재(財)와 고(庫)가 합(合)되거나, 육합(六合)하여 재(財)가 되거나, 삼합(三合)하여 재국(財局)이 되거나, 일주(日主)가 재고(財庫)에 앉아 있는데 관살(官殺)이 출간(出干)하지 않으면 근검으로 가정을 지킨다. 년주(年柱)와 월주(月柱)에 재(財)가 없으면 조업(祖業)이 박하고, 년주(年柱)에 있는 재(財)가 무력(無力)해도 안정되지 못한다. 만일 정재(正財)가 없거나, 정재(正財)가 합화(合化)되거나, 정재(正財)가 파극(破剋)되면 조업(祖業)을 지키지 못한다. 그러나 지지(地支)에서 재생관(財生官)하면 길하고, 세운(歲運)에서 녹왕운(祿旺運)을 만나면 명리(名利)를 얻을 수 있다. 신왕재왕(身旺財旺)하면 대부격(大富格)을 이룬다.

사주에 재(財)가 있으면 칠살운(七殺運)을 기뻐하나, 칠살(七殺)을 꺼리면 재운(財運)이 흉하다. 만일 칠살(七殺)이 많아 아신(我身)을 극(剋)하면 재(財)를 취하지 못한다. 이때는 비겁(比劫)이 아신(我身)을 돕고, 세운(歲運)이 일주(日主)를 도와주면 명리(名利)를 이룰 수 있다. 재(財)가 밝고 극(剋)되지 않으나 비겁(比劫)이 암장(暗藏)되어 있으면 재(財)가 손상되기 쉽다. 만일 정재(正財)나 편재(偏財)가 왕성하면 평생 여유가 없으며 현실에 만족하지 못한다.

재(財)가 왕성하고 통근(通根)되어 손상되지 않으면 재(財)가 임한 오행(五行)으로 직업을 논한다. 재(財)가 왕성하고 괴강(魁剛)에 임하면 관광계통에 종사하는 것이 길하다. 재(財)가 많거나 식신생재(食神生財)나 상관생재(傷官生財)가 있으면 말재주와 인상이 좋다. 재(財)가 많고 중(重)한데 감당할 수 있으면 언변이 능하다. 이런 사람은 금융이나 세무계통 등 금전을 다루는 직업이 좋다.

신왕(身旺) 사주는 걸출한 인물이 된다. 재(財)가 청명하면 일주(日主)의 통근(通根)이나 유력(有力)에 관계없이 꾸준하게 발전하여 일찍 이루며 진취적이고 낙관적인 사람이다. 그러나 세운(歲運)에서 겁재(劫財)를 만나면 흉하다.

재왕(財旺)하나 아신(我身)이 재(財)를 감당하지 못하면 오직 비겁(比劫)의 도움에 의존해야 재물을 모을 수 있다. 그러나 세운(歲運)

에서 인수(印綬)를 만나면 흉하다. 재(財)가 많거나 재(財)가 왕성하거나를 막론하고 일주(日主)가 통근(通根)되어 유력(有力)한 지(地)에 않으면 평생 금전에 대한 근심은 없다.

신왕재왕(身旺財旺)하면 부잣집에서 태어난 사람이고, 월주(月柱)에 재관(財官)이 있으면 가정환경이 좋은 사람이다. 만일 재(財)가 밝은데 월주(月柱)에 통근(通根)되어 있으면 명망과 지위가 있는 부모 밑에서 태어난 사람으로 사업이 발전한다. 형제가 동서에서 각각 분발하며 아내와 자식복이 많고, 아내가 성격이 강하며 경제활동을 한다. 이런 사주는 혼인은 부모가 정해주는 사람과 하는 것이 좋다.

정재(正財)가 시상(時上)에 있는데 겁재(劫財)가 있으면 흉하다. 월주(月柱)가 재향지(財鄕地)인데 신약(身弱)하여 의지할 곳이 없으면 정이 많으며 고집이 있으나, 도박과 주색으로 패업하며 관재시비가 따른다. 이때 세운(歲運)에서 녹운(祿運)을 또 만나거나 재지(財地)를 형충(刑沖)하면 아내의 감정이 불안하니 편안하지 못하다. 이때는 생왕운(生旺運)이 와야 길하다.

기명종재격(棄命從財格) 사주는 가정환경이 부유하며 재물복이 많고, 사업을 크게 하나 풍류를 좋아하며 처첩이 많다. 이때 세운(歲運)에서 비겁지(比劫地)나 재성(財星)을 형충(刑沖)하면 당뇨병이나 고혈압 등이 따라 가정이 편안하지 못하다. 만일 재성(財星)이 약하여 관살(官殺)을 취하면 식신운(食神運)이나 상관운(傷官運)이 흉하고, 식신(食神)을 취하면 인수운(印綬運)이 흉하다.

신왕재약(身旺財弱)한데 재(財)를 돕지 못하면 반드시 유랑하여 명리(名利)를 얻지 못하고, 재(財)가 무력(無力)하면 비겁운(比劫運)을 꺼린다.

신왕(身旺) 사주가 재(財)가 손상되지 않으면 인겁운(印劫運)을 꺼리고, 재(財)가 약하면 공상이나 환상에 빠지기 쉽다. 이런 사람은 마음이 올바르지 못하니 행동이 방탕해지기 쉽다.

신약(身弱) 사주는 재운(財運)을 꺼린다. 만일 유년에 관살(官殺)을 만나면 관재시비와 질병 등이 따르며 파재패업(破財敗業)한다. 심하면 죽음에 이르기도 한다. 만일 신약(身弱)하여 의지할 곳이 없는데 일주(日主)가 재지(財地)에 앉아 있으면 직업과 주거의 변동이 많으며 실패가 많아 이루는 것이 적다. 그러나 재(財)가 희신(喜神)이나 용신(用神)에 해당하는데 관(官)이 명(明)하여 보호해주면 대부격(大富格)을 이룬다.

4. 편재(偏財)의 의의

사주에 편재(偏財)가 있으면 타향에서 발전한다. 따라서 사주가 편재(偏財) 위주로 구성되어 있으면 타향에서 자수성가한다. 이런 사람은 모험과 풍류를 좋아하여 여기저기 정을 주고, 사업에 변동이 많아 주거가 안정되지 못하고, 아름다운 것을 좋아하며 강개심과 의기가 있다.

만일 식신(食神)이나 상관(傷官)이 편재(偏財)를 생(生)해주면 이동이 많으며 분파하고, 사방에서 재물을 얻으나 재물로 인하여 분주하고, 직업이나 주거의 이동이 많다. 그러나 말재주로 발전하며 쉽게 재물을 얻는 경우도 있다. 이런 사람은 두세 곳에 살림을 차린다.

만일 사주에 편재(偏財)만 있고 정재(正財)가 없으면 자수성가하고,

신약(身弱)하여 의지할 곳이 없는데 편재(偏財)가 권리를 잡으면 평생 동안 3번 이상 실패한다. 이때 세운(歲運)에서 편재(偏財)가 또 임하면 매우 흉하다. 이런 사주는 도화(桃花)가 있으면 주색을 좋아하여 집안이 기울며 사업을 실패하니 매우 흉하다.

만일 편재(偏財)가 월령(月令)에서 기(氣)를 얻고, 시주(時柱)에 통근(通根)되고, 천간(天干)에서 비견(比肩)·겁재(劫財)가 극제(剋制)하지 않는데, 시지(時支)와 일지(日支)를 충파(沖破)하지 않으면 시상편재격(時上偏財格)이 된다.

시상편재격(時上偏財格) 사주는 총명하며 지혜가 있으니 머리 회전이 빠르다. 이런 사람은 연구·발명·공업·과학·설계 등으로 나가는 것이 길하다. 만일 시상편재격(時上偏財格) 사주가 관성(官星)이 출간(出干)하여 재(財)를 보호하면 말솜씨가 좋으며 사업이 발전한다. 일찍 유능한 아내를 맞이하나 혼인 후에 가정을 떠나며 아버지를 일찍 잃는다.

시상편재격(時上偏財格) 사주가 통근(通根)하면 신왕(身旺)·신약(身弱)을 막론하고 세운(歲運)에서 편재(偏財)를 또 만나면 반드시 사업이 발전하여 큰 재물을 모은다. 이때는 관운(官運)도 길하다. 그러나 신약(身弱) 사주는 재운(財運)에서 재물을 모으나 주색으로 망한다.

시상편재격(時上偏財格) 사주는 세운(歲運)에서 비겁운(比劫運)을 만나면 사업이 실패하며 관재시비가 따른다. 여자와의 인연이 많으니 운이 좋지 않을 때는 여자에게 의지하게 된다. 이런 사주는 월간(月干)에 비견(比肩)이 있으면 관살운(官殺運)을 기뻐하고, 편재(偏財)가 유기(有氣)한데 일주(日主) 역시 통근(通根)되어 왕성하면 사업을 크게 이룬다. 이때 인(印)이 있으면 정욕이 많아 감정이 번잡하며 처첩이 많다.

만일 사주에 편재(偏財)가 있고, 정재(正財)를 보지 않고, 편재(偏財)가 월주(月柱)에 있으면 부모를 잃은 뒤 사업을 이루는 경우가 많고, 편재(偏財)가 쇠곤(衰困)을 만나면 아버지가 곤고하며 사업이 발전하지 못한다. 이때 비겁(比劫)이 회국(會局)하면 아버지가 형극(刑剋)하며 질병이 있고 편안하지 못하다. 만일 시상(時上) 편재격(偏財)이 목욕(沐浴)이나 도화(桃花)에 임하면 처첩이 풍류를 좋아하며 색정이 강하다.

5. 정재격(正財格)

정재격(正財格) 사주는 일간(日干)과 월지(月支)의 지장간(支藏干)에서 정재(正財)를 만나면 성립된다. 정재격(正財格)은 외모가 야무지며 성실하고 융통성이 있다. 금전관리를 잘해 돈을 잘 벌지만 지나치게 절약하는 성향이 있다. 만일 묘고(墓庫)에 들면 수전노가 된다.

정재격(正財格) 사주는 재정공무원 · 경리 · 은행원 · 세무원 · 운수업 · 건축자재 · 물품관리 · 창고관리 등으로 나가면 길하다.

여명(女命)이 정재격(正財格)을 이루면 남편덕이 좋으며 살림을 잘한다. 그러나 지나치게 재물에 집착하는 성향이 있고, 때로는 고부간의 갈등이 많다.

6. 편재격(偏財格)

편재격(偏財格) 사주는 일간(日干)과 월지(月支)의 지장간(支藏干)에서 편재(偏財)를 만나면 성립된다. 성격이 명쾌하여 매사를 시원하게 처리하며 농담도 잘하고, 계산을 잘 하나 아끼는 것이 없으며 인심이 후하다. 만일 매우 신약(身弱)하면 돈을 모르며 주색을 탐하고, 신왕(身旺)하면 절도가 있으며 구속받는 것을 싫어한다.

편재격(偏財格) 사주는 상업 · 생산업 · 의약업 · 의사 · 사업가 · 정치 · 금융 · 재정 · 세무관리 · 무역 등으로 나가면 길하다. 만일 재성(財星)이 합(合)되면 재정공무원으로 나가는 경우가 많다.

여명(女命)이 편재격(偏財格)을 이루면 외모가 인심좋아 보이고, 융통성이 좋으며 사업수단과 통솔력이 있다. 돈을 잘 벌고 잘 쓰며, 사소한 일에는 관심이 없다.

7. 재다신약(財多身弱)

재다신약(財多身弱) 사주는 삼교구류(三敎九流)의 친구가 많으며 강개심이 있고 사람과의 사귐을 좋아한다. 계획은 많으나 실천력 · 시간관념 · 책임감 등이 부족하여 사업의 변동과 이동이 많다. 자신의 주장이 없어 다른 사람의 영향을 많이 받게 되고, 금전의 변화가 심하고, 얻는 것보다 잃는 것이 많다.

재다신약(財多身弱) 사주는 재(財)를 감당하기 어렵고, 부모를 형극(刑剋)하니 부모와의 인연이 박하여 부모가 모두 온전하기도 어렵고 발전하기도 어렵다.

재다신약(財多身弱) 사주는 늦게 혼인하는 것이 좋다. 그렇지 않으면 두 번 혼인하는 경우가 많다. 대개 아내의 성격이 급하며 강하다. 만일 일주(日主)가 무력(無力)한 지(地)에 앉아 있으면 공처가가 되어 아내에게 의지하여 생활한다. 만일 재성(財星)이 여러 개 있는데 일주(日主)가 약하여 의지할 곳이 없으면 재(財)를 감당할 수 없으니 분발하려는 마음이 부족하여 아내가 가족을 부양한다. 그러나 일주(日主)가 통근(通根)되고 유력(有力)한 지(地)에 앉아 있으면 사업이 크고 깊다.

재다신약(財多身弱) 사주가 식상(食傷)이 왕성한 재(財)를 생(生)하면 나태하며 방탕하다. 여기다 인수(印綬)까지 절(絶)되면 풍류로 망한다.

재다신약(財多身弱) 사주는 아신(我身)을 돕는 운에 혼인하는 것이 좋고, 신왕운(身旺運)이 오면 사업을 이룬다. 재다신약(財多身弱) 사주는 녹왕운(祿旺運)에서 재물을 얻게 되면 반드시 주색과 도박으로 망한다. 이 운에서는 혼인을 해도 망한다.

재다신약(財多身弱) 사주는 인운(印運)을 만나면 화액이 많이 따르고, 관살운(官殺運)을 만나도 시비와 화액이 따른다.

재다신약(財多身弱) 사주는 부옥빈인(富屋貧人)의 명(命)이라 하여, 자신이 소유하며 지배하는 것은 불리하다. 은행원이나 집사 등 관리나 보관하는 직업으로 나가는 것이 좋다. 그렇지 않으면 재물로 인하여 곤란함을 받으며 분발하기 어려우니 사업의 변동이 크다.

재다신약(財多身弱) 사주는 세운(歲運)에서 식상(食傷)이나 재성(財星)을 만나면 재물을 잃는다. 재(財)가 많아 아신(我身)을 압박하니 큰 재물이 들어올 때 재앙이나 관재가 따른다. 심하면 죽음에 이르기도 한다. 이런 사주는 은행 등 금융계통으로 나가는 것이 좋고, 기획력을 발휘할 수 있는 직업으로 나가는 것도 좋다. 만일 상업을 하고자 한다면 동업하는 것이 좋다.

재다신약(財多身弱) 사주는 온화하며 강개심이 있고, 교제를 좋아하며 상상력이 풍부하다. 그러나 실천력 · 인내심 · 책임감 · 의지력 등이 부족하고, 다른 사람의 영향을 많이 받으며 허영심이 많다.

인수(印綬)는 부모나 윗사람을 나타내는데, 재성(財星)이 인수(印綬)를 극(剋)하니 평생 부모를 조심해야 한다. 가난한 집에서 태어난 사람으로 어릴 때는 부모를 형극(刑剋)한다. 설사 부잣집에서 태어났다고 해도 유산을 지키기 어렵다.

남자는 배우자 인연이 좋으나 늦게 혼인한다. 재(財)가 많아 아신(我身)을 거스르니 아내와 재물을 조심해야 한다. 아내가 능수능란하니 아내의 말을 잘 듣는다. 만일 관살(官殺)이 왕성하면 아내를 두려워하게 된다. 여자도 배우자 인연이 좋으나, 재(財)가 관(官)을 많이 생(生)하면 혼인이 늦어진다.

8. 신강재약(身强財弱)

신강재약(身强財弱) 사주란 일주(日主)가 강왕(强旺)하고, 재성(財星)이 미약하고, 식상(食傷)이 무력(無力)한 사주를 말한다. 식상(食傷)과 재성(財星)을 기뻐하고, 비겁(比劫)과 인성(印星)을 꺼린다.

신강재약(身强財弱) 사주는 성격이 급하며 저돌적이고, 구속받는 것을 싫어하며 다른 사람의 말을 듣지 않는다. 신중하지 못하며 일을 싫어하고, 실천력과 용맹은 있으나 지혜가 없다. 재성(財星)이 약하여 경제관념이 부족하니 금전을 가볍게 여기고, 야심은 크나 투기와 도박을 좋아한다. 이런 사주가 도박을 하게 되면 망하기 쉽고, 일주(日主)가 지나치게 왕성하면 평생 고생이 많다.

신강재약(身强財弱) 사주는 투기성이 있는 사업을 좋아하나 재물을 모으지는 못한다. 구속받는 것을 싫어하며 고집이 있으니 자유업에 종사하는 것이 길하고, 법조계·회계사·의사·기자·대서·보험·교육계·제조업·매매업 등으로 나가면 길하다.

신강재약(身强財弱) 사주는 어릴 때는 부모를 형극(刑剋)하고, 비겁(比劫)이 재(財)를 극(剋)하니 아버지와의 인연이 박하다. 형제는 많으나 다툼이 많으며 서로 도움이 되지 못한다. 심하면 형제 자매가 파재(破財)하기도 한다.

신강재약(身强財弱) 사주는 남자는 아내를 극(剋)하니 배우자와의 인연이 적어 혼인이 아름답지 못하다. 혼인이 늦어지며 먼 지방의 여자를 아내로 맞이하는 경우가 많다. 만일 식상(食傷)으로 화해하지 못하면 아내를 구타하거나 아내에게 질병이 많이 따른다. 명리서(命理書)에 남자가 재(財)가 가벼운데 아신(我身)이 왕성하면 형제가 많고, 그렇지 않으면 반드시 처첩을 형극(刑剋)한다고 했다. 이런 사주는 아내와 이별이 많이 따르고, 비겁(比劫)이 재(財)를 합(合)하면 아내가 다른 남자에게 유혹을 당하기 쉽다. 여자도 혼인운이 좋지 않아 부부간에 다툼이 많고, 사람을 무시하여 다른 사람의 말을 잘 듣지 않는다.

丙 癸 庚 丙
辰 亥 子 申

이 사주는 계수(癸水)가 득령(得令)하며 득지(得地)했으니 일주(日主)가 왕성하고, 재성(財星)이 비록 두 개 있으나 무력(無力)하니 신강재약(身强財弱) 사주가 되었다.

癸 癸 乙 甲
亥 酉 亥 午

이 사주는 신강재약(身强財弱) 사주로, 비록 편재(偏財)와 식상(食傷)이 상생(相生)하나 일주(日主)가 득시(得時)하고 득령(得令)하여 수(水)의 세력이 팽배하다.

己 己 戊 癸
丑 丑 午 丑

이 사주는 신강재약(身强財弱)이 아니라 종강격(從强格)으로 특별한 격국(格局)을 이루었다. 일주(日主)가 강왕(强旺)하고, 편재(偏財)인 계수(癸水)가 천간(天干)에서 무토(戊土)와 합(合)되었다.

癸 癸 丙 辛
丑 酉 申 酉

이 사주는 신강재약(身强財弱) 사주와 비슷하나 신강재약(身强財弱)은 아니다. 많은 인(印)이 아신(我身)을 생(生)하여 일주(日主)가 강하다. 그러나 인(印)이 많아 병이 되었고, 금(金)이 많아 수(水)가 탁해졌다.

9. 탐재파인(貪財破印)

탐재파인(貪財破印)이란 재(財)를 탐하여 인(印)을 파(破)하는 것을 말한다. 다시 말해 인(印)이 약한 아신(我身)을 돕는데 재성(財星)이 인수(印綬)를 극파하는 것이다.

만일 신약(身弱) 사주가 재성(財星)으로 인(印)을 파(破)하면 부귀영화가 오래 가지 못하며 뜻을 펴기 어렵다. 이런 사주는 탐욕, 뇌물, 도박, 주색 등으로 망한다.

탐재파인격(貪財破印格) 사주는 총명하며 야심이 크고 힘에 굴복하지 않는다. 그러나 주도면밀하지 못하여 성패와 기복이 심하니 얻는 것보다 잃는 것이 많다. 또 실천력, 박력, 책임감 등이 부족하여 신용을 잃는 경우가 많으니 발전하기 어렵다. 이런 사람은 타향에서 발전하는 경우가 많으나, 상업은 적합하지 않고 공사나 자금을 조달하는 부서가 길하다. 동업이나 장기간 투자하는 것도 좋지 않고, 조상이나 부모의 재산을 이용하는 것도 좋지 않다.

탐재파인격(貪財破印格) 사주는 혼인을 늦게하는 것이 좋다. 그렇지 않으면 반드시 부부간에 다툼이 많으니 화목하지 못하다. 아내가 경제활동을 하는 것이 좋고, 주색과 친구를 멀리하는 것이 좋다.

탐재파인격(貪財破印格) 사주는 부부가 모두 부모와의 인연이 박하여, 혼인한 후 집을 떠나는 경우가 많다. 만일 부모와 함께 살면 발전하지 못하고, 부모 역시 온전하기 어렵다.

탐재파인격(貪財破印格) 사주가 가장 꺼리는 것은 세운(歲運)에서 인수운(印綬運)을 만나는 것이다. 이런 사람은 주위에 나쁜 친구가 많고, 도박과 주색으로 실패하며 관재시비 등이 따른다.

만일 탐재파인격(貪財破印格) 사주가 재(財)가 충파(沖破)되면 이혼하게 되고, 세운(歲運)에서 같이 임하면 아버지를 잃는다. 신왕(身旺) 사주가 탐재파인(貪財破印)되고 세운(歲運)에서 인(印)을 만나면 비교적 화액이 가벼우나, 신약(身弱) 사주는 화액을 예측하기 어려울 정도로 매우 흉하다.

탐재파인격(貪財破印格) 사주는 일주(日主)가 겁재(劫財)나 양인(陽刃)에 앉아 있거나, 천간(天干)에서 겁재(劫財)가 재(財)를 파(破)하고 인(印)을 보호하면 길하다. 따라서 용신(用神)인 겁재(劫財)를 형충파해(刑沖破害)하면 흉하다.

탐재파인격(貪財破印格) 사주는 세운(歲運)에서 재(財)를 만나거나 겁재(劫財)를 만나면 발전한다. 이때 신왕(身旺)하면서 재(財)가 충분하거나 많거나 일주(日主)가 통근(通根)하거나, 재(財)가 도화(桃花)에 앉아 있거나 년주(年柱)나 월주(月柱)에 있는 재(財)가 극(剋)되면 딸과 인연이 많다.

10. 재(財)와 혼인

사주가 정재(正財) 위주로 구성되어 있으면 부모나 윗사람이 정해주는 사람과 혼인하는 경우가 많고, 편재(偏財) 위주로 구성되어 있으면 연애로 혼인하는 경우가 많다. 또 재(財)가 월주(月柱)에 있으면 부모의 뜻에 따라 혼인하고, 일지(日支)에 있으면 연애로 혼인하는 경우가 많다. 만일 정재(正財)가 시상(時上)에 있는데 사주에 편재(偏財)가 없으면 중매로 혼인한다.

만일 재(財)가 희신(喜神)이나 용신(用神)에 해당하면 일찍 혼인하여 가정과 사업을 이룬다. 그러나 겁재운(劫財運)과 재(財)를 충파(沖破)하는 운에는 혼인하지 않는 것이 좋다. 길한 사람은 아내를 맞이한 뒤 사업을 이루나, 흉한 사람은 가정과 사업이 모두 실패한다.

만일 겁재(劫財)가 중첩되어 있으면 관운(官運)에 혼인을 하는 것이 좋고, 재다신약(財多身弱)하면 비겁(比劫)이 아신(我身)을 돕는 운에 혼인하는 것이 좋다. 신왕(身旺) 사주가 재운(財運)에 혼인하면 아내는 어질고 자식은 뛰어나나, 신약(身弱)하면 사업이 실패한다.

만일 재(財)가 일주(日主)에 있으면 어린 여자와 혼인하고, 월주(月柱)에 있으면서 왕성하면 나이가 비슷하거나 많은 여자와 혼인하고, 년주(年柱)에 있으면 나이 차이가 있는 사람과 혼인하고, 년주(年柱)와 일주(日主)에 모두 있으면 10년 이상의 차이가 나는 사람과 혼인한다. 다시 말해 재(財)가 월주(月柱)에 있으면서 왕성하거나 통근(通根)되었는데, 년주(年柱)나 시주(時柱)에 모두 있으면 아내와 나이 차이가 많이 난다.

만일 재(財)가 시주(時柱)에 있으면서 밝으면 22세 이전에 혼인하는 경우가 많고, 아내와의 인연도 좋다. 재(財)가 통근(通根)되었는데 출간(出干)하여 손상되지 않으면 반드시 경제활동을 하는 여자를 아내로 맞아 좋은 내조를 받는다.

만일 재(財)가 시주(時柱)에 있으면서 왕성한데 일주(日主)가 통근(通根)되거나 득령(得令)하지 않으면 연애기간이 길고, 아내나 여자친구가 경제활동을 한다. 재(財)가 장생지(長生地)에 임하면 활발하고 건강하며 아름다운 여자를 아내로 맞이한다.

만일 재(財)가 월령(月令)에서 기(氣)를 얻었는데 손상되지 않거나 도움을 얻으면 좋은 집안의 여자를 아내로 맞아 좋은 내조를 받는다. 재(財)가 희신(喜神)이나 용신(用神)에 해당되어도 마찬가지이다.

만일 재(財)가 통근(通根)하고 득지(得地)했는데, 명(明)하여 관살(官殺)을 생(生)하고 비겁(比劫)의 극제(剋制)나 관살(官殺)이 상하지 않으면 아름답고 어질며 능력 있는 아내를 만나 도움을 받는다.

만일 일주(日主)가 통근(通根)했는데 재(財)가 왕지(旺地)에 있거나 고(庫)에 들거나 정재(正財)가 손상되지 않으면 현숙하며 근검한 여자를 아내로 맞이한다.

만일 시상(時上)에 있는 정재(正財)나 편재(偏財)가 통근(通根)하여 명(明)한데, 득지(得地)하거나 무신일(戊申日), 임술일(壬戌日), 경인일(庚寅日)에 태어났으면 건강하며 아름답고 언행이 능수능란한 아내를 만나 발전한다.

만일 재(財)가 월건(月建)에 있고 일주(日主)가 통근(通根)하여 유력(有力)한 지(地)에 앉아 있는데, 월건(月建)이 일지(日支)와 합(合)하여 재국(財局)을 이루면 부부가 서로 사랑한다. 그러나 재(財)가 월주(月柱)에서 득령(得令)하면 아내의 성격이 강하다.

만일 재(財)가 괴강(魁剛)에 임하면 반드시 성격이 강한 여자를 아내로 맞이한다. 혼인 전에는 직업도 없고 유약한 남자라도 능수능란해져 발전한다. 그러나 괴강지(魁剛地)를 충파(沖破)하면 부부가 재물을 따로 관리한다.

만일 재(財)가 육수(六秀)에 임하면 아내가 부드러우면서도 강하고, 미용이나 수예에 소질이 있어 이 방면의 직업을 갖는다. 육수(六秀)는 무자(戊子)·기축(己丑)·무오(戊午)·기미(己未)·정미(丁未)·병오(丙午)를 말한다.

만일 재왕(財旺)함이 중(重)한데 일주(日主)가 겁인(劫刃)에 앉아 통근(通根)하거나 비겁(比劫)이 아신(我身)을 도와주면 화목한 가정을 이룬다. 그러나 재(財)가 많이 있는 살(殺)을 도와주면 아내의 성격이 매우 강하여 부부간에 다툼이 많고, 일주(日主)와 시주(時柱)가 충(沖)되는데 합(合)이 없으면 아내와 인연이 박하고, 자오묘유충(子午卯酉沖)이 있으면 혼인이 어렵게 성사되나 백년해로는 한다.

만일 재(財)가 통근(通根)되어 유력(有力)하거나, 지지(地支)가 천간(天干)에 있는 재(財)를 생(生)하면 아내의 눈동자가 둥글며 크다. 재(財)가 도화살(桃花殺)에 앉아 있거나, 일지(日支)가 도화살(桃花殺)에 임하면 아내가 아름다우며 여자와의 인연이 많다.

만일 재(財)가 통근(通根)하며 득지(得地)했거나, 시령(時令)에서 왕성하며 겁재(劫財)를 만나면 아내가 활발하며 하체가 풍만하다. 재(財)가 득시(得時)하고 득령(得令)하면 부부의 재능이 비슷하며 아내가 건강하여 늙지 않는다.

만일 사주에 재국(財局)이 있는데 충파(沖破)되면 반드시 첩을 두고, 재(財)가 겁탈당하지는 않았으나 충파(沖破)되어도 첩을 둔다.

이때 재(財)가 통근(通根)하고 득지(得地)하면 아내가 동의하나, 그렇지 않으면 몰래 첩을 얻으며 아내와 다툼이 많다. 재왕(財旺)하고 관(官)이 명(命)하면 대체적으로 여자를 좋아한다.

만일 재(財)가 유력(有力)한데 충(沖)되면 먼 지방의 여자를 아내로 맞이하여 처가와 멀리 떨어져 살고, 겁재(劫財)가 정재(正財)를 극(剋)하면 처가의 재물을 욕심낸다. 그러나 오행(五行)이 구해주면 그렇지 않다.

만일 신묘일(辛卯日), 을유일(乙酉日), 병자일(丙子日), 임오일(壬午日)에 태어났으면 부부간에 화목하지 못하다. 정재(正財)가 약하여 암장(暗藏)되어 있는데 편재(偏財)가 왕성하여 투출(透出)하면 첩이 아내의 권리를 빼앗고, 재성(財星)이 왕성한데 극설(剋洩)하지 못하면 아내가 나태하다.

만일 일지(日支)와 시지(時支)에 도화(桃花)가 있는데 삼형(三刑)되면 아내가 외간남자를 만나고, 신약(身弱)한데 재(財)가 통근(通根)되어 도화(桃花)에 앉아 있으면 아내가 유흥업계로 나가기 쉽거나 부부가 모두 풍류를 좋아한다.

만일 두 개의 무(戊)가 하나의 계(癸)를 합(合)하면 재혼하는 여자를 아내로 맞이하고, 두 개의 계(癸)가 하나의 무(戊)를 합(合)하면 재혼하거나 데릴사위가 되는 경우가 많다.

11. 정재(正財)가 겁재(劫財)를 만나면

정재(正財)가 약하고 겁재(劫財)가 파극(破剋)하여 재(財)가 겁탈당하면 신왕(身旺)·신약(身弱)을 불문하고 모두 흉하다. 이런 사주는 이루는 것보다 실패하는 것이 더 많고, 아내와 재물 때문에 곤란을 받고, 고집이 세며 신중하지 못하고 , 부채나 파산 등이 따라 실패하기 쉽고, 평생 좋은 친구를 만나기 어렵고, 경제관념이 부족하며 동업도 불리하다. 그러나 사주에 관살(官殺)이 있으면 독자적인 사업은 유리하다.

만일 정재(正財)가 겁탈당했는데 정인(正印)을 만나면 매우 흉하고, 편재(偏財)가 겁탈당했는데 편인(偏印)을 만나면 매우 흉하다. 재(財)가 겁탈당하면 아버지를 잃고, 월주(月柱)에서 겁탈당하면 부모형제가 파재(破財)하고, 부부궁에서 겁탈당하면 아내 때문에 피해를 입고, 시주(時主)에서 겁탈당하면 친구와 자식 때문에 피해를 입는다. 만일 재(財)가 시주(時柱)에서 겁탈당했는데, 재(財)가 식상(食傷)에 앉아 있고 신왕(身旺)하여 겁재(劫財)가 통근(通根)하면 도박성이나 투기성이 있는 일에 종사한다. 이런 사람은 도박이나 친구 때문에 실패한다.

만일 재(財)가 왕성한데 겁재(劫財)를 만나면 사교적인 말을 잘 하나 풍류를 좋아하지 않는다. 그러나 이때 세운(歲運)에서 재(財)를 또 만나면 풍류를 좋아한다.

만일 재(財)가 겁탈당하거나 충파(沖破)되면 가정을 이루기 어렵다. 아내의 건강이 좋지 않으며 금전의 출입이 빈번하다. 천간(天干)에서 재(財)를 등지고 있는데 시주(時柱)나 월주(月柱)에서 재(財)가 충파(沖破)되어 재(財)를 겁탈하면 부부가 이해심이 부족하여 이혼하기 쉽다.

만일 재(財)가 겁탈당하거나, 도화(桃花)에 앉아 있거나, 겁재(劫

財)가 왕성한 장생지(長生地)에 앉아 있으면 아내가 다른 사람의 유혹에 쉽게 넘어간다. 일주(日主)와 재성(財星)이 무기(無氣)한데 시주(時柱)에 겁재(劫財)가 재성(財星)에 앉아 있으면 아내를 쉽게 잃는다.

만일 시상(時上)에 왕성한 겁재(劫財)가 출간(出干)하고 재(財)도 출간(出干)했는데 관살(官殺)이 약하여 재(財)를 보호받지 못하면 재혼하는 여자를 아내로 맞이한다.

만일 신왕(身旺) 사주가 재(財)가 출간(出干)하여 보호하지 못하는데, 세운(歲運)에서 다시 재운(財運)을 만나면 아내와 헤어지거나 재물을 잃게 된다. 시주(時柱)는 만년의 만남이니 늙어서 의지할 곳이 없다. 신왕(身旺)하면 재(財)가 아신(我身)을 돕는다. 따라서 시상(時上)에 겁재(劫財)나 양인(陽刃)이 있으면 반드시 늙어서 가난하고, 자식이 좋지 않거나 사업이 실패한다. 세운(歲運)에서 녹왕운(祿旺運)을 만나면 겁재(劫財)가 재성(財星)을 쟁탈하니 반드시 재앙이 따른다.

재(財)는 양명(養命)의 근원이니, 사주에 재(財)가 없으면 가정적이지 못하며 책임감이 부족하다. 일하는 것을 싫어하여 노력하는 마음이 없으니 평생 재물을 모으기 어렵다.

만일 신왕(身旺) 사주가 겁재(劫財)나 양인(陽刃)이 있는데 인수(印綬)가 중첩되면 주색을 좋아한다. 이런 사람은 혼인이 늦어진다. 세운(歲運)에서 재(財)를 만나면 혼인이 성사되나 아내와의 인연이 좋지 않다. 그러나 재(財)가 없어도 인(印)이 월주(月柱)에서 아신(我身)을 도와주면 아내의 도움을 받을 수 있다.

12. 여명(女命)의 정재(正財)와 편재(偏財)

여명(女命)에서 재성(財星)은 부성(夫星)의 근원을 도우며 보호한다. 따라서 남편덕이나 남편의 사업 발전 여부는 재(財)에 달려 있다. 만일 재(財)가 부족하면 부성(夫星)을 돕지 못하고, 재성(財星)이 중첩되면 오히려 부성(夫星)을 극(剋)하기 때문에 흉하다. 여기다 재(財)가 인(印)을 파(破)하여 균형을 잃으면 남편은 물론 자식이나 육친에게까지 해가 미치고, 재(財)와 식신(食神)이 모두 파(破)되면 반드시 외롭고 처량한 신세가 된다. 식신(食神)은 재(財)의 근원이기 때문에 재(財)와 식신(食神)이 모두 파(破)되면 부성(夫星)이 의지할 곳이 없어 흉한 것이다.

여명(女命)은 또 재(財)로 신체를 논하기 때문에 재(財)가 파(破)되면 건강하지 못하다. 만일 재(財)가 겁탈당하면 남편과 자식이 편안하지 못하고, 심하면 부모에게까지 영향이 미친다. 따라서 여자는 신왕(身旺)하든 신약(身弱)하든 재성(財星)이 형충파해(刑沖破害)되면 흉하고, 생부(生扶)되어야 한다.

여명(女命)의 재(財)는 고(庫)에 앉아 있으면 길하나, 천간(天干)에 나타나면 흉하다. 만일 재(財)가 천간(天干)에 나타나면 겁탈당하기 쉽다. 만일 사주에 있는 재성(財星)이 천간(天干)에 투출(透出)하면 유력(有力)한 관살(官殺)로 보호해야 한다.

여명(女命)이 재성(財星)이 있으면 관살(官殺)과 식상(食傷)을 같이 살펴야 한다. 이것은 식상(食傷)이 재(財)의 근원이기 때문에 비겁(比劫)을 화(化)하여 재(財)를 생(生)하기 때문이다. 이때 관살(官殺)을 취하든 식상(食傷)을 취하든 서로 혼잡되지 않아야 한다. 그렇지 않으면 재(財) 때문에 재앙을 입는다.

만일 여명(女命)이 관성(官星)이 약하여 재(財)를 보호하지 못하는데, 세운(歲運)에서 비겁운(比劫運)을 만나면 반드시 재물을 잃으며 신체가 건강하지 못하고, 남편의 운을 파(破)하여 남편이 실패하며 가정이 망할 우려가 있다.

여명(女命)이 월주(月柱)에 재(財)가 있는데 신약(身弱)하지 않아 재(財)를 감당하거나, 재(財)가 약한 관(官)을 도와주면 현모양처가 된다. 이런 사람은 직업이 있거나, 부업으로 남편을 도와 가업을 이룬다. 그러나 이런 사람은 대개 부부 연분이 담백하며 근검하고, 출생시 비교적 가정 환경이 좋지 않으나 부모가 근검과 노력으로 가정을 이룬 사람이다.

여명(女命)이 재성(財星)이 풍부한데 충극(沖剋)이 없고, 시간(時干)에 재(財)가 있는데 손상되지 않으면 부귀하며 신체가 풍만하다. 그러나 재성(財星)이 인(印)을 파(破)하면 가사일을 잘 하고, 인상은 부드러우나 부모를 공경하지 않고, 남편이나 부모와 의견대립이 많다. 그리고 인(印)이 왕성하여 재성(財星)을 다투어 생(生)하면 감정의 번뇌가 있고, 일주(日主)가 사절(死絶) 등의 무력(無力)한 지(地)에 있거나 형충(刑沖)되면 남편과 다툼이 많다.

4장. 식신(食神)과 상관(傷官)

1. 식신(食神)의 성격

식신(食神)은 쾌락·식복·의식주 등을 관장한다. 따라서 사주가 식신격(食神格)을 이루면 물질이 풍부하여 생활이 안정되니 근심이 없고, 성격이 명랑하며 미식가이나 비만형이다. 감정이 풍부하여 아름다운 것을 좋아하고, 예술적 이해와 관심이 뛰어나나 쾌락에 빠져 현실을 도외시하는 경향이 있고, 진취적이거나 분발하려는 정신이 부족하여 비상업적인 인물이다. 이런 사람은 예술방면으로 나가는 것이 길하다.

만일 식상(食傷)이 월지(月支)에 있으면 총명하며 탐구적이다. 이때 정관(正官)이나 칠살(七殺)이 있으면 생산과 관련된 사업은 적합하지 않고, 교육자나 광고, 선전 등으로 나가는 것이 길하다.

만일 일주(日主)가 강하며 왕지(旺地)에 앉아 있는데 식신(食神)이 용신(用神)에 해당하면 머리가 민첩하며 예리하고, 성격이 온화하여 사람을 상하게 하지 않고, 신체가 건강하며 부모의 음덕이 있고, 재운(財運)에 형통한다.

식신(食神)은 오행(五行)에 따라 차이가 있다. 목화식신격(木火食神格)은 박학다식하며 인기가 높으나 만년이 좋지 않고, 화토식신격(火土食神格)은 머리가 비상하며 마음이 너그럽고, 금수식신격(金水食神格)은 말재주가 좋으며 행동적이고, 수목식신격(水木食神格)은 명랑한 성격에 총명하며 지혜가 있고 견식이 넓으며 글솜씨가 좋고, 토금식신격(土金食神格)은 다재다능하며 문학방면에 천부적인 재능이 있으며 경제관념이 뛰어나다.

식신(食神)이 천을귀인(天乙貴人)과 같은 주(柱)에 있으면 대중적인 인기가 높고, 역마(驛馬)와 같은 주(柱)에 있으면 멀리 집을 떠나 독립적으로 창업하고, 월주(月柱)에 식신(食神)이 있는데 시주(時柱)에 정관(正官)이 있으면 사업이 비상하게 발전한다.

여명(女命)이 식신(食神)이 시주(時柱)의 녹왕지(祿旺地)에 앉아 있으면 딸이 성공하기 쉽고, 식신(食神)이 있는데 편인(偏印)이 없으면 평생 도둑을 당하는 일이 없다. 만일 식신(食神), 편인(偏印), 겁재(劫財)가 같이 있거나 식신(食神), 편인(偏印), 칠살(七殺)이 같이 있으면 흉액이 많이 따른다.

식신(食神)과 상관(傷官)이 세 개 이상 있으면 주색으로 흐르기 쉽고, 건강이 손상되며 자식복이 없다. 이때 비견(比肩)이 있으면 부모와의 인연이 박하다. 여자는 색을 좋아하며 과부나 첩이 되기 쉽다. 특히 양일생(陽日生)은 창녀가 되기 쉽고, 음일생(陰日生)은 기생이 되기 쉽다.

식신(食神)이 많은데 칠살(七殺)이 적게 있으면 가난하거나 건강이 좋지 않고, 자식이 많지 않다. 이때 칠살(七殺)이 매우 약하면 자식을 두기 어렵다. 만일 식신(食神)이 많으면 공상을 좋아하여 정신질환이 따르기 쉽다. 식신(食神)이 문창(文昌)이나 화개(華蓋)와 같이 있으면 호기심과 취미가 다양하며 문학가가 되는 경우가 많다.

식신격(食神格) 사주는 혈압이 높으며 신체가 풍만하다. 일지(日支)에 식신(食神)이 있는데 사주에 편인(偏印)이 없으면 처첩이 비만하며 마음이 넓다. 그러나 편인(偏印)이 식신(食神)을 극해(剋害)하면 신체가 왜소하거나 추하고, 평생 가난하거나 단명하며 성사되는 일이 없고, 여자는 산액과 독수공방이 따른다.

만일 시주(時柱)에 식신(食神)과 편인(偏印)이 같이 있으면 어릴 때 젖이 부족한 사람이고, 식신(食神)이 편인(偏印)을 많이 만나면 늙어서 먹을 것이 부족하거나 음식에 중독되거나 굶어죽기도 한다.

2. 상관(傷官)의 성격

상관(傷官)은 총명하며 구속받는 것을 싫어하는 특성이 있다. 사주에 상관(傷官)이 있으면 과격하며 원만하지 못하여 질투와 미움을 받기 쉽고, 실패가 많이 따른다. 말이 많으며 불만이 많고 다른 사람의 비평을 살피지 않는다. 사상은 학자나 예술가적이나 행위는 세속적이다.

만일 상관(傷官)과 겁재(劫財)가 같이 있으면 수단과 방법을 가리지 않고 재물을 취하고, 인수(印綬)가 있으면 상관(傷官)을 억제하기 때문에 학술이나 예술방면에서 명성을 얻는다. 만일 상관(傷官)이 많으면 다른 사람과 자신을 상하게 한다. 여자는 예술방면의 교사가 적당하고, 남자는 교육이나 종교 방면으로 나가면 길하다. 상관(傷官)은 오행(五行)에 따라 성격의 차이가 있는데 다음과 같다.

① 목화상관(木火傷官) : 성격이 조급하기 때문에 재물이 흩어지거나 집안이 기울기 쉬우나 재성(財星)이 도와주면 발전할 수 있다.
② 화토상관(火土傷官) : 자존심과 승부근성이 지나치게 강하여 미움을 받는 등 대인관계에서 충돌이 많다.
③ 금수상관(金水傷官) : 경금일간(庚金日干)은 토(土)가 있으면 이로우나 그렇지 않으면 색으로 인하여 화를 일으킨다. 신금일간(辛金日干)은 성격이 명랑하며 지혜가 있다.
④ 수목상관(水木傷官) : 성격이 명랑하며 재능과 지혜가 있다. 그러나 임수일간(壬水日干)은 유년기에 화액을 만나기 쉽다.
⑤ 토금상관(土金傷官) : 성정이 고요하나 자식을 파(破)한다. 그러나 칠살(七殺)이나 인수(印綬)로 상관(傷官)의 과격함을 억제하면 흉이 길로 변한다.

만일 재성(財星)이 있으면 상관(傷官)의 흉을 물리쳐 정관(正官)의 역할을 한다. 상관(傷官)이 많으면 생각이 지나치게 왕성하여 신체의 정력이 고갈된다. 따라서 겉으로는 강건하나 안으로는 숨은 질병이 있다.

사주에 상관(傷官)이 있으면 예술방면으로 나가는 것이 가장 길하고, 법률가가 되거나 연예계로 나가는 것도 길하다. 월주(月柱)의 간지(干支)가 모두 상관(傷官)으로 구성되어 있으면 형제의 우애가 좋지 않고, 부부에게는 이별수가 따른다. 만일 신왕(身旺) 사주가 상관(傷官)이 있으면 성품이 고상하여 종교·예술·교육·사회사업가 등이 적합하다. 그러나 신약(身弱) 사주가 상관(傷官)이 있으면 인색하며 허세를 잘 부린다.

3. 식신(食神)의 의의

식신(食神)은 식복·장인·장모·손자 등을 나타낸다. 사주가 식신(食神) 위주로 구성되었는데 편인(偏印)이 형극(刑剋)하지 않으면 마음이 너그러우며 착하고, 복록이 있어 의식이 넉넉하며 편안한 생활을 한다. 자신의 주장을 고집하지 않고 충고를 잘 받아들여 친구가 많으며 인연이 좋다. 그러나 운동은 좋아하지 않는다.

만일 식신(食神)이 유기(有氣)한데 편인(偏印)을 만나지 않고 일주(日主)가 통근(通根)되면 평생 복록이 많다. 이런 사람은 식복과 인연이 좋으며 평생 근심이 적다. 자신을 절제할 줄 아나 사교적인 말은 할 줄 모른다. 외모는 단정하며 살이 많고 귀가 꽃떨기 같다.

식신(食神)이 월주(月柱)에 있으면 형제가 4·5명이다. 이때 겁재(劫財)가 출간(出干)하여 도와주면 부모가 농사나 음식과 관계된 일을 한다. 단순히 식신(食神)이나 상관생재(傷官生財)한 사주는 자수성가한다. 이런 사람은 부모의 사업과 자본을 이용하는 것은 좋지 않다. 사업은 단순하여 혼잡되지 않고, 탐욕이 없으며 마음이 선량하여 돈을 모으는 것 역시 정도를 지킨다. 그러나 동업이나 투자는 적합하지 않다.

그러나 만일 세운(歲運)에서 식신(食神)이나 상관(傷官)을 만나 식상(食傷)이 혼잡되면 사업에 욕심이 있고, 식신(食神)이 유기(有氣)한데 편인(偏印)을 만나지 않으면 식품과 관계있는 사업으로 나가는 것이 길하다. 이때 일주(日主)가 통근(通根)되면 복록이 형통한다. 식신격(食神格)을 이루었는데 세운(歲運)에서 편인(偏印)을 만나면 매우 흉하다. 이때는 편재(偏財)를 만나야 길하다.

신약(身弱) 사주가 세운(歲運)에서 겁재(劫財)를 만나면 반드시 명리(名利)가 발전하고, 식신(食神)이 정인(正印)을 만나면 재산이 늘어나고, 식신(食神)이 편인(偏印)을 만나면 재물이 흩어지고, 식신(食神)이 희신(喜神)에 해당하면 아내가 장수하며 자식이 많고, 식신(食神)을 암암리에 만났는데 손상되지 않으면 비만하고, 식신(食神)이 거듭 있는데 세운(歲運)에서 관(官)을 만나면 흉하다.

신왕(身旺) 사주는 일주(日主)가 통근(通根)되어 유력(有力)한 지(地)에 앉아 있고, 격국(格局)이 식신제살격(食神制殺格)이나 상관패인격(傷官佩印格)이나 식상생재격(食傷生財格)을 이루면 기업가나 실업가가 되는 경우가 많고, 식신(食神)이나 상관(傷官)이 천간(天干)에 있는데 일주(日主)가 통근(通根)하여 생(生)을 받으면 의식이 넉넉하다.

남명(男命)이 식신격(食神格)을 이루면 사주가 칠살(七殺)이 위주인 아내를 얻어야 길하고, 식신(食神)이 왕성하면 직업학교나 전문학교를 나오는 것이 길하고, 식신(食神)을 취하는데 편인(偏印)이 있으면 외롭고 가난하며 요절한다. 사업 역시 다패소성(多敗少成)하여 성공하거나 발전하기 어렵다. 그러나 사주가 유력(有力)하면 사업은 성공할 수 있으나 신체가 병약하거나 구두쇠가 되기 쉽다. 이런 사람은 성공한 후에도 편안함을 누리기 어렵다.

만일 식신(食神)이 충파(沖破)되면 식복이 부족하여 신체가 건강하지 못하다. 식신(食神)이 득령(得令)하고 편인(偏印)을 만나는데 세운(歲運)에서 다시 식신(食神)을 만나거나 식신(食神)이 회합(會合)하면 음식으로 인해 화를 당한다. 이런 사람은 음식의 양을 조절할 줄 알아야 한다.

식신(食神)이 령(令)을 잡아 왕성한데 충파(沖破)되면 치아가 튼튼하나 틈새가 크고, 식신(食神)이 약한데 편인(偏印)을 만나면 위장이 좋지 않으며 의외의 질병이 따르고 치아가 상하기 쉽고, 입술이 아름답지 않고 치아를 드러내며, 대화를 할 때 침을 많이 튀긴다.

만일 식신(食神)이 약하고 편인(偏印)을 만나는데 식신(食神)이 화(火)에 해당하면 치아가 좋지 않고, 토(土)나 목(木)에 해당하면 위장병이 따르고, 수(水)에 속하면 위궤양이 따르고, 금(金)에 해당하면 십이지장이나 소화기관에 질병이 발생한다.

4. 상관(傷官)의 의의

상관(傷官)은 조모와 손녀를 나타낸다. 상관(傷官)은 천부적인 예술성을 타고 났으나, 총명함이 지나쳐 교만하며 거만하고 괴팍스럽다. 따라서 상관(傷官)이 있으면 반드시 인수(印綬)가 있어야 자신의 본성을 억제할 줄 아나, 지나치게 제복(制伏)하면 빼어남이 매몰된다. 상관(傷官)은 움직이면 흉하니 고요해야 한다. 만일 인(印)을 용(用)하면 재(財)를 제거해야 하고, 재(財)를 용(用)하는데 인(印)이 있으면 부귀공명(富貴功名)을 이루기 어렵다. 만일 상관(傷官)이 괴강(魁罡)에 앉아 있으면 강직하며 은중하고 말재주가 좋다. 이런 사람은 군인·관광업·외과의사 등으로 나가면 길하다.

상관격(傷官格) 사주가 인(印)이 있으면 성실하며 엄숙하고, 계획적이며 원칙을 지키고, 신중하며 신용이 좋고, 욕심이 적어 자신의 능력 범위를 벗어나지 않고, 교제를 좋아하지 않으나 자발적으로 움직이고, 자신의 능력으로 창업하여 발전하며 모험을 하지 않는다.

만일 인수(印綬)가 명(明)하여 제복(制伏)하면 자식이 발전하나, 제복(制伏)이 마땅하지 않으면 발전하지 못한다. 상관(傷官)이 왕성할 때는 재(財)가 있으면 길하나, 재(財)가 절(絶)되고 관(官)이 휴수(休囚)되면 화액이 따라 다패소성(多敗少成)하는 명(命)이 된다.

단순한 상관생재격(傷官生財格)은 사업의 종류가 단순하나 욕심이 많고, 일주(日主)가 통근(通根)하면 사업이 중첩된다. 이런 사람은 교제가 많으며 말재주가 좋아 사람을 잘 설득시킨다.

시상(時上) 상관(傷官)이 재(財)를 생(生)하면 창업의 야심이 크며 기업이 희망적이다. 비록 공상이나 몽상에 빠지기 쉬우나, 때를 만나면 발명이나 발현하여 큰 재물을 모은다. 이런 사람은 독서를 싫어하고 노는 것을 좋아한다. 그러나 이때 세운(歲運)에서 인수(印綬)를 만나면 독서를 좋아하며 자발적으로 움직여 발전한다.

남명(男命)이 상관(傷官)이 있으면 총명하나 노는 것을 좋아하여 독서를 좋아하지 않고, 여명(女命)은 독서를 좋아하나 희신(喜神)과 기신(忌神)을 자세히 살펴야 한다. 상관(傷官)이 왕성한데 재(財)나 인(印)에 의지하지 못하면 부실함이 많고, 말이 앞서며 거칠고, 교묘하며 졸렬하고 빈한하다. 이때 상관(傷官)을 제복(制伏)하지 못하면 욕심과 간사함과 교묘함과 질투와 호기심이 많으며 총명함으로 과오를 저지르고, 신중하지 못하여 후회가 많이 따른다. 뜻을 잃어 번민하는 경우가 많고, 민감하여 너그럽지 못하고, 큰 뜻과 야심이 없으며 평생 고생이 많다. 이런 사주는 대개 태어날 때 가정환경이 좋지 않고, 아버지가 고생을 많이 한다.

만일 상관(傷官)이 있는데 제화(制化)하지 못하거나, 시상(時上)에 상관(傷官)이 있는데 세운(歲運)에서 다시 상관(傷官)을 만나면 흉하다. 이때는 신왕(身旺)하면 반드시 파산하고, 신약(身弱)하면 평지풍파가 일어난다. 이때 세운(歲運)에서 정관(正官)을 만나면 큰 화액이 따르고, 상관(傷官)이 상하면 만년에 처량한 신세가 된다.

만일 상관(傷官)과 양인(陽刃)이 쟁투하는 운을 만나면 성격이 지나치게 강하여 화애롭지 못하고, 상관(傷官)이 명(明)하며 중첩되는데 겁재(劫財)가 상관(傷官)의 기세를 돕고, 신약(身弱)하며 일주(日主)가 통근(通根)하지 않고 무력(無力)한 절지(絶地)에 앉아 있으면 항상 불우하며 비관에 빠지기 쉬워 자살하는 경우가 많다.

만일 신약(身弱)한데 인수(印綬)가 무력(無力)하고, 세운(歲運)에서 상관(傷官)을 만나도 마찬가지이다. 상관(傷官)은 유락이나 분파 등을 상징하기 때문에 신왕(身旺)하든 신약(身弱)하든 세운(歲運)에서 상관(傷官)을 또 만나면 사업에 변화가 많이 따른다.

5. 식신격(食神格)

일주(日主)대 월지(月支)의 지장간(支藏干)이 천간(天干)에 출간

(出干)하면 식신격(食神格)이 된다. 이런 사주는 마음이 넓고 비만형으로 식성이 좋다. 시원한 외모에 성격이 솔직하며 상냥하고, 의식주가 넉넉하며 대화를 즐긴다. 그러나 편인(偏印)이 있으면 빈천한 명(命)이 된다. 여명(女命)은 음식 솜씨는 좋으나 남편덕이 부족하다.

6. 상관격(傷官格)

일주(日主)대 월지(月支)의 지장간(支藏干)에 있는 상관(傷官)이 천간(天干)에 투출(透出)하면 상관격(傷官格)이 된다. 상관격(傷官格)은 마음이 넓은 것 같으나 좁고, 남을 위해 희생하는 것 같으면서 눈치와 계산이 빠르며 냉소적이다. 자신에게 불리하면 안면을 바꾸고, 자신은 거만하면서 남의 잘못은 참지 못하며 지배받는 것을 싫어한다. 점잖은 척, 잘난 척, 허세 등을 잘 부리나 손재주와 예능방면에는 재능이 있다. 직업은 교사 · 예능 · 기술 · 수리 · 변호사 등이 길하다. 여명(女命)은 남편덕이 부족하다.

7. 식상생재(食傷生財)

식상(食傷)이 재(財)를 생(生)하면 탐욕이 많아 사업을 번잡하게 벌인다. 자신의 능력을 벗어나기 때문에 항상 자금과 사람으로 갈등하고, 휴식과 일하는 시간의 경계가 없어 건강을 해치고, 남에게 일을 맡기지 못하며 남이 한 일에 만족하지 못한다.

식상(食傷)이 유기(有氣)하여 재(財)를 생(生)하는데 일주(日主)가 통근(通根)되어 왕지(旺地)에 앉아 있거나, 신왕(身旺)하든 신약(身弱)하든 인수(印綬)가 명(明)하면 기업계나 실업계 등 다방면에서 발전하나 귀격(貴格)을 이루지는 못한다. 식상(食傷)이 유기(有氣)한데 편재(偏財)를 생(生)하면 말로 먹고 사는 직업에 종사하는 것이 길하다. 이런 사람은 상대방의 심리를 파악하는 능력이 있다.

월주(月柱)에서 식상운(食傷運)을 만나는데 재다신약(財多身弱)하면 평생 분주하며 고생이 많다. 식상생재(食傷生財) 사주는 부모를 봉양하고, 오술계(五術界)를 빠르게 터득하여 성취할 수 있다. 그러나 원명(原命)에 재(財)가 없으면 배움은 빨라도 정밀하지 못하다. 관인(官印)이 있으면 천천히 얻고, 관살(官殺)이 잡다하면 이것저것 많이 배워도 실속이 없다.

상관견관(傷官見官)하거나 상관무제(傷官無制)하면 강호술사(江湖術士)의 명(命)이다. 식상(食傷)이 월건(月建)에 있으면 출생시 아버지가 농사와 관계된 일에 종사하거나, 공무원이나 기술자 등 직업이 안정된 사람이다. 그러나 성장한 후에는 형제가 각각 흩어진다. 이때 신약(身弱)하면 출생시 가정환경이 좋지 않고, 식상(食傷)이 중첩되었는데 재성(財星)이 없거나, 재(財)가 겁탈당하는데 일주(日主)가 통근(通根)하지 못하면 동업을 하거나 남에게 의지하여 사업을 하는 경우가 많다. 이런 사람은 끈기와 인내심이 적어 고생하고, 공상과 몽상은 많으나 행동이 따라주지 않아 다패소성(多敗少成)하고, 건강상으로는 소화기관을 조심해야 한다.

원명(原命)에서 재(財)가 식상(食傷)을 설(洩)하는데 일주(日主)가 통근(通根)되어 유력(有力)하면 능력이 있다. 이런 사람은 야심과 이

상이 높으며 교제가 넓어 인간관계를 이용하여 사업을 발전시킨다. 이때 세운(歲運)에서 식상(食傷)을 만나면 투자에 욕심이 많으며 주색을 좋아하고, 방탕하여 뜻을 잃고 질병이 생긴다. 희신(喜神)과 기신(忌神)은 반드시 아신(我身)이 왕성한가 약한가를 살피고, 원명(原命)에 재성(財星)과 인수(印綬)의 역량을 살펴서 정해야 한다. 여자는 사회활동을 하는 것이 좋고, 사주의 구성이 좋으면 여걸이 된다.

 남자가 식상생재격(食傷生財格)이면 아내를 사랑하며 내조를 받는다. 그러나 여자와 인연이 좋아 첩을 둘 가능성이 있고, 여색으로 화액을 당할 수 있다.

 여자가 식상생재격(食傷生財格)을 이루면 사업을 이루려는 마음이 강하여 가정에 소홀하다. 사주의 배합이 좋지 않으면 남편을 능멸하며 기만한다. 식상생재(食傷生財) 사주는 아름다운 명(命)이다. 그러나 식상(食傷)이 재(財)를 만나지 못하면 매사에 고생이 많다. 배우는 것은 바르나 정밀하지 못하며 인내력이 부족하다. 식상무재(食傷無財) 사주는 남자는 아내가 없거나 있어도 좋지 않고, 여자는 남편을 극(剋)한다.

8. 식상무제(食傷無制)

 일주(日主)는 약하고 식상(食傷)은 강한데 인(印)이 제극(制剋)하지 않거나, 인수(印綬)가 무력한데 식상(食傷)이 지나치게 설(洩)하거나 제(制)하지 않으면 식상무제(食傷無制)라 한다. 일주(日主)가 약간 강한 편이나 사주에 인(印)이 없고, 식상(食傷)이 국(局)을 이루어 아신(我身)을 설(洩)해도 식상무제(食傷無制)가 된다.

식상무제격(食傷無制格) 사주는 재주는 뛰어나나 거만하며 오만하여 어려워하거나 꺼리낌이 없다. 관살(官殺)을 극(剋)하기 때문에 법을 무시하여 구설과 시비를 일으킨다. 여기다 사주의 배합까지 좋지 않으면 보복심이 강하다. 움직이는 것을 좋아하나 대인관계가 원만하지 못하여 평생 분파가 많다. 만일 식상(食傷)을 인(印)으로 제(制)하지 못하면 절제할 줄 모르는 사람이 된다.

식상무제격(食傷無制格) 사주는 자신의 재주를 믿고 거만하게 행동하다 분파한다. 식상(食傷)을 꺼리니 고생을 많이 해도 이루는 것이 없다. 자존심이 강하여 다른 사람 밑에 있는 것을 싫어하고, 직업의 변동이 많다. 이런 사주는 예술계·연예계·문학·학문·연구·설계 등으로 나가면 발전할 수 있다.

식상무제격(食傷無制格) 사주는 가정환경이 좋지 못하며 육친과의 인연도 박하다. 여명(女命)은 식상(食傷)을 꺼리면 자식덕이 없고, 남자는 식상(食傷)이 지나치게 관살(官殺)을 극(剋)하면 자식이 없다. 남자는 감정을 절제할 줄 모르니 색정을 좋아하며 부부가 화목하지 못하고, 여자는 식상(食傷)이 관(官)을 극(剋)하니 남편을 무시한다. 만일 식상(食傷)이 왕성하면 사업을 하려는 마음이 강하여 가정을 돌보지 않는다.

식상무제격(食傷無制格) 사주는 체질이 허약하기 때문에 단명이나 질병이 따르기 쉽고, 친구와의 사이가 좋지 않다. 만일 인수(印綬)가 식상(食傷)을 제(制)하면 교육이나 종교와 인연이 많다.

9. 상관패인(傷官佩印)

일주(日主)가 약하고 상관(傷官)이 지나치게 설(洩)하는데, 인수(印綬)가 제극(制剋)하면 상관패인(傷官佩印)이 된다. 그러면 상관(傷官)의 해(害)를 받지 않고 인(印)이 일주(日主)를 생(生)하면 약이 강으로 변한다. 이때 인(印)이 있으면 관(官)을 기뻐하고 식상(食傷)과 재(財)를 꺼린다. 고서(古書)에 상관패인(傷官佩印)이 있으면 때에 따라 취함이 가능하다고 했다. 따라서 하목(夏木)은 화(火)가 수(水)를 구제하고, 수(水)가 화(火)를 구제한다 했다.

상관(傷官)이 일주(日主)를 설(洩)하니 재주와 수단이 좋고, 인(印)이 수레의 말을 부리니 영화롭다. 책임감이 강하며 총명하고 예의범절이 바르다. 표현력과 윗사람의 도움과 수단이 좋기 때문에 발전하여 중년 이후에는 자립적인 경영을 한다. 공무원·공업·상업계 등으로 나가면 길하다.

상관패인격(傷官佩印格) 사주는 부모의 정과 덕이 좋고, 자식과의 인연도 좋다. 윗사람의 도움으로 사업을 이룬다.

상관패인격(傷官佩印格) 사주는 부모나 윗사람의 소개로 혼인하는 것이 좋다. 만일 연애로 혼인하더라도 윗사람의 의견을 존중하는 것이 좋다, 상관(傷官)이 해롭지 않으면 오히려 부부금실이 좋다.

상관패인격(傷官佩印格) 사주는 신체가 건강하나 정관(正官)이 함께 있으면 좋지 않다. 식상(食傷)은 총명함과 재주를 나타내기 때문에 상관(傷官)과 인(印)을 배합하면 능력을 믿고 거만하나 제(制)함이 있으니 방종하지는 않다.

10. 상관견관(傷官見官)

상관견관(傷官見官)은 극설교가(剋洩交加)라고도 한다. 일주(日主)가 약한데 정관(正官)이 극(剋)하고 상관(傷官)이 설(洩)하는 것을 말한다. 만일 인수(印綬)가 없거나 미약하면 흉신(凶神)을 제화(制化)하지 못하고 재성(財星)이 정관(正官)과 상관(傷官) 사이를 통관(通關)하기 어려우면 상관(傷官)이 정관(正官)을 극해(剋害)하기 때문이다. 이때 정관(正官)이 상하면 사업운과 혼인운이 모두 좋지 않다. 따라서 상관(傷官)이 관(官)을 만나면 화액을 예측하기 어렵다.

상관견관(傷官見官) 사주는 인수운(印綬運)은 길하고 식상운(食傷運)과 관살운(官殺運)은 흉하나, 재성(財星)이 통관(通關)하면 길하다. 고서(古書)에 상관견관(傷官見官)이 인지(印地)나 재지(財地)로 들어가면 묘해진다고 했다. 상관견관(傷官見官)은 식상무제(食傷無制)나 식상무재(食傷無財)와 구조가 유사하다.

만일 일주(日主)가 강한데 인수(印綬)가 유력(有力)하면 상관견관(傷官見官)을 두려워하지 않는다. 이것은 인(印)이 관(官)을 화(化)하고 상관(傷官)을 제(制)하기 때문이다. 일주(日主)가 강하면 극설교가(剋洩交加)를 두려워 하지 않기 때문에 상관견관(傷官見官)이라도 흉하지 않은 것이다.

만일 금일주(金日主)가 동월(冬月)에 태어나면 화(火)의 관성(官星)이 조후(調候)해야 되니 역시 상관견관(傷官見官)을 두려워하지 않는다. 상관견관(傷官見官)은 구분하기가 매우 까다로우니 세심하게 잘 살펴야 한다.

사주가 상관견관(傷官見官)이 되면 유약하며 의기소침하다. 판단에

착오가 많으며 교묘하고 졸렬하다. 시비를 좋아하기 때문에 구설과 관재가 많이 따른다.

사주에 상관견관(傷官見官)이 있으면 사업의 변동이 많으니 사업과 재물을 모두 이루기 어렵다. 자유업이나 기술업 등 안정된 직업으로 나가는 것이 좋다.

사주에 상관견관(傷官見官)이 있으면서 인(印)이 무력(無力)하면 유년기에 부모의 보살핌을 받기 어렵고, 육친덕과 자식운도 좋지 않다. 식상(食傷)과 관살(官殺)을 모두 꺼리기 때문에 자식과의 다툼이 많다.

남자는 재성(財星)이 통관(通關)하지 못하여 애정이 부족하고, 여자는 상관(傷官)이 관(官)을 극(剋)하니 전형적인 극부(剋夫)의 명(命)으로 남편이 발전하기 어렵다.

사주에 극설교집(剋洩交集)이 있으면 질병이나 관재가 따른다. 이것 저것 배우는 것은 많아도 이루는 것이 없고, 중년에 기억력이 쇠퇴한다. 그러나 일주(日主)가 약하지 않으면 무방하다. 이런 사주는 관재 구설을 조심하며 남편을 무시하지 말아야 한다.

11. 식신(食神)과 장인 · 장모

식신생재(食神生財)나 상관생재(傷官生財)하면 대인관계가 좋고, 식상(食傷)이 유기(有氣)한데 손상되지 않으면 장인 · 장모가 발전하며 연분이 많다. 식신(食神)이 유기(有氣)하여 재(財)를 생(生)하는데 일주(日主)가 통근(通根)되어 왕성하면 혼인한 후에 처가가 발전하고, 장인·장모의 사랑을 받게 된다. 식신(食神)이 월주(月柱)에 있는데 일주(日主)가 유력(有力)하면 장인·장모의 복과 수명이 형통하고, 식신(食神)과 재(財)가 같은 주(柱)에 있거나 식신(食神)이 재(財)를 끼고 있으면 장인·장모가 딸과 사위를 사랑한다.

만일 식신(食神)이 통근(通根)하면 좋은 집안의 여자를 아내로 맞이하고, 식신생재(食神生財)하면 처가의 도움으로 사업이 발전하며 처가에 거주하는 경우가 많다. 식신운(食神運)이나 상관운(傷官運)으로 달리면 처가가 번영하고, 식신(食神)과 정인(正印)이 합화(合化)하면 장인·장모가 딸과 사위를 사랑하나 한 명을 잃기 쉽다.

신약(身弱) 사주가 설(洩)함이 중(重)하여 식상(食傷)을 감당하지 못하면 반드시 처가가 고생한다. 이런 사람은 장인·장모를 일찍 잃는다. 식신(食神)이 령(令)을 잡아 왕성하나 신약(身弱)하고, 일주(日主)가 통근(通根)하지 못하고, 무력(無力)한 지(地)에 앉아 있으면 장인·장모가 딸과 사위를 사랑하지 않아 감정의 갈등이 생긴다.

만일 식신(食神)이 충파(沖破)되었는데 정편인(正偏印)이 중첩되거나, 천간(天干)에 편인(偏印)이 있으면 혼인 한 후에 처가의 사업이 정체되거나 쇠퇴한다. 식신(食神)이 편인(偏印)을 만나면 처가가 발전하기 어려워 고생하고, 천간(天干)에 비겁(比劫)이 있어 통관(通關)하면 처가가 발전하나 인연이 박하다. 식신(食神)이 출간(出干)하여 편인(偏印)에 앉아 있으면 처가가 안정되지 않는다. 이런 사람은 청년기에 고생이 많으며 딸을 조심해야 한다.

만일 식신(食神)이 약한데 의지할데가 없으면 장인·장모 중에 한 사람을 일찍 잃게 된다. 이런 사람은 처가 부모를 모시는 경우가 많다. 식신(食神)이 관성(官星)에 앉아 있으면 처가의 원한을 사게 되고, 처가의 도움에도 한계가 있다. 일주(日主)가 식신(食神)이나 상관(傷官)에 앉아 있으면 처가가 발전하기 어렵다. 아내 역시 건강하지 못하며 아내의 행동 때문에 갈등이 생긴다. 사주에 식상(食傷)이 부족하면 처가가 발전하기 힘들어 고생하고, 장인·장모가 사위에게 의지하여 살아간다. 시주(時柱)에서 식상(食傷)이나 겁재(劫財)나 양인(陽刃)을 만나면 자식과의 인연이 박하고, 식신(食神)이 편인(偏印)을 만나면 자식으로 인한 근심이 많다.

12. 상관(傷官)과 육친

상관(傷官)이 년상(年上)에 있으면 조업(祖業)을 극(剋)하여 고향을 떠나고, 월상(月上)에 있으면 부모가 무력(無力)하다. 이때 겁재(劫財)를 만나면 집안이 가난하여 부모가 고생하고, 겁재(劫財)가 상관(傷官)의 기세를 도와주면 아버지가 재혼하기 쉽다. 상관(傷官)이 시상(時上)에 있으면 평생 어머니의 사랑에 의지하나, 상관(傷官)이 왕성하면 어머니를 극(剋)한다. 시상(時上)에 상관(傷官)이 있는데 재(財)가 출간(出干)하여 손상되지 않으면 아내가 말주변이 좋아 상업으로 발전한다.

상관(傷官)이 일주(日主) 재고(財庫)에 통근(通根)하면 혼인이 세 번 깨지고, 일주(日主)가 상관(傷官)에 앉아 있는데 상관(傷官)이 중첩되거나 세운(歲運)에서 상관(傷官)을 만나면 실연하기 쉬우며 감정적인 좌절이 많다. 이때 상관(傷官)이 월지(月支)에 있으면 아내를 두려워하며 사업이 성공하기 어려우니 고생이 많이 따른다. 그러나 아내가 금전을 관리하는 능력이 뛰어난 사람이다.

상관(傷官)이 지나치게 왕성한데 재(財)를 만나면 부부에게 생사이별이 따라 백년해로하기 어렵고, 상관(傷官)이 인(印)을 취하면 현명한 자식을 얻으나 상관(傷官)을 제(制)하지 못하면 자식이 손상된다.

남명(男命)이 식상(食傷)이 중첩되어 있으면 자식과 인연이 박하고, 상관(傷官)이 왕성하면 반드시 자식이 손상된다. 상관(傷官)이 왕성하면 후사가 반드시 끊어진다고 하는 것이 이런 경우를 두고 하는 말이다. 이런 사람은 자식이 있어도 키우기 어렵다. 만일 세운(歲運)에서 상관(傷官)을 만나면 자식이 위태롭고 재물을 잃기 쉽다.

사주에 관성(官星)이 약한데 극(剋)되거나, 상관(傷官)이 약한 관(官)을 극합(剋合)하면 자식이 있어도 상하기 쉽다. 년주(年柱)나 월주(月柱)에 있는 식상(食傷)이 중(重)한데, 시주(時柱)에 겁재(劫財)가 있으면 자식이 있어도 집안이 망한다. 만일 식상(食傷)이 월주(月柱)에 있으면 일찍 혼인해도 자식을 늦게 두고, 키울 때는 각별히 조심해야 한다.

남명(男命)이 식상(食傷)이 있는데 시주(時柱)에 관성(官星)이 있거나, 사주에 관살(官殺)이 명(明)하면 자식이 타향에서 발전하고, 자식과 인연이 박하거나 효심이 부족하다. 이때 시간(時干)에서 식상(食傷)을 만나면 자식을 형극(刑剋)하나, 시지(時支)에 칠살(七殺)이 있으면 길하다.

시상(時上)의 상관(傷官)이 중(重)하면 자식이 성공하기 어렵거나, 자식이 혈광의 재앙을 당하기 쉽거나, 자식을 두기 어렵다. 상관(傷官)이 시주(時柱)에 있으면 한두 명의 자식을 처가나 어머니 등 타인에게 맡기는 경우가 있다. 이런 사주는 자식을 조심해야 하고, 아내가 자식을 낳을 때 산액이 따르기 쉽다.

상관(傷官)이 관(官)을 만나면 평생 자식을 조심해야 한다. 이런 사람은 자식이 시비를 일으키며 조업(祖業)을 깨트리고, 자동차 사고 등이 일어나며 유랑하여 본업에 종사하지 않는 등 불효한다.

상관(傷官)이 관(官)을 만나면 만년에 자식이 손상되기 쉽다. 딸에게 정신질환이 따르기 쉬우며 크게 발전하기 어렵다.

상관(傷官)이 관(官)을 만나면 부모의 사랑을 편안하게 받지 못하고, 육친도 의지할 수가 없으니 자수성가해야 한다. 신경이 예민하며 노력을 많이 해도 이루기 어렵다. 이런 사람은 속으로는 음험하며 간사하여 구류술사로 나가기 쉽고, 도처에 정을 주며 사람을 다치게 하는 등 평생이 참담한 편이다.

정관(正官)이 약한데 상관견관(傷官見官)하면 신경이 예민하며 쇠약하고, 신경질적인 성격이라 평생 편안하기 어렵다. 신약(身弱)한데 상관견관(傷官見官)하거나 세운(歲運)에 상관견관(傷官見官)해도 마찬가지이다. 이때는 재성(財星)이 통관(通關)해야 화액이 길로 변할 수 있다. 만일 세운(歲運)에서 재성(財星)을 형충파해(刑沖破害)하면 흉하다.

상관견관(傷官見官)한 사주는 세운(歲運)에서 관운(官運)을 만나면 명리(名利)를 구할 수 있다. 만일 재성(財星)과 인수(印綬)를 만나면 원명(原命)에 있는 희신(喜神)과 기신(忌神)을 살펴야 한다. 상관견관(傷官見官)하는데 상관(傷官)이 왕성하면 반드시 형제 중에 발전하는 사람이 있다. 상관견관(傷官見官)하거나 재(財)가 겁탈당하면 우울하며 번민하여 상하게 된다.

13. 여명(女命)의 식신(食神)과 상관(傷官)

　여명(女命)에게 식신(食神)과 상관(傷官)은 자성(子星)에 해당한다. 따라서 식신(食神)이 충파극해(沖破剋害)되면 자식에게 재난이 많다. 세운(歲運)에서 만나도 마찬가지이다. 상관(傷官)은 제(制)하거나 재(財)로 설(洩)하여 중화를 이루어야 하나, 지나치게 제설(制洩)하면 역시 흉하다. 식상(食傷)은 일주(日主)를 설기(洩氣)하기 때문에 일주(日主)가 강해야 한다. 그렇지 않으면 흉하다.

　여명(女命)에게 관살(官殺)은 부성(夫星)인데, 상관(傷官)은 관살(官殺)을 대항하기 때문에 중첩되면 관살(官殺)을 극상(剋傷)한다. 따라서 여명(女命)에서의 식상(食傷)은 적당하게 있어야 남편과 자식이 영화롭다.

　여명(女命)이 식신생재(食神生財)가 있는데 관성(官星)이 없으면 남편이 성실하다. 남편의 사업이 발전하며 금융계통에 종사하면 고위직에 오르고, 부창부수하는 명(命)이 된다. 미혼자는 관살운(官殺運)을 만나면 혼인이 성사되나, 재(財)와 식신(食神)을 파(破)하면 반드시 재앙이 따른다. 세운(歲運)에서 만나도 마찬가지이다. 기혼자는 관살운(官殺運)을 만나면 부부간에 화목하지 못하다. 이때 상관(傷官)이 와서 혼잡되면 더욱더 흉하다.

　남녀 모두 식신생재(食神生財)가 있으면 편안하며 화애롭고, 다른 사람을 잘 믿는다. 그러나 상관생재(傷官生財)가 있으면 야심과 탐욕이 많으며 다른 사람을 잘 믿지 못하고, 신임을 얻기 어려우며 평생 고생이 많다.

　여명(女命)이 식상(食傷)으로 조후용신(調候用神)을 삼아 오행(五

行)을 중화하면 남편이 발전하나, 식상(食傷)을 파(破)하면 수명이 손상된다. 만일 식상(食傷)과 관성(官星)이 가까이 있으면 불가하다.

여명(女命)이 월건(月建)에 관살(官殺)이 있는데 시간(時干)에 식상(食傷)이 있으면, 남편이 능수능란하니 사업을 이루어 명리(名利)를 얻고, 나서기를 좋아하는 사람이다.

여명(女命)이 부성(夫星)이 명(明)하며 손상되지 않았는데, 원명(原命)에서 식상(食傷)이 출간(出干)하여 혼잡되지 않으면 남편이 분발하여 성공한다. 그러나 세운(歲運)에서 식상(食傷)이 관성(官星)을 충극(沖剋)하면 부부간에 불화하기 쉽고, 남편의 사업이 좋지 않거나 남편이 방탕하여 재물을 잃고 시비를 일으킨다. 부부의 건강 역시 좋지 않다. 이때 원명(原命)에 있는 관살(官殺)이 약하면 재앙이 더욱 무겁다.

여명(女命)이 식상(食傷)이 중첩되었는데 재(財)가 겁탈당하면 조숙하여 사회활동을 일찍 시작하고, 허영에 빠지기 쉽다.

여명(女命)이 세운(歲運)에서 관살(官殺)을 만나 사주에 있는 식상(食傷)을 충(沖)하면 정으로 번뇌하고, 혼인생활이 좌절되기 쉽다.

여명(女命)이 식신(食神)이 전국을 이루었는데 식신(食神)의 원신(原神)이 투출(透出)하면 식신종론(食神從論)을 짓는다. 이때 사주에 관성(官星)이 없으면 재물을 많이 모은다. 식신(食神)을 따를 때는 편인(偏印)을 만나는 것을 가장 꺼린다. 이때 세운(歲運)에서 편인(偏印)을 만나면 부부간에 생사이별이 따른다. 그리고 식신(食神)은 자성(子星)에 해당하기 때문에 자식으로 인하여 마음이 상한다.

예를 들어 갑일주(甲日主)가 지지(地支)에 인오술(寅午戌)이 있는데, 천간(天干)에 병화(丙火)가 투출(透出)하면 목화상생(木火相生)

이 된다. 이때 세운(歲運)에서 임수(壬水)를 만나거나, 화국(火局)을 형충(刑沖)하거나, 화(火)가 왕성한데 수(水)가 격돌하면 흉하다.

여명(女命)은 일지(日支)에 식신(食神)이 있으면 흉하고, 상관(傷官)이 있으면 더욱더 흉하여 혼인이 쉽게 이루어지지 않는다. 일지(日支)는 부궁(夫宮)인데 식상(食傷)이 설(洩)하기 때문이다. 이런 사주는 부부간에 감정의 마찰이 심하여 융합하기 어렵다. 이때 식상(食傷)이 기신(忌神)에 해당하면 남편이 실패하고, 신강(身强)하면 생사이별이 따른다.

만일 상관(傷官)이 중첩되면 남편을 극(剋)하여 재혼하는 명(命)이 되나, 상관(傷官)이 관성(官星)을 만나지 않으면 정결한 부인이 된다. 다시 말해 사주에 상관(傷官)이 있는데 재인(財印)이 패절(敗絶)되면 남편을 극(剋)하는 명(命)이 된다.

여명(女命)이 상관(傷官)이 있으면 복록이 참되지 않고, 재(財)와 인(印)이 없으면 고독하며 가난하고, 상관(傷官)이 투출(透出)하면 반드시 여급이 된다고 했다. 따라서 여명(女命)이 상관(傷官)을 범하면 재인(財印)을 만나야 복을 논할 수 있다. 그렇지 않고 상관(傷官)이 중첩되면 반드시 형부극자(刑夫剋子)하여 고생과 질병이 많이 따른다. 이때 상관(傷官)이 관(官)과 가까이 있으면 더욱더 흉하다.

여명(女命)이 겁재(劫財)가 상관(傷官)의 기(氣)를 돕는데, 세운(歲運)에서 인수(印綬)를 만나면 흉하다. 이때 상관(傷官)을 형충(刑沖)하면 크게 실패하며 정으로 번뇌한다. 이런 사주는 감정이 정상적이지 않으니, 만일 소녀가 이런 운을 만나면 세심하게 살펴야 한다.

여명(女命)이 상관(傷官)이 중첩되었는데 세운(歲運)에서 겁재(劫財)와 양인(陽刃)이 임하면 도화(桃花) 때문에 남편이 실패하고, 도화(桃花)가 없어도 남편이 막힌다.

여명(女命)이 상관견관(傷官見官)하는데 세운(歲運)에서 또 상관 (傷官)을 만나거나 재관(財官)을 형충(刑沖)하면 도화(桃花)에 해당 하기 때문에 남편이 어지럽다. 이런 사주는 감정의 번뇌가 많으니 마 찰과 분규가 많이 따르고, 남편의 사업이 좌절되며 건강도 나쁘다.

여명(女命)이 상관(傷官)이 왕성한 재(財)를 생(生)하면 마음이 안 정되지 못하고, 정욕이 강하며 일찍 성숙하여 분파한다. 이런 사주는 환경 때문에 일찍 혼인하나 이상형을 만나기 어렵고, 여러 번 혼인하 거나 동거생활을 하나 중년 이후에는 안정된다.

여명(女命)이 월건(月建)에 상관(傷官)이 있으면 반드시 부성(夫星) 이 때를 얻지 못하고, 재성(財星)이 겁탈당하면 부성(夫星)의 기(氣) 가 끊어지니 일생이 뜬구름과 같다. 이런 사주는 창녀나 기생, 첩 등 이 되기 쉬우며 재물과 몸이 상한다.

여명(女命)이 세운(歲運)에서 상관(傷官)의 기신(忌神)을 만나면 남 편을 극(剋)한다. 만일 원명(原命)에서 관살성(官殺星)이 출간(出干) 하여 세력을 얻으면 부부사이가 좋지 않거나 이혼하고, 관성(官星)이 세력을 잃으면 참변이 따르고, 관(官)을 생(生)하지 못하면 몸과 재 물이 손상된다.

여명(女命)이 년시(年時)에서 상관(傷官)이 일주(日主)를 끼고 있 고, 겁재(劫財)가 세력을 돕는데 세운(歲運)에서 다시 상관(傷官)을 만나면 남편과 자신을 극(剋)하나, 재(財)가 왕성하면 암암리에 관 (官)을 생(生)한다. 그러나 상관(傷官)이 왕성한데 원명(原命)에서 약한 관(官)을 만나면 흉하다. 이런 사주는 도화(桃花) 때문에 정욕 이 강하고, 세운(歲運)에서 재(財)를 만나면 남자와의 교제가 순수하지 않다. 만일 원명(原命)에 약한 살(殺)이 있으면 남편의 성격이 좋아 아내가 아무리 시끄러워도 참아낸다.

만일 원명(原命)에 관살(官殺)이 잡다하게 있으면 남편이 사업을 이루기 어렵거나 정업(正業)에 종사하지 않는다. 놀고 먹기를 좋아하며 아내를 속이고 만사가 어렵다.

여명(女命)은 대개 상관(傷官)을 만나면 흉하고, 관성(官星)이 약하면 행복한 혼인생활을 하기 어렵다. 만일 원명(原命)에 인수(印綬)가 있으면 성격이 강하니 남자의 권리를 빼앗고, 혼인이 깨지는 경우가 많다. 인수(印綬)가 상관(傷官)을 극제(剋制)할 수는 있으나 약한 관(官)은 인수(印綬)가 설(洩)하는 것을 이기기 어렵기 때문이다. 만일 원명(原命)에 인수(印綬)가 없으면 편방(偏房)으로 쟁부(爭夫)하는 명(命)이 된다.

여명(女命)이 관성(官星)이 약하고 겁재(劫財)가 있는데, 세운(歲運)에서 상관(傷官)을 만나면 흉하다. 천간(天干)에 상관(傷官)이 있는데, 세운(歲運)에서 다시 상관(傷官)이나 정관(正官)을 만나도 흉하다.

여명(女命)이 상관(傷官)이 중첩되었는데, 관(官)을 만나면 남편이 발전하기 어렵다. 주색을 좋아하며 정업(正業)에 종사하지 않고, 한가로움을 좋아하여 일하는 것을 싫어하고, 나약하며 건강이 좋지 않고, 가정이 온화하지 못하며 자녀 역시 불효하고, 성취함이 적으며 백년해로하기 어렵고, 남편에게 간질환이 따르기 쉽다. 이런 사주는 근검으로 가정을 지켜야 한다. 대개 상관(傷官)과 관성(官星)이 모두 중(重)하면 자신을 극(剋)하고, 상관(傷官)은 중(重)한데 관성(官星)이 약하면 남편을 극(剋)한다.

여명(女命)이 시상(時上) 상관(傷官)을 인수(印綬)가 제(制)하면 남편이 성실하여 사업을 성공시킨다. 그러나 인수(印綬)로 제(制)하지 못하면 남편이 풍류를 좋아하여 발전하기 어렵다.

여명(女命)이 신약(身弱) 사주가 되어 일주(日主)가 무력(無力)하고, 식상(食傷)이 중첩되거나 시상(時上)에 상관(傷官)이 있으면 대개 복이 없어 고생이 많이 따른다. 이런 사주는 혼인이 깨지기 쉽고, 일찍 혼인하면 생사이별이 따르기 쉽다. 그러나 두 번째 혼인을 다른 지방 사람과 하거나 편방(偏房)이 되면 행복한 혼인생활을 할 수 있다. 이런 명(命)은 피부가 예민한 편이다.

여명(女命)이 관성(官星)이 왕성한데 상관(傷官)이 중첩되어 상관견관(傷官見官)이면 남편이 풍류를 좋아하여 행복한 혼인생활을 이루기 어렵다.

여명(女命)이 상관(傷官)이 왕성한데 재(財)가 없으면 한 남자를 두고 두 여자가 다투게 되고, 그 상관(傷官)이 겁재(劫財)를 만나면 죽음에 이른다. 상관견관(傷官見官) 사주는 신경질적이어서 신경쇠약과 신경과민 등이 따른다. 이때 아신(我身)을 심하게 설(洩)하면 성격과 고집이 강하고, 좋고 나쁨은 잘 드러내지 않는다.

여명(女命)이 정관(正官)과 상관(傷官)을 만나거나 월주(月柱)에 칠살(七殺)이 있으면 남편이 문직에 종사하지 않는 사람이고, 원명(原命)에 상관견관(傷官見官)이 있으면 칠살대운(七殺大運)에 혼인하는 것이 길하다..

여명(女命)이 신약(身弱)한데 상관생재(傷官生財)하면 관살운(官殺運)에서 혼인하면 흉하고, 상관(傷官)을 거듭 범하면 재혼하게 되고, 월주(月柱)에 상관(傷官)이 있으면 일찍 혼인하면 흉하다. 만일 부성

(夫星)이 쇠약하거나 형충파해(刑沖破害)되면 혼인이 늦어지거나 성사되기 어렵다.

여명(女命)이 신약(身弱)한데 식상(食傷)이 왕성하면 자연유산되기 쉬우니 자식을 두기 어렵다. 여명(女命)이 상관견관(傷官見官)이 있는데 일주(日主)가 관살(官殺)에 앉아 있으면 오락장같은 곳에서 연애를 한다.

여명(女命)이 일주(日主)가 통근(通根)되었는데 식상(食傷)이 중첩되면 돌아다니는 것을 좋아하고, 엉덩이가 크며 뚱뚱한 편이다. 만일 상관생재(傷官生財)하거나 상관견관(傷官見官)이면 담배와 술을 즐기는 경우가 많다.

14. 여명(女命)의 자성(子星)

여명(女命)에서 식신(食神)은 아들을 나타내고, 상관(傷官)은 딸을 나타낸다. 만일 식신(食神)이 희신(喜神)이나 용신(用神)에 해당하면서 극제(剋制)되지 않으면 자식이 순하며 효도하고, 상관(傷官)이 인(印)을 취하면 훌륭한 자식을 둔다. 그러나 인(印)이 중한데 식상(食傷)이 적으면 자식에게 해롭다. 이런 사람은 산액이 따르며 자식이 있어도 어리석어 교육하기 어렵다.

여명(女命)이 일주(日主)가 통근(通根)했는데 식신(食神)과 상관(傷官)이 중첩되어 있으면 자식이 많으나 똑똑하지 못하고, 식상(食傷)이 유기(有氣)해도 형충(刑沖)되면 자식이 흩어지고, 식상(食傷)이 충파(沖破)되면 자식과의 인연이 박하다.

여명(女命)이 식신국(食神局)을 완전하게 이루면 자식을 사랑한다. 그러나 일주(日主)가 약하면 자식이 성공하기 어렵고, 식신(食神)이 약한데 세운(歲運)에서 인(印)을 만나거나, 편인(偏印)이 식신(食神)을 충극(沖剋)하거나, 일지(日支)와 시지(時支)가 충(沖)되면 자식을 낳거나 키우기 어렵다.

5장. 정관(正官)과 편관(偏官)

1. 정관(正官)의 성격

정관(正官)은 신용과 명예를 상징하므로 규범이나 예의를 중요시 한다. 사주에 정관(正官)이 있는데 인수(印綬)나 재성(財星)이 있으면 평생 부귀영화를 누린다.

남명(男命)이 정관(正官)이 하나 있으면 미남자인 경우가 많고, 총명하며 가정환경이 좋고 화애롭다. 부귀한 상으로 사람을 끄는 매력이 있다. 만일 정관(正官)이 두 개 있으면 복력이 크나, 정관(正官)이 지나치게 많으면 사상이 문란하여 충돌이 많고, 일을 해도 소득이 적으며 가정환경이 궁핍하다.

만일 정관(正官)과 칠살(七殺)이 같이 있으면 평생 이루어지는 일이 없다. 이때는 식신(食神)이나 상관(傷官)으로 칠살(七殺)을 억제하거나, 관살(官殺)을 모두 제거하면 화액을 면할 수 있다.

만일 사주에 정관(正官) 네 개와 상관(傷官)이 같이 있으면 인수(印

綬)로 정관(正官)을 억제하는 상관(傷官)을 파(破)하고 아신(我身)을 도와주면 능력을 발휘할 수 있다. 정관(正官)이 지나치게 많으면 상관(傷官)으로 억제하거나 인수(印綬)로 이끌어야 한다.

① 화(火)가 정관(正官)인 경우 : 신일주(辛日主)가 병(丙)이 있거나, 경일주(庚日主)가 정(丁)이 있으면 여기에 해당한다. 이런 사람은 성품이 고상하며 상호간에 조화를 잘 이룬다.

② 토(土)가 정관(正官)인 경우 : 계일주(癸日主)가 무(戊)가 있거나, 임일주(壬日主)가 기(己)가 있으면 여기에 해당한다. 이런 사람은 신중하며 온후하고 성실하다. 직업은 농업이나 토목공정 등이 길하다.

③ 금(金)이 정관(正官)인 경우 : 을일주(乙日主)가 경(庚)이 있거나, 갑일주(甲日主)가 신(辛)이 있으면 여기에 해당한다. 이런 사람은 경제관념이 있으니 경호직이나 금전을 관리하는 일로 나가면 길하다.

④ 수(水)가 정관(正官)인 경우 : 정일주(丁日柱))가 임(壬)이 있거나, 병일주(丙日主)가 계(癸)가 있으면 여기에 해당한다. 이런 사람은 시대적 흐름에 잘 적응할 줄 알고 온화하며 인자하다. 공업이나 상업, 지식계통 등 어떤 일에 종사해도 발전한다.

정관(正官)은 친자식을 상징하므로 년주(年柱)에 있으면 가업을 계승하는 장자이고, 월주(月柱)에 있으면 차자이거나 가업을 계승하지 못하는 장자이다. 만일 여명(女命)이 정관(正官)이 있으면 남편덕이 많고, 남명(男命)은 명문가의 현명한 여자를 아내로 맞이한다. 그러나 여명(女命)이 정관(正官)과 칠살(七殺)이 같이 있으면 남자가 많다는 뜻으로, 자신의 본분을 지키는 마음이 필요하다.

2. 편관(偏官)의 성격

칠살(七殺)의 특성은 반역과 사악함이다. 따라서 사주에 칠살(七殺)이 있으면 복종하는 마음이 없고, 압력과 권모술수로 목적을 이루기도 한다. 그러나 아이디어가 많으며 행동을 주동하고 적극적이니 때를 잘 만나면 능력을 발휘할 수 있다.

정관(正官)은 관청의 관리를 나타낸다. 칠살(七殺)은 도적과 같으며 의기가 있고, 활달하며 영웅심이 있고, 성격이 급하며 횡포하다. 따라서 사주에 칠살(七殺)이 있으면 도발적인 일을 선택하면 정확한 직관력과 과단성으로 성공할 수 있다. 이런 사람은 권력욕이 강하며 뜻이 높고, 주색을 좋아하며 영웅적인 경향이 있다. 여명(女命)도 마찬가지로 호탕함이 있다.

또 칠살(七殺)은 평범함을 거부하는 성질이 있다. 격렬함을 억제하며 정확한 방향으로 이끌어주면 적극적이고 주동적인 정신으로 큰 사업을 창조할 수 있다.

식신(食神)이 칠살(七殺)을 억제하거나 인수(印綬)로 유통하면 영도하는 인재가 될 수 있다. 그러나 칠살(七殺)이 적은데 식신(食神)이 많으면 평생 불우함을 면하기 어렵다.

칠살(七殺)은 문학과 운동방면에 뛰어나니 인수(印綬)가 있으면 능히 학자를 이룬다. 그러나 식신(食神)이 많으면 식신(食神)의 압력이 지나쳐 능력을 발휘하기 어려우니 유약한 문인에 지나지 않는다.

칠살(七殺)과 양인(陽刃)이 같은 주(柱)에 있으면 양인(陽刃)이 칠살(七殺)을 도와 대중적인 존경을 얻어 우두머리가 된다.

칠살격(七殺格) 사주가 식신(食神)이 없는데 형충파해(刑沖破害)가 있어 칠살(七殺)을 억제하면 흉이 길로 변하여 평탄하게 산다.

칠살격(七殺格) 사주는 안정되기 어려우나, 군인이나 정치가로 나가면 길하다. 만일 이때 편인(偏印)이 있으면 교육·학문·종교·예술·법률·자유업 등이 길하다.

사주에 정관(正官)이 없는데 칠살(七殺)이 하나 있으면 머리가 우수하니 창조력을 발휘하는 직업이 길하다.

여명(女命)에게 정관(正官)은 남편을 상징하고, 칠살(七殺)은 남편 이외의 남자를 상징하니, 정관(正官)과 칠살(七殺)이 같이 있으면 충돌과 흉액을 면하기 어렵다.

남명(男命)에게 정관(正官)은 친자식이고, 칠살(七殺)은 양자나 딸을 의미한다. 만일 칠살(七殺)이 시주(時柱)에 하나밖에 없으면 성격이 매우 격렬하며 자식과의 인연도 박하다. 그러나 식신(食神)이 극제(剋制)하면 중년 후에 걸출한 자식을 하나 얻는다. 사주에 칠살(七殺)이 많으면 딸과 인연이 많다. 사주에 식신(食神)과 칠살(七殺)이 대치하고 있으면 자식과의 인연은 박하나, 문학이나 예술방면에서 명성을 얻을 수 있다.

칠살(七殺)과 정관(正官)이 같은 주(柱)에 있는데 천을귀인(天乙貴人)이 있어 충돌을 화해하면 유명하며 박학한 사람이 된다. 칠살(七殺)과 편인(偏印)이 같은 주(柱)에 있으면 여행을 좋아한다. 이런 사람은 시간이나 규칙에 구속받지 않는 예술가나 학자 등으로 나가는 것이 길하다.

3. 정관(正官)의 의의

정관(正官)은 문관(文官) · 품격 · 지위 · 명예 등을 나타낸다. 정관(正官)이 명(明)하면 총명하며 지혜가 있고, 행동이 바르며 인내심이 많아 법을 준수하고, 내성적이며 보수적이라 교제나 술자리 등을 좋아하지 않으니 상업에는 적합하지 않다.

정관(正官)은 여자에게는 부성(夫星)을 나타내고, 남자에게는 자식과 아내를 수호하는 신을 나타낸다. 형제 · 친구와 인연이 좋으며 선악을 구분할 줄 안다. 정관(正官)은 아신(我身)을 도와주는 근본이며 부귀를 결정하는 요소이기 때문에 형충파해(刑沖破害)되면 흉하다. 이상과 같이 사주의 배합, 육신(六神)의 상호관계, 대운(大運)의 변화를 포괄하여 논하면 된다.

예를 들어 편재(偏財)로는 아버지를 논하니, 재관(財官)이 상생(相生)하면 반드시 아버지의 사업이 성공한다. 비겁(比劫)이 재(財)를 빼앗거나, 재(財)가 인(印)을 파(破)하거나, 재(財)가 형충파해(刑沖破害)하거나, 관성(官星)이 극(剋)되어 재(財)를 보호할 수 없거나, 식상(食傷)을 꺼려 재(財)를 생(生)하지 않는 것 등으로 아버지의 발전과 수명을 본다.

만일 정관(正官)이 극상(剋傷)되면 겉으로는 성실한 것 같으나 속으로는 불만이 많다. 이런 사주는 부부인연이 박하고, 조상덕과 육친덕도 없으며 사업도 이루기 어렵다. 만일 관(官)이 왕성하면 인(印)으로 화(化)하여 아신(我身)을 생(生)하고, 관(官)이 약할 때는 재(財)로 생(生)하면 사업을 이루어 부귀영화를 누릴 수 있다.

그러나 이때 인수(印綬)가 왕성하면 흉하다. 정관(正官)이 왕성할 때는 일주(日主)가 재(財)나 인(印)에 앉아 있으면 길하나, 상관(傷官)이 원국(原局)을 충극(沖剋)하면 흉하다. 신왕(身旺) 사주가 정관(正官)을 합화(合化)하면 겉으로는 유순한 것 같으나 속으로는 강하다. 이런 사주는 공직과는 인연이 없으니 민영기업 등에 근무하는 것이 길하다.

만일 원국(原局)에서 정관(正官)이 충파(沖破)되면 말재주는 좋으나 말이 많아 오해를 사기 쉽고, 정관(正官)이 육합(六合)되면 말씨가 선하지 않고, 월일주(月日柱)의 지지(地支)에서 관성(官星)이 육합(六合)되면 침묵하는 가운데 위엄이 있다.

만일 시간(時干)에 정관(正官)이 있으면 평생 명예를 추구하고 말이 적으며 술과 담배를 즐기지 않는다. 명석하며 학문을 좋아하고 자신을 절제할 줄 안다. 특히 유년기와 청년기에는 내성적인 경우가 많다. 이런 사주는 보수적이며 모험을 좋아하지 않기 때문에 사업이 평탄하다. 만일 월주(月柱)에 상관(傷官)이 있으면 기술이나 과학으로 성공하는 경우가 많으나, 상관(傷官)이 형충극파(刑沖剋破)하면 흉하다.

정관(正官)은 지나치게 많으면 살(殺)의 작용을 하기 때문에 사상적으로 문란하고 충돌한다. 정관(正官)의 정직한 본성을 파(破)하기 때문에 사고와 판단력이 부족하다. 사업이 발전하기 어려우니 경제적으로 궁핍하다. 이런 사주는 한가로움을 좋아하나 시비가 많이 따른다. 만일 정관(正官)이 극상(剋傷)되어도 마찬가지이다.

만일 천간(天干)에 정관(正官)과 식신(食神)이 같이 나타나면 귀인의 도움으로 창업하고, 원만한 인간관계로 성공한다. 부부금실이 좋으며 자식들도 공부를 잘 한다. 정관(正官)이 일지(日支)에 앉아 있거나, 지지(地支)에 관살(官殺)이 삼합(三合)이나 회국(會局)되면 대개 계산적이며 교제를 좋아하지 않고, 정관(正官)이 양인(陽刃)을 만나면 외유내강형으로 정직하며 성실하다. 정관격(正官格) 사주는 공무원·회사원·군인·경찰·법조계 등으로 나가는 것이 길하다.

4. 관살(官殺)

천간(天干)에 정관(正官)과 칠살(七殺)이 같이 있으면 다재다능하고, 호기심과 배우려는 마음이 많다. 그러나 쉽게 탐하며 잡다하여 세밀하지는 못하다. 여기다 일주(日主)가 무력(無力)하면 잡란하여 순리적이지 못하며 쓸데없는 행동을 많이 하고, 책임감이 부족하며 방탕하여 도박과 주색에 빠지기 쉽고, 가정적이지 못하며 결단력이 부족하다. 따라서 결정을 필요로 하는 일에 종사하는 것은 적합하지 않으나, 한 가지 목표를 향해 전력을 다하면 성공할 수 있다. 그러나 칠살(七殺)을 제(制)하거나 화(化)하는데 관(官)이 약한데 살(殺)이 도와주면 그렇지 않다.

관살(官殺)이 천간(天干)에 있는데 인(印)이 있으면 총명하며 능수능란하고, 계교를 잘 부리며 인정이 부족하고, 부모와의 인연도 박하다. 그러나 법을 지키며 사람과 원칙을 기만하지 않고 근검으로 노력하여 가업을 이룬다. 이런 사주는 교제를 좋아하지 않으니 상업은 적합하지 않다. 참모나 기획, 책임성이 있는 경리간부 등이 적합하다. 공사가 분명하며 계교가 있고, 배우려는 마음이 강하며 믿음이 충만하여 발전할 수 있다. 이기적이기 때문에 봉사정신이 부족하나, 모험을 좋아하지 않아 능력 밖의 일을 하지 않으니 실패가 적다. 가정생활은 수입의 범위 내에서만 지출하고, 아내는 어질며 자식은 현명하고 성공하는 자식이 있다. 이런 사주는 자식이 모두 아들이거나 딸인 경우가 많다.

관(官)이 약하고 재(財)가 쇠한데 겁인(劫刃)이 강하면 관살(官殺)이 출간(出干)해도 살(殺)로 인(刃)을 합(合)하고 재(財)가 관(官)을 생(生)하기 때문에 관살(官殺) 혼잡이라 하지 않고 재관(財官)이라 한다. 이런 사주는 부귀와 명리(名利)를 이룰 수 있다.

만일 일주(日主)가 매우 약하고 관살(官殺)이 왕성한데 제화(制化)함이 없고, 기명(棄命)하여 종(從)하기도 어려우면 책임감과 박력이 부족하여 빈천하거나 요절하고, 보수적이며 유약하여 평생 파란이 많고, 불우한 가정에서 태어난 사람이다. 더구나 월주(月柱)가 아신(我身)을 심하게 극(剋)하면 반드시 부모가 고생하며 수명이 길지 못하다.

만일 신약(身弱)하여 의지할 곳이 없는데 세운(歲運)에서 관살운(官殺運)을 만나면 탐욕때문에 고생하고, 노력해도 공이 없으며 마음이 편안하지 못하다. 관재시비, 질병 등이 따르고 형제나 친구가 피해를 준다. 이때 세운(歲運)에서 칠살(七殺)을 만나면 더욱더 영향력이 강하다.

만일 신약(身弱)한데 관살(官殺)이 명(明)하면서 왕성하면 말이 많아 실수를 하며 사업이 실패하고, 형제나 친구에게 누를 끼친다. 이때 원국(原局)에서 관살(官殺)이 잡란한데 재(財)가 인수(印綬)를 파(破)하지 못하면 한가로움을 좋아한다.

만일 신약(身弱)하여 의지할 곳이 없는데 월주(月柱)에 관살(官殺)이 있으면 유년기에 부모가 고생하고, 부모 중에 한 분을 일찍 잃는다. 이런 사주는 유년기에 악행을 많이 저지르나 성인이 되면 발전하고, 대운(大運)이 신왕운(身旺運)에 이르면 성공한다.

신왕(身旺) 사주는 년월주(年月柱)에 있는 재관(財官)에 의지하기 때문에 청년기에 조상의 음덕으로 발전한다. 그러나 년월(年月)에 상관(傷官)·칠살(七殺)·비견(比肩)·겁재(劫財)가 있으며 조상이 고생으로 창업을 이루었고, 조상의 음덕 역시 박하여 부모가 발전하지 못한 사람이다. 이런 사주는 자수성가하나 늦게 발전한다. 만일 관살(官殺)이 혼잡되었는데 신약(身弱)하여 의지할 곳이 없으면 반드시 부모 형제를 형극(刑剋)한다.

5. 관살(官殺) 혼잡

관살(官殺)이 혼잡되면 의지가 강하지 못하니 소극적이며 유약하고, 복종심이 강하며 법을 지킨다. 성격이 불안하며 주관이 없고 음란하다. 일을 교묘하게 꾸며도 끝내 빈천하며 신앙심이 견고하지 못하다.

분발심이 없으니 사업을 이루기 어렵다. 공업이나 상업은 부적합하고, 관직에 있어도 명리(名利)가 없다. 작게라도 자영업을 하거나 기술직, 예술, 전문직 등으로 나가는 것이 길하다.

관살(官殺)이 혼잡되었는데 인수(印綬)로 화살(化殺)하지 못하면 부모와 환경이 좋지 않고, 유년기에 지나치게 엄한 교육을 받게 된다. 관살(官殺)은 비겁(比劫)을 극(剋)하기 때문에, 관살(官殺)이 혼잡되면 형제 자매를 형극(刑剋)하고, 자식이 불효하고, 딸은 많으나 아들은 적게 둔다.

혼인운이 좋지 않아 부부간에 분리 되기 쉽고, 일찍 혼인하면 실패하기 쉽다. 특히 여자는 더욱더 조심해야 한다. 일주(日主)가 약한데 관살(官殺)이 혼잡되면 남자의 유혹에 쉽게 넘어가고, 사주의 배합까지 좋지 않으면 창녀가 되기 쉽다. 남명(男命)이 관살(官殺) 혼잡되면 아내를 두려워 한다.

신체가 건강하지 못하고, 유년기에 양육이 어렵고, 평생 가난으로 고생한다. 만일 재(財)가 살(殺)의 무리를 생(生)하거나 세운(歲運)에서 또 관살(官殺)을 만나면 요절할 염려가 있고, 잡다하게 이것저것 많이 배우나 무용지물이 된다.

일주(日主)가 왕성하면 관살(官殺)로 극(剋)해야 하는데, 이때는 관살(官殺)이 혼잡되어도 무방하다. 일주(日主)가 강왕(强旺)하면 관살(官殺)을 기뻐하나, 관살(官殺)이 혼잡되면 관성(官星)이 깨끗하지 않으니 관직으로 발전하기 어렵다. 그러나 합살유관(合殺留官)하거나 합관유살(合官留殺)하면 다시 맑아지니 상격(上格)의 명(命)을 이룬다.

일주(日主)가 약하면 관살(官殺)을 꺼린다. 따라서 관살(官殺)이 혼잡되어 아신(我身)을 극(剋)하는데 배합이 좋지 않으면 가난하거나 요절한다. 상관견관(傷官見官)은 극설교집(剋洩交集)이고, 관살(官殺) 혼잡은 지나치게 극(剋)하는 것이니 결과는 같다.

여명(女命)은 일주(日主)의 강약이나 관살(官殺)의 희기(喜忌)와 관계없이 관살(官殺)이 혼잡되면 이성문제가 복잡하다. 그러나 일주(日主)가 강하면 남자의 유혹에 쉽게 넘어가지 않고, 일주(日主)가 강한데 합살유관(合殺留官)하거나 합관유살(合官留殺)하면 정조관념이 강하며 아름다운 혼인생활을 한다.

癸 丙 壬 丁
巳 辰 子 亥

이 사주는 수(水)가 왕성하나 일주(日主)가 약하여 감당하지 못하니, 관살(官殺) 혼잡이 되었다.

丁 庚 丁 丁
丑 午 未 卯

이 사주는 비록 살(殺)이 혼잡되지는 않았으나 관(官)이 많아 살(殺)이 되었고, 일주(日主)가 약하여 감당하지 못하니 관살(官殺) 혼잡이 되었다.

丙 甲 乙 庚
寅 子 酉 寅

이 사주는 경금(庚金)이 월지(月支) 정관(正官)인 유금(酉金)의 뿌리에 있다. 따라서 관(官)과 살(殺)의 기(氣)가 같아 관살(官殺) 혼잡이 아니고, 일주(日主)가 녹왕(祿旺)하니 흉하지 않다.

戊 癸 壬 己
午 酉 申 亥

이 사주는 일주(日主)가 강왕(强旺)하니 충분히 관살(官殺)을 감당할 수 있고, 관살(官殺)을 기뻐하니 관살(官殺) 혼잡이 아니다. 고서(古書)에 살(殺)이 혼잡되어 가능한 경우가 있고 불가능한 경우가 있으니, 관살(官殺) 혼잡은 세밀하게 살펴야 한다고 했다.

乙 戊 己 甲
卯 辰 巳 辰

이 사주는 일주(日主)가 강왕(强旺)하기 때문에 관살(官殺)을 두려워 하지 않는다. 갑기합살(甲己合殺)하여 관(官)만이 머무르고, 관(官)이 녹(祿)에 앉아 일찍 벼슬길에 올랐다.

6. 칠살(七殺)·비견(比肩)·겁재(劫財)·인(刃)

사주에 살인(殺刃)이 모두 있으면서 균형을 이루면 왕후의 명(命)이라 했다. 살인상합격(殺刃相合格)은 군인이나 경찰로 나가면 명성을 얻을 수 있다. 올바르고 세밀하여 흉폭함을 바로 잡으니 부귀격(富貴格)을 이루나, 부귀가 오래 가지 않는다. 이런 사주는 세운(歲運)의 희기(喜忌)에 의지해야 하기 때문에 살(殺)이 왕성하면 제살운(制殺運)이 길하고, 양인(陽刃)이 왕성하면 살(殺)을 돕는 지(地)가 길하다. 만일 행운(行運)이 위배되면 뜻밖의 흉을 당한다. 만일 세운(歲運)에서 칠살(七殺)과 양인(陽刃)이 상충(相沖)하면 화액이 따르기 쉽다.

만일 칠살(七殺)이 시간(時干)에 있으면 희기(喜忌)를 살펴 길흉을 논해야 한다. 천간(天干)에 칠살(七殺)·정재(正財)·겁재(劫財)가 같이 있으면 목적을 이루기 위해서는 수단과 방법을 가리지 않는 사람이다. 천간(天干)에 칠살(七殺)·비견(比肩)·겁재(劫財)가 같이 있으면 남의 일로 시비구설이 생기며 소심하여 근신한다. 그렇지 않으면 편안하기 어렵다.

7. 칠살(七殺)과 식신제살(食神制殺)

칠살(七殺)은 무관(武官)으로 위엄과 권세를 나타낸다. 문학과 운동에는 천부적인 재능이 있으며 판단력과 분별력이 뛰어나다. 그러나 반역과 사악함이 본성이기 때문에 조급·쟁투·격돌·나서기 등을 좋아한다. 투기성이나 도박성이 있어 주색에 빠지기 쉽다. 난세를 만나면 영웅이 될 수 있으나 이런 사주는 신왕(身旺)하고 살(殺)이 없으면 권위가 없고, 신약(身弱)하면서 살(殺)이 있으면 평생 위태로움이 많다. 그러나 난세를 만나면 영웅이 될 수 있다.

만일 식신(食神)으로 칠살(七殺)을 제복(制伏)하면 걸출한 인재로 지혜·용기·의기·야심·박력 등이 있다. 적극적이며 뛰어난 말재주로 설득력이 강하고, 권모술수가 있어 다른 사람의 돈을 이용하여 목적을 이룬다. 이런 사람은 눈빛이 예리하며 위엄이 있어 보인다.

식신제살격(食神制殺格) 사주는 기술계로 나가면 발전할 수 있다. 예를 들어 칠살(七殺)이 금(金)에 해당하면 철강업이나 금을 다루는 공업으로 성공한다. 이런 사주는 사람을 부릴 때는 인정을 버리고 오직 재주와 능력만을 우선하기 때문에 이기주의자라는 말을 많이 듣기도 한다. 이때 칠살(七殺)이 시간(時干)에 있으면 더욱더 심하다.

신왕(身旺) 사주가 식신제살격(食神制殺格)을 이루었는데 세운(歲運)에서 칠살운(七殺運)을 만나면 크게 발전하여 명리(名利)를 떨칠 수 있다. 이런 사주는 사업의 기초나 명망, 재물 등이 모두 이 운에서 이루어진다. 그러나 세운(歲運)에서 다시 식신(食神)이나 상관(傷官)을 만나면 재물이 불순하고, 시비가 많아 뜻밖의 흉한 일이 생기고, 신체가 불안하여 질병이 걸리거나 가정이 편안하기 어렵다. 특히 아내에게 화액이 따르기 쉽다.

식신(食神)이 무력(無力)한데 왕성한 살(殺)이 중(重)하거나, 신약(身弱) 사주가 칠살(七殺)이 중첩되어 식신(食神)으로 용신(用神)을 삼았을 때는, 세운(歲運)에서 왕성한 비견(比肩)이나 겁재운(劫財運)을 만나면 길하고, 편인운(偏印運)를 만나면 흉하다. 만일 편인운(偏印運)을 만나면 방탕하여 사업에 전력하지 않고, 시비를 많이 일으키고, 도박과 주색에 빠져 사업을 실패하고, 뜻밖의 질병에 걸리며 심하면 요절할 수도 있다. 이때는 편재(偏財)로 구제하면 재앙을 감할 수 있으나 칠살(七殺)이 중첩되면 흉하다.

칠살(七殺)이 천간(天干)에 있는데 지지(地支)에 식신(食神)이 있거나, 일지(日支)에 식신(食神)이 있거나, 월주(月柱)에 식신(食神)이나 상관(傷官)이 있으면 칠살(七殺)을 명제(明制)할 수 없다. 그러나 제살(制殺)하는 복병은 있다.

세운(歲運)의 희신(喜神)과 기신(忌神)은 신(身)의 왕약(旺弱)과 제복(制伏)하는 역량으로 결정한다. 이런 사주는 외향적이며 나서기를 좋아하여 선거 등에 참여한다. 칠살(七殺)은 희기(喜忌)를 불문하고 제(制)하는 것이 길하다. 그러나 지나치게 제살(制殺)하면 반드시 화액이 따라 평생을 불우하게 보낸다. 칠살(七殺)을 제복(制伏)해도 정인(正印)이 식신(食神)을 합화(合化)하거나 재(財)가 통관(通關)되면 흉하다.

만일 칠살(七殺)이 지나치게 많은데 식신(食神)이 없으면 칠살(七殺)을 제복(制伏)하기 부족하니 제살(制殺) 부족이라 한다. 이런 사주는 만사를 흑백논리로 따지고, 간사하며 교묘하고, 뒷일을 고려하지 않고 맹목적으로 덤벼든다. 이런 사람은 눈이 돌출되어 있고, 쓸데없는 용기로 문제를 만들고, 금전의 출입이 심하다.

만일 살신(殺神)이 중(重)하여 아신(我身)을 극(剋)하는데 구제하지 못하고 식신(食神)이 편인(偏印)을 극(剋)하면 끝내 빈천한 명(命)이 된다. 아신(我身)이 매우 약하여 의지할 곳이 없고, 왕성한 관살(官殺)이 중(重)한데 세운(歲運)에서 인수운(印綬運)을 만나면 관재 형극(刑剋)이 있어 시비로 재물을 잃으며 질병에 걸린다. 칠살(七殺)과 식신(食神)이 상충(相沖)되는데 칠살(七殺)이 유력(有力)하여 식신(食神)을 충파(沖破)하면 말로 인해 화를 당한다.

만일 식신(食神)이 유력(有力)하여 칠살(七殺)을 충파(沖破)하면 말을 더듬고, 신경질적이라 대화가 원만하지 못하다. 그러나 상관(傷官)이 먼저 있고 시주(時柱)에 칠살(七殺)이 있어 제살(制殺)하면 호기심, 의기, 고집 등이 있는 편이다. 이런 사람은 대인관계에서 충돌이 많은데 특히 윗사람과의 관계가 원만하지 못하다.

8. 칠살무제(七殺無制)

칠살(七殺)은 식신(食神)으로 제복(制伏)하지 못하고, 더욱 일간(日干)과 시간(時干)이 중(重)하면 마음이 좁아 꺼리김이 많다. 이해를 구하지 못하며 공덕심이 부족하다. 현실적이라 이해관계를 따지며 인정과 의리가 없다. 그러나 목적을 이루기 위해서는 수단과 방법을 가리지 않는다. 성격이 매우 강하여 사람들과 화합하기 어렵고, 말로 사람을 상하게 하고, 재물에 대한 욕심은 많으나 노력은 하지 않는다. 여기다 매우 신약(身弱)하고 칠살(七殺)이 왕성한데 기명(棄命)하여 종(從)하지 못하면 방탕하며 발전하려는 마음이 없다.

만일 신약(身弱) 사주가 칠살(七殺)이 왕성한데 식신(食神)으로 제(制)하지 못하고, 인수(印綬)로 살(殺)을 화(化)하지도 못하면 다시 관살운(官殺運)이 흉하다. 이런 사주는 반드시 가정에 형극(刑剋)이 있어 편안하지 못하며 관재시비가 많이 따른다. 뜻밖의 흉액이나 질병을 만나기 쉽고, 심하면 신체를 다치기도 한다. 이런 사주는 형극(刑剋)이 중(重)하면 부모에게까지 화가 미친다.

만일 시상(時上)에 있는 칠살(七殺)이 무근(無根)이면 제화(制化)되어야 귀격(貴格)을 이루고, 세운(歲運)에서 다시 왕성한 살(殺)을 만나면 명리(名利)를 구한다. 시상(時上) 칠살(七殺)이 뿌리가 많은데 제화(制化)하는 신(神)이 없으면 세운(歲運)에서 다시 살왕운(殺旺運)을 만날 때 반드시 기울어지고, 칠살(七殺)이 중(重)한데 구제하지 못하면 요절하거나 가난을 면하기 어렵다. 정관주(正官柱)는 통근(通根)되어 왕성해야 한다. 만일 칠살주(七殺柱)가 통근(通根)되어 왕성하지 않으면 유약하여 우유부단하며 기개와 박력이 부족하다.

칠살(七殺)이 있는 간지(干支)는 충(沖)되면 흉하다. 혼자 있는 살(殺)이 충파(沖破)되면 무용지물이 되고, 무리지어 있는 살(殺)이 형충(刑沖)되면 흉폭하다고 했다. 칠살무제(七殺無制)와 반대로 살(殺)을 지나치게 제(制)하면 분발하려는 마음이 없고, 자존심과 위엄이 없으며 고생이 많다.

9. 관인상생(官印相生)

정관격(正官格) 사주는 인수(印綬)가 없으면 권위가 없다. 관(官)이 왕성하면 인수(印綬)로 설기(洩氣)하여 아신(我身)을 도와야 하고, 관성(官星)이 약하고 무력(無力)하면 재(財)로 관(官)을 도와야 하는데, 이때 인수(印綬)가 있으면 흉하다.

만일 인수(印綬)가 정관(正官)이나 칠살(七殺)을 상생(相生)하면 순박하며 생기가 있고, 음식을 많이 먹지 않으며 술과 담배를 즐기지 않고, 꼭 필요한 경우를 제외하고는 교제를 좋아하지 않고, 사무를 파악하는 능력이 있어 평생 실패를 만나지 않는다. 그러나 형충파해(刑沖破害)되면 흉하다. 만일 대운(大運)에서 만나면 반드시 재앙이 따른다.

만일 년월(年月)에서 관인상생(官印相生)을 이루면 조상의 음덕이 있다. 학자나 공직자의 집안에서 태어나 부모의 극진한 사랑을 받으며 성장한다.

만일 월주(月柱)의 천간(天干)과 지지(地支)에서 관인상생(官印相生)을 이루면 부모가 선량하며 사업을 이룬다. 관(官)이 강한데 인

(印)이 명(明)하면 귀격(貴格)을 이룬다. 이런 사주는 원칙을 좋아하기 때문에 관직에서 공명(功名)을 얻는다. 인(印)이 왕성하고 관(官)이 가벼운데 관(官)이 장생(長生) 왕지(旺地)에 이르면 관직으로 성공하거나, 사업에 재능이 있어 크게 발전한다. 그러나 관살(官殺)이 왕성한데 관왕운(官旺運)에 이르면 흉하다. 관청인명(官淸印明)하면 정치계나 공직으로 나가면 명성과 지위를 얻을 수 있다.

신왕(身旺) 사주가 관청인명(官淸印明)하고, 일주(日主) 역시 통근(通根)되어 유력(有力)한 지(地)에 앉아 있고, 천간(天干)에 식상(食傷)이 혼잡되지 않고, 일지(日支)나 정관(正官)에 식신(食神)이나 상관(傷官)이 앉아 있어 귀기(貴氣)를 상하게 하면 매우 흉하다. 그렇지 않으면 가정환경이나 배경을 논하지 않고 일정한 명망과 지위를 얻을 수 있다. 이런 사주는 배우려는 마음이 강하여 고학을 하거나 틈틈이 학문을 닦아 사람들의 존경을 받는다. 이때 세운(歲運)에서 아름다움을 만나면 승진하기도 한다. 이런 사주는 경쟁력이나 투기성이 있는 일에는 적합하지 않고, 정치계나 공직계통으로 나가면 공명(功名)을 얻을 수 있다. 그렇지 않으면 심신이 피로하며 노력을 많이 해도 공이 없다.

관인상생(官印相生) 사주는 성실하며 충직하고, 독서를 좋아하며 본분을 지킬 줄 안다. 만일 관인(官印)이나 일주(日主)가 통근(通根)되어 유력(有力)한 지(地)에 앉아 있지 않거나, 식상(食傷)이 혼잡하여 충극(沖剋)되지 않으면 공직이나 민영기업 등에 종사하면 안정된 생활을 할 수 있으나 상업은 적합하지 않다. 이런 사주는 신중하며 원칙과 본분을 지키고, 학문을 좋아하며 가정을 지키고 자수성가한다. 아내 역시 현숙하며 자식도 현명하다. 그러나 정관(正官)이 편인(偏

印)을 만나면 남을 돌아볼 줄을 아나 좋지 않고, 여자가 정관편인국
(正官偏印局))을 이루면 유흥업계에 종사하는 경우가 많다.

10. 살인상생(殺印相生)

사주에서 칠살(七殺)을 제(制)하지 못하면 살인상생격(殺印相生格)
이 되어야 한다. 이때는 인수(印綬)로 설기(洩氣)해야 하나, 편인(偏
印)을 만나면 살인상생(殺印相生)과 구분해야 한다. 살인상생격(殺
印相生格) 사주는 정직하며 의리가 있다. 그러나 성격이 강하며 조급
하고, 직설적이며 자존심이 강하고, 싫고 좋은 것이 분명하다. 이런
사주는 명망은 있으나 이익은 가벼운 편이다. 직업은 교육계 · 학
문 · 연구 · 종교 · 의사 · 법률가 등으로 나가는 것이 좋다.

살인상생(殺印相生)이 같은 주(柱)에 있으면 한 곳에 머무르는 것을
좋아하지 않고 여행을 즐긴다. 따라서 시상(時上) 칠살(七殺)이 인
(印)을 취하면 직업의 변동이 많다.

살인상생격(殺印相生格) 사주가 일주(日主)가 통근(通根)되면 분석
력이 뛰어나며 타산적이고 신중하다. 만일 살(殺)이 많은데 제복(制
伏)하지 못할 때는 인(印)으로 용신(用神)을 삼으면 화살위권(化殺
爲權)을 이룰 수 있다. 이때 세운(歲運)에서 인수운(印綬運)으로 만
나면 길하다. 그러나 식신(食神) · 상관(傷官) · 재지(財地)로 흐르면
반드시 재앙이 따라 흉하다. 신약(身弱) 사주라도 인(印)이 있으면
살왕(殺旺)해도 무방하다. 만일 세운(歲運)에서 아신(我身)을 돕거
나 신왕지(身旺地)를 만나면 사업을 이루며 명리(名利)를 얻는다.

인수(印綬)가 많은데 칠살(七殺)이 약하여 무력(無力)하면 귀격(貴格)을 이루지 못한다. 이런 사주는 녹왕운(祿旺運)으로 흘러야 공명(功名)을 얻을 수 있다.

예를 들어 갑일주(甲日主)가 신궁(申宮)에 살인상생(殺印相生)이 있는데 간지(干支)에 재성(財星)이 많으면 하격(下格)의 명(命)이 된다. 또 신금(申金)을 세운(歲運)에서 형충파해(刑沖破害)하면 다시 말해 인(印)을 파(破)하면 살(殺)이 아신(我身)을 공격하기 때문에 반드시 재앙이 따른다.

신왕(身旺) 사주가 칠살(七殺)이 있는데 인수(印綬)를 용신(用神)으로 삼으면 향리로 명망을 얻는다. 이때 양인(陽刃)을 만나면 군인이나 경찰로 나가고, 정관(正官)이 괴강(魁剛)에 이르면 정치계나 교수로 나간다. 이때 사주에 괴강(魁剛)이 있으면 정직하며 너그럽다.

만일 관살(官殺)이 명(明)한데 천간(天干)에 인(印)이 있으면 재물이 모이지 않으며 접대 등을 좋아하지 않는다. 그러나 이때 상관(傷官)이 있으면 남을 돕는 것을 좋아한다. 그러나 일주(日主)가 지나치게 약하고, 살(殺) 두 개가 아신(我身)을 공격하나 기명종재론(棄命從財論)을 짓지 않고, 식신(食神)이 편인(偏印)을 만나 제살(制殺)하지 못하면 하격(下格)의 명(命)을 이룬다. 이런 사주는 좋은 친구는 흩어지고 나쁜 친구는 모인다.

만일 인수(印綬)가 명(明)하여 화살위권(化殺爲權)이 되어 유력(有力)하면 귀격(貴格)을 이룬다. 다시 말해 흉이 길로 변하는 것이다. 예를 들어 갑일주(甲日主)가 경금(庚金)이 년시(年時)의 천간(天干)에 나타나고, 원명(原命)에 수(水)는 있는데 병화(丙火)가 없으면 수(水)가 경금(庚金)을 설(洩)하여 갑목(甲木)을 생(生)한다. 두 개의 살(殺)이 아신(我身)을 끼고 있으면 다른 사람이 사업을 방해하고, 자식 근심이 떠나지 않는다. 이런 사주는 상업은 적합하지 않고 공무원 등으로 나가는 것이 길하다. 이때 칠살(七殺)은 왕성한데 인(印)이 약하면 부모 형제가 흩어지기 쉽다.

11. 재관상생(財官相生)

귀격(貴格) 사주는 관(官)으로 용신(用神)을 삼지 않고 재(財)를 용신(用神)으로 삼는다. 당권(當權) 사주는 인(印)이 아니라 재(財)로 용신(用神)으로 삼는 것을 말한다. 정관(正官)과 정인(正印)이 상생(相生)하면 선비의 명(命)이 되어 헛된 길을 가지 않으나, 재관상생격(財官相生格) 사주는 그렇지 않다.

만일 일주(日主)가 강한데 재관상생격(財官相生格)을 이루면 부귀한 가정에서 태어난 사람으로 정신적·물질적으로 모두 풍부하고, 명랑하며 박력과 담력이 있어 명리(名利)를 모두 얻을 수 있다.

재관상생격(財官相生格) 사주가 관(官)이 있을 때는 세운(歲運)에서 상관(傷官)을 만나면 매우 흉하다. 이 운에서 재물과 관직을 잃으며 아내와 자식이 상한다.

재관상생격(財官相生格) 사주가 재성(財星)이 있는데 녹지(祿地)나 왕성한 비겁지(比劫地)를 만나면 반드시 지위를 잃는다. 재관상생격(財官相生格) 사주는 평형을 잃으면 흉하기 때문이다.

재관상생격(財官相生格)은 명리(名利)가 무리를 뛰어넘는다. 그러나 관성(官星)이 왕성한데 세운(歲運)에서 관왕운(官旺運)을 또 만나거나, 재성(財星)이 왕성한데 세운(歲運)에서 재왕지(財旺地)를 또 만나면 탐욕이 많아 시비관재를 일으켜 파직된다.

만일 비겁(比劫)이 재성(財星)을 충극(沖剋)하지 않거나, 관성(官星)이 재성(財星)을 보호하면 녹운(祿運)을 만나도 명리(名利)를 얻을 수 있다. 만일 관성(官星)이 있는데 천간(天干)에서 비겁(比劫)을 만나면 지위는 있으나 귀격(貴格)은 아니다. 재관(財官)이 중(重)하고 일주(日主)가 약하여 무근(無根)인데 기명(棄命)하여 종(從)하는 것도 어려우면 가난한 선비에 불과하여 즐거움이 적다.

만일 년주(年柱)의 재관(財官)에 의지하면 환경이 좋은 가정에서 태어나고, 년주(年柱) 재관(財官)이 약하여 의지할 곳이 없으면 조상의 업이 반드시 패한 집안이다. 재관(財官)이 월령(月令)에서 왕성한 기(氣)를 얻어 용신(用神)이 되면 부모덕으로 일찍 뜻을 이룬다. 그러나 재성(財星)이 극제(剋制)되면 흉하다.

재관(財官)이 일주(日主)와 시주(時柱)에서 상생(相生)하면 아내와 자식이 어질며 빼어나니 행복한 가정을 이룬다. 만일 재성(財星)이 관살(官殺)을 생(生)하면 반드시 아내의 도움을 받아 가업을 이룬다. 그러나 재(財)가 절(絶)되고 관(官)이 휴수(休囚)되면 혼인이 늦어지는 경우가 있다.

만일 편재(偏財)가 관성(官星)을 생(生)하면 아버지나 윗사람의 도움을 받고, 재관상생격(財官相生格)을 이루면 이자 등의 수입이 있다. 그러나 비겁(比劫)이 지나치게 많거나, 비견(比肩)·겁재(劫財)가 출간(出干)하여 제(制)하지 못하면 수입이 줄어든다.

일지(日支)에 관인(官印)이나 재관(財官)이 앉아 있으면서 천간성(天干星)을 파(破)하지 않으면 음주나 도박 등을 좋아하지 않는다.

책임감이 강하며 가정적이고 아내를 사랑한다. 그러나 천간(天干)에 재성(財星)이 있으면 술과 담배를 즐기는 경향이 있다. 이때 세운(歲運)에서 일지(日支)를 형충파해(刑沖破害)하면 뜻밖의 재앙이 따라 반드시 재물을 잃거나 질병이 생기며 심하면 목숨까지 위태롭다. 이 운에서는 설사 재물을 모은다고 해도 출입이 빈번하고, 노력을 많이 해도 공이 없다.

만일 일지(日支)가 관인상생(官印相生)에 앉아 있는데 천간(天干)에 상관(傷官)이 있으면 성실하면서도 위선적인 면이 있다. 이런 사주는 신경질적이며 투기성이 있어 다른 사람을 교묘하게 이용한다.

만일 천간(天干)에 정재(正財)가 있으면 발전하려는 마음이 부족하다. 이런 사주는 상업은 적합하지 않고 공무원으로 나가는 것이 좋다. 아내의 성격이 강하여 부부싸움이 잦고, 다재다능하나 꼼꼼하지 못하다. 이때 세운(歲運)에서 식상(食傷)을 만나면 정서가 문란하며 마음이 복잡하다. 관살(官殺)은 자식을 나타내고, 재(財)는 아내를 나타내기 때문에 재성(財星)이 무력(無力)하면 자식에게까지 영향을 미친다. 자식은 오행(五行)의 형극(刑剋)으로 논하지 않는다.

12. 재살상생(財殺相生)

정재(正財)로 약한 살(殺)을 생(生)하면 열정적이며 의기가 있고 직업은 평탄한 편이다. 정재(正財)가 왕성한 살(殺)을 생(生)하고, 기명(棄命)하여 종살하면 부귀격(富貴格)을 이룬다. 그러나 녹왕운(祿旺運)에 이르면 반드시 재물과 색정으로 인하여 화액을 당한다. 만일 기명(棄命)하여 종(從)하기 어려우면 신약(身弱)한데 재(財)가 무리진 살(殺)을 돕는 격이 되어 요절하거나 가난하다.

만일 살중신경(殺重身輕)이면 반드시 신체를 다친다. 이때 재(財)가 무리의 살(殺)을 도와주면 색정을 탐하여 요절에 이른다. 만일 편재(偏財)가 칠살(七殺)을 생(生)하면 풍류를 좋아하고, 아내는 성격이 깅하나 현명하다. 그러나 신약(身弱) 사주는 아내와 다툼이 많아 가정의 평화를 유지하기 어렵고, 자녀에게도 문제가 많이 따른다. 이런 사주는 의기가 중하여 일에서 발전을 구해야 하나 재물과 색정으로 실패하게 된다.

13. 관살(官殺)과 형제

사주에서 관살(官殺)이 월령(月令)을 배척하면 형이 요절하고, 관살(官殺)이 월령(月令)을 잡으면 동생이 쇠락한다. 만일 칠살(七殺)이 양인(陽刃)에 앉아 있으면 형제에게 수술이나 혈광사 등이 따르기 쉽고, 관살(官殺)이 중첩되면 형제가 형극(刑剋)하고, 월주(月柱)에 정관(正官)이나 칠살(七殺)이 있으면 형제가 손상되기 쉬우며 부모가 자녀를 양육하지 못한다.

만일 천간(天干)에 식상(食傷)이 있으면 형제가 많으나 사이가 좋지 않고, 월주(月柱)에 관살(官殺)이 통근(通根)되어 왕성하면 형제 자매를 형극(刑剋)하고, 관살(官殺)은 매우 왕성하고 아신(我身)은 매우 약한데 형제가 많으면 반드시 형극(刑剋)하여 참변을 당한다. 이때 월주(月柱)에 있는 관살(官殺)이 겁재(劫財)를 충극(沖剋)하면 형제가 선종(善終)하지 못한다.

만일 관살(官殺)이 잡란하게 출간(出干)했는데 편재(偏財)가 칠살(七殺)을 생(生)하거나 칠살(七殺)을 제화(制化)하지 못하면 반드시 형제가 없다. 그러나 정재(正財)가 있으면 형제가 하나 있고, 관성(官星)이 약한데 식신(食神)이 유력(有力)하면 형제가 많다. 만일 비견(比肩)·겁재(劫財)가 왕성한데 극설(剋洩)하지 못하면 형제간에 우애가 약하며 반드시 흩어진다. 그러나 극설(剋洩)하면 형제가 서로 돕는다.

만일 칠살(七殺)이 출간(出干)했는데 제화(制化)하지 못하면 형제가 손상되고, 칠살(七殺)이 왕성하면 형제가 60세 이상을 살기 어렵다. 시상(時上)에 칠살(七殺)이 있거나 칠살(七殺)이 모이면 형제가 둘이나 형극(刑剋)한다.

신약(身弱) 사주가 세운(歲運)에서 칠살(七殺)을 만나면 형제가 크게 실패하거나 질병이 따른다. 이때 사주에 식신(食神)이 없으면 반드시 형제가 손상된다. 칠살(七殺)이 명(明)하면서 겁재(劫財)를 충파(沖破)하면 여자 형제에게 불행한 일이 생기고, 칠살(七殺)이 월주(月柱)에 통근(通根)되어 일지(日支) 겁재(劫財)를 충파(沖破)하면 4형제이나 모두 선종(善終)하지 못한다.

14. 관살(官殺)과 자식

사주에서 관살(官殺)이 극상(剋傷)되면 극상(剋傷)된 오행(五行)으로 자식의 질병을 본다. 만일 정관(正官)이 월주(月柱)에서 천을귀인

(天乙貴人)을 만나거나, 시상(時上) 정관(正官)이 천을귀인(天乙貴人)을 만나는데 상관(傷官)이 형충파해(刑沖破害)되지 않으면 자식이 총명하며 학업이 우수하고, 신중하여 사업이 성공하여 지위가 있으며 부모에게 효도한다.

만일 관성(官星)이 왕성하여 아신(我身)을 극(剋)하는데 제화(制化)하지 못하면 자식을 얻기 어렵다. 이런 사주는 자식이 있어도 다른 사람에게 맡긴다. 관성(官星)이 중첩되었는데 아신(我身) 또한 약하면 자식이 하나밖에 없고, 아신(我身)이 왕성하고 관살(官殺)이 약한데 통근(通根)하지 않으면 자식을 키우기 어렵고, 신약(身弱)한데 관살(官殺) 또한 통근(通根)하지 못하면 자식이 발전하기 어렵다.

만일 상관(傷官)이 정관(正官)을 극상(剋傷)하면 부모를 떠나 타향에서 발전하고, 월주(月柱)에 있는 관성(官星)이 휴수(休囚)되고 형극(刑剋)되면 노년에 자식에게 의지하기 어렵다.

만일 칠살(七殺)이 자성(子星)에 해당하는데 제화(制化)하면 반드시 자식이 발전한다. 그러나 제화(制化)하지 못하거나 제화(制化)가 마땅하지 못하면 자식이 가르침을 받지 않아 교육시키기 어렵다. 만일 칠살(七殺)이 중첩되어 있으면 딸이 많고 아들을 두기 어렵다.

만일 시상(時上)에 살(殺)이 하나밖에 없으면 자식과 아내를 지나치게 사랑하나, 아신(我身)이 약한데 칠살(七殺)을 제화(制化)하지 못하면 가정적이지 못하다. 시상(時上) 칠살(七殺)이 있으면 대개 자식과 인연이 박하나, 식신(食神)이 제복(制伏)하면 중년에 걸출한 아들을 하나 얻는다. 그러나 식신(食神)과 칠살(七殺)이 서로 대치하고 통관(通關)하여 구제하지 못하면 자식을 얻기 어렵고, 더욱더 심하게 대치하면 자식에게 불행한 일이 생긴다. 이때 살(殺)이나 편인(偏印)

이 중첩되면 자식을 극(剋)하기 때문에 자식을 키우기 어렵다. 만일 관살(官殺)이 왕지(旺地)에 임했는데 상관(傷官)이 있으면 대개 아들은 많으나 딸은 없다.

만일 유년기에 관살(官殺)이 왕성한데 신약(身弱)하면 근기(根基)가 안정되지 않는다. 이런 사주는 자식에게 질병이 많으며 키우기 어렵다. 그러나 관살(官殺)이 명(明)하면서 통근(通根)되어 손상되지 않았는데 운이 도와주면 학업이 우수하나, 운에서 도와주지 않으면 총명하나 노는 것을 좋아하여 책을 멀리한다.

15. 여명(女命)의 정관(正官)

여명(女命)에게 관성(官星)은 남편을 나타내니, 여명(女命)을 논할 때 관성(官星)은 매우 중요하다. 여명(女命)이 월령(月令)에서 정관(正官)이 기(氣)를 얻으면 기쁘고, 형충파해(刑沖破害)되지 않으면 이롭고, 식신(食神)이나 상관(傷官) 등 무력(無力)한 지(地)에 앉아 있으면 흉하고, 인수(印綬)에 앉아 있는 것도 좋지 않다.

만일 식신지(食神地)나 상관지(傷官地)에 앉아 있는데 세운(歲運)에서 형극(刑剋)되면 반드시 재앙이 크고, 인수(印綬)에 앉아 있으면 설기(洩氣)하는 기(氣)이니 정관(正官)의 힘을 발휘하기 어렵다.

장생지(長生地)나 녹왕지(祿旺地)에 앉아 있는 것이 가장 길하다. 이때는 유년(流年)이나 대운(大運)에서 형극(刑剋)되어도 흉이 길로 변한다. 따라서 여명(女命)이 정관(正官)이 명(明)하고, 형충극해(刑沖剋害)되지 않고, 장생지(長生地)나 녹왕지(祿旺地)에 임하면 갑

(甲)이 정관(正官)인데 그 지지(地支)에 인(寅)이나 진(辰)에 앉은 것이다. 진(辰)은 을목(乙木)의 여기(餘氣)이고 수(水)를 포함하는 토(土)이니, 갑목(甲木)의 뿌리를 배양하기 때문에 비록 쇠위(衰位)이나 쓸모가 있다.

여명(女命)의 사주가 중화되었으면 혼인 후 남편을 힘써 도와주면 사업이나 지위 등이 발전한다. 이런 여자는 대개 남편덕이 있다. 학문이 높으며 인품이 우수하고, 기업이나 고위관리 등으로 성공한다.

일지(日支)는 부부궁을 논하는 곳이니 일지(日支)가 유력(有力)한 지(地)에 임하면 길하고, 희신지(喜神地)나 용신지(用神地)에 임해도 길하다. 그러나 식신지(食神地)나 상관지(傷官地)에 임하면 아신(我身)을 설기(洩氣)하니 꺼린다.

다시 말해 여명(女命)의 일지(日支)가 식신지(食神地)나 상관지(傷官地)에 임하면 흉하고, 정관지(正官地)도 식신지(食神地)나 상관지(傷官地)에 임하면 흉하다. 이런 사주는 남편의 건강, 사랑하는 감정, 가정의 화합, 사업의 성취나 지위 등에 좌절이나 영향을 준다. 천간(天干)은 밖으로 나타나고 지지(地支)는 안으로 발하니 세월이 감에 따라 서서히 발전한다.

여명(女命)이 일주(日主)가 화평하고, 정관(正官)이 월건(月建)에 임하거나 월령(月令)의 기(氣)를 얻고, 식신(食神)이나 상관(傷官)이 형충극해(刑沖剋害)되지 않으면 오행(五行)의 기(氣)가 순하여 거스르지 않는다. 이런 사주는 조건이 좋지 않은 남자나, 상대의 부모가 반대하는 혼인을 해도 혼인 후에는 남편의 사업과 지위가 발전하고, 학문을 닦아 30세 후에는 확고한 위치를 이루어 처가를 도와준다. 이런 여자는 혼인 전에는 대개 부모가 근검으로 가정을 이루는 사람이고, 본인도 학업과 직업이 모두 평탄한 편이고, 혼인 후에는 현모양처로 남편을 따르니 복이 형통한다.

여명(女命)이 월건(月建)에 정관(正官)이 있으면 자매가 형극(刑剋) 당하기 쉽다. 여명(女命)이 부성(夫星)의 왕기(旺氣)가 지나치면 남자와의 사귐이 많다.

여명(女命)이 일주(日主)에서 월령(月令)의 기(氣)를 얻고, 일지(日支)가 통근(通根)하며 득지(得地)하면 재관(財官)을 감당할 수 있다. 관성(官星)도 통근지(通根地)에 앉아 있고, 식신(食神)이나 상관(傷官)이 천간(天干)에 나타나 혼잡하지 않고, 관성(官星)이 지지(地支)에 평온하게 있고, 형충파해(刑沖破害)를 만나지 않으면 남편이 사업과 지위를 성취한다. 본인도 지혜와 학문이 높으며 말을 잘하고, 선악을 분별하며 온화함으로 사람을 감복시키니 귀부인 상이다. 본인도 능력을 발휘하여 사회의 지위와 명망을 얻으며 공무원 등으로 발전하고, 기업에서도 능력을 발휘하며 민의의 대표기구를 얻는다. 그러나 상관운(傷官運)을 만나거나 형충(刑沖)되면 흉하다.

사주팔자의 기틀은 용신(用神)이 명리(明利)함에 있다. 명(明)은 월령(月令)의 기(氣)를 얻거나 지지(地支)가 천간(天干)을 돕거나 극해(剋害)되지 않는 것을 말한다. 리(利)는 오행(五行)의 기(氣)가 평순하고, 생부(生扶)와 극설(剋洩)이 중화되는 것을 말한다.

여명(女命)이 정관(正官)이 명(明)하고 재(財)가 생(生)되면 재관상생(財官相生)이라 한다. 이런 사주는 혼인 전에는 공부를 마친 뒤 이상적인 직업을 얻고, 처사가 합리적이며 자발적이고 책임감이 강하다. 남편 역시 성실하며 실리적인 사람을 만나 무리하지 않으니 화액이 적다. 그리고 재관(財官)이 유력(有力)하여 상생(相生)하면 남편이 사업을 크게 이루며 지위도 높다. 예를 들어 재관(財官)이 무력(無力)한 지(地)에 앉아 있으면 재관(財官)이 허(虛)하나, 심하게 손상되지 않으면 남편이 안정된 직업으로 발전한다.

만일 재관(財官)이 유력(有力)하여 상생(相生)하면 귀부인의 명(命)이다. 대개 이런 여명(女命)은 혼인 전에는 직업이 있으나, 혼인한 후에는 그만두고 현모양처가 되는 경우가 많다. 재관(財官)의 상생(相生)이 무력(無力)하면 혼인 후에도 직업을 지키며 남편을 도와 집안을 일으킨다. 이런 여명(女命)의 남편은 공무원 등이 적합하다. 재관(財官)이 상생(相生)되는 여명(女命)은 대개 가정이 화목하다. 부부가 서로 존중하여 의견을 나누며 부모를 공경하나 부모와의 인연은 박하다.

만일 여명(女命)의 일지(日支)에 재관(財官)이 있으면 재관쌍미일(財官雙美日)이라 하여 재관(財官)이 쓰임을 얻는 격국(格局)을 만나야 한다. 이런 사주는 부부가 한마음으로 협력하여 행복한 가정을 이룬다.

재관쌍미일(財官雙美日) 사주가 가장 꺼리는 것은 일지(日支)를 형충(刑沖)하는 것이다. 만일 유년(流年)이나 대운(大運)에서 형충파해(刑沖破害)가 같이 오면 부부에게 화액이 따른다. 이때는 오행(五行)에 의지하거나, 태세(太歲)의 기성(忌星)을 만나거나, 육신(六神)의 희기(喜忌)나 사주에 잠복한 화근으로 추측하여 논하면 큰 착오가 없다.

재관쌍미일(財官雙美日) 사주가 가장 꺼리는 것은 사주에 관살(官殺) 혼잡이 있거나, 천간(天干)에 겁재(劫財)나 상관(傷官)이 있는 것이다. 이런 사주는 비록 재관상생(財官相生)하는 형상이나, 관살

(官殺) 혼잡하거나 재(財)가 겁탈당하거나 상관(傷官)이 관(官)을 보는 것으로 보기 때문에 성격이 복잡하다. 다시 말해 맑은 날 많은 구름을 만나 비가 내리는 격이 된다.

여명(女命)에서 남편의 성격, 모습, 처세, 직업 등을 볼 때는 모두 정관(正官)과 칠살(七殺)을 용신(用神)으로 하여 논한다. 이것은 희용신(喜用神)이 아니라 처(處)한 용신(用神)이다. 정관(正官)과 칠살(七殺)이 통근(通根)되어 유력(有力)한 지(地)에 앉아 있으면 남편이 어떤 일을 해도 굳셈이 있어 향상한다.

여명(女命)이 일주(日主)가 월령(月令)의 기(氣)를 얻고, 사주의 기(氣)가 중화를 얻고, 편고(偏枯)하지 않으면 정관(正官)이나 칠살(七殺)이 무력(無力)한 지(地)에 임해도 남편의 직업이 안정되어 변동이 적다. 희용신(喜用神)이 년월(年月)에 모이면 일찍 뜻을 얻고, 일시(日時)에 기신(忌神)이 임하면 후반생이 고생스럽다. 따라서 여명(女命)이 년월(年月)에 희용신(喜用神)이 있으면 중상층 가정에서 태어난 사람이고, 일시(日時)에 기신(忌神)이 있으면 혼인생활이 여의치 못하다. 이런 사주는 혼인한 후 남편의 발전을 기대하기 어렵다. 그러나 정관(正官)이나 칠살(七殺)이 대운(大運) 중의 성패를 위주로 하니 보충할 수 있다.

여명(女命)이 재(財)가 관왕(官旺)하여 생(生)함을 만나나, 일주(日主)가 월령(月令)의 기(氣)가 없고 생부(生扶)함도 없으면 재관(財官)의 극(剋)을 감당하기 어렵기 때문에 집안이 풍요롭지 못하다. 혼인 후의 부귀여부는 사주에 있는 재관(財官)으로 논한다.

16. 여명(女命)의 칠살(七殺)

여명(女命)에서 칠살(七殺)은 부성(夫星)을 말하고, 칠살(七殺)은 야성과 이지를 나타낸다. 따라서 여명(女命)이 칠살(七殺)이 있으면 호탕하다. 여자와 남자는 생리적·심리적으로 큰 차이가 있으니, 여명(女命)에서 칠살(七殺)을 인수(印綬)로 화(化)하더라도 안정된 가정생활을 하기 어렵다. 비교적 화려한 생활을 하게 되고, 감정상의 파란이 많이 따라 혼인이 실패하기 쉽다.

만일 칠살(七殺)이 부성(夫星)의 주가 되는 여명(女命)은 나이 차이가 많은 남자를 만나야 강함과 부드러움을 조화시킬 수 있고, 먼 지방이나 생활풍속이 다른 남편을 얻어야 한다. 그렇지 않으면 끝내 분규가 일어나거나 원망을 듣게 되고, 인내심이 적으면 나쁜운이 올 때 혼인생활이 깨지는 등 불행이 발생한다.

여명(女命)에서 부성(夫星)이 가장 꺼리는 것은 원국(原局)에 명(明)으로 제(制)하는 것이다. 이것은 식신(食神)이나 상관(傷官)의 기세가 지나치게 강하기 때문이나, 온순하면 복이 될 수도 있다.

만일 여명(女命)이 칠살(七殺)을 제(制)하지 못하면 성격이 강하니 흉하다. 여명(女命)에서 식신(食神)이 칠살(七殺)을 제(制)하면 식신제살격(食神制殺格)이라 한다. 이런 사주는 일주(日主)가 유력(有力)한 지(地)에 통근(通根)하면 반드시 남편이 발전하며 사업을 성취한다. 남편이 공업이나 상업 또는 기계업 등으로 발전하고, 명리(名利)를 추구하며 교제에 능숙하다. 이런 여자는 물질이 풍요로우며 생활이 화려하다. 그러나 남편이 가정보다 사업을 중히 여기며 교제나 풍류를 좋아하기 때문에 감정이 공허하며 첩을 두는 경우가 많다.

그러나 칠살(七殺)을 제복(制伏)함이 지나치거나 부족하면 남편이 성공하지 못한다. 여명(女命)이 식신제살격(食神制殺格)이고, 신왕(身旺)하고, 양인(陽刃)이 있고, 일주(日主)가 사절(死絶)의 무력(無力)한 지(地)에 앉지 않으면 남편이 발전하여 성취함이 있다. 그러나 대개 독수공방이나 첩을 보는 경우가 많다.

만일 여명(女命)이 살인(殺刃)이 있으면 남자같은 성격으로 의기와 기백이 있고 독립심이 강하다. 온유함이 부족하며 가정보다 사업을 중히 여겨 독신자가 되기 쉽고, 혼인을 해도 행복하기 어렵다. 이런 여자는 말재주가 좋으며 과단성이 있고, 이지에 의지해서 일을 처리한다. 만일 더욱 신왕(身旺)하면 기업의 발전이 남자를 이기나, 육친관계는 냉담함을 면하기 어렵다. 이런 사주는 오행(五行)에 의지해서 그 살(殺)과 인(刃)에서 발생하는 의외의 재난이 있고, 세운(歲運) 역시 꺼리면 더욱 심하다.

만일 여명(女命)이 살인격(殺刃格)·식신제살격(食神制殺格)·식상생재격(食傷生財格)·상관견관격(傷官見官格)·재다(財多) 등이 있으면 직업을 갖는 경우가 많은데, 직업이 있으면 금전과 정신생활이 풍요롭다.

만일 여명(女命)이 칠살(七殺)이 있는데 편인(偏印)이 상생(相生)하면 좌절이 많이 따른다. 이런 사주는 동업이나 투자는 부적합하고, 친구가 해를 끼쳐 마음이 상하기 쉽고, 남편의 수입이 적다. 여명(女命)이 칠살(七殺)이 있을 때는 인수(印綬)가 상생(相生)하여 순화해야 평생 귀인의 도움이 많고, 정리법(情理法)을 살펴 처세하고, 명예를 중요시 하며 사람과의 인연이 두텁고, 혼인 후에는 부부가 서로 화합하여 존경한다.

만일 사주에 칠살(七殺)이 있으면 극(剋)하거나 설(洩)해야 한다. 여명(女命)이 칠살(七殺)이 명(明)한데 식신(食神)이 제복(制伏)하지 않으면 칠살무제(七殺無制)라 한다. 이런 사람은 성격이 조급하며 강하고, 쉽게 의기를 쓰며 충언을 용납하지 않는다. 이때는 흉운을 만나 신약(身弱)하고 살(殺)을 제화(制化)하지 못한 남자 사주와 같다. 비록 혼인을 해도 행복하기 어려우나 음덕을 쌓고 선행하면 복을 얻으며 재앙이 해소될 수 있다.

만일 여명(女命)이 칠살(七殺)이 명(明)한데 제화(制化)하지 못하고, 신왕(身旺)하여 양인(陽刃)이 있으면 나서기를 좋아하니 연예계 등으로 나가면 명리(名利)를 구할 수 있다. 이런 사람은 성격이 호방하며 개방적이고 자유분방하다. 이때 사주에 식신(食神)이 있으면 상업이나 기업계 등에서 성공적으로 발전할 수 있다.

그러나 여명(女命)이 식신(食神)과 칠살(七殺)이 모두 충(沖)되면 흉하다. 식신(食神)은 자성(子星)이고 칠살(七殺)은 부성(夫星)이기 때문이다. 남편을 잃으면 자식을 얻을 수 없고, 자식을 파(破)하면 혼인을 구하기 어렵다고 했다. 따라서 충파(沖破)되면 혼인생활에 감정의 변화가 많으니 조심해야 하고, 친구가 많으면 참된 감정을 찾기 어렵다고 했다. 여명(女命)이 칠살(七殺)을 제화(制化)하지 못하는데, 재(財)가 살(殺)의 무리를 만나면 성격이 견고하지 않고 자유분방하며 방임하다.

만일 여명(女命)이 편관(偏官)이 많은데 정관(正官)이 있으면 반드시 재혼하며 부모덕이 박하다. 사주에 칠살(七殺)이 다섯 개 있으면 창녀팔자라고 했다. 여명(女命)이 칠살(七殺)이 많은데 정재(正財)와 편재(偏財)가 있으면 남편 외의 다른 남자가 있다.

만일 여명(女命)이 관살(官殺)이 혼잡되면 정조를 잃을 염려가 있고, 여기에 지지삼합(地支三合)까지 있으면 남편을 알아보지 못할 정도로 음란하고, 정관(正官)과 편관(偏官)이 같은 주(柱)에 있는데 비견(比肩)·겁재(劫財)가 많으면 자매가 한 남자를 두고 다투는 형상이니 남편이 첩을 둔다. 관(官)이 강하면 본인이 부정하고, 관(官)이 약한데 비겁(比劫)이 강하면 남편이 부정하다.

17. 잡론

년주(年柱)와 월주(月柱)가 충(沖)되면 고향을 떠나고, 일주(日主)와 월주(月柱)가 충(沖)되면 아내가 손상되고, 시주(時柱)와 일주(日主)가 암충(暗沖)하면 아내와 정이 없어 혼인이 깨지기 쉽다. 만일 지지(地支)에 합(合)이 많으면 보수적이고, 충(沖)이 많으면 거동이 불안하고, 지지(地支)가 설기(洩氣)당하면 역량이 부족하고, 지지(地支)가 천간(天干)을 돕지 않으면 화근이 숨어 있다.

Ⅴ부. 종합론

1장. 종합론 I

1. 직업 보는 방법

사주에서 직업을 찾는 방법은 용신(用神)으로 보는 방법, 희신(喜神)과 용신(用神)을 같이 보는 방법, 오행(五行)으로 보는 방법 등이 있다. 사주에서 충합(沖合)이 모두 적으면 직업과 사업이 안정되어 성공하고, 충합(沖合)이 모두 많으면 이동이나 변화가 심하여 성공하기 어렵고, 형충(刑沖)이 많으면 외향적인 일이 적합하고, 회합(會合)이 많으면 내향적인 일이 적합하다.

1. 용신(用神)으로 보는 방법

① 식상(食傷)이 용신(用神)이면 화가·조각가·음악·연예인 등 예술방면이 길하다.

② 인성(印星)이 용신(用神)이면 문학·교육·설계·비서·약학계

등이 길하다.

③ 비겁(比劫)이 용신(用神)이면 의사 · 법률 · 회계 · 교육 · 전도 · 명상 · 자유업 등이 길하다.

④ 정관(正官)이 용신(用神)이면 정치 · 법률 · 경찰 · 법관 · 기자 · 공직 등 정(政) 자와 관계 있는 직업이 길하다.

⑤ 칠살(七殺)이 용신(用神)이면 군인 · 외과의사 · 직업운동원 등 엄격한 직업이 길하다.

⑥ 재성(財星)이 용신(用神)이면 상업 · 금융 · 재정 등 상무와 관계 있는 직업이 길하다.

2. 희신(喜神)과 용신(用神)으로 같이 보는 방법

① 식상(食傷)이 수기(秀氣)를 설(洩)하거나 문창귀인(文昌貴人)을 띠면 문학 · 서예 · 조각 · 화가 등이 길하다.

② 살인상생(殺印相生)이 있으면 군인이나 외과의사 등이 길하다.

③ 관인상생(官印相生)이 있거나 정관(正官)이 순수하면 정치나 법률계통이 길하다.

④ 식상(食傷)이 재(財)를 만나면 금융이나 재정방면이 길하다.

⑤ 상관상진(傷官傷盡)이 있거나 살(殺)과 인(刃)이 모두 있으면 군인이나 경찰 등이 길하다.

⑥ 식상생재(食傷生財)가 있거나 일주(日主)와 재(財)가 모두 왕성하면 무역업이 길하다.

⑦ 정관(正官)이 순수하거나 관인상생(官印相生)이 있으면 정치계통이 길하다.

⑧ 일주(日主)가 왕성한데 재(財)가 약하면 공업계통이 길하다.

⑨ 비겁(比劫)이 무리를 이루고 있으면 자유업이 길하다.

⑩ 재(財)와 관(官)이 모두 아름다우면 재정방면이 길하다.

⑪ 재관(財官)이 유력(有力)한데 일주(日主)가 강건하면 독자적인 사업이 길하다.

⑫ 일주(日主)가 왕성한데 의지할데가 없거나, 일주(日主)가 약한데 도와줌이 없으면 월급쟁이가 길하다.

3. 오행(五行)으로 보는 방법

① 금수(金水)를 기뻐하면 금속기재·금융·제빙·냉장·어로·항해 등이 길하다.

② 목화(木火)를 기뻐하면 목재·가구·석탄 등이 길하다.

③ 화토(火土)를 기뻐하면 기와·도자기·연료·유리 등이 길하다.

④ 토금(土金)을 기뻐하면 금광·동광·석광 등 광업이 길하다.

4. 오행(五行)의 직업

① 목(木)에 속하는 직업으로는 서점·출판·특수한 동식물 학자·식물재배시험 계통·목재·목제품·가구·종이·꽃·종묘·청과물·한약재·향료 등이 있다.

② 화(火)에 속하는 직업으로는 폭발물·연료·유류·광학·조광·조명·증기·뜨거운 음식·식품 등이 있다.

③ 토(土)에 속하는 직업으로는 토지계통·농작물·목축·방수사

업·농사·토양연구원·양계·양돈·건축·부동산·우산이나 우의·제방·정수기 등이 있다.

④ 금(金)에 속하는 직업으로는 철강·금속공구 재료·금은방·발굴·채광·기차·교통·금융 등이 있다.

⑤ 수(水)에 속하는 직업으로는 유동과 변화하기 쉬운 계통·청결업·냉온기구·선원·빙수계·어류·수산업·냉장업·여행사·탐방기자 등이 길하다.

5. 독자사업과 합동사업 보는 방법

① 사주에서 비겁(比劫)을 기뻐하면 합동사업이 길하고, 비겁(比劫)을 꺼리면 독자사업이 길하다. 그러나 비겁(比劫)을 기뻐하는데 사주에 비겁(比劫)이 없으면 독자사업이 길하다.

② 사주에 합(合)이 있는데 합(合)을 기뻐하면 합동사업이 길하고, 합(合)을 꺼리면 독자사업이 길하다.

③ 사주에 충형극(沖刑剋)이 많으면 독자사업이 길하고, 합회(合會)가 많으면 합동사업이 길하다.

④ 일주(日主)가 강한데 재성(財星)이 약하면 독자사업이 길하고, 재(財)가 많은데 일주(日主)가 약하면 합동사업이 길하다.

⑤ 종격(從格) 사주가 격(格)을 이루면 독자사업이 길하고, 파격(破格)되면 합동사업이 길하다.

⑥ 격국(格局)이 좋고 일주(日主)가 강건하고 식상(食傷)재관(財官)이 유력(有力)하고 행운(行運)이 좋으면 독자사업이 길하고, 격국(格局)이 낮고 격국(格局)과 대운(大運)이 배합하지 않으면 합동

사업이 길하다.

6. 동업자 고르는 방법

① 두 사람의 일주(日主)가 천합지합(天合地合)되면 매우 좋고, 천극지충(天剋地沖)되면 매우 흉하다. 만일 두 사람의 일주(日主)가 천극지충(天剋地沖)되는데 동업을 하면 반드시 적대관계가 된다.

② 두 사람의 사주가 상합(相合)이 많으면 좋다. 두 사람의 월지(月支)가 상합(相合)하면 의견이 잘 맞고, 시지(時支)가 상합(相合)하면 사업발전을 보는 법이 같고, 상대방의 월지(月支)와 자신의 월지(月支)나 일지(日支)가 상합(相合)하면 서로의 입장을 잘 이해해 준다.

③ 사주에서 비겁(比劫)을 기뻐하면 형제나 친구의 도움을 받아 발전하니 길하고, 비겁(比劫)을 꺼리면 흉하다. 만일 비겁(比劫)을 기뻐하나 사주에 비겁(比劫)이 없으면 외롭고 고독한 사람이니 적합하지 않다.

④ 지지(地支)에 형합(刑合)이 모두 있으면 의심이 많으며 투기를 좋아하는 사람이니 동업자로 적합하지 않다.

⑤ 사주에 재관(財官)이 없으면 재물과 사업을 개척하는 능력이 부족한 사람이니 동업자로 적합하지 않다.

⑥ 사주에서 편신(偏神)이 정신(正神)보다 강하거나 재주가 도덕을 이기면 동업이 깨지기 쉬우니 동업인으로 적합하지 않다. 편신(偏神)은 상관(傷官) · 편재(偏財) · 편관(偏官) · 편인(偏印) · 겁재(劫財)를 말하고, 이와 반대이면 정신(正神)이 된다. 편인(偏印)

은 고독과 냉철함을 상징하고, 편관(偏官)은 패도를 상징하고, 상관(傷官)은 방종을 상징하고, 겁재(劫財)는 조급함을 상징하고, 편재(偏財)는 모험을 상징하니 흉하다.
⑦ 사주에 편인(偏印)과 편관(偏官)이 같이 투출(透出)하거나 상관(傷官)과 편관(偏官)이 같이 투출(透出)하면 동업자로 적합하지 않다. 편인(偏印)과 편관(偏官)이 같이 투출(透出)하면 외모는 준수하나 마음이 어질지 못하고, 상관(傷官)과 편관(偏官)이 같이 투출(透出)하면 부모에게 감정이 없는 사람이다.

2. 성격 보는 방법

오행(五行)에서 목(木)은 인(仁), 화(火)는 예(禮), 금(金)은 의(義), 수(水)는 지(知), 토(土)는 신(信)을 나타낸다. 만일 오행(五行)이 어그러지지 않고 중화되며 순수하면 측은 · 겸양 · 성실의 정이 있으나, 편고(偏枯)하며 혼탁하면 시비 · 패역 · 거만의 성이 있다.

① 화(火)가 많은데 억제하지 않으면 조급하다.
② 수(水)가 많은데 억제하지 않으면 총명하나 의지가 약하고 움직이는 것을 좋아한다.
③ 목(木)이 많은데 억제하지 않으면 정이 많으며 인후하다.
④ 금(金)이 많은데 억제하지 않으면 능수능란하며 예리하다.
⑤ 토(土)가 많은데 억제하지 않으면 자비로우며 고요하다.

1. 일간(日干)으로 보는 방법

  같은 일간(日干)이라도 왕상(旺相)·태과(太過)·불급(不及)이 다르고, 금다(金多)·수다(水多)·화다(火多)·목다(木多)·토다(土多)가 다르니, 다음과 같이 8가지로 나눈다.

1. 목일간(木日干)
① 왕상(旺相) : 인자하며 후덕하고 겸양심과 측은심이 있다.
② 태과(太過) : 생각이 깊으나 번잡하여 자질구레하기 쉽다.
③ 불급(不及) : 지나치게 부드러워 일을 함에 규칙이 없다.
④ 금다(金多) : 강하나 끊고 맺음이 없으며 움직인 후에 생각하니
　　　　　　　 후회가 많다.
⑤ 목다(木多) : 많이 배우나 실속이 없고 우유부단하다.
⑥ 화다(火多) : 총명하나 지나치니 아는 것이 병이 된다.
⑦ 수다(水多) : 표류하여 안정하지 못하며 말과 행동이 다르다.
⑧ 토다(土多) : 검소하며 믿음이 있으니 모범이 된다.

2. 화일간(火日干)
① 왕상(旺相) : 화려하게 꾸미는 것을 좋아하나 학문이 없다.
② 태과(太過) : 조급하며 사납고 변덕이 심하다.
③ 불급(不及) : 말주변이 없고 큰 일을 결정하지 못한다.
④ 금다(金多) : 예의가 없고 직설적이니 비방을 초래한다.
⑤ 목다(木多) : 총명하나 뜻이 약하고 시비를 가리기 좋아한다.
⑥ 화다(火多) : 겉으로는 총명하나 안으로는 혼매하고 원달함이 부

족하다.

⑦ 수다(水多) : 덕과 예의가 없고 교묘하다.

⑧ 토다(土多) : 비밀을 좋아하며 이해에 민감하다.

3. 토일간(土日干)

① 왕상(旺相) : 충효심이 있고 성실하며 후중하다.

② 태과(太過) : 고집이 있고 어둡고 막히어 밝지 않다.

③ 불급(不及) : 무리의 정을 얻지 못하고 사리에 어둡다.

④ 금다(金多) : 신의를 좋아하며 강하나 매우 조급하다.

⑤ 목다(木多) : 시원한 것 같으나 믿음이 부족하다.

⑥ 화다(火多) : 결단력이 부족하나 명쾌하며 예의를 좋아하고 말이 선하다.

⑦ 수다(水多) : 공을 탐하여 나서기 좋아하고 악하며 의리가 없다.

⑧ 토다(土多) : 후중하며 신의를 지키고 사물을 용납한다.

4. 금일간(金日干)

① 왕상(旺相) : 명예와 의리를 중히 여기며 매사에 결단력이 있다.

② 태과(太過) : 용맹하나 무모하며 욕심이 많아 손해를 본다.

③ 불급(不及) : 생각은 깊으나 결단력이 부족하다.

④ 금다(金多) : 강직하며 용맹하고 의를 보면 반드시 행한다.

⑤ 목다(木多) : 옳고 그름을 분별하고 이해를 같이 살핀다.

⑥ 화다(火多) : 말재주가 좋고 예의를 좋아하나 의리가 부족하다.

⑦ 수다(水多) : 생각과 사고가 깊지 못하여 시비를 일으킨다.

⑧ 토다(土多) : 말은 적으나 인자하고 일을 처리함에 의심이 없다.

5. 수일간(水日干)

① 왕상(旺相) : 지혜가 뛰어나고 원대하며 계획과 생각이 깊고 치밀하다.

② 태과(太過) : 시비와 움직이는 것을 좋아하며 방랑하고 음란하다.

③ 불급(不及) : 반복되어 발전하지 못하며 담이 작고 계책이 없다.

④ 금다(金多) : 의리를 좋아하나 실속이 없고 천성이 강하다.

⑤ 목다(木多) : 흐르나 그치지 않고 사치를 좋아한다.

⑥ 화다(火多) : 예의를 숭상하나 명예를 탐내며 생각이 깊으니 근심이 많다.

⑦ 수다(水多) : 주장하는 것이 많아 빼어나지 못하니 적게 이룬다.

⑧ 토다(土多) : 가라앉고 막혀 있으니 겉으로는 둔한 것 같으나 속으로는 영리하다.

2. 용신(用神)으로 보는 방법

① 정인(正印)이 용신(用神)이면 인자하며 단정하나, 정인(正印)이 지나치게 많으면 범용하며 고생은 많으나 이룸이 작다.

② 편인(偏印)이 용신(用神)이면 정밀하며 명확하고 능수능란하나, 편인(偏印)이 지나치게 많으면 탐욕스럽고 인색하며 비루하다.

③ 정관(正官)이 용신(用神)이면 광명하고 정직하나, 정관(正官)이 지나치게 많으면 의지가 강하지 못하다.

④ 칠살(七殺)이 용신(用神)이면 호탕하며 의협심이 강하나, 칠살(七殺)이 지나치게 많으면 위축되어 떨치지 못한다.

⑤ 상관(傷官)이 용신(用神)이면 영명하며 예리하나, 상관(傷官)이

지나치게 많으면 교만하며 거만하고 괴팍하다.

⑥ 식신(食神)이 용신(用神)이면 온후하며 공손하고 선량하나, 식신(食神)이 지나치게 많으면 고집이 강하다.

⑦ 비견(比肩)이 용신(用神)이면 온건하며 화평하나, 비견(比肩)이 지나치게 많으면 괴벽스러우며 어울리지 못한다.

⑧ 겁재(劫財)가 용신(用神)이면 열심이며 솔직하나, 겁재(劫財)가 지나치게 많으면 분주하며 음란하다.

⑨ 정재(正財)가 용신(用神)이면 근면하며 검소하나, 정재(正財)가 지나치게 많으면 유약하며 무능하다.

⑩ 편재(偏財)가 용신(用神)이면 민첩하며 기교가 있으나, 편재(偏財)가 지나치게 많으면 게으르며 편안한 것을 좋아한다.

3. 격국(格局)과 강약으로 보는 방법

① 곡직격(曲直格)은 인자하며 후덕하고, 가색격(稼穡格)은 베풀기를 좋아하고, 종혁격(從革格)은 예리하고, 윤하격(潤下格)은 원활하고, 염상격(炎上格)은 호탕하다.

② 종재격(從財格)·종살격(從殺格)·종아격(從兒格)은 선량하고, 종왕격(從旺格)·종강격(從强格)은 강건하고, 화기격(化氣格)은 지혜가 있다.

③ 신강(身强)한데 억제하는 것이 있으면 천성이 명백하며 활발하고, 사물을 따라 순하게 움직이며 결단력이 있고, 항상 유쾌하며 즐겁고, 정이 많으며 베풀기를 좋아하고, 의리가 있으며 두려움이나 의심이 없다.

④ 신강(身强)하고 억제하는 것이 없는데 외격(外格)에도 들지 못하면 난폭하여 다투기를 좋아하고, 스스로 단속하지 못하며 변화가 많고, 위태로움을 돌아보지 않으며 선악을 구별할 줄 모른다.
⑤ 신약(身弱)한데 도와줌이 있으면 검소하며 은혜를 잊지 않고, 예절이 바르며 생각이 깊고, 언행이 일치하며 행동이 단정하다.
⑥ 신약(身弱)하고 도와주는 것이 없는데 외격(外格)에도 들지 못하면 음란하며 사악하고, 허위가 있고 집요하며 시비를 일으키고, 태만하며 게으르고, 위축되고 결단력이 없다.

지금까지 설명한 것과 같이 성격을 판단하는 방법은 매우 복잡다단하다. 따라서 학리와 경험이 없으면 정확하게 판단하기 어려우니 잘 살펴야 한다.

3. 질병 보는 방법

질병은 병신(病神)이 유력(有力)하면 병이 무겁고, 병신(病神)이 무력(無力)하면 병이 가볍고, 병신(病神)을 생조(生助)하면 병이 무겁고, 병신(病神)을 극설(剋洩)하면 병이 가볍다. 일간(日干)이 약하면 허증(虛症)으로 치료기간이 길고, 일간(日干)이 강하면 실증(實症)으로 치료기간이 짧다. 병신(病神)이 하나 있으면 한 가지 병이고, 병신(病神)이 두 개 있으면 두 가지 병이 있다.

1. 천간(天干)의 질병

① 갑(甲) : 담

② 을(乙) : 간

③ 병(丙) : 소장

④ 정(丁) : 심장

⑤ 무(戊) : 위장, 늑골

⑥ 기(己) : 비장, 배

⑦ 경(庚) : 대장, 배꼽

⑧ 신(辛) : 폐, 넓적다리

⑨ 임(壬) : 방광, 종아리

⑩ 계(癸) : 신장, 발

2. 지지(地支)의 질병

① 자(子) : 방광

② 축(丑) : 배, 아기집, 비장, 위장, 다리

③ 인(寅) : 담, 모발, 손, 넓적다리

④ 묘(卯) : 손가락, 간

⑤ 진(辰) : 어깨, 가슴

⑥ 사(巳) : 얼굴, 목구멍, 치아

⑦ 오(午) : 눈, 머리

⑧ 미(未) : 위장, 척추, 어깨, 명치

⑨ 신(申) : 대장, 경락, 폐

⑩ 유(酉) : 소장, 혈액

⑪ 술(戌) : 넓적다리, 다리

⑫ 해(亥) : 머리, 다리, 신장

3. 오행(五行)의 질병

① 금(金) : 폐장

② 목(木) : 간장

③ 수(水) : 신장

④ 화(火) : 심장

⑤ 토(土) : 비장

4. 방위의 질병

① 병정사오(丙丁巳午)는 남방(南方)이니 상체에 질병이 있다.

② 임계해자(壬癸亥子)는 북방(北方)이니 하체에 질병이 있다.

③ 갑을인묘(甲乙寅卯)는 동방(東方)이니 왼쪽에 질병이 있다.

④ 경신신유(庚辛申酉)는 서방(西方)이니 오른쪽에 질병이 있다.

⑤ 무기진술축미(戊己辰戌丑未)는 중앙이니 중앙에 질병이 있다.

5. 질병의 개요

폐와 대장은 금(金)에 속하니, 병화(丙火)가 금(金)을 극(剋)하면
대장이나 폐에 병이 생긴다. 계수(癸水)는 신장이니 어린아이는 눈이

간에 속하고, 어른은 눈이 신장에 속한다. 화토(火土)가 계수(癸水)를 열건(熱乾)시키면 안과질환이 있고, 하목(夏木)이 열건(熱乾)되어도 시력이 좋지 않다. 병화(丙火)는 유(酉)가 사지(死地)이니 목(木)이 생(生)하면 약한 화(火)가 다시 생(生)하나, 목(木)이 없으면 눈이 좋지 않다. 병화(丙火)는 태양이니 눈으로 본다. 무토(戊土)는 위장이니 수(水)가 습하여 토(土)가 붕괴되면 위장병이 생긴다. 갑목(甲木)은 풍(風)이니 경금(庚金)이 충극(沖剋)하면 풍병이 온다. 을목(乙木)은 간담이니 신금(辛金)이 충(沖)하면 황달로 고생한다.

금(金)이 목(木)을 상하게 하면, 다시 말해 갑경충(甲庚沖) · 을신충(乙辛沖)이 있고 양인(陽刃)이나 곡각살(曲脚殺)이 있으면 수족에 흠이 있다. 수(水)가 화(火)를 극(剋)하면 시력이 나쁘고 신장의 기(氣)도 부족하다. 수족은 위경(胃經)에 속하니 갑목(甲木)이 무토(戊土)를 극(剋)하면 수족에 흠이 있고, 화(火)가 갑목(甲木)을 불사르면 반드시 눈이 좋지 않고 신경(腎經)이 매우 약하다. 계수(癸水)는 신장이니 기토(己土)가 극(剋)하면 고환과 임질을 앓고, 경병(庚丙)이 상극(相剋)하면 혈(血)이 불순하여 하혈을 한다.

신(辛)이 정(丁)을 만나 심장 · 간장이 극(剋)되면 마음이 상하며 기(氣)가 우울하고, 목일주(木日主)가 삼형(三刑)의 극(剋)을 만나면 피부병이 있다. 화(火)의 관(官)이 일주(日主)를 극(剋)하면 광증이나 정신이상이 생기고, 목(木)이 무일주(戊日主)나 기일주(己日柱)를 심하게 극하면 구토가 심해진다. 이것은 위장이 약하기 때문이다.

금(金)이 병정(丙丁)을 만나면 혈증이 많다. 일주(日主)가 쇠약하여 극(剋)되면 잔병이 끊이지 않고, 화일주(火日主)가 자운(子運)과 극운(剋運)을 만나면 이질이 끊이지 않는다. 약한 목(木)이 오운(午運)

과 설운(洩運)을 만나면 유산된다.

　오행(五行)이 화평하면 평생 재앙이 적게 따른다. 오행(五行)이 화평하다는 것은 오행(五行)에 전체적으로 결함이 없으면서 생극(生剋)하지 않는 것을 말한다. 혈기(血氣)가 어지러우면 평생 질병이 많다. 혈기(血氣)가 어지럽다는 것은 화(火)가 수(水)를 이기거나 수(水)가 화(火)를 극(剋)하는 것을 말하는 것이 아니라, 오행(五行)의 기(氣)가 반역하거나 상하가 불통하거나 왕래가 불순한 것을 말하는 것이다.

　오행(五行)으로는 수(水)가 혈(血)이고, 신체로는 맥이 혈(血)이다. 따라서 극(剋)하는 곳에서 생(生)을 만나고, 역행(逆行)하는 가운데 순행(順行)하면 아름답다.

　만일 좌우가 서로 다투고, 상하가 서로 극(剋)하고, 역행(逆行)을 기뻐하는데 순행(順行)하거나, 순행(順行)을 기뻐하는데 역행(逆行)하거나, 화(火)가 왕성하여 수(水)가 마르거나, 화(火)가 목(木)을 불사르거나, 수(水)가 왕성하여 토(土)가 붕괴되거나, 수(水)가 금(金)을 잠기게 하거나, 토(土)가 왕성하여 목(木)을 꺾거나, 토(土)가 왕성하여 화(火)를 어둡게 하거나, 금(金)이 왕성하여 화(火)가 허(虛)하거나, 금(金)이 토(土)를 약하게 만들거나, 목(木)이 왕성하여 금(金)이 이지러지거나, 목(木)이 수(水)를 모두 빨아들이면 오행(五行)이 전도되어 상극(相剋)된 이치와 같아 질병이 많이 따른다.

　기신(忌神)이 오장(五臟)에 임하면 병이 흉하다. 사주에 있는 기신(忌神)을 제(制)하거나 변화시키지 못하고, 충(沖)하거나 흩어지게 하지 못하고, 기신(忌神)이 숨어서 오장(五臟)을 극(剋)하면 병이 흉하다.

기신(忌神)인 목(木)이 토(土)에 들어가면 토(土)는 비장과 위장이니 이곳에 병이 생기고, 기신(忌神)인 화(火)가 금(金)에 들어가면 금(金)은 대장과 폐이니 이곳에 병이 생기고, 기신(忌神)인 토(土)가 수(水)에 들어가면 수(水)는 신장과 방광이니 이곳에 병이 생기고, 기신(忌神)인 금(金)이 목(木)에 들어가면 목(木)은 간담이니 이곳에 질병이 생기고, 기신(忌神)인 수(水)가 화(火)에 들어가면 화(火)는 소장과 심장이니 이곳에 질병이 생긴다.

그리고 다시 허실을 본다. 예를 들어 목(木)이 토(土)에 들어가는데 토(土)가 왕성하면 비장과 위장이 넉넉해서 생긴 병이고, 사계월(四季月)에 발생하고 토(土)가 쇠약하면 비장과 위장이 부족해서 생긴 병이다. 다른 것도 이와 같은 이치로 보면 된다.

비장은 습한 것을 꺼리고, 위장은 차가운 것을 꺼린다. 따라서 토(土)가 습한 기운이 충분하면 봄과 겨울에 병이 생기고, 반대로 화(火)의 메마름을 꺼리는데 토(土)가 메마르면 여름과 가을에 병이 생기고, 토(土)가 습기가 부족하면 여름과 가을에 병이 생기고, 토(土)가 메마름이 부족하면 봄과 겨울에 병이 생긴다.

객신(客神)이 육경(六經)에서 놀면 재앙이 적다. 객신(客神)이 육경(六經)에서 논다는 것은 허(虛)한 양기(陽氣)가 천간(天干)에 떠있는 것을 말한다. 양(陽)이 노출되어 허(虛)하면 제화(制化)하기 쉬우니, 반드시 재앙이 적으며 병이 외부에 있는 것과 같다. 외부에 있으면 발산하기 쉬우니 큰 병에는 이르지 않아 재앙이 적은 것이다. 그러나 천간(天干)을 객신(客神)이라 하여 허(虛)하다고 보면 안되고, 지지(地支)를 실(實)한 것으로 보면 안된다. 항상 허(虛)한 가운데 실(實)이 있고 실(實)한 가운데 허(虛)함이 있으니, 그 이치를 알아야 길흉을 정확하게 판단할 수 있다.

목(木)이 수(水)를 받아들이지 않으면 혈병(血病)이 따른다. 수(水)가 동방(東方)으로 흐르며 목(木)이 충(沖)되거나 허탈하면 모두 수(水)를 받아들이지 않는 것이니 혈병(血病)이 따른다. 간은 목(木)에 속하니 혈(血)을 거둬들이는데 받아들이지 못하면 병이 생긴다.

춘목(春木)이 수(水)를 받아들이지 않는 것은 화(火)가 영화를 발휘하는 것을 기뻐하기 때문이고, 동목(冬木)이 수(水)를 받아들이지 않는 것은 화(火)가 한기를 제거하는 것을 기뻐하기 때문이고, 하목(夏木)이 뿌리가 있어도 수(水)를 받아들이는 것은 화(火)의 열기를 제거하여 조열(燥熱)함을 윤택하게 하기 위함이고, 추목(秋木)이 득지(得地)했어도 수(水)를 받아들이는 것은 금(金)의 예리함을 설기(洩氣)하여 살(殺)의 완강함을 변화시키기 때문이다. 봄과 겨울에는 생왕(生旺)한 목(木)이나 쇠약하면 수(水)를 받아들이고, 여름과 가을에는 휴수(休囚)된 목(木)이니 왕성해도 수(水)를 받아들인다. 이와 반대이면 받아들이지 않으니 혈(血)이 흐르지 않아 혈병(血病)이 생긴다.

토(土)가 화(火)를 받아들이지 않으면 기(氣)가 상한다. 토(土)가 충(沖)되어 허탈하면 화(火)를 받아들이지 않으니 반드시 기병(氣病)이 생긴다. 비장은 토(土)에 속하므로 화(火)를 받아들이나, 만일 받아들이지 못하면 병이 된다.

조열(燥熱)하고 실(實)한 토(土)는 화(火)를 받아들이지 않으니 수(水)의 윤택함을 기뻐하고, 허(虛)하고 습한 토(土)가 화(火)를 받아들이지 않는 것은 수(水)의 극(剋)을 꺼리기 때문이고, 동토(冬土)가 뿌리가 있는데도 화(火)를 받아들이는 것은 하늘의 한기와 땅의 습함을 풀어주기 때문이고, 추토(秋土)가 득지(得地)해도 화(火)를 받아들이는 것은 금(金)의 유여함을 제거하여 토(土)가 설기(洩氣)되는 것을 보충하기 때문이다.

지나치게 조열(燥熱)하면 지지(地支)가 윤택하지 않고 지나치게 습하면 천간(天干)이 화합하지 않으니, 화(火)를 받아들이지 않고 목(木)을 용납하지 않는 것이다. 지나치게 조열(燥熱)하면 반드시 기(氣)가 이지러지고, 지나치게 습하면 반드시 비장이 허(虛)하니 받아들이지 않으면 병이 된다.

금수상관(金水傷官)이 한냉하면 마른기침이 있고, 뜨거우면 가래가 있다. 화토(火土) 인수(印綬)가 뜨거우면 가래가 있고, 메마르면 피부병이 있다. 목화(木火)가 많으면 가래로 논하고, 화금(火金)이 답답하면 독이 생기고, 금수(金水)가 마르고 상하면 신장이 허(虛)하고, 수금(水金)이 서로 상극(相剋)하면 비위가 약하다.

금수상관(金水傷官)이 지나치게 추우면 기(氣)가 차가우니 진기(眞氣)가 이지러져 반드시 마른기침이 있고, 지나치게 뜨거우면 수(水)가 화(火)를 이기지 못하니 화(火)는 반드시 금(金)을 극(剋)하고, 수(水)가 화(火)를 이기지 못하면 심장과 신장이 사귀지 못하고, 화

(火)가 심하게 금(金)을 극(剋)하면 폐가 상한다. 동령(冬令)에는 화(火)의 불꽃이 허(虛)하니 불꽃이 오르면 가래가 있다.

 화토(火土) 인수(印綬)가 지나치게 뜨거우면 목(木)이 화(火)의 왕성함을 따르므로 화(火)가 왕성하면 목(木)을 불사른다. 목(木)은 풍(風)에 속하므로 주로 풍병이 온다. 지나치게 메마르면 화(火)는 뜨겁고 토(土)는 메마른다. 토(土)가 윤택하면 혈맥이 잘 흐르니 조화를 이룬다.

 피부는 토(土)에 속한다. 토(土)는 따뜻함을 기뻐하는데 따뜻하다는 것은 윤택함을 말한다. 그러므로 지나치게 메마르면 피부병이 생기고, 지나치게 습하면 부스럼이 생긴다. 하토(夏土)는 습해야 좋고, 동토(冬土)는 건조해야 좋다. 이런 사주는 병이 없고 물(物)에 있으면 생(生)이 발한다. 다시 말해 화(火)가 많으면 주로 가래가 있고, 수(水)가 많으면 기침이 있다.

 목화(木火)가 많으면 가래가 있다는 것은, 화(火)가 왕성한데 목(木)을 만나면 목(木)이 화(火)의 세력을 따르니 금(金)은 목(木)을 극(剋)하기 어렵고, 수(水)는 화(火)를 극(剋)하기 어려우니 화(火)는 반드시 금(金)을 극(剋)하여 폐가 상하며 신장을 생하기 어렵고, 또 목(木)이 수기(水氣)를 설(洩)하니 반드시 신장이 메마른다. 음(陰)이 허(虛)하고 화(火)가 뜨거우니 가래가 생기는 것이다.

 화금(火金)이 답답하면 독이 생긴다고 하는 것은, 화(火)가 뜨거우면 수(水)가 메말라 화(火)가 반드시 목(木)을 불사르기 때문이다.

화(火)가 목(木)을 불사르면 반드시 토(土)가 메말라 금(金)을 위태롭게 만드니 금(金)이 안으로 답답한 것이다. 위태로운 금(金)이 화(火)를 만나면 폐기(肺氣)를 거스르고, 폐기(肺氣)를 거스르면 간과 신장이 모두 이지러진다. 간과 신장이 이지러지면 혈맥이 흐르지 않고 칠정(七情)이 우울하여 독을 생(生)한다. 토(土)가 메마르면 금(金)을 생(生)하기 어렵고, 화(火)가 치열하면 스스로 수(水)를 메마르게 하니 반드시 신장이 허(虛)하다. 토(土)가 허(虛)하면 수(水)를 제(制)하기 어렵고, 목(木)이 왕성하면 스스로 토(土)를 극(剋)하니 비위가 상하는 것이다.

대개 오행(五行)이 화합하지 못하면 병이 있다. 따라서 사람과의 관계가 있으나 집착할 필요는 없다. 만일 오행(五行)이 화합하지 못하는데 병이 없으면 해당 육친의 길흉과 일의 여부를 연구해야 한다.

예를 들어 일주(日主)가 금(金)이면 목(木)이 재성(財星)인데, 국(局) 중에 화(火)가 왕성하면 일주(日主)가 재(財)를 감당하지 못하고 반드시 화(火)를 생(生)하여 살(殺)을 도우니 오히려 일주(日主)의 기신(忌神)이 된다. 만일 이때 수(水)가 있으면 수(水)가 목(木)을 생(生)하니 금기(金氣)는 더욱더 허(虛)하다. 금(金)은 대장과 폐에 해당하니, 폐가 상하며 대장이 좋지 않고 신수(腎水)를 생(生)하기 어렵다. 따라서 목(木)이 수(水)를 설(洩)하고 화(火)를 생(生)하니, 반드시 신장과 폐가 모두 상하는 병이 생긴다.

그러나 이러한 병이 발생하지 않을 때는 반드시 재물이 흩어지거나 의식이 넉넉하지 못하게 되는 허물이 있다. 만일 병이 없는데 재물도 왕성하면 반드시 아내가 반드시 좋지 않으며 자식이 불초한다. 끊고 끊으면 반드시 한 번은 징험함이 있다. 그 중에 역시 아내와 자식이 어질며 효도하고, 병도 없고 재물도 왕성하면 세운(歲運)이 모두 토금(土金)으로 흐르는 묘함이 있다.

그러나 국(局) 중에 금수(金水)와 목화(木火)가 서로 균등한데, 폐나 신장계통의 병을 얻거나 재물이 흩어지거나 아내와 자식이 좋지 않으면 세운(歲運)이 모두 목화(木火)로 흘러 금수(金水)가 상했기 때문이다.

4. 혼인시기 보는 방법

① 유년(流年)의 간지(干支)와 일주(日主)의 간지(干支)가 천간합(天干合)하거나 지지합(地支合)할 때 혼인이 많이 성사된다. 고서(古書)에 천지(天地)가 합(合)하면 사람이 들어오며 좋은 일이 생긴다고 했다. 남자가 합(合)하여 재성(財星)을 이루거나, 여자가 합(合)하여 관성(官星)을 이루면 반드시 혼인이 성사된다.

② 유년(流年)의 천간(天干)과 일주(日主)가 합(合)할 때 혼인이 성사된다. 남명(男命)의 일주(日主)가 유년(流年)의 천간(天干) 정재(正財)와 합(合)되거나, 여명(女命)의 일주(日主)가 유년(流年)의 천간(天干) 정관(正官)과 합(合)하면 혼인이 성사된다.

③ 남명(男命)이 처성(妻星)이 밝게 나타나거나, 여명(女命)이 부성(夫星)이 밝게 나타나면 혼인이 성사된다. 남명(男命)이 유년(流年)에서 정재(正財)나 편재(偏財)를 만나거나, 여명(女命)이 유년(流年)에서 정관(正官)이나 편관(偏官)을 만나면 이성의 연분이

좋다. 만일 남명(男命)이 사주에 재성(財星)이 없거나, 재성(財星)이 지지(地支)에만 있는데 유년(流年)의 천간(天干)에 재성(財星)이 있으면 더욱더 확률이 높다.

④ 남명(男命)이 원국(原局)에 있는 처성(妻星)이 극(剋)되는데 구해주는 해가 오거나, 여명(女命)이 원국(原局)에 있는 부성(夫星)이 극(剋)되는데 구해주는 해가 오면 혼인이 성사된다.

⑤ 일지(日支)의 부부궁이 충(沖)되면 혼인이 성사된다. 청소년기에 부부궁이 충(沖)되어 열리면 연애를 하고, 혼기에 든 사람은 혼인이 성사된다.

⑥ 유년(流年)에서 도화살(桃花殺)이나 홍염살(紅艶殺)을 만나면 혼인이 성사된다.

⑦ 여명(女命)이 유년(流年)에서 천을귀인(天乙貴人)을 만나면 혼인이 성사된다. 여명(女命)의 관(官)과 귀(貴)는 모두 남편이나 이성을 나타낸다. 따라서 유년(流年)에 천을귀인(天乙貴人)을 만나면 남자를 만나기 쉽고, 남자에게 여러 가지 도움을 받는다.

⑧ 부부성과 부부궁이 모두 움직이는 해가 오면 혼인이 성사된다.

⑨ 여명(女命)이 사주와 유년(流年)이 합(合)하여 상관(傷官)을 이루거나, 남명(男命)이 사주와 유년(流年)이 합(合)하여 겁재(劫財)가 되면 혼인이 성사될 듯 하나 깨지기 쉽다.

⑩ 희신년(喜神年)이나 용신년(用神年)을 만나 사주가 중화되면 혼인이 성사된다. 다시 말해 일주(日主)가 약한데 인비년(印比年)을 만나거나, 남명(男命)이 일주(日主)가 강한데 식상년(食傷年)이나 재성년(財星年)을 만나거나, 여명(女命)이 일주(日主)가 강한데 재성년(財星年)이나 관살년(官殺年)을 만나거나, 조후용신(調

候用神)을 만나는 때를 말한다. 그러나 여명(女命)이 일주(日主)가 강한데 비겁년(比劫年)을 만나면 혼인이 성사되기 어렵다.

⑪ 자식을 낳는 운의 일년 전은 혼인이 성사되는 시기이다.

5. 자식얻는 시기 보는 방법

① 남명(男命)이 관살성(官殺星)이 활약하는 해가 오거나, 여명(女命)이 식상성(食傷星)이 활약하는 해가 오면 자식을 얻는다. 고서(古書)에서는 관살(官殺)이 중(重)하면 상관년(傷官年)·식신년(食神年)에 자식을 얻고, 관살(官殺)이 가벼우면 재성년(財星年)·관살년(官殺年)에 자식을 얻고, 관살(官殺)이 가볍고 식상(食傷)이 중(重)하면 인성년(印星年)에 자식을 얻고, 관살(官殺)이 중(重)하고 재(財)가 많으면 비겁년(比劫年)에 자식을 얻는다고 했다.

② 남명(男命)은 자성(子星)이 중화되었는데 유년(流年)에서 극제(剋制)하지 않고 관살(官殺)이 활약하여 좋은 작용을 하는 시기에 자식을 얻는다.

③ 여명(女命)은 식상(食傷)이 자식이나 식상(食傷)이 중(重)하면 인수년(印綬年)에 자식을 얻고, 식상(食傷)이 가벼우면 비겁년(比劫年)이나 식상년(食傷年)에 자식을 얻고, 식상(食傷)이 가볍고 인수(印綬)가 중(重)하면 재성년(財星年)에 자식을 얻고, 식상(食傷)이 중(重)하고 비겁(比劫)이 많으면 관살년(官殺年)에 자식을 얻는다.

④ 사주에 자성(子星)이 밝게 나타나면 자식을 얻는다.

⑤ 자성(子星)을 극하는데 구해주는 해가 오면 자식을 얻는다.

⑥ 여명(女命)이 여름에 태어나 수(水)가 윤택하게 해주어야 하는데 수년(水年)을 만나거나, 여명(女命)이 겨울에 태어나 화(火)로 따뜻하게 해주어야 하는데 화년(火年)을 만나면 자식을 얻는다.

⑦ 사주에서 성궁(星宮)이 모두 감응하면 자식을 얻는다.

6. 남녀궁합 보는 방법

① 남녀의 희기(喜忌)를 살펴 혼인 후의 운세를 본다. 금수(金水)를 기뻐하는 남명(男命)이 금수(金水)가 왕성한 여명(女命)을 만나거나, 화토(火土)를 기뻐하는 여명(女命)이 화토(火土)가 강한 남명(男命)을 만나면 서로 부족한 것을 보충하니 좋은 궁합이 된다.

② 정서궁인 남녀의 월령(月令)을 살펴 두 사람의 의견과 관념을 본다. 두 사람의 월지(月支)에 삼합(三合)이나 육합(六合)이 있으면 사물의 관점이 일치한다는 뜻이니 가장 길하고, 상생(相生)하거나 상동(相同)하면 그 다음이고, 상형(相刑)하거나 상극(相剋)하면 흉하고, 상충(相冲)되면 다툼이 많게 된다.

③ 부부궁인 남녀의 일지(日支)를 살펴 혼인한 후 서로의 도움을 살핀다. 일지(日支)가 상합(相合)하면 가장 길하고, 상생(相生)하거나 상동(相同)하면 그 다음이고, 상형(相刑)하거나 상극(相剋)하면 흉하고, 상충(相冲)하면 매우 흉하다.

④ 자궁(子宮)인 남녀의 시지(時支)를 살펴 자식문제를 본다. 시지

(時支)가 상합(相合)하면 가장 길하고, 상생(相生)하거나 상동(相同)하면 그 다음이고, 상형(相刑)하거나 상극(相剋)하면 흉하고, 상충(相沖)하면 매우 흉하다.

⑤ 남녀의 일주(日主)를 살펴 두 사람의 연분이나 혼인감정을 본다. 일주(日主)가 상합(相合)하면 가장 길하니 남자는 관(官)이고 여자는 재(財)이면 더욱더 좋고, 남녀의 일주(日主)가 천합지합(天合地合)되어도 좋다. 비록 남녀의 일주(日主)가 상합(相合)하지 않으나, 남자의 일주(日主)가 여자의 정관(正官)이 되거나 여자의 일주(日主)가 남자의 정재(正財)가 되어도 좋은 연분이다. 남녀의 일주(日主)가 상생(相生)되어도 역시 좋은데, 음양(陰陽)이 상생(相生)하는 것이 음(陰)이나 양(陽)끼리 상생(相生)하는 것보다 좋다. 두 사람이 생(生)하는 방향이면 주는 것이 많고, 반대이면 주는 것이 적다. 남녀의 일주(日主)가 같을 때는 음양(陰陽)이 같은 것이 음양(陰陽)이 다른 것보다 더 좋다. 전자는 남녀의 의견이 같고, 후자는 남녀의 의견이 다르다. 만일 남녀의 일주(日主)가 상극(相剋)하거나 상충(相沖)하면 흉하다.

⑥ 남녀의 년지(年支) 배합을 살핀다. 십이지지(十二地支)의 충극회합(沖剋會合)의 관계를 보아 길흉을 살핀다. 흔히 6세 차이는 좋지 않고 4세 차이는 좋다는 등의 얘기가 여기서 나오는 말이다.

⑦ 남녀의 사주 전체로 간지(干支)배합, 육신(六神)배합, 일주(日主)의 강약배합을 살핀다. 예를 들어 서로 합(合)이 많으면 길하나 충(沖)이 많으면 흉하고, 남명(男命)이 비겁(比劫)이 병이고 식상(食傷)이 약에 해당하면 식상(食傷)이 중(重)한 여자를 만나는 것이 길하고, 강건한 남자는 유약한 여자를 만나는 것이 길하다.

7. 육친 보는 방법

중국 청나라 때의 명리(命理) 학자인 심효첨(沈孝瞻)은 사람에겐 육친이 있는데 사주에서 배합되면 운명에서 나타난다고 했고, 길흉이 있으니 그 사람에게 가까울수록 증험하다고 했다.

연해자평(淵海子平)에서는 정인(正印)은 어머니요 편재(偏財)는 아버지요 비겁(比劫)은 형제 자매이고, 남명(男命)에게 재(財)는 아내요 관살(官殺)은 자식이고, 여명(女命)에게 관(官)은 남편이요 식상(食傷)은 자식이라고 했다. 이것은 부처극합(夫妻剋合) 자유모출(子由母出)의 원칙에서 나온 것으로 성(星)으로 보는 방법이다.

이외에 궁(宮)으로 보는 방법은 년주(年柱)는 조상, 월주(月柱)는 부모 형제, 일간(日干)은 자신, 일지(日支)는 배우자, 시주(時柱)는 자식으로 본다.

① 성(星)과 궁(宮)의 희기(喜忌)를 종합적으로 살핀다. 성(星)의 희기(喜忌)로는 자신과 해당하는 육친과의 인연이나 도움·운세·길흉 등을 살핀다. 궁(宮)의 희기(喜忌)로는 자신과 해당하는 육친과의 조건·인품·성격·성취·지위·학식·수입 등을 살핀다. 그 조건의 우열은 자신의 만족여부에 따른다. 만일 궁(宮)를 기뻐하면 자신과 해당하는 육친에 대하여 만족하고, 반대이면 그렇지 않다. 만일 두 개가 모순되거나 다툼이 있으면 성(星)이 먼저요 궁(宮)이 그 다음이다. 가장 길한 것은 성(星)과 궁(宮)을 모두 기뻐하는 것이다. 따라서 성(星)과 궁(宮)이 모두 꺼리면 흉하다.
② 득위(得位)를 살핀다. 다시 말해 성(星)과 궁(宮)이 같은 곳에 있

나를 살피는 것이다. 만일 득위(得位)하면 자신과 해당하는 육친이 책임과 본분을 다하고, 그 육친이 자신에게 강한 영향을 미친다. 예를 들어 정인(正印)이 월지(月支)에 있으면 어머니가 자신을 엄격하게 교육하거나 진학·취업·혼인 등에 어머니의 영향을 크게 받는다. 심하면 어머니가 모든 일을 결정해주기도 한다. 만일 해당하는 성(星)이 본궁(本宮)에 없으면 해당하는 육친과 자신과의 연분이 약하고, 형충(刑沖)되면 더욱더 심하다. 만일 성(星)이 본궁(本宮)에 있으면 분리되거나 헤어지는 경우가 적다. 만일 자성(子星)이 시주(時柱)에 없으면 자식이 성장한 후에 떠나고, 자성(子星)이 시주(時柱)에 있으면 성장한 후에 더욱더 정이 두터워져 가까이 지낸다. 만일 부부궁이 득위(得位)하면 부부간에 사랑이 넘친다.

③ 성(星)의 강약을 살핀다. 성(星)의 강약으로 자신과 해당하는 육친과의 운세·성취·영향력 등을 본다.

④ 성(星)의 충극회합(沖剋會合)을 살핀다. 성(星)의 충극회합(沖剋會合)으로는 자신과 해당 육친과의 길흉화복·수명·질병 등을 본다. 예를 들어 정인(正印)이 충극(沖剋)되면 어머니를 극(剋)하거나, 자신과 어머니가 인연이 약하거나, 질병이나 재앙이 있거나, 어머니를 일찍 잃게 된다. 성(星)이 용신(用神)을 극(剋)하면 해당 육친이 자신에게 피해를 주고, 용신(用神)이 성(星)을 극(剋)하면 자신이 해당 육친에게 피해를 준다. 예를 들어 식상(食傷)을 취하는데 정인(正印)이 식상(食傷)을 극(剋)하면 평생 어머니의 간섭을 받게 된다. 성(星)과 일주(日主)가 합(合)하면 해당하는 육친과 인연과 정이 두텁다. 만일 성(星)이 다른 천간(天干)

과 합(合)하면 해당 육친의 마음이 다른 곳으로 향하기 쉬우나, 그 합(合)의 희기(喜忌)를 살펴 해당 육친과 자신과의 도움이나 손해를 살핀다. 연해자평(淵海子平)에서는 성(星)이 합(合)하면 해당 육친이 부정하다고 했다. 예를 들어 정인(正印)이 합(合)되면 어머니가 부정하고, 비견(比肩)이 합(合)되면 형제 자매가 부정하다고 했다. 그러나 이것은 그다지 정확하지는 않다. 그러나 재(財)가 합(合)되면 아내가 부정하다는 것은 사주 전체를 살펴 판단해야 한다.

⑤ 성(星)이 있나 없나를 살핀다. 천간(天干)과 지지(地支) 그리고 지장간(支藏干)에도 없는 성(星)은 해당 육친이 없거나, 자신과의 인연이 박하거나 분리된다. 예를 들어 남명(男命)이 재성(財星)이 없으면 혼인을 늦게 하거나, 독신주의자이거나, 혼인을 중요하게 생각하지 않는다. 만일 정인(正印)이 없으면 어머니를 일찍 잃거나, 다른 사람 밑에서 양육되기도 한다.

⑥ 궁(宮)의 충극회합(沖剋會合)을 살핀다. 궁(宮)이 충극(沖剋)되지 않으면 자신과 해당 육친의 관계가 안정되어 쉽게 변화가 생기지 않는다. 궁(宮)을 충극(沖剋)하면 자신과 해당 육친의 관계에 충돌이 생기며 분리되기도 한다. 궁(宮)을 형해(刑害)하면 자신과 해당 육친 사이에 마찰이나 불행한 일이 생긴다. 궁(宮)을 회합(會合)하면 안정되어 화목하고, 해당 육친과 다른 육친과의 관계도 좋다. 궁(宮)이 충(沖)되었는데 합(合)되면 길한 가운데 흉하고 흉한 가운데 길하다. 그리고 합(合)된 후의 희기(喜忌)를 살펴 자신에게 도움이 되는지 손해가 되는지를 판단한다.

⑦ 대운(大運)과 함께 살핀다. 성(星)이 대운(大運)에서 나타나면 해

당 육친이 해당하는 대운(大運)에 있다는 뜻이다. 따라서 자신의 사주가 중화되면 해당 육친과 친근하며 강한 영향을 받고, 해당하는 시기에 해당 육친과 자신의 운세가 아름다워진다. 여기서 참고할 것은 대운(大運)이 나타나는 시기이다. 대개 1·2 대운(大運)은 부모가 영향력을 행사하고, 3·4·5 대운(大運)은 배우자가 영향력을 행사하는 시기이다. 형제 자매도 3대운(大運) 이후이다.

⑧ 성(星)과 궁(宮)의 고장지(庫藏地)와 공망(空亡)을 살핀다. 만일 고장지(庫藏地)에 들면 해당하는 육친이 건강·질병·조건·운세 등이 좋지 않다. 만일 공망(空亡)되면 해당하는 육친과 생사이별이 따르거나 운세가 불리해지며 있어도 없는 것과 같다.

⑨ 성(星)의 대체 여부를 살핀다. 남명(男命)이 정재(正財)가 없으면 편재(偏財)를 아내로 삼고, 여명(女命)이 정관(正官)이 없으면 편관(偏官)을 남편으로 삼는다. 그러나 정인(正印)이 없다고 해서 편인(偏印)으로 친어머니를 대체할 수는 없고, 편재(偏財)가 없다고 해서 정재(正財)로 친아버지를 대체할 수 없다. 정(正)은 유정(有情)한 극(剋)이고, 편(偏)은 무정(無情)한 극(剋)이다. 대체되는 상대를 얻을 때는 파란과 좌절이 많이 따른다.

⑩ 성(星)과 궁(宮)의 감응을 살핀다. 성(星)과 궁(宮)이 감응하면 자신과 해당 육친 사이에 결합·출현·분리·사망·길흉 등이 따른다. 만일 성(星)과 궁(宮)이 모두 감응하면 더욱더 확률이 높다.

⑪ 사주에서 성(星)이 생(生)되거나 설(洩)하면 육친에게 길하고, 반대이면 흉하다. 성(星)과 시지(時支)의 강약왕쇠을 비교해서 육친의 성취나 수명을 보고, 성(星)과 일주(日主)의 거리로 해당 육친과의 친밀도를 본다. 만일 성(星)이 일주(日主)에 가까이 있으면

자신과의 감정이 좋다. 지금까지 살핀 방법 중에서 7항까지와 10항은 비교적 중요하고, 7·8·9·10항은 그 다음으로 중요하고, 11항은 참고하는 정도로 알아두면 된다.

2장. 종합론 Ⅱ

1. 부자 사주

부자가 되려면 재기(財氣)가 문호(門戶)에 통해야 한다. 일반적으로 재물과 아내는 같이 본다. 그러나 아내는 어진데 재물이 박한 사람이 있고, 재물은 풍부한데 아내가 상한 사람이 있다. 이것은 형충회합(刑沖會合)이 다르기 때문이다. 만일 재신(財神)이 맑고 일주(日主)가 왕성하면 아내가 아름답고, 재신(財神)이 탁하고 일주(日主)가 왕성하면 재물복이 많다.

① 일주(日主)와 재성(財星)이 모두 강한데 관성(官星)이 재성(財星)을 보호하면 부자가 된다.
② 인성(印星)을 꺼리는데 재성(財星)이 인성(印星)을 억제하면 부자가 된다.
③ 인성(印星)을 기뻐하는데 재성(財星)이 관성(官星)을 생(生)하면

부자가 된다.

④ 상관(傷官)이 많은데 재성(財星)이 유통시켜주면 부자가 된다.

⑤ 재성(財星)이 많은데 상관(傷官)이 한정되어 있으면 부자가 된다.

⑥ 재성(財星)이 없는데 암(暗)으로 재국(財局)을 이루면 부자가 된
  다.

⑦ 천간(天干)에 재(財)와 상관(傷官)이 모두 있으면 부자가 된다.

⑧ 일주(日主)와 재성(財星)이 모두 왕성한데 관성(官星)이 없을 때
  는 반드시 식상(食傷)이 있어야 부자가 된다.

⑨ 일주(日主)와 재성(財星)이 왕성한데 식상(食傷)이 없을 때는 반
  드시 관성(官星)이 있어야 부자가 된다.

⑩ 일주(日主)와 인성(印星)이 모두 왕성한데 식상(食傷)이 약할 때
  는 반드시 재성(財星)이 국(局)을 이루어야 부자가 된다.

⑪ 일주(日主)는 왕성한데 관성(官星)이 쇠약하고 인성(印星)이 강
  하면 반드시 재성(財星)이 당령(當令)해야 부자가 된다.

⑫ 일주(日主)와 비겁(比劫)이 모두 왕성한데 재성(財星)과 인성(印
  星)이 없고 식상(食傷)이 있어야 부자가 된다.

⑬ 일주(日主)가 약하고 재성(財星)이 강한데 관성(官星)과 인성(印
  星)이 없을 때는 반드시 비겁(比劫)이 있어야 부자가 된다.

⑭ 일주(日主)가 왕성한데 인성(印星)이 관성(官星)을 설기(洩氣)하
  고, 식상(食傷)은 없으나 재성(財星)이 관(官)을 생(生)할 때는 식
  상(食傷)이 없으면 재성(財星) 역시 약하다. 따라서 아내가 아름
  다우나 재물은 박하다.

⑮ 일주(日主)는 왕성한데 인성(印星)이 없고, 관성(官星)이 약한데
  식상(食傷)이 있고, 재성(財星)을 얻어 식상(食傷)을 화(化)하며

관성(官星)을 생(生)하면 재(財)가 통근(通根)되고 관성(官星)도 도움을 얻으니 아내가 아름답고 재물도 풍부하다.

⑯ 일주(日主)는 왕성하고 관성(官星)은 약한데 식상(食傷)이 거듭 있고 재성(財星)이 관성(官星)과 서로 통하지 않으면 재물은 풍부하나 아내가 아름답지 못하다.

⑰ 일주(日主)는 왕성하고 관성(官星)은 없는데 식상(食傷)이 유기(有氣)하여 겁재(劫財)가 재성(財星)을 겁탈하지 않을 때, 인성(印星)이 없으면 아내와 재물복이 모두 좋으나 인성(印星)이 있으면 재물복은 좋으나 아내가 상한다.

辛 壬 丙 甲
亥 寅 子 申

辛 庚 己 戊 丁
巳 辰 卯 寅 丑

이 사주는 남명(男命)으로 임수(壬水)가 중동(仲冬)에 태어나 양인(陽刃)이 권리를 잡았다. 년월(年月) 목화(木火)가 뿌리가 없고, 일지(日支)의 인목(寅木) 식신(食神)이 충파(沖破)되어 평범한 것처럼 보인다. 그러나 일주(日主) 인(寅)과 시주(時柱) 해(亥)가 목화(木火)의 생지(生地)이기 때문에 길하다. 인해(寅亥)가 합(合)하여 목화(木火)의 기(氣)가 더욱 두텁고, 자신(子申)이 회국(會局)하여 식신(食神)을 생부(生扶)하니 재기통문호(財氣通門戶) 사주가 되었다.

큰 부자의 사주는 재성(財星)이 많지 않아도 생화유정(生化有情)되어 재기(財氣)가 문호(門戶)에 통한다. 만일 재(財)가 왕지(旺地)에 임하면 관(官)이 필요하지 않으나, 일주(日主)가 령(令)을 잃으면 반드시 비겁(比劫)으로 도와야 한다.

戊 癸 丙 壬
午 亥 午 申

壬 辛 庚 己 戊 丁
子 亥 戌 酉 申 未

이 사주는 남명(男命)으로, 계수(癸水)가 중하(仲夏) 오시(午時)에 태어나 재관(財官)이 매우 왕성하다. 일원(日元)이 득지(得地)하여 길한데, 년간(年干) 겁재(劫財)가 신(申)의 장생(長生)에 앉아 있으니 더욱더 묘하다. 재성(財星)이 유기(有氣)한데 나머지 오행(五行)에 목(木)이 없어, 목(木)이 수(水)를 설기(洩氣)하여 화(火)를 돕지 않으니 임수(壬水)를 취할 수 있고, 서북운(西北運)으로 달리니 금수(金水)가 득지(得地)했다. 이 사람은 유업이 풍부하지 않았으나 자수성가하여 거부가 되었다. 본처와 네 명의 첩을 두었고, 자식을 여덟이나 두었다.

2. 귀한 사주

귀격(貴格) 사주는 관성유리회(官星有理會)로 결정된다. 일반적으로 관(官)과 자식은 같이 본다. 그러나 자식은 많은데 관(官)이 없는 사람이 있고, 관(官)은 있으나 자식이 없는 사람이 있다. 이것은 형충회합(刑沖會合)의 관계 때문이다. 관성(官星)이 맑고 일주(日主)가 왕성하면 반드시 귀격(貴格)을 이루고, 관성(官星)이 탁하고 일주(日主)가 왕성하면 반드시 자식이 많다. 사주가 득상(得象)·득기(得氣)·득국(得局)·득격(得格)하면 아내와 자식, 부귀가 모두 좋다.

① 관성(官星)과 일주(日主)가 모두 왕성한데 인수(印綬)가 관성(官星)을 보호하면 귀격(貴格)을 이룬다.

② 겁재(劫財)를 꺼리는데 관성(官星)이 겁재(劫財)를 제거하면 귀격(貴格)을 이룬다.

③ 인수(印綬)를 기뻐하는데 관성(官星)이 인수(印綬)를 생(生)하면 귀격(貴格)을 이룬다.

④ 재성(財星)이 왕성하나 관성(官星)이 유통시켜주면 귀격(貴格)을 이룬다.

⑤ 관성(官星)이 왕성하고 재성(財星)이 유기(有氣)하면 귀격(貴格)을 이룬다.

⑥ 관성(官星)이 없으나 암(暗)으로 관성국(官星局)을 이루면 귀격(貴格)을 이룬다.

⑦ 관성(官星)과 재성(財星)이 모두 암장(暗藏)되어 있으면 귀격(貴格)을 이룬다.

⑧ 일주(日主)가 왕성하고 관성(官星)이 약한데 재성(財星)이 관성(官星)을 생(生)하면 귀격(貴格)을 이룬다.

⑨ 관성(官星)이 왕성하고 일주(日主)가 약한데 관성(官星)이 인성

(印星)을 생(生)하면 귀격(貴格)을 이룬다.

⑩ 인성(印星)이 왕성하고 관성(官星)이 약한데 재성(財星)이 인성(印星)을 억제하면 귀격(貴格)을 이룬다.

⑪ 인성(印星)이 약하고 관성(官星)이 왕성한데 재성(財星)이 없으면 귀격(貴格)을 이룬다.

⑫ 겁재(劫財)가 중(重)하고 재성(財星)이 가벼운데 관성(官星)이 겁재(劫財)를 제거하면 귀격(貴格)을 이룬다.

⑬ 재성(財星)이 인성(印星)을 파(破)하는데 관성(官星)이 인성(印星)을 생(生)하면 귀격(貴格)을 이룬다.

⑭ 관성(官星)을 취하는데 관(官)과 재(財)가 모두 암장(暗藏)되어 있으면 귀격(貴格)을 이룬다.

⑮ 인성(印星)을 취하는데 인(印)과 관(官)이 모두 나타나 있으면 귀격(貴格)을 이룬다.

⑯ 일주(日主)와 관성(官星)과 인수(印綬)가 모두 왕성하면 격국(格局)이 매우 맑다. 그러나 이때 식상(食傷)이 하나도 혼잡되지 않고 재성(財星)도 없으면 관성(官星)은 인성(印星)에게 의지하고 인성(印星)은 일주(日主)에 의지하니, 단지 아신(我身)만이 생(生)되어 관(官)은 있으나 자식은 없다. 설사 식상운(食傷運)이 온다 해도 인성(印星)이 극(剋)하여 자식을 두기 어렵다.

⑰ 일주(日主)와 관성(官星)이 왕성하고, 인성(印星)이 약하면서 식상(食傷)이 암장(暗藏)되어 있어 관성(官星)이 상하지 않고, 인성(印星)이 극(剋)하지 않으면 귀격(貴格)을 이루며 자식도 있다.

⑱ 일주(日主)는 왕성하고 관성(官星)은 쇠약하고 식상(食傷)이 유기(有氣)하면 인성(印星)이 있으나 재성(財星)이 인성(印星)을 파

(破)하고, 재(財)가 없어도 암(暗)으로 재국(財局)을 이루면 귀격 (貴格)을 이루지 못하나 반드시 부격(富格)이 되며 자식이 많다.

⑲ 일주(日主)가 왕성하고 관성(官星)이 쇠약하고 식상(食傷)이 왕 성하나 재성(財星)이 없으면 자식은 있으나 반드시 가난하다.

⑳ 일주(日主)가 약하고 관성(官星)과 식상(食傷)이 왕성하나 인성 (印星)이 없으면 가난하며 자식이 없다. 설사 인성(印星)이 있다 해도 재성(財星)이 있으면 마찬가지이다.

辛 丁 癸 癸
亥 卯 亥 卯

丁 戊 己 庚 辛 壬
巳 午 未 申 酉 戌

이 사주는 관살(官殺)이 권리를 잡아 두려운 것 같으나, 지지(地支) 에 인국(印局)을 이루어 교묘하게 수(水)의 세력을 유통시키니 관성 유리회(官星有理會)가 되었다. 초년 경신운(庚申運)과 신유운(辛酉 運)은 살(殺)을 생(生)하고 인성(印星)을 파(破)하여 공명(功名)이 없으니 가장 흉하다. 그러나 인국(印局)이 온전하게 갖추어지고, 천 간(天干)에 식신(食神)이 나오는 기미운(己未運)에서 크게 발전하여 상서(尙書)에 올랐다. 만일 이 사주가 운을 얻지 못했다면 선비에 그 쳤을 것이다.

壬 丙 丁 癸
辰 午 巳 酉

辛 壬 癸 甲 乙 丙
亥 子 丑 寅 卯 辰

이 사주는 병화(丙火)가 맹하(孟夏)에 태어나 녹왕지(祿旺地)에 앉
아 있다. 이 사주의 장점은 사유합(巳酉合)으로 금(金)이 되어 재
(財)가 관(官)을 생(生)하고, 관(官)이 겁재(劫財)를 제(制)하는 것
이다. 더 묘한 것은 시상(時上)에 임수(壬水)가 투출(透出)하여 관성
(官星)을 돕고 있으니 수화기제(水火旣濟)를 이룬 것이다. 3대운(大
運)부터 북방(北方) 수운(水運)으로 달리니 과거에 급제하여 명리
(名利)가 모두 빛났다. 이 사주에서는 관살(官殺)이 혼잡된 것을 흥
으로 보면 안된다. 일주(日主)가 왕성할 때는 반드시 관살(官殺)이
혼잡되어야 발전할 수 있다.

己 辛 丙 甲
丑 酉 寅 午

壬 辛 庚 己 戊 丁
申 未 午 巳 辰 卯

이 사주는 재(財)가 왕지(旺地)에 임하고, 관(官)이 장생(長生)되
고, 일주(日主)가 녹지(祿地)에 앉아 있고, 인성(印星)이 통근(通根)

했으니, 천간(天干)의 네 글자가 모두 지지(地支)의 녹왕지(祿旺地)에 임했다. 오행(五行)에 수(水)가 없으니 맑고 순수하다. 비록 춘금(春金)이 약하나 시상(時上) 인(印)이 통근(通根)하여 쓰임을 얻어 길하다. 경운(庚運)에 일주(日主)를 도와 계유년(癸酉年)에 등과했고, 오운(午運)에 살(殺)이 왕성하여 질병과 형상(刑喪)이 있었고, 신운(辛運) 기묘년(己卯年)에 과거에 급제하여 사림(詞林)에 들어갔다. 그뒤 금수운(金水運)이 일주(日主)를 도와주니 벼슬길이 끝이 없었다.

甲 庚 辛 乙
申 辰 巳 巳

乙 丙 丁 戊 己 庚
亥 子 丑 寅 卯 辰

이 사주는 경금(庚金)이 입하(立夏) 5일 전에 태어나 토(土)가 령(令)을 잡았다. 경금(庚金)이 장생(長生)되어 실(實)하고, 진(辰)과 신시(申時)이니 매우 왕성하게 생부(生扶)한다. 일주(日主)가 강하고 살(殺)이 약한데 재(財)가 나타나 뿌리가 없고, 겁재(劫財)를 꺼리니 빈한한 집안의 출신이다. 그러나 정운(丁運)에 이르러 관성(官星)의 원신(原神)이 나타나 발하니, 무인년(戊寅年)과 기묘년(己卯年)에 재성(財星)이 득지(得地)하여 희용신(喜用神)이 돌본다. 연속적으로 과거에 급제하여 사림(詞林)에 들어갔다. 고서(古書)에 살(殺)이 변하여 권(權)이 되면 한문(寒門)에 귀객(貴客)이 나타난다는 말이 있는데 이런 사주를 두고 하는 말이다.

3. 가난한 사주

사주에서 재신(財神)이 바르지 않으면 가난하다. 재신(財神)이 바르지 않다는 것은 재성(財星)이 설기(洩氣)되거나, 재성(財星)이 겁재(劫財)의 상해를 입거나, 상관(傷官)은 가벼운데 재성(財星)이 중하여 기(氣)가 얕거나, 재성(財星)은 가벼운데 관(官)이 중(重)하여 재기(財氣)가 설기(洩氣)되거나, 상관(傷官)은 중(重)한데 인성(印星)이 가볍고 일주(日主)가 약하거나, 재성(財星)은 중(重)한데 겁재(劫財)가 가벼우며 일주(日主)가 약한 것을 말한다. 그러나 청기(淸氣)가 한 가닥이라도 있으면 천하지는 않다.

재신불진자(財神不眞者)에는 9가지가 있는데 다음과 같다.
① 재성(財星)이 중(重)한데 식상(食傷)이 많으면 재신불진자(財神不眞者)라고 한다.
② 재성(財星)이 가벼워 식상(食傷)을 기뻐하는데 인성(印星)이 왕성하면 재신불진자(財神不眞者)라고 한다.
③ 재성(財星)은 가볍고 겁재(劫財)는 중(重)한데 식상(食傷)이 없으면 재신불진자(財神不眞者)라고 한다.
④ 재성(財星)이 많아 겁재(劫財)가 필요한데 관성(官星)이 겁재(劫財)를 제(制)하면 재신불진자(財神不眞者)라고 한다.
⑤ 인성(印星)을 기뻐하는데 재성(財星)이 인성(印星)을 파(破)하면

재신불진자(財神不眞者)라고 한다.

⑥ 인성(印星)을 꺼리는데 재성(財星)이 관성(官星)을 생(生)하면 재신불진자(財神不眞者)라고 한다.

⑦ 재성(財星)을 기뻐하는데 재성(財星)이 한신(閑神)과 합(合)하여 변하면 재신불진자(財神不眞者)라고 한다.

⑧ 재성(財星)을 꺼리는데 재(財)가 한신(閑神)과 합(合)하여 재(財)로 변하면 재신불진자(財神不眞者)라고 한다.

⑨ 관살(官殺)이 왕성하여 인성(印星)을 기뻐하는데 재성(財星)이 국(局)을 이루면 재신불진자(財神不眞者)라고 한다.

그러나 세상에는 부자보다 가난한 사람이 많고, 가난한 사람과 부자에게도 등급이 있으니 개괄해 정하기는 어렵다. 가난해도 귀하며 바른 사람이 있고, 가난하면서 천한 사람이 있으니 구별해야 한다.

재성(財星)이 가볍고 관성(官星)이 약하고 식상(食傷)이 있는데 인수(印綬)가 있거나, 인성(印星)을 기뻐하는데 재성(財星)이 인(印)을 파(破)하나 관성(官星)이 화해하면 가난하나 귀격(貴格)이 된다.

관살(官殺)이 왕성하고 일주(日主)가 약하고 재성(財星)이 관살(官殺)을 생(生)하는데 인(印)이 있으면 일방(一榜)은 쉽게 얻고, 인(印)이 없으면 선비에 불과하며 청빈하다.

재성(財星)이 많으면 반드시 탐욕스럽고, 관성(官星)이 왕성하면 반드시 욕심이 많다.

합(合)이 아니면서 합(合)이고, 종(從)이 아니면서 종(從)이 되고, 합(合)하나 화(化)가 안되고, 종(從)하나 진종(眞從)이 아니면 부귀를 보면 아첨을 잘하고 재리(財利)를 보면 은혜를 망각하니 탐욕스럽고 천하다. 이런 사주는 요행으로 부를 얻어도 귀격(貴格)은 아니다.

가업을 깨트리는 사람은 대개 처음에는 아름다운듯하나, 재관(財官)이 모두 아름답지 않으면서 간지(干支)가 모두 깨끗하며, 살인상생(殺印相生)이 아니면서 재(財)가 왕지(旺地)에 임하니, 재관(財官)이 비록 양육하고 영화로워도 우선 필요한 것은 일주(日主)가 왕상(旺相)해야 재관(財官)을 감당할 수 있다. 만일 지나치거나 미치지 못하면 모두 불진(不眞)이니 끝내 부귀격(富貴格)을 이루지 못한다. 이런 격국(格局)은 매우 많아서 일일히 열거하기 어려우니 각자 세밀하게 연구하기 바란다.

　　辛 戊 戊 壬
　　酉 戌 申 子

　　甲 癸 壬 辛 庚 己
　　寅 丑 子 亥 戌 酉

남명(男命)으로 무토(戊土)가 맹추(孟秋)에 태어났다. 지지(地支)에 서방(西方)을 이루니 수기(秀氣)가 유행하여 격국(格局)이 아름다우니 큰 부잣집에서 태어났다. 그러나 년간(年干) 임수(壬水)가 통근(通根)해 회국(會局)을 이루니 재성(財星) 불진(不眞)이 되었다. 다시 서방(西方) 금수운(金水運)으로 흐르니, 재물을 가볍게 알며 의리를 중히 여기니 흩어짐이 많다. 술운(戌運)에 입반(入泮)하며 자식을 얻었으나, 신해운(辛亥運)과 임자운(壬子運)에 가난이 극심해졌다.

己丁甲癸
酉巳寅卯

戊己庚辛壬癸
申酉戌亥子丑

이 사주는 남명(男命)으로 재(財)가 암장(暗藏)되며 살(殺)이 노출되고, 살인상생(殺印相生)하며 천간(天干)이 연속적으로 상생(相生)하여 마치 귀격(貴格)과 비슷하다. 조업(祖業)이 20만이 넘었으나 년간(年干)의 살(殺)이 뿌리가 없으니 인수(印綬)에게 모두 빼앗긴다. 유금(酉金) 재성(財星)을 취하는데 토(土)가 천간(天干)에 있으니 정이 있는 것 같다.

그러나 목(木)이 왕성하여 토(土)가 허(虛)하고 사화(巳火)가 생(生)을 만나니, 사유(巳酉)가 회국(會局)하지 않아 재(財)가 불진(不眞)하다. 임자운(壬子運)에서 금(金)을 설(洩)하고 목(木)을 생(生)하니, 한 번 패하여 먼지와 같이 흩어졌다. 해운(亥運)에서 인(印)이 장생(長生)되어 굶어죽었다.

庚丙壬庚
寅寅午午

戊丁丙乙甲癸
子亥戌酉申未

이 사주는 남명(男命)으로 하화(夏火)가 금(金)을 만나 재자약살격(財滋弱殺格)이 되었다. 간지(干支)가 혼잡되지 않고 살인(殺刃)이 맑으니 명리(名利)가 모두 빛나는 것 같다. 그러나 지지(地支)에 목화(木火)가 있어 금수(金水)의 뿌리가 없으니, 큰 수레에 불이 붙었는데 한 방울의 물을 붓는 격이 되었다. 화(火)를 억제하지 못할 뿐 아니라, 오히려 재성(財星)을 설(洩)하니 하월(夏月) 경금(庚金)이 패절(敗絶)되어 재(財)가 불진(不眞)하다. 계미(癸未)·갑신(甲申)·을유(乙酉)의 토금운(土金運)에서는 의식이 넉넉했으나, 병술운(丙戌運)에서 지지(地支)에 화국(火局)을 완전하게 이루니 형처극자(刑妻剋子)하며 수만금을 날렸다. 정해운(丁亥運)에 임(壬)·인(寅)과 합(合)하여 목(木)으로 변하니 고생하다 죽었다.

乙 丁 乙 庚
巳 丑 酉 辰

辛 庚 己 戊 丁 丙
卯 寅 丑 子 亥 戌

이 사주는 남명(男命)으로 정화일주(丁火日柱)가 시지(時支)에 왕지(旺地)가 있고 두 개의 을목(乙木)이 도우니 화(火)에 불꽃이 있고 금(金)이 거듭 있어 부격(富格)인 것 같다. 그러나 월간(月干) 을목(乙木)은 경금(庚金)과 합(合)하여 변하고, 지지(地支)에 금국(金局)이 모이니 전국에 재(財)가 왕성하여 불진(不眞)하다. 조업(祖業)이 풍족하며 초운인 병술운(丙戌運)과 정해운(丁亥運)에서 비겁(比劫)

이 일주(日主)를 돕고 있으니 재물이 넉넉했다. 그러나 무자운(戊子運)과 기축운(己丑運)에 금(金)을 생(生)하며 화(火)를 어둡게 하여, 재물과 사람이 흩어지며 추위와 굶주림에 고생하다 죽었다.

庚 癸 丙 辛
申 巳 申 丑

庚 辛 壬 癸 甲 乙
寅 卯 辰 巳 午 未

이 사주는 남명(男命)으로 일지(日支)에 재성(財星) 녹(祿)이 있고, 하나 있는 살(殺)이 청(淸)하여 아름다운 것 같다. 그러나 인성(印星)이 지나치게 많고, 축토(丑土)가 금(金)을 생(生)하며 화(火)를 설기(洩氣)하고, 병신(丙辛)이 합(合)하여 수(水)로 변한다. 재(財)를 겁탈하고 신(申)이 사(巳)를 합(合)하니 재(財)가 불진(不眞)이다. 초운(初運)인 을미운(乙未運)과 갑오운(甲午運)에 목화(木火)가 모두 왕성하여 조업(祖業)이 풍족했으나, 계사운(癸巳運)에서 신(申)과 합(合)하여 종(從)하니 먼지같이 흩어져 걸인이 되었다.

4. 천한 사주

사주에서 관성(官星)이 돌아보지 않으면 천격(賤格)을 이룬다. 관성(官星)이 돌아보지 않는다는 것은 실령(失令)하거나 상하거나 일주

(日主)가 가벼운데 관성(官星)이 중(重)하거나, 관성(官星)이 가벼운데 인성(印星)이 중(重)하거나, 재성(財星)이 중(重)한데 관성(官星)이 없거나, 관성(官星)이 중(重)한데 인성(印星)이 없으면 관성(官星)이 없는 것을 말한다. 이때 재(財)가 하나라도 있으면 가난은 면한다. 그러나 용신(用神)이 무력(無力)하고 기신(忌神)이 지나치게 강하면 왕성한 것을 돕고 약한 것을 기만하니 주종(主從)을 잃게 된다. 이런 사주는 세운(歲運)에서도 돕지 않으면 천하고 가난하다.

만일 일주(日主)는 약하고 관성(官星)은 왕성한데 인수(印綬)가 합화(合化)되어 용신(用神)이 되지 못하거나, 반대로 상관(傷官)이 억지로 제(制)하거나, 일주(日主)가 약하고 인성(印星)이 가벼운데 관성(官星)이 인(印)을 생(生)하지 않고 재성(財星)이 인(印)을 파괴하거나, 재성(財星)이 중(重)하고 일주(日主)가 약한데 비겁(比劫)이 일주(日主)를 돕지 않거나, 비겁(比劫)을 꺼리는데 재성(財星)을 겁탈하면 성현의 말을 망각하고 조상의 덕을 생각하지 않으니 재앙이 생겨 자손에게까지 미친다.

만일 일주(日主)가 약하고 인성(印星)이 가벼운데 관성(官星)이 왕성하고 재성(財星)이 없거나, 일주(日主)가 왕성하고 관성(官星)이 약한데 재성(財星)이 없으면 빈곤함에 처해도 절개를 지켜 예가 아니면 행하지 않고 의가 아니면 취하지 않는다. 이런 사주는 재물을 탐하면 치욕스런 삶을 살아가나, 가난을 달게 생각하면 명예를 얻는다. 관성불견(官星不見) 사주는 다음과 같이 3등급으로 나눈다.

① 관성(官星)이 가볍고 인성(印星)이 중한데 일주(日主)가 왕성하거나, 관성(官星)이 중(重)하고 인성(印星)이 가벼운데 일주(日

主)가 약하거나, 관성(官星)과 인성(印星)이 고른데 일주(日主)가 휴수(休囚)되면 상등으로 본다.

② 관성(官星)이 가볍고 비겁(比劫)이 중(重)한데 재성(財星)이 없거나, 관성(官星)이 중(重)한데 인성(印星)이 없거나, 재성(財星)이 가볍고 비겁(比劫)이 중(重)한데 관성(官星)이 암복(暗伏)되어 있으면 중등으로 본다.

③ 관성(官星)이 왕성하여 인성(印星)을 기뻐하는데 재성(財星)이 인(印)을 파(破)하거나, 관살(官殺)이 중(重)하고 인(印)이 없는데 식상(食傷)으로 강하게 제(制)하거나, 관성(官星)이 많아 재성(財星)을 꺼리는데 재성(財星)이 국(局)을 이루거나, 관성(官星)을 기뻐하는데 관성(官星)이 다른 신(神)과 합화(合化)하여 상하거나, 관성(官星)을 꺼리는데 다른 신(神)이 관성(官星)과 합(合)하여 관(官)으로 변하면 하등으로 본다.

甲 丁 壬 丁
辰 亥 子 丑

丙 丁 戊 己 庚 辛
午 未 申 酉 戌 亥

이 사주는 남명(男命)으로 정화(丁火)가 중동(仲冬)에 태어났다. 천간(天干)에 임수(壬水)가 투출(透出)하고 지지(地支)에 해자축(亥子丑)이 북방(北方)을 이루니, 관성(官星)이 왕성한 격(格)을 이루었다. 진(辰)은 습한 토(土)이니 수(水)를 제(制)하지 못하고 오히려

화(火)를 어둡게 만들어 일주(日主)가 허약하다. 갑목(甲木)이 시들
어 죽게 되니 돌아볼 여유가 없다. 또 습한 목(木)이 불꽃이 없는 화
(火)를 생(生)하기 어려우니 관성(官星)이 불진(不眞)이다. 그나마
다행스러운 것은 금(金)이 없어 기세가 청순하다는 것이다. 이 사람
은 교육자로 학문이 깊고 처세가 바르며 청빈했다.

壬 丙 庚 丙
辰 午 寅 辰

丙 乙 甲 癸 壬 辛
申 未 午 巳 辰 卯

이 사주는 남명(男命)으로 재(財)가 절(絶)되고 뿌리가 없는데 관성
(官星)도 기(氣)가 없고, 운까지 동남(東南) 목화운(木火運)으로 달
린다. 어릴 때 아버지를 잃고 어머니를 따라가 계부의 성을 쓰다가
몇년 후에 어머니도 잃는다. 그후 목동을 하다가 대장간으로 옮긴 후
두 눈을 실명하여 일을 못하게 되어 구걸로 목숨을 연명했다.

癸 辛 甲 丁
巳 亥 辰 卯

戊 己 庚 辛 壬 癸
戌 亥 子 丑 寅 卯

이 사주는 남명(男命)이다. 춘금(春金)이 화(火)를 만났으니 인(印)으로 살(殺)을 변화시켜야 하나, 재성(財星)이 인(印)을 파(破)하고 계수(癸水)가 정화(丁火)를 극(剋)하고 해수(亥水)가 사(巳)를 충(沖)한다. 제살(制殺)이 유정(有情)한듯 보이나 춘수(春水)가 휴수(休囚)되고 목화(木火)가 모두 왕성하니, 화(火)를 극(剋)하기 어려울 뿐 아니라 목(木)을 생(生)하고 금(金)을 설(洩)한다. 재관(財官)이 본래 좋다하나 일주(日主)가 감당하기 어려우니 욕심은 있으나 얻는 것이 없다.

이 사주는 처음에는 정원일을 배웠으나 그만두고 관인(官人)을 따라다녔다. 영리하여 주인을 따라다닌지 몇 년만에 큰 재물을 얻고는 주인을 배신한다. 그 뒤에 재물을 바쳐 종9품에 올라 무소불위의 권력을 누리다, 일을 잘못 저질러 사형당하고 말았다.

5. 부모를 극(剋)하는 사주

사주에서 정인(正印)은 어머니에 해당하고, 편재(偏財)는 아버지에 해당한다. 극부(剋父)·극모(剋母)는 충극(沖剋)과 해(害)를 받는 정도에 따라 결정된다. 극부(剋父)·극모(剋母)는 어릴 때 아버지나 어머니를 잃거나 헤어지거나 본인과 인연이 적거나 영향력이 적은 것 등으로 나타난다.

① 사주나 1·2 대운(大運)에서 정인(正印)을 만나지 못하면 어머니를 극(剋)하고, 편재(偏財)를 만나지 못하면 아버지를 극(剋)한

다. 사주에 육친에 해당하는 성(星)이 없으면 그 해당하는 육친과 인연이 없음을 나타낸다.

乙 己 癸 戊
亥 丑 亥 申

丁 戊 己 庚 辛 壬
巳 午 未 申 酉 戌

이 사주는 여명(女命)으로 원국(原局)과 대운(大運) 모두에 정인(正印)이 없다. 지장간(支藏干)에도 없다. 인(印)이 화(火)인데 사주나 초년 대운(大運) 모두 화(火)가 없는 것이다. 어머니를 일찍 잃었다.

② 하나밖에 없는 정인(正印)이 충극(沖剋)받으면 극모(剋母)하고, 하나밖에 없는 편재(偏財)가 충극(沖剋)받으면 극부(剋父)한다. 만일 정인(正印)이나 편재(偏財)가 용신(用神)에 해당하는데 상해를 받으면 더욱 심하다.

丁 庚 戊 乙
丑 戌 子 巳

癸 甲 乙 丙 丁
未 申 酉 戌 亥

이 사주는 남명(男命)으로 원국(原局)에 편재(偏財)가 없다. 제1대운(大運)인 해(亥)에 편재(偏財)인 갑목(甲木)이 숨어 있으나, 년주(年柱)에 있는 사(巳)와 충(沖)한다. 어릴 때 아버지를 잃었다.

丁丙辛乙
酉申巳未

이 사주는 남명(男命)으로 원국(原局)에 있는 정인(正印) 을목(乙木)이 충극(沖剋)을 받고 있고, 정인(正印)이 묘(墓)에 앉아 있다. 갑(甲)과 을(乙)은 미(未)가 목(木)의 묘(墓)이다. 어머니가 먼저 돌아가셨다.

③ 양인(陽刃)이 강하거나 비겁(比劫)이 국(局)을 이루면 극부(剋父)하고, 재(財)가 강하거나 재성(財星)이 국(局)을 이루면 극모(剋母)한다.

戊乙庚壬
寅卯戌辰

乙甲癸壬辛
卯寅丑子亥

이 사주는 남명(男命)으로 지지(地支)에 인묘진(寅卯辰) 비겁국(比劫局)을 이루었고, 원국(原局)과 제1·2 대운(大運)에 편재(偏財)가 없다. 어릴 때 아버지를 잃고 홀어머니밑에서 성장했다.

④ 사주나 대운(大運)·세운(歲運)에서 비겁(比劫)이 국(局)을 이루는 해에 극부(剋父)하거나 아버지가 사망하고, 사주나 대운(大運)·세운(歲運)에서 재성(財星)이 국(局)을 이루는 해에 극모(剋母)하거나 어머니가 사망한다.

戊 乙 庚 壬
寅 卯 戌 辰

乙 甲 癸 壬 辛
卯 寅 丑 子 亥

이 사주는 남명(男命)으로 4세인 을미년(乙未年)에 명(命)·운(運)·세(歲)가 삼합(三合)하여 해묘미(亥卯未) 목국(木局)을 이루어 아버지가 돌아가셨다.

⑤ 정인(正印)의 역량이 편재(偏財)보다 크면 극부(剋父)하는데, 정인(正印)이 희신(喜神)이나 용신(用神)에 해당하면 더욱 심하다. 편재(偏財)의 역량이 정인(正印)보다 크면 극모(剋母)하는데, 편재(偏財)가 희신(喜神)이나 용신(用神)에 해당하면 더욱 심하다.

壬 癸 壬 甲
戌 卯 申 辰

丁 戊 己 庚 辛
卯 辰 巳 午 未

이 사주는 여명(女命)으로, 정인(正印)인 경금(庚金)의 역량이 편재
(偏財)인 정화(丁火)보다 강하고, 정화(丁火)는 묘(墓)에 들어갔다.
가정에서 아버지의 실권이 없어 집안일을 모두 어머니가 도맡아 했
다. 신(申) 중에 경금(庚金)이 숨어 있고, 술(戌) 중에 정화(丁火)가
있다. 그러나 신(申) 중의 경금(庚金)은 월령(月令)에 있으니 힘이
더욱 강하고, 수(水)가 강하여 화(火)를 치고 있다.

⑥ 정인(正印)과 편재(偏財)가 모두 없거나, 모두 충극(沖剋)받았거
  나, 년주(年柱)와 월주(月柱)가 스스로 천지충극(天地沖剋)하면
  어릴 때 부모를 모두 잃거나, 본인이 입양되거나, 조상을 버리고
  가정을 떠난다.

癸 壬 庚 丙
卯 子 子 午

乙 丙 丁 戊 己
未 申 酉 戌 亥

이 사주는 여명(女命)으로 정인(正印)이 없고, 편재(偏財)가 극(剋)
을 받고 있고, 년주(年柱)와 월주(月柱)가 스스로 충(沖)하고 있다.
아버지를 일찍 잃은 후 어머니가 재혼하여 친척집에서 자랐다.

⑦ 정인(正印)이 묘(墓)에 들어가거나 공망(空亡)되면 극모(剋母)하고, 편재(偏財)가 묘(墓)에 들어가거나 공망(空亡)되면 극부(剋父)하는 사주이다.

⑧ 비겁(比劫)이 네 개 있으면 극부(剋父)하고, 재성(財星)이 네 개 있으면 극모(剋母)한다.

6. 양자로 가는 사주

입양은 부모가 아닌 다른 사람 밑에서 자라는 것을 말한다. 삼촌이나 숙모, 고모 등 친척에게 양육되는 것도 입양하는 사주로 본다.

① 부모를 극(剋)하는 사주와 양자로 가는 사주는 같다. 사주에 부모성이 없거나 부모성이 충극(沖剋)당하면 극부(剋父)·극모(剋母)하니 양자로 간다.

② 천간(天干)에 정인(正印)·편재(偏財)가 쌍으로 있거나, 년간(年干)이나 월간(月干)에 정인(正印)·편재(偏財)가 쌍으로 있으면 양자로 간다.

癸 壬 庚 庚
卯 午 辰 寅

乙 丙 丁 戊 己
亥 子 丑 寅 卯

이 사주는 여명(女命)으로 정인(正印)이 없고 년월간(年月干)에 편인(偏印)이 쌍으로 있다. 어릴 때 가정환경이 좋지 않아 다른 사람 밑에서 양육되었다.

③ 정인(正印)이 많으면 여러 사람의 젖을 먹고 자라거나 다른 사람에게 양자로 간다.

④ 정인(正印)이 용신(用神)인데 손상되거나, 인(印)을 기뻐하는데 다른 간지(干支)와 합(合)되어 꺼리는 것으로 변하거나, 정인(正印)이 뿌리가 없거나, 생(生)하려고 하는데 생(生)하지 못하면 양자로 간다.

⑤ 재(財)가 많으면 양자로 간다. 어린아이 사주에 재(財)가 많으면 서자출신이거나 부모를 극(剋)한다. 어릴 때 대운(大運)이 재(財)가 왕성한 운으로 흘러도 마찬가지이다.

乙 己 癸 癸
亥 丑 亥 酉

戊 己 庚 辛 壬
午 未 申 酉 戌

이 사주는 남명(男命)으로 편재(偏財)가 년월간(年月干)에 쌍으로 있으며 재(財)가 왕성하다. 해축(亥丑) 사이에 자(子)가 있고, 유금(酉金)이 수(水)를 생(生)하니 재(財)가 매우 왕성하다.

⑥ 년주(年柱)와 월주(月柱)가 천극지충(天剋地沖)하면 양자로 가는
   사주이다.

   己 庚 己 乙
   卯 辰 丑 未

   申 乙 酉 丁 戊
   申 酉 戌 亥 子

   이 사주는 남명(男命)으로 토(土)가 많아 금(金)이 묻히는 형상이
되었다. 인성(印星)이 지나치게 왕성하고, 년월(年月)에서 천극지충
(天剋地沖)하고 있다. 숙부밑에서 성장했다.

7. 아내를 극(剋)하는 사주

   사주에서 극(剋)이란 방해를 뜻한다. 따라서 극부(剋夫)·극처(剋
妻)는 부부가 상대방을 기만하거나 억누르거나 불쾌하게 만들거나
건강하지 못하게 하는 등으로 나타난다. 이런 사주는 부부간에 불화
하거나 질병이 생기거나 재물손해가 따르거나 사업에 실패하거나 육
친이 반목하고, 심하면 사망에 이르기도 한다.

① 일주(日主)가 강왕(强旺)한데 재성(財星)이 사절(死絶)되어 무기
   (無氣)하거나 재성(財星)이 없으면 아내를 극(剋)한다.

庚 壬 庚 丙
子 申 子 戌

乙 甲 癸 壬 辛
巳 辰 卯 寅 丑

이 사주는 남명(男命)으로 인성(印星)이 왕성하니 일주(日主)가 강하다. 자수(子水)가 령(令)을 잡아 강하고, 재성(財星)이 힘을 잃었다. 43세 무진년(戊辰年)에 명(命)과 삼합(三合)하여 양인(陽刃)이 국(局)을 이루니 아내가 질병으로 사망했다.

丁 戊 戊 庚
巳 戌 子 寅

癸 壬 辛 庚 己
巳 辰 卯 寅 丑

이 사주는 남명(男命)으로 재성(財星)이 령(令)을 잡았으나 인성(印星)과 비겁(比劫)이 매우 강하다. 정재(正財)가 극(剋)을 받아 41세 경오년(庚午年)에 인오술(寅午戌) 삼합(三合)되어 아내에게 질병이 생겼고, 본인의 건강도 좋지 않았다.

② 양인격(陽刃格)을 이루었거나 양인(陽刃)이 많으면 아내를 극(剋)한다. 고서(古書)에 양인(陽刃)이 많으면 처궁(妻宮)이 손상

되고, 양인(陽刃)을 거듭 만나면 반드시 재혼한다고 했다. 양인(陽刃)은 자아심이나 고집 등을 뜻하고, 인(刃)이 강하면 일주(日主)가 왕성하여 아내를 극(剋)하니 앞의 이치와 같다. 양인격(陽刃格)은 월지(月支)에 양인(陽刃)이 있는 것을 말한다.

③ 일주(日主)가 매우 강하고, 식신(食神)이나 상관(傷官)이 없거나 충극(沖剋)되면 아내를 극(剋)한다. 식상(食傷)이 재(財)를 보호하지 못하면 비겁(比劫)이 재(財)를 극(剋)하니 앞의 이치와 같다.

④ 비겁(比劫)이 국(局)을 이루면 아내를 극(剋)한다. 지지(地支)에 삼합(三合)이 있거나 비겁(比劫)이 매우 왕성하면 일주(日主)가 왕성해지니 아내를 극(剋)하는 사주가 된다. 만일 사주에는 이런 현상이 없으나 명(命)·운(運)·세(歲)에서 삼합(三合)하거나 비겁(比劫)이 세 개 있으면 해당하는 해에 아내를 극(剋)한다.

辛 甲 乙 己
未 寅 亥 卯

庚 辛 壬 癸 甲
午 未 申 酉 戌

이 사주는 남명(男命)으로 지지(地支)에 삼합(三合)이 있어 비겁(比劫)이 국(局)을 이루었고, 천간(天干)에서 겁재(劫財)가 재성(財星)을 극(剋)하는데 식상(食傷)이 보호하지 못하니 경신년(庚申年)에 아내와 이별했다.

갑인(甲寅)이 간지(干支)가 모두 같고, 해묘미국(亥卯未局)을 이루었고, 을목(乙木)이 천간(天干)에 있어 기토(己土) 아내를 극(剋)하는데 기토(己土)를 생(生)하는 화(火)가 없다. 경신년(庚申年)에 인(寅)과 충(沖)되어 앉은 자리가 시끄러웠다.

⑤ 주(主)와 본(本)이 같은 궁(宮)에 있으면 아내를 극(剋)한다. 주(主)와 본(本)이 같은 궁(宮)에 있으면 남자는 아내를 극(剋)하고, 여자는 남편을 극(剋)한다. 다시 말해 생년과 생일이 같은 것을 말한다. 주(主)와 본(本)이 같은 궁(宮)에 있으면 십중팔구는 배우자를 극(剋)하는 사주가 된다.

    0 戊 0 戊
    0 戊 0 戊

    0 甲 0 甲
    0 寅 0 寅

이런 사주는 금신대갑(金神帶甲)이라 하여 반드시 아내를 극(剋)한다. 그러나 동갑내기 여자와 혼인하면 화를 피할 수 있다.

⑥ 처궁(妻宮)을 형충(刑沖)하면 아내를 극(剋)한다. 일지(日支)는 처궁(妻宮)이니 충형극(沖刑剋)되면 아내를 극(剋)한다. 만일 일지(日支)와 시지(時支)가 충(沖)하면 아내뿐 아니라 자식에게도 해롭다.

庚 壬 戊 庚
子 午 子 寅

癸 壬 辛 庚 己
巳 辰 卯 寅 丑

이 사주는 처궁(妻宮)에 정재(正財)가 있으나 힘이 없고, 좌우에서 인(刃)이 충(沖)하고 있으니 아내를 매우 학대했다. 오화(午火)는 아내인데 자월(子月)이 몹시 추우니, 본래는 화(火)를 좋아하나 양쪽에 있는 자(子)가 충(沖)하고 있다.

⑦ 간지(干支)가 두 개씩 같으면 아내를 극(剋)한다. 간지(干支)가 두 개씩 같으면 쌍진살(雙辰殺)이라고도 한다. 이때 육해(六害)·망신(亡身)·겁살(劫殺) 등이 있으면 아내를 극(剋)하는 사주가 된다.

丙 丙 癸 癸
申 申 亥 亥

戊 己 庚 辛 壬
午 未 申 酉 戌

8. 남편을 극(剋)하는 사주

 남편을 극(剋)한다는 것은 남편의 건강·감정·사업·재물 등을 방해하거나, 자신이 사치와 낭비가 심하거나, 시부모·자식·친척 등 육친이 불화하는 등등을 말한다. 아내를 극(剋)하는 사주와 비슷한 점이 많다.

① 식상(食傷)이 강성(强盛)하면 남편을 극(剋)한다. 여명(女命)에게 식신(食神)·상관(傷官)은 자식에 해당하는데, 지나치게 강하면 부성(夫星)인 관살(官殺)이 극(剋)을 당한다. 이것은 남편을 극(剋)하는 사주의 표준이다.

　　　庚 戊 丁 辛
　　　申 辰 酉 卯

　　　壬 辛 庚 己 戊
　　　寅 丑 子 亥 戌

 이 사주는 식상(食傷)이 매우 많다. 상관(傷官)이 정관(正官)인 남편을 핍박하고, 정관(正官)이 상관(傷官)에게 막혀 도망갈 길이 없고, 재성(財星)으로 보호해줌도 없다. 25세에 혼인했으나 31세에 남편이 질병으로 사망했다. 진유(辰酉)가 육합(六合)하여 금(金)이 되고, 유묘(酉卯)가 서로 충(沖)하고 있다.

丁甲乙丁
卯午巳未

庚己戊丁丙
申未午巳辰

이 사주는 식상(食傷)을 거듭 만나, 일주(日主)인 갑목(甲木)을 지나치게 설기(洩氣)하고 있다. 남편을 일찍 잃었으며 수절하지 못했다. 갑오일주(甲午日柱)는 홍염살(紅艷殺)이고, 묘(卯)가 도화살(桃花殺)인데 시상(時上)에 있다. 담장 밖의 도화(桃花)가 되고, 시상(時上) 상관(傷官)은 성적인 기교가 매우 뛰어나니 음란함을 어찌 짐작하겠는가. 담장 밖의 도화(桃花)란 들꽃을 말하니, 이 사람 저 사람 꺾으려고 한다.

② 일주(日主)가 강왕(强旺)하고 관살(官殺)이 사절(死絶)에 임하여 무기(無氣)하면 남편을 극(剋)한다. 여명(女命)이 일주(日主)가 왕성하면 성격이 강하여 남편을 배척하며 구속받는 것을 싫어한다. 일주(日主)가 왕성하여 식상(食傷)을 생(生)하면 관살(官殺)을 극(剋)한다. 여기다 관살(官殺)이 사절(死絶)되면 남편이 있어도 없는 것과 같다.

庚壬丙己
子申子亥

辛 庚 己 戊 丁
巳 辰 卯 寅 丑

이 사주는 녹(祿)과 인(刃)이 많으니 일주(日主)가 매우 왕성하고, 부성(夫星)인 기토(己土)는 자월(子月)에 사절(死絶)되어 무력(無力)하다. 일찍 혼인했으나 성격이 강하며 일주(日主)가 관(官)을 기만하니 남편이 없는 것과 같다. 27세 을축년(乙丑年)에 남편이 교통사고로 사망했다.

③ 양인격(陽刃格)을 이루었거나 양인(陽刃)이 많으면 남편을 극(剋)한다.

④ 일주(日主)가 강하며 상관(傷官)이 왕성하고, 재성(財星)이 무력(無力)하거나 상해 관(官)을 보호하지 못하면 남편을 극(剋)한다.

乙 庚 癸 丁
酉 子 丑 丑

戊 丁 丙 乙 甲
午 巳 辰 卯 寅

이 사주는 정계(丁癸)가 붙어 있으니 상관(傷官)이 정관(正官)을 극(剋)하고, 일주(日主)가 스스로 상관지(傷官地)에 앉아 있으니 부성(夫星)을 배척하고, 을재(乙財)가 합(合)되어 관성(官星)을 보호할 힘이 없다. 일주(日主)가 재(財)에 정을 주면서 도화(桃花)에 앉아 있으니, 돈을 벌기 위해서는 몸도 파는 여자이다.

⑤ 주(主)와 본(本)이 같은 궁(宮)에 있으면 남편을 극(剋)한다. 주(主)와 본(本)이 같은 궁(宮)에 있으면 남자는 아내를 극(剋)하고, 여자는 남편을 극(剋)한다. 다시 말해 생년과 생일이 같은 것을 말한다. 주(主)와 본(本)이 같은 궁(宮)에 있으면 십중팔구는 배우자를 극(剋)하는 사주가 된다.

⑥ 일주(日主)가 스스로 상관지(傷官地)에 앉아 있으면 남편을 극(剋)한다. 부부궁에 상관(傷官)이 있는 것을 말하고, 상관(傷官)이 관(官)을 상하게 한다는 뜻이다. 관(官)은 부성(夫星)이니 남편을 극(剋)하는 사주가 되는 것이다.

⑦ 관살(官殺)이 묘(墓)에 들어가거나 공망(空亡)되면 남편을 극(剋)한다. 고서(古書)에 관살(官殺)이 묘(墓)에 들어가면 머지않아 남편이 황천길로 간다고 했고, 부궁(夫宮)인 일지(日支)가 공망(空亡)되면 반드시 남편을 극(剋)한다고 했다. 부성(夫星)이 묘(墓)에 들어가거나 공망(空亡)되면 대개 남편이 일찍 죽거나 질병에 걸리거나 여건이 나빠진다.

⑧ 관살(官殺)이 없으면 남편을 극(剋)한다. 여명(女命)이 관살(官殺)이 없으면 성격이 자유분방하며 남편을 무시한다.

⑨ 인성(印星)이 많은데 관살(官殺)이 약하면 남편을 극(剋)한다. 인성(印星)이 많은데 관살(官殺)이 약하면 남편의 권리를 빼앗고 남편은 업신여긴다.

⑩ 일지(日支)가 충(沖)되면 남편을 극(剋)한다. 일지(日支)가 충(沖)되면 남편과 충돌이 많다.

⑪ 관살(官殺)이 혼잡되고 재(財)가 왕성하면 남편을 극(剋)한다.

⑫ 진술(辰戌)이 있으면 남편을 극(剋)한다. 사주에 진술(辰戌)이 있으면 남편과 자식을 극한다. 만일 일시(日時)에 있으면 독수공방하는 팔자가 된다.

⑬ 관성(官星)이 매우 약한데 충형극(沖刑剋)을 많이 받으면 남편을 극(剋)한다.

여명(女命)에서 남편을 볼 때는 관살(官殺)로 보는 방법과 용신(用神)으로 보는 방법이 있다. 희신(喜神)이 용신(用神)을 생(生)하거나 왕성하면 남편덕이 있고, 용신(用神)이 쇠약하거나 파극(破剋)되면 남편덕이 없다. 그러나 이때 사주에 관살(官殺)이 있으면 그 관살(官殺)의 동태를 참작해야 한다. 청상과부나 한평생 독신으로 지내는 여성의 사주를 보면 대개가 용신(用神)이 될 수 없는 미약한 관성(官星)이 하나 있는 경우가 많다. 만일 사주에 병(病)이 있으면 그것이 부성(夫星)·자성(子星)·처성(妻星)을 막론하고 제거해야 남편 덕·아내덕·자식덕이 있다. 따라서 육친을 논할 때는 오행(五行)의 통변과 구조를 검토해야 정확하다.

9. 첩을 두는 사주

사주에 정재(正財)와 편재(偏財)가 모두 있거나, 정재(正財)와 편재(偏財)가 혼잡하거나 식상(食傷)이 많거나 정임(丁壬) 천간합(天干合)이 많거나 수(水)가 강하거나 지지(地支)에 자오묘유(子午卯酉)

가 모두 있거나 육합(六合)이 많거나 일지(日支)와 시지(時支)에 도화살(桃花殺)이 있으면 음란하여 첩을 둔다.

① 정재(正財)와 편재(偏財)가 같이 있으면 첩을 두거나 재혼한다. 정재(正財)가 왕성하고 편재(偏財)가 미약하면 첩을 두나 오래 가지 못하며 첩과의 관계가 친밀하지 못하다. 그러나 정재(正財)가 미약하고 편재(偏財)가 왕성하면 첩이 본처보다 강하여 아내의 입장이 약해지고, 심하면 이혼하고 첩과 살게 된다.

② 편재(偏財)만 있으면 첩을 둔다. 이런 사주가 식신(食神)이 편재(偏財)를 생조(生助)하거나, 편재(偏財)가 거듭 있으면 첩을 편애하거나 본처와 이혼한다.

10. 공처가 사주

일주(日主)가 약한데 재(財)가 왕성하면서 국(局)을 이루거나, 일주(日主)가 약한데 왕성한 재(財)가 관살(官殺)을 생(生)하거나. 일지(日支)에 살(殺)이 있거나, 강한 살(殺)이 일주(日主)를 공격하거나, 일주(日主)가 약하여 인성(印星)을 기뻐하는데 왕성한 재(財)가 인성(印星)을 극(剋)하거나, 정재격(正財格)·식신격(食神格)을 이루면 공처가가 된다.

일주(日主)가 약하여 재(財)를 꺼리거나, 재(財)가 관살(官殺)을 생(生)하여 일주(日主)를 극(剋)하면 아내를 두려워 한다. 이때 부부궁이 흉하면 더욱더 작용이 강하다. 인수(印綬)는 체면·자존심·양심

등을 나타내는데, 왕성한 재(財)가 인성(印星)을 극(剋)하면 자존심
이 상하는 것이니 아내의 말을 잘 따르게 된다. 정재격(正財格)과 식
신격(食神格)은 애처가일 수도 있다.

己乙戊己
卯酉辰亥

癸甲乙丙丁
亥子丑寅卯

이 사주는 재성(財星)이 경쟁적으로 투출(透出)했는데, 왕성한 재
(財)가 살(殺)을 생(生)하여 일주(日主)를 압박하고 있다. 일지(日
支)에 살(殺)이 있는데 진유(辰酉)가 합(合)하여 살(殺)이 되고, 재
(財)가 인성(印星)을 극(剋)하니 아내가 너무 강하여 호랑이와 같다.

11. 애처가 사주

재(財)를 기뻐하는데 일주(日主)와 재(財)가 합(合)하거나, 일주(日
主) 옆에 재(財)가 붙어 있거나, 식상(食傷)이 충극(沖剋)되지 않거
나, 처성(妻星)과 처궁(妻宮)을 모두 기뻐하거나, 정재(正財)의 역량
이 편재(偏財)보다 크거나, 처궁(妻宮)이 일주(日主)와 합(合)하거
나, 재(財)와 관(官)이 모두 좋거나, 정재격(正財格)이나 종재격(從
財格)을 이루거나, 재성(財星)이 유정(有情)하면 애처가가 된다.

식신(食神)과 상관(傷官)은 아내와 재(財)를 생(生)하여 보호한다. 식상(食傷)이 유력(有力)하여 충극(沖剋)되지 않으면 사랑하는 마음이 있고, 재성(財星)이 유정(有情)하면 재(財)가 희신(喜神)이 되어 재성(財星)이 쟁투하지 않고, 기신(忌神)을 억제하여 아름답게 작용한다. 예를 들어 무자(戊子)·신사(辛巳)·정해(丁亥)·임오(壬午) 등은 일주(日主)가 처궁(妻宮)과 합(合)하는 일주(日主)이다. 무자(戊子)를 보면 일지(日支) 자(子)에 계수(癸水)가 숨어 있고, 무계(戊癸)가 상하로 서로 합(合)하니 부부가 서로 사랑한다.

丁 戊 癸 庚
巳 寅 未 辰

戊 丁 丙 乙 甲
子 亥 戌 酉 申

이 사주는 처성(妻星)과 처궁(妻宮)을 모두 기뻐하고, 일주(日主)가 정재(正財)와 합(合)하고, 식신(食神)이 재(財)를 생(生)하고 충극(沖剋)되지 않았다.

12. 아내에게 무관심한 사주

일주(日主)가 강한데 재(財)와 식상(食傷)이 약하거나, 사주에 재(財)가 없거나, 편재(偏財)의 역량이 정재(正財)보다 크거나, 처성

(妻星)·처궁(妻宮)·재성(財星)을 꺼리거나, 일지(日支)에 비견(比肩)·겁재(劫財)가 있거나, 일지(日支)가 형충(刑沖)되거나, 편재격(偏財格)을 이루면 아내에게 무관심하다.

일주(日主)가 강한데 재(財)와 식상(食傷)이 약하면 비겁(比劫)이 재(財)를 극(剋)하거나 식상(食傷)이 재(財)를 보호할 힘이 없으니, 사랑하는 마음이 부족하다. 사주에 재(財)가 없으면 아내를 중요하게 생각하지 않고, 편재(偏財)의 역량이 정재(正財)보다 크면 여자와의 인연이 많아 외정을 즐기니 아내를 사랑하는 마음이 부족하다. 재성(財星)을 꺼리는 것은 재성(財星)이 살(殺)을 생(生)하고 인성(印星)을 극(剋)하거나, 재(財)가 지나치게 왕성하여 일주(日主)를 억제하기 때문이다. 일지(日支)가 형충(刑沖)되면 부부간에 마찰과 다툼이 많다.

壬 庚 丙 己
午 子 子 丑

辛 壬 癸 甲 乙
未 申 酉 戌 亥

이 사주는 처궁(妻宮)이 서로 충(沖)하고 재성(財星)이 없으니, 아내에게 무관심했다.

13. 아내를 학대하는 사주

일지(日支)에 비겁(比劫)이 있거나, 비견(比肩)이 국(局)을 이루거나, 일주(日主)가 왕성한데 재성(財星)과 식상(食傷)이 모두 극(剋)되거나, 일주(日主)가 왕성한데 정재(正財)와 겁재(劫財)가 서로 붙어 있거나, 일주(日主)가 왕성한데 처성(妻星)과 처궁(妻宮)이 모두 충극(沖剋)되거나, 양인격(陽刃格)이나 일인격(日刃格)을 이루면 아내를 학대한다.

아내를 학대하는 사주는 극처(剋妻)하는 사주와 비슷하다. 일주(日主)가 왕성한데 재성(財星)이 미약하고 식상(食傷)이 충극(沖剋)받으면 자아의식이 강하여 아내에 대한 태도가 불량하다. 겁재(劫財)와 정재(正財)가 붙어 있는데 처성(妻星)이 의지할 곳이 없으면 아내를 학대하고, 일주(日主)가 강한데 월지(月支)나 일지(日支)에 양인(陽刃)이 있어도 역시 아내를 학대한다. 일인격(日刃格)은 무오일(戊午日), 병오일(丙午日), 임자일(壬子日)에 태어나면 해당한다.

辛 辛 戊 壬
卯 酉 申 午

癸 壬 辛 庚 己
丑 子 亥 戌 酉

이 사주는 일주(日主)가 왕성한데 비견지(比肩地)에 앉아 있고, 처성(妻星)과 처궁(妻宮)이 서로 충(沖)되었다. 상관(傷官)이 재성(財

星)과 멀리 있는데 무토(戊土)에게 극(剋)되었다. 따라서 아내와 재
(財)를 도와주지 않으니 아내를 학대한 것이다.

己 己 乙 丁
巳 亥 巳 亥

庚 辛 壬 癸 甲
子 丑 寅 卯 辰

이 사주는 정인(正印) 어머니와 정재(正財) 처성(妻星)이 모두 있
고, 두 개의 사(巳)와 해(亥)가 서로 혼잡하여 충(沖)되었다. 일주(日
主)가 강한데 식상(食傷)이 재(財)를 보호할 힘이 없다. 정인(正印)
어머니가 월지(月支)에 있어 힘이 강하니 며느리를 압박하고 있다.
이 사람은 어머니의 편을 들며 아내를 학대했다.

14. 아내가 외정을 갖는 사주

① 비견(比肩)이 처성(妻星)을 빼앗으면 아내가 외정을 갖는다.

壬 甲 己 甲
申 午 巳 子

甲 癸 壬 辛 庚
戌 酉 申 未 午

　이 사주는 비견(比肩)이 왕성한데 다투어 합(合)하니, 반드시 아내
가 외정을 갖는다. 만일 천한 여자나 창녀와 혼인하면 면할 수 있다.
일주(日主) 갑(甲)은 오(午) 사지(死地)에 있고, 년간(年干) 갑(甲)
은 자(子)에 있으니 힘이 강하다. 두 개의 갑(甲)이 기(己)와 합(合)
하니, 나의 힘이 약하여 아내를 다른 남자에게 빼앗기는 것이다.

② 재(財)가 목욕지(沐浴地)에 있는데 강하게 쟁탈하면 아내가 음란
　 하다. 재성(財星)이 목욕지(沐浴地)에 있는데 그 옆에서 비겁(比
　 劫)이 호시탐탐 노리고 있으면 아내가 외정을 갖는다.

辛 辛 甲 戊
卯 巳 子 子

己 戊 丁 丙 乙
巳 辰 卯 寅 丑

　이 사주는 월간(月干)의 정재(正財) 갑목(甲木)이 목욕지(沐浴地)인
자수(子水)에 앉아 있는데, 그 옆의 시간(時干)에서는 비견(比肩)이
기회를 노리고 있다. 갑(甲)은 자(子)가 목욕지(沐浴地)이고, 갑자
(甲子)는 목욕살(沐浴殺)이다.

③ 재성(財星)이 목욕(沐浴)이나 도화(桃花)에 앉아 있으면 아내가 부정하다.

④ 아내의 사주에 외합(外合)이 있으면 아내가 외정을 갖는다. 처재 (妻財)가 일주(日主)와 합(合)하지 않고 다른 주(柱)의 겁재(劫 財)와 합(合)되면 아내에게 외정이 있다. 이때 합(合)되어 꺼리는 것으로 변하면 더욱더 작용이 강하다.

乙 癸 丁 壬
卯 酉 未 辰

壬 辛 庚 己 戊
子 亥 戌 酉 申

이 사주는 정화(丁火)가 임수(壬水) 겁재(劫財)와 합(合)하여 꺼리는 것으로 변한다. 일주(日主)가 약한데 정임(丁壬)이 합(合)하여 목 (木)으로 변했다.

⑤ 아내가 다른집에 있으면 아내가 외정을 갖는다. 다른집에 있다는 것은 처재(妻財)가 부부궁인 일지(日支)에 있지 않고 다른 주(柱) 의 비겁(比劫)과 같이 있는 것을 말한다.

丙 乙 丁 乙
子 酉 亥 未

壬 癸 甲 乙 丙
午 未 申 酉 戌

이 사주는 처재(妻財)인 미토(未土)가 처궁(妻宮)에 있지 않고 년간(年干) 비견(比肩)과 같은 주(柱)에 있으니 아내에게 외정이 있었다.

⑥ 한 개 있는 재(財)가 처궁(妻宮)에 있지 않고 다른 지(支)의 암장간(暗藏干)에 겁재(劫財)와 같이 있으면 아내가 외정을 갖는다.

丁 丁 癸 癸
未 卯 亥 巳

戊 己 庚 辛 壬
午 未 申 酉 戌

이 사주는 하나밖에 없는 처재성(妻財星)이 년지(年支)에 겁재(劫財)와 같이 있으니 아내에게 외정이 있었다. 사(巳)의 지장간(支藏干)은 무(戊)·병(丙)·경(庚)이다.

⑦ 처궁(妻宮)이 외합(外合)되거나, 일지(日支)와 다른 지(支)가 합(合)되어 꺼리는 것으로 변하거나, 처궁(妻宮)이 쌍합(雙合)하여 꺼리는 것으로 변하면 아내가 외정을 갖는다. 쌍합(雙合)이란 일지(日支)·월지(月支)·시지(時支)가 동시에 합(合)하는 것을 말한다.

⑧ 진술축미월(辰戌丑未月)에 태어났는데 월주(月柱)가 재고(財庫)에 해당하면 아내가 외정을 갖는다.

　　丙 壬 壬 癸
　　午 戌 戌 酉

　　丁 戊 己 庚 辛
　　巳 午 未 申 酉

　이 사주는 월지(月支) 정재(正財)가 고(庫)에 있고, 화토(火土)가 강하여 재(財)를 꺼린다. 술(戌)이 화(火)의 고장지(庫藏地)이다.

⑨ 세운(歲運)의 비겁(比劫)이 처재(妻財)를 합(合)하면 아내가 외정을 갖는다.
⑩ 겁재(劫財)가 재(財)를 극하면 아내가 외정을 갖는다.
⑪ 일지(日支)와 시지(時支)가 삼형(三刑)되었는데 도화(桃花)를 만나면 아내가 외정을 갖는다.

15. 두 번 혼인하거나 첩을 두는 사주

　두 번 혼인하는 것은 쌍혼과는 다르다. 쌍혼은 동시에 두 개 이상의 혼인 상태를 이루고 있는 것을 말한다. 다시 말해 첩을 두는 것과 같은 것이다. 두 번 혼인한다는 것은 첫 혼인이 이별이나 사별 등으로 끝나 다시 혼인하는 것이다. 이것은 극부(剋夫)·극처(剋妻)하는 사주와 비슷한 점이 많다.

① 남명(男命)이 비겁(比劫)이 국(局)을 이루면 두 번 혼인한다.

丁 壬 壬 丙
未 子 辰 申

丁 丙 乙 甲 癸
酉 申 未 午 巳

이 사주는 천간(天干)에 재(財)가 두 개 있고 지지(地支)에 신자진(申子辰) 삼합(三合)이 있어 비겁(比劫)이 국(局)을 이루었고, 월간(月干)에서 비견(比肩)이 재(財)를 쟁탈하고 있다. 비견(比肩)·겁재(劫財)는 일주(日主)와 같은 오행(五行)을 말한다. 다시 말해 일주(日主)가 임수(壬水)이면 임수(壬水)·계수(癸水)·해수(亥水)·자수(子水)를 말한다. 신자진(申子辰)이 합(合)하여 수국(水局)을 이루니 비견국(比肩局)이 되었다.

壬 乙 乙 辛
午 卯 未 亥

庚 辛 壬 癸 甲
寅 卯 辰 巳 午

이 사주는 비견(比肩)이 국(局)을 이루었고, 을목(乙木)이 천간(天干)에 있으니 두 번 혼인했다.

② 지지(地支)가 한 글자로만 구성되면 두 번 혼인한다.

癸 丁 辛 辛
卯 卯 卯 卯

丙 丁 戊 己 庚
戌 亥 子 丑 寅

이 사주는 남명(男命)으로 지지(地支)가 묘(卯) 한 글자로만 구성되었다. 이런 사주는 편고(偏枯)한 명(命)이 되기 쉽다. 인성(印星)이 많아 꺼리니 재(財)로 용신(用神)을 삼아야 한다. 편재(偏財)가 두 개 있으나 때를 잃어 무력(無力)하다. 아내가 죽은 후 재혼했다.

③ 남명(男命)이 재성(財星)이 쌍으로 있거나, 여명(女命)이 관살(官殺)이 쌍으로 있는데 그 중 하나가 공망(空亡)되면 두 번 혼인한다.이때 부부궁이 형충극해(刑沖剋害)되면 작용은 더욱더 강하다.

戊 癸 庚 癸
午 卯 申 巳

乙 丙 丁 戊 己
卯 辰 巳 午 未

이 사주는 남명(男命)으로 재성(財星)이 두 개 있는데 년지(年支)
정재(正財)가 공망(空亡)되었다. 사년지(巳年支)에 오(午)가 도화
(桃花)이니 아내가 음란하여 이혼한 후 재혼했다.

④ 남명(男命)이 재성(財星)이 쌍으로 있고, 여명(女命)이 관살(官
   殺)이 쌍으로 있는데 그 중 하나가 상하거나 겁탈당하거나 형극
   (刑剋)되면 두 번 혼인한다. 이때 부부궁이 형충극해(刑沖剋害)되
   면 작용은 더욱더 강하다.

辛 乙 庚 丙
巳 亥 寅 戌

乙 丙 丁 戊 己
酉 戌 亥 子 丑

이 사주는 여명(女命)으로 관살(官殺)이 모두 천간(天干)에 있는데,
상관(傷官)이 정관(正官)을 극(剋)하고 부궁(夫宮)이 충(沖)되어 재
혼했다.

丙 壬 丙 辛
午 子 申 未

辛 壬 癸 甲 乙
卯 辰 巳 午 未

이 사주는 남명(男命)으로 천간(天干)에 편재(偏財)가 쌍으로 있는
데 월간(月干) 병화(丙火)가 병신합(丙辛合)되어 수(水)로 변하고 처
궁(妻宮)이 충(沖)되었다. 임일간(壬日干)이 신월(申月)에 태어나 왕
성한데, 임자일주(壬子日主)이니 매우 강하여 이혼한 후 재혼했다.

⑤ 여명(女命)이 부궁(夫宮)이 아름답지 않은데 관살(官殺)이 혼잡
   하거나, 관살(官殺)을 쌍으로 암합(暗合)하거나, 관살(官殺)에 재
   (財)가 혼잡하거나, 관(官)은 투출(透出)하지 않았는데 살(殺)이
   투출(透出)하면 두 번 혼인한다.

辛 乙 壬 辛
巳 酉 辰 卯

丁 丙 乙 甲 癸
酉 申 未 午 巳

이 사주는 여명(女命)으로 칠살(七殺)이 투출(透出)하고, 지지(地
支) 유(酉)에 신금(辛金)이 숨어 있고, 진유합(辰酉合)과 사유합(巳
酉合)이 있어 살(殺)을 이루고 있다. 수많은 남성을 상대한 사람이
다. 남명(男命)이든 여명(女命)이든 쌍합(雙合)이 있으면 흉하다.

己辛丁乙
亥巳亥巳

壬辛庚己戊
辰卯寅丑子

이 사주는 여명(女命)으로 개방적인 성격과 미모를 갖추었다. 지지(地支)에 있는 관(官) 두 개가 모두 상했고, 부궁(夫宮)이 충(沖)되었다. 혼인을 일찍 했으나 부부싸움이 그치질 않아 이혼한 후 창녀가 되었다. 금일주(金日主)가 해월(亥月)에 태어나면 금수상관(金水傷官)이 된다. 이런 사주는 총명하며 미모를 갖추나 음란하다.

⑥ 일주(日主)가 강한데 식상(食傷)이 재(財)를 생(生)하면 두 번 혼인한다. 식상생재(食傷生財)하는 사주는 재물을 쉽게 얻는다. 여기다 재성(財星)이 유기(有氣)하면 여자와 인연이 많으며 풍류를 좋아한다.

⑦ 재(財)를 기뻐하는데 편재격(偏財格)이나 재국(財局)을 이루면 첩을 얻는다.

⑧ 재(財)가 쌍으로 있는데 일지(日支) 처궁(妻宮)과 모두 합(合)되면 첩을 얻는다.

甲丙癸己
午辰酉酉

戊己庚辛壬
辰巳午未申

이 사주는 남명(男命)으로 유금(酉金) 재성(財星)이 쌍으로 있는데
모두 일지(日支) 진(辰)과 합(合)하고 있다.

⑨ 일지(日支)가 상합(相合)하여 쌍재(雙財)가 되면 두 번 혼인한다.

甲丁乙壬
辰酉巳子

庚己戊丁丙
戌酉申未午

이 사주는 남명(男命)으로 진유(辰酉)와 사유(巳酉)가 합(合)하여
모두 금(金)이 되었다.

⑩ 남명(男命)이 인(刃)이 왕성하거나, 여명(女命)이 상관(傷官)이
　성하면 첩을 얻는다. 남명(男命)이 양인(陽刃)이 많으면 반드시
　두 번 혼인하고, 여명(女命)이 상관(傷官)을 범하면 반드시 두 번
　혼인한다. 육신론(六身論)을 참고하기 바란다.

⑪ 일지(日支)에 처성(妻星)이 있는데 천간(天干)에 처성(妻星)이 있
　어 별상(別象)을 이루면 두 번 혼인한다.

辛 庚 甲 己
巳 寅 戌 巳

己 庚 辛 壬 癸
巳 午 未 申 酉

이 사주는 남명(男命)으로 일지(日支)에 처성(妻星)인 재(財)가 있
으나 갑목(甲木)이 있으니 합(合)되었다. 인성(印星)을 꺼리는데 다
시 합(合)되어 인(印)이 되는 것이다. 삼형(三刑)이 충(沖)되니 아내
와 별거하다가 43세 신해년(辛亥年)에 재혼했다. 갑기합(甲己合)되
면 토(土)가 된다. 인사신(寅巳申)이 삼형(三刑)이고, 인신(寅申)이
충(沖)이다.

⑫ 재성(財星)이 없는데 쌍재(雙財)가 고(庫)에 들어있거나, 쌍재(雙
   財)가 암장(暗藏)되어 있으면 두 번 혼인한다.

癸 丙 丁 己
巳 寅 丑 丑

壬 癸 甲 乙 丙
申 酉 戌 亥 子

이 사주는 신금(辛金)이 아내이다. 두 개 있는 축(丑)에 신금(辛金)
이 숨어 있고, 축(丑)은 금고(金庫)가 되고, 쌍재(雙財)가 고(庫) 안

에 암장(暗藏)되어 있다. 지지(地支)에는 천간(天干)과는 달리 다른 간(干)이 숨어 있는데 이것을 지장간(支藏干)이라 한다.

丁 辛 癸 丁
酉 未 丑 未

戊 己 庚 辛 壬
申 酉 戌 亥 子

일주(日主)인 신(辛)에 을목(乙木)이 아내에 해당한다. 미(未)가 목고(木庫)이니 쌍재(雙財)가 고(庫)에 숨어 있다. 일주(日主)가 강하여 첩을 두었으나 화목했다.

丁 甲 庚 甲
卯 子 午 午

乙 甲 癸 壬 辛
亥 戌 酉 申 未

이 사주는 남명(男命)으로 포태(胞胎)가 쌍으로 있어 암합(暗合)한다. 쌍재(雙財)가 암합(暗合)되어 형제가 모두 외정을 즐겼다. 오(午) 중에 기토(己土)가 정재(正財)인데 갑목(甲木)과 위아래로 숨어서 합(合)하고 있다.

⑩ 남명(男命)이 재성(財星)이 없거나 여명(女命)이 관살(官殺)이 없는데 도화살(桃花殺)·홍염살(紅艶殺)이 많고 지지(地支)에 형충(刑沖)이 많으면 두 번 혼인한다.

⑬ 일지(日支)와 월지(月支)가 충(沖)하면 두 번 혼인한다.

⑭ 쌍진살(雙辰殺)이 있으면 두 번 혼인한다.

⑮ 도화살(桃花殺)·홍염살(紅艶殺)이 많은데 자오묘유(子午卯酉)가 모두 있으면 두 번 혼인한다.

⑯ 식상(食傷)과 재(財)가 쌍으로 있으면 두 번 혼인한다.

　　　壬 壬 庚 甲
　　　寅 寅 午 午

　　　乙 甲 癸 壬 辛
　　　亥 戌 酉 申 未

이 사주는 남명(男命)으로 두 개의 갑목(甲木)이 두 개의 기토(己土)와 합(合)하고 있으니, 두 번 혼인하는 사주가 되었다.

⑰ 일주(日主)와 재(財)가 모두 강하면 두 번 혼인한다. 남명(男命)이 아신(我身)과 재(財)가 모두 왕성한데 편재(偏財)가 많으면 첩을 둔다.

16. 독신자 사주

① 사주에 이성의 성(星)이 없으면 독신자가 된다. 남명(男命)은 재성(財星)이 없고, 여명(女命)은 관성(官星)이 없으면 해당한다.

② 하나밖에 없는 이성의 성(星)이 충극합(沖剋合)되면 독신자가 된다. 하나밖에 없는 이성의 성(星)이 충극합(沖剋合)되었는데 대운(大運)에서 구해주지 못하면 혼인을 정하기 어렵다.

③ 일인(日刃)과 비겁(比劫)을 꺼리는데 인(刃)을 만나면 독신자가 된다.

④ 여명(女命)이 식신(食神)이나 상관(傷官)이 왕성하면 독신자가 된다. 여명(女命)이 식상(食傷)이 왕성하면 재주가 있으나, 남자를 무시하는 기질이 있어 혼인이 성사되기 어렵다.

⑤ 여명(女命)이 관살(官殺)이나 일지(日支)가 공망(空亡)되거나 생일이 무기(無氣)하면 독신자가 된다. 이런 사주는 혼인하더라도 남편이 없는 것과 같다.

⑥ 남명(男命)이 재성(財星)이 공망(空亡)되면 독신자가 된다.

⑦ 일시(日時)에 고진살(孤辰殺)이나 과숙살(寡宿殺)이 있는데, 화개(華蓋)가 있고 공망(空亡)이 있으면 독신자가 된다.

⑧ 일시(日時)에 진술충(辰戌沖)이 있으면 독신자가 된다. 일시(日時)에 육충(六沖)이 있으면 모두 좋지 않다.

⑨ 자성(子星)과 자궁(子宮)이 모두 나쁘면 독신자가 된다.

⑩ 관(官)이 묘절지(墓絶地)에 임하면 독신자가 된다. 여명(女命)에서는 경금(庚金)이 정화(丁火)로 남편을 삼으니, 11월에 태어났으면 미모가 있으나 반드시 곤란함을 받는다. 이것은 정화(丁火)가

11월에 절지(絶地)에 들기 때문이다. 남자는 처성(妻星)이 끊어졌는데 고진살(孤辰殺)을 만나면 평생 혼인하기 어렵고, 여자는 부성(夫星)이 끊어졌는데 과숙살(寡宿殺)을 만나면 해로하기 어려운 사주가 된다.

17. 혼인을 일찍하거나 늦게 하는 사주

혼인하는 시기는 이성 성(星)의 위치에 따라 결정된다. 년주(年柱)나 월주(月柱)에 있으면 일찍하고, 일주(日主)에 있으면 늦게하고, 시지(時支)에 있으면 더욱 늦어진다. 독신자 사주는 늦게 혼인한다. 일주(日主)가 강한 남명(男命)은 식상운(食傷運)과 재운(財運)이 혼인하는 시기이고, 일주(日主)가 약한 여명(女命)은 인성운(印星運)과 비겁운(比劫運)이 혼인하는 시기이다. 남녀 모두 대운(大運)으로 판단한다.

① 남녀 모두 여름에 태어났는데 수(水)가 부족하면 일찍 혼인한다. 여름에 태어나면 화(火)가 왕성하여 정욕에 끌리기 쉬운데 조후(調候)하는 수(水)가 미약하니 일찍 혼인하는 것이다.
② 남명(男命)이 식상(食傷)이나 재(財)가 일주(日主)에 붙어 있거나, 여명(女命)이 재(財)나 관살(官殺)이 일주(日主)에 붙어 있으면 일찍 혼인한다.
③ 남녀 모두 비겁(比劫)이 많으면 늦게 혼인한다. 만일 천간(天干)에 비겁(比劫)이 있으면 더욱 늦어진다.
④ 남명(男命)이 정재(正財)는 없고 편재(偏財)만 있으면 늦게 혼인

하고, 여명(女命)이 정관(正官)은 없고 칠살(七殺)만 있으면 늦게 혼인한다.

⑤ 남명(男命)이 처성(妻星)이 묘(墓)에 있거나 공망(空亡)되면 늦게 혼인하고, 여명(女命)이 부성(夫星)이 묘(墓)에 있거나 공망(空亡)되면 늦게 혼인한다.

⑥ 남명(男命)이 재(財)가 많아 일주(日主)가 약하거나, 일주(日主)가 강하고 재(財)가 미약하면 늦게 혼인한다.

18. 자유업 사주

① 일주(日主)가 왕성하고 비겁(比劫)이 많으면 자아가 강하니, 자유업으로 나가는 것이 길하다.

② 사주에 종왕격(從旺格)을 이루었는데 파(破)되면 비겁(比劫)이 무리지어 있다는 뜻이니, 자유업으로 나가는 것이 길하다.

③ 사주에 편인격(偏印格)을 이루면 단체나 규범에 적응하지 못하며 성격이 편벽하니, 특수한 재능을 살리거나 종교계통으로 나가는 것이 길하다.

④ 사주에 관살(官殺)이 없으면 약속을 잘 지키지 않는 성향이 있으니, 자유업으로 나가는 것이 길하다.

⑤ 사주에 인수(印綬)가 없으면 성격이 불안하며 변동이 많으니, 자유업으로 나가는 것이 길하다.

⑥ 사주에 식상(食傷)이 왕성하면 자유분방하며 기분파이니, 자유업으로 나가는 것이 길하다.

⑦ 사주에 식신격(食神格)이나 상관격(傷官格)이 있으면 총명하며 예술방면에 재능이 많으나, 성격이 독특하여 구속받는 것을 싫어 하니 자유업으로 나가는 것이 길하다.

⑧ 사주에 충극(沖剋)이 많으면 기복이 많으니 자유업으로 나가는 것이 길하다.

19. 참모형 사주

① 사주에 인성(印星)이 많아 병이 되면 이상은 원대하나 실천력이나 적극성, 박력이 없다. 그러나 계획이나 책략을 세우는데는 유능하니 참모형 사주이다.

② 사주에 화격(化格)이 있으면 지혜가 많으며 임기응변에 강하나, 남에게 의지하여 일을 이루니 참모형 사주이다.

③ 사주에 탐재파인(貪財破印)이 있으면 총명하나 환상이 많고, 실천력·결단력이 부족하며 책임회피를 잘한다. 따라서 중책을 맡는 것보다 남에게 지시를 받는 일이 좋으니 참모형 사주이다.

④ 사주가 모두 음(陰)으로만 구성되었는데 형충(刑沖)되면 평생 기복과 변화가 많으니 참모형 사주이다.

⑤ 사주에 편인격(偏印格)이 있거나 편인(偏印)이 많으면 참모형 사주이다. 편인격(偏印格)을 이루면 아이디어가 독특하며 사상이 담백하고, 틀에서 벗어나는 경향이 있으니 기획과 책략이 좋다. 그러나 편파적인 성격이라 동업은 적합하지 않다.

⑥ 사주에 상관격(傷官格)이 있으면 재주를 믿고 자만하다 범죄를 저

지르기 쉽다. 그러나 재능이 많으니 자유업의 참모형 사주이다.

⑦ 사주에 식상(食傷)이 왕성한데 재성(財星)이 없으면 참모형 사주
이다. 식상(食傷)이 왕성하면 다재다능하며 눈이 높아 오만하나,
재성(財星)이 없으면 명운이 기울어지니 남을 따라 성취한다.

⑧ 일주(日主)가 미약하며 뿌리가 없거나, 관성(官星)이 없거나, 재
성(財星)이 많으며 일주(日主)가 약한데 종세격(從勢格)을 이루
거나, 종격(從格)인데 조후(調候)가 아름답지 않으면 참모형 사주
이다.

20. 고향을 떠나 타향에서 발전하는 사주

① 사주에 충극(沖剋)이 많으면 고향을 떠나 타향에서 발전한다. 특
히 월주(月柱)가 동요하면 더욱더 확률이 높다.

丙 辛 己 庚
申 酉 卯 寅

甲 癸 壬 辛 庚
申 未 午 巳 辰

이 사주는 남명(男命)으로 년주(年柱)와 시주(時柱)가 천극지충(天
剋地沖)하니 조업(祖業)을 잇지 못하고, 월지(月支)와 일지(日支)가
상충(相沖)하니 중년에 분파한다.

庚 戊 甲 丙
申 子 午 子

己 戊 丁 丙 乙
亥 戌 酉 申 未

이 사주는 남명(男命)으로 월지(月支) 오화(午火)가 두 개 있는 자수(子水)의 공격을 받는다. 신자(申子)가 다시 수세(水勢)를 돕고 있으니 월주(月柱)가 동요한다. 평생 한 번도 이루지 못하며 주거가 불안했다. 더구나 고부간의 갈등으로 고통이 더욱더 심했다.

② 사주에 역마살(驛馬殺)이 많이 있거나, 인신사해(寅申巳亥)가 많거나, 모두 있으면 고향을 떠나 타향에서 발전한다.

③ 사주가 편재격(偏財格)을 이루거나, 정재(正財)보다 편재(偏財)의 역량이 크면 고향을 떠나 타향에서 발전한다. 편재(偏財)가 득위(得位)하면 타향에서 발전하고, 강개심과 풍류가 강하고, 두 세 곳에 가정을 차리고, 명리(名利)로 인해 스스로 망하게 된다.

④ 부모를 극(剋)하거나 양자로 가는 사주는 고향을 떠나 타향에서 발전한다. 재성(財星)을 파(破)하면 조업(祖業)을 떠나 타향에서 창업하고, 인수(印綬)가 상하면 조업(祖業)을 잃고 일찍 고향을 떠난다.

⑤ 사주가 편고(偏枯)하거나 오행(五行)이 중화되지 않으면 고향을 떠나 타향에서 발전한다.

⑥ 일주(日主)에 뿌리가 없으면 고향을 떠나 타향에서 발전한다.

⑦ 사주가 양인격(陽刃格)을 이루거나, 사주에 인수(印綬)가 없거나 무력(無力)하면 부모와 인연이 없어 도움을 받기 어렵다. 이런 사주는 고향을 떠나 생계를 도모한다.

⑧ 역마(驛馬)가 공망(空亡)되거나, 녹(祿)이 충파(沖破)되거나, 일지(日支)가 충파(沖破)되어 의지할데가 없거나, 희용신(喜用神)이 극(剋)이나 합(合)되어 꺼리거나, 희용신(喜用神)이 공망(空亡)되거나, 자오(子午)를 만나거나, 일시(日時)에서 묘유(卯酉)가 상충(相沖)하면 고향을 떠나 타향에서 발전한다.

21. 승도 사주

승(僧)과 도(道)는 다르다. 고서(古書)에서는 사살자(四殺者)가 많으면 승(僧)이고, 사맹자(四孟者)가 많으면 도(道)라고 했다. 수(水)가 많으면 도(道)요, 화(火)가 많으면 승(僧)이다. 오행(五行)이 생왕(生旺)되면 도(道)요, 오행(五行)이 사절(死絶)되면 승(僧)이다. 춘목(春木)이 영화로워 수(水)를 설(洩)하여 보충하면 승(僧)이요, 하화(夏火)가 뜨겁고 금(金)이 쇠약하면 도(道)이다. 금수(金水)가 모두 청(清)하면 도(道)요, 화토(火土)가 혼탁하면 승(僧)이다.

① 일주(日主)가 왕성하고 재관(財官)이 없는데 신왕무의(身旺無依)하면 외로운 팔자이니 승도가 되고, 사주에 귀기(貴氣)가 없으면 공문(空門)을 좋아하니 승도가 된다. 그러나 신왕(身旺)한데 재관(財官)이 용신(用神)이면 승도사주가 아니다.

② 남명(男命)이 처성(妻星)과 자성(子星)이 모두 숨어 있거나, 여명 (女命)이 부성(夫星)과 자성(子星)이 모두 숨어 있으면 승도가 된 다. 이때 일시(日時)가 충극(沖剋)하면 더욱더 확률이 높다.

③ 오행(五行)이 편고(偏枯)하면 명리(名利)가 모두 허망하니 승도 가 된다. 오행(五行)이 편고(偏枯)하다는 것은 화염토조(火炎土 燥)·금한수냉(金寒水冷)·토금습체(土金濕滯) 등과 같이 용신 (用神)이 무력(無力)한 것을 말한다.

④ 일원(日元)이 유약한데 도움이 없으면 희용신(喜用神)이 무력(無 力)하여 승도가 되고, 일간(日干)이 지나치게 왕성하여 의지할 곳 이 없으면 승도가 된다. 이때 천원(天元)이 쇠약하여 도와주지 못 하면 기생이나 무당이 된다.

⑤ 오행(五行)이 결핍되면 승도가 된다. 설사 사주가 절대적으로 편 고(偏枯)하지 않더라도 오행(五行)에 결함이 있으면 발전하기 어 려우니 승도가 되기 쉽다.

⑥ 고진살(孤辰殺)·과숙살(寡宿殺)·화개(華蓋)·공망(空亡) 등이 있거나 고진살(孤辰殺)이 화개(華蓋)를 만나거나, 고진살(孤辰 殺)과 과숙살(寡宿殺)이 모두 있는데 망신(亡神)이나 겁살(劫殺) 이 형(刑)하면 승도가 된다.

⑦ 년주(年柱)와 월주(月主)가 같으면 승도가 된다. 예를 들어 갑술 년(甲戌年) 갑술월(甲戌月)에 태어나면 조업(祖業)을 깨며 방해 가 많으니 승도팔자로 본다.

⑧ 일시(日時)에 술해(戌亥)가 있으면 승도가 된다. 특히 시상(時上) 에 있으면 더욱더 확률이 높고, 술해(戌亥)가 천라(天羅)이니 외 로운 팔자가 된다.

⑨ 화격(化格)이 파격(破格)되면 승도가 된다. 화격(化格)이 깨지면
고아가 되는 경우가 많다.

⑩ 인수(印綬)가 왕성하거나, 편인(偏印)·상관(傷官)·양인(陽刃)
이 같은 주(柱)에 있으면서 서로 공망(空亡)이 되면 승도가 된다.

VI부. 여명론

여명론(女命論)

현대사회가 독신자가 늘어나고, 여성도 직업을 갖으며 스스로 행복을 추구한다고 하지만 아직은 소수에 불과하다. 일반적으로 가정의 평안과 의식주, 건강 등은 남편에 의해 결정되는 경우가 많다. 남편이 이로우면 아내도 이롭고, 남편이 어려우면 아내 역시 해롭다. 따라서 여자의 운명을 보려면 우선 부성(夫星)으로 귀천을 살피고, 자성(子星)으로 만년의 운명을 살핀다.

여명(女命)에게 관살(官殺)은 남편이고, 식상(食傷)은 자식에 해당한다. 따라서 관살(官殺)과 식상(食傷)이 모두 득시(得時)하며 생왕(生旺)해야 길하고, 왕성한 기(氣)가 시상(時上)에 모여 있어야 길하다. 관(官)이 용신(用神)이면 살(殺)은 필요하지 않고, 살(殺)이 있으면 관(官)은 필요하지 않다. 관(官)이든 살(殺)이든 하나 있으면 아름다운 명(命)을 이룬다.

만일 관성(官星)이 두 개 있으면 살(殺)이 혼잡되지 않아야 한다. 사주에 순살(純殺)이 있고, 관(官)이 혼잡되지 않으면 어진 부인의 명

(命)을 이룬다. 이때 일주(日主)가 스스로 왕성하면 더욱 아름다운 명(命)이 되나, 지나치게 왕성하면 좋지 않다.

식신(食神)은 자식에 해당하니, 시상(時上)에서 왕성하며 일주(日主)를 도와주면 남편이 귀하게 되며 자식이 영화롭다. 그러나 일주(日主)가 왕성한데 부성(夫星)이 암장(暗藏)되어 있으면 좋지 않다. 상관(傷官)·칠살(七殺)·괴강(魁罡)·상형(相刑) 등이 있거나, 양인(陽刃)이나 합(合)이 많으면 좋지 않다. 세운(歲運)에서 만나도 마찬가지이다.

여명(女命)에게 일지(日支)는 부궁(夫宮)이고, 시지(時支)는 자궁(子宮)이다. 따라서 여명(女命)을 논할 때는 일지(日支)와 시지(時支)를 중요하게 여기는데, 형충파해(刑冲破害)되거나 흉살(凶殺)이 앉아 있으면 흉하다.

여명(女命)이 부드러우면 길하고, 강하면 흉하고, 청하면 기묘하고, 탁하면 빈천하다. 만일 여명(女命)이 강왕(强旺)하면 남편의 권리를 빼앗으니 아름답지 않다. 지지(地支)에서 장생(長生)·태(胎)·양(養)·쇠(衰) 등에 앉아 있으면 길하나, 녹(祿)이나 제왕(帝旺)에 앉아 있으면 유능하나 고생이 많다.

1. 순수한 사주

순수한 사주는 관성(官星)이나 순일(純一)한 살(殺)이 있고, 재(財)와 인(印)이 있고, 형충(刑沖)되지 않고, 서로 혼잡되지 않은 사주를 말한다. 그러나 관살(官殺)이 중첩되어도 순수하게 이루어져 있거나 일주(日主)가 왕성하여 관(官)을 감당하면 순수한 사주로 본다.

丙 辛 戊 癸
申 酉 午 巳

癸 壬 辛 庚 己
亥 戌 酉 申 未

이 사주는 일주(日主)가 전록(專祿)에 앉아 있으니 사오화(巳午火)가 왕성해도 종(從)하지 않는다. 병화(丙火)의 관(官)인 부성(夫星)이 5월의 화왕(火旺)함을 만났으니 남편이 강하다. 병화(丙火)가 용신(用神)이니 계(癸)는 병(丙)의 관(官)이며 장생(長生)이다. 무토(戊土) 식신(食神)을 보니 사(巳)에 녹(祿)이 같다. 신금(辛金)이 신(申) 중의 임수(壬水)를 생(生)하니 자식이다. 신(申)에 이끌리어 장생지(長生地)가 된다.

계무신병(癸戊辛丙)이 수화기제(水火旣濟)되며 혼잡되지 않았다. 수화기제(水火旣濟) 역시 붙어 있으면 흉하다. 지지(地支)의 사오신유(巳午申酉) 사이에 재고(財庫)가 끼어 있다. 이 사주의 재고(財庫)는 미(未)이니 세운(歲運)에서 축미(丑未)를 만나면 흉하다. 남편이 영화롭고 자식이 귀하게 되는 명(命)이다.

이 사주는 병화(丙火) 관(官)이 신(申)에 앉아 있는 것이 길하다. 화(火)가 왕성하나 금(金)을 녹이지는 못한다. 대운(大運)이 서북(西北) 금수운(金水運)으로 흐른다. 그러나 만일 대운(大運)이 남방(南方) 화운(火運)으로 흐르면 남편이 죽게 되며 자식을 버리는 비운을 면하기 어렵다.

甲 丙 甲 癸
午 戌 寅 亥

己 戊 丁 丙 乙
未 午 巳 辰 卯

이 사주는 계(癸)가 부성(夫星)인데 해(亥)의 임관(臨官)에 앉아 있고, 갑(甲)의 인(印)이 인(寅)에 앉아 있어 건록(建祿)을 만났고, 아신(我身)은 고(庫)에 앉아 있다. 기토(己土)는 자식인데 오시(午時)의 귀록(貴祿)이니 자성(子星)에 해당하고, 갑목(甲木)은 기토(己土) 관(官)이니 기토(己土) 상관(傷官)을 억제하며 계수(癸水) 부성(夫星)을 보호한다. 사주가 순일(純一)하며 혼잡되지 않았다.

춘화(春火)가 목(木)을 빌어 밝은데 수(水)가 있으니 조화를 이루었고, 화(火)가 왕성하나 목(木)이 메마르지 않고, 수화(水火)가 떨어져 있어 혼잡되지 않았다. 그러나 춘목(春木)이 수(水)를 만나면 습목(濕木)이 화(火)를 생(生)하기 어렵다. 대운(大運)은 남방(南方) 화토운(火土運)으로 흐르는 것이 길하나, 북방(北方) 수운(水運)으로 흐르면 흉하다.

이 사주에 금(金)이 있으면 평생 고생이 많으며 남편과 자식이 작게 이룬다. 대운(大運)이 토(土)이면 식상(食傷)이니, 춘목(春木)이 왕성하여 토(土)가 허(虛)하면 계수(癸水) 부성(夫星)을 방해하지 않는다. 만일 대운(大運)에서 화토(火土)가 왕성한 간지(干支)를 만나면 남편의 감정문제를 조심해야 한다. 편인(偏印)이 많으면 대개 자식을 극(剋)하는데, 이 사주는 편인(偏印)이 많으나 용신(用神)이 기뻐하니 흉이 적다. 그러나 자식을 늦게 얻으며 키울 때도 어려움이 많다.

2. 고요한 사주

고요한 사주란 일주(日主)가 유약하고, 부성(夫星)이 하나 있고, 공격하거나 충격을 주는 신(神)이 없고, 중화된 사주를 말한다.

己 己 辛 壬
巳 卯 亥 辰

乙 丙 丁 戊 己
巳 午 未 申 酉

이 사주는 기토(己土)가 갑목(甲木)으로 부성(夫星)을 삼는데, 해(亥)에서 장생(長生)되니 천시(天時)와 지리(地利)를 얻었다. 갑목(甲木)은 신금(辛金)이 관(官)인데 금(金)이 사(巳)에서 장생(長生)되었으니, 남편이 이로우며 자식이 왕성하다. 비록 묘(卯)에 살(殺)이 있으나 사(巳) 중의 경금(庚金)으로 합제(合制)하니 거살유관(去殺留官)이 되어 귀격(貴格)을 이루었다.

기토(己土)가 겨울에 태어나면 도움이 있어야 한다. 이 사주가 기뻐하는 것은 목(木)이 천간(天干)에 나오지 않은 것이다. 그렇지 않으면 어린 뿌리를 양육하기 어렵다. 신금(辛金)이 월주(月柱) 천간(天干)에 있는 것이 좋지 않다. 혼인과 남편의 발전에 영향을 준다. 시주(時柱)가 돕는 것이 기쁘다. 중년에 남방(南方) 화토지(火土地)로 흐르니 일주(日主)가 도움을 얻는다. 동목(冬木)이 태양을 보면 무성하니 가정이 편안하며 발전이 있다.

己 丁 壬 丁
酉 酉 寅 丑

丁 丙 乙 甲 癸
未 午 巳 辰 卯

이 사주는 정화(丁火)가 임수(壬水)를 부성(夫星)으로 삼는다. 갑목(甲木)은 인(印)이니 남편의 식신(食神)의 녹(祿)이 되고, 정유(丁酉)는 일귀(日貴)이다. 기토(己土)는 자식에 해당한다. 임수(壬水)가 기토(己土) 관(官)을 얻으니 남편이 귀하게 되고, 기토(己土)가 갑목(甲木)을 얻어 관(官)으로 하니 자식이 귀하게 된다. 유(酉)의 재(財)가 왕성하니 남편이 영화롭고 자식이 효도한다.

이 사주는 목화운(木火運)은 길하나 금수운(金水運)은 흉하고, 수운(水運)은 더욱더 흉하다. 순행(順行)하면 길하나 역행(逆行)하면 혼인의 감정이 번거롭다. 시주(時柱)에서 식신(食神)이 재(財)를 생(生)하니 직업을 갖는 것이 좋다. 을운(乙運)에 식신(食神)인 기토(己土)를 극(剋)하니 장남으로 인해 근심이 있고, 신체의 건강과 가정을 조심해야 한다. 이외에 유년에서 오는 신살(神殺)이나 희기(喜

忌)를 배합해서 잘 살펴야 한다.

3. 깨끗한 사주

깨끗한 사주란 관(官)이나 살(殺)이 하나씩 있으면서 서로 혼잡되지
않는 것을 말한다. 그리고 부성(夫星)이 득시(得時)하고, 사주에서
재성(財星)이 관성(官星)을 생(生)하고, 인수(印綬)가 일주(日主)를
돕고, 혼탁한 기(氣)가 한 점도 없어야 한다.

甲 乙 壬 己
申 未 申 未

丁 丙 乙 甲 癸
丑 子 亥 戌 酉

이 사주의 을목(乙木)은 경금(庚金)으로 부성(夫星)을 삼는다. 경금
(庚金)의 녹(祿)이 신(申)에 있고, 정화(丁火)는 자성(子星)인데 미
(未) 중의 정화(丁火)가 왕성하고, 임수(壬水)는 인(印)인데 임(壬)
의 장생(長生)이 신(申)에 있고, 일지(日支) 미(未)가 을목(乙木)의
재(財)가 되니 재(財)가 왕성하면 충분히 관(官)을 생(生)하고, 사주
에 형충파해(刑沖破害)가 없으니 귀부인의 명(命)이 되었다.

7월은 메마른 시기인데 임신(壬申)을 만나 습해졌으나, 미토(未土)
가 두 개 있으니 좋다. 더구나 갑신(甲申)을 만나 등라계갑(藤蘿繫

甲)이 되었고, 관성(官星)이 월령(月令)을 얻어 금백수청(金白水淸)이 되었고, 화(火)로 월령(月令)의 정기(正氣)인 정관(正官)을 혼잡하게 하지 않으니 귀격(貴格)이 되었다. 부성(夫星)이 관인상생(官印相生)하는데 관(官)이 월시(月時)에 임했다.

戊 丙 癸 甲
子 寅 酉 寅

戊 己 庚 辛 壬
辰 巳 午 未 申

이 사주는 병화(丙火)가 계수(癸水)로 부성(夫星)을 삼는데, 유(酉)에 앉아 있으니 스스로 왕성하다. 계수(癸水)가 무토(戊土)를 얻었고, 계수(癸水)의 녹(祿)이 자(子)에 있다. 남편이 녹(祿)을 얻었으니 귀한 사주가 되었고, 병화(丙火)가 무토(戊土) 자식을 얻어 재(財)에 앉아 있고, 살인(殺印)이 서로 생(生)하니 자식이 귀하다.
이 사주는 일주(日主) 병화(丙火)가 장생(長生)에 앉아 있다. 추수(秋水)가 근원을 만났고, 편인(偏印)이 녹(祿)에 앉아 일주(日主)가 강하니 충분히 관(官)을 감당할 수 있다. 중년에 화토(火土)가 자성(子星)인 무토(戊土)를 돕고 있으니 국(局)과 운(運)이 모두 귀하다.

4. 귀한 사주

 귀한 사주란 관성(官星)이 있고, 재성(財星)이 돕고 있고, 재관인(財官印)의 삼기(三奇)가 있고, 귀병(鬼病)이 없는 사주를 말한다.

      壬 丁 丙 甲
      寅 未 寅 午

      辛 壬 癸 甲 乙
      酉 戌 亥 子 丑

 이 사주는 정화(丁火)가 임수(壬水)로 관(官)을 삼고, 임수(壬水)에 식신(食神)인 갑목(甲木)은 일주(日主)의 인(印)이고, 임수(壬水)에게 병화(丙火)는 재(財)에 해당한다. 임수(壬水)는 해(亥)에서 녹(祿)을 얻는데, 비록 해(亥)는 없으나 인(寅) 두 개가 암합(暗合)하여 이끈다. 비록 부성(夫星)이 때를 잃었으나, 남편이 왕성한 서북운(西北運)으로 흘러 대귀격(大貴格)을 이루었다.
 정화(丁火)가 정월에 태어나 목화(木火)가 서로 돕고, 임수(壬水) 관성(官星)이 기제(旣濟)의 공(功)을 얻었다. 금(金)이 없는 것이 길하고, 수운(水運)으로 흘러 관운(官運)을 돕고 있으나 심하게 왕성하지는 않다. 인(寅)을 만나 수(水)가 충분히 수기(秀氣)를 설(洩)하니 아름다운 명(命)이 되었다. 목화(木火)가 상생(相生)하고, 임수(壬水)가 화(火)를 막지 않고, 오행(五行)이 중화되어 귀격(貴格)이 된 것이다.

癸 辛 丙 乙
巳 卯 戌 亥

辛 庚 己 戊 丁
卯 寅 丑 子 亥

이 사주는 신금(辛金)이 을목(乙木)을 재(財)로 삼는데 해(亥)에서 왕성하고, 병화(丙火)는 천간(天干)에 있어 사화(巳火)의 귀록(歸祿)을 얻었다. 계수(癸水) 자식이 병화(丙火) 관성(官星)의 녹지(祿地)인 사(巳)에 같이 있으니 남편과 녹(祿)이 같이 있어 귀한 신(神)이 되고, 재관쌍미(財官雙美)를 이루었으니 남편과 아들이 모두 귀하게 된다.

이 사주는 심추(深秋) 신금(辛金)이 월지(月支)의 기(氣)가 쇠하지 않다. 병화(丙火) 관성(官星)이 고(庫)에 임하나 목(木)이 생(生)하니 다시 밝아지고, 시상(時上)에 귀록(歸祿)이 있다. 기후가 약간 메마르나 계수(癸水)가 시주(時柱)에 임하여, 토(土)를 윤택하게 만들어 금(金)을 생(生)한다.

이 사주에서 더욱 기쁜 것은 계수(癸水)가 왕성한 지(支)에 앉지 않은 것이다. 그렇지 않으면 추수(秋水)의 세력이 강해지니 병화(丙火) 관성(官星)을 상하게 하지 않는다고 장담할 수 없다. 오행(五行)이 중화되어 귀격(貴格)을 이루었다.

5. 미인 사주

① 여명(女命)이 사해(巳亥)가 많으면 미인이다. 여명(女命)이 해 (亥)가 많으면 자태가 아름답고, 사(巳)가 많으면 색을 좋아한다. 만일 해(亥)는 없으나 사(巳)가 두 개 있거나, 사(巳)는 없으나 해 (亥)가 두 개 있어도 미인이다.

② 여명(女命)이 금수(金水)를 만나면 미인이다. 여명(女命)이 금수 (金水)가 왕성하면 미인이고, 금수상관(金水傷官)이면 반드시 아 름다우며 총명하다.

③ 여명(女命)이 식상(食傷)이 수기(秀氣)를 설(洩)하면 자색이 아름 답다. 그러나 상관(傷官)이 많으면 행동이 가볍다.

④ 여명(女命)이 윤하격(潤下格)을 이루면 미인이며 총명하다.

⑤ 여명(女命)이 갑목(甲木)이 신(申)에 앉아 있는데 경금(庚金)이 천간(天干)에 있거나, 병화(丙火)가 신(申)에 있는데 시상(時上) 에 임수(壬水)가 있으면 미인이다. 만일 편관(偏官) 칠살(七殺)을 기뻐하는데 칠살(七殺)이 용신(用神)이고, 관(官)이 혼잡되지 않 으면 대단한 미인이다. 정병(丁丙)이 임수(壬水)를 만나면 옥과 같고, 갑(甲)이 금(金)을 만나 다듬으면 꽃과 같다고 했다.

⑥ 여명(女命)이 도화살(桃花殺)이나 홍염살(紅艶殺)이 많으면 미인 이다.

⑦ 여명(女命)이 쌍원합(雙鴛合)되어 수(水)로 변하면 미인이다.

⑧ 여명(女命)이 합(合)이나 관살(官殺)이 많으면 미인이다. 갑기합 (甲己合)과 을경합(乙庚合)이 동시에 이루어지는 것을 말한다. 그 러나 관살(官殺)이 많으면 첩이나 기생이 되는 경우가 있다.

⑨ 여명(女命)이 목(木)이 많으면 미인이다. 여명(女命)이 목(木)이
  왕성하면 요염하고, 수(水)가 깨끗하면 정결하다.

⑩ 여명(女命)이 병자일(丙子日), 무오일(戊午日), 신유일(辛酉日),
  정미일(丁未日)에 태어났으면 미인이다.

6. 직업갖는 사주

① 여명(女命)이 일지(日支)와 월지(月支)에서 재(財)와 인성(印星)
  이 충(沖)되거나, 시주(時柱)에서 재(財)가 인성(印星)을 극(剋)
  하면 직업을 갖는 것이 좋다.

② 여명(女命)이 인수(印綬)나 관살(官殺)이 없으면 직업을 갖는 것
  이 좋다. 여명(女命)이 인수(印綬)가 없으면 윗사람과의 인연이
  약하기 때문에 시어머니와 화목하기 어려우니 직업을 갖는 것이
  좋다. 또 인수(印綬)는 안정과 고요를 뜻하는데 인수(印綬)가 없
  으면 마음이 밖으로 향하니 직업을 갖는 것이 좋다. 여명(女命)이
  관살(官殺)이 없으면 성격이 자유분방하여 가정에 구속되는 것을
  싫어한다.

③ 여명(女命)이 식상(食傷)이 없으면 직업을 갖는 것이 좋다. 여명
  (女命)이 식상(食傷)이 없으면 가정에 순응하나 속으로는 번뇌와
  고민이 많아 신경성질환이 생기기 쉬우니 직업을 갖는 것이 좋다.

⑤ 여명(女命)이 식상(食傷)이 왕성하면 직업을 갖는 것이 좋다. 여
  명(女命)이 식상(食傷)이 왕성하면 움직이는 것을 좋아하여 가정
  에 머무르기 어려우니 직업을 갖는 것이 좋다.

④ 여명(女命)이 부성(夫星)을 꺼리거나, 부성(夫星)이 극(剋)되거나, 부부궁이 좋지 않으면 직업을 갖는 것이 좋다.

⑥ 여명(女命)이 일주(日主)와 재(財)가 모두 강하거나, 식상(食傷)이 재(財)를 생(生)하면 직업을 갖는 것이 좋다. 이런 사주는 사업을 하려는 마음이 강하기 때문에 가정을 지키기 어렵다.

⑦ 여명(女命)이 양인(陽刃)이 강하며 일주(日主)가 매우 강한데 의지할 곳이 없으면 직업을 갖는 것이 좋다. 인(刃)이 강하거나 삼합(三合)하여 겁인(劫刃)을 이루면 남편을 극(剋)하여 혼인이 성사되기 어려우니 직업을 갖는 것이 좋다.

7. 탁한 사주

탁한 사주란 오행(五行)이 골고루 있지 않고, 오행(五行)이 서로 상극(相剋)하고, 일주(日主)가 지나치게 왕성하고, 정부(正夫)는 나타나지 않는데 편부(偏夫)가 혼잡되며 많은 사주를 말한다. 만일 사주에 분별함이 많으며 재관인식(財官印食)이 없으면 비천하거나 혼탁하며 음란하여 창녀나 기생, 첩 등이 된다.

己 癸 乙 己
未 丑 亥 亥

庚 己 戊 丁 丙
辰 卯 寅 丑 子

이 사주는 계수(癸水)가 11월에 태어나 왕성하다. 계수(癸水)는 무토(戊土)가 남편인데 나타나지 않았고, 시상(時上)에 기미(己未) 편부(偏夫)가 있다. 축미충(丑未沖)이 있고, 토(土)가 혼잡되고, 재성(財星)이 없다. 을목(乙木) 식신(食神)이 천간(天干)에 있어 왕성하니, 기토(己土)가 극(剋)되어 아신(我身)이 귀패(鬼敗)에 임하였다. 오행(五行)이 위(位)를 잃어 처음에는 맑으나 나중에는 탁해지기 때문에 형통하기 어렵다.

해월(亥月)에 물이 많아 나무가 뜨니 토(土)가 살아남기 어렵다. 겁재(劫財)와 관(官)이 혼잡되고, 일주(日主)가 지나치게 왕성하다. 미(未)에 정화(丁火) 편재(偏財)가 있으나 충파(沖破)되었으니 혼인 후 이룸이 작고, 자식은 주색을 좋아하는 불효자이다. 이런 사주는 쟁부극부(爭夫剋夫)한다.

乙 辛 甲 癸
未 酉 寅 未

己 戊 丁 丙 乙
未 午 巳 辰 卯

이 사주는 신유(辛酉)가 팔전(八專)으로 스스로 왕성하다. 병화(丙火)를 남편으로 삼는데 인(寅)에서 장생(長生)되니 남편이 왕성하여 길하다. 그러나 신금(辛金)이 을목(乙木)의 고(庫)에 있는 재(財)를 탐하니, 미(未) 중에 있는 정화(丁火)의 암부(暗夫)를 야기하고, 두 개의 고(庫)에 암부(暗夫)가 있으니 명암(明暗)으로 모여 있다. 비록 정부(正夫)가 있으나 몸을 파는 팔자를 면하기 어렵다.

사주가 순수하면 기뻐하고, 정편(正偏)이 혼잡되면 꺼리니 마음이 단정하지 못하다. 목(木)이 왕성한데 초춘(初春)에 계수(癸水)를 만나니 음울하고, 목(木)이 습하니 화(火)가 밝음을 잃어버린다. 남방(南方) 화운(火運)을 만나 화(火)를 이끌어 목(木)의 수기(秀氣)를 설(洩)하니 성관계가 난잡하다.

8. 탐욕스런 사주

탐욕스런 사주란 부성(夫星)이 많고, 암암리에 재(財)가 왕성하고, 간지(干支)에 살(殺)이 많은 사주를 말한다. 이런 사람은 반드시 주색을 좋아하고, 검은 재물을 취하고, 남편을 극(剋)하여 첩이 되거나 재혼한다.

丁 庚 丙 庚
亥 申 戌 寅

辛 壬 癸 甲 乙
巳 午 未 申 酉

이 사주는 경신(庚申)이 팔전(八專)으로 스스로 왕성하다. 병화(丙火)가 남편인데 인술(寅戌)이 회국(會局)하고, 시간지(時干支)에 정해(丁亥)가 있어 화(火)의 정이 크다. 경신금(庚申金)이 몰래 인해

(寅亥)에 있는 재(財)를 극(剋)하고, 해(亥)에 있는 임수(壬水) 식신
(食神)이 재(財)를 생(生)한다. 따라서 미모를 갖추었으나 탐욕으로
재물을 얻는다.

이 사주는 관살(官殺)이 혼잡한데 칠살(七殺)이 권리를 잡아 세력을
얻었다. 따라서 편(偏)이 마땅하고 정(正)이 마땅치가 않아 혼인을
일찍했으나 한 남자를 따르지 못했다. 금(金)이 뜨거운 화(火)를 만
나고 수(水)가 적다. 화(火)를 불사르게 하여 화운(火運)이 흉하니
계미대운(癸未大運)과 임오대운(壬午大運)이 흉하다. 또 재(財)가
겁탈당함을 암장(暗藏)하고 있어 미모를 이용하여 명리(名利)를 구
하나, 추금(秋金)이 뜨거운 화(火)를 만나기 때문에 공명(功名)이 오
래 가지 못한다.

丁 己 甲 戊
卯 未 寅 子

己 庚 辛 壬 癸
酉 戌 亥 子 丑

이 사주는 갑목(甲木)이 정월에 태어나 왕성한데 묘미(卯未)가 회국
(會局)하니, 편부(偏夫)·정부(正夫)가 모두 많으며 자수(子水)의 왕
성한 재(財)가 있다. 기일주(己日柱)가 갑목(甲木)의 관(官)을 합
(合)하니, 음양(陰陽)이 배합되어 총명하며 수려하나 탐욕을 면하지
못했다. 더구나 도삽도화(倒揷桃花)가 있으니 어찌 정숙한 여인이 되
겠는가. 해묘미(亥卯未)가 있는데 년지(年支)에 자(子)가 있으면 도

삽도화(倒揷桃花)가 된다.

춘토(春土)가 목(木)이 왕성하니 인성(印星)과 비겁(比劫)이 용신(用神)인데, 대운(大運)이 반대로 흘러 극설교가(剋洩交加)가 되었다. 일주(日主) 기미(己未)가 정화(丁火)를 만났으니 총명하나, 대운(大運)이 도와주기는 커녕 패하고 있으니 스스로 타락했다.

壬 癸 丁 己
戌 丑 丑 酉

壬 辛 庚 己 戊
午 巳 辰 卯 寅

이 사주는 기토(己土)가 남편인데, 두 개의 축(丑)과 하나의 술(戌)이 있으니 세 명의 남편이 암장(暗藏)되어 있다. 정화(丁火)는 재성(財星)인데 술(戌)에 고장지(庫藏地)되어 있으며 축(丑)이 상형(相刑)한다. 비록 이양(二陽)이 령(令)을 얻으며 화(火)도 진기(進氣)하는 때이나, 부성(夫星)이 많고 재(財)가 왕성하여 기생이 되었다.

이 사주는 금한수냉(金寒水冷)한데 정화(丁火)가 미약하다.(삼한출판사 조화원약 평주 참고) 또 기토(己土)가 고한(孤寒)하고 생기가 없다. 이런 사주는 늙은 남자와 혼인하거나 질병을 얻거나 발전하지 못한다. 일주(日主)가 두 개의 축(丑)과 유(酉)와 임(壬)으로 구성되어 있다. 따라서 강호(江湖)의 기(氣)가 너무 크기 때문에 고집이 대단하며 여자의 도리를 지키지 못하고, 이룸이 없고 자식복도 박하다.

辛 丙 癸 甲
卯 子 酉 辰

戊 己 庚 辛 壬
辰 巳 午 未 申

이 사주는 병자일주(丙子日柱)가 음양살(陰陽殺)이 있으니 남자를
유혹한다. 병(丙)에게 계(癸)는 남편인데, 진자(辰子)가 회국(會局)
하여 수(水)로 변하여 남편이 많다. 일시(日時)에 병신합(丙辛合)과
자묘형(子卯刑)까지 있다. 더구나 곤랑도화(滾浪桃花)까지 있으니
음란하여 주색에 정신을 잃었다. 유(酉)의 재(財)가 왕성한데 계수
(癸水) 남편이 앉아 있다. 이 사주로 두 명이 있었는데 모두 기생이
되었다.

이 사주는 일주(日主)가 약한데 재(財)를 탐하여 인성(印星)을 파
(破)했고, 재관(財官)이 많으니 감당하기 어렵다. 병이 중한데 약이
상했으니 발전할 수 없는 사주이다.

9. 정조를 일찍 잃는 사주

① 여명(女命)이 편관(偏官)이 앞에 있고 정관(正官)이 뒤에 있거나,
   관살(官殺)의 역량이 강하면 정조를 일찍 잃는다.
② 여명(女命)이 칠살(七殺)과 상관(傷官)이 쌍으로 투출(透出)하거
   나, 정관(正官)과 상관(傷官)이 쌍으로 투출(透出)했는데 상관(傷

官)의 역량이 약하지 않으면 정조를 일찍 잃는다.

③ 여명(女命)이 상관(傷官)과 칠살(七殺)이 년월(年月)의 같은 주(柱)에 있으면 정조를 일찍 잃는다. ②항과 ③항은 성격이 개방적이고 자유분방하기 때문에 가정과 사회규범을 무시하기 쉬워 정조를 잃을 가능성이 높다. 천간(天干)에 편인(偏印)과 살(殺)이 같이 있어도 마찬가지이다.

④ 여명(女命)이 관살(官殺)이 많고 합(合)이 많으면 정조를 일찍 잃는다. 관살(官殺)은 부성(夫星)이니 관성(官星)이 많다는 것은 남자가 많다는 뜻이고, 합(合)이 많으면 다정하다.

⑤ 여명(女命)이 도화살(桃花殺)이나 홍염살(紅艶殺)이 많은데 금수(金水)가 왕성하면 정조를 일찍 잃는다.

⑥ 여명(女命)이 일주(日主)가 약하면 정조를 일찍 잃는다.

⑦ 여명(女命)이 관살(官殺)이 득령(得令)하여 년간(年干)에 투출(透出)하면 정조를 일찍 잃는다.

⑧ 여명(女命)이 회기살(晦氣殺)을 만나거나, 혼인할 운이 왔는데 혼인하지 않거나, 인수(印綬)가 보호신인데 혼기를 전후하여 극(剋)되면 정조를 잃을 우려가 있다.

10. 첩이 되는 사주

① 상대가 왕성하고 자신이 쇠하면 첩이 된다. 비겁(比劫)이 정관(正官)을 빼앗는데, 상대가 강하고 자신이 약하면 남편이 상대를 따르니 자신은 첩이 된다.

癸 己 己 甲
酉 卯 巳 申

甲 乙 丙 丁 戊
子 丑 寅 卯 辰

이 사주는 두 개의 기토(己土)가 갑목(甲木) 관성(官星)을 쟁합(爭合)하고 있다. 월간(月干) 비견(比肩)은 지지(地支) 사화(巳火)가 상생(相生)하고, 일주(日主) 기토(己土)는 묘(卯)에 앉아 상극(相剋)하니, 상대가 강하고 자신은 약하다.

② 식신(食神) · 상관(傷官)이 지나치게 많으면 첩이 된다. 식신(食神) · 상관(傷官)은 관살(官殺) 부성(夫星)을 극(剋)한다. 자신이 비록 재주가 높으며 탁월하나 편방(偏房)에 빠지기 쉽다.

己 辛 癸 己
亥 亥 酉 卯

戊 丁 丙 乙 甲
寅 丑 子 亥 戌

이 사주는 년월주(年月柱)가 천극지충(天剋地沖)하고, 정인(正印)이 없으니 가정을 일찍 떠난다. 일주(日主)가 왕성하고 식상(食傷)이 강한데 관성(官星)이 없으니 첩이 된다.

③ 사주에 부성(夫星)이 없으면 첩이 된다. 사주에 관살(官殺)이 없는데 지장간(支藏干)에도 없으면 독신자의 명(命)이다. 이런 사주는 반드시 혼인이 늦거나 정실부인이 되지 못한다.

④ 일주(日主)가 지나치게 왕성하면 첩이 된다. 여명(女命)이 일주(日主)가 매우 강성(强盛)한데 종(從)도 하지 않으면 부성(夫星)을 배척한다. 따라서 정부(正夫)를 얻기 어려우니 첩이 된다.

癸 丙 丙 丁
巳 寅 午 亥

辛 庚 己 戊 丁
亥 戌 酉 申 未

　이 사주는 비록 관성(官星)이 있으나, 일주(日主)가 지나치게 왕성하여 정부(正夫)와 인연이 없다.

⑤ 사주에 회합(會合)과 관귀(官貴)가 많으면 첩이 된다. 여명(女命)의 사주에 회합(會合)과 관귀(官貴)가 많으면 비구니나 기생, 첩이 된다. 만일 귀인(貴人)이 하나 있으면 좋은 명(命)이 되나, 두 개 있으면 마음이 안정되지 못하고, 세 개 있으면 창녀팔자를 면하기 어렵다.

⑥ 관살(官殺)이 혼잡되었는데 살(殺)이 강하고 관(官)이 약하면 첩이 된다. 일주(日主)가 유약하고 관살(官殺)이 아신(我身)을 지나치게 극(剋)하면 의지가 강하지 못하여 혼인이 성사되기 어렵다.

辛 甲 庚 庚
未 申 辰 寅

乙 丙 丁 戊 己
亥 子 丑 寅 卯

이 사주는 인성(印星)이 보호하지 못하는데 남자가 여러 차례 기만
하니 첩이 된다.

⑦ 부성(夫星)과 부궁(夫宮)이 모두 충극(沖剋)되면 첩이 된다.
⑧ 칠살(七殺)이 중첩했는데 정관(正官)이 없거나, 칠살(七殺)이 중
 첩되었는데 정관(正官)이 충(沖)되면 첩이 된다.
⑨ 천간(天干)에 관살(官殺)이 투출(透出)했는데 지지(地支)에 관살
 (官殺)이 없고, 휴수사절(休囚死絶)에 있어 무기(無氣)하면 첩이
 된다. 이런 사주는 남편의 기(氣)가 끊어지니 편방(偏房)이거나
 첩이 된다.
⑩ 합(合)이 있는데 부성(夫星)이 없으면 첩이 된다.

11. 창녀나 기생이 되는 사주

① 여명(女命)이 회합(會合)이나 관귀(官貴)가 많으면 창녀나 기생
 이 된다. 회합(會合)은 삼합(三合)·육합(六合) 등을 말하고, 관
 귀(官貴)는 천을귀인(天乙貴人) 등을 말하고 관살(官殺)로도 본

다. 귀인(貴人)이 하나 있으면 좋은 명(命)이고, 두 개 있으면 마음이 안정되지 않고, 세 개 있으면 창녀나 기생이 된다. 고서(古書)에 회합(會合)이 많으면 비구니 · 창녀 · 기생 · 비천한 첩 등이 되고, 관귀(官貴)가 많으면 첩이나 기생이 되고, 귀인(貴人)이 하나 있으면 바르나 두세 개 있으면 좋지 않다고 했다.

② 여명(女命)이 귀인(貴人)이 역마(驛馬)를 만나면 창녀나 기생이 된다.

③ 여명(女命)이 정미일주(丁未日柱)에 해당하면 창녀나 기생이 된다. 정미일(丁未日)은 자체가 홍염살(紅艶殺) · 팔전(八專) · 음양차착살(陰陽差錯殺) · 양인살(陽刃殺)이다. 그러나 정미일주(丁未日主)라고 해서 무조건 그렇다고 판단하는 것은 위험하다. 사주 전체를 보고 판단해야 한다.

己 丁 戊 癸
酉 未 午 卯

癸 壬 辛 庚 己
亥 戌 酉 申 未

이 사주는 정미일주(丁未日主)가 합(合)이 많으니 17세가 지나 창녀가 되었다.

④ 여명(女命)이 유년의 운이 좋지 않으면 창녀나 기생이 된다.

庚 辛 丙 壬
寅 未 午 子

辛 壬 癸 甲 乙
丑 寅 卯 辰 巳

이 사주는 년월(年月)이 반음(返吟)되었으니 출신이 미약하고, 년월(年月)을 꺼리니 가정환경이 좋지 않다. 더구나 합(合)과 귀인(貴人)이 많으니 14세가 지나 기생이 되었다. 반음(返吟)이란 임자(壬子)와 병오(丙午)가 극충(剋沖)되는 것을 말한다.

⑤ 여명(女命)이 수범목부(水泛木浮)하면 평생 떠돌아다니는 팔자이니 창녀나 기생이 된다. 수범목부(水泛木浮)는 물이 많아 나무가 뜨는 것을 말한다. 나무가 뿌리를 흙에 내리지 못하고 물에 떠다니니 의지할 곳 없는 신세가 되는 것이다.

丁 乙 甲 戊
丑 亥 子 子

己 庚 辛 壬 癸
未 申 酉 戌 亥

이 사주는 해자축(亥子丑)이 합(合)하여 수(水)가 되었다. 따라서 수(水)가 강하여 을목(乙木)이 물에 뜬 형상이 되었다.

⑥ 여명(女命)이 수목(水木)이 많으면 창녀나 기생이 된다. 고서(古書)에 사주에 갑을임계(甲乙壬癸)가 모두 있으면 창녀나 기생이 된다고 했다.

⑦ 여명(女命)이 관살(官殺)이 혼잡되어 일주(日主)를 지나치게 극(剋)하면 정조를 잃고 화류계로 나간다.

```
癸 癸 戊 己
丑 丑 辰 酉
```

```
癸 壬 辛 庚 己
酉 申 未 午 巳
```

이 사주에서 관살(官殺)은 부성(夫星)인데, 무기축진(戊己丑辰)이 모두 관살(官殺)에 해당하여 남편이 많은 형상이 되었다.

```
辛 丁 癸 戊
亥 未 亥 子
```

```
戊 己 庚 辛 壬
午 未 申 酉 戌
```

이 사주는 계해자(癸亥子)가 모두 관살(官殺)이니 남편이 많은 형상이 되었다.

⑧ 여명(女命)이 관성(官星)이 없는데 암충(暗沖)으로 관(官)을 얻으면 창녀나 기생이 된다. 사주가 매우 탁하니 창녀나 기생이 된다.

⑨ 여명(女命)이 도화살(桃花殺)이 많으면 창녀나 기생이 된다.

⑩ 여명(女命)이 일주(日主)가 왕성한데 부성(夫星)이 끊어졌거나, 관성(官星)이 쇠약한데 식상(食傷)이 성(盛)하거나, 관살(官殺)이 혼잡되었는데 식상(食傷)이 왕성하면 창녀나 기생이 된다. 이런 사주는 음란하며 창녀·기생·비구니·첩 등이 된다. 만일 일주(日主)가 강하고 부성(夫星)이 사절(死絶)되었는데 식상(食傷)이 왕성하면 더욱더 작용이 강하다.

⑪ 여명(女命)이 지지(地支)에 자오묘유(子午卯酉)가 모두 있으면 창녀나 기생이 된다. 자오묘유(子午卯酉)가 모두 있으면 남녀 모두 주색으로 몸을 망친다.

⑫ 여명(女命)이 일주(日主)가 왕성한데 부성(夫星)이 절(絶)되고, 관(官)이 쇠약한데 식상(食傷)이 왕성하고, 사주에 관살(官殺)이 없거나, 관살(官殺)이 있어도 식상(食傷)에게 상하거나, 관살(官殺)이 혼잡한데 식상(食傷)이 왕성하면 기생사주가 된다. 그렇지 않으면 비구니나 비천한 첩이 된다. 남편을 극(剋)하는 사주로 음란하다.

庚 戊 庚 丁
申 辰 戌 亥

乙 甲 癸 壬 辛
卯 寅 丑 子 亥

이 사주는 갑목(甲木)이 남편이나, 9월에 태어나 때를 잃어 무기(無氣)하며 경금(庚金)이 극(剋)한다. 시상(時上)에 신(申)이 있으니 경금(庚金)은 무토(戊土)의 식신(食神)으로 신(申)에 건록(建祿)이 있다. 무진(戊辰)이 괴강(魁剛)이고, 신(申)을 지나치게 생(生)하고, 해(亥) 중에 있는 임수(壬水) 재(財) 역시 왕성하다. 일주(日主)가 왕성한데 관(官)이 절(絶)하고, 식신(食神)과 재(財)를 탐하고, 남편이 절(絶)되어 수려했으나 기생이었다.

이 사주는 추금(秋金)이 강한데 목기(木氣)가 절(絶)되었다. 인성(印星)이 허부(虛浮)하고. 대운(大運)이 북방(北方) 수운(水運)으로 흐르니, 부모를 핍박하고 남편이 나타나지 않는 사주이다.

丙 甲 丙 乙
寅 子 戌 亥

辛 庚 己 戊 丁
卯 寅 丑 子 亥

이 사주는 갑목(甲木)이 경신금(庚申金)으로 남편을 삼으니 9월에 금기(金氣)가 쇠한다. 시상(時上)에서 식신(食神)이 장생(長生)되고, 목지(木地)가 회국(會局)하고 있다. 갑목(甲木)이 시상(時上)에 녹(祿)이 있어 신왕(身旺)한데, 경금(庚金)이 인지(寅地)에 이끌리어 절(絶)되어 무기(無氣)하고, 병화(丙火) 식신(食神)이 두 개나 있으니 지나치게 왕성하여 금(金)을 상하게 한다. 일주(日主)가 왕성한데 식신(食神)이 왕성하니 의식은 풍부하나 기생팔자를 면하지 못했다.

이 사주는 가을 태양이 조열(燥熱)하다. 그나마 다행스러운 것은 갑일이 자수(子水)에 앉아 목(木)을 기르니 의식은 부족하지 않다. 그러나 신금(辛金)이 병술(丙戌)의 왕성한 화(火)의 고(庫) 중에 있으니 녹아버려 살아남기 어렵다. 기축대운(己丑大運)에 자수(子水)를 극합(剋合)하여 화(火)가 왕성하고, 목(木)이 메마르니 매우 흉하다. 남편을 극(剋)하는 사주이다.

庚 戊 庚 癸
申 辰 申 丑

乙 甲 癸 壬 辛
丑 子 亥 戌 酉

이 사주는 무토(戊土)가 을목(乙木)을 남편으로 삼으나 신(申)에서 절(絶)되었다. 무일(戊日)이 월시(月時)에 경신(庚申) 식신(食神)이 있다. 식신(食神)이 왕성하여 부성(夫星)이 절(絶)되었으니 기생팔자이다. 대개 여명(女命)이 양간(陽干)인데 식신(食神)이 많으면 창녀팔자가 되고, 음간(陰干)인데 식신(食神)이 많으면 기생팔자가 된다. 일주(日主)가 무력(無力)한데 설(洩)되어 식신생재(食神生財)를 하지 못하고, 인수(印綬)가 식신(食神)을 제(制)하며 일주(日主)를 도와야 하는데 대운(大運)이 수운(水運)으로 흐르니 빈천하며 요절했다. 이 사주는 금(金)이 많아 토(土)가 붕괴되니 빈천한 명(命)이된 것이다.

12. 음란한 사주

여명(女命)이 일주(日主)가 득지(得地)하고, 부성(夫星)이 명암(明暗)으로 모여 있는 것으로, 일간(日干)이 스스로 왕성하고, 사주가 모두 관살(官殺)이면 음란하다. 천간(天干)에 있으면 명(明)이고, 지지(地支)에 있으면 암(暗)이다. 예를 들면 정일주(丁日柱)가 임계해자(壬癸亥子)가 많으면 여기에 해당한다. 이런 사주를 교집(交集)이라 하는데 돌아갈 곳이 없다.

癸 壬 丙 戊
亥 戌 辰 辰

辛 壬 癸 甲 乙
亥 子 丑 寅 卯

이 사주는 일주(日主)가 스스로 득지(得地)하고, 무토(戊土) 정부(正夫)가 있으나 진술(辰戌) 편부(偏夫)가 숨어 있으니 부성(夫星)이 명암교집(明暗交集)되어 있다. 3월에 태어나 토(土)를 화(火)가 생(生)하니 매우 왕성하고, 금(金)이 설(洩)하지도 않고 목(木)이 극(剋)하지도 않으니, 살(殺)을 제(制)하지 못하고 재(財)가 생(生)한다. 만일 시주(時柱)에 계해(癸亥)가 없으면 수명도 길지 못했을 것이다. 사주상으로는 남편이 많으나, 남편은 있어도 없는 것과 같다. 쟁부(爭夫)하는 명(命)이다.

甲 乙 戊 庚
申 酉 子 戌

癸 甲 乙 丙 丁
亥 申 酉 戌 亥

 이 사주는 을목(乙木)이 경금(庚金)을 명부(明夫)로 삼는데, 일주 (日主)가 유(酉)에 앉아 시상(時上) 신(申)을 이끄니 암부(暗夫)가 된다. 여기다 대운(大運)이 금왕(金旺)한 서방운(西方運)으로 흘러 부성(夫星)이 명암교집(明暗交集)되었다.

 이 사주는 동목(冬木)이니 따뜻한 토(土)가 뿌리를 배양해주어야 길 한데, 꺼리는 수(水)가 왕성하니 물에 떠있는 형상이 되었다. 그러나 화(火)가 많아 따뜻하게 만들어주면 뿌리가 다시 회복된다. 그러나 금(金)이 중첩되어 있으니 목(木)이 상하며 수(水)를 더욱 차갑게 만 들고, 무토(戊土)가 자수(子水)에 임하여 살(殺)을 돕고 있으니 목 (木)을 배양할 힘이 없다. 갑목(甲木)이 토(土)를 붕괴하여 수(水)가 범람함을 이끄니, 일주(日主)를 돕는 공이 없다. 목(木)이 병인데 어 찌 도와주겠는가. 하격(下格)의 명(命)이다.

壬 丁 壬 癸
寅 丑 子 亥

丁 丙 乙 甲 癸
巳 辰 卯 寅 丑

이 사주는 수(水)가 많으니 명암(明暗)으로 남편이 많다. 고서(古書)에 정(丁)이 임(壬)이 지나치게 많으면 수치심을 모를 정도로 음란하다고 했다. 수(水)가 범람하여 일주(日主)가 약한데 심하게 공격하니 관성(官星)이 아신(我身)을 극(剋)하는 귀물(鬼物)이다.

乙 己 甲 癸
亥 卯 子 卯

己 戊 丁 丙 乙
巳 辰 卯 寅 丑

이 사주는 기토(己土)가 갑목(甲木)을 남편으로 삼는다. 갑(甲)이 자(子)에서 패지(敗地)에 이르고, 묘(卯)는 암부(暗夫)인데 일지(日支)에 앉아 있고, 해묘(亥卯)가 많으니 명암교집(明暗交集)이 되었다. 정부(正夫)가 권리를 주장하기 어려운데 암부(暗夫)가 득세하니 정부(正夫)가 오히려 피한다.

이 사주는 신약(身弱)한데 관살(官殺)이 혼잡되었다. 물은 차갑고 땅은 얼어붙어 있으나, 동령(冬令) 기토(己土)가 만물을 생하려고 욕심을 부리니, 화(火)가 많으면 길하고 목(木)이 있으면 매우 흉하다. 이 사주는 도와주는 것이 없고 목(木)이 성하다. 갑목(甲木) 관성(官星)이 목욕지(沐浴地)에 이르고, 수(水)가 범람하여 목(木)이 물에 뜨니, 남편이 무능하며 살(殺)의 무리가 권리를 잡아 음란하다.

13. 왕부상자(旺夫傷子) 사주

왕부상자(旺夫傷子)는 남편이 왕성하면 자식이 상한다는 뜻이다. 시주(時柱)는 귀숙지(歸宿地)인데 부성(夫星)과 자성(子星)을 시(時)로 이끌어 부성(夫星)이 생왕(生旺)되면 자성(子星)이 쇠퇴한다.

辛 丁 丙 丙
亥 巳 申 戌

辛 壬 癸 甲 乙
卯 辰 巳 午 未

이 사주는 임수(壬水)가 남편이고, 정화(丁火)가 사(巳)에 앉아 스스로 왕성하다. 시상(時上)에 부성(夫星)이 임관(臨官)했고, 월지(月支)가 신금(申金)이니 부성(夫星)의 장생지(長生地)이다. 신금(辛金)은 재(財)인데 7월에 태어나 금(金)이 왕성하고, 병(丙)이 두 개 있으나 모두 남편의 재인(財印)에 앉아 있다. 따라서 남편이 총명하며 수려하고, 부귀격(富貴格)을 이루었다. 무토(戊土)가 자식인데 시상(時上)에서 해(亥)를 만나, 해(亥) 중에 있는 갑목(甲木)이 무토(戊土)를 극제(剋制)하니 자식을 두기 어렵다.

이 사주는 추수(秋水)가 근원이 있으며 병화(丙火)가 무력(無力)한 지(地)에 앉은 것이 기쁘다. 금(金)이 제(制)를 받으나 극(剋)되지는 않으며 관성(官星)이 빼어나다. 일주(日主) 또한 유력(有力)한 지(地)에 앉아 있으니 충분히 재관(財官)을 감당할 수 있다. 그러나 무토(戊土) 자성(子星)이 사신형(巳申刑)되고, 해(亥)가 충(沖)하여 무토(戊土)가 추금(秋金)의 중함을 만나니, 토(土)의 근원이 약하여 자식의 힘이 약한 것이다.

14. 왕자상부(旺子傷夫) 사주

왕자상부(旺子傷夫)란 왕부상자(旺夫傷子)와 반대로 자식이 왕성하면 남편이 상한다는 뜻으로 월시(月時)로 살핀다. 나를 극(剋)하는 것이 관(官)이며 남편이라고 했다. 그러나 기(氣)가 있고 때를 얻으면 남편이 발복한다. 만일 관성(官星)이 월령(月令)의 기(氣)를 얻지 못하고, 사주에 충극(沖剋)이 있고, 시상(時上)에 왕성한 기(氣)가 없는데 아신(我身)이 자(子)에 앉아 시상(時上)에 이끌리어 장생(長生)되고, 임관지(臨官地)·제왕지(帝旺地)를 만나고, 형극(刑剋)되지 않으면 왕자상부(旺子傷夫)한다.

戊 乙 甲 己
寅 卯 戌 卯

己 戊 丁 丙 乙
卯 寅 丑 子 亥

이 사주는 9월에 태어나 경금(庚金)이 무기(無氣)하다. 을목(乙木)이 병화(丙火)를 자식으로 삼는데, 병화(丙火)가 인(寅)에서 장생(長

生)되며 인술(寅戌)이 회국(會局)하니 모두 화(火)가 된다. 월령(月令)에 금기(金氣)가 없고, 시상(時上)은 절지(絶地)가 되고, 화(火)가 극(剋)하니 남편은 상하고 자식은 왕성하다.

9월이라 금기(金氣)는 이미 물러났는데, 목(木)이 숲을 이루었으니 허약한 금(金)은 반드시 상한다. 또 금(金)이 여기(餘氣)인 화고(火庫)에 이르러 화국(火局)을 이루었으니 그 금(金)도 녹아버린다. 만일 수(水)가 토(土)를 적셔 금(金)을 생(生)하지 못하면 반드시 남편이 상한다. 심추(深秋)에 목(木)이 왕성하면 비록 시상(時上)의 인(寅)에 자성(子星)이 장생(長生)되었으나, 수(水)가 부족하여 목(木)을 배양하지 못한다. 이런 사주는 자식을 많이 낳으면 반드시 모체가 불안하고, 남편이 상하며 자식을 키우기 어렵다. 만년에 자식을 두는 것이 좋다.

15. 상부극자(傷夫剋子) 사주

상부극자(傷夫剋子)는 간지(干支)에 부성(夫星)이 없고, 월령(月令)에서 때를 잃고, 사주가 충극(沖剋)되고, 시지(時支) 역시 생(生)하거나 돕지 않고, 인성(印星)을 거듭 만나 남편의 기(氣)를 설(洩)하고, 만일 지나치게 자식을 극(剋)하면 남편과 자식이 절(絶)되어 왕성하기 어렵다.

丙 乙 庚 丙
子 亥 子 子

乙 丙 丁 戊 己
未 申 酉 戌 亥

이 사주는 경금(庚金)이 남편인데, 11월에 태어나 금한수냉(金寒水冷)하며 자수(子水)는 금(金)의 사지(死地)이다. 지지(地支)에 해자(亥子)가 있으니 수(水)가 금기(金氣)를 설(洩)하고, 사주에서 토(土)가 생조(生助)해주지 않고, 상관(傷官)이 많으니 남편이 상한다. 목(木)은 병화(丙火)가 자식인데, 자시(子時)에 이끌리어 수(水)가 왕성하다. 화(火)가 멸하는 지(地)이니 비록 년시간(年時干)에 화(火)가 두 개 있으나, 많은 수(水)가 극(剋)하여 상부극자(傷夫剋子) 사주가 되었다.

수(水)가 왕성하면 금(金)이 잠기는데, 극(剋)을 만나니 남편이 도망갈 곳이 없다. 수(水)가 왕성하면 목(木)이 뜨게 되니, 일생을 유랑하는 팔자로 처량한 신세가 된다. 병화(丙火)가 뿌리가 없으니 습한 목(木)이 화(火)를 꺼버린다. 여기다 편인(偏印)이 강하여 식신(食神)이 망하니 반드시 자식이 상한다. 과부팔자로 평생 외롭게 산다.

16. 안정수분(安靜守分) 사주

안정수분(安靜守分) 사주는 여명(女命)이 부성(夫星)이 유기(有氣)하고, 일간(日干)이 스스로 왕성하고, 상극(相剋)이나 형충(刑沖)이 없고, 재식(財食)이 득소(得所)하는 것을 말한다.

丁 乙 庚 癸
亥 卯 申 巳

乙 甲 癸 壬 辛
丑 子 亥 戌 酉

이 사주는 을목(乙木)이 전록(專祿)에 앉아 있으니 스스로 왕성한데, 시지(時支) 해(亥)와 합국(合局)하여 신왕(身旺)하다. 경금(庚金)이 남편인데 7월에 태어나 신(申)에 경금(庚金)의 녹(祿)이 있고, 년지(年支) 사화(巳火)가 금(金)의 장생지(長生地)이니 부성(夫星)이 왕성하다. 해(亥) 중 임수(壬水)는 남편의 식신(食神)인데 천록(天祿)이다. 자신과 남편이 서로 상하지 않고 각기 왕기(旺氣)를 탔고, 혼잡하여 서로 침범하지 않아 부부금실이 좋다. 년월(年月)에서 관인(官印)이 상생(相生)하고, 상관(傷官)이 제(制)하고, 일주(日主)가 전록(專祿)에 앉아 있고, 식신(食神)이 설(洩)하여 빼어나다. 중화가 잘 된 사주로 남편복이 있다.

17. 횡요소년(橫夭少年) 사주

횡요소년(橫夭少年)은 일찍 횡사하거나 요절하는 것을 말한다. 신약(身弱)한데 살(殺)이 중(重)하고, 살(殺)이 많아 아신(我身)을 극(剋)하고, 형충파패(刑沖破敗)되는 것을 말한다. 사주에서 관성(官星)이 상했는데 행운(行運)에서 다시 관운(官運)을 만나거나, 관(官)

은 없고 상관(傷官)이 있는데 운이 다시 임관(臨官)하거나, 양인살
(陽刃殺)을 제(制)하지 못하는데 인(刃)을 합(合)하는 운으로 흐르거
나, 망신살(亡身殺)이나 겁살(劫殺) 등을 만나면 여기에 해당한다.
남명(男命)도 마찬가지이다.

丙 庚 癸 丁
子 辰 丑 卯

戊 丁 丙 乙 甲
午 巳 辰 卯 寅

이 사주의 경금(庚金)은 정화(丁火)가 관(官)인데, 계수(癸水)와 자
진(子辰) 상관(傷官)을 거듭 만나 심하게 극(剋)한다. 수(水)가 많아
금(金)이 잠기고, 정사운(丁巳運)에 상관견관(傷官見官)하고, 병화
살(丙火殺)이 아신(我身)을 극(剋)하니 물에 빠져죽을 팔자이다.
　오행(五行)이 매우 약한데 극(剋)되면 제거해야 한다. 도우면 오히
려 흉하다. 따라서 정사운(丁巳運)에 정화(丁火) 정관(正官)을 일으
켜 도우니, 상관(傷官)이 항거하여 충돌한다. 반드시 재난을 당한다.

己 丙 戊 乙
亥 寅 子 酉

癸 壬 辛 庚 己
巳 辰 卯 寅 丑

이 사주의 병화(丙火)는 인(寅)이 장생지(長生地)이다. 겨울에 태어나 해자(亥子) 관살(官殺)이 강하다. 왕성한 화(火)를 왕성한 수(水)에 던진 것과 같으니 아이를 낳다가 죽었다. 이 사주는 동화(冬火)이니 지지(地支)에 술미(戌未) 화(火)를 띤 토(土)가 있으면 횡요소년(橫夭少年)에는 이르지 않는다. 목(木)이 습하며 허부(虛浮)하니 병이 중하다. 오직 화지(火地)나 조토(燥土)로 흘러야 살 수 있다.

丁 甲 癸 壬
卯 戌 卯 子

戊 己 庚 辛 壬
戌 亥 子 丑 寅

이 사주는 월령(月令)에 양인(陽刃)이 있고, 시상(時上)의 정묘(丁卯) 상관(傷官)에 양인(陽刃)이 있고, 자묘형(子卯刑)과 묘술합(卯戌合)이 있고, 사주에 부성(夫星)이 없다. 계유년(癸酉年) 을축월(乙丑月) 을묘일(乙卯日)에 강간당하여 죽었다. 여명(女命)이 관살(官殺)이 많고 양인(陽刃)이 무정(無情)하면 대개 음란하거나 사망한다. 2월 갑목(甲木)이 년월(年月)에 인성(印星)이 많아 흉한 것이다.

18. 복수양비(福壽兩備) 사주

복수양비(福壽兩備)는 사주가 중화되며 격국(格局)이 순수한 것을 말한다. 아신(我身)이 왕지(旺地)에 앉아 있고, 월주(月柱)에 기(氣)가 통하고, 간지(干支)가 서로 돕고, 재관인(財官印)이 있으면서 상하지 않는 운으로 흐르고, 식신(食神)이 위(位)를 얻으면 여기에 해당한다. 신왕(身旺)하며 재식운(財食運)으로 흘러도 복수양비(福壽兩備) 사주가 된다.

癸 辛 庚 丙
巳 酉 子 午

乙 丙 丁 戊 己
未 申 酉 戌 亥

이 사주는 신금(辛金)이 유지(酉支)에 앉아 있으니 전록(專祿)이 되어 스스로 왕성하다. 시상(時上) 계(癸)가 자(子)에서 귀록(貴祿)되어 식신(食神)은 수성(壽星)이다. 자성(子星)이 득지(得地)하며 신금(辛金)이 병화(丙火)로 관(官)을 삼으니 병화(丙火)의 녹(祿)이 사(巳)에 있다. 부성(夫星)이 득지(得地)하고, 11월에 태어나 금백수청(金白水淸)하고, 간지(干支) 상하가 손상되지 않고 서로 돕는다. 아신(我身)이 종화(從化)하지 않으니, 미모가 단정하며 남편과 아들이 형통한다. 이 사주의 장점은 상관(傷官)이 혼잡하지 않고, 겁재(劫財)를 제(制)하고, 정관(正官)이 유력(有力)한 지(地)에 앉아 있는 것이다.

19. 정편자처(正偏自處) 사주

정편자처(正偏自處) 사주는 남편이 첩을 얻거나 자신이 첩이 되는 명(命)으로, 부부가 서로 합(合)하는데 비견(比肩)이 분쟁하는 것을 말한다. 다시 말해 하나의 부성(夫星)과 두 개의 처성(妻星)이 상합(相合)하여 싸우는 것이다.

만일 자신이 왕성하고 상대가 쇠한데 자신에게 충(沖)이 없으면 자신은 정(正)이고 상대는 편(偏)이다. 만일 상대가 왕성하고 자신은 쇠한데 자신에게 충(沖)이 있으면 상대가 정(正)이고 자신은 편(偏)이다. 다시 말해 상대가 왕성하면 남편을 빼앗으니 자신은 편(偏)이 되는 것이다. 그리고 지나치게 신왕(身旺)한데 사주에 부성(夫星)이 없어도 편(偏)이 되고, 관살(官殺)이 혼잡하거나 상관(傷官)이 지나치게 많아도 역시 편(偏)이 되어 음란하다.

辛 辛 丙 壬
卯 酉 午 子

辛 壬 癸 甲 乙
丑 寅 卯 辰 巳

이 사주는 신금(辛金)이 병화(丙火)로 부성(夫星)을 삼는데, 아신(我身)이 유지(酉支)에 앉아 있으니 전록(專祿)이 되어 스스로 왕성하다. 비록 시상(時上) 신묘(辛卯)에 이끌리나, 상대가 무력(無力)하니 자신이 정(正)이고 상대가 편(偏)이다. 한 남자를 두고 두 여자가 싸우는 형상이다. 이 사주의 장점은 임(壬)이 자수(子水)의 유력(有力)함에 앉은 것이다. 그렇지 않으면 관살(官殺)이 지나치게 왕성하고, 관살(官殺)과 상관(傷官)이 조화를 이루나 재(財)가 충극(沖剋)당하고 있어 흉하다.

壬 癸 壬 癸
子 巳 戌 未

丁 丙 乙 甲 癸
卯 寅 丑 子 亥

이 사주는 계수(癸水)가 토(土)를 남편으로 삼는다. 계사(癸巳)는 수(水)가 약한데 시상(時上) 임자수(癸子水)가 왕성하다. 약한 것이 왕성한 것을 이기기 어려우니 상대인 임수(壬水)가 무토(戌土) 정부(正夫)를 빼앗는다. 상대가 왕성하고 자신이 쇠하니 편(偏)이 된다. 여기다 임수(壬水)가 중(重)하여 범람하고, 도화살(桃花殺)까지 있으니 머무르기 어렵다. 이 사주는 재관(財官)을 버리고 겁재(劫財)를 따르니 흉하다. 이런 사주는 패부쟁부(敗夫爭夫)하여 여자의 도리를 지키기 어렵다.

20. 초가부정(招嫁不定) 사주

초가부정(招嫁不定) 사주란 한 번의 혼인으로 안정하지 못하는 명

(命)을 말한다. 월간(月干)에 부성(夫星)이 투출(透出)하고, 일주(日主)와 상합(相合)하여 일주(日主)가 따르는데 오히려 부성(夫星)이 무력(無力)하여 물리치는 것이다. 시상(時上)으로 부성(夫星)을 이끌거나, 살성(殺星)이 왕지(旺地)에 앉아 일주(日主)를 극(剋)하면 편부(偏夫)를 따른다. 만일 부성(夫星)이 약하거나 극제(剋制)되면 반드시 늦게 혼인하거나, 혼인을 하지 못하거나, 혼인한 후 외정을 갖는다.

乙 己 甲 癸
亥 未 子 酉

己 戊 丁 丙 乙
巳 辰 卯 寅 丑

이 사주는 기토(己土)가 갑목(甲木)으로 남편을 삼는데, 11월에 태어나 남편이 약한 때이다. 그러나 시상(時上)에 해(亥)가 있으니 갑목(甲木)이 장생(長生)되어 남편이 왕성하다. 합(合)이 안되고, 을목(乙木)이 기토(己土)를 제(制)하고, 미(未)는 을목(乙木)의 고지(庫地)이다. 갑목(甲木)이 자월(子月)에 태어났으니, 남편이 패지(敗地)에 들어가 나타나지 않는다. 시상(時上) 을해(乙亥)가 해(亥)에 장생(長生)된 갑목(甲木)을 만나니, 갑목(甲木)을 욕심내면서도 을목(乙木)을 부른다.

이 사주는 인(印)이 심하게 파(破)되어, 아버지가 이루는 것이 작으니 어머니가 고생한다. 관살(官殺)이 혼잡되었는데 회국(會局)과 심한 파(破)가 있다. 따라서 관성(官星)이 패지(敗地)의 수왕(水旺)한 곳에 앉아 있어, 남편은 많으나 의지할데가 없다.

21. 자살하거나 정신이상이 생기는 사주

① 일주(日主)가 매우 왕성한데 의지할 곳이 없으면 자살한다. 다시 말해 식상(食傷)으로 설(洩)하지 못하거나, 식상(食傷)이 미약하여 설(洩)이 무력(無力)하면 자살하기 쉽다.

辛 庚 辛 己
巳 寅 未 酉

丙 乙 甲 癸 壬
子 亥 戌 酉 申

이 사주는 여명(女命)으로 일원(日元)이 매우 왕성한데 설(洩)하지 못하고 있다. 23세 신미년(辛未年)에는 일주(日主)가 더욱 왕성해지며 월주(月柱)와 복음(複吟)이 되어, 감정이 좌절되며 마음의 균형을 잃어 자살에 이르렀다.

己 己 丙 戊
巳 巳 辰 寅

辛 壬 癸 甲 乙
亥 子 丑 寅 卯

이 사주는 여명(女命)으로 일주(日主)인 토(土)가 매우 왕성한데, 오행(五行)이 지나치게 편고(偏枯)하며 식상(食傷)이 미약하다. 항상 마음이 우울하다가 기사년(己巳年)이 오자, 유년(流年)과 일시(日時)가 쌍으로 복음(複吟)되어 금전고통을 받다가 자살했다.

② 토(土)가 많아 병이 되는데 강한 목(木)으로 억제하지 못하면 자살·정신이상이 따른다. 토(土)가 많아 화(火)가 어두워지거나, 금(金)이 묻히거나, 수(水)가 마르거나, 목(木)이 꺾이는 때이다.

壬 丙 己 戊
辰 辰 未 戌

甲 乙 丙 丁 戊
寅 卯 辰 巳 午

이 사주는 여명(女命)으로 토(土)가 많아 두텁고 메마르니 화(火)가 어두워진다. 을묘운(乙卯運)을 만나자 토왕(土旺)함을 거슬러 목을 매 자살했다.

戊 辛 辛 丙
子 丑 未 辰

丙 丁 戊 己 庚
寅 卯 辰 巳 午

이 사주는 여명(女命)으로 토(土)가 많아 금(金)이 묻히는데 충합(沖合)이 많다. 고등학교 때 자살을 기도했으나 생명은 무사했다.

戊 戊 戊 辛
午 辰 戌 亥

癸 壬 辛 庚 己
卯 寅 丑 子 亥

이 사주는 여명(女命)으로 토(土)가 왕성하여 의지할데가 없는데 약한 목(木)이 소토(疏土)하기 어렵다. 중학교 3학년인 기사년(己巳年)에 자살을 기도했다가 죽지는 않았었으나 정신이상이 되었다.

己 己 辛 己
巳 未 未 亥

丙 乙 甲 癸 壬
子 亥 戌 酉 申

이 사주는 여명(女命)으로 토일주(土日主)가 매우 왕성한데 목(木)이 약하여 무력(無力)하다. 32세 경오년(庚午年)에 사오미(巳午未)

가 모두 모여, 화(火)가 다시 토(土)를 생(生)한다. 부부간의 다툼으로 자살을 시도했으나 식상(食傷)이 투출(透出)하여 목숨은 구할 수 있었다.

③ 인수(印綬)가 지나치게 많아 병이 되면 정신이상이 생기거나 신경이 쇠약해지기 쉽다.

④ 자형(自刑)이 있는데 다시 형충(刑沖)되면 자살하거나 정신이상이 생긴다.

　　甲 癸 己 丁
　　寅 酉 酉 巳

　　甲 乙 丙 丁 戊
　　辰 巳 午 未 申

이 사주는 남명(男命)으로 유자형(酉自刑)이 있는데 무신대운(戊申大運)에서 인사신(寅巳申)이 삼형(三刑)되어 정신착란을 일으켰다.

⑤ 진술(辰戌)이 많으면 생명을 가볍게 여기는 경향이 있다.

　　丁 戊 戊 甲
　　巳 戌 辰 寅

癸 甲 乙 丙 丁
亥 子 丑 寅 卯

이 사주는 여명(女命)으로 일주(日主)가 매우 왕성한데 식상(食傷)이 미약하며 진술충(辰戌沖)이 있어 소뇌의 이상이 생겼다. 15세 무진년(戊辰年)과 16세 기사년(己巳年)에는 불에 기름을 붓는 격이 되어 할복자살을 여러 번 시도했으나 모두 무사했고, 17세 경오년(庚午年)에 식신(食神)이 나타나 상황이 좋아졌다.

⑥ 극설(剋洩)이 심하여 일주(日主)가 견디지 못하면 자살하거나 정신이상이 생긴다. 극설(剋洩)이 매우 심한 사주는 의기소침해지기 쉽고, 두뇌가 쇠퇴하여 스스로 몸과 마음을 해치는 경우가 많다.

己 癸 癸 壬
未 丑 卯 寅

戊 己 庚 辛 壬
戌 亥 子 丑 寅

이 사주는 여명(女命)으로 극설(剋洩)되어 일주(日主)가 미약하다. 27세 무진년(戊辰年)과 28세 기사년(己巳年) 사이에 관살(官殺)이 다시 왕성하여 일주(日主)를 극(剋)하니, 자살을 여러 차례 시도했으나 다행히 모두 무사했다.

⑦ 일주(日主)가 약한데 인성(印星)이 없으면 자살하거나 정신이상
  이 생긴다. 일주(日主)가 약한데 인(印)이 없으면 사주를 보호하
  지 못하니 생명을 가볍게 여기기 쉽다. 토일간(土日干)이 겨울에
  태어나면 더욱더 심하다.

      乙 己 甲 癸
      亥 丑 子 卯

      己 戊 丁 丙 乙
      巳 辰 卯 寅 丑

  이 사주는 여명(女命)으로 일주(日主)가 약한데 인성(印星)의 보호
도 없고, 지지(地支)에 용신(用神)인 축(丑)이 회국(會局)하고 있으
니 더욱더 흉하다. 의지가 박약하여 살아도 사는 것이 아니다.

⑧ 병정일주(丙丁日主)가 일주(日主)가 약하고 화(火)가 극멸하면
  자살하거나 정신이상이 생기는 사주가 된다. 사주에서 화(火)는
  생기와 의지를 나타내므로 화(火)가 극(剋)되면 의지가 박약하다.

      戊 丙 癸 丁
      子 申 丑 未

      戊 己 庚 辛 壬
      申 酉 戌 亥 子

이 사주는 남명(男命)으로 화일주(火日主)인데 일주(日主)가 약하며 인(印)이 미약하다. 초년에 북방(北方) 수운(水運)으로 흐르니 수(水)가 왕성하여 화(火)를 극(剋)한다. 신경쇠약으로 심한 고통을 받았다.

癸 丙 辛 壬
巳 辰 亥 子

丙 乙 甲 癸 壬
辰 卯 寅 丑 子

이 사주는 남명(男命)으로 화일주(火日主)인데 강한 수(水)가 극(剋)하여 뇌신경이 손상되었다. 21세 임신년(壬申年)과 계축대운(癸丑大運)에 삼합(三合)과 삼회(三會)가 있고, 수(水)가 강한 국(局)을 이루니 정신이상이 되었다.

⑨ 서로 바꾸어서 공망(空亡)·형충(刑沖)되면 정신이상이 생기기 쉽다.

22. 여명(女命)의 연애와 혼인 · 1

여명(女命)의 혼인과 혼인감정을 논할 때는 정관(正官)과 칠살(七殺)의 희기(喜忌) 등을 함께 살펴야 한다. 그리고 대운(大運)과 유년

(流年)의 배합이 육신(六神)에 미치는 영향을 살펴야 한다. 따라서 대운(大運)이나 유년(流年)에 육신(六神)이 나타내는 희기(喜忌)와 회합형충(會合刑沖)에 그 원인과 해결책이 있다.

일반적으로 여명(女命)의 사주가 정관(正官)이 주성(主星)이면 윗사람의 주선으로 배우자를 만나는 것이 좋고, 칠살(七殺)이 주성(主星)이면 같은 학교나 직장, 여러 사람이 모이는 곳, 친구의 소개 등으로 배우지를 만나는 것이 좋다. 정관(正官)은 법규나 전통을 나타내고, 칠살(七殺)은 거스르는 본성이 있으니 사회관습에 부합하도록 노력해야 한다.

① 여명(女命)이 정관(正官)이 있으면 부부궁에 관살성(官殺星)이 나타나 연애혼인하는 것을 제외하고는, 부모나 윗사람의 반대를 강행하면 혼인이 변하거나 파열되는 정도가 심하다.

② 여명(女命)이 칠살(七殺)이 주성(主星)이면 부모나 윗사람이 배우자를 정해주려고 하나, 월주(月柱)에 관살(官殺)이 있는 경우를 제외하고는 받아들이지 않으니 평생 문제가 많다.

④ 여명(女命)이 관성(官星)이 많으면 절대로 귀격(貴格)을 이루지 못하고, 재성(財星)이 많으면 평생 분주하나 재물을 얻기 어렵다.

⑤ 여명(女命)이 일주(日主)가 득령(得令)하지 않았으며 지나치게 약하고 관성(官星)이 뚜렷하게 있으면 남자에게 요구하는 것이 많다. 이런 사주는 주색을 좋아하며 자유분방하다.

⑥ 여명(女命)이 관성(官星)이 뚜렷하게 있는데 극상(剋傷)되지 않고, 일주(日主)가 유화하여 평화로운 지(地)에 앉아 있으면 현모양처로 남편에게 순종하며 의지한다.

⑦ 여명(女命)이 관성(官星)이 월령(月令)에서 기(氣)를 얻으며 통근(通根)되어 유력(有力)한 지(地)에 앉아 있으면 윗사람을 존경하나 의견이 다르면 무조건 따르지 않는다.

⑧ 여명(女命)이 관성(官星)이 있어 꺼리거나, 일주(日主)와 합(合)하여 꺼리는 것으로 변하면 부부간의 인연이 담백하다. 이런 사주는 남편이 외무원 등으로 출장이나 여행이 많아 부부가 같이 있는 시간이 적다.

⑨ 여명(女命)은 관성(官星)이 주성(主星)이니, 그 정이 일주(日主)를 향해야 하는데 다른 천간(天干)과 합화(合化)하면 부부간에 정이 적다. 평생 남편이 있으나 없는 것과 같고, 두 여자가 한 남자를 두고 싸우는 격이 된다.

⑩ 여명(女命)이 대운(大運)이나 유년(流年)에 관살(官殺)의 본성, 관살(官殺)의 장생지(長生地)나 녹지(祿地), 관살성(官殺星) 등이 중화되면 남자와 친밀하게 된다. 이런 사주는 정상적인 감정과 교제로 결과가 나타나기 쉽다.

⑪ 여명(女命)이 부성(夫星)이 밝으면서 많으면 남자가 많이 따르니 선택할 대상이 많다. 그러나 정욕이 많아 한 남자에게만 정을 주지 않으니 감정의 분규가 일어나기 쉽다. 만일 부부궁에서 강하게 나타나거나 많이 나타나도 마찬가지이다.

⑫ 여명(女命)이 지지(地支)에 관살국(官殺局)이 있으면 감정이 풍부하며 남자에게 애교가 많다. 그러나 부부궁에 회국(會局)이 있으면 외정이 따른다.

⑬ 여명(女命)이 부성(夫星)이 충파(沖破)되면 유년(流年)에서 합(合)되어 충(沖)을 풀어주어야 혼인을 논할 수 있다.

⑭ 여명(女命)이 관(官)이 충(沖)되며 식신(食神)을 파(破)하면 남편과 자식을 버리고 재혼하기 쉽다.

⑮ 여명(女命)이 관(官)이 있고 살성(殺星)이 충파(沖破)되면 성격이 활발하며 외향적이고 행동이 강건하다. 주변에 항상 남자를 몰고 다니나 남자를 쉽게 바꾼다. 이런 사주는 가정에만 있는 것보다 직업을 갖는 것이 좋고, 혼인은 늦게 하며 한 사람만 교제하는 것이 좋다. 그렇지 않으면 파란을 많이 겪게 된다.

⑯ 여명(女命)이 부성(夫星)이 약한데 충파(沖破)되면 남편이 풍류를 좋아하여 사업이 발전하기 어렵고, 음란하거나 도박을 좋아하여 한 번은 파란을 겪는다. 혹은 신체가 약하여 질병이 많거나 남자의 사랑을 받기 어렵다. 이런 사주는 이혼이나 재혼이 많이 따른다.

⑰ 여명(女命)이 부부궁에 있는 관살성(官殺星)이 충파(沖破)되면 남편이 있으나 없는 것과 같다. 만일 관살(官殺)이 약하고 충파(沖破)되었는데, 오행(五行)이 서로 다투어 기(氣)의 흐름이 불순하면 남편이 많은 사주가 되어 음란하다. 이런 사주는 대운(大運)에서 관(官)을 도와주면 길하나 그렇지 않으면 흉하다.

⑱ 여명(女命)이 관살성(官殺星)이 약한데 도와줌이 없고, 유년(流年)이나 대운(大運)에서 형충파해(刑沖破害)되면 관살성(官殺星)이 살아남기 어렵다. 따라서 이 운에서 남자가 쉽게 부정한 장소에 빠지거나, 사업이 참패하여 방탕에 빠지거나, 질병이 생긴다. 심하면 죽는 경우도 있다. 형극(刑剋)하는 힘이 크면 재난도 큰 법이다. 만일 부성(夫星)인 관살(官殺)이 생부(生扶)되면 남자가 멀리 떠나가거나 이혼하는 경우도 있다.

⑲ 여명(女命)이 유년(流年)에서 부성(夫星)이 형충파해(刑沖破害)되면 이 운에서 남자의 원망을 사기 쉽다. 남자가 불안하며 고생이 많이 따르니 사랑을 받기 어렵다. 만일 사주에서 삼합(三合)된 관살국(官殺局)을 세운(歲運)에서 충파(沖破)하면 부부간에 이별하거나 사별한다.

⑳ 여명(女命)이 관살(官殺)이 천간(天干)이 나와 있는데 임하는 지지(地支)가 충(沖)되면 혼인감정이 안정되지 않아 아름답지 못한 사주가 된다.

㉑ 여명(女命)이 정관(正官)이나 칠살(七殺)이 천간(天干)에 나타나 있으면서 생지(生地), 녹지(祿地), 왕지(旺地) 등에 임하는 것이 가장 좋다. 만일 사지(死地)나 절지(絶地)에 앉아 있고, 생부(生扶)하지 않는데 세운(歲運)에서 충극(沖剋)되면 반드시 감정의 변화가 일어나 이별하거나 사별한다.

㉒ 여명(女命)이 관살(官殺)이 밝게 나타나 있는데 유년(流年)에서 생부(生扶)하면 길하다. 이런 사주는 세운(歲運)에서 재성운(財星運)을 만나면 남편이 사업을 이루며 남편덕이 있다.

㉓ 여명(女命)이 정관(正官)·칠살(七殺)이 지나치게 강하거나 많으면 흉하다. 이런 사주는 세운(歲運)에서 관성(官星)이 왕성한 운으로 흐르면 외정을 갖기 쉽다. 남편을 버리는 경우도 있으며 자신의 건강도 좋지 않다.

㉔ 여명(女命)이 재(財)가 많고 관(官)이 왕성하면 일주(日主)가 극설(剋洩)을 감당하지 못한다. 이런 사주는 기명(棄命)하여 종(從)하지 못하면 유년(流年)에서 관(官)이 왕성한 운으로 흐를 때 이혼이나 재혼이 따른다.

㉕ 여명(女命)이 관성(官星)이 지나치게 왕성하면 평생 혼인감정이 좋지 않다. 이런 사주는 세운(歲運)에서 관운(官運)에 임하면 남편을 극(剋)하거나 자신을 극(剋)한다. 대개 관성(官星)이 많으며 일주(日主)가 의지할 곳이 없으면 가난하거나 요절하며 음란하다.

㉖ 여명(女命)이 관살(官殺)이 없으면 세운(歲運)에서 관성(官星)을 만날 때가 혼인하는 시기이다. 이런 사주는 혼인한 후에 세운(歲運)에서 또 관살(官殺)을 만나면 흉하여 부부가 헤어지기도 한다.

㉗ 여명(女命)이 세운(歲運)에서 관성(官星)을 회국(會局)하면 도화(桃花)가 움직이는 것으로 논한다. 이때 미혼여성은 이상형의 남자를 만나고, 기혼여성은 사주의 귀천을 살펴 부부간의 융합과 다툼을 논한다.

㉘ 여명(女命)이 세운(歲運)에서 식상(食傷)이 회국(會局)하면 소년에 도화(桃花)를 범하나, 식신(食神)과 상관(傷官)이 관살(官殺)의 기세가 움직이는 영향으로 부부생활을 살핀다. 일반적으로 식상(食傷)의 기(氣)가 모여 관살성(官殺星)을 움직이면 가정이 화목하지 못하다.

㉙ 여명(女命)이 일주(日主)가 유약하며 관살(官殺)이 명(明)하면 부창부수라 하여 행복한 명(命)에 속한다. 그러나 화무십일홍이라는 말도 있듯이, 세운(歲運)에서 상관(傷官)을 만나면 정관(正官)의 기세가 움직여 재(財)와 인성(印星)으로 제복(制伏)하지 않으면 불쾌한 일이 발생한다. 남편의 사업이 불순하며 마음이 화창하지 못하여 판단착오를 일으키고, 주색에 빠지는 경우도 있다.

30. 여명(女命)이 관성(官星)이 많으면 반드시 혼인을 여러 번 한다. 혼인을 세 번하는 경우도 있다.

31. 여명(女命)이 관살(官殺)이 혼잡되거나, 칠살(七殺)을 제(制)하지 못하거나, 겁재(劫財)가 중첩되거나, 식상(食傷)이 어지러우면 대개 감정이나 혼인이 복잡하다. 이런 사주는 편방(偏房), 재혼, 동거, 삼각관계 등이 따른다. 의지가 강하지 못하여 허영과 사치를 좋아하며 환경이 좋지 못하다. 남편을 극(剋)하며 스스로 타락하는 명(命)이다.

32. 여명(女命)이 천간(天干)에 살(殺)이 중(重)한데 일주(日主)가 약하여 살(殺)을 제(制)하지 못하면 비천한 명(命)이 된다. 여기다 칠살(七殺)까지 많으면 몸을 팔아 재물을 구한다.

33. 여명(女命)이 관성(官星)이 여러 개 있거나 관살(官殺)이 혼잡하면 정을 주는 대상이 많아 복잡하다. 정욕이 많아 감정상의 분규나 번뇌가 발생하기 쉬우며 기세가 남자를 압박한다. 이런 사주는 남자가 유약하여 무능하거나 사업을 성취함이 적고, 재혼하거나 중혼한다.

34. 여명(女命)이 일주(日主)가 강한데 관성(官星)이 절(絶)되거나, 식상(食傷)이 왕성한데 관살(官殺)이 쇠약하면 평생 남편이 있으나 없는 것과 같다. 이런 사주는 창녀나 기생, 예술인이 된다.

35. 여명(女命)이 관살(官殺)이 혼잡하고 재(財)가 많으면 낭만을 좋아하고, 음탕하며 남자가 많고 의지가 강하지 못하다. 이런 사주는 재성(財星)이 인수(印綬)를 상하게 하면 재혼하는 명(命)으로 남편을 극(剋)한다.

36. 여명(女命)이 관(官)이 왕성하거나 인성(印星)이 중(重)하면 남편을 많이 극(剋)한다.

37. 여명(女命)이 일주(日主)가 약하고 재(財)가 왕성하여 살(殺)을

생(生)하는데 형충파해(刑沖破害)되면 정욕이 많으며 편방(偏房)이 되기 쉽다.

23. 여명(女命)의 연애와 혼인 · 2

여명(女命)에게 년월주(年月柱)는 친정이 되고, 일시주(日時柱)는 시댁이 된다. 또 일주(日主)는 남편에 해당하고 시주(時柱)는 자식에 해당하니, 일시주(日時柱)에 희신(喜神) · 용신(用神)이 있으면 남편과 아들이 귀하게 된다. 여자의 복은 남편과 자식에 의해 좌우되는 경향이 있으므로, 희신(喜神)과 용신(用神)이 년월주(年月柱)에 있으면 부귀한 집안에서 태어나나 남편복 · 자식복은 없다. 희신(喜神)과 용신(用神)은 충동하면 흉하다.

① 여명(女命)에게 관성(官星)은 남편에 해당하기 때문에 충(沖)되면 흉하고, 관살(官殺)이 혼잡되면 남편이 많다는 뜻이니 흉하다. 만일 부성(夫星)이 충동되면 음란하여 남편이 많다.
② 여명(女命)에게 합(合)은 흉하니 천합지합(天合地合)이 모두 좋은 것이 아니다. 쌍원합(雙鴛合)은 더욱더 흉하다. 쌍합(雙合)은 기(己) 하나와 갑(甲) 두 개가 있거나, 을(乙) 하나와 경(庚) 두 개가 있거나, 신(辛) 하나와 병(丙) 두 개가 있거나, 정(丁) 하나와 임(壬) 두 개가 있거나, 계(癸) 하나와 무(戊) 두 개가 있는 것을 말한다. 만일 사주에 갑기(甲己)와 을경(乙庚)이 있는데 자축(子丑), 인해(寅亥)가 쌍으로 합(合)되면 흉하다. 여기다 도화(桃

花)까지 있으면 쌍원살(雙鴛殺)이 되어 더욱더 흉하다. 만일 무일생(戊日生)이 갑목(甲木)이 부성(夫星)인데 기토(己土)가 합(合)하면 정실부인이 되기 어렵고, 설사 정실부인이 된다 해도 다른 여자에게 남편을 빼앗긴다.

③ 여명(女命)이 인신사해(寅申巳亥)가 많으면 쌍둥이를 낳는데, 해(亥)가 많으면 아들을 많이 낳고 사(巳)가 많으면 딸을 많이 낳는 사주가 된다.

④ 여명(女命)이 묘유(卯酉)가 많으면 허리나 옆구리가 아프며 유산이 잘된다.

⑤ 여명(女命)이 년(年)이 월령(月令)을 충(沖)하면 조상을 파한 후 가정을 떠나고, 관성(官星)이 충(沖)되면 남편이 힘을 얻지 못하거나 남편을 형(刑)한다.

⑥ 여명(女命)의 사주가 순양(純陽)으로만 구성되어 있으면 남편의 권리를 빼앗으며 자식이 상한다. 관성(官星)에 화개살(華蓋殺)이 있으면 승려와 정을 통하고, 임년(壬年) 인시(寅時)에 태어났으면 가난하거나 요절한다.

⑦ 여명(女命)의 자오묘유(子午卯酉)는 도화살(桃花殺)에 해당한다. 만일 정관(正官)이 도화(桃花)이면 복록이 있고, 칠살(七殺)이 도화(桃花)이면 가난하며 천박하고, 비겁(比劫)이 도화(桃花)이면 창녀나 기생이 되어 먼 곳으로 도망가고, 오화(午火)가 도화(桃花)이면 가정을 크게 파한다. 도화(桃花)는 목욕지(沐浴地)이고 경금(庚金)은 오(午)에 목욕지(沐浴地)이니, 경금(庚金)이 관성(官星)이면 정부(正夫)가 되지 못하고, 경금(庚金)이 식상(食傷)이면 자식이 풍류를 좋아한다.

⑧ 여명(女命)이 관살(官殺)이 혼잡되면 크게 흉하나, 거관유살(去官留殺)하든지 거살유관(去殺留官)하여 하나를 제거하면 오히려 좋아진다. 그러나 제거한 것을 운에서 또 만나면 다시 흉해진다. 관성(官星)이 하나 있으면 일위귀(一位貴)라 한다. 재성(財星) 역시 일위(一位)가 왕성하여 부성(夫星)을 생(生)하고 다른 신(神)이 통관(通關)하여 상생(相生)하면 귀부인이 되나 충파(沖破)되면 불길하다.

⑨ 여명(女命)에게 관성(官星)은 남편인데 다시 관운(官運)을 만나면 정부(正夫) 외에 다른 남자가 있다. 이런 사주는 창녀나 기생이 되는 등 가정이 시끄럽다.

⑩ 여명(女命)에서 재성(財星)은 부성(夫星)을 생(生)하니 길신(吉神)이다. 만일 재왕운(財旺運)을 만나면 남편은 물론 자식까지 귀하게 된다.

⑪ 여명(女命)이 관성(官星)이 많으면 귀하지 않고, 재성(財星)이 많으면 신약(身弱)하여 종(從)도 되지 않아 재다신약(財多身弱) 사주는 부잣집의 가난한 사람과 같다. 그러나 비겁운(比劫運)이나 인성운(印星運)을 만나면 길하다.

⑫ 여명(女命)이 정인(正印)이 있는데 편인(偏印)을 만나면 재앙이 생긴다. 봄이 왔으나 잎이 떨어지는 형상이 되어 자식을 두기 어렵다. 그러나 편인(偏印)이 있는데 정인운(正印運)을 만나면 나무가 화창한 봄을 만난 것과 같으니 길하다.

⑬ 여명(女命)이 겨울에 태어났는데 화(火)가 없어 금한수냉(金寒水冷)하거나, 여름에 태어났는데 수(水)가 없어 화염토조(火炎土燥)하면 외로운 과부팔자가 된다.

⑭ 여명(女命)의 사주가 순음(純陰)이나 순양(純陽)으로만 구성되어 있으면 외로운 등불을 혼자 지키는 팔자가 되고, 관(官)이나 인성(印星)이 많으면 청춘에 남편을 극(剋)하나 재물은 있다.

⑮ 여명(女命)이 상관격(傷官格)이 있는데 관성(官星)이 없으면 매우 정결하다. 만일 식신(食神)은 없고 인수(印綬)가 많으면 상형(相刑)하여 자식이 없고, 일지(日支) 식신(食神)을 편인(偏印)이 극(剋)하면 임신하기 어렵다. 이런 사주는 자식을 낳아도 키우기 어렵다.

⑯ 여명(女命)이 식신(食神)이 왕성하고 일주(日主)가 매우 약하면 유산이 잘된다. 이런 사주는 임신이 어렵고, 설사 임신한다고 해도 유산되기 쉽다. 그러나 인성(印星)으로 식신(食神)을 제거하며 원기를 도와주면 자식을 낳을 수 있다.

⑰ 여명(女命)이 일주(日主)가 왕성한데 또 왕성한 운을 만나면 남편과 생사이별이 따른다.

⑱ 여명(女命)의 일주(日主)가 경(庚)이나 신(辛)인데 가을에 태어나 지지(地支)에 수국(水局)을 이루면 부부의 즐거움은 없으나 음란하지 않아 절개를 지킨다.

⑲ 여명(女命)이 도화(桃花)·겁재(劫財)·칠살(七殺)이 모두 있으면 재물을 파하지 않으면 음란하고, 삼형(三刑)이 칠살(七殺)을 대동하면 평생 남편과 자식을 극상(剋傷)한다.

⑳ 양귀비의 미모는 녹방도화(祿傍桃花)에 있다. 녹방도화(祿傍桃花)는 건록(建祿)·귀록(歸祿) 등이 도화(桃花)에 임한 것을 말한다. 도화(桃花)는 청수하며 아름다운 것을 뜻하는데, 년월주(年月柱)에 있으면 장내도화(牆內桃花)라 하고, 일시주(日時柱)에 있으

면 장외도화(牆外桃花)라 한다. 장내도화(牆內桃花)는 담장 안의 꽃이라 무방하나, 장외도화(牆外桃花)는 담장 밖의 꽃이니 유혹당하기 쉽다.

㉑ 여명(女命)이 관성(官星)이 적은데 비견(比肩)이 많으면 이혼하거나 남편을 극(剋)한다. 남편에게 처첩이 많은 형상이니 편방(偏房)을 지킨다.

㉒ 여명(女命)이 재관(財官)이 모두 사절(死絶)되면 남편을 극(剋)하여 자식이 없으니 양자를 둔다.

㉓ 음양차착살(陰陽差錯殺)이 고진살(孤辰殺)을 띠면 시가가 망하고, 삼합(三合)이 삼형(三刑)을 띠면 남편이 상하며 사업이 망하게 된다.

㉔ 여명(女命)이 합(合)되면 흉하나 정관(正官)과 합(合)되면 정부(正夫)와 상합(相合)하여 길하다. 그러나 합(合)이 두세 개 있으면 여러 남자의 여자가 되니 흉하고, 이때 삼형(三刑)이 있으면 골육이 서로 싸우니 육친이 해롭다.

㉕ 여명(女命)이 인성(印星)이 강한데 관성(官星)이 가벼우면 남자의 권리를 빼앗는다.

㉖ 여명(女命)이 관성(官星)이 가벼우며 약한데 묘고(墓庫)에 들면 첩살이를 좋아하고, 살(殺)이 왕성한데 고(庫)에 암장(暗藏)되면 편방(偏房)살이를 좋아한다.

㉗ 여명(女命)이 식신(食神)이 묘(墓)에 들면 자식이 상하고, 관성(官星)이 묘(墓)에 들면 남편을 극(剋)한다.

24. 출산할 때 위험한 사주

① 여명(女命)이 일인(日刃)이 있는데 인(刃)을 또 만나면 출산하기
어렵다. 일인(日刃)이 년인(年刃)과 상충(相沖)·상극(相剋)하면
평생 산액이 많이 따른다.

癸 壬 庚 丙
卯 子 寅 午

乙 丙 丁 戊 己
酉 戌 亥 子 丑

이 사주는 년간(年干) 병화(丙火)가 스스로 오(午) 인(刃)에 앉아
있고, 일간(日干) 임수(壬水)가 자(子) 인(刃)에 앉아 있고, 자오(子
午)가 상충(相沖)하여 자오년(子午年)에 산액이 있다.

② 여명(女命)이 식신(食神)이 파괴되면 유산하기 쉽다. 식신(食神)
은 편인(偏印)을 만나면 파괴된다. 식신(食神)은 자성(子星)인데
편인(偏印)이 극(剋)하니 산액이 따르는 것이다. 만일 편인(偏印)
은 없고 식신(食神)만 있는데, 유년(流年)에서 편인(偏印)을 만나
면 산액이 따른다.

己 壬 甲 庚
酉 午 申 子

己 庚 辛 壬 癸
卯 辰 巳 午 未

이 사주는 갑목(甲木) 식신(食神)이 극(剋)되었으니 유산되기 쉽다. 그러나 병년(丙年)이나 계년(癸年)은 무사하다.

③ 여명(女命)이 자성(子星)과 자궁(子宮)이 모두 충극(沖剋)되면 산액이 따른다.

丁 庚 癸 丙
亥 辰 巳 申

戊 己 庚 辛 壬
子 丑 寅 卯 辰

이 사주는 34세인 기사년(己巳年)에 아이를 낳았다. 유년(流年)의 천간(天干)인 기토(己土)가 자성(子星) 계수(癸水)를 극(剋)하고 있고, 유년(流年)의 지지(地支)인 사화(巳火)가 자궁(子宮) 해수(亥水)를 충(沖)하고 있으니, 자성(子星)과 자궁(子宮)이 모두 상했다. 출산할 때 수술을 받아 산모는 무사했으나 아기는 죽었다.

④ 여명(女命)이 일주(日主)와 양인(陽刃)이 모두 강한데 양인년(陽刃年)이 또 오거나, 양인(陽刃)과 충돌하거나, 합(合)되는 해가 오면 유산된다. 양인(陽刃)을 충합(沖合)하는데 유년(流年)에 들면

갑자기 화액이 발생한다고 했다. 양인(陽刃)이 있는데 세운(歲運)에서 또 만나거나, 복음(複吟)·반음(返吟)·형충(刑沖) 등을 만나면 흉하다. 이런 사주는 남자는 혈광재앙이 따르고, 여자는 산액이 따른다. 여명(女命)이 양인격(陽刃格)을 이루면 산액이 많아 출산할 때 반드시 수술을 하게 된다.

甲 丙 己 庚
午 午 卯 子

甲 乙 丙 丁 戊
戌 亥 子 丑 寅

이 사주는 시지(時支) 자궁(子宮)에 양인(陽刃)이 있으니, 25세에 갑자(甲子)를 만나 유산되었다.

⑤ 여명(女命)이 복음(複吟)이나 반음(返吟)에 해당하는 해가 오면 유산되기 쉽다. 사주에 경오(庚午)가 있는데 경오(庚午)를 또 만나면 복음(複吟)이고, 경오(庚午)가 있는데 갑자(甲子)를 만나면 반음(返吟)이 된다.

⑥ 여명(女命)이 겨울에 태어났는데 정화(丁火)가 충극(沖剋)되면 산액이 따른다. 정화(丁火)는 심장과 혈액을 나타내니 여성의 출산과 관계가 있는데, 정화(丁火)가 충극(沖剋)되면 혈광액이 따르기 쉬우니 출산에 애로가 있는 것이다.

壬 庚 庚 辛
午 戌 子 卯

乙 甲 癸 壬 辛
巳 辰 卯 寅 丑

이 사주는 22세 임자년(壬子年)에 출산했다. 유년(流年)의 지지(地支) 자수(子水)가 시지(時支) 오화(午火)를 충(沖)한다. 오화(午火)의 본기(本氣)가 정화(丁火)이니 산액이 따른다.

⑦ 여명(女命)이 화일간(火日干)이고, 일주(日主)가 약하여 목(木)을 기뻐하는데 목(木)의 인성(印星)이 충극(沖剋)되면 산액이 따르는 사주가 된다.

辛 丁 庚 庚
丑 卯 辰 子

乙 丙 丁 戊 己
亥 子 丑 寅 卯

이 사주는 22세 신유년(辛酉年)에 출산했다. 일주(日主)가 약하니 인성(印星)이 용신(用神)이다. 일주(日主)와 반음(返吟)이고 유금(酉金)이 묘(卯)를 충(沖)하고 있으니, 일주(日主)가 보호받지 못하여 출산할 때 수술을 받았다.

⑧ 여명(女命)의 사주가 편고(偏枯)하거나, 배합이 아름답지 못하거나, 조후(調候)가 무력(無力)하거나, 자식을 극(剋)하면 출산할 때 산액이 따른다. 사주가 화염토조(火炎土燥). 토금습체(土金濕滯), 수범목부(水泛木浮), 금한수냉(金寒水冷), 중첩인수(重疊印綬), 재관태왕(財官太旺), 만국식상(滿局食傷) 등을 이루면 여기에 해당한다. 그 중에서도 중첩인수(重疊印綬)와 만국식상(滿局食傷)이 더욱더 심하다.

⑨ 여명(女命)이 일시(日時)에 진술충(辰戌沖)이 있거나, 진술(辰戌)이 많으면 산액이 따른다.

25. 관재를 만나는 해

관재는 관재 뿐 아니라 구설·시비 등도 포함된다. 대개 관살(官殺)을 꺼리거나 상관(傷官)이 관(官)을 극(剋)하기 때문이다. 관살(官殺)을 꺼릴 때는 인(印)이나 식상(食傷)을 만나면 화(化)하고, 상관(傷官)이 관(官)을 극(剋)할 때 재(財)와 인(印)을 만나면 풀어줄 수 있다. 이외에 천을귀인(天乙貴人) 역시 관재를 줄일 수 있는 효력이 있다.

① 사주에서 상관(傷官)이 관(官)을 극(剋)하면 평생 시비가 많아 소송이 따르기 쉽다. 여기다 정관(正官)이 희신(喜神)이나 용신(用神)에 해당하면 더욱더 심하다.

庚 丁 壬 戊
戌 亥 戌 子

이 사주는 남명(男命)으로 간지(干支)에서 모두 상관(傷官)이 관
(官)을 극(剋)하고 있으니 시비와 구설이 많았다. 무진년(戊辰年)에
상관(傷官)이 왕성하고 월주(月柱)와 반음(返吟) 되니, 선거로 인하
여 관재를 일으켰다. 임술(壬戌)과 무진(戊辰)은 천지충극(天地沖
剋)이다.

② 사주에 관(官)이 있는데 상관(傷官)이 없거나, 상관(傷官)은 있고
   관(官)이 없는데 세운(歲運)에서 상관(傷官)이 관(官)을 극하면
   관재가 따른다.

戊 庚 丙 丁
寅 申 午 亥

辛 壬 癸 甲 乙
丑 寅 卯 辰 巳

이 사주는 남명(男命)으로 37세인 계해년(癸亥年)에 셋방 사는 사
람이 집 문제로 소송을 걸었다.

丁 乙 壬 乙
丑 巳 午 未

丁丙乙甲癸
亥戌酉申未

이 사주는 여명(女命)으로 사오미(巳午未) 삼회(三會)가 있으니 상
관(傷官)인 화(火)가 왕성하다. 경오년(庚午年)에 정관(正官)이 일을
주관하니, 자동차 사고로 사람을 다치게 하여 관재가 따랐다.

甲己庚丙
子未子申

乙丙丁戊己
未申酉戌亥

이 사주는 여명(女命)으로 경오년(庚午年)에 상관(傷官)을 만나고,
시주(時柱)와 반음(返吟)되어 금전문제로 관재가 따랐다. 천을귀인
(天乙貴人)의 도움이 있어 화해하는 듯 했으나, 36세 신미년(辛未
年)에 패소했다. 년간(年干) 병(丙)과 병신합(丙辛合)하여 수(水)로
변하니, 정인(正印) 병(丙)을 보호하지 못한다.

③ 일주(日主)가 약하여 관살(官殺)을 꺼리는데 관살(官殺)이 혼잡
　되어 있고, 유년(流年)에 관살(官殺)을 만나면 관재가 따른다.

乙戊甲癸
卯午子巳

己 庚 辛 壬 癸
未 申 酉 戌 亥

　이 사주는 남명(男命)으로 재(財)가 관살(官殺)을 돕고 일주(日主)
를 극(剋)하니 흉하다. 무역상을 운영했는데 신유대운(辛酉大運)에
상관(傷官)이 국(局)을 이루어, 10년 동안 무역상으로 인한 분규가
그치지 않았다. 33세 을축년(乙丑年)에 관살(官殺)을 또 만나 소송
을 벌여 기사년(己巳年)에 승소했으나, 상대방이 재산이 없는 사람이
라 소득이 없었다. 38세 경오년(庚午年)에 식상(食傷)을 만나고, 월
주(月柱)가 반음(返吟)되니 다른 사람과 소송이 또 일어났다.

④ 천간(天干)에 살(殺)이 쌍으로 있는데 살년(殺年)을 만나거나, 관
　(官)이 쌍으로 명현(明現)한데 관년(官年)을 만나면 관재가 있다.

甲 戊 甲 乙
寅 辰 申 未

己 庚 辛 壬 癸
卯 辰 巳 午 未

　이 사주는 남명(男命)으로 살(殺)이 쌍으로 있는데 30세인 갑인년
(甲寅年)에 칠살(七殺)을 만나고, 시주(時柱)와 복음(複吟)되어 감옥
에 들어갔다.

庚甲庚丙
午子子午

乙丙丁戊己
未申酉戌亥

이 사주는 여명(女命)으로 오랫동안 창녀생활을 한 사람이다. 사주에 칠살(七殺)이 쌍으로 있고, 년주(年柱)와 월주(月柱)가 반음(返吟)이고, 일주(日主)와 시주(時柱)가 반음(返吟)이고, 일시(日時)에 나체도화(裸體桃花)가 있고, 일주(日主)가 스스로 목욕지(沐浴地)에 앉아 있는데 충(沖)되었으니 팔자가 어지럽다. 25세 유년(流年) 경오(庚午)에 칠살(七殺)이 또 나타나고, 유년(流年)과 일주(日主)가 반음(返吟)이고, 시주(時柱)와는 복음(複吟)되니 반드시 재앙이 따른다. 경오년(庚午年) 경오월(庚午月)에 싸움이 벌어져 상대방이 죽었다.

庚甲乙庚
午子酉子

庚辛壬癸甲
辰巳午未申

이 사주는 여명(女命)으로 자오묘유(子午卯酉)가 많고 나체도화(裸體桃花)가 있으니 미모를 갖추었으며 풍류를 좋아한다. 경오년(庚午

年)에 혼인했으나 반년 동안에 두 차례나 자동차 사고를 내어 금전과 형사상의 책임이 따랐다.

⑤ 사주와 세운(歲運)이 같이 형충(刑沖)될 때 형충(刑沖)이 많으면 형극(刑剋)을 범하여 관재가 따른다.

```
癸 癸 壬 丙
丑 酉 辰 戌


丁 丙 乙 甲 癸
酉 申 未 午 巳
```

이 사주는 남명(男命)으로 진술충(辰戌沖)이 있고, 정유대운(丁酉大運) 신미유년(辛未流年)에 유(酉)가 자형(自刑)되고, 축술미(丑戌未) 삼형(三刑)이 충(沖)되고, 사고(四庫)가 모여 감옥에 들어갔다.

```
庚 辛 辛 辛
寅 未 丑 卯


丙 乙 甲 癸 壬
午 巳 辰 卯 寅
```

이 사주는 축미충(丑未沖)이 있고, 을사대운(乙巳大運) 임신유년(壬申流年)에 인사신(寅巳申)이 삼형(三刑)되어 관재구설이 있었다.

⑥ 명(命)·운(運)·세(歲)에서 사생(四生)·사왕(四旺)·사고(四庫)가 모두 모이면 관재가 따른다.

⑦ 사주에 복음(複吟)이나 반음(返吟)이 있으면 관재가 따른다.

⑧ 사주에 진술충(辰戌沖)이 있거나 진술(辰戌)이 많으면 관재가 따른다.

⑨ 사주에서 관(官)을 기뻐하는데 관(官)이 세운(歲運)에서 합(合)되면 관재가 따른다. 고서(古書)에서 관(官)이 운에서 합(合)되면 반드시 파직된다고 했다.

■도표 찾아보기

음파메세지(氣) 성명학

신비한 동양철학 51

새로운 시대에 맞는 새로운 성명학

지금까지의 모든 성명학은 모순의 극치를 이루고 있다. 이제 새로운 시대에 맞는 음파메세지(氣) 성명학이 탄생했으니 차근차근 읽어보고 복을 계속 부르는 이름을 지어 사랑하는 자녀가 행복하고 아름다운 삶을 살아갈 수 있도록 하는데 도움이 되었으면 한다.

· 청암 박재현 저

정법사주

신비한 동양철학 49

독학과 강의용 겸용의 책

이 책은 사주추명학을 연구하고자 하는 분들에게 심오한 주역의 이해를 돕고자 하는 의도에서 시작되었다. 음양오행의 상생상극에서부터 육친법과 신살법을 기초로 하여 격국과 용신 그리고 유년판단법을 활용하여 운명판단에 첩경이 될 수 있도록 했고, 추리응용과 운명감정의 실례를 하나 하나 들어가면서 독학과 강의용 겸용으로 엮었다.

· 원각 김구현 저

동양철학전문출판 삼한

찾기 쉬운 명당

신비한 동양철학 44

풍수지리의 모든 것!

이 책은 가능하면 쉽게 풀려고 노력했고, 실전에 도움이 되도록 했다. 특히 풍수지리에서 방향측정에 필수인 패철(佩鐵)사용과 나경(羅經) 9층을 각 층별로 간추려 설명했다. 그리고 이 책에 수록된 도설, 즉 오성도, 명산도, 명당 형세도 내거수 명당도, 지각(枝脚)형세도, 용의 과협출맥도, 사대혈형(穴形) 와겸유돌(窩鉗乳突) 형세도 등은 국립중앙도서관에 소장된 문헌자료인 만산도단, 만산영도, 이석당 은민산도의 원본을 참조했다.

· 호산 윤재우 저

명리입문

신비한 동양철학 41

명리학의 필독서!

이 책은 자연의 기후변화에 의한 운명법 외에 명리학도들이 궁금해 했던 인생의 제반사들에 대해서도 상세하게 기술했다. 따라서 초보자부터 심도있게 공부한 사람들까지 세심히 읽고 숙독해야 하는 책이다. 특히 격국이나 용신뿐 아니라 십신에 대한 자세한 설명, 조후용신에 대한 보충설명, 인간의 제반사에 대해서는 독보적인 해설이 들어 있다. 초보자들에게는 더할 수 없이 훌륭한 길잡이가 될 것이다.

· 동하 정지호 편역

사주대성

신비한 동양철학 33

초보에서 완성까지

이 책은 과거 현재 미래를 모두 알 수 있는 비결을 실었다. 그러나 모두 터득한다는 것은 어려울 것이다.역학은 수천 년간 동방의 석학들에 의해 갈고 닦은 철학이요 학문이며, 정신문화로서 영과학적인 상수문화로서 자랑할만한 위대한 학문이다.

・도관 박홍식 저

해몽정본

신비한 동양철학 36

꿈의 모든 것 !

막상 꿈해몽을 하려고 하면 내가 꾼 꿈을 어디다 대입시켜야 할지 모를 경우가 많았을 것이다. 그러나 이 책은 찾기 쉽고, 명료하며, 최대한으로 많은 갖가지 예를 들었으니 꿈해몽을 하는데 어려움이 없을 것이다.

・청암 박재현 저

동양철학전문출판 삼한

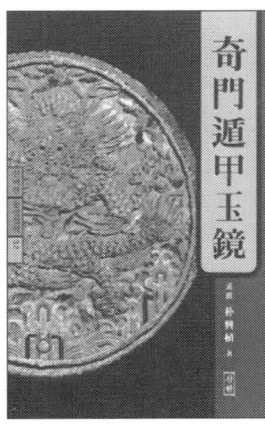

기문둔갑옥경

신비한 동양철학 32

가장 권위있고 우수한 학문 !

우리나라의 기문역사는 장구하지만 상세한 문헌은 전무한 상태라 이 책을 발간하기로 했다. 기문둔갑은 천문지리는 물론 인사명리 등 제반사에 관한 길흉을 판단함에 있어서 가장 우수한 학문이며 병법과 법술방면으로도 특징과 장점이 있다. 초학자는 포국편을 열심히 익혀 설국을 자유자재로 할 수 있도록 하고 개인의 이익보다는 보국안민에 일조하기 바란다.

· 도관 박흥식 저

정본·관상과 손금

신비한 동양철학 42

바로 알고 사람을 사귑시다

이 책은 관상과 손금은 인생을 행복으로 이끌기 위해 있다는 관점에서 다루었다. 그야말로 관상과 손금의 혁명이라고 할 수 있을 것이다. 여러분도 관상과 손금을 통한 예지력으로 인생의 참주인이 되기 바란다. 용기를 불어넣어 주고 행복을 찾게 하는 것이 참다운 관상과 손금술이다. 이 책으로 미래의 좋은 예지력을 한번쯤 발휘해 보기 바란다. 이 책이 일상사에 고민하는 분들에게 해결방법을 제시해 줄 것이다.

· 지창룡 감수

조화원약 평주

신비한 동양철학 35

명리학의 정통교본!

이 책은 자평진전, 난강망, 명리정종, 적천수 등과 함께 명리학의 교본에 해당하는 것으로 중국 청나라 때 나온 난강망이라는 책을 서낙오 선생께서 설명을 붙인 것이다. 기존의 많은 책들이 격국과 용신으로 감정하는 것과는 달리 십간십이지와 음양오행을 각각 자연의 이치와 춘하추동의 사계절의 흐름에 대입하여 인간의 길흉화복을 알 수 있게 했다.

• 동하 정지호 편역

龍의 穴·풍수지리 실기 100선

신비한 동양철학 30

실전에서 실감나게 적용하는 풍수지리의 길잡이!

이 책은 풍수지리 문헌인 조선조 고무엽(古務葉) 태구승(泰九升) 부집필(父輯筆)로 된 만두산법(巒頭山法), 채성우의 명산론(明山論), 금랑경(錦囊經) 등을 알기 쉬운 주제로 간추려 풍수지리의 길잡이가 되고자 했다. 그리고 인간의 뿌리와 한 사람의 고유한 이름의 중요성을 풍수지리와 연관하여 살펴보아야 하기 때문에 씨족의 시조와 본관, 작명론(作名論)을 같이 편집했다.

• 호산 윤재우 저

천직·사주팔자로 찾은 나의 직업

신비한 동양철학 34

역경없이 탄탄하게 성공할 수 있는 방법!

잘 되겠지 하는 막연한 생각으로 의욕만 갖고 도전하는 것과 나에게 맞는 직종은 무엇이고 때는 언제인가를 알고 도전하는 것은 근본적으로 다르고, 결과 또한 다르다. 더구나 요즈음은 I.M.F.시대라 하여 모든 사람들이 정신까지 위축되어 생기를 잃어가고 있다. 이런 때 의욕만으로 팔자에도 없는 사업을 시작했다고 하자, 결과는 불을 보듯 뻔하다. 그러므로 이런 때일수록 침착과 냉정을 찾아 내 그릇부터 알고, 생활에 대처하는 지혜로움을 발휘해야 한다.

· 백우 김봉준 저

통변술해법

신비한 동양철학 ㉑

가닥가닥 풀어내는 역학의 비법!

이 책은 역학에 대해 다 알면서도 밖으로 표출되지 않아 어려움을 겪는 사람들을 위한 실습서다. 특히 틀에 박힌 교과서적인 역술의 고정관념에서 벗어나, 한차원 높게 공부할 수 있도록 원리통달을 설명하는데 중점을 두었다. 실명감정과 이론강의라는 두 단락으로 나누어 역학의 진리를 설명했기 때문에 누구나 쉽게 이해할 수 있다. 역학계의 대가 김봉준 선생의 역서 「알기쉬운 해설·말하는 역학」의 후편이다.

· 백우 김봉준 저

주역육효 해설방법 上·下

신비한 동양철학 38

한 번만 읽으면 주역을 활용할 수 있는 책!

이 책은 주역을 해설한 것으로, 될 수 있는 한 여러 가지 사설을 덧붙이지 않고 주역을 공부하고 활용하는데 필요한 요건만을 기록했다. 따라서 주역의 근원이나 하도낙서, 음양오행에 대해서도 많은 설명을 자제했다. 다만 누구나 이 책을 한 번 읽어서 주역을 이해하고 활용할 수 있도록 하는데 중점을 두었다.

· 원공선사 저

사주명리학의 핵심

신비한 동양철학 ⑲

맥을 잡아야 모든 것이 보인다!

이 책은 잡다한 설명을 배제하고 명리학자들에게 도움이 될 비법만을 모아 엮었기 때문에 초심자가 이해하기에는 다소 어려운 부분도 있겠지만 기초를 튼튼히 한 다음 정독한다면 충분히 이해할 것이다. 신살만 늘어놓으며 감정하는 사이비가 되지말기를 바란다.

· 도관 박흥식 저

동양철학전문출판 삼한

이렇게 하면 좋은 운이 온다

신비한 동양철학 ㉗

한 가정에 한 권씩 놓아두고 볼만한 책!

좋은 운을 부르는 방법은 방위·색상·수리·년운·월운·날짜·시간·궁합·이름·직업·물건·보석·맛·과일·기운·마을·가축·성격 등을 정확하게 파악하여 자신에게 길한 것은 취하고 흉한 것은 피하면 된다. 간혹 예외인 경우가 있지만 극소수에 불과하고 대부분은 적중하기 때문에 좋은 효과를 본다. 이 책의 저자는 신학대학을 졸업하고 역학계에 입문했다는 특별한 이력을 갖고 있기 때문에 더 많은 화제가 되고 있다.

· 역산 김찬동 저

말하는 역학

신비한 동양철학 ⑪

신수를 묻는 사람 앞에서 말문이 술술 열린다!

이 책은 그토록 어렵다는 사주통변술을 이해하기 쉽고 흥미롭게 고담과 덕담을 곁들여 사실적인 인물을 궁금해 하는 사람에게 생동감있게 통변하고 있다. 길흉작용을 어떻게 표현하느냐에 따라 상담자의 정곡을 찔러 핵심을 끄집어내고 여기에 대한 정답을 내려주는 것이 통변술이다. 역학계의 대가 김봉준 선생의 역작이다.

· 백우 김봉준 저

술술 읽다보면 통달하는 사주학

신비한 동양철학 ㉗

술술 읽다보면 나도 어느새 도사 !

당신은 당신 마음대로 모든 일이 이루어지던가. 지금까지 누구의 명령을 받지 않고 내 맘대로 살아왔다고, 운명 따위는 믿지도 않고 매달리지 않는다고, 이렇게 말하는 사람들이 많다. 그러나 그것은 우주법칙을 모르기 때문에 하는 소리다.

・조철현 저

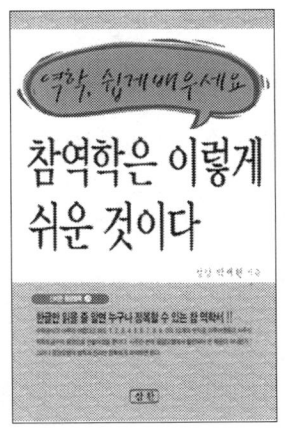

참역학은 이렇게 쉬운 것이다

신비한 동양철학 ㉔

음양오행의 이론으로 이루어진 참역학서 !

수학공식이 아무리 어렵다고 해도 1, 2, 3, 4, 5, 6, 7, 8, 9, 0의 10개의 숫자로 이루어졌듯이, 사주도 음양과 목, 화, 토, 금, 수의 오행으로 이루어졌을 뿐이다. 그러니 용신과 격국이라는 무거운 짐을 벗어버리고 음양오행의 법칙과 진리만 정확하게 파악하면 된다. 사주는 단지 음양오행의 변화일 뿐이고, 용신과 격국은 사주를 감정하는 한가지 방법에 지나지 않는다.

・청암 박재현 저

동양철학전문출판 삼한

나의 천운 운세찾기

신비한 동양철학 ⑫

놀랍다는 몽골정통 토정비결 !

이 책은 역학계의 대가 김봉준 선생이 놀랍다는 몽공토
정비결을 연구 ·분석하여 우리의 인습 및 체질에 맞게
엮은 것이다. 운의 흐름을 알리고자 호운과 쇠운을 강
조했으며, 현재의 나를 조명해보고 판단할 수 있도록
했다. 모쪼록 생활서나 안내서로 활용하기 바란다.

· 백우 김봉준 저

쉽게푼 역학

신비한 동양철학 ❷

쉽게 배워서 적용할 수 있는 생활역학서 !

이 책에서는 좀더 많은 사람들이 역학의 근본인 우주
의 오묘한 진리와 법칙을 깨달아 보다 나은 삶을 영위
하는데 도움이 될 수 있도록 가장 쉬운 언어와 가장 쉬
운 방법으로 풀이했다. 역학계의 대가 김봉준 선생의
역작이다.

· 백우 김봉준 저

역산성명학

신비한 동양철학 ㉕

이름은 제2의 자신이다 !

이름에는 각각 고유의 뜻과 기운이 있어서 그 기운이 성격을 만들고 그 성격이 운명을 만든다. 나쁜 이름은 부르면 부를수록 불행을 부르고 좋은 이름은 부르면 부를수록 행복을 부른다. 만일 이름이 거지 같다면 아무리 운세를 잘 만나도 밥을 좀더 많이 얻어 먹을 수 있을 뿐이다. 이 책의 저자는 신학대학을 졸업하고 역학계에 입문했다는 특별한 이력을 갖고 있기 때문에 더 많은 화제가 되고 있다.

· 역산 김찬동 저

작명해명

신비한 동양철학 ㉖

누구나 쉽게 배워서 활용할 수 있는 체계적인 작명법 !

일반적인 성명학으로는 알 수 없는 한자이름, 한글이름, 영문이름, 예명, 회사명, 상호, 상품명 등의 작명방법을 여러 사례를 들어 체계적으로 분석하여 누구나 쉽게 배워서 활용할 수 있도록 서술했다.

· 도관 박흥식 저

동양철학전문출판 **삼한**

관상오행

신비한 동양철학 ⑳

한국인의 특성에 맞는 관상법！

좋은 관상인 것 같으나 실제로는 나쁘거나 좋은 관상
이 아닌데도 잘 사는 사람이 왕왕있어 관상법 연구에
흥미를 잃는 경우가 있다. 이것은 중국의 관상법만을
익히고, 우리의 독특한 환경적인 특징을 소홀히 다루었
기 때문이다. 이에 우리 한국인에게 알맞는 관상법을
연구하여 누구나 관상을 쉽게 알아보고 해석할 수 있
도록 자세하게 풀어놓았다.

・송파 정상기 저

물상활용비법

신비한 동양철학 31

물상을 활용하여 오행의 흐름을 파악한다！

이 책은 물상을 통하여 오행의 흐름을 파악하고, 운명
을 감정하는 방법을 연구한 책이다. 추명학의 해법을
연구하고 운명을 추리하여 오행에서 분류되는 물질의
운명 줄거리를 물상의 기물로 나들이 하는 활용법을
주제로 했다. 팔자풀이 및 운명해설에 관한 명리감정법
의 체계를 세우는데 목적을 두고 초점을 맞추었다.

・해주 이학성 저

운세십진법·本大路

신비한 동양철학 ❶

운명을 알고 대처하는 것은 현대인의 지혜다 !

타고난 운명은 분명히 있다. 그러니 자신의 운명을 알고 대처한다면 비록 운명을 바꿀 수는 없지만 충분히 향상시킬 수 있다. 이것이 사주학을 알아야 하는 이유다. 이 책에서는 자신이 타고난 숙명과 앞으로 펼쳐질 운명행로를 찾을 수 있도록 운명의 기초를 초연하게 설명하고 있다.

· 백우 김봉준 저

국운·나라의 운세

신비한 동양철학 ㉒

역으로 풀어본 우리나라의 운명과 방향 !

아무리 서구사상의 파고가 높다하기로 오천년을 한결같이 가꾸며 살아온 백두의 혼이 와르르 무너지는 지경에 왔어도 누구하나 입을 열어 말하는 사람이 없으니 답답하다. IMF라는 특수한 상황에서 불확실한 내일에 대한 해답을 이 책은 명쾌하게 제시하고 있다.

· 백우 김봉준

동양철학전문출판 삼한

명인재

신비한 동양철학 43

신기한 사주판단 비법 !

살(殺)의 활용방법을 완벽하게 제시하는 책!

이 책은 오행보다는 주로 살을 이용하는 비법이다. 시중에 나온 책들을 보면 살에 대해 설명은 많이 하면서도 실제 응용에서는 무시하고 있다. 이것은 살을 알면서도 응용할 줄 모르기 때문이다. 그러나 이 책에서는 살의 활용방법을 완전히 터득해, 어떤 살과 어떤 살이 합하면 어떻게 작용하는지를 자세하게 설명하고 있다.

· 원공선사 지음

사주학의 방정식

신비한 동양철학 18

가장 간편하고 실질적인 역서 !

이 책은 종전의 어려웠던 사주풀이의 응용과 한문을 쉬운 방법으로 터득할 수 있게 하는데 목적을 두었고, 역학의 내용이 어떤 것이며 무엇이 어디에 속하는지를 알고자 하는데 있다.

· 김용오 저

원토정비결

신비한 동양철학 53

반쪽으로만 전해오는 토정비결의 완전한 해설판

지금 시중에 나와 있는 토정비결에 대한 책들을 보면
옛날부터 내려오는 완전한 비결이 아니라 반쪽의 책이
다. 그러나 반쪽이라고 말하는 사람이 없다. 그것은 주
역의 원리를 모르기 때문이다. 따라서 늦은 감이 없지
않으나 앞으로의 수많은 세월을 생각하면서 완전한 해
설본을 내놓기로 한 것이다.

・원공선사 저

내가 보고 내가 바꾸는 DIY사주

신비한 동양철학 40

내가 보고 내가 바꾸는 사주비결 !

이 책은 기존의 책들과는 달리 한 사람의 사주를 체계
적으로 도표화시켜 한 눈에 파악할 수 있고, DIY라는
책 제목에서 말하듯이 개운하는 방법을 제시하고 있다.
초심자는 물론 전문가도 자신의 이론을 새롭게 재조명
해 볼 수 있는 케이스 스터디 북이다.

・석오 전 광 지음

동양철학전문출판 삼한

남사고의 마지막 예언

신비한 동양철학 29

이 책으로 격암유록에 대한 논란이 끝나기 바란다

감히 이 책을 21세기의 성경이라고 말한다. 〈격암유록〉은 섭리가 우리민족에게 준 위대한 복음서이며, 선물이며, 꿈이며, 인류의 희망이다. 이 책에서는 〈격암유록〉이 전하고자 하는 바를 주제별로 정리하여 문답식으로 풀어갔다. 이 책으로 〈격암유록〉에 대한 논란은 끝나기 바란다.

· 석정 박순용 저

진짜부적 가짜부적

신비한 동양철학 7

부적의 실체와 정확한 제작방법

인쇄부적에서 가짜부적에 이르기까지 많게는 몇백만원에 팔리고 있다는 보도를 종종 듣는다. 그러나 부적은 정확한 제작방법에 따라 자신의 용도에 맞게 스스로 만들어 사용하면 훨씬 더 좋은 효과를 얻을 수 있다. 이 책은 중국에서 정통부적을 연구한 국내유일의 동양오술학자가 밝힌 부적의 실체와 정확한 제작방법을 소개하고 있다.

· 오상익 저

한눈에 보는 손금

신비한 동양철학 52

논리정연하며 바로미터적인 지침서

이 책은 수상학의 연원을 초월해서 동서합일의 이론으로 집필했다. 그야말로 완벽하리만치 논리정연한 수상학을 정리한 것이다. 그래서 운명적, 철학적, 동양적, 심리학적인 면을 예증과 방편에 이르기까지 아주 상세하게 기술했다. 이 책은 수상학이라기 보다 한 인간의 바로미터적인 지침서 역할을 해줄 것이다. 독자 여러분의 꾸준한 연구와 더불어 인생성공의 지침서가 될 수 있을 것이다.

· 정도명 저

사주학의 활용법

신비한 동양철학 17

가장 실질적인 역학서

우리가 생소한 지방을 여행할 때 제대로 된 지도가 있다면 편리하고 큰 도움이 되듯이 역학이란 이와같은 인생의 길잡이다. 예측불허의 인생을 살아가는데 올바른 안내자나 그 무엇이 있다면 그 이상 마음 든든하고 큰 재산은 없을 것이다.

· 학선 류래웅 저

수명비결

신비한 동양철학 14

주민등록번호 13자로 숙명의 정체를 밝힌다

우리는 지금 무수히 많은 숫자의 거미줄에 매달려 허우적거리며 살아가고 있다. 1분 · 1초가 생사를 가름하고, 1등 · 2등이 인생을 좌우하며, 1급 · 2급이 신분을 구분하는 세상이다. 이 책은 수명리학으로 13자의 주민등록번호로 명예, 재산, 건강, 수명, 애정, 자녀운 등을 미리 읽어본다.

· 장충한 저

운명으로 본 나의 질병과 건강상태

신비한 동양철학 9

타고난 건강상태와 질병에 대한 대비책

이 책은 국내 유일의 동양오술학자가 사주학과 더불어 정통명리학의 양대산맥을 이루는 자미두수 이론으로 임상실험을 거쳐 작성한 표준자료다. 따라서 명리학을 응용한 최초의 완벽한 의학서로 질병을 예방하고 치료하는데 활용한다면 최고의 의사가 될 것이다. 또한 예방의학적인 차원에서 건강을 유지하는데 훌륭한 지침서로 현대의학의 새로운 장을 여는 계기가 될 것이다.

· 오상익 저

오행상극설과 진화론

신비한 동양철학 5

인간과 인생을 떠난 천리란 있을 수 없다

과학이 현대를 설정하여 설명하고 있으나 원리는 동양
철학에도 있기에 그 양면을 밝히고자 노력했다. 우주에
서 일어나는 모든 일을 과학으로 설명될 수는 없다.
비과학적이라고 하기보다는 과학이 따라오지 못한다고
설명하는 것이 더 솔직하고 옳은 표현일 것이다. 특히
과학분야에 종사하는 신의사가 저술했다는데 더 큰 화
제가 되고 있다.

· 김태진 저

만세력(신국판·사륙판·포켓판)

신비한 동양철학 45

찾기 쉬운 만세력

이 책은 완벽한 만세력으로 만세력 보는 방법을 자세
하게 설명했다. 그리고 역학에 대한 기본적인 내용과
결혼하기 좋은 나이·좋은 날·좋은 시간, 아들·딸 태
아감별법, 이사하기 좋은 날·좋은 방향 등을 부록으로
실었다.

· 백우 김봉준 저

쉽게 푼 주역

신비한 동양철학 10

귀신도 탄복한다는 주역을 쉽고 재미있게 풀어놓은 책

주역이라는 말 한마디면 귀신도 기겁을 하고 놀라 자빠진다는데, 운수와 일진이 문제가 될까. 8×8=64괘라는 주역을 한 괘에 23개씩의 회답으로 해설하여 1472괘의 신비한 해답을 수록했다. 당신이 당면한 문제라면 무엇이든 해결할 수 있는 열쇠가 이 한 권의 책 속에 있다.

· 정도명 저

핵심 관상과 손금

신비한 동양철학 54

사람을 볼 줄 아는 안목과 지혜를 알려주는 책

오늘과 내일을 예측할 수 없을만큼 복잡하게 펼쳐지는 현실에서 살아남기 위해서는 사람을 볼줄 아는 안목과 지혜가 필요하다. 시중에 관상학에 대한 책들이 많이 나와있지만 너무 형이상학적이라 전문가도 이해하기 어렵다. 이 책에서는 누구라도 쉽게 보고 이해할 수 있도록 핵심만을 파악해서 설명했다.

· 백우 김봉준 저

진짜궁합 가짜궁합

신비한 동양철학 8

남녀궁합의 새로운 충격

중국에서 연구한 국내유일의 동양오술학자가 우리나라 역술가들의 궁합법이 잘못되었다는 것을 학술적으로 분석·비평하고, 전적과 사례연구를 통하여 궁합의 실체와 타당성을 분석했다. 합리적인 「자미두수궁합법」과 「남녀궁합」 및 출생시간을 몰라 궁합을 못보는 사람들을 위하여 「지문으로 보는 궁합법」 등을 공개한다.

· 오상익 저

좋은꿈 나쁜꿈

신비한 동양철학 15

그날과 앞날의 모든 답이 여기 있다

개꿈이란 없다. 꿈은 반드시 미래를 예언한다. 이 책은 프로이드의 정신분석학적인 입장이 아닌 미래판단의 근거에 입각한 예언적인 해몽학이다. 여러 형태의 꿈을 체계적으로 정리했으니 올바른 해몽법으로 앞날을 지혜롭게 대처해 보자. 모쪼록 각 가정에서 한 권씩 두고 이용하면 생활하는데 많은 도움이 될 것이다.

· 학선 류래웅 저

만세력·우주경전

신비한 동양철학 16

착각하기 쉬운 썸머타임 2도 인쇄

시중에 많은 종류의 만세력이 나와있지만 이 책은 단순한 만세력이 아니라 완벽한 만세경전으로 만세력 보는 법 등을 실었기 때문에 처음 대하는 사람이라도 쉽게 볼 수 있도록 편집되었다. 또한 부록편에는 사주명리학, 신살종합해설, 결혼과 이사택일 및 이사방향, 길흉보는 법, 우주천기와 한국의 역사 등을 수록했다.

· 백우 김봉준 저

周易·토정비결

신비한 동양철학 40

토정비결의 놀라운 비결

지금 시중에 나와 있는 토정비결에 대한 책들을 보면 옛날부터 내려오는 완전한 비결이 아니라 반쪽의 책이다. 그러나 반쪽이라고 말하는 사람이 없다. 그것은 주역의 원리를 모르기 때문이다. 따라서 늦은 감이 없지 않으나 앞으로의 수많은 세월을 생각하면서 완전한 해설본을 내놓기로 했다.

· 원공선사 저

현장 지리풍수

신비한 동양철학 48

현장감을 살린 지리풍수법

풍수를 업으로 삼는 사람들이 진(眞)과 가(假)를 분별할 줄 모르면서 24산의 포태사묘의 법을 익히고는 많은 법을 알았다고 자부하며 뽐내고 있다. 그리고는 재물에 눈이 어두워 불길한 산을 길하다 하고, 선하지 못한 물(水)을 선하다 하면서 죄를 범하고 있다. 이는 분수 밖의 것을 망녕되게 바라기 때문이다. 마음 가짐을 바로 하고 고대 원전에 공력을 바치면서 산간을 실사하며 적공을 쏟으면 정교롭고 세밀한 경지를 얻을 수 있을 것이다.

· 전항수 · 주관장 편저

완벽 사주와 관상

신비한 동양철학 55

사주와 관상의 핵심을 한 권에

자연과 인간, 음양(陰陽)오행과 인간, 사계와 절후, 인상(人相)과 자연, 신(神)들의 이야기 등등 우리들의 삶과 관계되는 사실적 관계로만 역(易)을 설명해 누구나 쉽게 이해할 수 있도록 썼으며 특히 역(易)에 대한 관심과 흥미를 갖게 하고자 인상학(人相學)을 추록했다. 여기에 추록된 인상학(人相學)은 시중에서 흔하게 볼 수 있는 상법(相法)이 아니라 생활상법(生活相法) 즉 삶의 지식과 상식을 드리고자 했으니 생활에 유익함이 있기를 바란다.

· 김봉준 · 유오준 공저

동양철학전문출판 **삼한**

해몽·해몽법

신비한 동양철학 50

해몽법을 알기 쉽게 설명한 책

인생은 꿈이 예지한 시간적 한계에서 점점 소멸되어 가는 현존물이기 때문에 반드시 꿈의 뜻을 따라야 한다. 이것은 꿈을 먹고 살아가는 인간 즉 태몽의 끝장면인 죽음을 향해 달려가고 있는 인간이기 때문이다. 꿈은 우리의 삶을 이끌어가는 이정표와도 같기에 똑바로 가도록 노력해야 한다.

· 김종일 저

정지호
인천대학교 법학과 졸업
편역서 : 조화원약 평주
현재 동하철학원 원장
전화(02) 384-1832
평생전화 0502-715-1624

명리입문

1판 1쇄 발행일 | 2001년 8월 16일
1판 2쇄 발행일 | 2004년 1월 16일

발행처 | 삼한출판사
발행인 | 김충호
지은이 | 정지호

등록일 | 1975년 10월 18일
등록번호 | 제13-47호

서울·동대문구 신설동 103-6호
아세아빌딩 201호
대표전화 (02) 2231-4460
팩시밀리 (02) 2231-4461

값 29,000원
ISBN 89-7460-073-0 03180